KB211103

히브리서
야고보서

ESV 성경 해설 주석

편집자 주

- 성경의 문단과 절 구분은 ESV 성경의 구분을 기준하였습니다.
- 본문의 성경은 《성경전서 개역개정판》과 ESV 역을 주로 사용하였습니다.

ESV *Expository Commentary*: *Hebrews·James*

Originally published as *ESV Expository Commentary,* Volume 12: *Hebrews-Revelation*
Published by Crossway
a publishing ministry of Good News Publishers
Wheaton, Illinois 60187, U.S.A.

ESV EXPOSITORY COMMENTARY

히브리서 야고보서

ESV 성경 해설 주석

데니스 E. 존슨 · 로버트 L. 플러머 지음
이언 두기드·제이 스클라·제임스 해밀턴 편집
이철민 · 김명희 옮김

국제제자훈련원

추천의 글

성경은 하나님의 생명의 맥박이다. 성경은 사망에서 생명으로 옮겨 주는 생명의 책이다. 성경은 하나님의 창조와 구원 디자인에 따라 삶을 풍요롭게 하는 생활의 책이다. 성경을 바로 이해하고 적용해서 그대로 살면 우선 내가 살고 또 남을 살릴 수 있다. '하나님의 생기'가 약동하는 성경을 바로 강해하면 성령을 통한 생명과 생활의 변화가 분출된다. 이번에 〈ESV 성경 해설 주석〉 시리즈가 나왔다. 미국 필라델피아 웨스트민스터신학교의 이언 두기드 교수와 남침례교신학교의 제임스 해밀턴 교수와 커버넌트신학교의 제이 스클라 교수 등이 편집했다. 학문이 뛰어나고 경험이 많은 신세대 목회자/신학자들이 대거 주석 집필에 동참했다. 일단 개혁주의 성경신학 교수들이 편집한 주석으로 신학적으로 건전하다. 〈ESV 성경 해설 주석〉은 또한 목회와 신앙생활 전반에 소중한 자료다. 성경 내용을 총체적으로 이해하고 적용한 주석으로 읽고 사용하기가 쉽게 되어 있다. 성경 각 권의 개요와 주제와 저자와 집필 연대, 문학 형태, 성경 전체와의 관계, 해석적 도전 등을 서론으로 정리한 후 구절마다 충실하게 주석해 두었다. 정금보다 더 값지고 꿀보다 더 달고 태양보다 더 밝은 성경 말씀을 개혁주의 성경 해석의 원리에 따라 탁월하게 해석하고 적용한 〈ESV 성경 해설 주석〉이 지구촌 각 교회 지도자들과 성도들에게 널리 읽혀서 생명과 생활의 변화를 통해 하나님의 영광이 극대화되기 바란다.

권성수 | 대구 동신교회 담임목사

〈ESV 성경 해설 주석〉은 미국의 건전한 개혁주의 전통에 서 있는 젊고 탁월한 학자들을 중심으로 집필된 해설 주석이다. 이 책은 매우 읽기 쉬운 주석임에도 세세한 부분까지 놓치지 않고 해설을 집필해 놓았다. 성경 전체를 아우르는 신학적 큰 그림을 견지하면서도 난제는 간결하고 핵심을 찌르듯 해설하고 있다. 목회자들이나 성경을 연구하는 이들은 이 주석을 통해 성경 기자의 의도를 쉽게 파악하여 설교와 삶의 적용에 적절하게 활용할 수 있을 것이다.

김성수 | 고려신학대학원 구약학 교수

ESV 성경은 복음주의 학자들이 원문에 충실하게 현대 언어로 번역한다는 원칙으로 2001년에 출간된 성경이다. ESV 번역을 기초로 한 이 해설 주석은 성경 본문의 역사적 의미를 밝힘으로써 독자로 하여금 하나님의 영감된 메시지를 발견하도록 도울 목적으로 기획되었다. 각 저자는 본문에 대한 학문적 논의에 근거하여 일반 독자가 이해하고 적용할 수 있도록 충실하게 안내하고 있다. 또한 성경 각 권에 대한 서론은 저자와 본문을 이해하는 데 큰 도움을 준다. 이 주석은 말씀을 사모하는 모든 사람들, 특별히 말씀을 선포하고 가르치는 책임을 맡은 이들에게 신뢰할 만하고 사용하기에 유익한 안내서다.

김영봉 | 와싱톤사귐의교회 담임목사

〈ESV 성경 해설 주석〉은 성경 해석의 정확성, 명료성, 간결성, 통합성을 두루 갖춘 '건실한 주석'이다. 단단한 문법적 분석의 토대 위에 문학적 테크닉을 따라 복음 스토리의 흐름을 잘 따라가며, 구약 본문과의 연관성 속에서 견고한 성경신학적 함의를 제시한다. 성경을 이해하는 데 관심 있는 일반 독자들은 이 책을 통해 최신 해석들을 접할 수 있으며, 설교자들은 영적 묵상과 현대적 적용에 통찰을 얻을 수 있을 것이다.

김정우 | 총신대학교 명예교수, 한국신학정보연구원 원장

〈ESV 성경 해설 주석〉은 단락 개요, 주석 그리고 응답의 구조로 전개되기 때문에 독자는 성경의 말씀들을 독자 자신의 영적 형편에 적합하게 적용할 수 있다. 특히 절 단위의 분절적인 주석이 아니라 각 단락을 하나의 이야기로 묶어 해석하기 때문에 본서는 성경이라는 전체 숲을 파악하는 데 더없이 유익하다. 목회자, 성경 교사, 그리고 성경 애호적인 평신도들에게 추천할 만하다.

김회권 | 숭실대학교 기독교학과 구약신학 교수

성경 주석의 가장 중요한 사명은 하나님의 말씀을 바르게 해석하고 오늘날 청중에게 유익하게 적용할 수 있도록 안내하는 일이다. 〈ESV 성경 해설 주석〉은 목회자와 성도 모두에게 성경에 새겨진 하나님의 마음을 읽게 함으로 진리의 샘물을 마시게 할 뿐 아니라 하나님을 더욱 사랑하는 마음을 불러일으킨다. 성경과 함께 〈ESV 성경 해설 주석〉을 곁에 두라. 목회자는 강단에 생명력 있는 설교에 도움을 얻을 것이고 일반 독자는 말씀을 더 깊이 깨닫는 기쁨을 누릴 것이다.

류응렬 | 와싱톤중앙장로교회 담임목사, 고든콘웰신학교 객원교수

주석들의 주석이 아니라 성경을 섬기는 주석을, 학자들만의 유희의 공간이 아니라 현장을 섬기는 주석을, 역사적 의미만이 아니라 역사 속의 의미와 오늘 여기를 향하는 의미를 고민하는 주석을, 기발함보다는 기본에 충실한 주석을 보고 싶었다. 그래서 책장 속에 진열되는 주석이 아니라 책상 위에 있어 늘 손이 가는 주석을 기다렸다. 학문성을 갖추면서도 말씀의 능력을 믿으며 쓰고, 은혜를 갈망하며 쓰고, 교회를 염두에 두고 쓴 주석을 기대했다. 〈ESV 성경 해설 주석〉은 나를 성경으로 돌아가게 하고 그 성경으로 설교하고 싶게 한다. 내가 가진 다른 주석들을 대체하지 않으면서도 가장 먼저 찾게 할 만큼 탄탄하고 적실하다. 현학과 현란을 내려놓고 수수하고 담백하게 성경 본문을 도드라지게 한다.

박대영 | 광주소명교회 책임목사, 《묵상과 설교》 편집장

또 하나의 주석을 접하며 무엇이 특별한가 하는 질문부터 하게 된다. 먼저 디테일하고 전문적인 주석과 학문적인 논의의 지루함을 면케 해주면서도 성경 본문의 흐름과 의미 그리고 중요한 주제의 핵심을 잘 파악하게 해 준다는 점을 들 수 있다. 그래서 분주한 사역과 삶으로 쫓기는 이들의 시간과 에너지를 절약해 준다는 이점이 있다. 또한 본문에 대한 충실한 해석뿐 아니라 그 적용까지 이끌어낼 수 있도록 돕는다는 점이 유익하다. 더불어 가독성이 뛰어나다는 점에서 설교를 준비하는 이들뿐 아니라 성경을 바로 이해하기 원하는 모든 교인들에게 적합한 주석이다.

박영돈 | 작은목자들교회 담임목사, 고려신학대학원 교의학 명예교수

성경이 질문하고 성경이 답변하게 하는 방법을 찾는 것은 이 시대에 성경을 연구하거나 가르치거나 설교하는 이들의 가장 큰 고민거리라고 할 수 있다. 그동안 접했던 많은 성경 주석서들은 내용이 너무 간략하거나 지나치게 방대했다. 〈ESV 성경 해설 주석〉은 이 시대의 목회자들뿐만 아니라 진리를 갈망하는 모든 신자들, 특히 제자

훈련을 경험하는 모든 동역자들에게 매우 신선하고 깊이 있는 영감을 공급하는 주석이다. 첫째, 해석이 매우 간결하고 담백하면서도 깊이가 있다. 둘째, 영어 성경과 대조해서 본문을 폭넓게 이해할 수 있다. 셋째, 성경 원어 이해를 돕기 위한 세심한 배려는 목회자뿐만 아니라 성경의 깊이를 탐구하는 모든 신앙인들에게도 큰 유익을 준다. 넷째, 이 한 권으로 충분할 수 있다. 성경이 말하기를 갈망하는 목회자의 서재뿐만 아니라 말씀을 사랑하는 모든 신앙인들의 거실과 믿음 안에서 자라나는 다음 세대의 공부방들도 〈ESV 성경 해설 주석〉이 선물하는 그 풍성한 말씀의 보고(寶庫)가 되기를 염원한다.

故 박정식 | 전 은혜의교회 담임목사

〈ESV 성경 해설 주석〉은 성경 본문을 통해 저자가 드러내기 원하는 사고의 흐름을 따라가면서 예수님을 중심으로 하는 구원계시사적 관점에서 친절히 해설한다. 《ESV 스터디 바이블》의 묘미를 맛본 분이라면, 이번 〈ESV 성경 해설 주석〉을 통해 복음에 충실한 개혁주의 해설 주석의 간명하고도 풍성한 진미를 기대해도 좋다. 설교자는 물론 성경을 진지하게 읽음으로 복음의 유익을 얻기 원하는 모든 크리스천에게 독자 친화적이며 목회 적용적인 이 주석 시리즈를 기쁘게 추천한다.

송영목 | 고신대학교 신학과 신약학 교수

일반 성도들이 성경을 읽을 때 곁에 두고 참고할 만한 자료가 의외로 많지 않다. 그런 점에서 〈ESV 성경 해설 주석〉이 한국에 소개되는 것을 매우 기쁘게 생각한다. 학술적이지 않으면서도 깊이가 있는 성경 강해를 명료하게 담아내고 있기 때문이다. 성경을 바르고 분명하게 이해하려는 모든 성도들에게 큰 도움이 되리라 확신하며 추천한다.

송태근 | 삼일교회 담임목사, 미셔널신학연구소 대표

본 시리즈는 장황한 문법적 · 구문론적 논의는 피하고 본문의 흐름을 따라 단락별로 본문의 핵심을 파악할 수 있도록 도와주는 매우 간결하고 효율적인 주석 시리즈다. 본 시리즈는 석의 과정에서 성경신학적으로 건전한 관점을 지향하면서도, 각 책의 고유한 신학적 특성을 드러내 보여주는 것도 소홀히 하지 않는다. 특히 본 시리즈는 목회자들이 설교를 준비할 때 본문 이해의 시발점으로 사용하기에 적절하며, 평신도들이 읽기에도 과히 어렵지 않은 독자 친화적 주석이다. 본 시리즈는 성경을 연구하는 모든 이들에게 매우 요긴한 동반자가 될 것이다.

양용의 | 에스라성경대학원대학교 신약학 교수

메시아적 시각을 평신도의 눈높이로 풀어낸 주석이다. 주석은 그저 어려운 책이라는 편견을 깨뜨리고 성경을 사랑하는 모든 이의 가슴 속으로 살갑게 파고든다. 좋은 책은 평생의 친구처럼 이야기를 듣고 들려주면서 함께 호흡한다는 점에서 〈ESV 성경 해설 주석〉은 가히 독보적이다. 깊이에서는 신학적이요, 통찰에서는 목회적이며, 영감에서는 말씀에 갈급한 모든 이들에게 열린 책이라고 할 수 있다. 서사적 구조와 시의 적절한 비유적 서술은 누구라도 마음의 빗장을 해제하고, 침실의 머리맡에 두면서 읽어도 좋을 만큼 영혼의 위로를 주면서도, 말씀이 주는 은혜로 새벽녘까지 심령을 사로잡을 것으로 믿는다. 비대면의 일상화 속에서 말씀을 가까이하는 모든 이들이 재산을 팔아 진주가 묻힌 밭을 사는 심정으로 사서 평생의 반려자처럼 품어야 할 책이다.

오정현 | 사랑의교회 담임목사, SaRang Global Academy 총장

〈ESV 성경 해설 주석〉 시리즈의 특징은 신학자나 목회자들에게도 도움이 되겠지만 평신도 지도자인 소그룹 인도자들의 성경본문 이해에 대한 통찰력을 제공한다. 건강한 교회의 공통분모인 소그룹 활성화를 위하여 인도자의 영적 양식은 물론 그룹원들의 일상을 새로운 각도에서 조명하는 원리를 찾아주는 데 도움을 준다. 서로 마음이 통하는 반가운 친구처럼 손 가까이 두고 싶은 책으로 추천하고 싶다.

오정호 | 새로남교회 담임목사, 제자훈련 목회자네트워크(CAL-NET) 이사장

〈ESV 성경 해설 주석〉은 내용이 충실하여 활용성이 높고, 문체와 편집이 돋보여 생동감을 주기에 충분하다. 이와 함께 본문의 의미를 최대한 살려내는 심오한 해석은 기존의 우수한 주석들과 어깨를 나란히 할 만큼 정교하다. 또한 본 시리즈는 성경 각 권을 주석함과 동시에 성경 전체를 관통하는 그리스도 중심의 구속사적 관점을 생생하게 적용함으로써 탁월함을 보인다. 설교자와 성경 연구자에게는 본문에 대한 알찬 주석을 제공한다는 차원에서 오아시스와 같고, 실용적인 주석을 기다려온 평신도들에게는 설명이 뛰어나다는 점에서 가장 이상적인 해설서로 적극 추천한다.

윤철원 | 서울신학대학원 신약학 교수, 한국신약학회 회장

설교자들은 늘 신학적으로 탄탄하면서도 성경신학적인 주석서가 목말랐다. 학문적으로 치우쳐 부담되거나 석의가 부실한 가벼운 주석서들과는 달리 〈ESV 성경 해설 주석〉은 깊이 있는 주해와 적용에 이르기까지 여러 면에서 균형을 고루 갖춘 해설 주석서다. 한국 교회 강단을 풍성케 할 역작으로 기대된다.

이규현 | 수영로교회 담임목사

ESV 성경은 원문을 최대한 살려서 가장 최근에 현대 영어로 번역한 성경이다. 100여 명의 대표적인 복음주의 학자와 목회자들로 구성된 팀이 만든 ESV 성경은 '단어의 정확성'과 문학적 우수성뿐만 아니라 그 의미를 깊이 있게 드러내는 영어 성경이다. 2001년에 출간된 이후 교회 지도자들과 수많은 교파와 기독교 단체에서 널리 사용되었고, 현재 전 세계 수백만의 그리스도인들이 사용하고 있다. 〈ESV 성경 해설 주석〉은 무엇보다 개관, 개요, 주석이 명료하고 탁월하다. 포스트모던 시대에도 진지한 강해설교를 고민하는 모든 목회자들과 성경공부 인도자들에게 마음을 다하여 추천하고 싶다. 이 책을 손에 잡은 모든 이들은 손에 하늘의 보물을 잡은 감사를 느끼게 될 것이다.

이동원 | 지구촌교회 원로목사, 지구촌 목회리더십센터 대표

〈ESV 성경 해설 주석〉은 '성경'을 '말씀'으로 대하는 신중함과 경건함이 부드럽지만 강렬하게 느껴지는 저술이다. 본문의 흐름과 배경을 알기 쉽게 보여주면서 본문의 핵심을 명확하게 제시하는 묘한 힘을 가지고 있다. 연구와 통찰이 질서 있고 조화롭게 제공되고 있어, 본문을 보는 안목을 깊게 해 주고, 말씀을 받아들이는 마음을 곧추세우게 해 준다. 주석서에서 기대하는 바가 한꺼번에 채워지는 느낌이다. 설교를 준비하는 목회자, 성경을 연구하는 신학생, 말씀으로 하나님을 만나려는 성도 모두에게 단비 같은 주석이다.

이진섭 | 에스라성경대학원대학교 신약학 교수

ESV 성경 간행에 이은 〈ESV 성경 해설 주석〉의 발간은 이 땅을 살아가는 '말씀의 사역자'들은 물론, 모든 '한 책의 백성'들에게 주어진 이중의 선물이다. 본서는 구속사에 대한 거시적 시각과 각 구절에 대한 미시적 통찰, 학자들을 위한 학술적 깊이와 설교자들을 위한 주해적 풀이, 그리고 본문에 대한 탁월한 설명과 현장에 대한 감동적인 적용을 다 아우르고 있는 성경의 '끝장 주석'이라 할 만하다.

전광식 | 고신대학교 신학과 교수, 전 고신대학교 총장

〈ESV 성경 해설 주석〉은 처음부터 그 목적을 분명히 하고 집필되었다. 자기 스스로 경건에 이르도록 성장하기 위해서, 또 다른 사람들을 가르치기 위해서, 성경을 진지하게 연구하는 모든 사람들에게 도움을 주기 위해서라고 밝히고 있다. 목사들에게는 목회에 유익한 주석이요, 성도들에게는 적용을 돕는 주석이다. 또 누구에게나 따뜻한 감동을 안겨주는, 그리하여 주석도 은혜가 된다는 것을 새삼 확인할 것이다.

학적인 주석을 의도하지 않았지만, 이 주석의 구성도 주목할 만하다. 한글과 영어로 된 본문, 단락 개관, 개요, 주해, 응답으로 구성되어 있다. 만약 신구약 한 질의 주석을 곁에 두길 원하는 성도라면, 〈ESV 성경 해설 주석〉 시리즈는 틀림없이 실망시키지 아니할 것이라고 확신한다.

정근두 | 울산교회 원로목사

말씀을 깊이 연구하는 일부의 사람들에게는 원어 주해가 도움이 되겠지만, 강단에서는 설교자들에게는 오히려 해설 주석이 더 요긴하다. 〈ESV 성경 해설 주석〉은 본문 해설에 있어 정통 신학, 폭넓은 정보, 목회적 활용성, 그리고 적용에 초점을 두었다. 이 책은 한마디로 설교자를 위한 책이다. 헬라어나 히브리어에 능숙하지 않아도 친숙하게 성경 본문을 연구할 수 있다는 점에서 주변 목회자들에게 적극적으로 추천하고 싶다. 목회자가 아닌 일반 성도들도 깊고 풍성한 말씀에 대한 갈증이 있다면, 본 주석 시리즈를 참고할 것을 강력하게 권하고 싶다.

정성욱 | 덴버신학교 조직신학 교수

입고 있는 옷이 있어도 새 옷이 필요할 때가 있다. 기존의 것이 낡아서라기보다는 신상품의 맞춤식 매력이 탁월하기 때문이다. 〈ESV 성경 해설 주석〉 시리즈는 분주한 오늘의 목회자와 신학생뿐 아니라 성경교사 및 일반 그리스도인의 허기지고 목마른 영성의 시냇가에 심길 각종 푸르른 실과나무이자 물 댄 동산과도 같다. 실력으로 검증받은 젊은 저자들은 개혁/복음주의 신학과 신앙의 깊은 닻을 내리고, 성경 각 권의 구조와 문맥의 틀 안에서 저자의 의도를 핵심적으로 포착하여 침침했던 본문에 빛을 던져준다. 아울러 구속사적 관점 아래 그리스도 중심적 의미와 교회-설교-실천적 적용의 돛을 바라보게 함으로써 본문의 지평을 가일층 활짝 열어준다. 한글/영어 대역으로 성경 본문이 제공된다는 점은 한국인 독자만이 누리는 보너스이리라. "좋은 주석은 두껍고 어렵지 않을까"라는 우려를 씻어주듯 이 시리즈 주석서는 적절한 분량으로 구성된 '착한 성경 해설서'라 불리는 데 손색이 없다. 한국 교회 성도의 말씀 묵상, 신학생의 성경 경외, 목회자의 바른 설교를 업그레이드하는 데 〈ESV 성경 해설 주석〉 시리즈만큼 각 사람에게 골고루 영향을 끼칠 주석은 찾기 어려울 듯싶다. 기쁨과 확신 가운데 추천할 수 있는 이유다.

허주 | 아세아연합신학대학교 신약학 교수, 한국복음주의신약학회 회장

〈ESV 성경 해설 주석〉은 정확무오한 하나님의 말씀을 전하는 설교자와 전도자들에게 훌륭한 참고서다. 성경적으로 건전하고 신학적으로 충실할 뿐 아니라 목회 현장에 실질적인 도움이 된다. 나 또한 나의 설교와 가르침의 사역에 활용할 수 있기를 고대한다.

대니얼 에이킨(Daniel L. Akin) | 사우스이스턴침례신학교 총장

하나님은 그의 아들에 대해 아는 것으로 모든 열방을 축복하시려는 영원하고 세계적인 계획을 그의 말씀을 통해 드러내신다. 이 주석이 출간되어 교회들이 활용할 수 있게 된 것만으로 행복하고, 성경에 대한 명확한 해설로 말미암아 충실하게 이해할 수 있게 해 준 것은 열방에 대한 축복이다. 물이 바다를 덮음같이 하나님의 영광에 대한 지식이 온 땅에 충만해지는데 이 주석이 사용되길 바란다.

이언 추(Ian Chew) | 목사, 싱가포르 케이포로드침례교회

〈ESV 성경 해설 주석〉은 탁월한 성경 해설과 깊이 있는 성경신학에 바탕한 보물 같은 주석이다. 수준 높은 학구적 자료를 찾는 독자들뿐만 아니라 읽기 쉽고 이해하기 쉽도록 잘 정리된 주석을 원하는 사람들에게도 적합하다. 목회자, 성경교사, 신학생들에게 이 귀한 주석이 큰 도움이 되고 믿을 수 있는 길잡이가 되리라 확신한다.

데이비드 도커리(David S. Dockery) | 사우스이스턴침례신학교 석좌교수

대단한 주석! 성경을 배우는 모든 학생들에게 도움이 될 수 있도록 최고 수준의 학자들이 성경의 정수를 정리하여 접근성을 높여서 빠르게 참고하기에 이상적인 주석이다. 나 또한 설교 준비와 성경 연구에 자주 참고하고 있다.

아지스 페르난도(Ajith Fernando) | 스리랑카 YFC 교육이사, *Discipling in a Multicultural World* 저자

〈ESV 성경 해설 주석〉은 성경교사들의 기초 자료로서 활용성 높은 최고의 주석 중 하나다. 일반 독자들도 쉽게 이해할 수 있는 동시에 강해설교가들에게 충분한 배움을 제공한다. 이 주석 시리즈는 성경을 제대로 배우고자 하는 전 세계 신학생들에게도 표준 참고서가 될 것이다.

필립 라이켄(Philip Graham Ryken) | 휘튼칼리지 총장

〈ESV 성경 해설 주석〉에 대하여

성경은 생명으로 맥동한다. 성령은 믿음으로 성경을 읽고 소화해서 말씀대로 살아가는 사람들에게 맥동하는 생명력을 전해 준다. 하나님이 성경 안에 자신을 계시하셨기 때문에 성경은 꿀보다 달고 금보다 귀하며, 모든 부(富)보다 가치 있다. 주님은 온 세상을 위해 생명의 말씀인 성경을 자신의 교회에 맡기셨다.

또한 주님은 교회에 교사들을 세우셔서 하나님의 말씀이 무엇을 의미하는지를 설명해 주고 각 세대에 어떻게 적용해야 하는지를 분명하게 보여주도록 하셨다. 우리는 이 주석이 하나님의 말씀을 진지하게 공부하는 모든 사람들, 즉 다른 사람들에게 가르치기 위해 성경을 연구하는 사람들과 스스로 경건에 이르도록 성장하기 위해 성경을 공부하는 사람들에게 큰 유익을 주길 기도한다. 우리의 목표는 성경 본문을 그리스도 중심적으로 명료하고 뚜렷하게 설명하는 것이다. 모든 성경은 그리스도에 대해 말하고 있으며(눅 24:27), 우리는 성경의 각 책이 우리가 "예수 그리스도의 얼굴에 있는 하나님의 영광을 아는 빛"(고후 4:6)을 보도록 어떻게 돕고 있는지 알려주길 원한다. 그런 목표를 이루고자 이 주석 시리즈를 집필하는 저자들에게 다음과 같은 원칙을 제시했다.

- 올바른 석의를 토대로 한 주석 성경 본문에 나타나 있는 사고의 흐름과 추론 방식을 충실하게 따를 것.
- 철저하게 성경신학적인 주석 성경은 다양한 내용들을 다루지만, 그리스도 안에서 완성된 구속이라는 단일한 주제를 말하고 있다는 점에서 성경 전체를 하나의 통일된 관점으로 볼 수 있게 할 것.
- 전 세계를 대상으로 한 주석 성경과 신학적으로 신뢰할 만한 자료들을 가능한 한 많은 사람들에게 공급하겠다는 크로스웨이(Crossway)의 선교 목적에 맞게 전 세계 독자들이 공감하고 필요로 하는 주석으로 집필할 것.
- 폭넓은 개혁주의 주석 종교개혁의 역사적 흐름 안에서 오직 은혜와 오직 믿음으로 말미암아 오직 그리스도 안에서 오직 성경의 가르침을 따라 오직 하나님의 영광을 위한 구원을 천명하고, 큰 죄인에게 큰 은혜를 베푸신 크신 하나님을 높일 것.
- 교리 친화적인 주석 신학적 담론도 중요하므로 역사적 또는 오늘날 신학적으로 중요한 문제들과 성경 본문에 대한 주석을 서로 연결하여 적절하고 함축성 있게 다룰 것.
- 목회에 유익한 주석 문법적이거나 구문론적인 긴 논쟁을 피하고, 하나님을 경외하는 마음으로 '성경 본문 아래 앉아' 경청하게 할 것.
- 적용을 염두에 둔 주석 오늘날 서구권은 물론이고 그 밖의 다른 세계에서 살아가는 사람들이 처한 상황과 성경 본문이 어떻게 연결되는지를 간결하면서도 일관되게 제시할 것(이 주석은 전 세계 다양한 상황 가운데 살아가는 사람들을 대상으로 하기 때문에).
- 간결하면서도 핵심을 찌르는 주석 성경에 나오는 단어들을 일일이 분석하는 대신, 본문의 흐름을 짚어내서 간결한 언어로 생동감 있게 강해할 것.

이 주석서에서 기본적으로 사용한 영역 성경은 ESV이지만, 집필자들에게 원어 성경을 참조해서 강해와 주석의 집필하도록 요청했다. 또한 무조건 ESV 성경 번역자들의 결해(結解)를 따르라고 요구하지도 않았다.

인간이 세운 문명은 시간이 흐르면 무너져서 폐허가 되지만, 하나님의 말씀은 영원히 서 있다. 우리 또한 바로 그 말씀 위에 서 있다. 성경의 위대한 진리들은 시간과 공간을 뛰어넘어 말하고, 우리의 목표는 전 세계적으로 적용될 수 있는 방식으로 그 진리들을 전하는 것이다.

하나님께서 자신의 말씀을 연구하는 일에 복을 주시고, 그 말씀을 강해하고 설명하려는 이 시도에 흡족해 하시기를 기도한다.

차례

약어표

참고 자료 |

BDAG	Bauer, W., F. W. Danker, W. F. Arndt, and F. W. Gingrich. A *Greek English Lexicon of the New Testament and Other Early Christian Literature*. 3rd ed. Chicago: University of Chicago Press, 1999.
NA[28]	Nestle-Aland, *Novum Testamentum Graece*, 28th rev. ed. Edited by Barbara Aland, Kurt Aland, Johannes Karavidopoulos, Carlo M. Martini, and Bruce Metzger in cooperation with the Institute for New Testament Textual Research, Munster/Westphalia; German Bible Society, 2012.
NICNT	New International Commentary on the New Testament
NIVAC	NIV Application Commentary
NovT	*Novum Testamentum*
PNTC	Pillar New Testament Commentary
TynBul	*Tyndale Bulletin*
WBC	Word Biblical Commentary

성경 |

구약 ▶

창 창세기
출 출애굽기
레 레위기
민 민수기
신 신명기
수 여호수아
삿 사사기
룻 룻기
삼상 사무엘상
삼하 사무엘하
왕상 열왕기상
왕하 열왕기하
대상 역대상
대하 역대하
스 에스라
느 느헤미야
에 에스더
욥 욥기
시 시편
잠 잠언
전 전도서
아 아가
사 이사야
렘 예레미야
애 예레미야애가
겔 에스겔
단 다니엘
호 호세아
욜 요엘
암 아모스
옵 오바댜
욘 요나
미 미가
나 나훔
합 하박국
습 스바냐
학 학개
슥 스가랴
말 말라기

신약 ▶

마 마태복음
막 마가복음
눅 누가복음
요 요한복음
행 사도행전
롬 로마서
고전 고린도전서
고후 고린도후서
갈 갈라디아서
엡 에베소서
빌 빌립보서
골 골로새서
살전 데살로니가전서
살후 데살로니가후서
딤전 디모데전서
딤후 디모데후서
딛 디도서
몬 빌레몬서
히 히브리서
약 야고보서
벧전 베드로전서
벧후 베드로후서
요일 요한일서
요이 요한이서
요삼 요한삼서
유 유다서
계 요한계시록

히브리서

ESV 성경 해설 주석

데니스 E. 존슨 지음 | 이철민 옮김

ESV Expository Commentary

Hebrews

히브리서 서론

개관

히브리서는 신약 문헌 중 독보적인(unique) 책이다. 히브리서 저자는 이 책을 "권면의 말"(히 13:22)이라고 설명하는데, 유대인 디아스포라 회당에서 바울이 "권할 말"을 설명하기 위해 사용한 것과 동일한 헬라어 표현이다(행 13:15). 아마도 히브리서는 유대계 그리스도인 회중을 위해 작성된 설교일 텐데, 모세의 율법을 통해 이스라엘에게 주어진 약속과 그림자를 예수님이 성취하셨음을 구약(하나님이 선지자들을 통해 하신 말씀, 히 1:1)에 근거하여 입증하고, 신자들은 양심이 깨끗하게 되고 하나님의 은혜의 보좌에 가까이 나아갈 수 있다고 보장했을 것이다(9:13-14; 10:19-24; 4:14-16). 히브리서는 시내산에서 주어진 옛 언약부터 예수님을 통해 중재된 새 언약까지, 구속사의 연속성과 발전 둘 다를 설명한다. 히브리서는 그리스도의 독보적인 인격과 구속적 사명에 관해 계시된 진리가 어떻게 그리스도인의 확신과 소망을 세우는지를 예시하면서, 교회를 향해 인내하고 서로 격려하라고 호소한다.

제목

저자의 이름을 담고 있는 다른 공동 서신과 달리, 히브리서는 수신인을 제목으로 사용한다. 하지만 히브리서의 본문 자체에서는 그 수신인도, 그들의 위치도 명시되지 않는다. 주후 2세기까지 거슬러 올라갈 수 있는 전통적인 제목인 "히브리인에게"("To the Hebrews")는 내용에서 추론된 것이거나, 아마 첫 세대로부터 구전된 전승이 반영된 것일 수 있다. 최초의 수신인의 정체가 '히브리인', 즉 이방인이 아닌 유대계 그리스도인이라는 주장은 도전을 받아왔다(참고. '저작 연대와 배경'). 하지만 모든 것을 고려할 때, 이 책이 원래 예수님을 믿는 믿음에 이른 유대인들에게 전달된 것이라는 고대 제목의 주장을 지지한다.

저자

전형적인 그리스 편지와 달리(참고. '장르와 문학적 구조 / 특징'), 히브리서는 시작 부분에서 저자의 신원을 밝히지 않는다. 최초의 수신인들은 틀림없이 저자를 알았을 것이다. 저자가 가까운 장래에 그들에게 '돌아갈' 수 있도록 기도해달라고 요청하고(13:18-19, 23), 그들의 과거와 현재의 구체적인 시련을 회상하고 있기 때문이다(6:9-12; 10:32-34).

파피루스 46에 반영된 최초의 교회 전승과 주후 2세기 말에 알렉산드리아의 클레멘스(Clement)와 오리겐(Origen)에게 알려진 논증은 히브리서와 사도 바울을 연결한다. 하지만 클레멘스는 히브리서가 아마 바울의 동료인 누가에 의해 기록되었을 것이라고 추측했다. 오리겐은 히브리서와 바울 서신의 신학적 유사성을 인정하면서도 이 설교 편지의 실제 저자는 '하나님만이 아신다'고 결론지었다. 디모데에 대한 언급(13:23)과 '바울 서신' 주제의 등장(예컨대, 그리스도의 속죄 죽음과 새 언약)은 바울 저작권을 지지하는 근거로 사용되어 왔다. 하지만 바울의 핵심 강조점인 예수님의 부활은 거의 언급되지 않는다(13:20). 물론 부활이 예수님의 "불멸의 능력"(7:16)이라는 주제(motif)에서 암시되기는 하지만 말이다. 더 나아가 존 칼빈의 주장처럼, 바울은 자신이 사도로 부름 받은 것이 다른 인간에 의해 매개되지 않고 부활하신 그리스도께로부터 직접 주어진 것이라고 강조했다(갈 1:1, 11-17). 따라서 히브리서 저자와 마찬가지로, 바울이 다른 사도들을 통해 구원의 메시지를 접한 이들 속에 자신을 포함시켰을 가능성은 낮다(히 2:3). 2세기의 원문을 반영하고 있을 7세기 문헌인 무라토리 단편(*The Muratorian fragment*)에는 일곱 개 교회와 세 명의 개인에게 전해진 열세 통의 바울 서신이 언급되지만 히브리서는 바울 서신 가운데에, 심지어 바울의 것으로 잘못 인정된 저작 가운데에도 포함되지 않는다.

또 다른 2세기의 교부인 카르타고의 터툴리안(Tertullian)은 바나바가 히브리서의 저자라고 제안했다. 요셉 바나바는 디아스포라 출신(구브로)의 레위인이었으며, 사도들이 그에게 붙여준 별명은 "위로[파라클레시스(*paraklēsis*)]의 아들"로 번역된다(행 4:36). 이러한 특징은 세련된 헬라어로 작성되어 예수님이 레위계 성소와 그 희생 제사를 성취하셨음을 상세히 설명하는 "권면[파라클레시스]의 말"(히 13:22)을 쓴 저자와 어울릴 것이다. 하지만 히브리서를 바나바가 썼다는 터툴리안의 주장은 초기 기독교 세기에 유일하다. 터툴리안의 말이 옳을 수 있지만, 그는 이전 전승을 인용하지 않았으며 그의 동시대 사람들 중 누구도 그의 견해를 알고 있던 것 같지도 않다.

몇 세기 뒤에 오로지 이 설교 편지 자체의 내용과 양식에서 이끌어낸 추론에 근거하여 저자에 대한 다른 제안이 제기되었지만 초기 교회 전승의 외적인 확증은 전혀 없었다. 추정된 저자들로는 아볼로(마르틴 루터)와 로마의 클레멘스(칼빈의 잠정적 가설), 에바브라, 브리스길라(19세기와 20세기 학자들) 등이 있다.

히브리서를 쓴 인간 저자의 정체는 미지의 상태로 남아 있으며, 앞으로도 계속 그러할 것 같다. 우리는 그에 대해 어느 정도는 알고 있다. "말하려면 내게 시간이 부족하리로다"(11:32)에서 헬라어 남성 분사는 저자가 남성임을 암시한다. 청중들과 더불어, 그는 그리스도께서 성취하신 구원에 대해 '주께 들은' 사도들을 통해 들었다(2:3). 그는 문학적인 그리스식 헬라어에 유창했고 헬라어 칠십인역을 사용했던 노련한 성경 해석자였다. 그는 설교 편지의 청중들 속에서 자신이 가지는 목양적 권위를 전제하고 있다. 물론 이천 년이나 떨어져 있는 우리는 그가 누구였는지 알지 못하지만, 이 사실은 그의 관심사가 아니었을 것이다. 한 대목에서 그가 성경의 인간 저자를 언급하면서 연대에 대해 지적하지만(4:7) 그의 두드러진 관심은 우리가 성경에 주의를 기울이고 또한 오래 전에 선지자들을 통해 말씀하셨고 지금도 아들 안에서 말씀하시며, 아들이 승천하신 뒤에는 아들의 메신저들을 통해 말씀하시는 신적인 저자의 권위에 주목해야 한다는 것이다(1:1-2; 2:1-4, 6; 3:7; 12:25-27; 13:7).

저작 연대와 배경

연대

아마도 히브리서는 주후 70년의 성전 파괴 이전에 기록되었을 것이다. 히브리서 10:1-4, 11-14절은 이스라엘의 지상 성소에서 끊임없이 반복되던 동물 제사를 통한 이런 죽음이 예배자의 양심을 깨끗하게 할 수 없다고 주장한다. 만약 성전이 이미 파괴된 뒤였다면, 그 사건은 다음과 같이 전혀 다른 논증의 흐름을 만들어냈을 것이다. 곧 지상의 성소와 그 희생 제사는 명백히 미흡했다. 왜냐하면 성전 파괴는 이런 것들이 하나님 앞으로 들어가는, 예수님의 죽음에 의해 열린 "새로운 살 길"에 의해 대체되었음을 보여주는 것이 되기 때문이다(참고. 10:19).

한편, 히브리서는 아마 주후 70년에서 아주 오래 전에 기록되지는 않았을 것이다. 이 편지의 청중들은 복음을 받아들인 지 어느 정도 되었지만 그만큼 성숙하지는 못한 것으로 묘사되기 때문이다(5:12-14). "이달리야에서 온 자들"이 전하는 인사말(13:24)은 이 설교 편지의 목적지가 이달리야(이탈리아)였고, 또한 이 문안하는 자들이 고향으로 안부를 전하는 이달리야의 국외 거주민이었음을 시사한다.

어떤 학자들은 다음과 같이 주장한다. 공개적 폭로와 투옥, 재산 몰수를 포함하여 이 편지의 독자들이 이전에 견뎠던 고난(10:32-34)은 유대인들을 로마에서 추방시킨 클라우디우스 황제의 칙령과 관련이 있었을 것이다. 전해지는 바에 따르면, 이 칙령은 일명 크레스투스(*Chrestus*) 혹은 크리스토스(*Christos*, '메시아'를 가리키는 헬라어)라는 인물에 의해 발생한 소동에 대한 대응이었다(AD 49년경, 참고. 행 18:2). 분명 이 칙령은 수도 안에 거주하던 모든 유대인에게 강요되지는 않았고, 몇 년 뒤에 소멸되었을 것이다.

바울이 상고 재판을 받기 위해 로마에 도착했을 때(AD 60년경), 그는 기존의 유대인 공동체와 더불어 한두 무리의 기독교 회중을 발견했다(행 28:14-15, 17-28). 물론 히브리서 회중의 구성원들은 "아직 피흘리기까지는 대항하지 아니[했지만]"(히 12:4) 저자는 그리스도의 죽음이 그들을 죽음의 두려움으로부터 자유롭게 했다고 단언하고(2:15) 믿음의 순례길에서 그들보다 앞서 갔던 이들이 고문과 폭력적 죽음을 모두 견뎠다는 사실을 그들에게 상기시킨다(11:35-38). 이렇듯 히브리서의 저작 연대가 60년대 중반, 곧 제국의 수도에서 네로의 그리스도인 박해가 점차 고조되고 있던 때라고 보는 입장은 입수 가능한 모든 증거와 잘 들어맞는다.

배경

이 편지를 저술하던 때의 정황은 청중들의 상황과 영적인 상태를 언급하는 직접적인 설명과 설교 자체의 논증으로부터 추론될 수 있다. 수신인들은 복음의 "빛"을 받았을 때 믿음의 순례를 훌륭하게 시작했고, 고난을 견디면서 예수님을 위해 고난 받는 다른 사람들을 보살폈다(히 6:10; 10:32-34). 하지만 이 편지를 저술할 즈음, 어떤 사람들은 그리스도인의 모임을 등질 뿐만 아니라(10:25) 그리스도와 그분의 속죄의 피를 믿는다는 신앙 고백을 저버릴 위험에 처해 있었다(6:4-6; 10:29-30). 이 설교는 예수님과 그분의 구속 사역이 모세에게 주어진 율법에서 명령한 속죄와 하나님께 나아가는 수단인 성소와 희생 제사를 넘어서고, 그것을 대체했다고 줄곧 주장한다. 이런 주장은 청중들이 하나님께 용서받았다는 확신을 얻기 위해, 또한 박해를 완화하기 위해 유대교 제도를 바라보는 경향이 있었음을 암시하는 것 같다.

히브리서에는 할례에 대한 언급이 전혀 없다. 만약 최초의 청중들이 이방인이었다면 할례를 언급해야만 했을 것이다(갈라디아서, 로마서, 빌립보서, 에베소서, 사도행전을 비롯한 다른 곳에서 나타나듯이). 따라서 청중들은 아마도 제도적인 유대교와 성전에 '매료된' 이방인은 아니었을 것이다. 오히려 그들은 예루살렘의 눈에 보이는 성소와 성소의 예전으로 돌아가, 영원한 대제사장이신 그리스도의 탁월하심과 양심을 깨끗하게 하는 최종적 제물로서 그분의 희생이 충분했다는 믿음을 버리도록 미혹당하고 있던 예수님의 유대인 제자들이었을 것이다.

장르와 문학적 구조 / 특징

장르

히브리서는 '공동'(Catholic) 서신 또는 일반 서신으로 분류되지만, 전형적인 그리스 서신을 규정하는 특징들은 약하다. 히브리서는 저자의 이름이나 수신자의 이름/설명/지명 또는 서두의 복 선언(benediction)이나 감사의 표현으로 시작하지 않는다. 저자 자신은 이 책을 "권면의 말"로 규정한다

(13:22). 이러한 묘사는 편지에 스며들어 있는 (하나님의 말씀에 올바르게 응답하도록 청중들에게 촉구하는) '권고적인'(hortatory) 어조를 강조한다. 또한 이 묘사는 이 책이 성경에 대한 '구두'(spoken) 설명과 적용을 갖춘 설교로 받아들여져야 한다는 것을 알려준다. 비시디아 안디옥 회당에서, 믿으라고 호소하는 바울의 구약성경 해설은 "권할 말"("word of encouragement", 행 13:15)로 불리는데, 그 헬라어 표현은 히브리서 13:22에서 "권면의 말"("word of exhortation")로 번역된 것과 동일하다. 그리스도인 회중 안에서 행할 사역을 위해 디모데에게 주어진 바울의 지시에는 성경 읽기 뒤에 "권하는 것"과 "가르치는 것"이 나온다(딤전 4:13).

이런 설교 장르와 어울리게, 히브리서에서 하나님의 말씀은 '말'이나 '증언'을 통해 구두로 전달되고 '들음'을 통해 받아들여진다(히 2:1, 3; 3:7; 7:17; 8:8; 10:15; 12:25 등). 히브리서는 서신서에 흔히 나오는 특징인 다양한 주제에 대한 명령, 기도 요청, 복 선언, 마지막 인사말로 끝을 맺는다. 따라서 이 설교는 서신 왕래를 통한 배포에 적합하도록 각색된 것이다.

구조

이 설교는 옛 언약 아래에서 하나님이 이스라엘에 관해 사용하신 방편의 특징과, 다른 한편으로는 새 언약 아래에서 그리스도가 실현하신 하나님과의 계약 관계의 우월 사이에 있는 여섯 가지 대조[1]로 구성된다(참고. '개요'). 각 단락은 하나의 주요 구약 본문에 대해 해설한 뒤 그리스도의 중재 사역이 옛 언약의 제도를 넘어선다고 주장하고 구체적인 권면으로 이어진다. 사고의 흐름은 하나님의 말씀(계시)에서 우리의 속죄와 용서를 위한 하나님의 대책(화해)으로, 그리고 마지막에 그분의 거룩한 임재 안에서 드리는 예배의 목적(안식)으로 옮겨간다. 저자는 주제와 주제를 오가는 설교의

1 히브리서의 구조에 관한 학문적 합의는 전혀 존재하지 않는다. 이 여섯 부분에 대한 분석은 R. T. France, "The Writer of Hebrews as a Biblical Expositor," *TynBul* 47 (1996): 245-276에서 부분적인 지지를 받는다.

흐름에 통일성을 부여하면서, 각 단락을 솜씨 좋게 맞물려 놓는다. 그 결과, 설교 단락 간의 경계가 항상 선명하게 구분되지는 않는다(표1).

본문 경계	그리스도는 ~보다 우월하시다	관련 주제	주요 구약 본문 (부수적 본문)	권면
1:4–2:18	천사	계시	시 8:4–6	2:1–4
3:1–4:13	모세	계시	시 95:7–11 (민 12:7)	3:7–4:13
4:14–7:28	아론 계열 제사장	화해	시 110:1, 4 (창 14:17–20)	5:11–6:12
8:1–10:31	언약, 성소, 제사	화해	렘 31:31–34 (시 40:6–8)	10:19–31
10:32–12:17	약속의 땅	안식(기업)	합 2:2–4	12:1–17
12:18–29	시내산	안식(예배)	출 19:16–23 (신 4:11)	12:25–29

표1. 히브리서의 주요 단락

신학

히브리서는 성경의 나머지 곳곳에서 계시된 여러 교리를 명시적으로 재확인한다. 하나님이 영원하신 아들을 통해 말씀으로(히 11:3, 참고. 1:10–12) 우주를 창조하셨다(1:2-3). 구약성경은 성령을 통해 우리에게 전해진 하나님 자신의 말씀이다(1:1–2; 3:7). 인류는 다른 피조물을 다스려야 할 운명이었지만(2:7–8), 우리는 죄를 범했고 하나님께로부터 소외되어 순결한 제사를 통한 속죄를 필요로 했다(2:17; 5:1–3; 9:7, 13–14). 우리는 죄의 두려움으로 인해 마귀에게 예속되었고(2:14–15) 그분의 능력의 구원을 필요로 한다(2:3, 10; 5:9; 7:25). 이 목록은 계속 이어질 수 있다. 히브리서는 기독론과 구원론, 구속사의 언약적 구조, 그리고 교회와 교회의 예배에 독특한 신학적 기여를 한다.

기독론

하나님의 아들 예수 그리스도는 온전히 신적이시고 위엄으로는 하나님의 천사들을(1:2-9), 그리고 불변하는 지속성으로는 온 우주를(1:10-12; 13:8) 무한히 초월하신다. 이 아들은 온전한 인간이 되어 "범사에 형제들과 같이" 우리의 혈과 육을 공유하셨는데, 이는 하나님의 진노에서 우리를 구원하고 우리가 하나님 앞에 나아갈 수 있게 하려고 생명을 바치는 자비롭고 신실한 대제사장이 되시기 위한 것이다(2:14-18; 5:5-10; 10:19-22). 자기 백성들의 죄를 위해 돌아가신 뒤, 예수님은 "불멸의 생명"으로 부활하셨고(7:16) 하나님 우편으로 승천하셨으며(8:1-2, 참고. 12:2), 거기서 영원히 살면서 자기를 통해 하나님께 나아가는 이들을 위해 중보하신다(7:23-25).

구원론

히브리서는 그 설교의 핵심 주제인 그리스도의 구원 사역이 가지는 제사장적 측면을 최대한 정교하게 설명한다(8:1). 그분이 "육체에 계실 때" 받은 고난으로 말미암아, 형제자매들을 위해 중보하는 제사장에게 어울리는 동정적인 긍휼로 연약한 죄인들을 대변할 수 있는 자격이 그분에게 부여되었다(2:17-18; 4:14-5:4; 5:7-10). 그분은 대제사장이면서 단번에 양심을 정결하게 하는 최종적 속죄 제물로 자신을 죽음에 내주어, 구약의 성소와 연관된 끝없이 이어지는 동물의 죽음을 성취하시고 대체하셨다. 그리스도는 이제 하나님의 하늘 지성소에 들어가셨고, 우리를 위해 중보하고 계신다. 우리는 그분이 하늘의 성소로부터 나타나서 죄와 죽음으로부터 벗어나는 우리의 구원을 완성하시기를 기다린다.

언약적 구속사

히브리서는 하나님이 역사를 통틀어 자신의 말씀을 점진적으로 계시하셨는데, 과거 세대에게는 선지자들을 통해 말씀하셨지만 "이 모든 날 마지막에는" 아들을 통해 말씀하셨다는 주제로 시작된다(1:1-2). 이 두 세대의 역사 모델은 히브리서 설교 곳곳에 스며들어 있다. 모세는 "장래에 말할 것"을 증언했다(3:5). 율법의 성막과 그 성소는 예수님의 제사장 사역과 그 하늘의 장소를 예고한다. 그리스도는 "자기를 단번에 제물로 드려 죄를 없이 하시려고 세상 끝에 나타나[셨다]"(9:26). 대조적으로, 지나간 시절에 성막의 가장 거룩한 안쪽 방에 접근하지 못하도록 모세에게 주어진 제한 규정들은 '개혁할 때'가 아직 이르지 않았다는 성령의 신호였다(9:8-10).

이제 그리스도께서 대제사장으로 오셔서 자신을 희생제물로 바치셨고, "장차 올 좋은 일"의 그림자 역할을 하던 의식들(10:1)은 그것이 지시하던 실재인 '이미 온 좋은 것'에게 길을 양보했다(9:11).[2] 하나님은 히브리서 8:8-12에 인용된 예레미야 31장에서 우리가 하나님께 나아갈 것을 보장하는 더 좋은 약속에 근거한 새 언약이 시내산에서 세워진 언약을 대체할 것이라고 선언하셨다. 그리스도의 죽음은 그 새 언약을 개시하셨다(9:14-15). 하나님이 그분의 백성과 맺은 언약 공동체의 새 시대가 동텄다.

교회론과 예배

히브리서는 청중들에게 현재 상황을 종살이 하던 애굽에서 벗어나 안식을 누릴 약속의 땅을 향해 광야를 통과하는 이스라엘의 순례길이라는 관점에서 바라보라고 호소한다(3:7-4:11, 참고. 11:8-10, 13-16; 13:14). 종살이에서 벗어나는 해방은 큰 은혜지만, 복 된 목적지("하나님의 안식", 하나님이 계획

2 ESV 각주를 참고하라.(역자주)

하고 지으실 터가 있는 성, 장차 와서 영원히 거주할 도성 등으로 다양하게 불림)에 들어가기 위해 교회는 자신이 고백하는 소망 가운데 인내해야 한다(3:6; 4:1; 6:11, 18; 10:23-25, 35-39). 이 인내는 상호 격려와 책임을 요청한다(3:12-13; 12:12-17). 이 인내의 원천은 기대에 찬 예배와 기도인데, 예배와 기도를 통해 우리는 시의적절한 도움을 구하며 하나님의 은혜의 보좌 앞에 나아간다(4:14-16; 10:19-22; 12:18-24). 교회는 광야의 시련을 통과하여 약속된 기업을 향해 나아가는 회중으로서, 서로 주도적으로 보살피는 가운데 함께 붙들어줌으로 자신의 신앙 고백을 굳게 붙들어야 한다.

성경 다른 본문과 그리스도와의 관련성

히브리서와 구약

히브리서는 구약의 성소 및 그 안에서 바쳐진 희생 제사의 의도와 중요성에 관한 가장 광범위하고 상세한 신약 주석을 제시한다. 다시 말해, 이 설교에서 성령(참고. 9:8-10)은 모세를 통해 주어진 율법의 방대한 단락(출 25-40장; 레 1-25장; 민 3-9장; 15-19장; 28-29장; 신 12장; 14-18장; 26장)과 더불어 성전을 다루는 후대의 구약 본문(예. 왕상 5-8장; 대상 21-26장; 28-29장; 대하 2-7장)에 대해 신적으로 영감된 해석을 제시하셨다.

시편 110편은 우리가 히브리서로 알고 있는 이 설교의 전체 논의에 통일성을 부여한다고 말할 수 있다. 이 시편은 하나님 우편에 앉으신 왕적인 메시아를 보여준다(참고. 히 1:3, 13; 8:1; 10:12). 이 왕은 또한 고대 살렘의 제사장-왕인 멜기세덱의 본에 어울리는 제사장이시다. 그분은 "영원[한]" 제사장, 하나님의 엄숙한 맹세를 통해 보장된 영구한 직분으로 섬기신다(히 5:6; 6:20; 7:3, 11-28). 이로써 히브리서는 (창세기 14:17-20과 더불어) 이 시편에서 다음의 내용을 포착한다. 그 내용으로는 그리스도 안에서 제사장과 왕직의 통합, 그리스도의 현재 사역이 이루어지는 하늘의 장소, 그리고 그분이 앉으신 모습(posture)에 의해 상징되는 속죄 제사의 완성, 제사장으로서 그분의 끝나지 않는 직위, 그리고 아론의 제사장직보다 우월한 예수님의 제사장직이 있다.

히브리서 3:7-4:13에 나오는 시편 95:7-11에 대한 해석은, 광야를 통과하는 이스라엘의 40년 여정이 새 언약 안에서 기독교 교회의 순례의 모델임을 보여준다. 이로써 히브리서는 모세오경 곳곳에서 광야 기사의 의미를 조명한다(참고. 고전 10:1-13에 나오는 바울의 논의).

히브리서는 하나님이 이전에 이스라엘과 관계를 맺으셨던 사건 및 제도보다 뛰어난 그리스도의 우월하심을 구약 자체에 근거하여 입증하기 위해 다양한 해석 방법을 사용한다. 세 번 채택된 한 가지 전략은 여기서 언급할 만하다. 특정 구약 본문들은 하나님이 이스라엘에게 부어주신 유익(약속의 땅에서의 안식, 레위계 제사장, 시내산에서 맺은 언약)이 더 좋은 복에 의해 대체되어야 할 불완전한 임시 규정이었음을 암시한다. 히브리서의 추론에 의하면, 만약 하나님이 이런 규정들이 폐지되도록 계획하지 않으셨다면 관련 구약 본문들은 독자들로 하여금 미래의 더 우월한 대체물을 기대하도록 이끌지 않았을 것이다.

(1) 히브리서 4:6-8은, 여호수아의 인도 아래 이스라엘이 가나안을 정복한 지 오랜 뒤에 다윗이 말한 시편 95:7-11이 여전히 고대의 (이미 약속의 땅에서 살고 있던) 청중들에게 다음과 같이 촉구했다고 설명한다. "오늘 너희가 그의 음성을 듣거든 너희 마음을 완고하게 하지 말라." 하나님의 백성이 마음을 완고하게 했다면, 그들은 하나님의 안식에 들어가지 못했을 것이다. 논의는 계속 이어진다. "만일 여호수아가 그들에게 안식을 주었더라면 그 후에 다른 날을 말씀하지 아니하셨으리라." 따라서 시편 95편에 약속된 "안식"은 평화로운 가나안 거주보다 훨씬 안전하고 영속적인 어떤 것이다(수 21:44-45; 삼하 7:1, 참고. 히 11:10, 14-16).

(2) 만약 레위에게서 태어난 제사장들이 이스라엘 백성의 예배자들을

'온전함'(하나님께 나아가는 데 필요한 정결)으로 이끌 수 있었다면, 시편 110:4은 다른 제사장 반차, 즉 멜기세덱의 반차에 속할 미래의 제사장에 대해 언급하지 않았을 것이다(히 7:11). 따라서 구약 자체가 마침내 아론보다 훨씬 위대한 제사장이 와서 그를 통해 하나님께 나아가는 이들을 "온전하게" 할 것임을 암시한다(10:14).

(3) 하나님은 예레미야 31:31-34에서 시내산에서 맺은 (그리고 이스라엘이 깨트린) 언약과 다른 "새 언약"을 개시하겠다고 약속하셨다. 히브리서 8:7-13은 이렇게 추론한다. 만약 첫 번째 언약으로 충분했다면, 주님은 죄가 마침내 용서받고 모든 하나님의 백성이 기쁘게 그분께 직접 나아가도록 하는 후대의 더 좋은 언약을 예고하지 않으셨을 것이다.

히브리서와 다른 신약 책들

또한 히브리서는 특별히 그리스도의 인격과 구속 사역에 대한 서술에서, 다양한 신약 책들과의 관련성을 보여준다. 제4복음서(요 1:1-3) 및 골로새서 1:13-20과 빌립보서 2:5-11 같은 바울 서신의 본문처럼, 히브리서는 이 아들이 하나님이시고 우주가 창조될 때 활동하셨으며, 아버지의 영광을 독특하게 나타내신다고 가르친다. 사복음서 및 바울과 더불어 히브리서는 그리스도의 온전한 인성을 가르치는데(요 1:14; 빌 2:6-9), 이는 중보자로서 그분의 사명의 핵심이다(딤전 2:4-5). 히브리서 5:7은 공관복음서에 훨씬 자세히 기록된(마 26:36-44; 막 14:32-40; 눅 22:40-46) 겟세마네 동산에서 기도하시던 예수님의 고뇌를 힐긋 보여준다. 히브리서 7:24-25과 로마서 8:34은 예수님이 지금 하나님 우편에서 신자들을 위해 중보 기도하신다고 동일하게 말한다.

히브리서 설교하기

아마 히브리서는 초기 기독교의 문서 설교일 것이다. 그렇기 때문에 우리는 설교해야 할 하나님의 말씀으로만이 아니라, 설교의 내용과 방법의 본보기로 이 책에 접근해야 한다. 특히 우리가 다양한 구약 본문이나 그 본문들과 그리스도의 관계에 대해 해설하고자 할 때 그러하다. 히브리서는 그 메시지의 근거를 하나님의 기록된 말씀에 대한 치밀한 해석에 두는데, 이 말씀은 "옛적에" 주어진 것이지만(히 1:1) 오늘날 우리의 청중에게도 계속 "말씀"한다(3:7, 13). 히브리서는 심오한 신학적 진리(성육신의 신비와 그 목적, 우리 죄의 속죄)가 실제적인 목적을 위해 가르쳐져야 함을 보여준다. 그 목적은 그리스도인들에게 믿음과 서로를 격려함과 거룩함을 추구하는 가운데 인내할 동기를 부여하는 것이다.

히브리서의 풍부한 기독론과 예표론적 구약 해석 및 그 외에 다른 주제를 전하는 설교자는, 이 책의 설교학적 선례를 따라 신자들의 마음에서 우러나는 응답에 이르도록 신학적 해설을 철저히 수행해야 한다. 인내하는 믿음이 히브리서 설교자의 주된 적용 사항이기는 하지만, 그는 서로에 대한 신자들의 책임을 무시하지 않고(3:12-15; 6:10; 10:32-34; 13:1-2) 생활 전반에서(12:14), 성(性) 문제에서(12:16; 13:4), 안전을 추구하는 우리의 마음에서(13:5-6) 거룩함을 추구해야 한다는 우리의 부르심을 무시하지 않는다. 신학적, 주석적 통찰이 깊은 만큼 히브리서 설교자는 또한 회중의 영적인 필요와 분투에 대한 목회자의 동정적인 이해심을 드러낸다. 그는 진지함과 은혜가 지혜로운 균형을 이루면서, 엄숙한 경고(6:4-8; 10:26-31)와 청중들의 진실한 믿음의 증거를 인정하는 격려(6:9-12; 10:32-39)를 결합한다.

구약과 이스라엘의 예배 생활 속에서 성장한 최초의 청중들은, 인간의 죄가 야기한 부정한 결과와 하나님이 자기 백성 가운데 거하실 때 그분의 거룩함이 불러오는 위험을 깊이 인식하고 있었다(10:26-31; 12:18-21, 29).

포스트모던의 상대주의와 자존감 집착에 물든 오늘날의 많은 청중은, "만민의 심판자"(12:23)로서 지고한 위엄과 정결함 가운데 살아계신 하나님에 관한 성경적인 시야에 붙들릴 필요가 있을 것이다. 하나님의 은혜를 경험하기 위해 양심을 정화하고 하나님 앞에 나아갈 수 있게 하는 그리스도의 구속 사역의 놀라운 복음을 파악하기 위해서 말이다.

히브리서의 신학적 풍성함과 우리 시대 청중들이 히브리서의 구약적 뿌리를 거의 알지 못하는 상황을 감안할 때, 오늘날 설교자들은 히브리서의 메시지를 명료하고 생생하게 제시할 방안을 찾아야 할 것이다. 여기서 설명을 위해 문헌 전체를 작은 단편으로 나누어야 할 수도 있겠지만, 우리는 각각의 설교에서 히브리서의 논의가 이루는 광범위한 흐름과 더불어 논의의 각 단계가 지향하는 권면을 모두 염두에 두어야 한다.

해석상 과제

수평적(역사적)이고 수직적인(하늘/땅) 유형론

신약 유형론은 과거 역사(창조, 타락, 족장, 이스라엘) 속 사건과 제도, 직책, 개인을 그리스도와 그분의 새 언약 백성인 교회 안에서 이루어진 성취와 연결시키면서, 역사의 축을 따라 특징적으로 작동한다. 한 가지 불순종 행위로 온 인류에게 사형 선고를 안긴 아담은 '오실' 분, 곧 삶과 죽음에서 순종을 통해 많은 사람을 의인으로 만드신 예수님의 "모형"이었다(롬 5:12-19). 히브리서는 구약의 예표로부터 신약의 '원형'(antitype, 예표가 지시하는 대상)에 이르는 역사적 경로를 성찰한다. 예컨대, 고대의 왕-제사장인 멜기세덱은 다른 유일한 왕-제사장이신 예수님만으로 구성된 제사장의 '반차'를 위한 유형을 형성한다(히 7장).

하지만 히브리서는 이런 역사적 예표에 '수직적' 차원을 더한다. 멜기세덱은 역사 속에서 후대에 등장하실 아들의 유형 역할을 할 수 있다. 구약 본문에서 그는 영원히 살아계신 "하나님의 아들과 닮[은]" 것으로(7:3) 표현되었기 때문이다. 마찬가지로, 고대의 성막은 시내산에서 모세에게 보였던 하나님의 하늘 성소의 '모형과 그림자'였다(8:5). 예수님이 죽음과 부활 이후 승천하셨을 때, 그분은 그 하늘의 지성소 안으로 들어가셨다. 따라서 지금 예수님이 중보 기도하고 계신 성전은 본래의 영원한 하늘 성소다. 지상의 성막과 그 기구는 "하늘에 있는 것들의 모형"이었다(9:23).

회복될 수 없는 배교

히브리서에서 가장 논란이 많고 골치 아픈 단락 중에는 그리스도를 믿는 믿음에서 배교하는 끔찍하고, 더 나아가 돌이킬 수 없는 결과에 대해 경고하는 본문들이 있다(6:4-6; 10:26-31; 참고. 2:1-4). 히브리서 설교는 가시적인 교회를 다루는데, 그 구성원 중 일부가 예수님의 희생을 의지한다는 신앙 고백을 포기하고 유대교의 가시적인 의식으로 돌아가려는 경향을 보였다. 저자의 경고에 따르면, 이렇게 행동한 이들은 "다시 속죄하는 제사가 없고"(10:26) "다시 새롭게 하여 회개하게 할 수 없[을]" 정도로(6:4, 6) 하나님의 아들과 그분이 흘린 피와 은혜의 성령을 멸시했다. 이런 본문들은 구원론의 두 가지 난제를 제기한다.

첫 번째 문제는, 이 본문들은 하나님이 구원을 위해 선택하셨고 새로운 생명과 믿음을 주셨으며, 의롭다고 칭하신 이들이 끝까지 믿음 안에서 인내할 것이라고 가르치는 신약 다른 곳의 진리와 상충되는 것처럼 보인다는 점이다(예. 요 10:27-29; 롬 8:28-30). 히브리서에서 우리는 그리스도께서 "자기를 힘입어 하나님께 나아가는 자들을 온전히 구원하실 수 있으니 이는 그가 항상 살아 계셔서 그들을 위하여 간구하심이라"(히 7:25)는 내용을 읽는다. 하지만 히브리서가 언제나 진리를 말씀하시는 하나님께로부터 기원한 것이라면, 이런 엄숙한 경고는 이런저런 '견인'(perseverance)에 관한 본문과 조화를 이룰 수 있다. 이 주석서에서 다룰 한 가지 쟁점은, (잠정적인) 배교자들의 과거 기독교 경험을 서술하는 표현들(6:4-5의 "빛을 받고", "하늘의 은사를 맛보고…하나님의 선한 말씀과 내세의 능력을 맛보고", "성령에 참여한 바 되고")이 반드시 진정한 영적 중생을 가리키는지 여부다. 히브리서 설교자가 말하고 있는 대상에는 광야 시절의 옛적 이스라엘과 마찬가지로, 진정한 신자들과 은혜의 방편에 진정한 믿음으로 응답하지 않은(물론 언약 공동체와 연결되어 있지만) 사람들이 섞여 있었을 가능성이 높다는 사실을 기억해야 한다(4:2).

두 번째 문제는, 배교자들을 회복시켜 회개하게 하고 그리스도를 거스른 반역을 용서받는 데로 이어지게 할 수 없다는 사실과 관련 있다(참고. 6:4-6). 초기 교회 안에 있던 엄격한 분파 집단은, 박해의 압박 아래서 그리스도를 저버렸던 이들은 설령 그 이후의 회개가 아무리 진실해 보이더라도, 누구도 교회 구성원으로 다시 허용될 수 없다는 자신들의 신념을 옹호하기 위해 히브리서를 인용했다. 하지만 대다수 교회는 그리스도의 은혜가 이렇듯 중대한 범죄마저도 덮을 수 있다고 인정했다. 마치 두려움에 몰려 세 번 부인한 베드로에게 예수님이 친히 자비를 베푸셨듯이 말이다. 수백 년 동안, 히브리서 6:4-6은 자신들의 요동치는 영적 자취를 회고하던 온유한 양심의 신자들을 고통스럽게 만들었다. 이 본문들의 경고를 훼손하지 않고서도 우리가 위안을 얻을 수 있는 사실이 있다. 곧 불신앙으로부터 진심 어린 회개와 믿음으로 진실하게 돌아선 이들은 어느 누구도 회복 불가능한 배교의 선을 넘지 않았다는 점이다. 더 자세한 논의를 위해 6:4-12의 주석을 보라.

개요

Ⅰ. 도입부: 하나님은 이 마지막 날에, 죄를 깨끗하게 하고 지금은 하나님 우편에서 통치하시는 아들을 통해 말씀하셨다(1:1-4)

Ⅱ. 계시: 예수님은 하나님 말씀의 대리인인 천사보다 우월하시다(1:5-2:18)

A. 교훈: 하나님이 아들과 천사들에게 하신 대조적인 말씀은 아들의 우월하심을 보여준다(1:5-14)

B. 권면: 아들을 통해 전해진 구원을 소홀히 여기는 이들은 진노를 피하지 못할 것이다(2:1-4)

C. 교훈: 아들은 우리, 곧 그의 형제자매들을 구속하기 위해 천사보다 낮아져 인간이 되셨다(2:5-18)

Ⅲ. 계시: 예수님은 하나님 음성의 대리인인 모세보다 우월하시다(3:1-4:13)

A. 교훈: 예수님은 모세와 같이 신실하셨지만, 창조주요 아들로서 더 큰 명예에 합당하시다(3:1-6)

B. 권면: 성령은 우리가 하나님의 음성을 듣는 '오늘', 이스라엘이 광야에서 한 것처럼 우리의 마음을 완고하게 하지 말라고 경고하신다(3:7-4:13)

Ⅳ. 화해: 예수님은 영원한 대제사장으로서 아론보다 우월하시다(4:14-7:28)

A. 교훈: 예수님은 아론과 같이 인간의 연약함과 하나님의 임명을 통해 제사장의 자격을 얻으신다(4:14-5:10)

B. 권면: 들을 때 둔감하지 말고, 오히려 하나님의 확실한 약속을 기업으로 받았던 신자들을 본받으라(5:11-6:20)

C. 교훈: 예수님은 아론보다 훨씬 위대한 멜기세덱의 반차를 따르는 대제사장이시다(7:1-28)

V. 화해: 예수님은 옛 언약과 그것의 성소 및 희생 제사보다 우월하시다. 그분의 희생 제사는 양심을 깨끗하게 하고 우리를 하나님께 가까이 데려가기 때문이다(8:1-10:35)

A. 교훈: 예수님은 용서와 하나님께 나아감을 보증하는 새롭고 더 좋은 언약의 중보자이시다(8:1-13)

B. 교훈: 지상에 있는 옛 언약의 성소는 하나님께 가는 또 다른 길이 필요함을 보여주었다(9:1-10)

C. 교훈: 양심을 깨끗하게 하지 못하는 동물 제사는 또 다른 용서의 길, 곧 그리스도의 피가 필요함을 보여주었다(9:11-10:18)

D. 권면: 예수님의 피를 통해 하나님께 나아가라(10:19-25)

E. 경고: 예수님을 저버린 이들에게는 어떤 희생 제사도 남아 있지 않다(10:26-31)

F. 확신: 너희가 전에 고난 가운데 신실했음을 기억하라(10:32-35)

VI. 안식: 예수님은 자신들의 기업을 멀리서 환영했던 족장들보다 우월하시다(10:36-12:17)

A. 권면: 믿음으로 행함으로써 하나님을 기쁘시게 했던 이들을 본받으라(10:36-11:40)

B. 권면: 예수님께 집중하고, 하나님 아버지의 징계인 역경을 견뎌내라(12:1-11)

C. 권면: 기독교 공동체를 통해 인내를 함양하라(12:12-17)

VII. 안식: 예수님은 모세보다 우월하시다. 그분의 피가 살아계신 하나님의 도성에 나아갈 수 있도록 하기 때문이다(12:18-29)

A. 교훈: 너희가 이른 곳은 지상의 두려운 시내산이 아니라, 하늘에 있는 기쁨의 시온산이다(12:18-24)

B. 권면: 하나님이 하늘로부터 경고하실 때, 그분의 음성에 귀 기울이고 감사하는 믿음으로 그분을 예배하라(12:25-29)

VIII. 종결부: 흔들리지 않는 하나님 나라를 상속받은 자로서 기쁨의 예배를 드리라(13:1-25)

A. 권면: 형제자매에게 사랑을, 나그네에게 환대를, 죄수들에게 긍휼을 보이라(13:1-3)

B. 권면: 영존하신 재판관이요 돕는 분이신 하나님께 순복하는 가운데 물질적 필요의 만족을 구하라(13:4-6)

C. 권면: 너희의 과거 지도자들의 본을 통해 배우되, 변함없는 그리스도 안에서 안식하라(13:7-8)

D. 권면: 예수님의 수치에 동참하고 찬양과 관대함의 제사를 바치라(13:9-16)

E. 권면: 너희의 지도자를 존경하고 하나님의 복을 받으라(13:17-25)

1 옛적에 선지자들을 통하여 여러 부분과 여러 모양으로 우리 조상들
에게 말씀하신 하나님이 2 이 모든 날 마지막에는 아들을 통하여 우리
에게 말씀하셨으니 이 아들을 만유의 상속자로 세우시고 또 그로 말
미암아 모든 세계를 지으셨느니라 3 이는 하나님의 영광의 광채시요
그 본체의 형상이시라 그의 능력의 말씀으로 만물을 붙드시며 죄를
정결하게 하는 일을 하시고 높은 곳에 계신 지극히 크신 이의 우편에
앉으셨느니라 4 그가 천사보다 훨씬 뛰어남은 그들보다 더욱 아름다
운 이름을 기업으로 얻으심이니

1 Long ago, at many times and in many ways, God spoke to our fathers
by the prophets, 2 but in these last days he has spoken to us by his Son,
whom he appointed the heir of all things, through whom also he created
the world. 3 He is the radiance of the glory of God and the exact imprint
of his nature, and he upholds the universe by the word of his power.
After making purification for sins, he sat down at the right hand of the
Majesty on high, 4 having become as much superior to angels as the
name he has inherited is more excellent than theirs.

단락 개관

아들을 통한 하나님의 최종적인 최고의 말씀

헬라어로 히브리서 도입부는 72개의 단어가 예술적으로 구성된 하나의 문장이다. 도입부는 설교의 중심 주인공을 소개하고 그분의 계시와 화해, 통치 사역을 예고한다. 도입부는 그리스도께서 하나님의 아들, 하나님의 종말론적 계시의 행위자(agent)라고 규정한다. 그 뒤의 간단한 분사 구문인 "죄를 정결하게 하는 일을 하시고"(히 1:3)가 히브리서 설교의 중심 요점을 압축해서 제시한다(참고. 8:1). 즉 죄에 물든 사람들을 정결하게 하고 그들을 하나님 앞으로 인도하기 위해 자신을 희생 제물로 바친 아들의 제사장 사역을 가리킨다. 도입부는 "높은 곳에 계신 지극히 크신 이의 우편"에 앉으신 아들의 즉위 및 아들의 우월하신 이름과 천사의 종속적인 역할의 대조로 마무리된다. 이는 이 설교의 첫 번째 악장의 주제다(1:5-2:18).

단락 개요

Ⅰ. 하나님의 연설(1:1-2a)
- A. 하나님은 이전에 선지자들을 통해 우리 조상에게 말씀하셨다(1:1)
- B. 하나님은 이제 아들을 통해 우리에게 말씀하셨다(1:2a)

Ⅱ. 메시아적인 아들 되심: 아들은 만물의 상속자로 임명되셨다(1:2b)

Ⅲ. 신적인 아들 되심(1:2c-3b)

A. 우주와 관련하여: 아들은 세계를 창조하셨다(1:2c)

B. 하나님과 관련하여: 아들은 하나님의 영광을 구현하고 나타내신다(1:3a)

C. 우주와 관련하여: 아들은 만물을 지탱하신다(1:3b)

Ⅳ. 메시아적인 아들 되심(1:3c-4)

A. 아들은 우리의 죄를 정화하기 위해 제사장으로 내려오셨다 (1:3c)

B. 아들은 왕으로서 높은 곳으로 올라가셨다(1:3d-4)

1. 아들은 지극히 크신 하나님 우편에 앉으셨다(1:3d)

2. 아들은 천사보다 우월하게 되셨다(1:4)

주석

1:1-2a 히브리서는 이 설교에 만연한 주제인 말씀하시는 하나님으로 시작된다(2:1-4; 3:7, 15-16; 4:2, 12-13; 6:13; 11:3; 12:25-27). 살아계신 하나님이 말씀하실 때 그분의 음성은 성경에서, 그리고 설교를 통해 들린다(3:7). "그러므로 우리는 들은 것에 더욱 유념함…이 마땅하[다]"(2:1).

이 도입부는 성경 역사 곳곳에서 하나님이 말씀하시는 통로였던 전달자들을 대조한다. 도입부는, 하나님의 말씀을 이스라엘에게 전했던 인간 선지자들과 하나님이 "이 모든 날 마지막에" 말씀하신 아들을 대조하며 시작된다. 그리고 선지자 모세에게 율법을 전달해준 천사와 아들을 대조하며 마무리된다. 따라서 도입부는 히브리서 설교의 처음 두 악장을 소개하면서, 하나님의 대변인이신 그리스도께서 천사(1:5-2:18)와 모세(3:1-4:13)보다 우월하심을 보여준다.

처음 두 절은 균형을 맞추어, 구약과 신약에서 하나님의 계시가 가지는 연속성[단일한 신적 화자(話者)]과 차이를 모두 증명한다. 헬라어 단어의 순서는 그 병행 관계를 보여준다.

여러 부분과 여러 모양으로	
옛적에	〔시대〕
말씀하신 하나님이	〔연설〕
우리 조상들에게	〔청중〕
선지자들을 통하여	〔전달자〕
이 모든 날 마지막에는	〔시대〕
말씀하셨으니	〔연설〕
우리에게	〔청중〕
아들을 통하여	〔전달자〕

하나님의 구약 연설은 여러 장치와 양식을 통해 주어졌는데, 거기에는 족장들, 모세, 그의 후계 선지자들에게 주어진 환상, 꿈, 수수께끼, 분명한 "직접적" 자기 계시(민 12:6-8, 히 3:2, 5에 인용됨, 참고. 호 12:10)가 있다. 이스라엘에게 주어진 하나님의 연설에서 드러나는 단편적이고도 다양한 특징은, 이 "마지막 날"에 아들 안에서 말씀하신 하나님의 단일한 말씀과 차이가 있었다. 히브리서의 추론에 의하면, 구약에서 대리인과 양식이 다양하다는 것은 불완전함과 미완성을 암시한다. 죽음이 직무를 계속하지 못하도록 가로막았던 까닭에, 레위와 아론의 반차에 속한 많은 제사장들이 필요했다(히 7:23). 반면에 예수님은 제사장직을 영원히 가지시고 후계자를 전혀 필요로 하지 않으신다(7:16, 20-21, 24). 성막에서 바쳐진 숱한 동물의 희생 제사는, 그리스도의 단번의 희생 제사가 지금 이루신 것과는 달리(10:1-4, 10) 예배자의 양심을 깨끗하게 할 수 없었다. 그래서 구약 계시는 천년 또는 그 이상의 기간에 단편적으로 주어졌다. 반면에 신약 계시는 아들 안에

서 완전한 하나의 방편을 통해 주어졌고, 아들에게서 들은 이들에 의해 전해졌다(2:3-4).

다른 신약 본문과 마찬가지로(행 2:17; 고전 10:11; 벧전 1:20), 히브리서는 선지자들을 통해 예고된 "말세"(last days)가 아들의 성육신과 함께 당도했다고 선언한다(참고. 히 9:26). 하나님은 구원하고 심판하기 위해 '마지막 날'(the last days)에 역사 속에 결정적으로 개입하겠다고 약속하셨다(예. 민 24:14; 사 2:2; 렘 23:20; 단 10:14; 호 3:5). 그리스도의 삶과 죽음, 그리고 부활은 "이 악한 세대"(갈 1:4)에서 신자들을 구원할 "마지막 날"을 개시했다. "내세의 능력"("the powers of the age to come")이 이미 기독교 공동체 안에서 작동하고 있지만(히 6:5), 신자들은 여전히 구원을 완성하기 위해 "두 번째 나타나[실]" 그리스도를 기다린다(9:28).

1:2b-4 그리스도는 두 가지 의미에서 하나님의 아들이신데, 둘 다 그분의 계시와 구속 사명에 없어서는 안 되는 것이다. 도입부는, 성육신하신 신-인간으로서 영광에 이르는 신실한 고난의 길을 따랐던 그분의 '메시아적 아들 되심'(messianic sonship)으로 시작되고 끝마친다(2b, 3c-4절).

예수님의 메시아적 아들 되심의 앞과 뒤에는 그분의 '신적인 아들 되심'(divine sonship)이 언급된다. 예수님의 신적인 아들 되심을 설명하는 겉 '봉투'에서 우리는 우주(2c, 3b절) 및 하나님 자신(3a절)과 관련하여 신적인 아들 되심에 대한 설명을 발견한다. 예수님은 하나님의 아들로서 창조와 섭리에서 아버지의 목적을 실행하신다. 우주의 창조주요 유지자라는 예수님의 역할의 토대는, 하나님의 영광의 "광채"요 그분의 본체의 "형상"("exact imprint")이라는 아들의 정체성이다(3절). 도입부의 교차(X자 모양) 구조는, 이 정체성이 아버지를 온전히 계시하는 자격을 아들에게 부여한 핵심 진리임을 드러낸다.[3]

1:2b 예수님의 메시아적 아들 되심과 관련하여, 아들은 역사 속 어느 시점에 "만유의 상속자로 세[워지셨다]." 영원하신 신적인 아들이신 성자는,

성부 및 성령과 함께 만물의 창조주요 주인이시고 항상 그러셨다. 그런데 여기서 초점은 메시아적 아들과 상속자로 세워지심에 있으며, 이는 시편 2:7-8을 성취하는 것이다. "너는 내 아들이라…내가 이방 나라를 네 유업으로 주리니"(곧이어 히 1:5에서 일부가 인용된다). 시편 2:7-8에서 예고된 사건은 예수님의 부활이었다(행 13:33; 롬 1:4). 그리고 히브리서 1:3d-5에서 다시 등장한 "아들"과 "상속자/기업으로 얻으심"이란 용어는, 예수님이 하나님께서 만드신 모든 것의 상속자 신분으로 이후에 메시아로 즉위하셨음을 상세히 설명할 것이다.

1:2c-3b 도입부의 중앙에는 아들의 신적인 선재에 대한 세 가지 단언이 있다. 앞서 보았듯이, 첫 번째와 세 번째 단언은 우주의 창조와 보존에서 그분의 행위(agency)와 관련 있다. 그리고 그 둘 사이에는 아버지 하나님과 아들의 영원한 관계에 대한 선언이 있다(3a절).

요한복음 1:1-3 및 골로새서 1:15-16과 마찬가지로, 히브리서는 세상의 창조에서 아들의 행위를 단언한다. 창조 질서를 다스리는 아들의 계속되는 통치에 대한 "능력의 말씀으로 만물을 붙드시며"라는 진술은, 그리스도 안에 "만물이…함께 섰느니라"(골 1:17)는 바울의 진술과 일치한다. 하지만 저자의 단어 선택은 청중들로 하여금 물리적 우주를 '시간적' 측면에서 보도록 요청한다. 아들을 통해 창조된 "세계"(히 1:2)는 문자적으로는 '세

3 1:2-5의 구와 절은 용어의 반복에서 드러나는 교차 구조로 구성되어 있다.
(a) 아들(2a절)
(b) 상속자(heir, 2b절)
(c) (세계를) 지으셨느니라(made, 2c절)
(d) ~시요(현재 분사)(3a절)
(d′) ~시라(현재 분사)(3b절)
(c′) (정결하게) 하시고(made, 3c절)
(b′) 기업으로 얻으심이니(inherited, 4b절)
(a′) 아들(5절)
William Lane과 Peter O'Brien은 1-2a절을 포함시킴으로써, 3ab절이 중심에 있는 유사한 교차 구조를 포착한다[William L. Lane, *Hebrews 1-8* (Dallas: Word, 1991), 6-7; Peter T. O'Brien, *The Letter to the Hebrews* (Grand Rapids, MI: Eerdmans, 2010), 45-47].

대'[아이온(*aiōn*), 1:8; 5:6; 6:5, 20; 7:17, 21, 24, 28; 9:26; 11:3; 13:8, 21에도 등장]다. 이곳과 11:3에서 지시하는 대상은 하늘과 땅의 공간적 장소다. 하지만 히브리서 설교자는 현재의 하늘과 땅이 세대를 계속 거치면서 "낡아지[고]" 있음을 암시하기 위해, '코스모스'(*kosmos*, 10:5에서 사용됨) 대신에 '세대'를 사용한다(1:10-12; 13:8).

성육신하신 그리스도는 아버지의 영광을 독보적으로 계시하신다. 그리스도께서 영원히 "하나님의 영광의 광채시요 그 본체의 형상"이시기 때문이다(3a절). 그분은 하나님의 신적인 존재를 공유하신다(요 1:1-3, 14; 10:30-33; 빌 2:5-6; 골 1:15, 참고. 고후 3:18; 4:4-6; 롬 9:5). 이미 오리겐 때부터(주후 3세기 초반) 주석자들은, 여기서 지혜에 내재된 하나님의 속성을 그분의 "영광"과 빛의 "광채"의 발산으로 규정하는 지혜서(*Wisdom of Solomon*) 7:25-26의 흔적을 감지했다. 이 신구약 중간기의 책과 달리, 히브리서는 이런 단어들을 신적인 속성의 의인화가 아니라 (잠언 8장을 따라) 아버지와 구별되면서도 동등한 신적인 위격에 적용한다. 성경 외의 헬라어에서 "형상"("exact imprint")은, 동전을 만드는 거푸집에서 동전 위에 복제된 도안 혹은 밀랍 봉인에 찍어 눌러 새겨진 도장의 표식(insignia)을 가리켰다. 히브리서는 "광채"와 "형상"의 이미지를 통해 "나를 본 자는 아버지를 보았거늘"이라는 예수님의 주장을 포착한다(요 14:9).

1:3c 도입부는 "죄를 정결하게 하는 일을 하시고"에서 결정적으로 방향을 전환하여, 그리스도의 메시아적 아들 되심으로 돌아가며 그분의 성육신을 필요로 했던 제사장 사역에 초점을 맞춘다. 히브리서 2:5-18, 4:14-5:10, 10:5-10은 그 아들이 인간의 본성을 취하시는 것이 공감하고 희생하고 중보 하는 그분의 제사장 사역에 필요했던 이유를 보여줄 것이다. 설교의 중심 주제(8:1)를 언뜻 보여주는 이 첫 번째 단서는 그리스도의 죽음의 결과를 보여준다. 즉 신자들의 양심이 정결하게 되어(9:14), 우리가 예배하면서 하나님께 나아가게 한다(10:19-22).

1:3d-4 죄인들을 위한 희생에서 절정에 이른 예수님의 메시아적 순종에 대한 보상은 부활과 승천, 그리고 "높은 곳에 계신 지극히 크신 이의 우편"에 있는 보좌에 앉으심이었다. 시편 110:1에 대한 이러한 암시는 히브리서 1:2b에 있는 시편 2:8에 대한 암시를 보완한다. 히브리서 1장에서 이어지는 일련의 구약 본문은 시편 2:7로 시작하여 시편 110:1로 마무리되는데, 시편 110:1은 설교 곳곳에서 다시 등장할 것이다(8:1; 10:12; 12:2). 그리스도께서 구속 사역을 통해 "기업으로 얻으[신]" 더 뛰어난 "이름"은, 죽은 자들로부터 부활하셨을 때 부여받으신 "아들"(시 2:7)이라는 호칭이다(참고. 행 13:33). 천사들은 두 가지 이유에서 가장 처음에 언급된 인간 선지자들을 대신한다. (1) 천사들은 선지자 모세에게 율법을 전달했다(히 2:1-4). 그리고 (2) 신적인 아들은 자신의 동기들인 아브라함의 자손들을 구원하기 위해 성육신함으로써 천사들보다 "조금 못하게" 되셨다(시 8:5).

응답

히브리인들에게 보낸 편지의 설교자는 청중들에게 "우리가 믿는 도리의 사도이시며 대제사장"(3:1)이신 예수님에 대한 그들의 확신을 단단히 붙들라고 권고한다(10:35-39). 이런 인내는 아들의 위엄을 깊이 깨달을 때에만 주어질 수 있다. 이 아들을 통해 하나님은 그분의 최종적이고도 가장 탁월한 말씀을 하셨다. 이 설교는 예수, 곧 믿음의 주요 또 온전하게 하시는 이에게 우리의 시선을 고정시킬 것이다(12:2). 그리스도의 정체성을 신실하게 고백하는 것은 영적인 삶과 죽음이 달린 문제다! 이 첫머리 문장은 아들의 온전한 신성을 부정하는 기독론 이단(양자론, 아리우스주의 등)을 부인한다. 히브리서의 나중 단락은 그분의 참된 인성을 부정하는 오류(가현설, 아폴리나리우스주의 등)를 폭로할 것이다.

아들의 삼중적인 중보직(선지자, 제사장, 왕)은 우리의 응답을 이끈다. 그분은 하나님께로부터 보냄 받은 최종적인 대변인이시다. 따라서 성경이 낭독되고 선포될 때, 우리는 성경 안에서 그분의 음성을 듣고 거기에 주의를 기울여야 한다. 아들은 자신의 희생을 통해 우리의 오염된 양심을 정화하는 제사장이시다. 따라서 우리는 그분을 통해 하나님의 은혜의 보좌에 가까이 나아갈 것이고 반드시 그래야 한다. 그분은 하나님 우편에 앉은 왕이시다. 따라서 우리는 그분이 마귀에 대해 거두신 왕 되신 승리를 기뻐해야 한다(2:14). 이는 우리가, 하나님 우편에 있는 제사장-왕에게 하나님의 약속으로 주어진 "주의 권능의 날에 주의 백성이…즐거이 헌신하니"(시 110:3)라는 말씀의 성취이기 때문이다.

히브리서 1:5-2:18 개관

아들이 천사보다 우월하시다는 도입부의 결론적 단언은 아들과 천사의 관계에 관한 긴 논의로 이어진다. 첫째, 연이은 일곱 개의 구약 인용문은 아들의 호칭(1:5), 그분을 경배하는 천사들의 책임(1:6), 천사들의 종 역할(1:7), 아들의 왕적인 통치(1:8-9)와 불변성(1:10-12), 마지막으로 하나님 우편에 앉으신 그분의 즉위(1:13)의 관점에서 아들이 천사보다 우월하심을 보여준다. 천사에 관한 결론적 설명은 천사들의 역할이 아들을 통해 구원을 상속받을 이들을 섬기는 종임을 재확인한다(1:14). 둘째, 이 단락의 핵심 권면(2:1-4)은 아들과 천사들을 대조하는 설교자의 목적을 보여준다. 곧 하나님의 말씀은 시내산에서 천사들을 통한 율법과 성육신에서 주님(아들)을 통한 구원의 말씀 모두를 통해 주어졌다. 셋째(2:5-9), 성육신에서 아들은 인간의 본성을 입으셨는데, 시편 8:5-7에 있는 인성에 대한 묘사에 어울리게 잠시 동안 천사보다 낮아지셨다. 아들이 자발적으로 낮아지신 목적은 자신의 인간 "형제들"을 노예로 삼고 있던 자를 멸하시고(히 2:11-16) 그들의 속죄를 이루시며, 자비롭고 신실한 대제사장으로서 도움을 주심으로써(2:17-18) "많은 아들들을 이끌어 영광에 들어가게" 하는 것이었다(2:10).

5 하나님께서 어느 때에 천사 중 누구에게

너는 내 아들이라 오늘 내가 너를 낳았다

하셨으며 또 다시

나는 그에게 아버지가 되고 그는 내게 아들이 되리라

하셨느냐 6 또 그가 맏아들을 이끌어 세상에 다시 들어오게 하실 때에

하나님의 모든 천사들은 그에게 경배할지어다

말씀하시며 7 또 천사들에 관하여는

그는 그의 천사들을 [1)]바람으로, 그의 사역자들을 불꽃으로 삼으시느니라

하셨으되 8 아들에 관하여는

하나님이여 주의 보좌는 영영하며 주의 나라의 규는 공평한 규이
니이다 9 주께서 의를 사랑하시고 불법을 미워하셨으니 그러므로
하나님 곧 주의 하나님이 즐거움의 기름을 주께 부어 주를 동류들
보다 뛰어나게 하셨도다

하였고 10 또

주여 태초에 주께서 땅의 기초를 두셨으며 하늘도 주의 손으로 지

으신 바라 11 그것들은 멸망할 것이나 오직 주는 영존할 것이요 그
것들은 다 옷과 같이 낡아지리니 12 의복처럼 갈아입을 것이요 그
것들은 옷과 같이 변할 것이나 주는 여전하여 연대가 다함이 없으
리라 하였으나
13 어느 때에 천사 중 누구에게
내가 네 원수로 네 발등상이 되게 하기까지 너는 내 우편에 앉아
있으라
하셨느냐 14 모든 천사들은 섬기는 영으로서 구원 받을 상속자들을 위
하여 섬기라고 보내심이 아니냐

5 For to which of the angels did God ever say,
"You are my Son,
today I have begotten you"?
Or again,
"I will be to him a father,
and he shall be to me a son"?
6 And again, when he brings the firstborn into the world, he says,
"Let all God's angels worship him."
7 Of the angels he says,
"He makes his angels winds,
and his ministers a flame of fire."
8 But of the Son he says,
"Your throne, O God, is forever and ever,
the scepter of uprightness is the scepter of your kingdom.
9 You have loved righteousness and hated wickedness;
therefore God, your God, has anointed you with the oil of gladness
beyond your companions."
10 And,

"You, Lord, laid the foundation of the earth in the beginning,
and the heavens are the work of your hands;
11 they will perish, but you remain;
they will all wear out like a garment,
12 like a robe you will roll them up,
like a garment they will be changed.[1]
But you are the same, and your years will have no end."
13 And to which of the angels has he ever said,
"Sit at my right hand
until I make your enemies a footstool for your feet"?
14 Are they not all ministering spirits sent out to serve for the sake of those who are to inherit salvation?

1) 또는 영들로

1 Some manuscripts omit *like a garment*

단락 개관

성경은 천사에 대한 아들의 우월하심을 보여준다

히브리서 1:4에서 단언된 아들의 천사보다 우월하심이, 이제 아주 짧은 (하지만 때때로 의미심장한) 도입구와 결합된 일곱 개의 연이은 구약 인용을 통해 입증된다. 이러한 속사포와 같은 성경 인용은 하나님께서 아들에게, 또한 아들에 대해 말씀하신 방식과 그분이 천사들에게 전하고 설명하신 방식의 차이를 부각시킨다. 아들이 천사들보다 우월하시다는 것은 인용문의 내용만이 아니라 숫자의 차이에 의해서도 강조된다. 인용문 중 다섯 개가 아들에 관한 것이고, 반면에 두 개만 천사들에 관한 것이다.

구약 인용문은 세 개씩 두 묶음으로 나뉘고, 그 뒤에 아들에 관한 마지막 구약 인용문과 천사의 역할에 관한 요약적 설명이 뒤따른다. 첫 번째 묶음에서 두 본문은 "아들"이라는 고귀한 호칭을 부각시키고, 그 다음으로 한 본문은 아들을 경배하라고 천사들을 소환한다. 두 번째 묶음에서 한 본문은 피조된 종이라는 천사의 역할을 제시하고, 그 뒤에 두 본문은 "하나님"이신 아들의 영원한 통치와 창조주요 "주"이신 그분의 신적 불변성을 제시한다. 구약의 증거들은 도입부의 순서를 따라 왕적인 상속자(히 1:2b, 5-9)요 창조의 중재자(2c, 10절)이신 아들, 그분의 영원한 신적인 본성(3ab, 11-12절), 하나님 우편으로 높아지심(3d, 13절)으로 이어진다.[4] 일곱 번째 구약 인용문은 첫 번째와 마찬가지로 "어느 때에 천사 중 누구에게…하셨느냐?"라는 수사적 질문으로 시작된다. 헬라어의 질문 양식은 부정적 대답('아무도 없다')을 요구하고, 이로써 아들의 독보적인 우월하심을 내비친다. 이 질문은 13절에서 다시 등장하여, 5절에서 시작된 일련의 인용문이 마무리됨을 가리킨다.

도입부를 시작했던 하나님의 연설이라는 주제가 곳곳에서 등장한다. 구약 인용의 도입문은 성경이 하는 말이 하나님의 말씀이라고 전제한다(5, 6, 7, 13절, 8, 10절에는 암시됨). 이 본문들은 아들(과 천사들)에게 주어진 것이자 아들(과 천사들)에 관한 '하나님의' 선포로 이해되기 때문에, 아들의 우월하심을 주장한다. 천사에 대한 아들의 우월하심을 보여주려는 설교자의 의제는 히브리서 설교의 첫 번째 권고 단락(2:1-4)에서 명확해질 것이다.

4 Lane, *Hebrews 1-8*, 22.

단락 개요

Ⅰ. 구약 성경에서, 하나님은 메시아를 아들이라고 부르시며 그분을 경배하라고 천사들에게 명령하신다(1:5-6)

A. 하나님은 메시아를 독보적인 아들이라고 부르신다(1:5, 인용. 시 2:7; 삼하 7:14)

B. 하나님은 존귀한 아들을 경배하라고 천사들에게 명령하신다(1:6, 인용. 신 32:43 또한/혹은 시 97:7)

Ⅱ. 구약 성경에서, 하나님은 천사들을 섬기는 영들이라고 부르시고 아들을 하나님인 동시에 주라고 부르신다(1:7-12)

A. 하나님은 천사들을 피조물의 가변성을 공유하는, 섬기는 영이라고 부르신다(1:7, 인용. 시 104:4)

B. 하나님은 아들을 영원히 다스리는 하나님이자 불변하는 주라고 부르신다(1:8-12, 인용. 시 45:6-7; 102:25-27)

Ⅲ. 구약 성경에서, 하나님은 가장 높은 권좌에 앉으라고 아들을 초대하신 반면, 천사들은 구원받는 인간 상속자들을 섬긴다(1:13-14)

A. 하나님은 자기 우편에 앉으라고 아들을 초청하셨다(1:13, 인용. 시 110:1)

B. 하나님은 구원받는 인간 상속자들을 섬기라고 천사들을 보내신다(1:14)

주석

1:5 설교자는 시편 2:7 말씀에서 언급된 존재가 천사가 아니라 도입부에 설명된 신적이고 메시아적인 아들이라고 지적한다. 주목해야 할 중요한 사실은, 히브리서 설교자가 구약 본문을 그 단어만이 아니라 맥락 때문에도 선택하였으리라는 것이다. 예컨대, 시편 2편은 주님과 그분의 기름 부음 받은 왕을 거역하는 국제적인 음모로 시작된다. 초기 신자들은 이 반란이 그리스도를 살해하여 하나님의 구속 목적을 성취했던 유대와 로마 세력의 연합에서 성취되었음을 깨달았다(행 4:25-28). 그리스도의 고난 이후, 하나님은 그리스도를 즉위시키고 아들이라고 인정하시면서 열방을 그의 기업으로 주셨다(시 2:6, 8). 이로써 이 시편은 아들 되심과 기업과 즉위를 연결시킨다.

이 세 가지 주제는 또한 히브리서 1:2-4에서 수렴된다("아들", "상속자", "높은 곳에…앉으셨느니라", "기업으로 얻으심"). 신약은 그리스도의 영원한 선재(예. 갈 4:4), 성육신(눅 1:32, 35), 세례(눅 3:22), 변모(눅 9:35)와 관련하여 그리스도께 "아들"이라는 호칭을 부여한다. 여기서 그분은 속죄하는 고난(히 1:3) '이후에' "더욱 아름다운" 이름을 "기업으로 얻으[셨다]." 이 말은 시편 2편의 "오늘"이 그분의 부활(행 13:32-37; 롬 1:4)과 하나님 우편에 오르심(행 2:32-36)을 포함하는, 그리스도께서 높아지신 날이라는 뜻이다.

시편 2편의 증언은 선지자 나단을 통해 다윗에게 전달된 하나님의 말씀에 의해 강화된다(삼하 7:14). 하나님은 다윗의 왕실 자손의 "아버지"가 되실 것이고, 그는 하나님께 "아들"이 되어 하나님의 집을 세울 것이라고 약속하셨다(삼하 7:12-13). 이 예언은 다윗 왕의 아들 솔로몬이 성전을 건축한 것을 통해 최초로 성취되었지만, 궁극적으로 솔로몬 너머를 바라보면서, 영원한 나라와 왕위를 약속했다(삼하 7:16). 이스라엘 백성의 세대들은 영원하신 마지막 왕, 말 그대로 하나님의 아들이 되실 다윗의 자손을 바라보고 기다렸다(요 7:42). 다윗의 지파인 유다에게서 나신 예수님(히 7:14)은 하나님의 집을 짓고 다스리는 하나님의 아들이시다(히 3:3-6; 10:21).

1:6 이 장에서 천사들을 언급하는 첫 번째 인용문은 천사들을 아들과 연결시킨다. "또 그가 맏아들을 이끌어 세상에 다시 들어오게 하실 때에 '하나님의 모든 천사들은 그에게 경배할지어다' 말씀하시며." 여기서 "다시"가 하나님이 맏아들을 세상에 들어오게 하시는 '두 번째 순간', 즉 역사의 마지막에 있을 예수님의 재림을 알리는 것이라는 해석도 가능하다(히 9:28). 하지만 ESV는 "다시"가 구약 인용문을 시간적이 아니라 논리적으로 연결시키는 표현이라고 올바르게 표현한다(참고. 1:5; 2:13; 4:5; 10:30의 "다시").

얼핏 보기에 이 구절은 천사들이 목자들에게 전해준(눅 2:11-14) 아들의 성육신과 베들레헴에서의 탄생에 관한 것처럼 보인다. 하지만 "세상"으로 번역된 헬라어 단어[오이쿠메네(*oikoumenē*)]는 히브리서가 다른 데서 그리스도의 성육신을 언급할 때 사용하는 단어(코스모스)가 아니다(히 10:5, 참고. 4:3; 9:26; 11:7, 38). 여기에 사용된 단어는 2:5의 "우리가 말하는 바 장차 올 세상[오이쿠메네]"에서 다시 등장한다. 이러한 병행은 아들의 부활과 승천에서, 곧 하나님께서 아들을 "종말론적 구원의 천상의 세계"로 데려가셨을 때 아들에게 경배하라고 천사들에게 명령하셨음을 시사한다.[5] "맏아들"은 "상속자" 주제를 강화하면서(1:2, 4), 지도력과 기업에서 맏아들이 가지는 월등한 지위를 상기시킨다(참고. 대상 5:1-2). 구약에서 이 단어는 이스라엘의 특별한 지위(출 4:22) 및 다른 왕들 가운데서 다윗 왕실의 우위성(시 89:27)을 가리키는 은유가 되었다. 신약에서 "맏아들"은 우주의 창조주요 주인이시며(골 1:15), 또한 부활하신 분으로서(골 1:18; 롬 8:29; 계 1:5) 그리스도의 우월하심을 가리킨다.

이 인용문의 구약 출처는 불분명하다. 어휘는 신명기 32:43에 있는 모세의 노래 중 한 문장과 매우 유사하다. 이 문장은 히브리어 마소라 본문(the Hebrew Masoretic Text)에는 없지만, 칠십인역(헬라어 구약) 및 쿰란에서 발견된 신명기 두루마리에 나온다. 그 어휘는 시편 97:7과도 유사하

5 Lane, *Hebrews 1-8*, 27. And O'Brien, *Hebrews*, 69; Luke Timothy Johnson, *Hebrews: A Commentary* (Louisville: Westminster John Knox, 2006), 79. 딤전 3:16도 참고.

다. "너희 신들아 여호와께 경배할지어다." 칠십인역은 이 구절을 '그분의 모든 천사들아, 그분을 경배하라!'로 번역한다. 이 시편 앞부분(시 97:3-4)에서, 주님의 오심에 불과 번개가 동반된다. 이어지는 구약 구절인 시편 104:4 이하에서 이 형태는 천사들에 관한 표현이다. 이 인용문의 출처가 어느 구절이든, 구약성경은 아들이 천사들의 경배를 받기에 합당하시다고 단언한다.

1:7-12 인용문의 두 번째 묶음은 문법적인 대조를 나타내는 헬라어 접속사(개역개정과 ESV에는 없음)에 의해 연결된다. "또 [한편으로] 천사들에 관하여는 그는 … 하셨으되 [다른 한편으로] 아들에 관하여는"(7-8절). 천사에 관한 인용문은 시편 104:4에서 가져온 것이고, 아들에 관한 (히 1:10의 "또"로 연결된) 두 개의 인용문은 시편 45:6-7과 102:25-27에서 가져온 것이다.

1:7 시편 104편은 폭풍과 번개를 주님의 주권적인 목적에 봉사하는 순종적인 전달자로 의인화하는 창조시다. 히브리어와 헬라어에서는 하나의 단어[각각 루아흐(*ruakh*)와 프뉴마(*pneuma*)]가 물리적인 바람과 비물질적인 영, 둘 다를 가리킨다. 히브리서 설교자는 이 섭리적인 언어의 모호성을 이용하여, 바람과 번개가 사실상 하나님의 목적에 봉사하는 것처럼 하나님의 영적인 전달자들도 종의 역할을 담당한다고 주장한다. 그 앞의 시편(103:20-21)은 "천사들"의 정체를 하나님의 인격적이고 영적인 종들로 보게 한다. 왜냐하면 주님의 말씀과 뜻을 실행하는 그분의 "천사들"과 "종들"(시 104:4에서 '사신'과 '사역자'로 다시 등장)을 호명하면서 끝맺기 때문이다. 시편 45편이 입증하듯이, 천사들의 종 역할은 아들의 왕적 통치와 뚜렷이 다르다. 더 나아가 피조물인 천사들은 바람처럼 쉬 사라지는 반면에, 시편 102편의 단언처럼 아들은 변함이 없는 창조주시다. 시편 104:4에서 가져온 핵심 단어는 히브리서 1:14에서 다시 등장하는데, 거기서 종으로서 천사들의 종 역할이 아들의 즉위와 대조된다.

1:8-9 왕실 혼례를 경축하는 시편 45편은 신랑을 극찬한다. 시편 45:6에서 시편 저자는 "하나님이여 주의 보좌는 영원하며"라고 하며 대담하게 다윗의 자손을 호명한다. 인간 왕에게 신성을 부여하는 것이 너무 충격적이라서 해석자들은 이 절을 '당신의 보좌는 하나님입니다'로 재해석하거나, 6절은 하나님께 하는 말이고 7절은 왕에게 하는 말로 다루는 등 한결 더 받아들이기 쉬운 대안을 찾아왔다. 하지만 히브리어와 칠십인역 구문의 가장 자연스러운 읽기로 "God"이 호격("하나님이여")이어서, 실제로 그 왕위가 영원무궁한 왕을 지칭한다. 왕의 하나님께서 왕을 그의 동료들보다 높이 기름 부어 세우셨다. 따라서 이 구약 본문에서 상당 수의 의미심장한 주제들이 만난다. "하나님의 영광의 광채"(히 1:2-3)이신 왕은 하나님이라고 호명되기에 합당하다. 영원한 보좌는 영원히 살아있는 왕에게 적합하다(7:16-17, 24). 그의 의로운 사랑은 거룩한 삶에서 입증되고(7:26), 우리가 앞으로 살펴볼 멜기세덱("의의 왕", 7:2)이라는 이름으로 표현된다. 멜기세덱은 (그의 반차를 따르신) 그리스도께서 성취하신 고대의 왕-제사장이다. 이 시편은 또한 메시아의 "동류들"["companions", 헬라어 메토코이(*metochoi*), 1:9]을 부각시킨다. 히브리서 설교자는 나중에 자신의 청중들을 기름 부음 받은 분의 "동류들"[다시 말해, 그분과 "함께 참여한" 자들, 게고나멘 메토코이(*gegonamen metochoi*), 3:14]이라고 부를 것이다. 그리고 예수님은 그들을 자기 형제들이라고 부르시면서(2:10-12), 그들의 혈과 육을 "함께 지니[셨다]"[메토코(*metechō*), '동류'의 동족어, 2:14].

1:10-12 여기에 인용된 시편 102편은 인간의 고난과 연약함, 변덕에 대한 탄식이다(시 102:1-11, 23-24). 하지만 하나님의 신실하심은 시편 저자에게 그의 고난과 이스라엘의 수치가 뒤집힐 것이라는 희망을 준다(시 102:12-22). 이 시편은 히브리서에서 인용된 절들로 마무리되면서(시 102:25-27), 친히 조성한 하늘과 땅보다 훨씬 무한하게 변함없고 영원하신 창조주를 극찬한다. 하늘과 땅은 마모되고 버려질 테지만, 세대의 창조주(참고. 히 1:2)는 변함없이 "여전하여 연대가 다함이 없[으실]" 것이다

(1:12). 아들의 신적인 불변성은 "불멸의 생명"의 능력에 근거한 그분의 제사장직과 사역의 핵심이다(히 7:16, 23-25). 회중의 인간 지도자들은 등장했다가 사라지지만, "예수 그리스도는 어제나 오늘이나 영원토록 동일하시[다]"(13:8). 그분은 영구적인 성(13:14), 현재의 하늘과 땅이 겪을 최후의 대격변 이후에도 존속될 흔들리지 않을 나라를 신자들에게 허락하신다(12:26-28).

1:13 아들의 우월하심을 보여주는 일련의 구약 인용문은, 도입부(히 1:3)에서 암시된 시편 110:1에서 절정에 이른다. 아들의 즉위라는 주제는 히브리서 1:8-9에서 인용된 시편 45:6-7과 히브리서 1:13을 연결시킨다. 시편 110편, 특히 1절과 4절은 히브리서 곳곳에 엮여 있다(히 5:6, 10; 6:20; 7:3, 11, 17, 21; 8:1; 10:12-13; 12:2). 이 시편은 예수님 시대의 유대교에서 메시아 시편으로 인정되었고, 그래서 예수님은 다윗의 왕위를 상속하는 자가 단지 인간일 것이라는 반대자들의 가정을 논박하기 위해 이 시편을 인용하셨다(막 12:35-37). 예수님이 하나님 우편에 있는 천상의 보좌에 앉으시는 것은 신약 곳곳에서 반복적으로 언급된다(예. 행 2:34; 고전 15:24-28). 히브리서 설교자는 다음 두 가지를 보여주기 위해 이 말씀들을 인용한다. 하나는 지상의 성소보다 우월한 예수님의 현재 제사장 사역이 이루어지는 천상의 '장소'이고(히 8:1-6, 참고. 9:11-12), 다른 하나는 예수님의 속죄 제사의 온전한 효력을 입증하는 그분의 앉으신 '모습'이다(10:11-14).

1:14 (헬라어로는 긍정의 대답을 기대하는) 마지막 수사적 질문은 하나님 우편에 앉으신 아들의 즉위와 대조되는, 천사의 보조하는 사명을 재확인한다. "섬기는"과 "영[바람]"이라는 표현은 히브리서 1:7에서 인용된 시편 104:4을 반향한다(다음도 참고. 시 103:20-21). 아들은 천상의 주권 가운데 앉아계신 반면(히 1:13), 천사들은 섬기기 위해 '보냄 받는다'. 천사들은 아들을 통해 "구원 받을 상속자들"을 섬긴다. 따라서 히브리서 설교자는 우리를 다음과 같은 그림 속으로 데려간다. 신자들은 메시아의 "동류들"이다(9절). 그

분은 독보적인 아들, 만물의 맏아들 상속자이시지만(1:2-5), 그들은 그분의 "형제들"이고 그분이 성취하신 구원의 상속자들이다. 아들을 통해 하나님은 "많은 아들들을 이끌어 영광에 들어가게" 하신다(2:10-12, 참고. 6:12, 17; 9:15; 11:7-9; 12:23).

응답

인간의 경험 속에 있는 천사들의 개입에 관한 추측이 난무한다. 예수님 시대의 유대교, 고대나 최근의 이교 신앙, 전세계적인 애니미즘(animism), 자연주의적 세속주의가 우세한 가운데서도 '영적' 현상에 매료되어 있는 이른바 '환상에서 깨어난' 서구 사회 등이 그러하다. 하나님의 말씀은 우리의 삶에 영향을 미치는 보이지 않는 영적 세력의 영역이 실재한다고 단언한다(창 19:1-15; 왕하 6:15-17; 욥 1장; 시 91:11; 마 18:10; 행 10:3; 12:7-8; 히 13:2). 하지만 성경에는 그들의 활동에 관한 상세한 설명이 드물다. 성경 저자들의 침묵은 히브리서 1장에 모여 있는 구약 인용문 곳곳에서 제기한 다음의 요점을 확증한다. 우리는 천사의 섬김을 고맙게 여길 수 있지만, 우리 마음의 충성은 아들에게만 향해야 한다.

아들의 왕 되심은 우리가 필수적으로 그분의 말씀을 귀담아 듣고 신뢰하고 순종해야 함, 다시 말해 "우리[가] 들은 것에 더욱 유념[해야]"(히 2:1) 함을 강조한다. 왕은 의를 사랑하고 악을 미워함으로써 자기 동료들에 대한 애정과 행동을 나타낸다. 급격한 사회 변화나 정치적 혼란, 자연 재해나 개인적 불행에 압도됨을 느낄 때 우리가 유일하게 안전할 수 있는 토대는 그 연대가 끝이 없는 항상 동일하신 주님뿐이다.

[1] 그러므로 우리는 들은 것에 더욱 유념함으로 우리가 흘러 떠내려가
지 않도록 함이 마땅하니라 [2] 천사들을 통하여 하신 말씀이 견고하게
되어 모든 범죄함과 순종하지 아니함이 공정한 보응을 받았거든 [3] 우
리가 이같이 큰 구원을 등한히 여기면 어찌 그 보응을 피하리요 이 구
원은 처음에 주로 말씀하신 바요 들은 자들이 우리에게 확증한 바니
[4] 하나님도 1)표적들과 기사들과 여러 가지 능력과 및 자기의 뜻을 따
라 성령이 나누어 주신 것으로써 그들과 함께 증언하셨느니라

[1] Therefore we must pay much closer attention to what we have heard,
lest we drift away from it. [2] For since the message declared by angels
proved to be reliable, and every transgression or disobedience received
a just retribution, [3] how shall we escape if we neglect such a great
salvation? It was declared at first by the Lord, and it was attested to
us by those who heard, [4] while God also bore witness by signs and
wonders and various miracles and by gifts of the Holy Spirit distributed
according to his will.

1) 또는 이적

단락 개관

주님의 구원의 말씀에 세심한 주의를 기울이라

천사에 대한 아들의 우월하심을 입증하는 일련의 구약 증언(히 1:5-14)은 하나의 목표를 향해 움직여왔다. 곧 하나님께서 아들을 통해 말씀하신 메시지에 주의를 기울이라는 권면이다(2:1-4). 이 "권면의 말"(13:22)에 나오는 여러 권면 단락(3:7-4:13; 5:11-6:12; 10:19-31; 12:1-17; 12:25-29) 가운데 첫 번째 권면에는, 그리스도께서 성취하고 전하신 구원에서 떠내려가는 결과에 대한 엄숙한 경고가 담겨 있다. 하나님이 보내신 전달자의 위엄이 클수록, 그 전달자를 경시할 때의 벌도 커진다. 시내산에서 천사들을 통해 "오래 전에" 주신 하나님의 말씀을 경시하는 것이 벌을 낳았다면, 더더욱 아들 안에서 주신 "마지막 날"에 관한 메시지를 무시하는 것은 영원히 참담한 결과를 낳는다.

단락 개요

Ⅰ. 권면: 우리가 전달자들을 통해 하나님께로부터 들은 말씀을 굳게 붙들자(2:1)

Ⅱ. 이유: 하나님의 전달자들이 가진 상대적인 위엄은 그들이 전한 메시지의 상대적인 중요성을 보여준다(2:2-4)

- A. 천사들을 통해 말씀하신 율법의 말씀(2:2)
  1. 언약의 확증
  2. 언약의 저주

B. 주님을 통해 말씀하신 구원(2:3-4)

1. 더 큰 언약의 저주: 피할 길이 없다!(2:3a)

2. 더 크신 전달자: 주님(2:3b)

3. 증인들을 통한 언약의 확증(2:3c-4)

a. 주님께 들은 자들(2:3c)

b. 언약의 증인이신 하나님(2:4)

주석

2:1 "그러므로"는 천사보다 높으신 아들의 우월하심에 대한 성경의 주장(1:4-14)과 청중들이 보여야만 하는 응답을 연결한다. 이런 권면은 가끔 신학적 논의에서 벗어난 '삽입'이나 '여담'으로 규정되기도 하지만, 이 설교 편지의 다른 권면과 마찬가지로 성경적-신학적 논의가 향해 가는 '목적'이다. 여기서 설교자는 그의 권고 안에 청중들과 함께 자기 자신을 포함시킨다. "'우리'는…마땅하니라"(참고. 3:6, 14; 4:1, 11, 14-16; 6:1; 10:19-27; 12:1, 25, 28; 13:10-15). 다른 곳에서 그는 독자들을 2인칭으로 부른다. "형제들아 '너희'는 삼가 혹 '너희' 중에 누가 믿지 아니하는 악한 마음을 품[을까]…조심할 것이요"(3:12, 참고. 3:1, 13; 5:11-12; 6:10-12; 10:32-36; 12:4-8, 18-25; 13:1-9, 16-19). 저자는 한 형제로서 청중들과 나란히 서 있지만 또한 목양적 권위를 갖고 그들에게 호소한다.

"유념함으로"("pay attention")로 번역된 문구는 보통 중요한 어떤 것에 주의를 기울인다는 일반적인 의미를 갖고 있다(예. 7:13; 눅 21:34; 딤전 4:13). 여기서 이 단어는 배가 밧줄에서 풀려 급류에 휘둘리는 상황을 가리키는 "떠내려가[다]"라는 동사와 대조를 이룬다. 히브리서 설교자는 나중에 닻이라는 선박의 이미지를 상기시킨다(히 6:19). 따라서 여기서도 그는 독자들에게 안전한 피난처에서 떠밀리지 말고, 부두에 안착한 배처럼 되라고 간청하고 있을 것이다. 히브리서는 자신의 신앙 고백을 굳게 붙들고, 헌신이 흔들리고 있는 다른 사람들을 든든히 세우라는 명령을 되풀이한다(3:6, 12-14; 4:11, 14; 6:18; 10:23, 35-36; 12:1, 12-15; 13:9).

2:2-4 이 권면은 고대 수사학자들 사이에 잘 알려진 추론의 형태를 사용하는 엄숙한 경고를 통해 강화된다. 로마인들은 이것을 아 포르티오리 (*a fortiori*)로, 유대교 랍비들은 칼 베호메르(*qal v'homer*, '가벼운 것과 무거운 것')라고 불렀다. 이러한 수사 양식의 논리는 단순하다. 중요성이 덜한 원인이 해당 결과를 낳을 것이기 때문에, 더 중요한 원인은 그에 상응하는 더 중요한 결과를 낳을 것이다. 나중에 히브리서 설교자는, 동물 희생 제사가 외적인 제의적 정결을 낳을 수 있었다면 "하물며"("how much more") 그리스도의 피는 우리의 양심을 깨끗하게 할 것이라고 추론할 것이다(9:13-14). 하지만 여기서 이 논리는 엄숙한 결론을 낳는다(10:28-29처럼). 즉 천사들에 의해 모세에게 전해진 율법이 그 법을 어긴 자들에게 공정한 처벌을 명령했다면, 이제 하나님의 아들을 통해 전하신 구원의 메시지를 묵살하는 이들에게는 말할 수 없이 더 무거운 벌이 기다릴 것이다. 천사들의 고귀한 위엄은 그들을 통해 전해진 말씀을 어기는 범죄의 중대성을 보여주었다. 주님이신 아들의 무한히 고귀한 위엄은, 그분을 통해 온 큰 구원을 "등한히 여기[는]"(지속적인 헌신을 전혀 보이지 않는) 이들이 하나님의 영원한 진노를 피하리라고 기대할 수 없을 것임을 의미한다.

2:2 모세가 시내산에서 율법을 받는 기사에는 천사들이 언급되지 않지만(출 19-40장), 그는 이후에 시내산에서 이루어진 언약의 개시에 대해 이렇게 회고했다. "여호와께서 시내산에서 오시고…일만 성도[천사들] 가운데에 강림하셨고 그의 오른손에는…번쩍이는 불이 있도다"(신 33:2). 고대의 유대 자료들(희년서 1:26-2:1; 랍비 문헌들; Josephus, *Antiquities* 15.136)은 모세에게 주님의 말씀을 전달하는 천사들에 관한 전승을 언급한다. 이 전승은 스데

반의 설교(행 7:53) 및 바울의 갈라디아서(갈 3:19)에서 신약의 확증을 받는다. 시내산에 있던 천사들은 거기서 시작된 언약의 거룩함을 강조했다.

여기서 "견고하게"("reliable")로 번역된 단어 베바이오스(*bebaios*)는, 다른 곳에서는 단단함이라는 일반적인 의미를 가진다(히 3:14; 6:19). 여기서 이 단어는 더욱 법적인 의미를 지니면서 하나님과 그분의 백성 사이에 이루어진 언약의 비준을 가리킨다. 이 단어는 9:17에서 다시 등장하여 언약의 법적 의무의 '효력 발휘'에 필요한 (상호간의 충성을 강제하는 처벌을 상징하는) 희생제물의 역할을 묘사한다(참고. 9:15-20 주석). 시내산에서 맺은 언약을 깨트린 자들이 겪는 '공정한 보응'과 새 언약을 거부하는 이들을 기다리고 있는 더 가혹한 심판에 대해서는 10:26-31에서 설명될 것이다.

2:3-4 하나님의 최종적 메시지의 우월성은 전달자(주님)만이 아니라 그 내용("이같이 큰 구원")에서도 드러난다. 1:14에서 히브리서 설교자는 "구원받을 상속자들"을 언급했다. 구원은 우리가 하나님께 나아갈 수 있게 해주는 죄책과 오염의 정화를 동반한다(7:25). 여기에는 죽음을 가하고 우리를 두려움 가운데 가두는 마귀로부터의 구원이 포함된다(2:14-15). 그런데 이 구원에는 하나님께서 그분의 아들들을 장차 올 세상의 상속자들로서 영광으로 데려가시는 일도 포함된다(2:5-8, 10). 예수님은 고난을 통해 이루신 구원의 창시자요 근원이시다(2:10; 5:9).

히브리서 설교자와 청중들은 구원의 말씀을 주님의 지상 사역 기간에 주님께로부터 직접 듣지 않았다(서론의 '저자'를 보라). 대신 주님을 통해 처음 전해진 이 구원-말씀은 "들은 자들이 우리에게 확증한 바"였다. '확증하다'에는 2절에서 '견고한' 언약의 확증을 가리키는 단어의 동족어 동사[베바이오오(*bebaioō*)]가 반영되어 있다. 아들을 통해, 또한 아들에 관해 전해진 견고한 새 언약의 계시는 사도들을 통해 후대의 교회 세대에게 전해졌다(눅 1:1-4). 따라서 바울은 하나님이 구속의 신비를 계시할 때 사용하신 사도들과 선지자들을 가리켜 하나님의 새 성전의 "터"라고 부른다(엡 2:20-22; 3:4-5; 참고. 계 21:14).

사도들의 증언은 하나님 자신의 증언을 통해 확증되는데, 표적, 기사, 능력[뒤나메이스(*dynameis*), 권능의 행위들], 그리스도의 몸을 섬기기 위한 성령의 은사 배분이 그분의 증언에 해당한다. 하나님은 예수님의 지상 사역 속에서 그분이 수행하신 능력의 일(뒤나메이스)과 기적, 표적을 통해 성육신하신 아들을 증언하셨다(행 2:22; 요 5:36-37). 그리스도께서 영화롭게 되신 뒤, "[참된] 사도들의 표"가 바울을 포함하여 그리스도의 사도적 증언에 정당성을 부여했다(고후 12:12).

따라서 증언의 4중주인 주 예수, 그분의 사도들, 기적을 통해 증언하시는 아버지 하나님, 교회에 능력을 부여하시는 성령이 이 마지막 날에 전해진 구원의 메시지를 인증한다. 이 선한 하나님의 말씀을 맛보았지만(히 6:5) 그 뒤에 떠내려가는 이들은 언약의 주님에 맞서 반역을 범한 이들을 기다리고 있는 파멸을 피할 수 없을 것이다.

응답

다양한 영향력과 압박이 사람들을 그리스도를 위한 헌신에서 멀어지도록 유혹한다. 이 설교를 처음 들었던 예수님의 히브리인 제자들에게 가족의 거절(히 13:12-13), 공개적인 수치(10:32-33), 재산과 자유의 몰수(10:34; 13:3), 순교의 위협(12:3-4) 같은 요인들은 몇몇 사람들이 함께 만나는 모임에 소홀했던 이유가 무엇인지를 설명해줄 것이다(10:25). 이런 제자도의 대가(代價)들이 여전히 오늘날 전 세계의 교회 앞에 닥쳤다. 이런 도전에 맞닥뜨렸을 때, 그리스도의 지고한 영광을 보는 이들은 더 좋은 부활과 더 좋고 영구한 것을 기대하던 "세상이 감당하지 못하[는]" 구약의 믿음의 백성들이 걸어간 고난의 발자국을 뒤따를 용기를 발견한다(11:35-38; 10:34).

자유와 안전과 관용을 누리는 서구 그리스도인들 가운데에는, 하나님이 아들을 통해 전하신 최종적인 최고의 말씀에 대한 흥미를 잃어버린 이들도 여전히 있을 것이다. 영적 파선으로 가는 그들의 방황은 인생을 흔드는 위기의 폭풍에서 시작되지 않을 것이다. 대신 감지하기 힘든 격랑(직업상의 출세와 재정적 안정, 여흥과 오락, 명성과 사회적 수용)이 '튼튼하고 견고한 영혼의 닻'과 그들을 연결하는 줄을 느슨하게 만든다(6:19). 이러한 방황은 영원한 파멸을 가져온다. 히브리서 설교자는 우리가 그분을 바라보지 못하게 가로막을 모든 교란으로부터 우리의 마음을 지키기 위해 아들의 장엄함을 보여 주었다(3:1; 12:1).

히브리서 2:5-18 개관

천사에 대한 아들의 우월하심을 증명하는 구약 본문은 "구원 받을 상속자들"을 소개했다(히 1:14). 이 "구원"이 첫 번째 권면 단락(2:1-4)에서 다시 등장한다. 그 권면에 근거하여 저자는 이제 아들과 천사의 관계에 대한 더 상세한 논의를 개시한다(2:5-18). 초점은 인간 동기들을 위한 그분의 사역으로 바뀐다. 아들이 고난받고 이로써 그들의 구원을 성취하기 위해 "천사들보다 잠시 동안 못하게 하심을 입은" 까닭에, 그들은 구원을 상속받는다(2:9-10).

아들의 우월하심에 대한 구약의 인용(1:5-14)에서 "[하나님께서] 어느 때에 '천사 중 누구에게'…하셨느냐"는 수사적 질문이 '양 끝'에 놓이듯이(1:5, 13), 이 단락은 하나님께서 '천사들이 아니라' 아들이 구원하는 사람들에게 은혜를 확장하셨다는 진술로 감싸져 있다(2:5, 16). 이 단락의 중심을 잡아주는 시편 8:4-6이 그 종말론적, 인간론적, 기독론적 함의를 염두에 두고 설명된다. 하나님이 아들을 통해 영광으로 인도하신 "많은 아들들"(히 2:10)과 아들의 유대 관계에 대해 상술하기 위해 다른 구약 본문이 인용되고(시 22:22; 사 8:17, 18) 암시된다(사 41:8-13).

5 하나님이 우리가 말하는바 장차 올 세상을 천사들에게 복종하게 하
심이 아니니라 6 그러나 누구인가가 어디에서 증언하여 이르되

사람이 무엇이기에 주께서 그를 생각하시며 인자가 무엇이기에
주께서 그를 돌보시나이까 7 그를 [1]잠시 동안 천사보다 못하게 하
시며 영광과 존귀로 관을 씌우시며[2] 8 만물을 그 발아래에 복종하
게 하셨느니라

하였으니 만물로 그에게 복종하게 하셨은즉 복종하지 않은 것이 하나
도 없어야 하겠으나 지금 우리가 만물이 아직 그에게 복종하고 있는
것을 보지 못하고 9 오직 우리가 천사들보다 [1]잠시 동안 못하게 하심
을 입은 자 곧 죽음의 고난 받으심으로 말미암아 영광과 존귀로 관을
쓰신 예수를 보니 이를 행하심은 하나님의 은혜로 말미암아 모든 사
람을 위하여 죽음을 맛보려 하심이라

5 For it was not to angels that God subjected the world to come, of
which we are speaking. 6 It has been testified somewhere,

"What is man, that you are mindful of him,
or the son of man, that you care for him?

7 You made him for a little while lower than the angels;
you have crowned him with glory and honor,[1]
8 putting everything in subjection under his feet."
Now in putting everything in subjection to him, he left nothing outside his control. At present, we do not yet see everything in subjection to him. 9 But we see him who for a little while was made lower than the angels, namely Jesus, crowned with glory and honor because of the suffering of death, so that by the grace of God he might taste death for everyone.

1) 또는 조금 2) 어떤 사본에, 7절 끝에 '또한 주의 손으로 만드신 것 위에 그를 세우시고'가 있음

1 Some manuscripts insert *and set him over the works of your hands*

단락 개관

"구원"에 대한 언급(히 1:14; 2:3)은 상세한 설명을 필요로 한다. 구원은 마귀로부터, 즉 죽음을 가하는 마귀의 능력과 노예로 만드는 죽음에 대한 두려움으로부터 벗어나는 구출을 내포한다(2:14-15). 하지만 구원은 인류에게 부여된 영광과 지배의 운명도 포함한다. 영원하신 하나님의 아들이 자기 "형제"를 구속하기 위해, 스스로 겸비하게 되어 성육신하신 메시아적 아들이 되셨다. 히브리서 설교자는 시편 8:4-6을 과거의 낙원에 대한 회고가 아니라 장차 올 낙원의 예고로 이해한다. 이 시편은 현재(인간이 천사보다 낮은 때)로부터 미래(만물이 인류에게 복종할 때)까지 인간의 역사 과정을 추적한다. 현재는 아직 다른 모든 피조물이 하나님의 형상을 가진 인간(창 1:26-28)에게 복종하는 모습을 보여주지 않는다. 인류의 왕적 운명은 아직 가시

화되지 않았지만, 한 사람이 외로움에서 존귀한 영광으로 가는 고통스러운 길을 걸었다. 그분의 이름은 예수이고, 그분의 대관식은 다른 사람을 위한 고난의 죽음에 대한 보상이다.

단락 개요

Ⅰ. 장차 올 세상은 천사들이 아니라 인자에게 복종할 것이다(2:5)

Ⅱ. 성경은 만물을 인자에게 복종하게 한다는 하나님의 목적을 선포했다(2:6-8a)

A. 인자는 초라하지만 하나님의 특별한 관심의 대상이시다(2:6)
B. 인자는 잠시 동안 천사보다 낮아지셨다(2:7a)
C. 하지만 인자는 지배하기로 정해지셨다(2:7b-8a)

Ⅲ. 인자의 지배는 아직 우리의 경험에서 가시화되지 않았다(2:8bc)

Ⅳ. 그러할지라도 인자에게 하신 하나님의 약속은 이제 우리가 보는 그분인 예수 안에서 성취된다(2:9)

A. 예수는 잠시 동안 천사보다 낮아지셨다(2:9a)
B. 예수는 영광과 존귀의 관을 쓰셨다(2:9b)
C. 그분의 영화는 다른 사람을 위한 고난의 죽음에 대한 보상이다(2:9cd)

주석

2:5 접속사 '왜냐하면'("for", 개역개정에는 없음)은, 곧 이어질 시편 8편에 대한 해설이 아들을 통해 전해진 말씀에 정박해 있으라는 권면을 뒷받침한다는 점을 보여준다(히 2:1-4). 아들이 구원을 언급하신 이유는, 그분이 우리를 영광으로 인도하기 위해 우리의 인성을 공유하러 오셨기 때문이다. 히브리서 저자는 1:6 이후로 '장차 올 세상'에 대해 이야기해왔다. 거기서 저자는 하나님께서 천사들에게 아들을 경배하라고 하신 명령이, (부활과 승천을 통해) 아들을 마지막 날의 복된 영역으로 데려가셨던 그때 하신 말씀이라고 소개했다. "천사들에게…아니니라"는 하나님께서 장차 올 세상으로 하여금 다른 이에게 복종하게 하셨음을 암시한다. 그런데 그 다른 이는 누구인가? 시편 8편이 그 대답을 준다.

2:6-8a 시편 인용문이 막연한 표현으로 소개된다. "누구인가가 어디에서 증언하여 이르되"("It has been testified somewhere")는 인용 출처에 대한 헬라어 본문이 분명하게 확인되지 않음을 내비친다. 저자는 (1장의 본문과 달리) 이 본문이 어떤 인간 발언자가 하나님께 한 것이지만, 그 인간 발언자의 정체는 중요하지 않다는 것을 시사한다.

하나님은 만물을 "인자"의 발아래에 "복종하게" 하셨다. 히브리서 저자가 시편 8편을 '아들의' 잠깐 동안 낮아지심과 그 이후의 높아지심에 관한 명확한 메시아 예언으로 다루는지, 아니면 예수님 안에서 먼저 성취된 '인간의' 운명에 대한 예고로 다루는지를 두고 학자들 사이에 견해가 갈린다. "그 발아래에" 놓인다는 복종 주제는 장차 올 세상이 아들에게 복종할 것이라고 보는 견해를 지지하는데, 이로써 시편 8편과 (히브리서 1:13에서 인용된) 시편 110:1이 연결된다. 다른 한편으로, 저자는 1:14에서 '구원을 상속받을 자들'을 소개했으며, 곧이어 그들을 가리켜 하나님께서 그리스도의 고난을 통해 영광으로 데려가시는 "많은 아들들"이라고 서술할 것이다(2:10). 더 나아가 히브리서 설교자는 2:16에서 "천사들…이 아니요"라는 문구로 이 단락을 마무리하면서, "아브라함의 자손" 곧 하나님의 백성을 천사들보다 위에 둔다.

세 번째 안은 메시아적 관점과 인간론적 관점 사이에 다리를 놓는 것인데, 시편 8편이 그 앞과 뒤의 시편에 나오는 어휘를 공유하고 있다는 사실에 근거한다(예. 주의 이름, 땅, 대적, 원수, 하늘). 이런 연관성은 복 있는 사람을 기름 부음 받은 다윗계 메시아, 주의 아들로 규정함으로써 시편 8편을 성경에서 시편이 시작되는 맥락 속에 둔다(시 1-2편).[6] 되짚어보면, 시편 2:7은 히브리서 저자가 천사에 대한 아들의 우월하심을 주장하기 위해 첫 번째로 인용한 구약 본문이었다(히 1:5). 시편 8편은 창세기 1:28에서 아담과 하와에게 맡겨진 우주적 지배를 명백히 암시한다. 이 점을 고려할 때, 다윗(시편 8편은 다윗이 왕으로서 하는 발언이다)이 자신의 통치를 에덴동산에서 실패한 아담의 왕권 회복으로 향하는 첫 걸음으로 묘사했다고 생각하는 것은 타당하다. 따라서 히브리서 설교자는 다윗의 아담-메시아 궤적에 근거하여, 예수님 안에 있는 그 궤적의 종착점을 보여주는 것이라 할 수 있다.

이런 이해에서 볼 때, 시편 8편은 하나님의 인격적인 피조물의 위계와 역사에서 인간의 명예로운 위치를 기술하기 위해 가장 먼저 언급된다. 인간의 위치는 세상이 창조될 때 왕 아담에게서 나타났고, 타락 이후에 왕 다윗에게서 다시 등장하는데, 다윗은 순종과 고난을 통해 대적을 정복할 궁극적 씨로 가는 도중에 있는 여자의 씨다(창 3:15). 그런 다음, 히브리서 저자는 인류의 지배가 아직 가시화되지 않았다는 점을 언급하고서, 인류의 운명을 성취하신 예수님을 제시한다. 이때 그는 시편 8편이 마지막 아담이요 왕적 메시아이신 예수님의 사명의 양상, 곧 먼저 겸손히 순종하셨고 그 뒤에 영광 가운데 들어가신 것을 예고하고 있다고 해석한다.

히브리서 저자의 인용은 '또한 주의 손으로 만드신 것 위에 그를 두셨다'라는 한 문장을 삭제한 것 외에는 칠십인역을 따르는데, 이 문장은 히브

6 James M. Hamilton, Jr., *Psalms*, Biblical Theology for Christian Proclamation (Nashville: Holman, 근간).

리서에서 의미심장한 단어인 '복종'을(참고. 2:5, 8) 담고 있는 그 다음 문장과 본질적으로 동일하다. 칠십인역은 히브리어 단어 엘로힘(*élohim*, 시 8:5에서는 '천상의 존재들')을 '천사들'로 번역한다. 이는 천사가 인류 및 성육신하신 아들과 맺은 관계를 보여주는 히브리서 저자의 목적에 부합하는 타당한 해석이다.

어떤 면에서 사람은 천사보다 못한가? 히브리서 저자는 시내산에서 천사가 중재자로서 모세에게 율법을 전해준 것에 대해 언급하며 그의 답변을 암시했다(히 2:2). 이 율법은 의무를 부과했고 그것을 위반할 때의 처벌을 규정했으며, 성소와 희생제사를 포함한 지상의 예배 제도를 전했다(히 8-10장). 그리스도께서 "율법 아래에 나게 하신 것은 율법 아래에 있는 자들을 속량하[기]" 위해서였고(갈 4:4-5), 또한 율법의 그림자를 대체하기 위해서였다(히 9:11-14; 10:19-22).

2:8bc 히브리서 저자의 주석은, 먼저 시편 8편은 지상의 피조물이 인류에게 보이는 보편적인 복종을 말한다고 해설한다. 그런 다음 "지금"은 인간의 지배가 아직 가시화되지 않았다는 현실적인 관찰이 나온다. 신자들의 고난(2:14-16; 10:32-34; 11:32-38; 12:3-11) 및 하늘과 땅의 소멸(1:10-12; 12:25-27)은 이 시편에 계시된 하나님의 목적과 상충되는 무질서, 역기능, 죽음을 드러낸다. 인류의 죄는 반역과 혼돈으로 창조 질서를 오염시켰다(창 3:14-19; 롬 8:18-22). 하지만 "아직"[우포(*oupō*)]이란 부사에서 희망의 불꽃이 반짝인다. 시편 8편은 오래전에 사라진 목가적인 세계를 그리는 슬픔에 찬 애가가 아니다. 도리어 이 시편은 아직 오지 않았으나 아마 다윗이 전에 누렸던 원수들로부터의 "안식"에서 예시된 평화의 나라를 미리 보여준다(삼하 7:1, 참고. 히 4:8 주석).

2:9 예수님이 들어오면서 희망의 불꽃은 빛으로 확장된다. 이제(이 설교 편지에서 처음으로) 예수님은 태어날 때 주어진 사람의 이름(마 1:21, 25)으로 불리신다. 저자는 먼저 시편의 어휘를 사용하여 "천사들보다 잠시 동안 못하

게 하심을 입은 자"라고 한 사람을 묘사함으로써 기대감을 형성한다. 그런 다음 "예수"라는 이름을 통해 긴장감을 깨트리면서 그분의 정체성을 확인시킨다. 시편 8:5의 두 문장(히 2:7)은 아들이 우리의 인성 속에서 우리와 동일시 하신 것의 두 가지 측면을 예고한다. (1) 먼저 그분은 (성육신과 다른 사람을 위한 고난의 죽음을 통해) "잠시 동안" 천사들보다 낮아지셨다. (2) 그 뒤에 그분은 (부활과 승천과 하나님 우편 보좌에 앉으심으로써) "영광과 존귀로 관을 쓰[셨다]." 부사적 표현 '조금'[히브리어로는 메아트(*me'at*), 칠십인역은 브라퀴티(*brachy ti*)]은 정도나 거리의 작은 차이(삼하 16:1) 혹은 짧은 기간(시 94:17; 119:87; 눅 22:58; 행 5:34)을 가리킬 수 있다. 히브리서 저자는 이 표현을 시간적으로 이해하여 "잠시 동안" 이라고 말한다.

시편 8편에 근거한 그의 호소는 두 가지 목적에 기여한다.

(1) 시편 8편은 아들의 천사에 대한 '영원한 신적인' 우월하심과 천사에 대한 '중재적' 우월하심의 관계를 명확히 한다. 아들이 하늘과 땅, 그리고 (천사보다 무한히 중요한) 그 모든 거주민의 변함없는 창조주신데, 어떻게 그분이 천사들보다 뛰어나게 '되셨고' 천사들보다 훨씬 뛰어난 이름을 '기업으로' 얻을 수 있었는가?(히 1:4) 죄를 정결하게 하신 '뒤' 아들의 높아지심(1:3)에는, 성육신하신 중재자 아들이 되기 위해 천사보다 낮은 인간의 지위를 잠시 동안 공유하신 그분의 선제적 낮아지심이 전제되어 있다.

(2) 시편 8편은 아들의 성육신과 낮아지심를 통한 아들과 인류의 결속을 확증한다. 천사들은 아들만이 아니라 그분이 성취하기 위해 오신 구원의 인간 상속자들, 곧 그분이 "형제"라고 부르시는(2:11-12) 이들을 섬기는 종들이다(1:6,14).

도입부에서는 죄를 정결하게 하는 아들의 제사장 사역을 언급했지만, 여기서 우리는 이 정화 사역을 성취하기 위해 그분이 지불하신 대가가 무엇인지 깨닫는다. 즉 그분은 "모든 사람을 위하여" 죽음을 겪고, 그것을 맛보셨다. 히브리서 저자는 더 나아가 "모든 사람"(예수님은 그들을 위해 죽으셨다)을 "많은 아들들"(히 2:10, 예수님은 그들을 위한 구원의 창시자이시다)로, 또한 "아브라함의 자손"(16절, 예수님은 그들을 도와주신다)으로 묘사할 것이다. 죽음은 예수님이 성육신하신 목적이었다. "그도 또한 같은 모양으로 혈과 육을 함께 지니심은 죽음을 통하여…마귀를 멸하시[려]…하심이니[히나(*hina*)]"(2:14-15). 예수님의 죽음은 또한 그분이 정당성을 인정받기 위한 근거였다. "죽음의 고난 받으심으로 말미암아[디아(*dia*)] 영광과 존귀로 관을 쓰신"(9절). 그분이 하나님 우편에 즉위하심은 "죽기까지…곧 십자가에 죽으[시기까지]" 행하신 신실한 순종에 대한 보상이다(빌 2:6-11).

응답

우리가 매일의 활동과 분주한 일, 관계에서 뒤로 물러나 만물의 거대한 구도 속에서 우리의 위치를 숙고할 때, 자신의 하찮음에 의기소침해진다. 광대한 우주에 대한 시편 저자의 묵상은 당연히 '사람이 무엇이기에 주께서 그를 생각하십니까?'라는 질문을 제기한다(시 8:4, 참고. 히 2:6). 그 우주 너머에는 장엄한 무한하심으로 우주를 초월하시는 창조주가 계신다. 히브리서 1장에서 인용되어 아들의 탁월하심을 보여주는 구약 본문을 성찰할 때, 우리처럼 사소하고 한시적인 피조물이 그분에게 '중요한' 것으로 여겨지지 않을 것이다. 창조주께서 한때 우리 인류에게 위임하셨던 지배권을 인류의 죄가 무너뜨렸고 우리가 창조주를 거절했다는 엄숙한 진리를 감안할 때, 우리의 상황은 한층 더 끔찍하고 비참해 보인다. 하지만 시편 8편은 수치심으로 인해 떨구어진 우리의 머리를 들게 한다. 우리가 보는 세계는 우리에게 저항하지만, 창조주께서 우리에게 오셔서 겸손하게 순종하신 가운데 우리 중 하나가 되셨고, 왕의 영광과 명예의 관을 쓰시고 고난 속에서 등장하신다. 우리는 은혜로운 하나님을 경이롭게 여기면서 찬양해야 한다. 그분은 자기 아들을 보내 죽게 하셨고, "장차 올 세상"의 상속자인 우리를 영광으로 데려가신다.

10 그러므로 만물이 그를 위하고 또한 그로 말미암은 이가 많은 아들
들을 이끌어 영광에 들어가게 하시는 일에 그들의 구원의 창시자를
고난을 통하여 온전하게 하심이 합당하도다 11 거룩하게 하시는 이와
거룩하게 함을 입은 자들이 다 한 근원에서 난지라 그러므로 형제라
부르시기를 부끄러워하지 아니하시고 12 이르시되

내가 주의 이름을 내 형제들에게 선포하고 내가 주를 교회 중에서 찬송하리라

하셨으며 13 또 다시

내가 그를 의지하리라

하시고 또 다시

볼지어다 나와 및 하나님께서 내게 주신 자녀라

하셨으니

10 For it was fitting that he, for whom and by whom all things exist, in
bringing many sons to glory, should make the founder of their salvation
perfect through suffering. 11 For he who sanctifies and those who are
sanctified all have one source.[1] That is why he is not ashamed to call

them brothers,[2] 12 saying,

"I will tell of your name to my brothers;

in the midst of the congregation I will sing your praise."

13 And again,

"I will put my trust in him."

And again,

"Behold, I and the children God has given me."

14 자녀들은 혈과 육에 속하였으매 그도 또한 같은 모양으로 혈과 육
을 함께 지니심은 죽음을 통하여 죽음의 세력을 잡은 자 곧 마귀를 멸
하시며 15 또 죽기를 무서워하므로 한평생 매여 종노릇 하는 모든 자
들을 놓아 주려 하심이니 16 이는 확실히 천사들을 붙들어 주려 하심
이 아니요 오직 아브라함의 [1)]자손을 붙들어 주려 하심이라 17 그러므
로 그가 범사에 형제들과 같이 되심이 마땅하도다 이는 하나님의 일
에 자비하고 신실한 대제사장이 되어 백성의 죄를 속량하려 하심이라
18 그가 시험을 받아 고난을 당하셨은즉 시험 받는 자들을 능히 도우
실 수 있느니라

14 Since therefore the children share in flesh and blood, he himself
likewise partook of the same things, that through death he might
destroy the one who has the power of death, that is, the devil, 15 and
deliver all those who through fear of death were subject to lifelong
slavery. 16 For surely it is not angels that he helps, but he helps the
offspring of Abraham. 17 Therefore he had to be made like his brothers
in every respect, so that he might become a merciful and faithful high
priest in the service of God, to make propitiation for the sins of the
people. 18 For because he himself has suffered when tempted, he is able
to help those who are being tempted.

1) 헬, 씨

1 Greek *all are of one* *2* Or *brothers and sisters.* In New Testament usage, depending on the context, the plural Greek word *adelphoi* (translated "brothers") may refer either to *brothers* or to *brothers and sisters*; also verse 12

단락 개관

자신의 형제자매들을 위한 구원의 승리자

첫머리 접속사 '그러므로'("For", 개역개정에는 없음)는 이 단락이 히브리서 2:9에서 선언된 진리의 적절성("합당하도다")을 논증한다는 것을 보여준다. 그 진리는 하나님의 은혜가 예수께서 다른 사람을 위해 죽음을 겪도록 지시했다는 것이다. 유일하신 아들인 예수님은 하나님께서 영광으로 인도하고 계신 "많은 아들들"(10절)과 가족 됨으로 말미암아, 그들의 대속자로 고난을 받으실 수 있었다. 예수님과 그들은 한 아버지를 함께 가지며(11절), 그래서 예수님은 거리낌 없이 그들을 자신의 형제(11-12, 17절)와 하나님의 자녀(13-14절)로 규정하신다. 아들이 붙들고 도와주시는 이는 천사들이 아니라 아브라함의 자손인 인간들이다(16절). 이 신적 친족-구속자(kinsman-redeemer)는 그분의 형제들이 겪는 곤경(사망에 종노릇 함)때문에 모든 측면에서 그들과 똑같은 전적인 인간으로서 혈과 육을 공유하게 되셨다. 신적인 아들이 성육신으로 천사들보다 잠시 낮아지셨다. 그분의 죽음(9-10, 14절) 외에 그 어떤 것도 죄를 범한 마귀의 포로들을 자유롭게 하여 하나님의 공정한 진노를 그들에게서 되돌릴 수 없었기 때문이다(17-18절). 여기서 히브리서는 그리스도의 죽음을 왕의 전투, 구출("마귀를 멸하시며…한평생 매여 종노릇 하는 모든 자들을 놓아주려 하심이니", 14-15절), 제사장의 속죄("자비하고 신실한 대제사장이 되어 백성의 죄를 속량하려 하심이라", 17절)로 표현한다.

단락 개요

Ⅰ. 창조주는 유일하신 아들에게 고난을 통해 많은 아들들의 구원자와 제사장이 되어 그들을 영광으로 인도할 자격을 부여하셨다(2:10)

Ⅱ. 아들과 아들들은 같은 아버지와 같은 믿음으로 연합되어 있다(2:11-13)

Ⅲ. 아들과 자녀들은 상해와 죽음에 시달리는 동일한 인성을 공유한다(2:14-18)

A. 아들은 인간의 본성을 온전히 받아들여 죽임당할 수 있게 되셨고, 이로써 죽음을 가하는 마귀의 능력에 예속된 이들을 자신의 죽음을 통해 자유롭게 하실 수 있다(2:14-15)

B. 아들이 붙들고 도와주는 종들은 천사들이 아니라 아브라함의 자손이다(2:16)

C. 자비롭고 신실한 대제사장이 되어 우리의 죄를 속죄하고 우리의 시련 중에 우리를 돕기 위해, 아들은 인간의 본성을 온전히 받아들여 고난과 시험을 견디셨다(2:17-18)

주석

2:10 고대의 이교도와 유대인은 십자가 위에서 겪은 예수님의 고난이 어리석을 뿐만 아니라 불쾌한 것이며, 인류의 곤경을 해결하기 위해 "만물"의 창조자요 유지자가 취할 "합당[한]" 방법이 전혀 아니라고 여겼다(참고.

고전 1:18-25). 그런데 하나님이 영광으로 인도하겠다고 계획하신 '많은 아들들'의 곤경이 그리스도의 십자가를 단 하나의 적절하고 필연적인("마땅하도다", 히 2:17) 구원의 수단으로 만들었다. 그들이 예속된 죽음(그리고 마귀)에 대한 두려움은, 그들을 위한 그들의 형제 곧 신적인 메시아 아들의 화해의 죽음을 통해서만 깨질 수 있었기 때문이다.

하나님께서 영광으로 인도하시는 "많은 아들들"은 9절의 "모든 사람"을 훨씬 구체적으로 규정한다. 시편 8편에서 설명되었듯이, "영광"은 구원의 상속(1:14)과 "장차 올 세상"에서의 지배를 포함한다(참고. 히 2:5-8). 그리스도께서 "죽음을 맛보[신]"(9절) 목적이 된 모든 자는 하나님이 영광으로 인도하실 아들들과 상속자들이다. 그들은 아들이 붙들고 도와주시는 "아브라함의 자손"이다(16절). 이는 그들이 아브라함의 인내하는 믿음의 발자취를 따르기 때문이다(6:12-15, 참고. 롬 4:9-12). "창시자"로 번역된 헬라어 단어 아르케고스(*archēgos*)는 칠십인역에서 35회 등장하는데, 대개 가문이나 부족의 우두머리와 관련 있다. 성경 외 헬라어에서 이 단어는 성읍의 창설자와 나라를 위해 싸우는 승리자를 지칭한다. 이 단어는 히브리서 12:2(믿음)과 사도행전 3:15(생명)과 사도행전 5:31("구주")에서도 예수님께 적용된다. 히브리서 2:14-15에서 그리스도를 자녀들의 대표 전투원(친족-구속자)으로 묘사하는 것에 비추어볼 때, '승리자'(champion)는 또 하나의 효과적인 영어 대응어다.[7]

하나님은 구주를 "고난을 통하여 온전하게" 만드셨다. 온전함은 히브리서의 두드러지는 주제 중 하나다(5:9; 7:11, 19, 28; 9:9, 11; 10:1, 14; 11:40; 12:23). 그리스도 자신의 온전하게 되심이 5:9과 7:28에서 다시 언급된다. 예수님은 전에나 지금에나 죄에 의해 더럽혀지지 않으시므로(4:15; 7:26), 예수님이 죄로부터 벗어나 거룩함으로 진보해가거나 도덕적으로 성장한다는 개념은 생각조차 할 수 없다. 오히려 예수님의 '온전해지심'에 대해

7 Lane, *Hebrews 1-8*, 56-57.

얘기할 때, 히브리서는 제사장직을 위한 성별과 위임이라는 칠십인역의 의미를 채택하고 있다(출 29:9, 29, 33, 35; 레 4:5; 8:33; 16:32; 21:10; 민 3:3 등). 히브리서 2:17-18과 5:8-10이 보여주듯이, 예수님이 이렇게 제사장직에 취임하신 것은 씻음과 기름 부음의 외적인 제의를 통해서가 아니라 그분의 죽음에서 절정에 다다른 시련과 고난 한가운데서 하나님의 뜻에 일평생 순종함을 통해서였다.

2:11 히브리서에서 '거룩하게 하다'라는 표현은 백성들을 '깨끗하게' 하여 예배 중에 하나님의 거룩하신 임재에 들어갈 수 있게 한다는 제의적인 의미를 함축한다(9:13-14; 10:14; 13:12). 아론계 제사장이 이스라엘 친족들과 가족으로 결속되었듯이(5:1; 7:5), 그리스도는 자신의 형제자매들과 가족 됨을 공유하신다. "다 한 근원에서"라는 어구 뒤에는 모호한 헬라어 '모두 하나에서'(all from one)가 있다. 이것은 아마 그들이 한 아버지를 두고 있음을 가리킬 것이다. 그런데 이 아버지는 누구인가? 그는 아담(2:6-8에서 간접적으로 암시)도 아니고 아브라함(2:6)도 아니다. 오히려 그분은 하나님 아버지시다. 거룩하게 하는 분은 하나님의 아들이고, 그분이 거룩하게 하는 이들은 하나님의 많은 아들들이기 때문이다. 하나님의 선택 목적에서 그들이 앞서 공유한 연합은 자기 형제들을 구속하기 위한 아들의 성육신의 이유이다(2:14, 17).

2:12 우리는 죄책에서 비롯되는 죽음에 대한 두려움에 시달리는 형제들의 약점으로 인해, 영광스러운 신적인 아들이 자기 동기들과 동일시하기를 부끄러워했을 것이라고 예상할지 모른다. 하지만 시편 22:22이 보여주듯이 사실은 정반대다. 나중에 우리는 하나님께서 옛 믿음의 백성들의 하나님이라고 불리기를 부끄러워하지 않으신다는 사실을 알게 될 것이다(히 11:16). 그 응답으로 우리는 기꺼이 그리스도의 치욕을 담당해야 하고(11:25-26; 13:13), 부끄러워하지 말고 예수님을 위해 고난을 받는 이들과 동일시해야 한다(13:3, 참고. 10:32-34; 딤후 1:8, 12, 16). 여기서 히브리서 설교자

가 우리에게 경이롭게 여기도록 요청하는 사실이 있다. 곧 시편 22편 말씀대로, 영광 가운데 계신 신적인 메시아 아들이 죄 가운데 고뇌하는 동기들과 동일시 되시는 데에 거리낌이 없으시다는 사실이다.

시편 22편은 하나님께 버림받음으로 시작되고 십자가 위 예수님의 외침에서 반복된(마 27:46) 고난(시 22:1-21)에서 구원과 송축(시 22:22-31)에 이르는 자취를 추적한다. 이것은 히브리서 설교자가 시편 8편을 인용할 때 추적한 두 단계의 길이다. 먼저 천사보다 낮아지셨고, 그 뒤에 영광의 관을 쓰셨다. 따라서 히브리서 설교자가 고난에서 영광으로 바뀌는 전환점인 시편 22:22을 인용한 것은 단지 이 시편이 "내 형제들"을 언급하기 때문이 아니라, 이 시편 '전체'가 그리스도의 구속 사명의 패턴을 조명하기 때문이다(눅 24:25-27; 벧전 1:11).

2:13 이사야 8:17-18은 아들과 아들이 거룩하게 하는 이들의 가족 됨을 더 깊이 뒷받침한다. 그리스도 자신이, 하나님의 자녀들 가운데서 하나님을 신뢰한다는 선지자의 고백을 통해 말씀하신다(삼하 22:3과 사 12:2의 어휘는 사 8:17과 평행한다). 예수님의 믿음은 우리의 믿음과 동일하지 않다. 그분은 순종하심으로써 경건하지 않은 자들을 의롭다고 인정하는 의로운 분이시다(사 53:11; 롬 3:21-26; 4:5). 따라서 그분은 우리의 믿음의 대상이고(빌 3:9), 우리로 하여금 하나님께 나아가게 하는 유일무이한 통로이자 중재자이시다(히 7:25; 10:19-22). 예수님은 흠 없는 순종과 희생적 죽음을 보상하겠다는 아버지의 약속을 신뢰했고, 따라서 그분은 우리의 믿음의 승리자(아르케고스)이시다(12:2).

2:14 두 가지 요인이 아들의 성육신을 요청했다. 첫째, 아들은 구원이 필요했던 자신의 형제들과 한 아버지를 함께 가지셨다(히 2:10-13). 둘째, 그분의 형제들은 부패에 취약하고 심판을 받아야 하며, 죽음에 의해 위협받는 "혈과 육"의 몸을 지닌 사람들이다(참고. 엡 6:12; 고전 15:50). 그분은 형제들과 동일한 혈과 육에 참여하고 인간의 본성(물론 타락하지 않은)을 온전히

받아들이기 위한 겸손한 낮아지심으로 말미암아 우리를 위해 죽으실 수 있었으며(히 2:9), 그 과정에서 죽음을 가하는 마귀의 권능을 무장해제 하실 수 있었다. '멸하다'로 번역된 헬라어 단어 카타르게오(*katargeō*)는 제거를 의미할 수 있지만(고전 15:26; 살후 2:8), 대개 권력을 무력화하거나 상쇄시키거나 박탈하는 것을 가리킨다(예. 롬 3:3, 31; 4:14; 갈 5:4, 11). 바로 이것이 그리스도의 죽음이 마귀에게 가하는 즉각적 효과다. 마귀는 먼저 인류를 꾀어 하나님의 금지 명령에 도전하게 하였고(창 3:4) 그 뒤에 하나님의 공정한 법정 앞에서 그들을 고발하였다(슥 3:1; 요 8:44; 계 12:9-11). 이를 통해 마귀는 죽음을 가하는 권능을 휘둘렀다. 그런데 무죄하신 예수님이 죄책 아래 있는 형제들을 대신해 죽으심으로써, 마귀가 그들을 향해 제기했던 사형 요구를 무효로 만들어버리셨다(참고. 골 2:14-15).

2:15-16 예수님의 죽음으로 인해 마귀가 패배함으로써 죽음에 대한 두려움에 예속되어 있던 이들은 구원을 얻는다. 반면에 그들의 죄에 대한 하나님의 진노가 누그러짐으로써(17절) 그들에게서 유죄 판결과 죄의 처벌 가능성, 곧 영원한 죽음이 제거된다. 히브리서 저자가 사용하는 어휘는 주님을 자기 백성의 친족-구원자로 그리는 이사야의 묘사를 반향하는 것이며, 이 어휘를 통해 대속적 죽음을 통한 아들의 전투 및 마귀의 패배를 전달한다. 그분은 포로들을 폭군으로부터 구원하기 위해 오셨다(사 49:24-26). 그분은 "아브라함의 자손"을 "붙들어 주[시고]"[에필람바노마이(*epilambanomai*), 칠십인역 사 41:9, 10, 13; 렘 31:32(히 8:9에 인용됨)], 자신의 '도움'[보에테오(*boētheō*)]을 통해 그들의 '두려움'을 잠재우신다(이 단어들은 모두 칠십인역 사 41:8-13과 히 2:16-18에 등장한다). 아들이 구원하신 이들이 더 선명하게 드러난다. 히브리서 2:9의 "모든 사람"은 10절의 "많은 아들들"인데, 이들은 아브라함의 믿음을 본받는 "아브라함의 자손"이다(6:12-13; 11:11, 18, 참고. 롬 4:12).

2:17 히브리서 저자는 군사적(왕적) 용어를 사용하여 아들의 대속적 죽음을 마귀의 패배와 노예 해방으로 묘사한 뒤, 이제 아들의 희생을 제사장의

관점에서 묘사하면서 예수님의 직책을 대제사장으로 소개한다. 이후에 반복하여 그리스도를 대제사장으로 칭한다(3:1; 4:14, 15; 5:1, 5, 10; 6:20; 7:26, 27, 28; 8:1, 3; 9:7, 11, 25; 13:11). 이것이 히브리서 설교의 핵심 "요점"이다(8:1). 제사장이 중재하는 이와 본성을 공유할 때 그들의 대표가 될 수 있는 자격이 주어지기 때문에, 제사장이 제사장적 중보를 하기 위해서는 자신이 하나님 앞에서 중재하고 있는 "형제들"처럼 되어야 한다. 제사장이 형제들과 함께 나눈 고난의 경험은 제사장으로 하여금 형제들이 시험을 받을 때 그들을 더 깊이 동정하게 한다(4:14-5:4).

"자비하고 신실한"이라는 예수님의 제사장 속성에는 시내산에서 주님이 모세에게 자기 이름을 "자비롭고 은혜롭고…인자와 진실이 많은" 분이라고 선언하신 것이 반영되어 있다(출 34:6, 참고. 시 40:11). 이러한 특성으로 인해, 예수님은 자애로운 도움이 필요한 연약하고 죄악된 인간(히 4:15)과 그분에게 나아가는 이들 안에 신실함을 요구하시는 거룩하신 하나님 사이의 완벽한 중재자가 되신다. 사무엘 시대에 엘리 제사장은 부패한 아들들이 야기한 오염으로부터 하나님의 성소를 보호하는 데 실패했고, 그래서 하나님은 엘리 제사장의 집을 제사장직에서 몰아내고 "충실[신실]한 제사장"으로 대체하겠다고 선언하셨다(삼상 2:35). 예수님이 바로 그 신실한 제사장이시고, 그분의 사역은 엘리 제사장뿐 아니라 레위-아론의 전체 반차를 대신하신다(히 7장). 다음 단락(3:1-6)에서 신실함은 종 모세와 성자 예수님을 비교하는 요점이 될 것이다(참고. 민 12:7).

학자들은 "속량"["propitiation", 힐라스코마이(*hilaskomai*)]이라고 번역된 단어가 죄책 제거(보상, expiation)만 표현한 것인지, 아니면 죄책과 함께 하나님의 진노 제거(달램, propitiation)도 포함하는지를 놓고 논쟁을 벌인다. 주요한 구약과 신약 본문은 희생 제사를 통한 죄책 제거와 더불어 죄의 오염 제거를 암시하는 문맥에서 신적인 진노를 언급한다(예. 시 78:21, 38; 롬 1:18; 2:5; 3:23-26). 여기서 그리스도의 희생의 두 가지 효과, 즉 죄책이 제거되고 하나님의 공정하신 진노가 달래진다는 것이 모두 고려되고 있다.

2:18 다른 사람을 위해 죽음을 겪으신 우리의 대제사장은 이후에 "불멸의 생명"으로 부활하셨다(7:16, 참고. 13:20). 그분은 "항상 살아계셔서" "자기를 힘입어 하나님께 나아가는 자들을 온전히 구원하[며]" 그들을 위해 간구하시고(7:25), 시련 가운데 있는 고난받는 백성들을 위해 시의적절하고 깊이 공감하며, 큰 도움을 주실 수 있다.

응답

히브리서 도입부에서 선언되었고 그 뒤에 구약 본문을 통해 입증된, 아들의 비교 불가능한 위엄은 어김없이 우리를 경외심과 예배로 데려간다. 하지만 우리는 죄에 물들었고 저주로 오염된 세상에서 분투하고 있기 때문에, 아들의 신성은 그분과 우리 사이에 어마어마한 거리를 만든다. 하지만 이제 우리는 "만물이 그를 위하고 또한 그로 말미암은" 창조주께서 죄로부터, 또한 죄의 참담한 결과인 죽음으로부터 우리를 구원하시고 그 대신 우리를 영광으로 인도하기 위해 그 머나먼 거리를 오신 것에 경탄한다. 우리 구원의 승리자이신 예수님은 우리를 하나님이 허락하신 가족으로 받아들이셨고, 파멸될 수 있는 우리의 혈과 육을 자신의 것으로 취하셨다. 그 뒤에 예수님은 죽음을 통해 죽음을 죽음에 이르게 하셨고, 공포를 유발하는 마귀의 폭정이라는 무기를 빼앗아 우리를 포로에서 자유롭게 하신다.

이 능력의 승리자께서 우리를 자신의 형제자매라고 부르셨을 뿐만 아니라 우리를 위해 자신의 생명을 주셨다. 그렇기 때문에 우리는 "우리가 믿는 도리의 사도이시며 대제사장이신 예수"(3:1)께 우리의 시선을 고정하고 소망을 두어야 할 가장 강력한 이유가 있다. 우리를 위해 죽으신 예수님은 이제 우리를 위해 영원히 살아계셔서, 대제사장으로서 중보 하고 계신다. 결과적으로 우리는 그분의 환대와 필요한 순간에 우리에게 필요한 도움을 주시는 그분의 관대한 공급을 확신 있게 기대하면서, 기도와 예배 가운데 아버지의 은혜의 보좌로 나아갈 수 있으며 나아가야 한다(4:14-16).

히브리서 3:1-4:13 개관

예수님의 제사장 사역이라는 주제는 방금 소개되었지만(히 2:17-18), 상세한 설명은 이 설교의 중심부로 미루어질 것이다(4:14-10:31). 그 사이에, 아들의 계시 사역이 가지는 의미가 탐구될 것이다. 천사들과 아들의 대조(1:4-2:18)에서 시작해 이제 우리는 이스라엘의 탁월한 선지자요 언약 중재자인 모세에게, 그리고 모세와 그리스도의 관계에 다다른다. 모세의 인도 아래 이루어진 이스라엘의 광야 경험에 대한 시편 95편의 회고에서 드러나듯이, 하나님의 백성들은 종 모세와 아들 그리스도를 통해 그분의 음성을 들었다. 모세의 통솔 하에 애굽을 탈출했던 세대는 하나님의 음성을 들었으나 믿지 않았고, 그래서 그들은 약속의 땅에 들어가는 것을 금지당하여 광야 황무지에서 죽었다. 그들의 역사는 마지막 날에 아들을 통해 하나님의 말씀을 듣고 있는 이들에게 다음과 같이 경고한다. 그들 역시 하나님께서 믿음으로 인내하는 이들에게 약속하신 기업에 다다르지 못하는 일이 없어야 한다고 말이다.

1 그러므로 함께 하늘의 부르심을 받은 거룩한 형제들아 우리가 믿는
도리의 사도이시며 대제사장이신 예수를 깊이 생각하라 2 그는 자기
를 세우신 이에게 신실하시기를 모세가 하나님의 온 집에서 한 것과
같이 하셨으니 3 그는 모세보다 더욱 영광을 받을 만한 것이 마치 집
지은 자가 그 집보다 더욱 존귀함 같으니라 4 집마다 지은 이가 있으
니 만물을 지으신 이는 하나님이시라 5 또한 모세는 장래에 말할 것을
증언하기 위하여 하나님의 온 집에서 종으로서 신실하였고 6 그리스
도는 하나님의 집을 맡은 아들로서 그와 같이 하셨으니 우리가 소망
의 확신과 자랑을 끝까지 굳게 잡고 있으면 우리는 그의 집이라

1 Therefore, holy brothers,[1] you who share in a heavenly calling,
consider Jesus, the apostle and high priest of our confession, 2 who was
faithful to him who appointed him, just as Moses also was faithful in
all God's[2] house. 3 For Jesus has been counted worthy of more glory
than Moses—as much more glory as the builder of a house has more
honor than the house itself. 4 (For every house is built by someone, but
the builder of all things is God.) 5 Now Moses was faithful in all God's

house as a servant, to testify to the things that were to be spoken later, 6 but Christ is faithful over God's house as a son. And we are his house, if indeed we hold fast our confidence and our boasting in our hope.[3]

1 Or *brothers and sisters*; also verse 12 *2* Greek *his*; also verses 5, 6
3 Some manuscripts insert *firm to the end*

단락 개관

신실한 종 모세보다 더 크신 신실하신 아들 예수

그리스도께서 "신실한 대제사장"이라는 묘사(히 2:17)는 하나님이 모세에게 하신 "신실한" 종이라는 칭찬을 통해(민 12:7; 히 3:2, 5), 모세와 예수님 비교 및 대조로 이어지는 다리를 놓는다. 모세와 예수님은 비록 각자의 역할(종과 아들)의 영예는 달랐지만 모두 하나님이 주신 소명에 신실했다. 계시와 구속사의 발전 주제가 도입부로부터 이어진다(1:1-2). 모세가 "장래에 말할 것"을 증언했기 때문이다(3:5). 종 모세보다 뛰어난 아들의 우월하심에 대한 논의가 시편 95편에 대한 해설로 바뀐다. 시편 95편은 광야 세대가 모세를 통해 주신 하나님의 음성에 귀 기울이지 않고 거부한 것과 그로 인해 하나님의 안식에 들어가는 데 실패한 것을 기술한다(히 3:7-4:11).

단락 개요

Ⅰ. 하나님의 집을 위해 모세처럼 신실하신, 우리의 "사도이시며 대제사장"이신 예수께 초점을 맞추라(3:1-2)

Ⅱ. 예수님은 모세보다 더욱 영광을 받기에 합당하시다(3:3-6a)

A. 하나님의 집 건축자가 그 집보다 훨씬 영광스러운 것처럼(3:3-4)

B. 그 집을 주관하는 아들이 집에 있는 종보다 훨씬 영광스러운 것처럼(3:5-6a)

Ⅲ. 예수님이 보증하신 소망을 붙든다면, 우리는 그분이 세우시고 다스리시는 집이다(3:6b)

주석

3:1 "그러므로"가 알리는 바는 이것이다. "예수를 깊이 생각하라"는 의무는 그분이 시험을 겪고 있는 이들을 도우실 수 있는 "자비하고 신실한 대제사장"이라는(2:17-18) 기쁜 소식에서 비롯된다. 신자들을 가리켜 그들을 거룩하게 하는 아들의 "형제들"이라고 단언한(2:10-13) 히브리서 설교자는 그들을 "거룩한 형제들"이라고 부른다. 그리스도인들은 이 설교 편지의 뒷부분을 포함하여(3:12; 10:19; 13:22) 신약 서신에서 종종 "형제들"이라고 불린다. 하지만 오직 여기에서, 죄의 속량을 통한(2:17) 하나님의 아들들의 '거룩하게 됨'(2:11)이 언급된 직후에 "거룩한 형제들"이 결합되어 나온다. 그들은 구원의 상속자들로서(1:14) "하늘의 부르심"에 참여하고, 장

차 올 세상에서 다스리도록 예정된(2:5-8) 하늘의 본향을 기대하고 있다(11:14-16). 지상에서 그들의 예배는 이미 하늘의 예루살렘에서 이루어지는 송축에 참여하고 있다(12:22-24). 아들이 와서 그들의 연약한 혈과 육을 "함께 지니[기]"("share") 때문에(2:14) 그들은 이 영광스러운 부르심에 "함께"("share")하며, 따라서 그들은 기름 부음 받은 분의 "동류들"("companions")이다(1:8-9, 참고. 3:14). 헬라어 동사 "함께[하다]"[메테코(*metechō*), 참여하다]와 명사 "동류들"(메토코이)은 동족어다.

예수를 '깊이 생각하다'[카타노에오(*katanoeō*)]는 자신의 시선과 관심을 그분에게 집중하는 것이다. 이 동사는 정신적 성찰을 가리킬 뿐만 아니라(히 10:24), 시각적 함의도 지닐 수 있다(마 7:3; 눅 12:24, 27; 행 7:31-32; 11:6; 27:39; 약 1:23-24). 이 권면은 히브리서 12:2에서 다른 표현으로 재등장하는데, 거기서 신자들은 예수를 "바라보[아야]"[아포라오(*aphoraō*)] 한다. (말하자면) 예수님께 마음의 눈을 고정하는 목적은 그분의 신실하심을 본받기 위함일 뿐만 아니라, "우리가 믿는 도리의 사도이시며 대제사장이신"(히 3:1) 그분의 사역을 신뢰하기 위함이기도 하다. 그리스도인의 순례에서 인내는 그리스도께서 우리를 위해 보장하신 소망의 확신을 단단히 붙드는 데서 나온다. 예수님은 아버지께서 계시와 구속 사명으로 자기를 "보내셨다"[아포스텔로(*apostellō*)와 펨포(*pempō*)]고 자주 말씀하셨다(요 3:17, 34; 8:42 등). 그런데 신약에서 오직 여기에서만 예수님이 "사도"라고 불리신다. 이 단어는 아마 모세를 포함하여 구약 선지자들의 역할을 넘어서고 능가하는 그분의 계시하는 역할을 강조할 것이다(히 1:1-2).

3:2 하나님은 이스라엘을 위한 중재 역할로 모세를 세우시고 아론을 대제사장으로 세우셨듯이(5:4-6), 예수님을 "사도이시며 대제사장"으로 "세우[셨다]". 하나님과 인류 사이에 관여하는 특권은 사람인 종이 빼앗은 것이 아니라 하나님이 부여하신 것이었다. 예수님과 모세 모두 "하나님의 온 집", 다시 말해 하나님의 백성을 위한 각자의 임무에서 신실함을 증명했다. 민수기 12:6-8에서 주님은 모세의 형제이자 선지자였던 미리암과 아

론의 비난에 맞서 모세를 옹호하셨다. 그 본문에서 주님은 다른 선지자들을 통해 말씀하셨던 "여러 모양" 중 몇 가지를 열거하면서(참고. 히 1:1) "내 온 집에 충성[한]" "내 종 모세"를, "대면하여" 얘기한 특별한 선지자로 구별하셨다.

3:3-4 예수님과 모세는 똑같이 신실했지만, 영광을 받을 존귀함에서 차이가 있었다. 하나님은 수동태 동사 "영광을 받을 만한"에 내포된 행위 주체시다. 하나님이 예수님께 "영광과 존귀로 관을" 씌우셨기 때문이다(2:9). 주님은 다른 선지자들보다 모세를 존귀하게 여기셨지만, 히브리서 설교자가 명시적으로 보려주려고 하듯이 가장 중요한 구약 선지자인 모세보다 아들을 존귀하게 여기셨다(3:5-6).

히브리서 저자는 집을 가리키는 히브리어 바이트(*bayit*)와 헬라어 오이코스(*oikos*)가 모두 거주용 구조물(예. 창 12:15)뿐만 아니라 그 안에 거주하는 사람들(창 12:17)을(심지어 여러 세대를 아우르는, 창 50:22) 가리키는 데 사용된다는 사실을 활용한다. 모세의 영광보다 우월하신 예수님의 영광은 집을 지은 사람이 자신이 지은 집보다 더 많은 영광을 받아 마땅하다는 비유에 의해 뒷받침된다. 집은 그 존재가 건축자의 수고에 달려있기 때문이다. 인간 건축자에게 해당되는 사실은 "만물을 지은 이"이신 창조주에게 더욱 그러하다(참고. 사 40:28; 45:7). 창조 시에 아들이 맡은 역할로 인해 독자들은 예수님의 신적인 영광을 깨닫게 된다. 하나님은 아들을 통해 "세계를 지으셨[고]"(히 1:2), 아들은 태초에 땅의 기초를 놓으셨으며 하늘을 조성하셨다(1:10). 더 나아가 아들은 여기서 하나님의 언약 백성의 "건축자"로서, 곧 하나의 공동체인 그들의 존재와 정체성의 근원이자 또한 그들을 다스리는 주권자로서 영광을 받으신다.

3:5-6a 모세를 "하나님의 온 집에서(in) 주님의 종"이라고 묘사하는 민수기 12:7의 어휘는 "하나님의 집을 맡은(over) 아들로서" 신실하신 그리스도보다 그가 열등함을 나타낸다. 호칭("종" : "아들")과 전치사("in" : "over")가 모두 그리

스도의 우월하심을 보여준다. “종”으로 번역된 헬라어 단어 테라폰(*therapōn*, 칠십인역 민 12:7)은 신약에서 이곳에만 나오지만, 핵심은 천사들과 관련해 앞서 나온 내용과 동일하다. “사역자들”[레이투르구스(*leitourgous*), 히 1:7, 14]인 천사들은 “하나님”과 “주”이신 아들과 대조된다(1:8, 10).

종으로서 모세의 사명은 “장래에 말할 것을 증언하[는]” 것이었다. 모세는 선지자뿐만 아니라 제사장과 왕이라는 많은 역할을 맡았지만, 여기서 히브리서 저자는 “옛적에…하나님이” 그를 통해 “말씀하신” 모세의 선지자 역할에 초점을 맞춘다(1:1). 이전의 선지자 계시 시대와 “마지막 날” 아들을 통한 계시 시대 사이의 대조(1:1-2)가 여기서 다시 등장한다. 즉 모세의 증언은 하나님이 역사 속에서 나중에 말씀하실 것을 앞서서 증언하는 것이었는데, “주” 예수님에 의해 그리고 그 뒤에 예수님께 들은 이들에 의해 “말씀”된(2:3) 구원의 메시지를 내다보는 것이었다. 예수님은 모세가 자신의 고난과 그 이후의 영광에 대해 기록했다고 단언하셨다(요 5:44-47; 눅 24:25-27, 44-49). 히브리서는 율법을 통해 모세가 받은 성막과 희생제사에 관한 규정들은 “개혁[될] 때”에 있을 새롭고 더 좋은 언약과 예배의 전조가 되었다고 가르칠 것이다(히 9:6-10; 10:1). 그때가 이제 “세상 끝에” 그리스도를 통해 왔다(9:11-15, 26).

3:6b 모세보다 뛰어난 그리스도의 우월하심은 위로와 도전을 동시에 주는 결론으로 이끈다. 이제 우리가 그분의 가족, 즉 자유를 주기 위해 그리스도께서 우리의 인간 본성을 취하신 형제자매라는 의미에서 “우리는 그[그리스도]의 집”이라는 사실을 아는 것은 위로를 준다. 그리스도의 지배는 그분의 집에 있는 이들의 안전을 보장한다. 도전은 가정된 상황에서 제기된다. “[만일] 우리가 소망의 확신과 자랑을 끝까지 굳게 잡고 있으면.” 시편 95편의 안경을 통해 본 이스라엘의 광야 경험에 대한 이어지는 분석이 보여주듯이, 사람들은 하나님의 능력과 자비의 행동을 경험하면서도 인내하는 믿음으로 응답하지 못하는 공동체에 속할 수 있다(히 3:7-4:11). 저자는 나중에 우리의 확신(3:14)과 신앙 고백(10:23)을 단단히 붙들라는 권고

를 되풀이할 것이다. 그는 그곳에서 이 인내하는 헌신이 단순히 이를 악무는 완강한 생존이 아니라 담대한 확신과 소망을 방출하는 끈기라는 점을 강조할 것이다(참고. 10:19). 우리의 신실한 사도요 대제사장이신 예수님께 초점을 맞출 때에만, 우리는 삶의 여정 전체에서 이런 희망을 드러내는 끈기를 일평생 유지할 수 있다.

응답

(사도 역할로) 아버지의 계시자요 (대제사장 역할로) 아버지와 우리의 화해자이신 예수님은, 이스라엘의 언약 중재자요 가장 위대한 선지자인 모세를 넘어서신다. 그리스도의 우월하심이 우리에게서 이끌어내야 하는 응답은 이 문단 시작과 끝에서 규정된다(3:1, 6b). 한편, 우리는 그리스도의 계시와 구속의 직무를 통해 그분의 신실하심을 확인하였다. 이로써 우리는 변함없고 일관되게 그리스도를 주목해야 하고, 사역자들을 통해 하늘로부터 말씀이 주어질 때 그분의 음성에 간절히 귀 기울여야 한다(참고. 12:25-26; 13:7). 또한, 우리의 신실한 구주를 이렇게 온 마음으로 주목함으로써 우리는 그분께 바치는 우리의 충성을 통한 인내와, 그분이 약속하시는 기업에 대한 당당한 확신을 얻을 수 있다.

히브리서 3:7-4:13 개관

저자는 모세와 그리스도의 비교 및 대조(3:1-6)를 마무리하면서, 청중들이 가지는 그리스도의 "집"으로서의 지위가 그들의 사도요 대제사장이신 예수님을 확신하는 가운데 그들이 보이는 인내 여부에 달려 있다고 지적한다. 이렇듯 하나님의 자기 계시에 대한 응답으로 인내하는 믿음이라는 주제는 이제 시편 95:7-11에 대한 해설과 적용에서 발전된다. 시편 95편의 이 부분은 히브리서 3:7-11에는 전부가, 3:15, 4:3, 5, 7절에는 일부가 인용된다. 시편 95편에 대한 더 많은 암시는 이어지는 해설 주석 곳곳에 퍼져 있다(예. 히 3:13; 4:7의 "오늘", 3:18; 4:4, 6, 8-11의 "안식"). 이 시편은 이스라엘 광야 세대의 사례에서 엄숙한 경고를 끌어낸다. 그들은 모세를 통해 애굽 종살이로부터 해방을 경험했지만(3:16), 하나님의 약속을 불신했기에 그분의 "안식" 곧 족장들에게 약속하신 땅에 들어가지 못한 채 죽었다. 이 시편은 다윗의 것, 즉 이스라엘 광야 세대가 광야에서 죽고 여호수아가 자녀들을 약속의 땅으로 인도한 뒤 "오랜 후"(4:7-8)의 것으로 여겨진다. 그들의 "오늘"에 그 땅에서 살고 있던 다윗의 세대는 여전히 하나님의 "안식"(이는 가나안에서의 평화로운 삶을 넘어선다)에 들어가기 위해 믿음과 순종으로 하나님의 음성에 응답하라는 요청에 귀 기울여야 했다. 이 설교 편지를 처음 받았던 히브리계 그리스도인들도 마찬가지다. 그들의 "오늘"에 속하는 광야 시험, 하나님의 안식을 향한 순례, 그리고 하나님의 음성에 귀 기울여야 할 의무는 그리스도의 재림 때까지 이어진다(9:28).

7 그러므로 성령이 이르신 바와 같이
오늘 너희가 그의 음성을 듣거든 8 광야에서 시험하던 날에 거역
하던 것 같이 너희 마음을 완고하게 하지 말라 9 거기서 너희 열조
가 나를 시험하여 증험하고 사십 년 동안 나의 행사를 보았느니라
10 그러므로 내가 이 세대에게 노하여 이르기를 그들이 항상 마음
이 미혹되어 내 길을 알지 못하는도다 하였고 11 내가 노하여 맹세
한 바와 같이 그들은 내 안식에 들어오지 못하리라 하였다
하였느니라
12 형제들아 너희는 삼가 혹 너희 중에 누가 믿지 아니하는 악한 마음
을 품고 살아 계신 하나님에게서 떨어질까 조심할 것이요 13 오직 오
늘이라 일컫는 동안에 매일 피차 권면하여 너희 중에 누구든지 죄의
유혹으로 완고하게 되지 않도록 하라 14 우리가 시작할 때에 확신한
것을 끝까지 견고히 잡고 있으면 그리스도와 함께 참여한 자가 되리
라 15 성경에 일렀으되
오늘 너희가 그의 음성을 듣거든 격노하시게 하던 것 같이 너희
마음을 완고하게 하지 말라
하였으니 16 듣고 격노하시게 하던 자가 누구냐 모세를 따라 애굽에서
나온 모든 사람이 아니냐 17 또 하나님이 사십 년 동안 누구에게 노하

셨느냐 그들의 시체가 광야에 엎드러진 범죄한 자들에게가 아니냐
18 또 하나님이 누구에게 맹세하사 그의 안식에 들어오지 못하리라 하
셨느냐 곧 순종하지 아니하던 자들에게가 아니냐 19 이로 보건대 그들
이 믿지 아니하므로 능히 들어가지 못한 것이라

7 Therefore, as the Holy Spirit says,

> "Today, if you hear his voice, 8 do not harden your hearts as in
> the rebellion, on the day of testing in the wilderness, 9 where
> your fathers put me to the test and saw my works for forty years.
> 10 Therefore I was provoked with that generation, and said, 'They
> always go astray in their heart; they have not known my ways.'
> 11 As I swore in my wrath, 'They shall not enter my rest.'"

12 Take care, brothers, lest there be in any of you an evil, unbelieving
heart, leading you to fall away from the living God. 13 But exhort one
another every day, as long as it is called "today," that none of you may
be hardened by the deceitfulness of sin. 14 For we have come to share in
Christ, if indeed we hold our original confidence firm to the end. 15 As it
is said,

> "Today, if you hear his voice, do not harden your hearts as in the
> rebellion."

16 For who were those who heard and yet rebelled? Was it not all those
who left Egypt led by Moses? 17 And with whom was he provoked for
forty years? Was it not with those who sinned, whose bodies fell in the
wilderness? 18 And to whom did he swear that they would not enter his
rest, but to those who were disobedient? 19 So we see that they were
unable to enter because of unbelief.

단락 개관

권면: 믿음을 갖고 그분의 음성을 들으라

히브리서 설교자는 성령께서 지금 히브리계 그리스도인 회중에게 말씀하고 계신다는 신적인 명령과 경고로서 시편 95:7-11을 인용한다(히 3:7-11). 명령은 하나님의 음성에 완고한 마음이 아니라 순종을 낳는 믿음으로 응답하라는 것이다. 경고는 이스라엘 백성 세대의 끔찍한 사례에서 도출된다. 모세는 출애굽을 통해 그들을 자유로 인도했지만, 그들은 하나님의 공급과 능력을 믿지 않음으로 인해 약속의 땅에 이르지 못했다. 이 시편의 명령과 경고는 구성원을 배교로부터 지켜야 할 공동 책임을 지고 있는 히브리계 그리스도인 회중에게 적용된다(3:12-15). 죄의 기만에 대응하기 위해 날마다 서로 격려해야 한다. 그리스도의 동료로서 우리가 가진 특권은 우리의 확신의 근거가 되는 실재를 단단히 움켜쥐려는 동기를 부여해야 한다. 광야 세대의 경험에서 나온 경고가, 단지 하나님의 선물을 받은(애굽에서 구출되었고, 하나님의 음성을 듣는) 공동체에 속하는 것만으로는 영원한 구원을 보장하지 못한다고 암시하는 수사적 질문을 통해 강화된다(3:16-19). 거역, 죄, 불순종, 불신앙은 모세의 세대를 하나님의 안식에서 배제되게 만든 완고한 마음에 대한 보완적 설명이다.

단락 개요

Ⅰ. 불신앙에 대한 경고: 하나님의 음성을 들을 때 그분의 안식에 못 미치는 일이 없도록 그분의 말씀에 귀 기울이라(3:7-11)

A. 하나님의 음성에 너희의 마음을 완고하게 하지 말라(3:7-8a)

B. 그분이 행하신 일에도 불구하고 너희 조상들은 광야에서 하나님께 거역했고 그분을 시험했다(3:8b-10)

C. 그래서 하나님은 이 거역한 자들을 안식에서 제외하셨다(3:11)

Ⅱ. 서로 격려함으로써 확신을 가진 믿음 안에서 인내하라는 요청(3:12-15)

A. 너희 중에 누구도 불신앙으로 인해 하나님을 외면하지 않도록 주의하라(3:12)

B. 누구도 죄의 거짓말에 굴복하지 않도록 예방하기 위해, 매일 서로 격려하라(3:13)

C. 하나님이 "오늘" 우리에게 말씀하실 때 우리가 확신을 지킨다면, 우리는 그리스도의 동료들이다(3:14-15)

Ⅲ. 불신앙에 대한 경고: 불순종과 불신앙 가운데 거역했던 이들은 광야에서 죽어 넘어졌다(3:16-19)

A. 모세 시대의 이스라엘 백성들은 애굽에서 벗어나는 하나님의 구출을 경험했다(3:16)

B. 그들은 죄악된 불순종으로 인해 주님을 격노케 했다(3:17)

C. 그들은 불신앙으로 인해 하나님이 약속하신 안식에 미치지 못한 채 죽어 넘어졌다(3:18-19)

주석

3:7 "그러므로"는 이스라엘 광야 세대의 부정적인 사례가 하나님의 "집"에 있는 이들이 그리스도에 대한 확신을 굳게 붙들어야 할 의무의 근거가 된다는 것을 시사한다(3:6). 히브리서 저자는 "성령이 이르신 바와 같이"라는 문구로 시편 95:7d-11의 인용문을 소개한다. 다른 신약 저자들은 성경의 확고하고 영속적인 권위를 강조하기 위해 대개 구약 인용문 앞에 '기록되었으되'를 덧붙인다(예. 마 2:5; 막 1:2; 눅 2:23; 롬 1:17; 고전 1:31). 반면에 히브리서는 종종 회중을 향한 하나님의 직접적인 연설을 강조하기 위해 현재 시제 동사 '말씀하시다'로 구약 본문을 소개한다(참고. 히 3:15; 5:6; 8:8, 13; 9:8; 10:5, 15). 고대의 시편 저자가 고대의 이스라엘 역사에서 가져온 교훈은 먼 과거의 유물이 아니라 "오늘" 우리에게 말씀하시는(12:25-27) 살아계신 하나님의 현재의 음성이다(4:12).

시편 95편은 구원의 근원, 위대하신 하나님, 만물의 창조주, 자기 백성의 목자(이는 히브리서에 나타난 성자 예수님에 대한 묘사다, 히 2:10; 1:8, 10; 13:20)이신 주님을 경배하라는 부름으로 시작된다(시 95:1-7c). 그런 다음 이 시편은 찬양에서 마음의 굳어짐을 경계하는 엄숙한 경고로 갑작스레 전환된다. 이 경고는 출애굽 후 광야에서 이스라엘 백성이 보여준 불신앙의 모습에서 이끌어낸 것이다(시 95:7d-11).

3:8-9 시편 95편은 공개적인 거역으로 드러난 광야 세대의 완고한 마음을 보여주기 위해, 홍해 이후의 이스라엘의 광야 여정 중에서 있었던 두 가지 사건을 하나로 묶어 예시한다. 시편 95편의 히브리어 본문에는 의미심장한 지명인 므리바(다툼)와 맛사(시험)가 나온다. 이는 목마른 이스라엘 백성들이 주님을 시험하여 주님이 자기들 가운데 임재하신다는 증거를 요구했던 광야의 장소에 붙여진 이름이다(출 17:1-7). 히브리서 저자가 인용하는 칠십인역은 이 두 지명을 "거역"과 "시험"을 뜻하는 헬라어 단어로 번역하고, 이로써 나중에 가데스에서 있었던 사건과 연결시킨다(민 14:1-38).

그곳에서 이스라엘 백성들은 주님을 "거역"하지 말고 신뢰하라는 여호수아와 갈렙의 호소 대신, 열 정탐꾼의 두려워하고 믿음 없는 보고를 따라 약속의 땅에 들어가기를 주저했다(민 14:9). 주님을 시험하고 그분에게 맞서 거역한 것은 광야 세대의 특징이었다(시 78:8, 17, 40, 56).

시편 저자는 이스라엘의 문제의 근원을 "완고하게" 되어(히 3:8) 주님을 떠나 "항상…미혹"되기 일쑤였던 마음에서 찾았다(10절). 마찬가지로 히브리서는 죄의 기만으로 말미암아 "완고하게" 된 "믿지 아니하는 악한 마음"에 대해 경고한다(12-13절). 하와가 처절하게 깨달았듯이, 죄는 그 치명적 결과를 알려주지 않는다(창 3:13; 고후 11:3). 위협적인 가나안 거주민에 관한 열 정탐꾼의 불안은 타당하게 들렸다(민 13:27-29, 31-33). 그래서 이스라엘 백성은 그들의 "악평"을 신뢰하여 주님을 믿기를 거부했고, 믿음을 갖고 전진하라는 주님의 명령을 공개적으로 거역했다(민 14:9, 11).

광야에서의 "시험"은 두 가지 방향으로 작용했다. 맛사에서 이스라엘 백성들은 부당하게 주님을 시험하여, 그분의 임재와 공급을 의심했다(출 17:7; 신 6:16; 마 4:7). 다른 한편, 광야의 시련 곳곳에서 주님은 "네 마음이 어떠한지…알려[고]"(신 8:2) 자기 백성을 시험하고 계셨다(출 16:4; 20:20). 예수님은 친히 고난 중에 시험을 겪으셨고, 그래서 그런 시험을 겪고 있는 다른 사람들을 능히 도와주실 수 있다(히 2:18; 4:15).

3:10-11 이스라엘 백성은 광야를 통과하는 사십 년 여행에서 하나님의 일하심을 볼 수 있는 기회를 충분히 가졌다. 애굽의 열 가지 재앙, 홍해를 건넘, 반석에서 나온 물, 만나, 메추라기, 독뱀에 물린 상처 치유 등이 그 기회들이었다. 하지만 백성들은 하나님의 기적적인 보살핌에 대해 완고한 불신앙으로 반응하여 이 사십 년을 망쳤고, 그분의 의로운 진노를 불러일으켰다(히 3:17). 주님이 진노 중에 맹세하신 "그들이 내 안식에 들어오지 못하리라"는, 히브리어와 헬라어에서 '만약 그들이 내 안식에 들어온다면'이라는 조건절로 표현된다. 이 표현에는 다음과 같은 결과가 암시된다. '나 스스로 저주 받아 죽을 것이다.' 다시 말해, "살아계신 하나님"(3:12)이 하

신 맹세의 효력은 스스로 죽음을 무릅쓰시는 것이다. 다시 말해, 만약 거역한 자들이 그분의 땅에 접근한다면 주님 자신이 기꺼이 폭력적 죽음을 겪으실 것이다.

이 시편의 맹세 표현은 민수기 14:28-30에서 가져온 것이다. "여호와의 말씀에 내 삶을 두고 맹세하노라…너희 시체가 이 광야에 엎드러질 것이라…이십 세 이상으로서 계수된 자 곧 나를 원망한 자 전부가…갈렙과…여호수아 외에는 내가 맹세하여 너희에게 살게 하리라 한 땅에 결단코 들어가지 못하리라." 다행히 히브리서 역시 아브라함처럼 그분의 약속을 믿는 이들에게 복을 주겠다는 하나님의 맹세를 탐구할 것이다(히 6:13-18, 참고. 창 15:7-21; 22:16). 그리고 믿는 자들에게 복을 주겠다는 하나님의 맹세는, 결국 아들을 최종적이고 영원하신 대제사장으로 임명하신 맹세에 근거한다(히 7:20-21, 참고. 시 110:4).

가데스에서 있었던 이스라엘의 거역을 배경으로 할 때, 하나님의 "안식"은 이스라엘 백성의 다음 세대가 들어갈 약속의 땅인 가나안으로 이해되었을 것이다. 하지만 히브리서 저자는 창세기와 다윗 시대에 지은 시편 95편의 역사적 맥락에 근거하여 "하나님의 안식"이 가나안을 넘어서야만 한다고 주장할 것이다(히 4:6-11). 가나안 땅은 단지 족장들이 소망한 대상인 더 좋은 천상의 나라를 가리키는 지상의 표식이었다(11:13-16).

3:12 시편 95편의 엄숙한 경고에 근거하여, 히브리서 저자는 이제 유대계 그리스도인 회중을 위해 소극적인 경고와 더불어 적극적인 권면을 이끌어낸다. 12절과 19절에서 "삼가...조심[하다]" 또는 "보건대"가 "믿지 아니[함]"과 결부된 것은 그 권면을 둘러싸는 하나의 수미상관이다. 물론 16-19절은 현재의 청중에서 광야 세대로 시선을 재설정하지만 말이다. 광야 세대가 하나님의 안식에 들어가지 못하고 실패한 원인은 완고한 마음을 가진 것, 거역, 하나님을 시험한 것, 그분의 진노를 자극한 것, 방향을 상실한 것, 하나님의 길을 모르는 것, 죄의 기만에 의해 완고해진 것, 불순종 등으로 다양하게 묘사된다. 그런데 그 뿌리에는 "'믿지 아니하는' 악한

마음”, 즉 하나님과 그분의 약속에 대한 깊은 불신이 자리한다.

저자는 회중을 “형제들아”라고 호명하여, 그들이 함께 성자 예수님과 가족 되었음을 강조한다. 또한 저자는 이로써 자신이 그들의 영적 행복에 관심이 있음을 그들에게 확신시킨다(2:11-12; 3:1). 그는 “구원에 속한 것”이 그들의 특징임을 확신한다면서 청중 그룹 전체를 안심시킬 것이다(6:9-10). 또한 그는 불신앙 가운데 살아계신 하나님께로부터 ‘떨어지게’ 하는 유혹을 받고 있을 수 있는 개인에게로 관심을 확장시킨다(참고. 12:12-17). ‘떨어지다’로 번역된 헬라어 동사 아피스테미(*aphistēmi*)는 ‘떠내려가다’로 번역된 동사보다 훨씬 의도적인 이탈을 가리킨다(2:1). 떨어져 나가는 것은 광야에서 있었던 이스라엘 백성의 반항적인 거역에 버금가는 배교다.

3:13 기독교 공동체는 매일 서로에게 권면하고 격려하기를 추구함으로써 흔들리는 구성원을 보호하도록 도울 수 있다. 시편의 “오늘”은 다윗의 시대(4:7)에서 현재로 확장되고, 이로써 적대적인 상황 속에서 믿음의 인내에 대한 시험은 계속된다. 서로에게 믿음의 말을 해야 할 신자들의 책임도 마찬가지다. 이것은 예배를 위한 교회 모임의 한 가지 목적이다(10:23-25). 격려하는 대화는 어긋난 팔다리나 관절을 물리적으로 다시 맞추고 지탱해주는 것과 비슷하다(12:12-13). 이 설교 편지인 히브리서 전체가 “권면의 말씀”이다(13:22).

3:14 “우리가…그리스도와 함께 참여한 자가 되리라”는 말은 문자적으로 ‘우리는 그리스도의 동료(메토코이)가 되었다’로 번역할 수 있다. 히브리서 1:8-9에서 인용한 시편 45편에서는 아들의 기름 부음에 대해, 그리고 그분의 “동류들”(메토코이)에 대해 언급된다. 그리고 2:14에서 친족 동사인 메테코는 자녀들이 지닌 인간의 혈과 육을 아들이 “함께 지니심”(“partaking”)을 가리켰다. 우리와 그리스도는 한 분 아버지를 두고 있고(2:11) 한 가족에 속한다. 따라서 그리스도의 성육신과 순종, 희생, 부활을 통해 우리는 마땅히 아들의 것인 복과 유익을 공유한다. 하지만 우리는 이런 특권으로

인해 안주하려는 유혹에 빠져서는 안 된다. 그리스도의 은혜와 연결해주는 유일한 믿음은 인내하는 믿음이기 때문이다. 아들의 "집"이라는 청중들의 정체성은 확실한 소망을 굳게 붙드는 것에 의해 결정되고(3:6), 따라서 그분의 공동 상속자요 동료라는 그들의 지위는 기독교 순례를 시작할 때 그들이 붙잡았던 본질적인 실체[8]를 끝까지 계속 붙드는 것에 의해 좌우된다.

3:15 "성경에 일렀으되"("As it is said")는 시편 인용문의 "오늘"을 앞에 나오는 권면("삼가…권면하여…견고히 잡고 있으면")과 연결시키고 있으며, 그렇기에 "이렇게 말씀하시되"("while it is being said")로 이해되어야 한다. 다시 말해, 우리는 하나님의 음성을 '현재' 듣고 있으며, 따라서 그분의 음성에 귀 기울어야 할 우리의 책임은 '지금' 유효하다.

3:16-18 히브리서 저자는 광야 세대의 영적 정체성을 살피는 일련의 질문을 통해 청중들의 생각을 다룬다. 질문들은 세 개의 쌍(couplet)으로 분류된다. 처음 두 쌍에서 첫 번째 질문은 시편 95편의 표현을 되풀이하는 반면, 두 번째 수사적 질문은 이스라엘 백성이 약속의 땅에 들어가기를 거절했던 민수기 14장의 가데스 기사에서 어휘를 가져온다. 세 번째 쌍은 시편 95편과 민수기 14장의 특징을 연결하여 하나의 수사적 질문을 만든다(강조된 단어들은 구약 본문에서 가져온 것이다).

(A) '듣고' '격노하시게 하던'(rebelled) 자가 누구냐?
(시 95:7d-8a=히 3:7b-8a)
(A′) '모세'를 따라 '애굽에서 나온' 모든 사람이 아니냐?(민 14:13, 19, 22)

8 "확신한 것"["original confidence", 휘포스타시스(*hypostasis*)]으로 번역된 단어는 단순히 주관적인 "확실성"이 아니라, 휘포스타시스가 처음 나오는 히브리서 1:3의 "그 본체의 '형상'"에서처럼 그러한 확신의 객관적이고 실질적인 토대를 지칭한다.

(B) 하나님이 '사십 년 동안' 누구에게 '노하셨느냐'?
(시 95:10a=히 3:9b-10a)

(B′) 그들의 '시체가 광야에 엎드러진' '범죄한' 자들에게가 아니냐?(민 14:29, 32, 40)

(C) 하나님이 누구에게…'그의 안식에 들어오지 못하리라' '하셨느냐'(swear)?(시 95:11=히 3:11)

(C′) '순종하지 아니하던' 자들에게가 아니냐?
(민 14:21-23, 28-30, 43, 참고. 수 5:6)

모세 시대의 거역을 서술하는 한 본문(민 14장)과 그 사건에서 후대의 세대를 위한 권고를 이끌어내는 다른 한 본문(시 95편)이 엮이면서, 이 두 개의 구약 본문은 우리가 그 사건에서 벗어나야 한다는 엄숙한 경고를 강화한다.

애굽 종살이에서 벗어난 것에 대한 언급은 두 가지 진리를 강조한다. 첫째, 이스라엘 백성이 불신앙으로 주님을 거역한 것은 전혀 정당성이 없었다. 그들은 이미 주님의 능력의 구출을 경험했기 때문이다. 둘째, 최초의 해방을 경험했던 많은 이들, 곧 "사십 년 동안 나[하나님]의 행사를 보았[고]"(히 3:9) 그분의 음성을 들었던 많은 이들이 믿음으로 응답하지 않았고, 그래서 하나님이 족장들에게 약속하신 본향을 상속받지 못했다. 고린도전서 10:1-11에서 바울은 광야 세대의 특권("모세에게 속하여 다 구름과 바다에서 세례를 받고", 영적인 음식과 음료를 마셨던)과 그들이 행한 거역(우상 숭배, 부도덕, 불평), 그리고 그로 인한 그들의 파멸로부터 동일한 교훈을 이끌어낸다.

3:19 이스라엘의 거역의 뿌리에는 "믿지 아니[함]", 곧 하나님이 말씀을 지키실 것을 신뢰하지 않는 거부가 있었다. 주님은 가데스에서 비슷하게 말씀하셨다. "이 백성이 어느 때까지 나를 멸시하겠느냐 내가 그들 중에 많은 이적을 행하였으나 어느 때까지 나를 믿지 않겠느냐?"(민 14:11, 참고. 신 9:23). 그들이 하나님의 약속을 거부한 일은 하나님으로 하여금 진노하시고, 그분의 안식을 그들이 경험하지 못할 것이라는 엄숙한 맹세를 하시

게 했다. 하지만 히브리서 설교자는 새 언약의 청자들에게 여전히 "오늘" 말씀하시는 하나님의 음성을 신뢰함으로써 가나안이 줄 수 있었던 것보다 훨씬 큰 안식에 들어가라고 권면할 것이다.

응답

그리스도인 신자들의 삶은 이스라엘 광야 세대의 때와 비슷하다. 한편으로 이스라엘 백성들은 모세를 통해 애굽과 그 종살이에서 벗어나는 하나님의 능력의 구원을 경험했다. 그런데 다른 한편으로, 그들은 자신의 보호자인 하나님이 가나안 이교도의 능력을 빼앗고 아브라함과 이삭과 야곱에게 약속하신 땅을 그들에게 주실 수 있다고 믿기를 거절했다. 그리스도의 동료요 영광으로 인도받는 하나님의 자녀가 된 우리도 옛적 하나님의 백성들처럼 구출과 해방을 경험했다. 하지만 우리는 아직 "본향"에 있지는 않다.

이 세상 광야에서의 삶은 주님의 일하심을 보고 그분의 길을 알게 되는 많은 기회를 제공한다. 하지만 이 삶은 또한 주님을 믿는 우리의 신뢰를 시험한다. 우리는 죄의 기만성을 '꿰뚫어 보며' 살아계신 하나님의 살아있는 말씀을 간절히 경청하는가?(4:12) 아니면 우리는 의심하고 절망하는 음성을 옳다고 믿어서, 우리 회중 가운데 "쓴 뿌리"가 자라도록 허용하고 어려움을 만들어내며, 많은 사람을 오염시킬 것인가?(12:15)

우리는 하나님께서 옛적 이스라엘이 목격했던 것보다 훨씬 위대한 일을 행하시는 것을 보았다. 우리는 복음 안에서 그러한 일을 목격했다. 바로 오염된 양심을 "단번에" 깨끗하게 하는 아들 예수님의 최종적 희생 제사(9:14; 10:10), 죽은 자들로부터 살아나신 그분의 부활(13:20), 그리고 영원히 살아계셔서 항상 중보 하시는 대제사장으로 하나님 우편에 가신 그분의 승천(6:19-20; 7:24-25; 8:1-2)이다. 우리가 시작할 때에 확신한 것은 그 근거가 아주 실질적이고도 확고하기에 충분히 우리의 순례 여정 끝까지 믿음으로 견고히 붙잡을 만하다.

[1] 그러므로 우리는 두려워할지니 그의 안식에 들어갈 약속이 남아 있
을지라도 너희 중에는 혹 이르지 못할 자가 있을까 함이라 [2] 그들과
같이 우리도 복음 전함을 받은 자이나 들은 바 그 말씀이 그들에게 유
익하지 못한 것은 듣는 자가 믿음과 결부시키지 아니함이라 [3] 이미 믿
는 우리들은 저 안식에 들어가는도다 그가 말씀하신 바와 같으니

내가 노하여 맹세한 바와 같이 그들이 내 안식에 들어오지 못하리
라 하셨다

하였으나 세상을 창조할 때부터 그 일이 이루어졌느니라 [4] 제칠 일에
관하여는 어딘가에 이렇게 일렀으되 하나님은 제칠 일에 그의 모든
일을 쉬셨다 하였으며 [5] 또 다시 거기에 그들이 내 안식에 들어오지 못
하리라 하였으니 [6] 그러면 거기에 들어갈 자들이 남아 있거니와 복음
전함을 먼저 받은 자들은 순종하지 아니함으로 말미암아 들어가지 못
하였으므로 [7] 오랜 후에 다윗의 글에 다시 어느 날을 정하여 오늘이라
고 미리 이같이 일렀으되

오늘 너희가 그의 음성을 듣거든 너희 마음을 완고하게 하지 말라

하였나니 [8] 만일 [1)]여호수아가 그들에게 안식을 주었더라면 그 후에

다른 날을 말씀하지 아니하셨으리라 9 그런즉 안식할 때가 하나님의
백성에게 남아있도다 10 이미 그의 안식에 들어간 자는 하나님이 자기
의 일을 쉬심과 같이 그도 자기의 일을 쉬느니라

1 Therefore, while the promise of entering his rest still stands, let us fear
lest any of you should seem to have failed to reach it. 2 For good news
came to us just as to them, but the message they heard did not benefit
them, because they were not united by faith with those who listened.[1]
3 For we who have believed enter that rest, as he has said,

"As I swore in my wrath, 'They shall not enter my rest,'"

although his works were finished from the foundation of the world.
4 For he has somewhere spoken of the seventh day in this way: "And
God rested on the seventh day from all his works." 5 And again in this
passage he said,

"They shall not enter my rest."

6 Since therefore it remains for some to enter it, and those who formerly
received the good news failed to enter because of disobedience, 7 again
he appoints a certain day, "Today," saying through David so long
afterward, in the words already quoted,

"Today, if you hear his voice, do not harden your hearts."

8 For if Joshua had given them rest, God[2] would not have spoken of
another day later on. 9 So then, there remains a Sabbath rest for the
people of God, 10 for whoever has entered God's rest has also rested
from his works as God did from his.

11 그러므로 우리가 저 안식에 들어가기를 힘쓸지니 이는 누구든지 저
순종하지 아니하는 본에 빠지지 않게 하려 함이라 12 하나님의 말씀은
살아 있고 활력이 있어 좌우에 날선 어떤 검보다도 예리하여 혼과 영

과 및 관절과 골수를 찔러 쪼개기까지 하며 또 마음의 생각과 뜻을 판
단하나니 13 지으신 것이 하나도 그 앞에 나타나지 않음이 없고 우리의
결산을 받으실 이의 눈앞에 만물이 벌거벗은 것 같이 드러나느니라

11 Let us therefore strive to enter that rest, so that no one may fall by the
same sort of disobedience. 12 For the word of God is living and active,
sharper than any two-edged sword, piercing to the division of soul
and of spirit, of joints and of marrow, and discerning the thoughts and
intentions of the heart. 13 And no creature is hidden from his sight, but
all are naked and exposed to the eyes of him to whom we must give
account.

1) 헬, 예수

1 Some manuscripts *it did not meet with faith in the hearers* *2* Greek *he*

단락 개관

하나님의 안식에 들어감

히브리서 3:7에서 시작된 이스라엘의 광야 세대에 관한 시편 95편 주석의 설명과 적용이 이 단락에서 이어지고 마무리된다. 설교자는 이제 하나님의 "안식"이라는, 모세와 함께 애굽을 떠났던 이들에게 약속의 땅이 상징했던 복된 종착점에 초점을 맞춘다. 믿지 않는 반역자들을 배제시킨 하나님의 맹세는, 나중에 마음이 완고하지 않고 믿음으로 충만한 다른 사람들이 등장하여 그분의 안식에 들어갈 것이라는 약속을 암시했다. 구약성경의 세 가지 특징이 한데 모이면서, 시편 95편에 기술된 하나님의 "안식"이

여호수아의 지도력을 통한 가나안 정복으로 축소될 수 없음을 보여준다.

(1) 인용된 시편의 첫 단어인 "오늘"은 그 청중을 가나안 정복 오랜 후인 다윗의 세대뿐만 아니라, 예수님 안에 있는 새 언약의 신자들까지 포함하도록 확장시킨다.

(2) 창세기 2:2은 하나님의 안식이, 이스라엘 백성이 약속의 땅을 소유한 것를 넘어서서, 하나님께서 하늘과 땅의 창조를 마치시기 이전 시대에 시작되었음을 보여준다.

(3) 시편 95편이 "오랜 후에 다윗"에 의해 (다시 말해, 광야 세대의 죽음과 그들의 자녀들의 가나안 정착 이후에) 기록되었다는 사실은, 이 시편에서 그리고 있는 안식이 여호수아의 정복이 마무리될 때 약속의 땅에서 누리는 적들로부터의 안식을 넘어섬을 시사한다(히 4:6-8).

성령께서 신자들에게 "오늘"이라고 직접 언급하심은, 하나님의 안식에 대한 설명과 안식에 들어가는 방법을 둘러싸고 있는 권고적 가정법인 "그러므로 우리는 두려워할지니"(히 4:1)와 "그러므로 우리가…힘쓸지니"(11절)에 긴급성을 부여한다(여기서 저자는 자신을 독자 안에 포함시킨다). 물론 광야 세대가 믿지 않고 그 결과 하나님의 안식으로부터 제외된 것은 진지한 두려움으로 반응하는 것에 정당성을 부여한다. 그렇지만 이 시편이 암시하는 바 하나님의 안식에 여전히 들어갈 수 있다는 약속은 청중들에게 소망을 주고 믿음을 굳게 붙잡으려는 그들의 노력에 힘을 더해준다.

단락 개요

Ⅰ. 우리는 하나님의 말씀을 믿음으로써 하나님의 안식에 들어가고 있다(4:1-5)

A. 따라서 누구도 하나님의 안식에 못 미치는 일이 없도록 두려워하는 마음을 갖자(4:1)

B. 하나님의 안식의 복음을 믿는 청중만이 안식에 들어갈 것이다(4:2-3c)

C. 하나님의 안식은 하나님께서 창조 사역을 완성하셨을 때 시작되었다(4:3d-4)

D. 하지만 하나님을 믿지 않는 이들은 결코 그분의 안식을 누리지 못할 것이다(4:5)

Ⅱ. 새로운 "오늘"에, 하나님은 자신의 안식에 들어오라고 다시 초청하신다(4:6-13)

A. 가나안 정복 이후 오랜 뒤에, 하나님은 다윗을 통해 여전히 말씀을 신뢰함으로써 자신의 안식에 들어오라고 청중들을 초청하신다(4:6-7)

B. 하나님의 안식은 여호수아가 정복을 통해 적들로부터 이룩한 안식을 한참 넘어선다(4:8)

C. 신자들은 광야의 시련이 끝날 때 주어질 안식일 축제를 기다린다(4:9-10)

D. 따라서 마음을 살피는 살아 있는 하나님의 말씀에 믿음으로 응답하여, 하나님의 안식에 들어가기를 힘쓰자(4:11-13)

주석

4:1 시편 95:7-11 인용문은 온유한 마음으로 하나님의 음성을 들으라는 부름으로 시작되었고(히 3:7-8), 거역하는 세대에게서 하나님의 안식을 박탈하신 하나님의 맹세로 마무리되었다(3:11). 이러한 시작과 마무리 진술에 근거하여, 히브리서 저자는 하나님의 안식에 들어가는 약속이 이후 세대인 다윗(4:7)과 우리(4:1, 3, 11) 모두에게 열려 있다고 추론한다. 이 추론은 6-7절에서 자세히 설명되고 뒷받침된다. 장래의 사건인 "보이지 않는 것들"(11:1, 7)에 관한 하나님의 약속은, 소망에 굳게 고정되어 미래에 초점을 맞춘 믿음을 이끌어내야 한다.

3:12-13 및 12:12-15에서처럼, 구성원 가운데 누구도 하나님이 약속하신 그분의 임재 안에서의 "안식"에 미흡하지[휘스테레오(*hystereō*), 개역개정은 "이르지 못할"] 않도록, 전체 회중은 "두려워[하며]" 서로 격려하는 공동체의 책임을 엄숙하게 받아들여야 한다. 그리스도에게 연합한 이들은 더 이상 죽음이나(2:15) 인간의 위협(11:27; 13:6)을 두려워하지 않는다. 하지만 살아계신 하나님을 향해 경외하는 두려움을 갖는 것(10:31; 12:21, 이것으로 우리는 하나님을 기뻐하기를 원한다)은 예수님 안에서 확신 있게 은혜의 보좌로 나아가는 것과 완전히 일치한다(4:14-16).

4:2 히브리서의 청중들과 광야의 이스라엘 백성은 모두 하나님의 음성을 들었을 뿐만 아니라, 또한 "복음"을 들었다는 점에서 공통점이 있다. 이스라엘 백성의 경우, 복음에는 아브라함에게 주신 하나님의 약속(창 12:1-3; 15:13-21)과 하나님께서 이 약속을 지키시겠다는 모세를 통한 선언(출 3:16-17; 4:27-31)이 포함된다. 그리고 특별히 주님께서 가나안의 이교도 백성을 정복하고 자기 백성을 약속의 땅으로 데려가겠다고 가데스에서 여호수아와 갈렙에게 하신 격려(민 14:6-9)도 복음에 포함된다. 새 언약의 신자들은 훨씬 더 좋은 소식을 들었다. 바로 주 예수께서 말씀하셨고 그분의 사도들에 의해 확증된 구원(히 2:3-4; 참고. 1:14), 하나님 앞에 나아감, 죽음의 두려

움으로부터 벗어나는 자유, 그리고 메시아의 영광의 관에 동참하고 장차 올 세상을 다스릴 것이라는 소망(2:5-15)이다.

사본 상의 이문(異文, 참고. ESV 난외주)은 광야 세대에게 전해진 복음이 그들에게 아무런 효과를 나타내지 못했던 이유에 대해 약간 다른 설명을 제시한다. 그 이문은 그 '메시지'가 듣는 자들의 '믿음'과 연결되지 않았다거나 (혹은 더 가능성 높게) '광야에서 죽은 이들'이 갈렙과 여호수아 같이 '믿음으로 메시지를 들은' 이들과 연합하지 못했다는 진술로 해석될 수 있을 것이다. 어떤 읽기든 핵심은 동일하다. 즉 하나님의 음성을 듣는 것은 순종하는 신뢰로 그분의 메시지를 받아들이기를 거부하는 이들에게 유익이 아닌 진노를 낳는다.

4:3-4 광야에서 믿지 않고 거역한 자들과는 대조적으로, "믿는 우리들은 저 안식에 들어[간다]". 일부 학자들의 주장에 따르면, '들어가다'의 현재 시제(점진적 측면)는 그리스도인 신자들이 믿음을 시험하던 "광야"를 이미 떠났고, 하나님의 안식의 '약속의 땅'으로 들어갔음을 (히브리서가 시편 95편에서 끌어온 모형론을 사용하여) 암시한다[9]. 다른 학자들의 주장에 따르면, 성경 안에 있는 '이미와 아직'의 긴장은 그리스도인들이 여전히 "저 안식에 들어가기를 힘쓸지니"라고 부름 받고 있지만, 그들이 이미 하나님의 안식을 경험하고 있다고 설명한다(히 4:11).

나중에 히브리서는 우리가 '하늘의 예루살렘에 이르렀기' 때문에(12:22-24), 교회의 예배가 하늘에서 드려지는 송축에 '현재' 참여하는 것이라고 단언할 것이다.[10] 그러할지라도 히브리서 저자는 우리의 현재 경험에 상응하는 과거의 것으로, 약속의 땅에서의 안식이 아니라 광야의 시련을

9 Andrew T. Lincoln, "Sabbath, Rest, and Eschatology in the New Testament, in D. A. Carson, ed., *From Sabbath to Lord's Day* (Grand Rapids, MI: Zondervan, 1982), 177-201; 그리고 Lane, *Hebrews 1-8*, 99.

10 Thomas R. Schreiner, *Commentary on Hebrews*, Biblical Theology for Christian Proclamation (Nashville: Holman, 2015), 136-137.

제시한다. 신자들이 하나님의 안식에 들어가는 것에 앞서 "오늘"이라는 구속사의 시기가 존재하며, 그 시기에 신자들은 믿지 말라는 유혹 한복판에서 하나님의 음성을 듣는다.[11]

가데스에서 하신 하나님의 맹세와 관련하여 약속의 땅을 하나님의 "안식"으로 규정함으로써, 시편 95편은 "안식"에 공간적 연관성을 부여한다. 이제 히브리서 저자는 하나님의 안식에는 또한 '시간적' 측면도 있음을 보여준다. 즉 안식은 하나님이 "일"을 완수하신 때인 우주의 탄생에서 시작되었다. 물론 하나님은 섭리와 구속적 개입을 통해 계속 일하신다(히 3:9, 참고. 요 5:17). 하지만 최초의 창조와 관련해서, 하나님은 자신이 만드신 것을 기뻐하시면서 일곱째 날에 "그의 모든 일을 쉬셨다"(히 4:4). 이 말의 의미는 하나님의 안식 자체가 족장들의 역사, 이스라엘의 애굽 종살이와 출애굽, 그들이 광야에서 보낸 사십 년, 그들의 후손들의 약속의 땅 점령, 다윗의 시대, 그리고 이 설교 편지가 낭독되는 동안 히브리계 그리스도인들이 (그리고 우리가) 하나님의 음성을 듣는 "오늘"까지 시간적으로 확장된다는 것이다.

4:5-7 저자는 1-3절에서 진술된 결론의 이면에 있는 추론을 상세히 설명한다. 즉 하나님이 가데스에서 불순종으로 거역한 자들은 가나안에 들어가지 못할 것이라고 하신 맹세는, 후대의 세대가 "오늘" 믿고 하나님의 음성에 순종한다면 안식에 들어갈 수 있을 것이라는 약속을 암시한다. 하나님은 창조 이후로 "안식"을 누리셨던 반면에 "복음 전함을 먼저 받은" 광야 세대는 "순종하지 아니함으로 말미암아 들어가지 못[했다]." 그렇기 때문에 하나님은 훨씬 더 나중에, 여호수아의 인도로 가나안을 정복한 후 수백 년 뒤인 다윗의 시대에 또 다른 기회의 때인 "오늘"을 지정하셨다. 다윗

11 Richard B. Gaffin, Jr., "A Sabbath Rest Still Awaits the People of God," in C. G. Dennison and R. C. Gamble, *Pressing toward the Mark* (Philadelphia: The Orthodox Presbyterian Church, 1986), 33-51; 그리고 O'Brien, *Hebrews*, 164-166.

의 동시대인들과 후대의 세대에게 이 시점이 갖는 중요성은 8절에서 드러날 것이다.

4:8 이것은 히브리서에서 다양한 구약 본문들이(예. 시편 95편), 그 본문들이 주어지던 당시에 작동하던 하나님의 은혜의 표식이 미비하거나 불완전했음을 암시한다고 주장하는 세 가지 사례 중 첫 번째 것이다(참고. 7:11-19; 8:7-13). 주장의 논거는 다음과 같다. 만약 하나님의 자비를 보여주는 이전의 표식들이 적절했다면, 그분은 해당 구약 본문을 주시지 않았을 것이다. 여기서 히브리서 설교자는 만약 이스라엘이 여호수아를 통해 받은 "안식"이 온전하고 최종적이었다면, 하나님이 "그 후에 다른 날을 말씀하시지 아니하셨으리라"고 추론한다. 다시 말해, 하나님은 약속의 땅에 이미 거주하고 있던 세대에게 시편 95편에서 다윗을 통해 말씀하신 대로 안식에 들어갈 가능성에 대해 선언하지 않으셨을 것이다. 히브리서 저자는 틀림없이 가나안 정복을 마무리하는 요약문을 알고 있다.

> "여호와께서 이스라엘의 조상들에게 맹세하사 주리라 하신 온 땅을 이와 같이 이스라엘에게 다 주셨으므로…여호와께서 그들의 주위에 '안식을 주셨으되' 그 조상들에게 맹세하신 대로 하셨으므로 그들의 모든 원수들 중에 그들과 맞선 자가 하나도 없었으니 이는 여호와께서 그들의 모든 원수들을 그들의 손에 넘겨주셨음이니라 여호와께서 이스라엘 족속에게 말씀하신 선한 말씀이 하나도 남음이 없이 다 응하였더라" (수 21:43-45).

그러할지라도 하나님은 여호수아의 정복을 통해 성취된 안식이 사사 시대와 사울 왕국 시대의 혼란으로 대체된 뒤에 다윗의 세대에게 시편 95편을 말씀하셨다. 이 사실은, "나의 안식"이 약속의 땅에 거주하는 것이나 가나안에 거주하는 동안 전쟁으로부터 벗어나는 짧은 유예 기간으로 축소될 수 없음을 보여준다.

사무엘서의 화자가 여호수아 21장을 되풀이하는 것을 볼 때, 다윗의 통치 어느 시점에 "안식"이 되살아났다. "여호와께서 주위의 모든 원수를 '무찌르사' 왕으로 궁에 '평안히' 살게 하신 때에"(삼하 7:1). 그렇기는 하지만, 이 시편을 가장 먼저 들은 다윗 세대의 사람들에게 "오늘"과 "하나님의 안식"은 여전히 상반된 동시에 연속적인 기간을 의미했다. "오늘" 하나님의 음성은 믿음 충만한 마음으로 하나님의 약속을 받아들이라고 청중들에게 호소하며 말씀하고 있었다. 하나님의 약속의 목표는 그분의 "안식", 곧 이미 창조의 수고에서 벗어나 안식하고 계신 하나님과 나누는 '두려움도 없고 방해도 없는 교제'라는 장래의 목적지였다. 가나안은 단지 하나님의 안식이라는 실재를 위로, 그리고 앞으로 가리키는 표지일 뿐이었다. 족장들이 "땅에서는 외국인과 나그네"로 머무는 동안 그들에게 약속된 땅은 결국 이렇듯 죄로 더럽혀진 세상 속 본향이 아니라, "더 나은 본향…곧 하늘에 있는 것"이었다(히 11:13-16).

4:9-10 이제 세 번째로 히브리서 저자는, 우리 시대의 '오늘'에 하나님의 음성을 듣고 장래에 집중하는 믿음으로 그분의 메시지를 받아들이는 이들이 받을 복이 '남아 있다'는 확신을 심어준다. 다윗을 통해 전해진 하나님의 안식에 들어간다는 약속은 그의 동시대인들만이 아니라 새 언약의 신자들에게도 남아 있다(4:1). 그들의 들어감은 실제 가능성으로 '남아 있다'. 우리의 응답을 위해 하나님이 정하신 '오늘'이 현재까지 계속되기 때문이다(4:6). 결국, 안식일의 안식은 하나님의 백성에게 '남아 있다'(4:9). "안식"에 해당하는 헬라어 단어가 시편 95:11과 창세기 2:2을 연결하는 카타파우시스(*katapausis*)에서 다른 헬라어 성경(칠십인역이나 신약)에 나오지 않는 명사인 사바티스모스(*sabbatismos*)로 옮겨간다. 이 단어는 '안식일을 지키다' 또는 '안식일을 경축하다'는 뜻의 동사에서 파생되었다. 이 새 단어는 노동을 중단하는 의미의 '안식'이라는 주제에, 하나님의 안식 속에서 누리는 자유를 '경축'하고 그분과 즐거운 '교제'를 나눈다는 새로운 사상을 덧입힌다.

이 안식일의 경축은 믿음에 도전하는 적대적인 이 세상 광야를 순례

자로서 지나가는 하나님의 백성에게 '미래'로 남아 있다. 이러한 "안식"의 미래적 특징이 10절의 일반적 원리의 핵심이다. 물론 얼핏 보기에 10절은 과거나 현재의 경험을 얘기하는 것 같지만 말이다. "이미 그의 안식에 '들어간' 자는…자기의 일을 '쉬느니라.'" 다시 말해, 하나님의 안식에 들어가는 것은 창세기 2:2에서 일곱째 날에 하나님이 창조의 수고를 그치셨던 것을 모방하여, 자신의 수고를 그치는 것과 일치한다. 어떤 신학자들은 "자기의 일[work]을 쉬느니라"를 더 이상 자신의 순종에 의지하지 않고 대신 그리스도와 그분의 더없이 충분한 의를 신뢰하는 것으로 이해했다(참고. 롬 3:20, 28; 갈 2:16; 빌 3:3-9). 그들은 이 입장을 옹호하면서 "죽은 행실을 회개함"(히 6:1)을 자기 의존과 자기 의를 통해 추구하던 계명 준수의 수고를 포기하는 것으로 해석한다.

하지만 히브리서 수신자들에게 유대교가 제기한 위험은 율법 준수에 대한 잘못된 의존이 아니었다. 그 위험은 옛 언약의 성소와 희생 제사로 되돌아가서, 예수님과 양심을 정결하게 하는 그분의 단번에 드린 희생 제사를 포기하려는 잘못된 성향이었다. 여기서 자기 일을 그치고 안식하는 사람은 부정적으로 평가된 "일"에서 돌아서지 않는다. 오히려 그는 창세기에 있는 하나님의 긍정적인 모범을 따르는데, 하나님의 모범은 이스라엘이 매주마다 안식일을 준수하기 위한 선례를 제시한다. 자신의 일에서 쉬는 것은 요한계시록 14:13의 복 선언을 따라, 이 순례 생활의 수고가 완성됨을 가리킨다. "지금 이후로 주 안에서 죽는 자들은 복이 있도다…그들이 수고를 그치고 쉬리니 이는 그들의 행한 일이 따름이라."

4:11 우리의 수고를 그치게 되는 하나님의 안식에 들어가는 것이 아직 장래에 속한 일이기 때문에, 히브리서 설교자는 그 목적지를 향해 맹렬한 노력을 기울이라고 호소한다. "그러므로 우리가 저 안식에 들어가기를 힘쓸지니." 아마 저자가 '힘쓰다'[스푸다조(*spoudazō*)]로 번역된 동사를 선택한 배경에는 그리스도인의 삶이 육상 경기라는 이미지가 있을 것이다(참고. 6:20; 12:1-3, 12-13). 저자는 이 동사를 사용하여, 믿음으로 견디면서 서로 인내

하도록 돕기 위해 비축된 영적 에너지를 전부 쏟으라고 청중들에게 촉구한다. 구성원 중 누구도 광야에서 죽었던 이들처럼 "순종하지 아니하는 본에 빠지지 않게" 하기 위해, 전체 회중은 연약하고 상처입고 방황하기 쉬운 구성원에게 힘이 되어주어야 한다(참고. 3:12-13; 4:1; 12:12-15).

4:12-13 하나님의 음성을 완고한 마음으로 듣지 말라고 경고하는 시편 95편의 해설과 적용은, 하나님의 말씀이 살아 있고 효과적이어서 마음의 숨은 폐부를 찌르고 우리의 비밀스러운 생각과 의도를 충분히 분별할 만큼 날카롭다는 묘사로 적절한 마무리에 이른다. 성경은 다른 곳에서 말씀을 주님의 종이 휘두르는 예리한 칼에 비교한다. 그 신적인 용사의 이름이 바로 '하나님의 말씀'이다(사 49:2; 엡 6:17, 참고. 계 1:16; 2:12; 19:13-15). 하나님은 자신의 무한한 생명에 근거한 맹세 선언으로써 스스로에게 의무를 지우시는 분이며(히 3:11; 6:13-18; 민 14:21-23; 창 22:15-18), 그 살아계신 하나님의 연설인(히 3:12; 신 5:26) 말씀 자체가 살아 있다. 하나님은 모든 사람을 속속들이 아시며 모든 것이 더 없이 투명하게 드러나기 때문에, 어떤 피조물도 그분의 눈에서 숨지 못한다. 따라서 하나님의 말씀은 우리의 중심부를 찌른다.

"혼과 영과 및 관절과 골수를 찔러 쪼개기까지" 한다는 언급은 심리학적이거나 해부학적 구별을 끌어내기 위한 것이 아니라, 파고들 수 없을 것 같은 폐부를 관통하기 위해 하나님이 말씀을 사용하시는 기술을 극적으로 표현하기 위한 것이다. 우리의 은밀한 내면생활을 간파하시는 하나님(행 1:24; 15:8; 롬 8:27; 고전 4:5)은 경건한 외모에 속지 않으시는 재판관이다(사 11:3-4; 요 2:23-25). 다행히 모든 것을 보시는 이 신성한 재판관께서 죄 많은 반역자들을 위해 위대한 대제사장인 하나님의 아들 예수를 주셨다. 예수님은 그들이 겪은 시험을 경험하셨고, 지금은 하늘에 있는 그분의 보좌('은혜'의 보좌) 앞에서 그들을 대변하신다(히 4:14-16).

응답

"우리는 두려워할지니"와 "우리가…힘쓸지니"(히 4:1, 11)라는 두 권면은 시편 95편에 관한 논의의 결론부를 둘러싸고 있다. 이 두 권면은 성령께서 구하시는 응답을 전달한다. 아직 '오늘' 시편 95편을 말씀하시는 성령은 신뢰하는 마음으로 자기 음성에 귀 기울임으로써 하나님의 안식에 들어가라고 우리를 초청하신다. 우리는 이스라엘 백성이 가데스에서 저지른 거역의 역사를 보고 엄숙한 두려움을 가져야 한다. 그들은 자신들이 들은 복음을 믿기를 거절했고, 그들의 몸은 광야에서 쓰러졌다. 우리는 어떤 대가를 치르더라도 그들의 의심과 불순종이라는 본보기를 피해야 한다. 그런데 그들의 자녀들이 이후에 점령했던 땅은 훨씬 더 좋은 '안식'인 하나님의 안식을 위로, 그리고 앞으로 가리키는 표지였다. 하나님의 안식은 이제 하나님의 마지막이자 최고의 대변인인 아들이신 예수님이 전해준 복음을 믿는 이들에게 열려 있다. 우리는 우리의 지상 순례의 절정에서 우리를 기다리고 있는 안식을 기대하며 분투해야 한다. 이는 그리스도의 사역(우리의 사역이 아니라)을 믿을 때 우리가 하나님의 안식에 들어가는 일평생의 과정에 자리하게 되기 때문이다.

히브리서 4:14-7:28 개관

4장

이 설교 편지의 중심부는 핵심 요점을 탐구한다(히 8:1). 곧 레위 지파에서 태어난 아론계 제사장의 중재와 대조되는 예수님의 우월하신 대제사장 사역이다. 이 논의는 두 부분으로 구성된다. 먼저, 히브리서 설교자는 시편 110:4에서 예고된바 멜기세덱의 반차를 따르는 제사장직을 위한 예수님의 '자격'이 아론에게서 태어난 제사장들의 자격보다 뛰어나다는 사실을 보여준다(히 4:14-7:28). 다음으로, 그는 예수님의 제사장 '사역'이 그분이 섬기는 하늘의 성소 및 양심을 깨끗하게 하는 그분의 희생 제사와 관련하여 얼마나 우월한지를 보여준다(8:1-10:31). 설교의 이 대목에서(4:14) 강조점이 이동한다. 이전까지는 그리스도께서 선지자와 천사와 모세보다 우월하시다는, '계시'에서의 역할이 강조되었다(1:1-4:13). 이제 강조되는 것은 '화해'에서의 역할이다. 그리스도는 레위 지파 및 아론의 가문과 연관된 구약의 제사장보다 그리고 그 제사장들이 이스라엘의 지상 성소에서 바친 동물 제사보다 우월하시다.

히브리서 4:14-7:28은 예수님이 우리의 "큰 대제사장"(4:14)이심을 인증하는 자격으로 우리의 시선을 돌린다. 앞서 서술했듯이, 그분은 우리를 위해 "하나님의 일에 자비하고 신실한 대제사장"이시다(2:17). 연약한 죄인들에게 필요한 자비로운 중재자가 되기 위해, 예수님은 시험을 받고 개인적 경험을 통해 연약함과 고난을 잘 아는 온전한 인간이 되셔야 했다(4:14-5:3, 7-8). 또한 그분은 여호와 하나님(the Holy One) 앞에 다른 사람들을 대신해서 서는 특권을 얻기 위해서 스스로 임명하는 것이 아니라, 하나님에 의해 임명되셔야 했다(5:4-6, 9-10). 이 두 측면에서 예수님의 제사장 자격과 임명은 아론의 것과 비슷하다. 하지만 예수님의 자격은 아론의 자격보다 우월하시다. 그분은 시편 110:4에서 예고된바 "멜기세덱의 반차를 따르는" 왕같은 제사장(royal priest)이시기 때문이다. 이 제사장직은 그 권위를 아론을 거쳐 레위에게까지 거슬러 올라가는 혈통 원리에 따라 부여받지 않고, 하나님이 직접 하신 맹세로부터 부여받는다. 하나님의 맹세는 "불멸의 생명의 능력"에 의해 이 제사장직을 "영원히" 보장한다(히 7:1-28).

예수님의 우월하고 영원하신 제사장직은 창세기 14장의 신비로운 인물인 멜기세덱이 남긴 모범을 완성하는 것이다. 이 주제에 관해 많은 설명이 필요하지만, 청중들의 무딘 귀로 인해 "설명하기 어려[울]" 것이다(히 5:11). 그래서 히브리서 설교자는 멜기세덱을 닮은 예수님의 제사장 임명에 관한 상세한 설명을 제시하는 가운데, 다시 신선한 권면을 끼워 넣는다. 그는 청중들에게 아브라함의 믿음을 본받음으로써 성장하라고 요청한다. 왜냐하면 하나님의 맹세가 그분의 약속을 신뢰할 온갖 이유를 우리에게 제공하기 때문이다(5:11-6:20).

4장

4:14 그러므로 우리에게 큰 대제사장이 계시니 승천하신 이 곧 하나님
의 아들 예수시라 우리가 믿는 도리를 굳게 잡을지어다 15 우리에게
있는 대제사장은 우리의 연약함을 동정하지 못하실 이가 아니요 모든
일에 우리와 똑같이 시험을 받으신 이로되 죄는 없으시니라 16 그러므
로 우리는 긍휼하심을 받고 때를 따라 돕는 은혜를 얻기 위하여 은혜
의 보좌 앞에 담대히 나아갈 것이니라

4:14 Since then we have a great high priest who has passed through
the heavens, Jesus, the Son of God, let us hold fast our confession.
15 For we do not have a high priest who is unable to sympathize with
our weaknesses, but one who in every respect has been tempted as we
are, yet without sin. 16 Let us then with confidence draw near to the
throne of grace, that we may receive mercy and find grace to help in
time of need.

5:1 대제사장마다 사람 가운데서 택한 자이므로 하나님께 속한 일에
사람을 위하여 예물과 속죄하는 제사를 드리게 하나니 2 그가 무식하

고 미혹된 자를 능히 용납할 수 있는 것은 자기도 연약에 휩싸여 있음
이라 3 그러므로 백성을 위하여 속죄제를 드림과 같이 또한 자신을 위
하여도 드리는 것이 마땅하니라 4 이 존귀는 아무도 스스로 취하지 못
하고 오직 아론과 같이 하나님의 부르심을 받은 자라야 할 것이니라
5:1 For every high priest chosen from among men is appointed to act on
behalf of men in relation to God, to offer gifts and sacrifices for sins. 2 He
can deal gently with the ignorant and wayward, since he himself is beset
with weakness. 3 Because of this he is obligated to offer sacrifice for his
own sins just as he does for those of the people. 4 And no one takes this
honor for himself, but only when called by God, just as Aaron was.

5 또한 이와 같이 그리스도께서 대제사장 되심도 스스로 영광을 취하
심이 아니요 오직 말씀하신 이가 그에게 이르시되

너는 내 아들이니 내가 오늘 너를 낳았다

하셨고 6 또한 이와 같이 다른 데서 말씀하시되

네가 영원히 멜기세덱의 반차를 따르는 제사장이라

하셨으니
5 So also Christ did not exalt himself to be made a high priest, but was
appointed by him who said to him,

"You are my Son, today I have begotten you";

6 as he says also in another place,

"You are a priest forever, after the order of Melchizedek."

7 그는 육체에 계실 때에 자기를 죽음에서 능히 구원하실 이에게 심한
통곡과 눈물로 간구와 소원을 올렸고 그의 경건하심으로 말미암아 들
으심을 얻었느니라 8 그가 아들이시면서도 받으신 고난으로 순종함을
배워서 9 온전하게 되셨은즉 자기에게 순종하는 모든 자에게 영원한

구원의 근원이 되시고 10 하나님께 멜기세덱의 반차를 따른 대제사장
이라 칭하심을 받으셨느니라

7 In the days of his flesh, Jesus[1] offered up prayers and supplications,
with loud cries and tears, to him who was able to save him from death,
and he was heard because of his reverence. 8 Although he was a son, he
learned obedience through what he suffered. 9 And being made perfect,
he became the source of eternal salvation to all who obey him, 10 being
designated by God a high priest after the order of Melchizedek.

1 Greek *he*

단락 개관

시험받으셨고 긍휼이 풍성하신 우리의 대제사장

하나님의 음성을 거역하고 그로 인해 하나님의 안식에 들어가는 데 실패하는 것에 관한 두려움을 청중들에게 불어넣은 우리 목회자는, 죄책에 눌려 두려워 떠는 양심을 달랠 수 있는 유일한 주제인 예수님의 대제사장 사역으로 시선을 돌린다. 저자의 목회 전략은 불신앙의 끔찍한 결과에 대해 두려운 경고를 발하고(히 6:4-8; 10:26-31), 그런 다음에 하나님의 은혜에 근거해 격려함으로써(6:9-12; 10:32-39) 청중들에게 인내하려는 동기를 불어넣는 것이었다. 저자는 경고를 통해 그리스도인들이 안주하지 않도록 자극한다. 그리고 그는 격려를 통해, 연약함과 죄에도 불구하고 예수님을 통해 하나님께 나아가는 이들을 향한 하나님의 자비로우신 성향을 오해하지 않도록 그들을 지킨다.

구약 제사장(아론과 그의 자손들)과 위대한 대제사장(예수 그리스도)은 거룩하신 하나님과 불경건한 백성 사이에서 행하는 제사장 중재에 필요한 두 가지 자격을 공유한다. 곧 인간의 연약함과 신적인 소명이다. 아론계 제사장과 예수님 모두 연약함과 시험을 경험했기 때문에, 그들은 시험받고 연약하고 실패하는 예배자들에게 동정을 베풀어, 그들을 위해 희생 제사와 중보 기도를 드릴 수 있다. 또한 구약의 대제사장과 예수님 모두 하나님의 성소에 들어가고 그분의 보좌로 나아갈 수 있도록 하나님의 승인을 받았다. 하나님은 너무나 장엄한 주권자시기 때문에 어떤 피조물도 다른 이를 위해 하나님께 나아가는 영예를 스스로 획득할 수 없다. 이 특권은 그 왕(the King)만이 부여할 수 있다. 이러한 공통의 자격이 교차 대구 순서를 통해 논의된다.

(A) 그리스도의 연약함과 동정(4:14-16)
(B) 아론의 연약함과 동정(5:1-3)
(B′) 아론이 받은 하나님의 부르심(5:4)
(A′) 그리스도께서 받은 하나님의 부르심(5:5-10)

아론과 예수님은 이런 제사장 자격을 공유하지만, 그들 사이의 대조는 훨씬 더 놀랍다. 예수님은 연약함 가운데 시험받으셨지만 "죄는 없[이]" 모든 시험을 이겨내셨다(4:15). 반면에 아론은 백성을 위해 제사를 드리기 전에 "자신을 위하여" 제사를 드려야만 했다(5:3, 참고. 7:27). 히브리서 7:15-26에서 자세히 설명하듯이 예수님은 "영원[한]" 대제사장이신 반면(5:6, 시 110:4의 인용), 하나님은 아론과 그의 자손들을 죽음이 전제된 혈통의 원리를 통해 임명하셨다.

단락 개요

Ⅰ. 아론과 마찬가지로 예수님은 인간의 연약함과 시험을 직접 경험하심으로써 자비로운 제사장으로 섬길 자격을 얻으신다(4:14-5:3)

A. 하나님의 아들 예수님은 우리의 연약함을 동정하실 수 있는 제사장이시고, 그래서 우리는 신앙 고백을 붙들고 하나님의 은혜의 보좌에 다가가야 한다(4:14-16)

B. 아론과 그의 아들들은 연약함에 시달리는 제사장이었고, 그래서 그들은 미혹된 자들을 온유하게 대할 수 있다(5:1-3)

Ⅱ. 아론과 마찬가지로 예수님은 하나님의 임명을 통해 신실한 제사장으로 섬길 자격을 얻으신다(5:4-10)

A. 아론과 그의 아들들은 하나님에 의해 제사장으로 부름 받았다(5:4)

B. 아들이신 그리스도는 고난과 부활을 통해 사역을 위한 성별된 제사장으로 하나님에 의해 임명되셨다(5:5-10)

주석

4:14 히브리서 2:17-18에서 예수님은 "'범사에' 형제들과 '같이'" 된 "'자비하고' 신실한 '대제사장'"으로 소개되었다. 그분이 "'시험'을 받아 '고난'을 당하셨은즉", 마찬가지로 시험을 받는 이들을 도우실 수 있다. 강조된 단어들이 다시 등장함으로써, 4:14-16은 2:17-18과 연결된다. 나중에 히브리서 설교자는 10:19-25에서 4:14-16의 단어를 반복함으로써 예수님의 제사장직과 사역에 대한 논의의 결론을 전달할 것이다. "[우리에게] 큰 제사

장이 계시매…우리가…나아가자…우리가…믿는 도리[를]…굳게 잡고."

히브리어 구약성경에서 우리말로 "대제사장"에 해당하는 표현은 '큰 제사장'[하코헨 학가돌(*hakkohen haggadol*)]이고, 칠십인역에는 대개 '호 히에류스 호 메가스'(*ho hiereus ho megas*)라는 정형어구로 나온다(민 35:25-32, 참고. 히 10:21). 여기서 우리의 대제사장이 아론의 반차보다 우월하심을 강조하기 위해, 히브리서 저자는 후대 헬라어에서 등장한(마카베오서와 신약) 헬라어 단어 '대제사장'[아르키에류스(*archiereus*)]에 형용사 '큰'을 덧붙인다. 두 가지 특징이 예수님의 우월하신 제사장 지위를 보여준다. 첫째, 그분은 "승천"하셨다. 이 높아지심은 예수님이 하나님 우편에 앉으심에서 암시된다(시 110:1, 히 1:3, 13에서 소개됨). 예수님이 제사장으로 들어가신 하늘의 장소가 본래의 성소이고, 지상의 성막은 모형이었다(7:26; 8:4-5; 9:11-12, 24). 둘째, 예수님은 시편 2:7에서 하나님이 호명하신 그대로 "하나님의 아들"이시다(히 1:5). 아들로서 그분은 하나님의 영광의 광채, 창조의 주체, '하나님'이라고 불리기에 합당한 통치자, 하나님의 집을 다스리는 통치자시다.

"우리가 믿는 도리를 굳게 잡을지어다"라는 권면이 앞에서는 소극적인 동기에 의해 뒷받침되었다. 곧 광야의 시련 앞에서 드러나는 불신앙의 영적 위험이다(참고. 3:6, 12-14). 이제는 적극적인 동기가 제시된다. 곧 우리의 큰 대제사장은 우리와 함께 고난을 겪으셨고 우리를 도우실 수 있다. "믿는 도리"["confession", 호몰로기아(*homologia*)]는 서로의 인내를 격려해야 할 신자들의 공동체적 책임을 시사한다. 이 단어는 그리스도인들이 믿고 또 말로써 함께 확증하는 바를 가리키기 때문이다(3:1; 10:23).

4:15 "우리의 연약함을 동정하지 '못하실' 이가 '아니요'"에서는 이중 부정의 사용이 눈에 띈다. 이것은 큰 대제사장의 신성한 위엄에 비추어볼 때, 연약하고 시험받는 죄인들이 그분과 동일시되는 것이 뜻밖이라는 사실을 암시한다. 앞에서, 아들이 "[그들을] 형제라 부르시기를 부끄러워하지 아니하시고"라는 진리가 우리를 놀라게 했다(2:11-12). 이제 그분의 동정심이 우리를 깜짝 놀라게 한다.

영어 단어 "sympathize"("동정하다")는 여기에 사용된 헬라어 동사[심파테오(*sympatheō*). 10:34에도 등장]에서 유래된 것이지만, 우리는 그 의미를 오해할 소지가 있다. 우리는 고난받는 사람을 '동정'할 때, 그들의 고뇌에 감정적으로 공감하려고 노력한다. 예수님은 더 깊이 들어가 자기 백성들의 고난 경험에 참여하시고 시험을 받아 고난을 당하셨으며(2:18), 자신이 받은 고난에서 순종을 배우셨다(5:8). 헬라어를 사용하는 사람들은 이 단락에서 '공감하다', '용납하다'["deal gently", 메트리오파테인(*metriopathein*), 5:2], '고난받다'[에파텐(*epathen*), 5:8]가 공명하는 것을 알아차렸을 것이다.

히브리서 설교자는 앞서 아들이 인간의 혈과 육에 온전히 참여하여 "범사에 형제들과 같이" 되셨다고 단언했다(2:14, 17). 이제 그는 예수님과 다른 인간 사이의 유사성에 반하는 결정적 예외를 소개한다. 즉 예수님은 사람들과 똑같이 모든 면에서 시험을 받으셨지만, 모든 시험을 '죄 없이' 이겨내셨다. 예수님의 완벽하신 무죄하심 및 죄와 무관하심은 신약 곳곳에서 확증된다(눅 23:41; 요 7:18; 8:46; 14:30-31; 고후 5:21; 벧전 1:19; 2:22; 3:18; 요일 3:5). 이러한 차이가 없었다면, 그분은 완벽하게 "하나님의 일에…신실하신 대제사장"이 되실 수 없었다(히 2:17). 하지만 사실 그분은 "거룩하고 악이 없고 더러움이 없고 죄인에게서 떠나 계[신다]"(7:26-27). 예수님은 그분의 죄 없으신 성결함으로 인해 아론 혈통의 모든 제사장으로부터 구별되신다(5:2-3).

4:16 긍휼하신 동시에 죄 없으신 이런 대제사장과 함께, 우리는 하나님의 신성한 보좌에 "담대히 나아갈" 수 있다. 예수님의 중재를 통해 나아가는 이들에게 이것은 "은혜의 보좌"다. '나아감'이라는 이미지는 예배자가 성소로 나아가는 것(7:25; 10:1)과 속죄일에 대제사장이 지성소에 들어가는 것(10:19-21)을 환기시킨다. 신약 다른 곳에서 '담대함'[파레시아(*parrēsia*)]은 두려움 없는 선포를 가리킨다(행 4:13; 9:28; 14:3; 엡 6:19; 빌 1:20). 히브리서에서 '담대함'은 하나님께 나아갈 때 예배자들이 품는 신적인 호의에 대한 기대를 수반한다(3:6; 10:19, 35). 곧 그들의 양심이 예수님의 희생을 통

해 죄책으로부터 깨끗하게 되어, 거룩하신 하나님의 "소멸하는 불"(12:29)이 더는 그들에게 위협이 되지 않는 것이다.

"긍휼"("mercy")과 "은혜"("grace")는 서로 연관된 단어지만 긍휼은 구체적으로 용서를 가리키는 반면 은혜는 훨씬 일반적으로 하나님이 힘겹게 싸우는 마음에 힘을 불어 넣으시는 과분한 호의를 가리킬 것이다(13:9). 시험과 고난이 더없이 강렬할 때, 하나님의 은혜는 시의적절한 도움을 주신다. "때를 따라"("in time of need")는 하나의 형용사 유카이로스(*eukairos*)를 번역한 것이다. 신약 다른 곳에서 이 단어군은 적절한 때를 가리킨다(막 6:21; 14:11; 딤후 4:2).

5:1 이 절은 대제사장의 자격과 임무를 요약하고, 이로써 그리스도의 성육신과 시험과 고난이 "큰 대제사장"이신 그분의 사역에 얼마나 적절한지를 암시한다. 이어지는 문장들은 이런 서술의 측면들을 풀어낸다. "대제사장마다" "사람 가운데" 있기 때문에, 다른 사람들과 인간의 본성과 연약함을 공유하여 "하나님께 속한 일에 사람을 위하여" 행동할 수 있다(참고. 5:2-3, 9). 그는 스스로를 지명한 것이 아니라(히 5:4-5, 10) 하나님의 주도로 하나님에 의해 "택한" 바 되었고[혹은 '취해졌고', 람바노메노스(*lambanomenos*)], '임명되었다'["appointed", 카티스테미(*kathistēmi*), 칠십인역 민 3:10을 보라, 개역개정에는 없음]. 그는 '예물과 속죄하는 제사를 드리도록' 임명되었다(참고. 5:3, 7-8).

5:2-3 아론계 대제사장은 알지 못한 채 부주의하게 하나님의 명령을 범한 사람들을 "용납할" 수 있었다(율법은 반항적인 거역과 '의도치 않고' 범한 죄를 구별했다, 민 15:27-31; 레 4:2, 13, 22, 27). 히브리서 4:15의 주석에서 설명되었듯이, '용납하다'("deal gently")로 번역된 헬라어 동사 메트리오파테오(*metriopatheō*)는 '동정하다'(4:15)와 어근(*path-*)이 같다. 하지만 예수님과 아론의 유사점은 정확하지 않다. 반항하는 이들에 대해 아론이 취하는 온유한 대처는, 다른 사람들의 실패에 대해 의로운 분노나 혐오의 반응을 억제한다는 의미였다. 이런 억제가 적절한 이유는 아론이 연약함에 "휩싸여" 있

을 뿐만 아니라 죄책 아래에 있어서 자기 자신에 대한 속죄가 필요하기 때문이다. 반면에 예수님의 동정은 훨씬 더 적극적이고 부드러워서, 죄악된 양심으로 인해 강요된 것이 아니라(그분은 "죄는 없으시[기]" 때문에, 4:15) 정결한 무죄에서만 나올 수 있는 연민에 의해 움직인다.

속죄일 제의는 모든 구약 대제사장이 가진 죄책을 보여주었다. 대제사장은 백성들의 죄를 위해 희생 제사를 바치기 전에 "자기를 위한 속죄제…를 드리되 자기와 집안을 위하여 속죄"해야 했다(레 16:6-14). 그 뒤에야 그는 "백성을 위한 속죄제 염소를 잡[을]" 수 있었다(레 16:15-19). 히브리서 설교자는 죄로 물든 아론의 혈통과 죄 없으신 우리의 중재자 사이의 이러한 결정적 차이를 계속 상기시킬 것이다(히 7:27; 9:7).

5:4 주권자이신 주님께 나아가는 영예는 우리 뜻대로 되는 것이 아니라 오직 하나님에 의해서만 부여될 수 있다. 주님은 이스라엘의 제사장적 중재자로 섬기라고 아론과 그의 아들들을 부르셨다(출 28:1). 레위인 고라와 그의 르우벤 지파 공모자들은 하나님 앞에 다가가는 아론의 유일무이한 지위에 도전했다(민 16장). 하지만 하나님은 거역자들을 죽이셨고, 아론의 지팡이에서만 순과 꽃이 나오게 하심으로써 아론을 선택하신 것을 재확인하셨다(민 17:8-10; 히 9:4).

5:5-6 "또한 이와 같이 그리스도[는]" 대제사장직의 영광을 스스로 취하지 않으셨다. ESV의 "exalt"(높이다)는 "영광을 취하다"[독사조(*doxazō*)]로 번역될 수 있다. "존귀"와 "영광"은 히브리서 2:7, 9과 3:3에서 함께 등장한다. 히브리서 저자는 이미 "그리스도"(기름 부음 받은 이)라는 호칭을 사용했고, 그분의 기름 부음에 대해 언급했다(3:6, 14, 참고. 1:9). 여기서 이 칭호는 천사보다 뛰어난 아들의 우월하심을 얘기하는 일련의 구약 본문 중 첫 번째에 해당하는 시편 2:7로 우리를 데려간다(히 1:5). 거기서 주님은 기름 부음 받은 자에게 "너는 내 아들"이라고 선언하신다. 이 직접적 호명의 구문은 시편 110:4의 "너는…제사장이라"와 병행한다. 이렇듯 "너는…이라"는

진술을 연결하는 문법적 유사성은, 히브리서 4:14에서 나온 정체성을 뒷받침한다. 즉 "큰 대제사장"은 "하나님의 아들"이시다. 시편 110:4의 다른 특징적인 부분인, 이 제사장이 고대의 제사장-왕 멜기세덱을 통해 제시된 직무와 본에 "영원히" 재임하시는 것은 7장에서 펼쳐질 것이다.

5:7 하나님께서 그리스도를 제사장으로 임명하셨던 과정은 (아론처럼) 제의적이지도 않았고 고통이 없지도 않았다. 따라서 히브리서 저자는 그리스도가 하나님의 칙령에 의거해 제사장으로 임명받으셨다는 진리를 상술하면서 시험 가운데 받으신 고난에 대해 자세히 설명한다. 이 고난으로 인해 그리스도는 가장 자비로운 제사장이 되셨다. "육체에 계실 때"란, 그리스도께서 우리의 혈과 육에 참여하기 위해 오셔서(2:14) 상해와 죽음에 취약한 참된 인간의 몸을 입으신 순간부터(10:5-10), 죽은 자들로부터 살아나신 부활까지 그분이 지상에서 보낸 겸손한 성육신 기간을 가리킨다.

대제사장의 속죄제 "제사"(5:1, 3)를 설명하기 위해 사용되었던 동일한 제의적 단어[프로스페로(*prospherō*)]가 이제 예수님이 어떻게 "심한 통곡과 눈물로 간구와 소원을 올렸[는지]" 설명한다. 그리스도께서 바친 절박한 호소는 어떤 측면으로는 아론계 제사장들이 바친 동물에 상응한다. 그분이 "자기를 죽음에서 능히 구원하실 이에게" 드린 기도와 외침과 눈물은 겟세마네 동산에서(눅 22:41-44)와 십자가에서 강렬해졌다. 하지만 그 전에도 우리 주님은 시편 6:3-4에서 가져온 말씀으로 탄식하셨다. "지금 내 마음이 괴로우니 무슨 말을 하리요 아버지여 나를 구원하여 이때를 면하게 하여 주옵소서 그러나 내가 이를 위하여 이때에 왔나이다 아버지여, 아버지의 이름을 영광스럽게 하옵소서"(요 12:27-28). "아빠 아버지여 아버지께는 모든 것이 가능하오니 이 잔을 내게서 옮기시옵소서"(막 14:36)라는 그분의 탄원은 "자기를 죽음에서 능히 구원하실 이에게" 드린 절박한 호소였다.

하나님의 진노의 잔은 죄 없으신 구주가 찌꺼기까지 마셔야만 사라질 수 있었다. 그렇다면 히브리서 설교자는 어떻게 (시 22:24; 116:1에서 가져온 표현으로) 구원해달라는 예수님의 외침이 하나님에 의해 "들으심을 얻었[다]"

라고 선언할 수 있는가? 성경에서 하나님이 '들으신다'는 것은 종들의 간청에 긍정으로 응답하시는 것이다. 어떤 이들은 여기에 언급된 간청이 죽음에서의 구원을 위한 것이 아니라 오히려 "나의 원대로 마시옵고 아버지의 원대로 하옵소서"(막 14:36) 혹은 "아버지의 이름을 영광스럽게 하옵소서"(요 12:28)라고 설명한다. 그런데 "자기를 죽음에서 능히 구원하실 이"라는 하나님에 대한 묘사는 그리스도가 청원한 내용을 나타낸다. 죽음으로부터의 구원을 위한 예수님의 호소는 "그의 경건하심으로 말미암아" 오직 부활을 통해 하나님께 들렸을 뿐만 아니라 응답되었다. 아버지의 뜻에 따라 자기 몸을 바치신 예수님의 경건한 제사(히 10:5-10)는 "평강의 하나님"이 "우리 주 예수를…죽은 자 가운데서 이끌어" 내셨을 때 보상을 받았다(13:20, 참고. 행 2:24-28). 하나님의 응답은 '예수님이 죽음이나 죽음의 두려움을 회피하심으로써가 아니라, 부활과 하나님 우편으로 높아지심을 통해 죽음을 초월하심으로써' 주어졌다.[12]

5:8 제사장직에 이르는 아들의 길은 고난을 통과한 것이었다. "그가 아들'이시면서도'"라는 양보절에서 드러나듯이, 아들이 가진 하나님이라는 정체성에서 볼 때 그분의 고난은 어울리지 않는 것이다. 사람의 아들과 딸, 곧 하나님이 영광으로 이끌고 계신 "많은 아들들"(2:10)에게 고난은 믿음 안에서 우리의 정당성을 보여주는 징표로 여겨지기 때문이다(12:5-8). 그런데 놀라운 것은 하나님의 영광의 광채이신 유일무이한 아들께서 고난을 겪을 것이고, 그 고난을 통해 "순종함을 배우실" 것이라는 점이다. 저자는 서로 운율이 맞는 헬라어 동사 '배우다'[만타노(*manthanō*)]와 '고난당하다'[파스코(*paschō*)]의 형태를 에마텐(*emathen*)…에파텐(*epathen*)("받으신 고난으로…배워서")으로 노련하게 결합시킨다. 재능 있는 수사학자인 히브리서 설교자는 자신의 어휘가 청중들의 귀에 어떻게 들릴지에 주의를 기울인다.

12 Johnson, *Hebrews*, 146.

사람과 대조되는 아들의 유일무이함은 그분의 '배움'과 사람들의 배움을 구별한다. 인간의 자녀들은 불순종한 뒤 훈육을 통해 "순종함을 배[우는]" 반면, 예수님은 결코 불순종하지 않으셨다(4:15). 따라서 그분이 "순종함을 배[우심]"에는 죄악된 자녀들에게 필요한 고통스런 훈육이 내포되지 않았다. 대신 아들의 배우심은, 그분이 성육신을 통해 우리의 세계에 들어오셨을 때 받아들이신(그분의 삶 전체를 통해 이어졌고 죽음에서 절정에 달한) 엄청난 개인적 헌신의 대가에 경험적으로 직면하심으로써 가능했다. "주께서 세상에 임하실 때에 이르시되…하나님이여 보시옵소서 두루마리 책에 나를 가리켜 기록된 것과 같이 하나님의 뜻을 행하러 왔나이다"(10:5-7).

5:9-10 물론 고난은 아들의 신성과 양립할 수 없었지만, 자비로운 대제사장이신 그리스도께서 우리의 연약함과 고난의 아픔을 경험하시는 것은 그분의 제사장직을 위해 적절한 동시에 필연적이었다. 이 사명은 우리 몸에 내재된 연약한 인성에 온전히 참여하도록 요구했다(2:14-18). 이로써 저자는 구문론적으로 병행을 이루고 의미론적으로 보완되는 두 가지 방법을 사용해 예수님의 제사장직 취임에 관한 논의를 마무리한다.

- 온전하게 되셨은즉(being made perfect)
- 하나님께…대제사장이라 칭함을 받으셨느니라(being designated by God a high priest)

2:10의 주석에서 설명했듯이, 그리스도께서 '온전하게 되셨다'[텔레이오오(*teleioō*)]는 말은 도덕적 결함이 있던 상태에서 흠 없는 상태로 바뀌는 것을 가리키지 않는다. 오히려 구약 제사장의 성별을 묘사하는 본문의 칠십인역 용례에서 나타나듯이(출 29:9, 29, 33, 35; 레 4:5; 8:33; 16:32; 21:10; 민 3:3 등), 이것은 그분이 제사장직에 취임하신 것을 가리킨다. 여기서 병행하는 분사 "하나님께…대제사장이라 칭하심을 받으셨느니라"(히 5:10)는 "온전하게 되셨은즉"에 대한 이러한 해석을 확증한다.

연약함과 시험, 고난, 죽음, 부활을 통해 예수님은 유일무이하게 우월하신 대제사장 반차에 취임하셨다. 이 반차는 하늘의 영원한 "멜기세덱의 반차를 따른" 것이다. 이어지는 긴 권면에서 히브리서 저자는 이 주제를 청중들에게 "할 말이 많은" 주제로 삼을 것이다(5:11-6:20). 그런데 예수님의 사역은 아론의 사역보다 훨씬 낫다. 그 사역이 이뤄지는 장소인 하늘과 사역의 지속성 때문만이 아니라, 그 사역이 가지는 정화하고 화해하는 효력 때문이다. 예수님은 "자기에게 순종하는 모든 자에게 영원한 구원의 근원이" 되셨다(5:9). 예수님이 자신의 피로 하나님의 성소에 들어가 "영원한 속죄를 이루[셨기]" 때문이다(9:11-14). 이사야는 "영원한 구원"으로 이스라엘을 구원하시는 주님을 찬양했다(사 45:17). 그리고 십자가는 "자기를 힘입어 하나님께 나아가는 자들을 온전히 구원하[기]" 위해 아들이 지불하신 대가를 증명한다(히 7:25).

응답

히브리서 4:14-16에 있는 두 가지 권면은, 하나님께서 온전하고 영원하신 대제사장인 "하나님의 아들 예수"를 계시하면서 우리에게서 이끌어내려고 하시는 응답을 보여준다. 종살이를 벗어나 앞에 있는 본향의 영원한 안전을 향해 이생의 '광야'를 통과하는 우리의 순례길을 따라 걸어갈 때, 무엇보다 우리는 "우리가 믿는 도리를 굳게 잡[아야만]" 한다(4:14). 그리스도의 공동체에 속한 동료들로서, 우리는 성경을 통해 말씀하시는 살아계신 하나님께 대한 서로의 신념과 확신과 헌신을 다함께 지지하고 강화해주어야 한다. 하지만 우리가 이렇게 연약함에 물들어 있는데, 우리 같이 나약하고 변덕스런 사람들이 어떻게 "굳게 잡을" 수 있을까?

두 번째 권면이 그 길을 제시한다. "은혜의 보좌 앞에 담대히 나아갈 것이니라"(4:16). 거기서 우리는 자비와 은혜와 시의적절한 도움을 받을 것이기 때문이다. 우리의 인내를 강화하는 근원은 우리가 하나님이 계시는 곳으로 들어갈 때 그분이 부어주시는 은혜다. 그런데 우리가 담대하게 하나님이 계시는 곳으로 들어갈 수 있음은, 오직 하나님께서 큰 대제사장을 주셨기 때문이다. 그분은 하나님을 경외하는 경건에서 온전하신 동시에, 시험과 고난을 겪으셨음으로 우리를 동정하신다. 예수님은 아버지 앞에서 우리를 위해 섬기기 위해 "승천"하셨고(4:14), 그래서 우리는 담대히 나아갈 수 있다. 거기서 우리는 필요할 때 붙들어주시는 아버지의 은혜의 창고가 우리에게 활짝 열려 있는 것을 발견할 것이다.

히브리서 5:11-6:20 개관

히브리서 설교자는 설교의 중심 주제인, "멜기세덱의 반차를 따르는 대제사장"이신 예수님의 사역을 소개했다(히 5:6, 10). 그는 이 주제에 대해 "할 말이 많[았다]"(5:11). 하지만 저자는 멜기세덱의 본을 따르는 제사장직이 아론의 제사장직보다 나은 이유를 설명하기 전에 잠시 멈추어, 청중들의 '무딘' 귀와 미성숙한 영적 소화력 때문에 자신의 가르치는 임무가 어려움에 봉착해 있다고 청중들을 직설적으로 꾸짖는다. 저자는 그들에게 믿음 안에서 성장하라고 촉구한다. 이 권면 단락의 경계는 처음(5:10)과 마지막(6:20)에 언급되는 "멜기세덱의 반차를 따른 대제사장"이라는 문구에 의해 표시된다.

권면은 두 개의 국면으로 구성된다. 첫 번째 국면(5:11-6:12)은 '노트로스'(*nōthros*, 5:11은 "둔하므로", 6:12은 "게으르지")로 시작되고 마무리된다. 첫 번째 국면의 어조는 대체로 부정적이어서, 미성숙을 꾸짖고 배교에 대해 경고한다. 우리는 이 첫 번째 국면을 다음 두 개의 범위로 검토할 것이다. 하나는 성장하라는 호소이고(5:11-6:3), 다른 하나는 배교에 대한 무서운 경고와 거기에 수반된 확신의 말씀이다(6:4-12).

권면의 두 번째 국면(6:13-20)은 인내하는 믿음의 본보기에 대한 언급으로 시작되는데(6:12), 그중에 아브라함이 가장 두드러진다. 아브라함의 개인사는, 그를 비롯해 하나님의 돌보심으로 "피난처를 찾은" 사람들에게 하나님이 하신 약속을 보증하는 맹세에 초점을 맞춤으로써(6:16-18) 청중들에게 동기를 부여한다. 아브라함에 대한 언급과 맹세라는 주제가 합쳐지면서 논의는 멜기세덱(6:20), 족장의 제사장적 중재자(7:1-10) 그리고 하나님의 맹세에 의해 보장된 더 우월한 제사장 반차의 본보기로 되돌아간다(7:11-28).

5:11 멜기세덱에 관하여는 우리가 할 말이 많으나 너희가 듣는 것이 둔
하므로 설명하기 어려우니라 12 때가 오래 되었으므로 너희가 마땅히
선생이 되었을 터인데 너희가 다시 하나님의 말씀의 초보에 대하여
누구에게서 가르침을 받아야 할 처지이니 단단한 음식은 못 먹고 젖
이나 먹어야 할 자가 되었도다 13 이는 젖을 먹는 자마다 어린 아이니
의의 말씀을 경험하지 못한 자요 14 단단한 음식은 장성한 자의 것이니
그들은 지각을 사용함으로 연단을 받아 선악을 분별하는 자들이니라

5:11 About this we have much to say, and it is hard to explain, since you
have become dull of hearing. 12 For though by this time you ought to
be teachers, you need someone to teach you again the basic principles
of the oracles of God. You need milk, not solid food, 13 for everyone
who lives on milk is unskilled in the word of righteousness, since he
is a child. 14 But solid food is for the mature, for those who have their
powers of discernment trained by constant practice to distinguish good
from evil.

6:1 그러므로 우리가 그리스도의 1)도의 초보를 버리고 죽은 행실을 회
개함과 하나님께 대한 신앙과 2 2)세례들과 안수와 죽은 자의 부활과
영원한 심판에 관한 교훈의 터를 다시 닦지 말고 완전한 데로 나아갈
지니라 3 하나님께서 허락하시면 우리가 이것을 하리라

6:1 Therefore let us leave the elementary doctrine of Christ and go on to
maturity, not laying again a foundation of repentance from dead works
and of faith toward God, 2 and of instruction about washings,[1] the
laying on of hands, the resurrection of the dead, and eternal judgment.
3 And this we will do if God permits.

1) 또는 말씀 2) 헬, 또는 침례

1 Or *baptisms* (that is, cleansing rites)

단락 개관

성숙을 향해 나아가라는 권면

아이와 성인의 지적 능력과 소화 능력에 대한 은유가 이 단락을 하나로 묶어준다. 청중들은 아주 오랫동안 예수님을 따랐기 때문에 지금보다 훨씬 성숙한 수준으로 복음을 이해하고 박해에 대응했어야 한다. 지금쯤 그들은 다른 사람을 가르칠 수 있을 정도로 하나님의 말씀을 잘 이해했어야 한다. 그런데 도리어 그들은 단순한 알파벳을 가르쳐줄 누군가를 필요로 한다. 그들은 단단한 음식을 씹을 수 있어야 했지만, 하나님의 말씀을 삶에 적용하는 훈련을 통해 주어지는 분별력이 부족하여 겨우 우유만 소화할 수 있다. 그들은 (문자적으로) "그리스도의 도의 초보"[톤 테스 아르케스 투 크리

스투 로곤(*ton tēs archēs tou Christou logon*), 히 6:1]에 속한 기초적인 구약 교리와 관행에 계속 붙잡혀 있다. 이런 초보적인 요소들은 그리스도 및 그분의 사역과 관련이 있지만, 청중들은 하나님이 아들을 통해 말씀하시는 "마지막 날들"의 상황 속에서 그것들을 충분히 이해할 수 있도록 분별력을 갖추었어야 한다. 따라서 히브리서 설교자는 청중들에게 성숙을 향해 앞으로 나아가라고 호소한다. 그리고 하나님께서 그들에게 능력을 주시기 때문에, 청중들을 성숙으로 인도하기를 계획한다.

단락 개요

Ⅰ. 너희의 무딘 미성숙함이 그리스도의 우월하신 제사장직에 대한 이해를 방해한다(5:11-14)

A. 너희의 무딘 귀가 핵심 진리에 대한 이해를 방해한다(5:11)

B. 믿음의 기간이 오랜 것을 고려할 때 너희의 미성숙은 용인될 수 없다(5:12a)

C. 너희의 미성숙이 영적인 소화를 제한한다(5:12b-14)

1. 너희에게는 단단한 음식이 아니라 이유식이 필요하다(5:12bc)
2. 아이들은 단단한 의의 말씀을 소화할 수 없다(5:13)
3. 성인들은 신학적이고 윤리적인 분별력을 갖고 단단한 음식을 먹는다(5:14)

Ⅱ. 우리는 기초적인 것에 머물기보다는 성숙을 향해 전진해야 한다(6:1-3)

A. 우리는 구약의 기초, 그리스도의 도의 초보에서 앞으로 나아가야 한다(6:1-2)

1. 언약적 헌신의 기초: 회개와 믿음
2. 제의적 정결의 기초: 제의적인 씻음과 안수
3. 언약적 승인의 기초: 부활과 심판

B. 우리는 하나님의 도움을 통해서만 성숙을 향해 나아갈 수 있다(6:3)

주석

5:11 멜기세덱의 반차를 따르는 예수님의 제사장직에 대한 설명은 당연히 길고 "설명하기 어[렵다]". 그 어려움은 이 주제의 복잡함이 아니라 배우는 자들의 둔함에서 비롯된다. 그들은 청각 기관이 예민하지 못하여 "듣는 것이 둔하[다]"[아코아이스(*akoais*), 참고. 막 7:35; 행 17:20]. 헬라어에는 '귀'를 가리키는 특정 단어가 있지만[우스(*ous*), 마 11:15], 여기에 사용된 단어는 하나님의 음성을 불신앙으로 듣는 것을 경계하는 시편 95편의 경고와 잘 맞는다.

히브리서 설교자는 자기가 주려고 계획한 단단한 음식을 '소화'하지 못하는 청중들의 유아 같은 무능력에 대해 그들에게 부끄러움을 주려고 한다. 하지만 그들의 무능력은 발달 지체의 경우가 아니다. 더 심각하다. 앞으로 저자는 그들이 이전의 더 건강한 영적 상태에서 퇴보하여 "둔하[게]" 되었다고 그들에게 상기시킬 것이다(히 6:9-10; 10:32-34). 외적인 박해와 그리스도의 충분하심에 대한 내적인 의혹이 합쳐지면서, 그것들이 이전의 확신과 용기를 버리고 후퇴하라고 그들을 위협하고 있다.

5:12 히브리서 설교자의 원래 청중들은 오랫동안 예수님의 제자였으므로, 그들의 미성숙은 용인될 수 없는 것이었다. 지금쯤 그들은 "선생이 되

었[어야]" 한다. 모든 그리스도인에게 영적 은사와 교회의 가르치는 직분이 주어지는 것은 아니다(고전 12:27-30; 약 3:1). 하지만 누구나 성경의 진리를 파악하고 적용하는 부분에서 성숙하여, 죄의 기만에 맞서 "매일 피차 권면[할]" 수 있어야 한다(히 3:12-13, 참고. 롬 15:14; 히 10:24-25). 교육 이미지를 확장하여, 그들은 처음으로 되돌아가야 한다. "초보"에 해당하는 헬라어 스토이케이아(stoicheia)는 언어에서 읽기를 배우는 출발점인 알파벳을 가리킬 수 있다. 그들은 마치 "읽거나 쓰지 못하여 ABC를 배움으로써 맨 처음부터 시작해야 하는 유치원의 어린아이들"과도 같다.[13] "하나님의 말씀의 초보"는 "그리스도의 도의 초보"다(히 6:1). 이 연관성이 반복되는 주요 헬라어 단어[아르케(*archē*), 로기온/로고스(*logiōn/logos*)]를 통해 드러난다. 이런 초보에는, 예수님 안에서 반드시 앞으로 나아가야만 하는 신자들의 시작점인 "터"를 형성하는 여섯 가지 특징이 포함된다(참고. 6:1-2의 주석).

5:13-14 12절 마지막에서 학교 교실에서 가정의 식사 자리로 이미지가 바뀐다. 식사 자리에서 유아들은 우유를 마시는 반면, 성인들에게는 단단한 음식이 마련되어 있다. 우유를 먹고 살아가는 "아이"는 아주 어린[네피오스(*nēpios*)], 아직 단단한 음식을 씹을 수 없는 유아다. "단단한 음식"은 만약 청중들의 영적인 무기력이 극복될 수만 있다면, 히브리서 저자가 나누어 주려고 하는 풍성한 가르침이다. 어린아이들이 '서투른' 혹은 익숙하지 않은 "의의 말씀"에는 멜기세덱의 반차를 따르는 예수님의 대제사장직이 포함된다. 하지만 여기에는 강력한 윤리적 요소도 들어 있다. 성숙한 자는 선과 악을 구분할 수 있는 도덕적 분별력을 갖고 있기 때문이다. 사도 바울은 동일한 은유를 사용하여, 뽐내는 경쟁 속에서 자신들의 유치함을 드러냈던 고린도의 그리스도인들을 꾸짖었다. "내가 너희를 젖으로 먹이고 밥으로 아니하였노니 이는 너희가 감당하지 못하였음이거니와…너희 가운

13 Philip Edgcumbe Hughes, *A Commentary on the Epistle to the Hebrews* (Grand Rapids, MI: Eerdmans, 1977), 190.

데 시기와 분쟁이 있으니 어찌 육신에 속하여 사람을 따라 행함이 아니리요"(고전 3:2-3).

세 번째 은유인 "연단"("constant practice")을 통한 육상 훈련은 분별력의 성장이 신학적 교훈을 통해서만 일어나지 않음을 보여준다. 히브리서 설교자는 히브리서 6:20("앞서 가신")과 12:1-2, 11-13에서도 육상 이미지를 언급한다(참고. 고전 9:24-27; 빌 3:13-14; 딤전 4:7-8; 딤후 2:5; 4:7). 시편 95편이 보여주었듯이, 하나님의 음성을 듣는 것은 그분의 말씀을 기꺼이 신뢰하고 적절하게 응답하는 것과 짝을 이루어야 한다. 하나님을 기쁘시게 하는 것을 선택하는 신자들의 기술은, 육상 선수의 근육처럼 순종하는 행동을 반복해서 훈련함으로써 "연단을 받[을]"[게귐나스메나(*gegymnasmena*)] 때 강하게 성장한다. "분별"[아이스테테리아(*aisthētēria*). 신약에서 여기에만 등장]은 대안적인 행동 과정의 상대적인 가치를 따져보고 우월한 것을 선택하게 해주는 정확한 현실 감각이다. 바울은 동족어를 사용하여, 지극히 선한 것을 알아보는 "분별"[아이스테시스(*aisthēsis*)]이 빌립보 그리스도인들에게 주어지도록 기도했다(빌 1:9-10).

"선악을 분별"해야 할 필요성은 아마 선악을 알게 하는 나무와 그것이 제기하는 쟁점을 암시할 것이다. 아담과 하와는 어떤 기준에 의해(누구의 말에 따라) 윤리적 결정을 내릴 것인가?(창 2:16-17; 3:1-7) 애석하게도 하와가 인정했고(창 3:13), 또한 히브리서 저자가 말했듯이(히 3:13) 죄는 기만적이다. 그럴듯하게 들리는 사탄의 거짓말을 폭로하기 위해서는 분별력이 필요하다.

6:1-2 미성숙한 청중의 한 가지 증상은 "그리스도의 도의 초보" 즉 "하나님"이 "선지자들을 통하여…우리 조상들에게 말씀하신" 바 "옛적에"(히 1:1) 속한 하나님의 계시의 양상에 심취해 있는 것이다. '메시아의 말씀의 시작'(헬라어 직역)은 "하나님의 말씀의 초보"(5:12)에 대한 또 다른 묘사다. 그리스도인들은 이 이전의 계시를 '버려야' 하지만, 그것을 가치 없는 것으로 일축할 필요는 없다. 믿음의 "터"가 이미 놓였고 다시 놓일 필요가 없기

때문이다. 오히려 우리는 이 기초적 계시로부터 성숙을 향해 진일보하여, 하나님의 이전 연설과 그것이 형성한 제도를 아들, 곧 하나님의 마지막이자 최고의 말씀에 비추어 해석해야 한다(1:2-4).

설교자는 "우리가" 성숙을 향해 "나아갈지니라"(직역하면 '옮겨지자')고 권면한다. 그가 선택한 동사[페로(*pherō*)] 및 법(명령법 역할을 하는 가정법)과 태(수동태)는 영적 성장의 역동성을 표현한다. 권고적 가정법이 전달하듯이, 신자들에게는 "거룩함을 위해 노력할" 책임이 있다(히 12:14). 그렇지만 6:3이 상기시키듯이, 우리는 성령에 의해 '옮겨지기' 때문에 우리의 수고는 하나님의 주권적인 인도와 강한 도움에 전적으로 의존한다.

신자들이 옮겨져 성숙을 향해 나아가야 하는 터는 세 개의 쌍으로 묶이는 여섯 항목으로 요약된다.

(1) 죽은 행실로부터의 회개와 하나님께 대한 믿음
(2) 씻음에 관한 교훈과 안수
(3) 죽은 자의 부활과 영원한 심판

많은 학자의 이해에 의하면, 이 여섯 가지 기초적 특징은 그리스도께 돌아온 각 사람의 최초의 회심과 일치하는 교리와 관행, 그리고 그분의 교회와 동일시함이다.

(1) 악한 행습[14]에서 돌아서서 하나님을 신뢰하는 영적인 '전향'
(막 1:15; 행 2:38; 20:21)
(2) 가시적인 제의, 곧 세례와 안수(성령을 전수하기 위한)
(행 8:17-19; 9:17; 19:6)
(3) 믿음과 불신의 대조적인 결과에 대한 가르침: 부활 혹은 심판

14 히브리서에서 "죽은 행실"(이곳과 9:14)은 "율법의 행실"(롬 3:20, 28; 갈 2:16)이 아니라, 하나님의 계명을 어겨서 마땅히 죽어야 할 악행이다.

하지만 두 번째 쌍은 기독교 회심의 요소들을 가리키는 것 같지 않다. ESV는 "세례"(baptism)가 아니라 '씻음'("washings")으로 올바르게 번역한다. 헬라어 단어 밥티스모이스(*baptismois*)는 (단수가 아니라) 복수이고, 중성[밥티스마(*baptisma*)]이 아니라 남성[밥티스모스(*baptismos*)]이기 때문이다. 중성 명사는 세례 요한에 의한, 그리고 나중에는 신자들의 세례를 가리키는 신약 용어다(막 1:4; 엡 4:5). 반면에 여기 사용된 남성 명사는 신약에서 히브리서 9:10과 마가복음 7:4에서만 다시 등장하는데, 항상 구약 및 유대교와 관련된 제의적 씻음을 가리킨다. 더군다나 최근의 회심자에게 성령을 나누어주기 위해 안수하는 것은 예외적인 경우에 해당하는 드문 현상이다(행 8:17; 9:17; 19:6). 신약(과 구약)에서 안수는 지도자를 임명할 때 등장하지만(행 6:6; 딤전 4:14; 5:22), 이 의식은 기독교 신앙에 들어가는 것과는 관련이 없다.

더 나은 접근 방법은, 이 여섯 가지 어구를 메시아와 그분의 사역의 계시를 위한 기초적인 구약의 주제들로 보는 것이다.

(1) 언약적 헌신의 핵심: 회개와 신뢰
(2) 언약적 교제를 위한 제의적 정결: 씻음(히 9:10)과 안수(희생 제물 위에 손을 얹어 예배자의 죄책이 대속물에게 옮겨지는 것을 상징, 9:7, 11-14; 레 8:14-22; 16:21-22)
(3) 복과 저주라는 언약적 상벌: 부활과 영원한 심판

우리가 "그리스도의 도의 초보"에 대해 어떤 견해를 취하든, 첫 번째와 세 번째 짝의 내용은 중요한 차이가 없다. 그런데 이 여섯 가지 모든 특징을 구약적 기초라는 양상으로 해석한다면 두 번째 짝을, 그리고 이 목록과 히브리서의 구속사적 관점의 관계를 더 잘 이해할 수 있다.

6:3 히브리서 설교자는 청중들을 과거의 토대로부터 예수님 안에서 이루어진 성취로, 이제 폐기된 시내산 언약으로부터 예레미야를 통해 약속되었고 예수님에 의해 중재된 새롭고 더 좋은 언약으로 인도하려고 계획

한다(8:5-13). 하지만 청중들은 "하나님께서 허락[하실]" 때에만 설교자가 나누어주는 복음을 파악할 것이다. 설교자는 1절의 신적 수동태("let us be carried")에 암시되어 있는 바를 명확히 드러낸다. 곧 그들은 하나님의 은혜에 의지해 앞으로 '나아가야' 한다. 성숙을 향해 영적 성장을 추구할 때, (여기에 필요한) 우리의 노력은 겸손히 하나님의 강한 능력에 의지해야 한다(빌 1:6; 2:12-13; 살전 5:23-24).

응답

우리는 예수님의 대제사장 사역에 대한 언급에 감질을 느꼈겠지만(2:17-3:1; 4:14-5:10), 히브리서 저자는 긴급한 권면을 내놓기 위해 그 주제에 대한 상세한 설명을 뒤로 미룬다. 이 권면은 다음과 같은 호소로 시작된다. 성장하라, 하나님의 말씀에 대한 이해를 방해하고 구약성경의 ABC가 그리스도 안에서 어떻게 성취되는지에 관한 우리의 인식을 흐려놓는 영적 둔감함으로부터 스스로 깨어나라. 그런데 우리가 "단단한 음식"을 삼키고, 소화하고, 거기서 영양분을 얻기 위해 필요로 하는 성숙은 단순히 신학적 깨달음만이 아니다. 훈련 중인 육상 선수처럼 우리는 거듭 반복해서 악보다 선을 선택하고, 불신앙보다 믿음을 선택하는 끊임없는 연습을 통해 우리의 의지를 훈련해야 한다. 분별력을 형성하는 훈련 곳곳에서 우리는 "하나님이 허락[하실]" 때에만 성장할 수 있다는 것을 알고 있다. 그래서 우리는 거룩함을 위해 분투할 때 우리에게 적절한 도움을 주시는 그분의 은혜에 기대어 겸손히 의존하는 가운데 나아간다.

4 한 번 빛을 받고 하늘의 은사를 맛보고 성령에 참여한 바 되고 5 하나
님의 [1]선한 말씀과 내세의 능력을 맛보고도 6 타락한 자들은 다시 새
롭게 하여 회개하게 할 수 없나니 이는 그들이 하나님의 아들을 다시
십자가에 못 박아 드러내 놓고 욕되게 함이라 7 땅이 그 위에 자주 내
리는 비를 흡수하여 밭가는 자들이 쓰기에 합당한 채소를 내면 하나
님께 복을 받고 8 만일 가시와 엉겅퀴를 내면 버림을 당하고 저주함에
가까워 그 마지막은 불사름이 되리라

4 For it is impossible, in the case of those who have once been
enlightened, who have tasted the heavenly gift, and have shared in the
Holy Spirit, 5 and have tasted the goodness of the word of God and the
powers of the age to come, 6 and then have fallen away, to restore them
again to repentance, since they are crucifying once again the Son of
God to their own harm and holding him up to contempt. 7 For land that
has drunk the rain that often falls on it, and produces a crop useful to
those for whose sake it is cultivated, receives a blessing from God. 8 But
if it bears thorns and thistles, it is worthless and near to being cursed,
and its end is to be burned.

[9] 사랑하는 자들아 우리가 이같이 말하나 너희에게는 이보다 더 좋은
것 곧 구원에 속한 것이 있음을 확신하노라 [10] 하나님은 불의하지 아
니하사 너희 행위와 그의 이름을 위하여 나타낸 사랑으로 이미 성도
를 섬긴 것과 이제도 섬기고 있는 것을 잊어버리지 아니하시느니라
[11] 우리가 간절히 원하는 것은 너희 각 사람이 동일한 부지런함을 나
타내어 끝까지 소망의 풍성함에 이르러 [12] 게으르지 아니하고 믿음과
오래 참음으로 말미암아 약속들을 기업으로 받는 자들을 본받는 자
되게 하려는 것이니라
[9] Though we speak in this way, yet in your case, beloved, we feel sure
of better things—things that belong to salvation. [10] For God is not
unjust so as to overlook your work and the love that you have shown
for his name in serving the saints, as you still do. [11] And we desire each
one of you to show the same earnestness to have the full assurance of
hope until the end, [12] so that you may not be sluggish, but imitators of
those who through faith and patience inherit the promises.

1) 또는 말씀의 선하심과

6장

단락 개관

배교에 대한 경고와 위안을 주는 확신

이 매서운 경고는 이 설교 편지 전체에서 가장 까다로운 본문으로, 과거에 고백했던 그리스도를 믿는 믿음을 저버리는 배교는 돌이킬 수 없다는 엄숙한 선언을 담고 있다(히브리서 10:26-31의 병행 본문도 배교는 돌이킬 수 없다는

똑같이 두려운 진리를 전한다. "다시 속죄하는 제사가 없고 오직 무서운 마음으로 심판을 기다리는 것…만 있으리라", 10:26-27).

신학적으로 이 본문은 위안을 주는 다른 신약 본문의 가르침에 의문을 제기하는 듯 보인다. 예수님은 자기 양에게 영원한 생명을 주시고, 누구도 "그들을 내 손에서 빼앗을 자가 없느니라"(요 10:28)고 하셨다. 하나님은 의롭다고 칭하시는 모든 이를 결국 친히 영화롭게 하실 것이다(롬 8:30). 또한 이 설교 편지는 예수님이 "자기를 힘입어 하나님께 나아가는 자들을 온전히 구원하실 수 있[다]"(히 7:25)라고 말한다. 하나님의 주권적인 은혜가 인간의 선택의 자유보다 훨씬 강하다고 믿는 이들은 여기서 자신들의 확신이 도전을 받는 것을 본다. 하지만 이 본문은 우리의 선택이 구원에서 결정적 요소라고 믿는 이들에게도 도전을 제기한다. 하나님의 아들과 그분의 하늘의 혜택을 저버리는 결정이 '결코 뒤집힐 수 없다'고 단언하기 때문이다.

히브리서 설교자는 시편 95:7-11을 적용하면서, 이스라엘의 광야 경험을 그리스도의 교회의 현재 순례길의 전형(paradigm)으로 제시했다(히 3:7-4:13). 하나님의 음성을 듣고 그분의 일하심을 보는 것은 큰 특권이었지만, 믿음으로 응답하지 못한 이스라엘 백성들에게는 결코 구원의 혜택을 가져다주지 못했다. 뿐만 아니라 하나님은 아들의 "집"인 새 언약 공동체 위에 하늘의 혜택을 아낌없이 부어주셨다(3:6). 하지만 인내하는 믿음이 부족하여 하나님의 아들에 대한 충성을 포기하는 이 가시적 교회의 구성원들은 영원한 복을 전혀 받지 못하고 더 심각한 저주만 받을 것이다.

히브리서는 우리가 제한적인 시각으로 바라보는 교회 구성원과, 살아 있고 영속적인 믿음으로 그리스도와 연합되었다고 하나님이 알고 계신 이들(참고. 딤후 2:19)을 구별한다. 마찬가지로, 하나님의 언약 공동체(고대 이스라엘이든 새 언약의 교회든) 안에 참여하는 일시적이고 외적인 혜택과, 그리스도를 믿는 살아 있고 영속적인 믿음을 통해 받은 영원하고 내적인 구원 사이의 구별을 암시한다.

이 경고는 오만한 이들에게 도전을 제기하기 위한 것이지만, 또한 진지한 신자들의 민감한 양심을 두렵고 불안하게 만들 수 있다. 이런 위험을 인식한 저자는 즉각 하나님의 말씀과 성령께서 이전에 그들의 삶에서 맺으신 선한 열매의 증거를 상기시킴으로써 청중들에게 확신을 심어준다 (히 6:9-12).

단락 개요

Ⅰ. 경고: 하늘의 복을 의도적으로 저버린 배교는 돌이킬 수 없다 (6:4-6)

A. 하늘의 복(6:4-5)

B. 의도적인 배교(6:6)

Ⅱ. 상반된 두 비유: 농지의 미래는 강우에 어떻게 응답하느냐에 좌우된다(6:7-8)

A. 강우를 받아들여 유용한 곡물을 낳는 땅은 하나님의 복을 누린다(6:7)

B. 강우를 받아들여 무익한 잡초를 낳는 땅은 하나님의 저주를 받아 마땅하다(6:8)

Ⅲ. 확신: 너희가 믿음으로 인내한다면, 영적인 특권에 대한 너희의 응답은 열매를 맺고, 구원의 소망을 준다(6:9-12)

A. 우리는 너희에 대해 (방금 전 언급된 저주보다) 더 좋은 것을 확신하고 있다(6:9)

B. 하나님은 구원에 어울리는 너희의 행동을 기억하신다(6:10)

C. 하지만 (너희가 처음에 그랬듯이) 담대한 소망을 끝까지 보여라 (6:11-12)

주석

6:4-5 "할 수 없나니"("impossible")가 우리의 시선을 사로잡으면서, 세 절 길이의 헬라어 문장 하나가 갑작스럽게 시작된다. 그 뒤에 저자는 "할 수 없[는]" 것이 정확히 무엇인지 6절 중간까지 미룸으로써 긴장을 유발한다(4-6절의 구문 구조는 개역개정과 ESV가 다르다). 마침내 저자는 "타락한" 자들은 "다시 새롭게 하여 회개하게 할" 수 없다고 말한다. 하지만 돌이키는 지점이 전혀 없는 영적 반역에 대해 엄숙한 판결을 선언하기에 앞서, 저자는 이런 배교의 중대성을 더욱 심각하게 만드는 하나님의 자비로운 선물들을 차례대로 열거한다. 저자는 개인 간의 대화에 해당하는 1인칭과 2인칭 대명사("우리"와 "너희", 5:11, 12; 6:1, 3)에서 설명적인 3인칭 대명사("~한 자들", "그들")로 주어를 바꾼다. 그는 청중들이 영적으로 절대 돌이킬 수 없는 지점을 지나쳐서 저주와 유죄 선고 상태에 들어갔다고 꾸짖지 않기 때문이다(6:8). 그런데 한때 배교자들이 누렸던 특권, 하나님의 아들을 믿는 신뢰에서 멀어진 그들의 끔찍한 악, 그리고 회복 불가능한 그들의 몰락은 미성숙한 상태에 있는 원래의 청중들은 물론이고 끝까지 인내하라는 자극이 필요한 모든 사람과 무관하지 않다.

"한 번 빛을 받고"[하팍스 포티스텐타스(*hapax phōtisthentas*)], "맛보고"[규사메누스(*geusamenous*)], "되고"[게네텐타스(*genēthentas*)], 그리고 다시 "맛보고"(규사메누스)라는 네 개의 헬라어 분사는 가시적인 교회의 구성원들이 누렸던 영적인 특권을 소개한다. 사도들을 통해 구원의 복음(3:7; 4:2)을 전하는 하나님의 음성을 들었을 때(2:3-4), 그들은 "한 번 빛을 받[았다]"(6:4). 순교자 저스틴과 후대 교부들의 저작에서, '빛을 받음'은 세례를 가리키는 은유가 되었다. 하지만 신약에서 포티조(*phōtizō*)의 용례 가운데 어떤 것도 명시적으로 세례를 가리키지 않는다(눅 11:36; 요 1:9; 고전 4:5; 엡 1:18; 3:9; 딤후 1:10; 계 18:1; 21:23; 22:5). 도리어 "빛을 받[은]" 이들은 선포된 복음을 들음으로써 하나님의 구원의 빛에 노출된 이들인 것 같다.

다른 분사 구문은 은혜의 주요 수단, 사도의 말씀, 사도들의 증언을 확증했던 성령의 기적적인 행동에 초점을 맞춘다. 사도의 말씀과 성령의 확증하는 증거가 두 번 짝을 이루는데, 첫 번째는 일반적이고 그 다음은 훨씬 구체적이다.

(A) 하늘의 은사를 맛보고
(B) 성령에 참여한 바 되고
(A′) 하나님의 선한 말씀과 (맛보고)
(B′) 내세의 능력을

"하늘의 은사"("heavenly gift")가 하나님이 은혜를 통해 수여하시는 구원 전체를 가리킬 수도 있지만, '맛보다'의 반복은 하늘에서 내려온 은사가 구체적으로 "하나님의 선한 말씀"임을 시사한다. 히브리서 12:25에 지상에서(시내산에서) 이스라엘에게 말씀하는 하나님의 음성은 지금 하늘에서 새 언약 교회에게 하시는 말씀과 대조를 이룰 것이다. 따라서 하나님의 선한 말씀은 그리스도의 메신저를 통해 하늘로부터 지금 오고 있는 선물이다.

사도들의 말씀 증거에 동반되었던 것은 "표적들과 기사들과 여러 가지 능력과 및…성령이 나누어 주신 것"이었다(2:4). 2:4에서 "능력"으로 번역된 단어 뒤나메이스(복수 형태)가 여기서 다시 등장하고, 두 본문 모두에서 이런 기적/능력은 성령과 연결된다(참고. 행 2:17-19; 4:29-31; 10:38). 성령과 기적의 연결은 성령이 인간의 마음 안에서 행하시는 은밀한 중생 사역이 아니라, 기독교 공동체 안에서 행하시는 공적인 활동을 염두에 두고 계심을 시사한다. "성령에 참여한바 되고"로 번역된 헬라어 구문은 문자적으로 '성령의 메토코이(동료들)가 되었다'는 뜻이다. 히브리서 1:9과 3:14에서 메시아의 "동류들"처럼, 배교자들은 성령께서 기적을 통해 복음을 증언하셨던 기독교 공동체의 구성원으로서 성령의 동료들이 되었다. 아마 유다가 그랬듯이, 그들은 마음으로는 하나님께로부터 분리되어 있었는데도 직접 그런 능력의 행동을 실행했을 것이다(마 10:1-8, 참고. 마 7:21-23).

6:6 "[그 뒤에] **타락한**"("and then have fallen away")은 6:4-5 주석에서 우리가 살펴본 일련의 분사 중 마지막 분사를 올바르게 번역한 것이다. 일부 영어 번역본은 '만약 그들이 타락한다면'으로 번역하는데 이로 인해 이전에 복을 경험했던 사람들이 배교에 빠지는 타락이 결코 실제적인 것이 아니라 순전히 가설적인 것일 수 있다고 해석할 수 있게 만든다. 하지만 회개가 불가능한 의도적인 배교의 위험은 실제적이다. 어느 누구도 그리스도께서 영원한 생명을 주신 이들을 그분의 손에서 앗아갈 수 없다는 것은 여전히 참되다(요 10:29-30). 하지만 우리는 새로운 언약 회중의 일원이 되어 하나님의 말씀을 듣고 성령의 사역을 보면서도, 여전히 일부 이스라엘 백성들이 그랬던 것처럼 하나님의 음성을 거슬러 마음을 완고하게 할 수 있다(히 3:1-4:13, 참고. 행 8:13, 18-24; 벧후 2:1; 유 1:4).

히브리서 저자는 오늘날의 목회자들과 달리, 다른 사람의 마음을 들여다본다고 주장하지 않는다. 오히려 그는 관찰 가능한 신앙 고백과 행동을 염두에 두고 청중들에게 얘기하면서, 겉모습은 결국에 기만적인 것으로 판명날 수 있음을 인정한다. "저자는 신자들로 이루어진 공동체 전체에게 얘기하지만, 자신에게는 전지적인 지식이 없음을 내비친다. 어떤 사람이 교회에 함께 함으로 인해 참된 신자처럼 보인다 하더라도, 그렇지 않을 수 있다"(3:6, 14; 4:1-2; 6:11).[15] 7-8절의 농사 비유는 외적으로 경험된 복과 내적인 마음의 응답 사이의 차이를 예시한다.

유다의 배반과 유사한 이런 확고한 거역의 심각성은 배교자들의 마음을 회개의 가능성 너머에 두는 이유를 설명해준다. 거역하는 자들에게 주권적으로 회개를 허락하시는 하나님(행 3:26; 11:18)은 고의로 떠나버린 이들이 돌아오는 데에 (가급적) 개입하지 않으실 것이다. 이런 배교자는 하나님의 아들을 십자가에 못 박고 멸시했던 이들과 자신을 동일시했다(히 12:2-3; 13:13, 참고. 마 27:39-44). 이곳과 10:29에서 히브리서 저자는 예수님

15 George H. Guthrie, *Hebrews*, NIVAC (Grand Rapids, MI: Zondervan, 1998), 229.

을 "하나님의 아들"이라고 지칭하면서, 도입부에서 선언한 그분의 신적인 영광을 상기시킨다(히 1:1-4). 예수님의 위엄은 그분에 대한 충성을 포기하고 적들의 편에 서는 끔찍한 악을 부각시킨다.

6:7-8 하늘의 비에 응답하여 다양한 곡물을 생산하는 농지와 밭에 관한 짤막한 비유는 구약과 예수님의 가르침에서 그 이미지를 가져온다. 구약 선지자들은 하나님의 말씀과 성령을 메마른 땅 위에 떨어져 열매를 맺게 하는 강수에 비유했다(사 44:3-4; 55:10-11). 그들은 이스라엘이 하나님의 경작에 대한 응답으로 쓸모없는 열매를 맺는 포도원이라고 지적했다(사 5:1-10; 렘 2:21; 겔 19:10-14). 이스라엘의 반역은 아담의 원죄 이후 저주받은 땅에서 자라난 "가시와 찔레" 같았다(호 10:1-8; 참고. 창 3:17-18). 예수님의 씨 뿌리는 자의 비유는 그분이 전파하고 있던 말씀에 대한 응답을 기준으로 청중들을 분류했다. 청중들은 반응하지 않거나, 처음에 관심을 보이다가 박해와 산만함으로 인해 시들어버리거나, 혹은 인내하여 열매를 맺는다(마 13:3-8, 18-23).

불에 의한 파괴라는 단호한 위협(히 6:8, 참고. 신 29:22-24)은 배교자들을 기다리고 있는 언약의 저주를 극적으로 표현한다. 하지만 주님이 자신에 대한 반응에 따른 복이나 저주의 선택을 이스라엘 앞에 제시하셨듯이(신 11:13-17, 26-29; 28:4, 11-12, 16-18, 23-24), 하나님은 경작자가 "쓰기에 합당한 채소를 내[는]" 땅을 닮은 이들에게 복을 약속하신다(히 6:7). 히브리서 저자는 청중들이 (대체로) 이 묘사에 들어맞는다고 확신하고 있다.

6:9-10 히브리서 저자는 목양적 지혜를 갖고, "사랑하는" 청중들에게 배반자들을 저주하는 무서운 선언과 확신의 말씀을 나란히 제시한다. 저자의 목적은 경고의 날을 무디게 하는 것이 아니라 믿음 안에서 그들의 불굴의 인내를 다독이는 것이며, 이를 위해 그는 하나님이 그들 안에서 역사하셨던 이전의 증거를 활용한다. 히브리서 설교자는 그들이 더 나은 구원의 결과에 걸맞은 유용한 열매를 맺고 있다고 확신하고 있다(1:14; 2:10; 5:9).

그의 확신은 하나님의 신실하심에 근거한다. 하나님은 자기 이름을 위한 종들의 수고와 사랑을 잊거나 경시함으로써 그들을 푸대접하지 않으실 것이다. 하나님, 다시 말해 자신을 계시하신 하나님(2:12; 13:5)의 이름을 위한 그들의 사랑은, 그들이 과거와 현재에 성도들을 위해 행한 섬김이라는 행동으로 "나타[났다]"[엔데이크뉘미(*endeiknymi*)]. 이런 섬김에는 갇힌 자들을 포함하여 믿음을 지키기 위한 굴욕과 고통을 견디는 이들에 대한 자발적인 동일시가 포함되었다(10:32-34).

6:11-12 히브리서 저자는 하나님이 그들의 수고와 사랑을 아신다고 회중 전체에게 확신시킨 뒤, "각 사람"에게 마지막 도전을 제시한다. 일반적으로 건강한 회중 안에는 "믿지 아니하는 악한 마음을"(3:12) 숨긴 채 하나님의 안식(4:1)과 은혜(12:12-15)에 이르지 못하는 위험에 처한 사람이 있을 수 있다. 따라서 히브리서 저자는 다음과 같은 강한 열망을 드러낸다. 곧 "너희 각 사람"이 그리스도 안의 삶을 시작할 때 돋보였던 "동일한 부지런함"[스푸데(*spoudē*), 불굴의 행동]을 신실한 행동을 통해 "나타내[고]"(다시 엔데이크뉘미), 각자 온 힘을 다해 "끝까지"(3:14의 반복) 인내하는 것이다. 이런 인내는 자립적인 의지력이 아니라, "믿음의 주요 또 온전하게 하시는 이인 예수를 바라보[고]"(12:2) "깊이 생각[할]"(3:1) 때 나오는 "소망의 풍성함"에 의해 유지된다.

영적인 둔함[노트로이(*nōthroi*), 이 단락을 시작한 단어, 5:11]에 대한 적극적인 대안은, 믿음과 인내로 우리의 선구자를 본받는 자가 되는 것이다. 그분이 하나님의 약속을 믿는 신뢰는 그들의 소망이 성취되는 것으로 보상받았다. 이러한 인내하는 신뢰의 본보기에는 회중의 최초 지도자들(13:7), 그리고 아직 보지 못한 일들에 대한 하나님의 말씀에 응답하여 행동했던 구약 역사 전체의 '구름 같이 허다한 증인들'이(11:4-40) 포함된다. 히브리서 설교자는 이제 아브라함의 오래 참은 믿음과 하나님의 맹세가 결속된 약속으로 우리의 시선을 돌릴 것이다(6:13-20).

응답

히브리서 설교자는 돌이킬 수 없는 배교의 무서운 가능성 및 마음을 변화시키고 사랑을 낳는 하나님의 은혜에 관한 든든한 증거에 대해 우리가 보여야만 하는 응답을 꾸밈없이 진술한다. 언약의 주님은 옛적 이스라엘에게처럼 새 언약의 그리스도인들 앞에도 복과 저주라는 상반된 결과를 두셨다. 그 결과는 회중 위에 신선한 비처럼 떨어지는 하나님의 말씀과 성령에 대한 상반된 응답에서 비롯된다. 우리는 우리 자신과 서로를 위해, 무력한 들음과 하나님의 말씀을 '소화'하지 못하는 유아기의 무능에서 시작되고(5:11-6:3) 이어서 하나님의 아들에 대한 의도적인 거부로 나아가며(6:4-6), 저주받은 맹렬한 파괴로 끝나는(6:8) 과정을 인식해야 한다.

다른 한편, 우리는 하나님께서 어떻게 섬김을 통해 입증된 실제적인 사랑으로 우리의 마음을 그분 자신과 성도들을 향하게 하셨는지를 기억해야 한다(또한 하나님은 결코 잊지 않으신다). 우리의 과거와 현재의 경험에 있는 이러한 하나님의 은혜의 흔적은, 그분의 틀림없는 약속에 대한 확실한 소망을 굳건히 하고 종착점까지 믿음의 경주를 달려갈 힘을 공급해주어야 한다. 이렇듯 돌이킬 수 없는 배교라는 무서운 그림은 어떤 사람이 영적으로 돌아올 수 없는 지점을 넘었는지 여부를 발견하려고 애쓰거나, 그리스도에게서 떠나간 이들을 회복시키려는 우리의 노력을 꺾도록 부추기기 위해 주어진 것이 아니다(마 18:10-14). 오히려 그 목적은 우리 자신과 서로를 위해, 무엇이든 그런 치명적인 낭떠러지로 향하는 모든 움직임을 경계하도록 경고하는 것이다.

13 하나님이 아브라함에게 약속하실 때에 가리켜 맹세할 자가 자기보
다 더 큰 이가 없으므로 자기를 가리켜 맹세하여 14 이르시되 내가 반
드시 너에게 복 주고 복 주며 너를 번성하게 하고 번성하게 하리라 하
셨더니 15 그가 이같이 오래 참아 약속을 받았느니라 16 사람들은 자기
보다 더 큰 자를 가리켜 맹세하나니 맹세는 그들이 다투는 모든 일의
최후 확정이니라 17 하나님은 약속을 기업으로 받는 자들에게 그 뜻이
변하지 아니함을 충분히 나타내시려고 그 일을 맹세로 보증하셨나니
18 이는 하나님이 거짓말을 하실 수 없는 이 두 가지 변하지 못할 사실
로 말미암아 앞에 있는 소망을 얻으려고 피난처를 찾은 우리에게 큰
안위를 받게 하려 하심이라 19 우리가 이 소망을 가지고 있는 것은 영
혼의 닻 같아서 튼튼하고 견고하여 휘장 안에 들어가나니 20 그리로
앞서 가신 예수께서 멜기세덱의 반차를 따라 영원히 대제사장이 되어
우리를 위하여 들어가셨느니라

13 For when God made a promise to Abraham, since he had no one
greater by whom to swear, he swore by himself, 14 saying, "Surely I will
bless you and multiply you." 15 And thus Abraham,[1] having patiently

waited, obtained the promise. 16 For people swear by something greater than themselves, and in all their disputes an oath is final for confirmation. 17 So when God desired to show more convincingly to the heirs of the promise the unchangeable character of his purpose, he guaranteed it with an oath, 18 so that by two unchangeable things, in which it is impossible for God to lie, we who have fled for refuge might have strong encouragement to hold fast to the hope set before us. 19 We have this as a sure and steadfast anchor of the soul, a hope that enters into the inner place behind the curtain, 20 where Jesus has gone as a forerunner on our behalf, having become a high priest forever after the order of Melchizedek.

1 Greek *he*

단락 개관

하나님의 확실한 약속의 보증

청중들을 향해 "믿음과 오래 참음으로 말미암아 약속들을 기업으로 받는 자들을" 본받으라고 촉구한(히 6:12) 히브리서 설교자는, 이제 본받을 가치가 있는 믿음의 사람들 가운데 하나인 아브라함의 경험을 인용한다. 설교자의 목적은 하나님이 약속을 지키실 것을 신뢰할 수 있다고 우리를 설득하는 것이다. 11장에서는 더 많은 "증인들"(12:1)이 하나님의 신실하심을 증언하기 위해 구약 역사에서 소환될 것이다. 자기 아들인 이삭을 기꺼이 희생하려는 아브라함의 신뢰와 순종에 대한 응답으로, 하나님은 아브라함에게 복을 주셨을 뿐만 아니라 맹세를 통해 그 약속을 보증하셨다(창 22:16-17). 그 맹세를 통해, 하나님은 자신을 거명하면서(자기보다 더 위대한 존재는 없기 때문에) 어떤 약속 위반이 생길 경우 죽음의 형벌을 가하겠다며(자기 자신에게!) 자신의 서약을 보완하셨다. 이런 경우에 그러한 맹세의 위반은 불가능했다. 하나님은 거짓말하거나 죽으실 수 없기 때문이다.

예수님을 믿는 신자들은 "아브라함의 자손"이기 때문에(히 2:16), 아브라함과 더불어 "약속을 기업으로 받는 자들"("heirs of the promise")이다. 더 나아가 이제 우리는 하나님께서 예수님을 멜기세덱의 반차를 따르는 영원한 제사장으로 임명하심으로써 두 번째 맹세(5:6; 7:20-22, 28)를 성취하신 것을 보았다. 이로써 우리는 하나님께서 자신의 말씀에 성실하심을 보증하셨던 두 가지 변치 않는 토대를 의지한다(6:17-18). 이 권면 단락(5:11-6:20)은 5:6-10에서 소개된 주제가 재개되면서 마무리된다. 곧 "멜기세덱의 반차를 따[르는]" 예수님의 제사장직이다. 히브리서의 중심 요점(참고. 8:1)인 이 제사장직에 대한 상세한 설명이 5:11에서는 뒤로 미루어졌었다. 하지만 이 권면을 완성하면서, 히브리서 설교자는 제사장이 되실 수 있는 예수님의 우월하신 자격(7:1-28)과 더불어 "휘장 안"("the inner place behind the curtain")에서 수행하시는 우월하신 제사장 사역(6:19; 8:1-10:31)에 대해 깊이 논할 준비를 갖춘다.

단락 개요

Ⅰ. 아브라함에게 복을 주시겠다는 맹세가 결속된 하나님의 약속 (6:13-16)

A. 하나님은 자신의 약속의 증인과 집행자로 자신을 언급하셨다(6:13-14)

B. 아브라함은 끈기 있게 기다렸고 하나님의 약속의 성취를 얻었다(6:15)

C. 맹세는 약속을 강조하기 위해 더 큰 능력을 언급한다(6:16)

Ⅱ. 약속의 상속자들인 우리에게 주신 맹세가 결속된 하나님의 약속 (6:17-20)

A. 하나님은 우리에게 주신 약속에 맹세를 덧붙이심으로써, 자신의 변하지 않는 말씀을 자신의 변하지 않는 생명으로 보증하셨다(6:17-18a)

B. 하나님은 우리 앞에 놓인 소망을 붙잡으라고 강하게 권면하신다(6:18b-20)

1. 이 소망은 확고하고 믿을만한 우리 영혼의 닻이다(6:18b-19a)
2. 우리 앞서 가신 예수님이 멜기세덱의 반차를 따르는 대제사장으로 들어가셨기 때문에, 이 소망은 하나님의 하늘 성소 안에 들어간다(6:19b-20)

주석

6:13-14, 16 '오래 참는 믿음'(15절), '기업'(17절), '약속'(13, 15, 17절)이라는 주제의 반복이 시사하는 바는, 이 문단이 성취가 오래 지연되었을 때에도(12절) 하나님의 약속을 신뢰했던 이들을 본받으라는 권면의 토대를 제시한다는 점이다.

아브라함은 하나님의 약속을 받은 구약의 원조격 인물이었다(7:6; 11:17). 하나님은 아브라함에게 복을 주겠다고, 그의 자손들이 많아지게 하겠다고, 본향을 허락하겠다고, 그리고 그를 다른 백성들의 복으로 만들겠다고 약속하셨다(창 12:1-3; 15:5-7). 하나님이 "자기를 가리켜" 하신 맹세는 아브라함이 이삭을 기꺼이 희생할 수 있음을 스스로 입증함으로써 믿음의 시험을 이겨낸 뒤에 주어졌다. 이삭은 하나님께서 그를 통해 아브라함의 자손들이 많아지게 하겠다고 약속하신 아들이었다(창 22:16-17).

아브라함에게 복을 주고 자손들이 많아지게 하겠다고 하나님께서 친히 약속하신 맹세가 이제 히브리서 이 단락의 주요 주제로 등장한다. 구약은 하나님이 맹세를 통해 자신의 약속을 보장하셨던 경우를 기술한다(출 13:5; 32:13; 신 1:8; 사 45:23; 렘 22:5; 49:13, 참고. 눅 1:73; 행 2:30). 히브리서는 다른 곳에서 두 개의 다른 하나님의 맹세를 언급하는 구약 본문을 논하는데, 하나는 소극적인 맹세이고 다른 하나는 적극적인 맹세다. 소극적인 맹세로 시편 95:11은 하나님이 가데스에서 하신 맹세에 관해 말하는데, 이는 믿지 못하는 이스라엘 백성의 세대가 하나님의 안식에 들어가지 못하리라는 것이다(히 3:11, 18; 4:3, 참고. 민 14:21-23). 적극적인 맹세로, 주님은 자기 우편에 앉은 왕이 멜기세덱의 반차를 따르는 영원한 제사장이라고 맹세하셨다(시 110:1, 4). 이는 대제사장이신 예수님의 직분의 영원성을 확립하는 철회할 수 없는 서약이다(히 7:20-22, 28).

고대에 맹세는 진술의 진실성이나 약속에 담긴 서약을 증언하고, 또한 증인이 위증하거나 약속을 맺은 자가 철저히 이행하지 않을 때 징벌을 가할 "더 큰 자"(6:16, 대개 신)에게 호소하는 것이었다. "그리스-로마 세계에서 맹세는 신의 이름 또는 왕, 황제의 비범함이나 황제 자신의 이름으로 이루어졌다. 맹세한 사람들은 자신들의 서약이 거짓으로 밝혀질 경우, 신이나 황제의 심판을 달게 받았다."[16] 맹세하는 것은 자신의 생명으로 자신의 말을 확정하는 것이었다. 마찬가지로 언약 비준 의식에서 살해된 동물은 만일 한쪽이 언약을 파기할 경우 받게 될 저주받은 죽음을 상징했다(창 15:9-21; 출 24:3-8; 렘 34:15-20, 참고. 히 9:15 주석; 9:16-17 주석; 9:18-20 주석).

이스라엘은 주님의 전지하신 지식과 정의, 맺어진 서약을 성실하게 지키시는 능력을 존중하면서 오직 주님의 이름으로 맹세해야 했다(신 5:11; 6:13; 10:20; 참고. 창 31:50; 삼상 20:12). 마찬가지로, 바울은 자기 진술의 진실성에 대한 증인으로 하나님을 언급했다(롬 1:9; 9:1; 빌 1:8). 맹세는 인간 쌍방의 의무를 확인하고 이로써 상대방과의 논쟁을 끝내는, 법적 거래에서 제3자(증인인 동시에 집행자)의 역할을 하도록 주님을 언급했다.[17] 히브리서 설교자는 다시 사소한 것에서 중요한 것으로 가는 논리를 세운다. 만약 더 우월한 능력을 증인과 집행자로 삼은 인간의 맹세가 논란을 끝낼 만큼 신뢰할만한 것이라면, 우리는 하나님이 "자기를 가리켜" 하신 맹세가 결속된 약속을 얼마나 더욱 신뢰할 수 있겠는가! 하나님의 서약을 증거하고 집행할 더 큰 인물은 전혀 존재하지 않는다.

6:15 아브라함은 끈기 있게 기다렸던 까닭에, 그에게 복을 주고 자손들이 많아지게 하겠다는 하나님의 "약속을 받았[다]." 아브라함은 하나님의 약속의 말씀을 들었을 뿐만 아니라, 실제로 하나님의 약속의 성취를 얻었다. 그는 "믿음과 오래 참음으로 말미암아 약속들을 기업으로 받는"(6:12) 자들 중에 있었다. 마찬가지로, 구약의 많은 신자도 "약속을 받

16 O'Brien, *Hebrews*, 237, 다음을 인용한 것, C. R. Koester, *Hebrews* (New York: Doubleday, 2001), 326.

17 17절의 "보증하셨나니"에는 동사 메시튜오(*mesiteuō*, '중재하다')가 사용된다. 아마도 여기에는, 만일 어떤 사람의 동물이 이웃에게 맡겨진 중에 죽는다면, '두 사람 사이에'[칠십인역은 아나 메손 암포테론(*ana meson amphoterōn*)] 맡은 자가 이웃의 것에 손을 대지 않았다고 여호와께 '맹세'해야 한다고 진술하는 출애굽기 22:10-12이 반영되어 있을 것이다.

[왔다]"("obtained promises", 11:33). 그런데 히브리서는 또한 아브라함과 다른 족장들이 "믿음을 따라 죽었으며 약속을 받지[receive] 못하였[다]"고(11:13), 또한 구약 신자들 전체가 "약속된 것을 받지 못하였[다]"고 진술한다(11:39). 어떤 의미에서 아브라함은 하나님이 약속하신 바를 아직 받지(receive) 못했으나 얻었다(obtain)고 할 수 있는가? 아브라함은 '이미 죽은 것과 같은' 부모로부터 "자손이라 칭할" 아들이 태어나기를 백 년 동안 기다렸다(11:18; 창 21:12). 오랜 세월이 지난 뒤 모리아 산에서 주님이 이삭 대신 죽을 양을 주셨을 때(창 22:1-19), 아브라함은 "비유"적으로 말해서 유일한 약속의 아들을 죽은 자들로부터 돌려받았다(히 11:19). 잉태 과정에서 그리고 다시 모리아 산에서, 이삭의 이중적인 '부활'은 아브라함의 자손들을 헤아릴 수 없이 많게 하겠다는 하나님의 약속을 성취하기 시작했다.

6:17-18 아브라함에게 주어진 하나님의 맹세가 결속된 약속은 아브라함만을 위한 것이 아니었다. 이 약속은 1세기 히브리계 그리스도인들을 포함하여 "약속을 기업으로 받는" 모든 자에게 확신을 주어, "피난처를 찾은 '우리'에게 큰 안위를 받게" 한다. 사실 아브라함에게 복을 보장했던 하나님의 맹세는, 그리스도를 멜기세덱의 반차를 따르는 영원한 제사장으로 세우기 위해 하나님이 하실 맹세에 딸린 것이다(7:20-22, 28; 시 110:4). '확실하지만 아직 미래에 속한 소유권'을 동반하는 상속과 기업 개념이 히브리서 곳곳에서 등장한다. 그리스도는 만물의 상속자시다(1:2). 천사들은 구원을 기업으로 받을 이들을 섬긴다(1:14; 참고. 9:15). 노아는 의의 상속자였고(11:7), 아브라함은 자식을 통해 땅의 상속자가 될 것이다(11:8-9).

하나님은 복을 주시려는 자신의 목적이 변경될 수 없고 돌이킬 수 없음을 "나타내시려고"(show), 즉 그것을 입증하는 법적 증거[에피데이크뉘미(*epideiknymi*), 참고. 행 18:28]를 주시려고 했다. 그래서 하나님은 자신의 약속에 맹세를 덧붙이셨다. 이로써 "두 가지 변하지 못할 사실"이 하나님의 신뢰성에 관한 온갖 의혹을 제거할 것이다. 첫 번째 변하지 않는 사실은, 만약 하나님이 자신의 말을 지키지 못할 경우 자신에게 죽음의 처벌을 가하겠다고 아브라함에게 맹세하셨다는 것이다(창 22:16-17). 하지만 "하나님[은] 거짓말을 하실 수 없[다]." 이는 성경 전체에 배어 있는 주제다(참고. 민 23:19; 삼상 15:29; 사 46:10-11; 딛 1:2). 또한 하나님이 죽으시는 것도 불가능하다. 그분은 "살아계신 하나님"이기 때문이다(히 3:12; 9:14; 10:31; 12:22). 따라서 하나님이 아브라함에게 하신 맹세는 변할 수 없다. 하지만 히브리서가 종종 옛 언약을 개선하는 하나님의 새 언약 규정을 보여주듯이(1:1-2; 3:2-6; 4:14-5:10; 7:15-28; 9:13-14 등), 여기서도 더 좋은 두 번째 맹세가 나타난다. 곧 시편 110:4에서 그리스도를 "멜기세덱의 서열을 따라 영원한 제사장"으로 임명하겠다고 말씀하신 하나님의 맹세다. 이 맹세의 내용은 히브리서 5:6에 인용되었고, 맹세 문구와 그 의미는 7:20-22에서 제시될 것이다. 그리스도께서 단순한 명령이 아니라 깨질 수 없는 하나님의 맹세에 의해(7:16, 28) 영원히 살아계시고 제사장직을 영원히 붙잡고 계시기 때문에, 아브라함 및 새 언약으로 인해 믿음의 자녀 된 우리는 우리가 확신하는 근거가 되는 두 가지 맹세를 가진다.[18] 이렇듯 서로 확증하는 증거들은 우리에게 "큰 안위"("strong encouragement")를 준다. 우리는 "약속을 기업으로 받는 자들"이지만 또한 적대적인 세상에서 하나님의 보호를 위해 "피난처를 찾은" 망명자들이다. "안위"("encouragement") 또는 "권면"[파라클레시스(*paraklēsis*)]은 히브리서라는 설교 편지 전체의 특징이다(13:22, 참고. 3:13; 10:25; 12:5; 13:19).

6:19-20 "[우리] 앞에 있는 소망"(18절)은, 폭풍이 몰아칠 때 배가 "떠내려가지"(2:1) 않고 바위에 부서지지 않도록 고정시키는 닻과 유사하다. 저자는 이 은유를 놀랍게 각색한다. 배의 닻은 바다 밑바닥까지 깊이 '내려가는' 반면에 그리스도인의 소망은 거룩한 바깥쪽 방과 안쪽의 지성소를 나누는 두 번째 장막 너머, 하늘 안으로 깊이 '올라간다'(9:3; 10:20; 레 16:2, 12-17). 우리

18 Christopher Colquitt, "Two Unchangeable Oaths: Hebrews 6:13-20" (미발간 논문, Westminster Seminary California, 2017).

소망의 대상은 먼 미래에 한참 떨어져 있는 것 같지만 이미 존재하고 있으며, 우리는 예수님과 이루는 연대를 통해 "마치 신자들의 영혼이 연결되어 있는 갈고리처럼"[19] 거기에 고정되어 있다.

예수님이 '우리를 위한 앞서 가는 자로'("as a forerunner on our behalf") 장막 뒤 안쪽 방에 들어가신 것은 확신을 세우는 두 가지 진리를 전달한다. 첫째, 예수님이 "우리를 위하여" 들어가신 것은 아버지 하나님 앞에 있는 우리의 대표자라는 그분의 역할을 가리킨다. 그리스도의 희생적 죽음에 근거하여 우리가 용서받도록 중보하신다(히 9:13-14; 갈 2:20; 엡 5:2). 둘째, '앞서 가는 자'(forerunner)라는 그분의 호칭(참고. 히 12:1-2)은 아마도 육상에서 가져온 비유일 텐데, 신자들이 하나님과 친밀한 교제를 나누는 특권적 자리까지 그분을 따라갈 것임을 암시한다(10:19-22). (5:10 이후로 미루어졌지만 이제 7:1-28에서 재개될) 논의가 "멜기세덱의 반차를 따[르는]" 예수님의 제사장직이라는 주제로 돌아가면서, 저자는 5:6에서 인용된 시편 110:4의 어휘 순서를 뒤집는다(헬라어로는 뚜렷이 드러난다).

(5:6) 네가 영원히…제사장이라
멜기세덱의 반차를 따르는
(6:20) 멜기세덱의 반차를 따라
영원히 대제사장이 되어

이렇듯 뒤집힌 어휘 순서는 멜기세덱 계열의 대제사장이신 예수님이 영원히 직무를 맡아 그분의 사역을 수행하신다는 사실을 강조한다. 예수님의 제사장직이 영원히 지속되는 것은 그분을 통해 하나님께 나아가는 모든 이에게 확신을 준다(7:16-17, 21-25, 28).

19 Johnson, *Hebrews*, 173.

응답

이 설교를 처음 들었던 히브리계 그리스도인들은 당연히 살아계신 하나님과 자신들이 맺고 있는 언약적 연결의 기원이 아브라함이라고 여겼다. 하지만 성경은 '모든 민족과 나라에서 온' 신자들이 그리스도 안에서 "아브라함의 자손, 곧 약속대로 유업을 이을" 자임을 보여준다(갈 3:29). 이로써 하나님께서 우리 조상 아브라함에게 주셨던 이중적 증거, 곧 거짓말하실 수 없는 하나님의 과오 없는 진실하심과 죽으실 수 없는 하나님의 엄숙한 맹세는, 그들이 어떤 민족이든 피난처를 얻기 위해 예수 그리스도에게 피했던 모든 "약속을 기업으로 받는 자들"에게 큰 위로를 전해준다. 위협이 우리의 마음을 두렵게 하거나 불안이 우리의 생각을 흔들어놓는 그때는, 하늘의 지성소에서 우리의 대제사장으로 계신 예수님께 우리가 다시금 초점을 맞추어 바라봐야 할 때다.

> 사탄이 나를 절망시키려고 유혹할 때
> 그리고 내 안의 죄에 대해 말해올 때
> 나는 고개를 들고 그곳에 계신 주님을 보네
> 나의 모든 죄를 끝내신 주님…
>
> 나의 생명은 그리스도와 함께 높은 곳에 숨겨져 있네
> 나의 구주요 나의 하나님이신 그리스도와 함께[20]

20 Charitie L. Bancroft, "Before the Throne of God Above"(1863).

히브리서 7:1-28 개관

히브리서 저자는 6:20에서 "멜기세덱의 반차를 따르는 영원한 제사장"이라는 시편 110:4의 어휘로 되돌아 왔고, 이를 통해 앞에서 미루었던 주제를 마침내 탐구할 준비를 갖추었다(히 5:6, 10-11). 멜기세덱이 등장하는 두 개의 구약 본문인 창세기 14:17-20과 시편 110:4을 인용하여 이 제사장 반차가 이스라엘의 제사장 지파인 레위 지파 및 아론과 그의 자손들의 제사장 가문 반차보다 우월하다는 사실을 증명한다. 먼저, 멜기세덱과 족장 아브라함이 만나는 창세기 기사는 그 제사장직의 자격이 족보에 의존하지 않는다는 것과, 아브라함과 레위와 아론 및 그들의 자손들이 가진 것보다 중재 지위가 훨씬 높은 분이 결국 등장할 것을 예고하기 위해 제시된다(히 7:1-10). 이러한 대조점은 시편 110:4에 근거해 상세히 설명되는데(히 7:11-28), 시편 110:4은 최종적 제사장의 영원한 직무를 더 명확히 보증하는 하나님의 변경될 수 없는 맹세를 덧붙인다.

1 이 멜기세덱은 살렘 왕이요 지극히 높으신 하나님의 제사장이라 여
러 왕을 쳐서 죽이고 돌아오는 아브라함을 만나 복을 빈 자라 2 아브
라함이 모든 것의 십분의 일을 그에게 나누어 주니라 그 이름을 해석
하면 먼저는 의의 왕이요 그 다음은 살렘 왕이니 곧 평강의 왕이요
3 아버지도 없고 어머니도 없고 족보도 없고 시작한 날도 없고 생명의
끝도 없어 하나님의 아들과 닮아서 항상 제사장으로 있느니라

1 For this Melchizedek, king of Salem, priest of the Most High God,
met Abraham returning from the slaughter of the kings and blessed
him, 2 and to him Abraham apportioned a tenth part of everything. He
is first, by translation of his name, king of righteousness, and then he
is also king of Salem, that is, king of peace. 3 He is without father or
mother or genealogy, having neither beginning of days nor end of life,
but resembling the Son of God he continues a priest forever.

4 이 사람이 얼마나 높은가를 생각해 보라 조상 아브라함도 노략물 중
십분의 일을 그에게 주었느니라 5 레위의 아들들 가운데 제사장의 직

분을 받은 자들은 율법을 따라 아브라함의 허리에서 난 자라도 자기
형제인 백성에게서 십분의 일을 취하라는 명령을 받았으나 6 레위 족
보에 들지 아니한 멜기세덱은 아브라함에게서 십분의 일을 취하고 약
속을 받은 그를 위하여 복을 빌었나니 7 논란의 여지 없이 낮은 자가
높은 자에게서 축복을 받느니라 8 또 여기는 죽을 자들이 십분의 일을
받으나 저기는 산다고 증거를 얻은 자가 받았느니라 9 또한 십분의 일
을 받는 레위도 아브라함으로 말미암아 십분의 일을 바쳤다고 할 수
있나니 10 이는 멜기세덱이 아브라함을 만날 때에 레위는 이미 자기
조상의 허리에 있었음이라

4 See how great this man was to whom Abraham the patriarch gave a
tenth of the spoils! 5 And those descendants of Levi who receive the
priestly office have a commandment in the law to take tithes from the
people, that is, from their brothers,[1] though these also are descended
from Abraham. 6 But this man who does not have his descent from them
received tithes from Abraham and blessed him who had the promises.
7 It is beyond dispute that the inferior is blessed by the superior. 8 In the
one case tithes are received by mortal men, but in the other case, by
one of whom it is testified that he lives. 9 One might even say that Levi
himself, who receives tithes, paid tithes through Abraham, 10 for he was
still in the loins of his ancestor when Melchizedek met him.

1 Or *brothers and sisters*

단락 개관

멜기세덱은 아브라함이나 레위보다 훨씬 위대하다

네 왕의 동맹을 격파한 뒤, 아브라함은 살렘의 왕이요 "지극히 높으신 하나님의 제사장"인 멜기세덱을 만났다(참고. 창 14:17-20). 히브리서 저자는 창세기가 멜기세덱을 소개하는 주안점인 그의 이름과 공식 지위(살렘의 왕)에, 그리고 구약 본문이 그의 조상, 출생, 죽음에 관해 침묵하는 데에 주의를 집중시킨다. 이런 요소들은 시편 110:4의 멜기세덱에 대한 언급이 그가 등장하는 성경의 앞부분과 부합한다는 사실을, 또한 두 구약 본문이 영원히 살아계셔서 사역하시는 제사장-왕인 예수님께로부터 성취되었다는 주장을 뒷받침한다는 사실을 보여준다.

아브라함은 멜기세덱이 지극히 높으신 하나님의 예배자이고, 메소포타미아에서 자기를 불러낸 거룩하신 주님과 자기 사이의 제사장 중재자임을 깨달았다. 아브라함은 전투에서 승리하게 하신 하나님께 드리는 공물로, 그가 획득한 전리품의 십분의 일을 멜기세덱에게 주었다. 주님께 드리는 십일조를 이 제사장에게 맡김으로써, 아브라함은 자신과 지극히 높으신 하나님 사이의 중재자라는 멜기세덱의 역할을 인정했다. 멜기세덱은 그에 대한 응답으로, 지극히 높으신 하나님의 이름으로 아브라함에게 복을 선언했다. 이런 행동 역시 아브라함과 하나님 사이를 중재하는 멜기세덱의 특권을 확증했다. 뿐만 아니라 후손들이 조상들의 행동에 참여했다고 간주하는 성경의 언약적 대표라는 원리는, 아브라함의 증손자인 레위(결국 그의 자손들이 이스라엘의 성막과 성전에 참여할)가 아브라함과 멜기세덱 사이에 이뤄진 교환을 통해 이미 멜기세덱의 우월한 중재를 인정했음을 의미한다.

단락 개요

I. 하나님의 말씀은 멜기세덱이 하나님의 아들과 비슷하다고 말한다(7:1-3)

A. 멜기세덱은 아브라함의 제사장이었다(7:1-2a)

1. 그들이 만났을 때, 멜기세덱은 아브라함에게 복을 빌었다(7:1)

2. 아브라함은 하나님께 드릴 십일조를 멜기세덱에게 주었다(7:2a)

B. 멜기세덱은 의의 왕이었다(7:2b)

C. 멜기세덱은 하나님의 영원하신 아들을 보여주었고, 그래서 그의 제사장직은 출생에 근거하지도 않았고 죽음에 의해 끝나지도 않았다(7:3)

II. 멜기세덱은 아브라함 및 이스라엘 제사장의 조상인 레위의 제사장이었다(7:4-10)

A. 멜기세덱은 아브라함의 제사장이었다(7:4-7)

1. 아브라함은 하나님께 드릴 십일조를 멜기세덱에게 주었다(7:4-5)

2. 십일조와 축복의 교환은, 족보 없이 세워진 제사장(멜기세덱)이 아브라함과 하나님 사이를 중재했음을 보여준다(7:6)

3. 멜기세덱은 아브라함에게 하나님의 복을 선언했다(7:7)

B. 멜기세덱은 레위의 제사장이었다(7:8-10)

1. 레위계 제사장들은 죽지만, 멜기세덱을 닮은 제사장은 계속해서 산다(7:8)

2. 이스라엘에게서 십일조를 받는 레위는 그의 조상인 아브라함을 통해 멜기세덱에게 하나님의 십일조를 주었다(7:9-10)

주석

7:1-2 창세기에서 아브라함과 멜기세덱의 만남(창 14:18-20) 앞뒤로는 아브라함과 소돔 왕의 대화가 나온다(창 14:17, 21-24). 아브라함의 조카 롯은 소돔으로 이주하여, 자기 가족을 물리적이고 영적인 위험 모두에 노출시켰다(창 13:13; 14:8-12; 18:20-19:29; 벧후 2:6-8). 아브라함이 소돔의 적들을 격파한 뒤, 소돔의 군주가 아브라함을 만나서 소돔의 부를 그에게 승자의 전리품으로 주었다(창 14:17, 21). 하지만 "천지의 주재시요 지극히 높으신 하나님" 앞에서 맹세한 아브라함은 소돔으로부터 어떤 보상도 받지 않겠다고 거절했다(창 14:22-24). 이 거래를 했다면, 아브라함은 사악하기로 악명 높았으며 부지중에 파멸로 치닫고 있던 대도시와 맺은 언약적 동맹에 휘말렸을 것이다.

대조적으로 아브라함과 멜기세덱, "살렘 왕이요 지극히 높으신 하나님의 제사장"의 만남(히 7:1; 창 14:18의 되풀이)은 우주의 참 창조주요 소유주에 대해 그들이 동일하게 가졌던 헌신을 보여주었다. 두 사람 모두 그분을 "지극히 높으신 하나님"으로 알았으며, 아브라함은 그분을 언약적 이름인 "여호와"("LORD")라고 불렀다. 멜기세덱은 아브라함에게 하나님의 복을 선언했고, 아브라함은 자신이 전투에서 되찾은 전리품의 "십분의 일" 곧 주님의 십일조를 나누어주었다(참고. 창 28:22; 레 27:30-32; 민 18:21-32). 이 두 행동은 위대한 족장 아브라함보다 뛰어난 멜기세덱 제사장의 우월한 중재를 입증하는 것이며, 그 의미는 히브리서 7:4-10에서 상세히 설명될 것이다.

멜기세덱의 이름과 고대 근동에서 그의 정치적 지위는 그가 왕이었음을 입증한다. 히브리서 저자가 설명하듯이, 히브리어로 그의 이름은 "의[체데크(*tsedeq*)]의 왕[멜렉(*melek*), 복합명사에서는 멜기(*melki-*)]"을 뜻한다. 따라서 그의 이름은 시편 45:6-7을 아들에게 적용하는 히브리서 1:8-9을 떠오르게 한다. "하나님이여 주의 보좌는 영원하며…왕은 정의를 사랑하고…그러므로 하나님 곧 왕의 하나님이…기름을 왕에게 부어."

멜기세덱의 정치적 지위는 "살렘 왕"으로 "평강의 왕"을 의미한다[히브리어 살렘(*shalem*)은 헬라어 에이레네(*eirēnē*)와 동일]. 시편 76:2에서 "살렘"과 "시온"이 이루는 병행은 살렘이 예루살렘의 옛 이름임을 가르키는데, 예루살렘은 다윗의 수도와 성전 터가 된다. "평안"(에이레네)은 히브리서에서 드물게 등장하는 단어지만(11:31; 12:14; 13:20), 제사장이 바치는 속죄 제사의 결과, 즉 죄를 범한 백성과 거룩하신 하나님 사이의 화평 관계를 표현한다(참고. 롬 5:1-11; 엡 2:14-18). 시편 110:4은 멜기세덱이 제사장 반차의 모델임을 강조하는데, 이 반차의 한 가지 특징은 왕권과의 융합이다.

7:3 헬라어로는 세 개의 부정 형용사(개역개정은 "아버지도 '없고', 어머니도 '없고', 족보도 '없고'")가 접속사 없이 갑작스럽게 등장하고, 더 많은 부정어를 담고 있는 분사 구문이 뒤따른다("시작한 날도 '없고' 생명의 끝도 '없어'"). 멜기세덱은 아버지, 어머니, 족보, 출생, 죽음이라는 다섯 요소가 없음으로 인해 일반적인 인간 경험에서 구별되어 있다. 어떤 이들은 이런 묘사를 아브라함을 만났던 제사장-왕이 인간의 모습을 하신 하나님의 초자연적인 드러냄(신현)을 가르치는 것으로, 구체적으로 성육신 이전의 인간 역사 속에 나타나신 아들 하나님의 등장(그리스도의 현현)으로 이해했다. 하지만 히브리서 설교자는 멜기세덱을 그리스도 현현으로 여기지 않을 가능성이 더 높다. 오히려 그는 창세기 14장이 역사 속 멜기세덱에 관한 사실들에(모세가 아브라함과 멜기세덱의 만남 내러티브에서 생략했던) '침묵'하는 것을 성경의 신적 저자이신 성령께서 "하나님의 아들을 '닮[은]'[아포모이오오(*aphomoioō*)]" 고대의 제사장-왕으로 묘사하기 위해 의도하신 것으로 다루고 있다. 멜기세덱은 하나님의 아들과 비슷하지만, 또한 그분과는 구별된다.

동일한 관계(유사점과 차이점)가 히브리서 7:15에서 표현된다. 거기서 유사점은 방향을 반대로 거슬러 올라가, 예수님을 "멜기세덱과 같은[카타 텐 호모이오테타(*kata tēn homoiotēta*)]…한 제사장"으로 묘사한다. 이 해석은 예수님의 제사장 이력에 관한 히브리서의 시간 흐름과 일맥상통한다. 즉 하나님의 아들은 우리와 같이 인간의 본성을 취하셨고, 시험과 고난 속에서 순종하셨으며, 자신의 생명을 희생 제물로 바치셨다. 그리고 결국 "멜기세덱의 반차를 따른" 대제사장이 '되셨고'(2:17; 6:20) 그렇게 '칭하심을 받으셨다'(5:10). 이것은 또한 멜기세덱을 확고한 정치적 지위를 지닌 살렘 왕으로 보여주는 창세기 기사의 자연스러운 읽기와도 어울린다. 창세기 14장 기사는 하나님이 짧고 특별하게 등장하는 신현 기사와 다르다(창 18:1-33; 32:22-32; 출 3:1-4:17; 수 5:13-15).

창세기가 멜기세덱에 관해 우리에게 말해주지 '않는' 바는 그를 창세기에서 예외적인 존재로 만든다. 창세기는 '출생'과 '죽음', '아버지'와 (족장들 중에) '어머니'의 이름까지도 열거되는 '족보'로 구성된 책이기 때문이다(창 5:1-32; 6:9-10; 10:1-32; 11:10-32; 16:15; 21:1-7; 23:1-2; 25:7-26; 29:31-30:24; 35:16-36:43; 49:33; 50:22-26). 어떤 사람의 이름이 이들 족보에 들어가는 것은 아브라함과 그의 후손들의 언약 역사에서 자리를 차지하는 것이다(창 12:1-2; 15:5; 17:1-8; 22:15-18). 그런데 멜기세덱은 아브라함을 부르신 동일한 "지극히 높으신 하나님"을 예배하는 자였는데도 아브라함 이야기에서 어떠한 유전적 '자격 증명'이나 출생 배경도 없이 갑자기 등장했다가 사라진다.

7:4-5 멜기세덱과 아브라함의 행동(각각 축복과 십일조)은 "이 사람이 얼마나 높은가를" 보여준다. 이스라엘의 "조상"("patriarch", 이 명예로운 호칭은 히브리서에서 이곳에만 나온다)이 멜기세덱에게 전리품의 십일조를 바쳤고, 이로써 살렘의 제사장-왕이 하나님과 그의 중재자임을 인정했다.

레위인들은 문자적으로 아브라함의 "허리에서 난 자"[에켈렐뤼토타스 에크 테스 오스퓌오스(*exelēlythotas ek tēs osphyos*)]이고, 이는 10절을 예고한다. 율법은 이스라엘 백성이 주님의 십일조를 레위 자손들에게 바치라고 규정하며, 레위 자손들은 이 명령에 의해 구별되었다. 하나님의 성소(처음에 성막, 그 뒤에 성전)에서 섬기는 레위인들의 부르심은 그들이 농지 대신 주님을 자신들의 기업으로 받았음을 의미했으며, 나머지 이스라엘은 레위인들이 하나님 앞에서 이스라엘 대신 섬길 때 그들을 부양해야 했다(민 18:20-24; 신 18:1-2).

7:6-7 십일조와 축복의 교환을 통해, 아브라함과 멜기세덱은 모두 멜기세덱이 족장과 그 족장의 주 하나님(divine Lord) 사이의 제사장 중재자라는 특권적 지위를 인정했다. 예배 중에 바쳐진 십일조는 하나님이 자신들이 소유한 모든 것의 근원이시라는 예배자의 인식을 나타내는 것이었다. 주님의 십일조를 제사장에게 의탁하는 것은 자신을 위해 하나님께 중재하는 제사장의 권위를 인정하는 것이었다. 십일조는 예배자에게서 '제사장을 통해' 하나님께 갔다. 하나님의 이름으로 선포된 복은 예배자들에게 하나님의 은혜를 수여하는 제사장의 권위를 실행했다. 따라서 복은 하나님께로부터 나와 '제사장을 통해' 예배자에게 갔다.

멜기세덱은 "족보도 없[기]" 때문에(3절) "레위 족보에 들지 아니한" 사람으로 묘사된다(6절). 다른 한편, 아브라함은 "약속을 받은" 자다(6절). 이런 묘사는 다음을 강조한다. 첫째, 멜기세덱의 반차를 따르는 제사장에게 자격을 부여하는 제사장의 요건은 레위계 제사장의 요건과 다르다. 둘째, 하나님의 약속의 수령자로서 아브라함이 받은 궁극적 복(6:12, 15; 11:8-11, 13, 17)이 멜기세덱을 닮은 제사장에 의해 중재된다는 것이다.

7:8 레위계 제사장과 멜기세덱(실은 멜기세덱이 예고했던 제사장)의 이중적 대조는 시편 110:4에서 이끌어낼 추론을 예고한다(히 7:23-24). 첫째, 레위인은 '여러 사람'이었던 반면에 멜기세덱은 단수인 "증거를 얻은 자"였다. 둘째, 그들은 "죽을 자들"이었기 때문에 여럿이어야 했다. 실제로 헬라어는 '죽어가는 사람들'[아포테스콘테스 안트로포이(*apothnēskontes anthrōpoi*)]로 더욱 생생하게 표현한다. 다른 한편, 창세기 본문이 멜기세덱의 "시작한 날" 이나 "생명의 끝"에(7:3) 관해 침묵하는 것은 '그가 살아있다'는 성경의 증거[마르튀루메노스(*martyroumenos*)]로 해석될 수 있다.

이러한 추론은 구약의 다른 멜기세덱 본문인 시편 110:4에서 강조된다(히 7:17). 거기서 멜기세덱은 영원한 제사장이라고 '증언된다'[마르튀레이타이(*martyreitai*)]. 이와 같이 성령께서 저자에게 두신 제한으로 인해 모세는 고대의 제사장-왕 멜기세덱에 대해 "하나님의 아들과 닮아" 있다고(7:3),

즉 "그가 항상 살아계셔서" 자기를 통해 하나님께 나아가는 이들을 "위하여 간구하[는]" 제사장이라고 묘사했다(7:25). 멜기세덱의 죽음이 창세기에 기록되지 않았다는 사실 '자체'는 그의 영원한 생명에 대한 증거가 아니라고 반대할 사람도 있을 것이다. 하지만 히브리서 설교자는 이미 창세기 14장의 이러한 특징을 시편 110:4에 비추어, 또한 두 구약 본문 모두가 영원히 살아계시고 섬기시는 부활하신 대제사장(히 13:20)이신 예수님에게서 성취되었다는 사실에 비추어 해석하고 있다.

7:9-10 멜기세덱의 제사장직과 레위에게서 태어난 이스라엘의 제사장직 사이의 관계에 대해 또 하나의 다른 결론이 나온다. 언약적 대표성 원리란, 좋든 싫든 자손들이 조상들의 행동에 참여한 것으로 간주된다는 의미다. 아브라함이 하나님을 믿었기 때문에(창 15:5-6; 17:1-8), 아브라함의 자손 수가 늘어나고 복을 받을 것이다. 다른 한편, 인류의 아버지인 아담이 에덴에서 하나님의 금지 명령에 불순종했고, 그 한 가지 죄로 인해 이후의 모든 세대에 속한 그의 자손들은 죽어야 할 죄인들로 간주된다(롬 5:12-19; 고전 15:21-22). 마찬가지로, 아브라함의 증손자인 레위가 "이미 자기 조상의 허리에[엔 테 오스퓌이(*en tē osphyi*)] 있었[기]" 때문에, 히브리서 저자는 이렇게 결론을 맺는다. 이스라엘의 다른 지파들로부터 받은 십일조로 자신들의 사역을 지원받았던 레위-아론계 제사장들은 이미 멜기세덱의 제사장직이 그들 자신의 제사장직보다 우월함을 인정하고 있었다고 말이다. 이는 그들이 아브라함을 통해 더 우월한 제사장인 멜기세덱에게 십일조를 바쳤기 때문이다.

응답

히브리서 설교자가 펼치고 있는 주장은, 구약이 레위와 아론의 중재 사역보다 더 좋은 중재 사역을 수행하는 대제사장의 등장을 예고한다는 것이다. 그는 창세기 14:17-20에 나오는 옛 살렘의 왕이요 지극히 높으신 하나님의 제사장인 멜기세덱과 아브라함의 만남 내러티브가 다음의 사실을 알리는 단서를 갖고 있음을 보여주었다. 이스라엘의 위대한 믿음의 족장은 멜기세덱에게 주님의 십일조를 바치고 그로부터 주님의 복을 겸손하게 받음으로써 더 우월한 중재자를 인정했다. 이 주장이 나중에 시편 110:4에 근거하여 강조되기 전에도, 멜기세덱과 아브라함의 만남은 우리가 어떻게 응답해야 하는지 보여준다.

(1) 우리가 하나님의 선물 중 일부를 하나님의 이름으로 우리를 축복하는 이들에게 그분을 위한 헌물로 제공할 때, 우리는 모든 소유를 주신 분이요 우리의 모든 성공을 가능하게 하는 분이신 하나님을 영화롭게 한다(고전 9:1-14; 갈 6:6-8).

(2) 우리 믿음의 모범인 족장 아브라함(히 6:12-15; 7:4)이 그의 자손 레위와 아론보다 훨씬 위대한 제사장을 통해 하나님의 복을 받았기 때문에, 우리 역시 의와 평안으로 우리를 축복할 더 우월하신 제사장(의와 평강의 왕이신)이 필요하다. 더 위대하신 이 제사장-왕 예수님이 마침내 오셨다. 우리의 죄를 속죄하기 위해 단번에 돌아가신 그분은 죽은 자들로부터 부활하셨고 영원히 살아서 우리를 위해 중보 기도하신다. 따라서 우리는 기도하고 예배하는 가운데 "[그분을] 힘입어 하나님께 나아갈" 수 있고, 그래야 한다(7:25).

7장

[11] 레위 계통의 제사 직분으로 말미암아 온전함을 얻을 수 있었으면
(백성이 그 아래에서 율법을 받았으니) 어찌하여 아론의 반차를 따르
지 않고 멜기세덱의 반차를 따르는 다른 한 제사장을 세울 필요가 있
느냐 [12] 제사 직분이 바꾸어졌은즉 율법도 반드시 바꾸어지리니 [13] 이
것은 한 사람도 제단 일을 받들지 않는 다른 지파에 속한 자를 가리켜
말한 것이라 [14] 우리 주께서는 유다로부터 나신 것이 분명하도다 이
지파에는 모세가 제사장들에 관하여 말한 것이 하나도 없고

[11] Now if perfection had been attainable through the Levitical
priesthood (for under it the people received the law), what further need
would there have been for another priest to arise after the order of
Melchizedek, rather than one named after the order of Aaron? [12] For
when there is a change in the priesthood, there is necessarily a change
in the law as well. [13] For the one of whom these things are spoken
belonged to another tribe, from which no one has ever served at the
altar. [14] For it is evident that our Lord was descended from Judah, and
in connection with that tribe Moses said nothing about priests.

[15] 멜기세덱과 같은 별다른 한 제사장이 일어난 것을 보니 더욱 분명

하도다 16 그는 육신에 속한 한 계명의 법을 따르지 아니하고 오직 불
멸의 생명의 능력을 따라 되었으니 17 증언하기를

네가 영원히 멜기세덱의 반차를 따르는 제사장이라

하였도다 18 전에 있던 계명은 연약하고 무익하므로 폐하고 19 (율법은
아무 것도 온전하게 못할지라) 이에 더 좋은 소망이 생기니 이것으로
우리가 하나님께 가까이 가느니라

15 This becomes even more evident when another priest arises in the
likeness of Melchizedek, 16 who has become a priest, not on the basis of
a legal requirement concerning bodily descent, but by the power of an
indestructible life. 17 For it is witnessed of him,

"You are a priest forever, after the order of Melchizedek."

18 For on the one hand, a former commandment is set aside because of
its weakness and uselessness 19 (for the law made nothing perfect); but
on the other hand, a better hope is introduced, through which we draw
near to God.

20 또 예수께서 제사장이 되신 것은 맹세 없이 된 것이 아니니 21 (그들
은 맹세 없이 제사장이 되었으되 오직 예수는 자기에게 말씀하신 이
로 말미암아 맹세로 되신 것이라 주께서 맹세하시고 뉘우치지 아니하
시리니 네가 영원히 제사장이라 하셨도다) 22 이와 같이 예수는 더 좋
은 언약의 보증이 되셨느니라

20 And it was not without an oath. For those who formerly became
priests were made such without an oath, 21 but this one was made a
priest with an oath by the one who said to him:

"The Lord has sworn and will not change his mind,

'You are a priest forever.'"

22 This makes Jesus the guarantor of a better covenant.

23 제사장 된 그들의 수효가 많은 것은 죽음으로 말미암아 항상 있지
못함이로되 24 예수는 영원히 계시므로 그 제사장 직분도 갈리지 아니
하느니라 25 그러므로 자기를 힘입어 하나님께 나아가는 자들을 온전
히 구원하실 수 있으니 이는 그가 항상 살아 계셔서 그들을 위하여 간
구하심이라
23 The former priests were many in number, because they were
prevented by death from continuing in office, 24 but he holds his
priesthood permanently, because he continues forever. 25 Consequently,
he is able to save to the uttermost[1] those who draw near to God through
him, since he always lives to make intercession for them.

26 이러한 대제사장은 우리에게 합당하니 거룩하고 악이 없고 더러움
이 없고 죄인에게서 떠나 계시고 하늘보다 높이 되신 이라 27 그는 저
대제사장들이 먼저 자기 죄를 위하고 다음에 백성의 죄를 위하여 날
마다 제사 드리는 것과 같이 할 필요가 없으니 이는 그가 단번에 자기
를 드려 이루셨음이라 28 율법은 약점을 가진 사람들을 제사장으로 세
웠거니와 율법 후에 하신 맹세의 말씀은 영원히 온전하게 되신 아들
을 세우셨느니라
26 For it was indeed fitting that we should have such a high priest, holy,
innocent, unstained, separated from sinners, and exalted above the
heavens. 27 He has no need, like those high priests, to offer sacrifices
daily, first for his own sins and then for those of the people, since he did
this once for all when he offered up himself. 28 For the law appoints men
in their weakness as high priests, but the word of the oath, which came
later than the law, appoints a Son who has been made perfect forever.

1 That is, completely; or *at all times*

단락 개관

영원한 제사장

시편 110:4은 족장 아브라함을 축복했던 멜기세덱에 관한 창세기 내러티브의 의미를 이끌어내면서, 그 고대의 왕-제사장을 레위의 후손들의 반차보다 더 좋은 제사장직 반차를 위한 모델로 해석한다. 이 멜기세덱을 닮은 제사장 반차에 관한 시편의 언급은, 레위계 반차가 "온전함"(오염으로부터 완전히 정화되어 예배자가 하나님께 나아갈 수 있게 해주는)을 성취할 수 없었음을 암시한다(히 7:11, 18-19).

시편 110:4의 두 가지 특징은 멜기세덱을 닮은 제사장이 레위와 그의 후손들보다 우월하심을 보여준다. (1) 멜기세덱을 닮은 제사장은 족보상 레위의 후손이기 때문이 아니라, "불멸의 생명의 능력을 따라" 임명되어 "영원히" 사역한다(히 7:11-19). 이 주장은 접속사 '왜냐하면'[가르(*gar*)]이 사슬처럼 여러 명제를 연결하면서 각각의 진술이 그 앞의 내용을 뒷받침하는(12, 13, 14, 17, 18, 19절), 치밀하게 추론된 논의를 통해 세워진다. (2) 레위계 제사장의 임명과 달리, 멜기세덱을 닮은 제사장의 임명은 하나님의 변경될 수 없는 맹세에 의해 보장된다(7:20-22). 멜기세덱을 닮은 대제사장은 영원히 살아계시기 때문에, "자기를 힘입어 하나님께 나아가는 자들을" 위해 영원히 기도하신다(7:25). 그분의 흠 없는 순전하심은 단번의 속죄 제사로 자신을 바칠 수 있는 자격을 그분에게 부여했다(7:23-28).

단락 개요

Ⅰ. 레위계 제사장과 족보상의 혈통에 근거해 자격을 부여했던 율법은 하나님께 나아가는 예배자들을 온전하게 할 수 없었고, 그래서 시편 110:4은 불멸의 생명에 의해 자격을 부여받은 더 좋은 제사장에 관해 선언했다(히 7:11-19)

A. 다른 반차에 속한 또 다른 제사장에 관한 성경의 약속(시 110:4)은 레위계 제사장직이 온전함을 가져다줄 수 없었음을 암시한다(히 7:11)

B. 레위계 제사장이 멜기세덱을 닮은 제사장으로 대체되는 것은 족보상 혈통의 율법의 변화를 요구한다(7:12-14)

C. 멜기세덱을 닮은 제사장은 불멸의 생명의 능력으로 직책을 유지하신다(7:15-17)

D. 레위계 족보 혈통의 율법은 취약해서 아무것도 온전하게 하지 못한다. 그런데 멜기세덱을 닮은 영원히 살아있는 제사장은 우리를 하나님께 가까이 데려가신다(7:18-19)

Ⅱ. 하나님의 깨질 수 없는 맹세는 멜기세덱을 닮은 제사장을 임명했고, 그래서 그분은 우리를 하나님께 가까이 데려가실 수 있다(7:20-25)

A. 레위계 제사장과 달리, 멜기세덱을 닮은 제사장은 하나님의 깨질 수 없는 맹세에 의해 임명되셨다(7:20-22)

B. 레위계 제사장과 달리, 멜기세덱을 닮은 제사장은 영원히 섬기시고, 자기를 통해 하나님께 나아가는 이들을 위해 쉬지 않고 중보기도하신다(7:23-25)

Ⅲ. 우리의 필요에 적합한 대제사장은 지극히 거룩하시기에, 자신의 죄를 위한 속죄가 필요 없고 다른 사람의 죄를 속죄하기 위해 자신을 희생하신다(7:26-27)

Ⅳ. 요약: 율법은 연약한(죄 많고 죽을 수밖에 없는) 대제사장을 임명하지만, 율법 이후의 맹세는 영원히 섬기는 아들을 임명한다(7:28)

주석

7:11-12 히브리서 설교자의 두 번째(참고. 히 4:6-8) 주장에 따르면, 한 구약 본문은 그 옛적에 성경(Scripture)이 주어졌을 당시에 하나님의 백성의 상황이 온전하지 못했음을 암시한다. 히브리서는 추론하기를, 이스라엘의 상황에서 아무 바랄 것이 없었다면 하나님은 더 좋은 규정이 등장할 것이라는 기대를 높이는 말씀을 하지 않으셨을 것이다. 여기서 저자는 "[만약] 레위 계통의 제사 직분으로 말미암아 온전함을 얻을 수 있었으면" 시편 110:4처럼 말하지 않았을 것이라고 추론한다. 아론계 제사장들이 예배자들에게 "온전함"을 줄 수 있었다면, 아론의 반차 대신 "멜기세덱의 반차를 따르는 다른 한 제사장"이 존재할 필요가 전혀 없으리라는 것이다. (이러한 논의의 흐름은 히브리서 8:7-12에서 다시 사용되어, 예레미야 31:31-34의 새 언약 약속이 시내산에서 맺은 '옛' 언약 백성 안에 있던 심각한 결함을 암시했다는 것을 보여준다)

우리는 "온전함"이 히브리서에서 두드러진 개념임을 보았다(2:10; 5:8-10; 7:19, 28; 9:9, 11; 10:1, 14; 11:40; 12:23). 일반적으로 "온전함"[텔레이오시스(*teleiōsis*), 텔레이오오(*teleioō*)]은 완벽함을 의미한다. 하지만 히브리서에서 "온전함"은 종종 칠십인역의 용례를 통해 얻은 특별한 함의를 담아 제사장의 성별(聖別)을 가리킨다(출 29:9, 29, 33, 35; 레 4:5; 8:33; 16:32; 21:10; 민 3:3 등).

제사장이 하나님의 성소에 들어가 다른 사람을 위해 중보하기 위해 '온전해져야' 하듯이, 일반 예배자들도 하나님께 나아가기 위해 '온전해져야'(즉, 깨끗해져야) 했다. 따라서 히브리서에서 '온전함'은 종종 '방해받지 않고 하나님께 접근함과 그분과의 깨지지 않은 친교'를 의미한다.[21]

이런 의미에서 "온전함"은 율법과 관련된 레위계 제사장직을 통해서는 얻어질 수 없었다. 19절은 히브리서 저자가 이런 종류의 "온전함"을 염두에 두고 있음을 확증한다. 거기서 저자는(11절과 수미상관을 이루면서) 어떤 것을 "온전하게 못[하는]" 율법의 무능을 재천명하면서, 그리스도에 의해 도입되어 "우리가 하나님께 가까이 가[게]" 하는 더 좋은 소망과 율법의 무력함을 대조한다. 율법의 희생 제사는 예배자의 양심을 "온전하게" 할 수 없었다. 그렇지만 그리스도의 피는 그렇게 할 수 있고(9:9, 14; 10:14), 따라서 그분 안에서 우리는 나아갈 수 있을 것이다(10:19-22).

12절은 레위계 제사장직 "아래에서"[또는 그것에 '근거하여', 에피 아우테스(*epi autēs*), 선행사는 "제사 직분")] "백성이…율법을 받았으니"라는 11절의 괄호 속 언급을 설명해준다. 다시 말해, 레위계 제사장직은 모세의 율법을 떠받치던 기초였다. 제사장직이 변할 때, 율법도 마찬가지로 변한다. 원인과 결과의 순서가 의미심장하다. 율법에서 일어난 변화 때문에 제사장직이 변화되어야 하는 것이 아니라 그 반대다. 여기서 구체적인 "율법"은 대제사장이 레위와 아론의 자손이어야 한다는 족보상의 조건이 아니다. 시편 110편에서 약속된 왕-제사장이 등장할 때, 제사장을 임명하는 족보라는 방식이 대체되어야 한다. "육신의 혈통에 관한 계명의 법"은 "불멸의 생명" 및 멜기세덱의 제사장 반차라는 자격을 구성하는 하나님의 맹세에 길을 내주어야 한다(히 7:16-17, 20-21). 이후의 논의가 보여주듯이, 멜기세덱을 닮은 대제사장의 등장은 시내산에서 전해진 율법에 다른 변화들도 야기하였다. 곧 성소(8:2-6; 9:11-12, 24; 10:19-22), 희생 제사(9:13-14, 25-26; 10:1-14; 13:15-16), 처벌(10:26-31) 등에 변화가 생겼다.

21 F. F. Bruce, *The Epistle to the Hebrews*, rev. ed. (Grand Rapids, MI: Eerdmans, 1990), 80.

7:13-14 다른 사람을 위해 하나님 앞으로 들어가는 대제사장을 임명할 권리는 하나님께만 있다(5:4-6). 모세를 통해 율법을 주실 때부터, 주님은 이어지는 각 세대마다 족보를 통해 대제사장을 지명하셨다. 하나님의 성소에서 섬기기 위해 다른 지파들에게서 구별된 레위 지파 안에서 아론을 대제사장으로, 그의 아들들을 아론과 더불어 제사장으로 임명하셨다(출 28:1-2; 민 3:1-13). 아론의 살아 있는 아들 중 가장 연장자가 대제사장으로서 그를 계승할 것이다(민 20:23-29). 고라의 반역의 여파 속에서 아론의 지팡이에 싹이 난 것은, 하나님께서 아론의 가문을 자신의 제단에서 섬기도록 직접 선택하셨음을 재확인하신 것이었다(민 16:1-18:7, 참고. 히 9:4).

히브리서 설교자는 족보에 근거한 이스라엘의 제사장 임명 체계가 예수님의 자격을 박탈할 것임을 잘 인식하고 있다. 왜냐하면 "우리 주께서는 유다로부터 나신 것이 분명[한데]" 유다 지파와 관련해서는 "모세가 제사장들에 관하여 말한 것이 하나도 없고"(7:14), 그들은 지상의 성소("하늘에 있는 것의 모형과 그림자"인, 8:4-5)에서 "한 사람도 제단 일을 받들지 않는 다른 지파"(7:13)인 까닭이다. 그런데 시편 110:4은 아론의 제사장직을 정당화하는 족보 원리가 폐기되었고, 훨씬 더 좋은 자격에 의해 인정받은 우월한 제사장의 취임으로 대체되었다는 하나님의 선언이다.

7:15-17 하나님은 멜기세덱의 반차를 따르는 제사장을 언급하시면서, 이 제사장이 "영원히"(17절) 제사장이 되었고 계속 유지될 것이라고 "증언"하셨다[마르튀레오(*martyreō*), 참고. 8절의 "증거를 얻은"]. 이로써 하나님은 레위와 족보로 연결되는 원리에 조목조목 반대되게 설정하신 다른 제사장 선별 기준을 선포하셨다(참고. 16절, 헬라어의 단어 순서로는 표2).

아니하고	따르지	법을	한 계명의	육신에 속한	(레위)
(그런데)	따라	능력을	생명의	불멸의	(멜기세덱)

표2. 히브리서 7:16의 헬라어 단어 순서: 제사장 선별의 다른 기준

아론의 아들들을 제사장으로 승인하는 "육신에 속한 한 계명"은 자연법칙 상의 유전과 관련이 있었지만, 연약하고 죽음에 취약하다는 의미로도 '육신적'이었다(7:18, 23, 28). 대조적으로, 시편 110:4에서 선포된 멜기세덱을 닮은 제사장의 자격은 파괴에 전혀 영향을 받지 않는 '생명'의 '능력'이다. 우리의 대제사장은 "육체에 계실 때에" 연약함과 죽음을 모두 경험하셨고, 이렇듯 고난을 동일하게 겪으심으로써 긍휼하신 대제사장이 되실 자격을 얻으셨다(히 2:14-18; 4:15; 5:2, 7). 그런데 이제 그리스도께서 다시 사셨기 때문에("무대에 등장하셨다"와 "죽은 자들로부터 살아나셨다"는 의미 모두에서[22]), 그분의 불멸의 생명은(하나님의 변경될 수 없는 맹세와 더불어) 다른 사람을 위해 영원히 기도하는 그분의 영원한 제사장직을 보장한다(7:24-25).

7:18-19 "전에 있던 계명"[프로아구세스 엔톨레스(*proagousēs entolēs*)]은 바로 앞의 문맥에서 아론계 족보를 제사장 임명의 기준으로 명시하는 "계명의 법"[노몬 엔톨레스(*nomon entolēs*), 16절]이다. 이 계명을 "폐하고"[아테테시스(*athetēsis*), '소멸' 또는 '제거']라는 말은 하나님께 나아가게 해주는 더 좋은 소망이 들어오는 길이 마련되었다는 뜻이다. 하지만 이 구체적인 규정의 폐기는 모세를 통해 중재된 언약 체계가 훨씬 광범위하게 제거됨을 보여주는 징후로(8:8-13), 그 성소와 희생 제의와 언약 위반의 처벌도 제거 대상에 포함된다(9:1-10:18, 26-31).

아론과 그의 자손들을 승인하는 족보의 기준은 "연약[했다]." 이 기준은 이들 대제사장의 영속적인 사역을 방해하는, 세대 간의 죽음을 통한 계승을 전제하고 있기 때문이다(7:23, 28). 이 율법은 "무익[했다]." 아론에게서 태어난 제사장들과 그들이 바친 희생 제사가 어떤 것도 "온전하게" 할

22 히브리서 7:11, 15에서 동사 아니스테미(*anistēmi*, '세우다', '일어나다')는 멜기세덱을 닮은 제사장이 역사 속에 등장했다는 의미일 것이다(행 5:36-37에서처럼). 하지만 신약에서 대개 아니스테미는 죽은 자들 가운데서의 부활을 가리킨다(막 8:31; 9:9, 31; 눅 9:8; 16:31; 24:7; 요 11:33-34; 행 9:40; 10:41; 17:3; 엡 5:14; 살전 4:14, 16). 이러한 부활과의 연관성은 그리스도의 불멸의 생명에 대한 이 부분의 강조와 잘 어울린다. R. H. Gundry, *Commentary on the New Testament* (Peabody, MA: Hendrickson, 2010), 889-890를 보라.

수 없었기 때문이다(11절 내용의 재진술, "온전함"은 레위계 제사장을 통해 획득될 수 없었다). 살해된 동물의 피는 "그 육체를 정결하게 하여 거룩하게" 함으로써 의식상의 오염을 제거하는 제의적 기능을 갖고 있었다(9:13). 하지만 동물의 피는 "섬기는 자를 그 양심상 온전하게" 할 수 없었다(9:9). 예배자가 그 양심이 깨끗해져 "하나님께 가까이"(7:19) 갈 수 있는 것은 그리스도의 피를 통해서만 성취될 것인데, 그 피는 온전한 속죄, 영원한 구속, 하나님 앞에 막힘없이 나아가는 것을 보장하기 위해 "단번에" 바쳐진 것이다(9:12, 14).

"영원[한]" 제사장(7:17)이 등장함으로써 들어온 "더 좋은 소망"은, 우리가 예수님을 통해 "가까이" 갈 때 하나님이 환영하신다는 확신을 준다. 이 "[우리] 앞에 있는 소망"이 "안쪽 처소" 곧 하늘에 있는 하나님의 참 성소 안으로 들어갔다. 거기서 예수님은 우리를 위해 대제사장의 사역을 수행하고 계신다(6:18-20; 참고. 7:26; 8:1-2; 9:11-12, 24).

7:20-21 시편 110:4은 이 설교에서 이미 여러 차례 등장했다(히 5:6, 10; 6:20; 7:3, 11, 15, 17). 하지만 이제 하나님의 변경될 수 없는 "맹세"를 확증하는 도입문이 처음으로 인용된다. "주께서 맹세하시고 뉘우치지 아니하시리니"라는 도입문은 멜기세덱의 반차를 따르는 제사장에게 주어진 하나님의 선언을 보증한다. 이 제사장직의 영속성은 그분의 불멸의 생명(7:16)에 의해서만이 아니라, 하나님이 하신 맹세(자신의 서약에 대한 증인이요 실행자로 자신을 거명하신)에 의해서도 보증된다. 우리가 앞서 숙고했듯이 하나님은 자신의 변경될 수 없는 생명으로 변경될 수 없는 맹세를 보증하셨고, 이를 통해 아브라함에게 하신 약속을 보장하셨다. 이 맹세가 결속된 약속은 단지 아브라함의 유익을 위한 것만이 아니었다. 언약을 지키시는 아브라함의 하나님을 피난처로 찾은 모든 이에게 인내하는 믿음을 굳게 붙들라는 "큰 안위"를 준다(히 6:17-18). 이제 시편 110:4은 히브리서 6:17-18에서 암시된 바 있는, 하나님이 아브라함을 비롯한 나머지 모든 신자에게 주신 맹세의 근거가 되는 훨씬 더 근원적인 맹세를 보여준다. 신자들은 아브라함과 비슷하게 하나님의 복 약속에 의지할 온갖 이유를 갖고 있다. 하나

님이 "영원히 온전하게 되신 아들"을 그들을 위해 중재하는 대제사장으로 세우셨기 때문이다(7:28). 하나님은 이 아들에게 그의 제사장 사역이 결코 끝나지 않을 것이라고 맹세하셨다(24절).

7:22 하나님의 맹세가 예수님의 제사장직의 영속성을 보증했기 때문에, 예수님은 "더 좋은 언약의 보증"이 되셨다. 이로써 히브리서 저자는 곧이어 이 논의의 시작(히 8:8-12)과 끝(10:15-18)에 인용된 예레미야 31:31-34에 대한 긴 해석에서 탐구될 주제인 언약을 예고한다. "언약"은 신약 나머지 부분을 합한 것(16회)보다 히브리서에서(17회) 더 자주 등장한다. 언약 개념은 히브리서가 구속사를 이해하는 틀을 구성하고, 구약의 성소와 그 희생 제사와 그리스도의 제사장 사역의 우월성에 관해 해석하는 배경을 형성한다. 하나님이 예레미야를 통해 약속하신 "새 언약"은 모세를 통해 개시된 언약보다 "더 좋은" 것이다. 그것은 새 언약이 "더 좋은 약속으로 세[워졌고]"(8:6), 여기에는 "작은 자로부터 큰 자까지" 모든 하나님의 백성이 하나님께 더 친밀하게 나아가는 가능성과 단번의 온전한 죄 용서가 포함되기 때문이다(8:11-12).

이 "언약"의 첫 등장에서 예수님의 역할은 언약의 "보증"[엥귀오스(*engyos*)]으로 규정된다. 신약의 다른 곳에는 이 단어는 물론이고 그 동족어조차 나오지 않는다. 칠십인역에서 이 단어군은 자신의 재산이나 생명의 위험까지 감수하고서, 다른 사람의 계약이나 언약의 서약을 보증할 책임을 받아들이는 제3자를 가리킨다(잠 6:1; 17:18; 22:26). 나중에 그리스도는 새 언약의 "중보자"[메시테스(*mesitēs*)]로 묘사될 것이다(히 8:6; 9:15; 12:24). 모세 역시 언약의 중보자였다(갈 3:19-20). 그러나 슬프게도 그의 경험은, 하나님과 사람이 맺은 엄숙한 언약의 중재자일지라도 양자가 각자의 서약을 성취하리라고 보장할 수 없음을 보여주었다(히 8:7-9). 예수님은 새 언약의 중보자이시지만, 그 이상이 되신다. 하나님의 맹세를 통해 보증된 영속적인 제사장직을 통해, 예수님은 새 언약의 복이 의도했던 수혜자들에게 미칠 것이라고 보장하신다.

7:23-25 히브리서 설교자는 혹시 청중 가운데 누구라도 시편 110:4에서 언급된 단독 제사장보다 레위계 제사장들이 수가 많기 때문에 더 낫다고 가정하지 않도록, 그런 가정의 정반대가 진실이라고 주장한다. 한 가지 냉엄한 현실이 아론의 반차를 유지하기 위해 족보의 원리와 복수의 제사장이 모두 필요했던 이유를 설명해준다. "[그들은] 죽음으로 말미암아 항상 있지 못함이로되." 대제사장이 죽은 때마다 족보에 따라 그의 후계자가 정해져야 했다(민 20:28; 33:38; 신 10:6; 32:50; 수 24:33; 참고. 민 35:25). 다른 한편, 멜기세덱의 반차는 이제 단일 제사장에게 속한다. 하나님께서 그분을 "영원히" 제사장으로 삼겠다고 맹세하셨기 때문이다. 그분은 "영원히 계[신다]." 그분의 생명이 파괴될 수 없기 때문이다(참고. 히 7:16). 이 제사장이 직무에 '계속 계신다'[메노(*menō*)]는 사실은 7:3의 반향이고, 이것은 다시 히브리서 1:10-12에서 인용된 시편 102:25-27을 상기시킨다. 곧 하늘과 땅은 "멸망할 것이나 오직 주는 영존할[디아메노(*diamenō*)]" 것이다. 이 영원히 거하시는 신적인 메시아 아들이 제사장직을 맡는 기간은 영구적이다.

구약의 반차를 특징짓는 복수성의 원리는 그 불완전함과 미완성을 드러냈던 반면, 그리스도의 권위와 사역의 '단수성'은 자기 백성의 필요를 위한 하나님의 온전하고 최종적인 규정이 도래했음을 입증한다. 과거에 하나님은 "여러 부분과 여러 모양으로" 선지자들을 통해 말씀하셨지만(히 1:1), 하나님의 자기 계시가 복수의 장치와 매체를 통해 전달된 것은 그분의 최종적인 최고의 말씀이 아직 전해지지 않았다는 의미다. 이제 하나님이 "이 모든 날 마지막에는 아들을 통하여 우리에게 말씀하셨[다]." 아들의 신적인 영광(1:2-3)과 구원하는 메시지(2:3)는 하나님의 특별 계시를 절정과 완성으로 이끌었다. 마찬가지로, 구약 성소에서 동물 희생 제사가 끊임없이 반복된 것은(10:1-4, 11) 그런 제사 가운데 어떤 것도 양심을 깨끗하게 하는 최종적 제사가 아니었음을 보여준다. 다른 한편, 그리스도는 "죄를 위하여 한 영원한 제사를 드리시고…거룩하게 된 자들을 한 번의 제사로 영원히 온전하게 하셨[다]"(10:12, 14). 따라서 죽을 수밖에 없는 여러 제사장이 영원히 거하시는 한 제사장에 의해 대체된 것은 그 온전함이 도래했음을 의미한다.

그리스도의 불멸의 생명과 그분이 수행하시는 영원한 제사장직은 신자들에게 영광스러운 두 가지 유익을 제공한다. 첫째, 그분은 영원히 살아 계신 대제사장이시기 때문에 자기를 통해 하나님께 나아가려고 애쓰는 예배자들을 위해 끊임없이 중보기도하신다. 히브리서 저자는 곧이어 그리스도의 '속죄' 임무, 곧 양심을 깨끗하게 하고 예배자들을 "온전하게" 하는 희생 제물로 자기 몸을 바치심이 "단번에" 성취되었음을 강조할 것이다(7:27). 따라서 결코 끝나지 않는 제사 임무를 시중들었던 구약의 제사장들이 항상 서 있던 것과 달리, 그분은 하나님 우편에 앉으셨다(10:1-13). 하지만 그분은 여전히 또 다른 결정적인 제사장 역할, 곧 자기 백성을 위해 중보기도하는 역할을 수행하신다. 그분은 이 일을 중단하지 않으신다. 고난이 낳은 긍휼과 순종을 통해 입증된 고결하심(2:17-18; 4:14-16)이 독특하게 결합된 그분의 간청은 하나님의 승인과 긍정적인 응답을 얻는다(롬 8:34).

둘째, 그리스도의 제사장적 중보기도는 끊임없는 동시에 효과적이기 때문에 그분은 "자기를 힘입어 하나님께 나아가는 자들을 온전히 구원하실 수" 있다. 그분은 구원을 선포하셨고, 영원한 구원의 창시자요 근원이 되셨다(히 2:3, 10; 5:9). 그분이 베푸시는 구원은 온전한 동시에 영원하다. 히브리서 저자는 시간적 연속성을 표현하는데 "영원히"와 "항상"으로 번역된 두 개의 헬라어 어구[에이스 톤 아이오나(*eis ton aiōna*), 1:8; 5:6; 6:20; 7:17, 21, 24, 28; 13:8, 21와 에이스 토 디에네케스(*eis to diēnekes*), 7:3; 10:12, 14]를 사용해왔다. 그런데 7:25에서는 세 번째 구문[에이스 토 판텔레스(*eis to panteles*)]을 선택한다. 이 구문은 아마도 시간적 지속에 대한 언급을 포함하겠지만, 모든 측면에서의 포괄성을[그러므로 "온전히"("to the uttermost")] 전달한다. 이 제사장이 제공하는 구원은 온전해서, 우리의 영적인 필요의 모든 측면을 다룬다.

7:26-27 멜기세덱을 닮은 제사장인 예수님이 아론에게서 태어난 제사장보다 우월하심을 보여주는 마지막 증거는 그분의 절대적인 순결이다. "거룩하고 악이 없고 더러움이 없고 죄인에게서 떠나 계시고."

앞서 우리는 하나님께서 고난을 통해 그들의 구원의 창시자를 "온전하게" 함으로써(그들의 대제사장으로 성별함으로써) 아들을 영광으로 인도하시는 것이 "합당"하다는 말을 들었다(2:10). 모진 죽음까지 겪으신 예수님의 대속적 고난은 거룩하신 하나님이 죄로 오염된 이들을 용서하고 그들을 자신의 임재로 받아들이기에 유일하게 "합당[한]" 길이었다. 따라서 예수님이 오셔서 죄악된 인간들과 공유하신 것(그들의 혈과 육 및 고난과 시험의 경험)은 "자비하고 신실한 대제사장"이 되어 "백성의 죄를 속량[할]" 자격을 그분에게 부여했다(2:14-18).

몸부림치는 죄인들을 향한 하나님의 아들의 깊은 긍휼이 우리를 격려하지만, 다만 한 가지 예리한 선이 이 제사장과 그분의 백성들을 구분한다. 즉 예수님은 모든 면에서 우리와 마찬가지로 시험받으셨지만, "죄는 없으시[다]"(4:14-15). 그리스도의 완전한 죄 없으심, 곧 어떤 도덕적 얼룩이나 오염이 전혀 없는 상태는 흠 없는 자신을 다른 죄인들을 위한 단번의 속죄 제사로 바칠 자격을 부여했다(9:14; 벧전 1:19; 2:22-24). 아론의 반차에 속한 대제사장은 나머지 이스라엘을 위한 속죄의 피를 바치기 전에 자신의 죄를 위한 희생 제물의 피를 바쳐야 했다(출 29:10-14; 레 8:14-17; 16:6-19). 이 두 단계 과정이 필요했던 이유는 이 제사장들이 다른 사람의 약점뿐만 아니라 죄책까지도 공유하여, 시험에 굴복했기 때문이다(히 5:2-3). 여기서는 "매일" 아침과 저녁에 드리는 어린양 제사를 염두에 두고 있다(출 29:38-42). 물론 매년 속죄일에 대해서는 나중에 논의될 것이다(히 9:25-10:4). 다른 한편, 예수님은 자신의 죄에 대해 속죄할 필요가 전혀 없으셨다. 그분은 죄가 전혀 없으셨기 때문이다.

예수님은 자신을 흠 없는 제물로 바친 죄 없는 제사장이시기 때문에, 지금 "하늘보다 높이"(7:26) 되셨다. 그분이 현재 제사장 사역을 하시는 천상의 장소는 그 우월성을 나타낸다(이에 관해서는 곧 살펴볼 것이다). 아론계 제사장들은 하나님의 참 성소를 모방한 지상의 모형 안에서 사역하지만, 예수님은 하늘의 본래 성소 안에서 하나님 우편에서 섬기신다(8:1-5; 9:11-12, 24-28).

7:28 히브리서 설교자는 병행 어구를 사용하여 아론계 제사장직과 아들의 우월한 제사장직을 대조하는 요약으로 마무리한다(표3).

율법은	약점을 가진	사람들을	제사장으로 세웠거니와
(율법 후에 하신) 맹세의 말씀은	영원히 온전하게 되신	아들을	세우셨느니라

표3. 아론계 제사장직과 그리스도의 제사장직 대조

여기서 볼 때 레위(아론)와 멜기세덱의 제사장 반차가 세 가지 측면에서 대조된다.

(1) **하나님의 임명 방법** 대제사장은 스스로 그 지위에 앉을 수 없었고 하나님에 의해 임명되어야 했다(5:4-5). 그래서 하나님은 두 가지 다른 방법으로 자신의 선택을 계시하셨다. 레위계 제사장은 족보 혈통이라는 "율법"에 의해 지명되었던 반면, 그들보다 훨씬 나은 제사장은 하나님의 맹세의 말씀에(7:20-22을 상기시키는) 의해 세워졌다.

(2) **임명 받은 대제사장** "약점을 가진 사람들"이 레위계 제사장직을 섬겼다. 그들보다 우월하신 분은, 천사보다 우월하신 분으로 높임 받으신 아들이다(1:4-14; 4:14; 5:5; 7:3). 분명 이 대조는 신적인 아들이 온전한 인간의 본성 및 몸과 영혼을 완전히 수용하셨다는 사실을 부정하기 위한 것은 아니다. 하지만 이것은 아들의 영원한 생명력(7:16)과 대조되는 레위계 제사장이 단지 인간일 뿐이며 연약하다는 것에 초점을 맞추게 한다. 그들은 도덕적 실패자로서 연약했고(5:2-3; 7:27), 그래서 죽을 수밖에 없었다. 그들은 죽을 수밖에 없었기 때문에 여럿이어야만 했다. 아들만이 고난을 통해 시험을 이겨내고, 이제 후계자가 전혀 필요 없는 최종적 제사장으로 성별되어 "영원히 온전하게" 되셨다(7:23-24, 참고. 5:7-10).

(3) **역사적 반차** 28절의 두 어구의 엄격한 병행 관계에서 한 가지 중요한 예외는, "율법 '후에'" 주어진 맹세에 관한 추가적인 설명이다. 역사가 절정의 결론을 향해 움직이고 있다는 사실은, 하나님의 구속 계획이 실행

되는 가운데 나중에 등장한 것이 이전에 있던 것보다 우월하다는 뜻이다(1:1-4; 8:6-13; 9:8-10).

이렇듯 이 설교는 아들의 대제사장직의 우월하심에 대한 웅장한 선언을 통해 핵심 "요점"[케팔라이온(*kephalaion*), 8:1]으로 옮겨간다. 이 요점은 아들이 우리를 위해 성취하셨고 계속 수행하고 계신 제사장 임무라는 주제로 넘어가는 전환점을 마련한다.

응답

히브리서는 예수님의 대제사장직의 전무후무한 위대하심에 우리가 눈뜨게 한다. 히브리서 설교자는 우리의 불안한 마음을 향해 이렇게 설득한다. 곧 예수님이 자신을 속죄 제물로 바치신 것은 우리의 안과 밖을 속속들이 깨끗하게 하시기 위함이다. 또한 그분의 계속되는 중보 기도는 우리의 온전한 구원을 보장한다. 하나님은 영원히 살아서 "주께서 세우신" "참 장막에서"(8:2) "하늘보다 높이"(7:26) 계시고 우리를 위해 영원히 섬기시는 대제사장을 주셨다. 그렇기 때문에 우리는 그분이 시작하신 더 좋은 소망을 굳게 붙들 온갖 이유가 있으며 "이것으로 우리가 하나님께 가까이" 간다(7:19).

'가까이 가라'(감사하는 예배와 겸손한 간구 가운데 하나님의 존전에 다가가라)는 초대와 호소가 그리스도의 제사장직과 활동에 관한 전체 논의를 열고 닫는다(4:14-16; 10:19-25). '하나님께 가까이 가는' 이 놀라운 특권은 현재 문맥에서 두 번 등장한다(7:19, 25). 멜기세덱의 반차에 속한 제사장의 도래와 등장에 대해, 아버지의 은혜의 보좌에 이렇듯 가까이 나아가는 특권을 우리 자신에게 적용하는 것이야말로 우리가 보일 가장 적절한 응답이 아니겠는가?

히브리서 8:1-10:31 개관

창세기 14:17-20과 시편 110:4에 근거하여 대제사장이신 예수님의 우월하신 자격을 규명한 히브리서 설교자는, 이제 그리스도의 중재 사역이 레위와 아론의 중재 사역까지도 넘어선다는 점을 보여준다(히 8:6). 그리스도의 사역에 대한 이러한 설명을 뒷받침하는 주요 구약 본문은 예레미야 31:31-34로, 히브리서 8:8-12에서 그리고 다시 10:16-17에서 짧게 인용될 것이다. 예레미야는 훗날에 세워질 "새 언약"이 모세를 통해 중재된 깨어진 언약을 대체할 것이라고 예언했다. 이 새 언약의 "더 나은 약속"에는 다음이 포함된다. (1) 하나님의 율법이 마음에 새겨진다. (2) "작은 자로부터 큰 자까지"(8:11) 예배자들이 하나님의 존전에 나아갈 수 있다. (3) 온전하고 최종적인 죄 용서가 있다.

하나님은 자신의 백성들 가운데 사는 것을 기뻐하시기 때문에 언약을 개시하신다. 따라서 주님이 이스라엘과 맺으신 언약의 중심에는 성소와 그곳에서의 예배 의식이 있었다. 성소의 규정과 제한과 반복은 주님과 그분의 백성들 사이의 친교를 유지하기 위해 더 좋은 길이 필요함을 입증했다(히 9:1-10). 그리스도의 제사장 사역이 바로 더 좋은 길이다. 곧 그리스도께서 자신을 드린 희생 제사가 양심을 깨끗하게 하고 예배자들을 단번에 성별하며, 깨질 수 없는 친교를 개시한다(9:11-28). 죽은 황소와 염소에서 끊임없이 흘러나오는 피는 죄악된 예배자들과 거룩하신 하나님 사이에 난 틈을 바로잡지 못하는 구약 제도의 무능함을 극적으로 보여주었다. 시편 40편은 그리스도께서 하나님의 뜻을 성취하러 오셔서, 동물의 죽음이 할 수 없는 일인 죄의 오염의 영원한 제거를 이루실 것이라고 선언했다(히 10:1-18).

예수님의 희생으로 말미암아 청중들은 확신과 확고한 소망을 갖고 하나님의 하늘 성소에 들어갈 것이다. 그들은 단순히 개인이 아니라 하나님 및 서로와 언약을 맺은 공동체로서 '나아가야' 한다(10:19-25). 두 번째 엄숙한 경고(10:26-31, 참고. 6:4-8)는, 그리스도와 그분의 새 언약의 복을 저버리는 배교가 율법의 금기를 무시하는 것보다 훨씬 나쁜 결과를 낳는다고 우리에게 경고한다. 하지만 6:4-12에서처럼, 히브리서 설교자는 이 두려운 경고와 든든한 회상의 균형을 맞춘다. 곧 복음의 빛이 처음 그들의 삶에 발산되었을 때, 박해에 대해 청중들이 보인 신실한 응답 속에서 하나님의 변화시키는 은혜의 증거가 나타났다는 회상이다(10:32-35).

1 지금 우리가 하는 말의 요점은 이러한 대제사장이 우리에게 있다는
것이라 그는 하늘에서 지극히 크신 이의 보좌 우편에 앉으셨으니 2 성
소와 참 장막에서 섬기는 이시라 이 장막은 주께서 세우신 것이요 사
람이 세운 것이 아니니라 3 대제사장마다 예물과 제사 드림을 위하여
세운 자니 그러므로 그도 무엇인가 드릴 것이 있어야 할지니라 4 예수
께서 만일 땅에 계셨더라면 제사장이 되지 아니하셨을 것이니 이는
율법을 따라 예물을 드리는 제사장이 있음이라 5 그들이 섬기는 것은
하늘에 있는 것의 모형과 그림자라 모세가 장막을 지으려 할 때에 지
시하심을 얻음과 같으니 이르시되 삼가 모든 것을 산에서 네게 보이
던 본을 따라 지으라 하셨느니라 6 그러나 이제 그는 더 아름다운 직
분을 얻으셨으니 그는 더 좋은 약속으로 세우신 더 좋은 언약의 중보
자시라

1 Now the point in what we are saying is this: we have such a high
priest, one who is seated at the right hand of the throne of the Majesty
in heaven, 2 a minister in the holy places, in the true tent[1] that the Lord
set up, not man. 3 For every high priest is appointed to offer gifts and
sacrifices; thus it is necessary for this priest also to have something to
offer. 4 Now if he were on earth, he would not be a priest at all, since

there are priests who offer gifts according to the law. 5 They serve a copy and shadow of the heavenly things. For when Moses was about to erect the tent, he was instructed by God, saying, "See that you make everything according to the pattern that was shown you on the mountain." 6 But as it is, Christ[2] has obtained a ministry that is as much more excellent than the old as the covenant he mediates is better, since it is enacted on better promises.

1 Or *tabernacle*; also verse 5 *2* Greek *he*

단락 개관

하늘의 성소에서 이뤄지는 그리스도의 더 좋은 사역

논의가 예수님의 자격(히 4:14-7:28)에서 그분의 직무(8:1-10:31)로 바뀌기에, 이 문단은 이 설교의 중심인 동시에 예수님의 제사장 사역에 대한 해설의 전환점이다. 히브리서 8:1-6에서 히브리서 저자는 나중에 깊이 논의할 예수님의 제사장 사역의 양상들을 예고한다.

(1) 예수님의 현재 '자세': "지극히 크신 이의 보좌 우편에 앉으셨으니" (8:1-2, 참고. 10:11-14)

(2) 예수님이 섬기시는 '성소': "하늘에서…성소와 참 장막…주께서 세우신 것"(8:1-2, 4-5, 참고. 9:1-5, 11-12, 23-24; 10:19-22)

(3) 예수님이 바치신 '제사': "그도 무엇인가 드릴 것이 있어야 할지니라" (8:3, 참고. 9:6-10; 10:1-22)

(4) 예수님이 중재하신 '언약': "그는 더 좋은 약속으로 세우신 더 좋은 언약의 중보자시라"(8:6, 참고. 8:7-13; 9:15-20; 10:15-18)

단락 개요

Ⅰ. 우리의 대제사장과 그분의 성소: 하늘에서 섬기는 대제사장이 우리에게 있다(8:1-2)

A. 핵심은 우리의 필요에 알맞은 대제사장이 우리에게 있다는 것이다(8:1a)

B. 그분은 참 장막인 하늘에 앉아 섬기신다(8:1b-2)

Ⅱ. 우리의 대제사장과 그분의 제사: 모든 대제사장은 하나님께 제사를 바친다(8:3)

A. 모든 대제사장은 제사를 바치기 위해 임명된다(8:3a)

B. 따라서 우리의 대제사장에게는 바쳐야 할 제사가 있었다(8:3b)

Ⅲ. 우리의 대제사장과 그분의 성소: 지상의 장막은 모세가 시내산에서 보았던 하늘 성소의 복제품이다(8:4-5)

A. 우리의 대제사장은 지상의 장막에서 섬기실 수 없었다(8:4)

B. 아론의 아들들이 섬기는 지상의 장막은 모세가 시내산에서 본 진짜 성소의 복제품에 불과하다(8:5)

Ⅳ. 우리의 대제사장과 더 좋은 언약: 그리스도의 제사장 사역의 우월하심은 그분이 중재하신 새 언약의 우월성과 어울린다(8:6)

A. 그리스도의 제사장 사역은 아론의 사역을 넘어선다(8:6a)

B. 그리스도는 더 좋은 약속에 근거한 더 좋은 언약을 중재하신다(8:6b)

주석

8:1-2 바로 앞에서 언급한대로 우리는 "이러한 대제사장이 우리에게 있다"는 선언에서 이 설교의 "요점"(케팔라이온)에 이르렀다. 이 헬라어 단어는 신약 다른 곳에서 한 번 등장하며, 돈의 합계를 가리킨다(행 22:28). 성경 외 헬라어에서 이 단어는 이곳에서와 같이 '요약, 핵심 요점'이라는 이곳의 용례와 같은 의미로 사용된다. 히브리서 7:26에서 우리는 거룩하고 죄 없는 "이러한 대제사장"이 우리의 영적인 필요를 채우시기에 합당하다는 말을 들었다. "이러한 대제사장이 우리에게 있다"는 것이 복음이다.

시편 110:1은 앞서 인용되어, 천사보다 뛰어난 그리스도의 우월하심을 입증했다. 그 우월하심의 이유는 그분이 "지극히 크신 이의 우편에" 즉위하셨기 때문이다(히 1:3, 13). 같은 시편의 4절은 그리스도께서 자신의 불멸의 생명과 하나님의 불변의 맹세에 의해 멜기세덱의 반차를 따르는 제사장으로 영원히 계신다는 것을 보여주기 위해 인용되었다(5:6, 10; 6:20-7:28). 이제 이 두 절이 합해지면서(다른 내용 중에서) 멜기세덱을 닮은 제사장-왕이 지상의 장막이 아니라 하나님의 원래의 하늘 성소에서 사역을 수행하신다고 입증한다.

그리스도께서 대제사장으로 사역하시는 곳은 "성소"(the holy places)이고, "이 장막은 주께서 세우신 것이요 사람이 세운 것이 아니[다]". 이 성소는 나중에 비슷한 용어로 묘사될 것이다.

> "손으로 짓지 아니한 것 곧 이 창조에 속하지 아니한 더 크고 온전한 '장막'…'성소'"(9:11-12)

> "참 것의 그림자인 손으로 만든 '성소'[가 아니라]…바로 그 '하늘'에"(9:24)

하늘이 "참 장막…주께서 세우신[참고. 칠십인역 민 24:6] 것이요 사람이 세운 것이 아니니라"고 말할 때, 히브리서 저자는 물리적 우주의 실재성이나 중요성을 폄하하는 플라톤 철학의 이상주의를 되풀이하는 것이 아니다. 오히려 저자의 논점은 광야에 세워진 성막이 그 디자인에 관하여 하나님의 영원한 하늘의 거주지, 곧 시공간의 우주 너머에 있는 그분의 참 된 "거처"를 본떴다는 것이다. 솔로몬 같은 구약의 지도자들은 지상의 성전이 그 자체로 화려했지만 "주께서 계신 곳 하늘"의 경쟁자가 될 수 없음을 깨달았다(왕상 8:30, 참고. 행 7:48-50). 지상의 성소(성막과 성전)는 인간 건축자들의 오염을 공유했고, 따라서 죽은 동물의 피 뿌림을 통해 정결해져야 했다(히 9:21-23). 또한 더 나아가, 지상의 성소는 현재의 창조 질서에 스며들어 있고 결국 해체를 야기할 가변성을 공유했다(1:10-12; 12:25-28).

8장

8:3 예수님의 역할이 하늘의 성소에서 "섬기는 이"[레이투르고스(*leitourgos*), 8:2]시라는 언급은, 제사장 임명의 목적인 "예물과 제사"를 드리는 것으로 이어진다. 이는 8-10장에서 살펴볼 주요 주제를 예고한다. "그도 무엇인가 드릴 것이 있어야 할지니라." 그리스도께서 바치신 "무엇인가"는 아론계 제사장들이 바친 예물과 제사보다 무한히 값비싸고 효과적이었다. 그들의 제사는 동물의 피로 이루어졌지만 우리의 대제사장이신 예수님은 자기 몸을 바치셨고, 자기 피를 하늘의 지성소로 가져가셨다(9:11-14, 25-26; 10:1-10).

8:4-5 히브리서 설교자는 예수님이 그분의 족보 때문에 이스라엘의 성소에서 제사장 사역을 수행할 자격을 박탈당할 것이라는 반론을 재론한다(참고. 7:13-14). 앞에서 설교자는 그리스도께 아론계 조상이 없는 것은 전혀 약점이 아니라고 주장했다. 이는 하나님이 시편 110:4에서 자신의 맹세라는 다른 기준에 따라 아론보다 우월한 제사장을 임명하실 것이라고 선언하셨기 때문이다(히 7:15-22). 이제 아론의 자손들이 지상에서 사역한다는 사실은 그리스도의 사역이 더 좋은 성소, 곧 하늘에서 이루어져야 함을 보여준다. 하나님은 "산에서 네게 보이던 양식대로" 성막과 그곳의 기물을 만들라고 모세에게 지시하셨다(참고. 출 25:40). 하나님의 하늘 궁전은 원본

이었던 반면, 지상의 성소는 그 원형을 축소하여 복제한 "모형과 그림자"였다(참고. 히 9:23-24; 10:1). 그리스도는 자기 백성을 대표하고 그들을 위하여 중보 기도하기 위해, 하나님께서 풍성한 영광 가운데 거하시는 그 하늘의 원형으로 들어가셨다.

8:6 지상의 모형, 곧 성막과 성전보다 뛰어난 하늘 성소의 우월함은 그리스도의 사역이 레위계 제사장의 사역을 넘어섬을 암시한다. 이 비교는 그리스도께서 중재하시는 언약의 우월함으로 이어진다. 언약[디아테케(*diathēkē*)]은 히브리서 저자가 성소와 희생 제사 모티프를 풀어나갈 대단히 중요한 주제다. 히브리서에서 "언약"(디아테케)은 17번 중 14번이 8-10장에서 등장한다. 나머지는 이 주제를 예고하는 7:22(참고. 7:22 주석)과 12:24, 13:20이다.

히브리서 설교자는 1:4에서 사용된 추론 방식을 동일하게 사용한다. 거기서 저자는 천사들과 아들을 대조하기 위해 똑같은 비교급 형용사와 상관관계 형용사를 사용했다.

> "그가 천사보다 훨씬 뛰어남[크레이트톤(kreittōn)]은 그들보다 더욱 아름다운[디아포로테론(diaphorōteron)] 이름을 기업으로 얻으심이니[호소(hosō), ESV는 'as']"(1:4)

> "그는 더 아름다운[디아포로테라스(diaphorōteras)] 직분을 얻으셨으니…그는 더 좋은[크레이트토노스(kreittonos)] 언약의 중보자시라[호소, ESV는 'as']" (8:6)

이제 곧 인용될 예레미야 31:31-34은 대조되고 있는 두 언약 중 하나는 하나님이 시내산에서 이스라엘과 맺은 협정이고, 다른 하나는 이제 그리스도를 통해 중재된 "새 언약"임을 보여준다. 첫 번째 언약은 레위계 제사장직에 근거하여 실행된다(히 7:11). 반면에 새 언약은 예레미야의 예언에서 선언된 더 좋은 약속 곧 마음의 변화와 친밀한 접근과 완전한 용서에 근거하여 실행된다. 제사장직의 변화는 하나님과 그분의 백성들을 묶는 언약 관계 전반의 변화를 낳았다.

응답

이스라엘의 자손들은 대대로 예루살렘 성전과 하나님의 지상 임재를 결부시켰고, 그 제단 위에 쏟아진 피와 불태워진 사체에서 용서의 확신을 구했다. 이 히브리서 설교를 들었던 최초의 세대가 깨달아야 할 것이 있었다. 곧 예수님은 속죄를 위한 최종적 제사를 바치셨고, 그분이 들어가신 성소에서 발산되는 실재의 빛은 인간의 눈에는 보이지 않더라도 지상의 시온에 그림자를 드리운다는 사실이다.

21세기 그리스도인들은 시온산에 있는 성소의 광경이나 소리, 냄새, 맛에 끌리지 않을 것이다. 하지만 우리도 눈에 가장 잘 보이는 것과 가장 중요한 것을 혼동할 수 있다. 히브리서는 물리적 실재를 부정함으로써(플라톤 철학과 영지주의 이원론처럼)가 아니라 모세가 시내산에서 언뜻 보았던 하늘의 성소에 우리 마음의 눈을 열어줌으로써, 이러한 혼동으로부터 우리를 바로잡아준다. 그곳에서 예수님은 우리를 위해 중보 기도하시고 우리와 하나님을 연결하는 새 언약을 중재하신다. 눈에 보이는 것에만 집착하는 이 세상의 곤궁함이 크게 다가올 때, 믿음으로 우리의 시선을 재조정하여 "믿음의 주요 또 온전하게 하시는 이인 예수를 바라보자"(12:2).

7 저 첫 언약이 무흠하였더라면 둘째 것을 요구할 일이 없었으려니와

7 For if that first covenant had been faultless, there would have been no occasion to look for a second.

8 그들의 잘못을 지적하여 말씀하시되 주께서 이르시되
볼지어다 날이 이르리니 내가 이스라엘 집과 유다 집과 더불어 새
언약을 맺으리라 9 또 주께서 이르시기를 이 언약은 내가 그들의
열조의 손을 잡고 애굽 땅에서 인도하여 내던 날에 그들과 맺은
언약과 같지 아니하도다 그들은 내 언약 안에 머물러 있지 아니하
므로 내가 그들을 돌보지 아니하였노라 10 또 주께서 이르시되 그
날 후에 내가 이스라엘 집과 맺을 언약은 이것이니 내 법을 그들
의 생각에 두고 그들의 마음에 이것을 기록하리라 나는 그들에게
하나님이 되고 그들은 내게 백성이 되리라 11 또 각각 자기 나라
사람과 각각 자기 형제를 가르쳐 이르기를 주를 알라 하지 아니할
것은 그들이 작은 자로부터 큰 자까지 다 나를 앎이라 12 내가 그들
의 불의를 긍휼히 여기고 그들의 죄를 다시 기억하지 아니하리라

하셨느니라 13 새 언약이라 말씀하셨으매 첫 것은 낡아지게 하신 것이
니 낡아지고 쇠하는 것은 없어져 가는 것이니라

8 For he finds fault with them when he says:*1*

"Behold, the days are coming, declares the Lord,
when I will establish a new covenant with the house of Israel
and with the house of Judah,
9 not like the covenant that I made with their fathers on the day when
I took them by the hand to bring them out of the land of Egypt.
For they did not continue in my covenant, and so I showed no
concern for them, declares the Lord.
10 For this is the covenant that I will make with the house of Israel
after those days, declares the Lord:
I will put my laws into their minds, and write them on their hearts,
and I will be their God, and they shall be my people.
11 And they shall not teach, each one his neighbor and each one his
brother, saying, 'Know the Lord,'
for they shall all know me, from the least of them to the greatest.
12 For I will be merciful toward their iniquities, and I will remember
their sins no more."

13 In speaking of a new covenant, he makes the first one obsolete. And
what is becoming obsolete and growing old is ready to vanish away.

1 Some manuscripts *For finding fault with it he says to them*

8장

단락 개관

새롭고 더 좋은 언약

히브리서 설교자는 그리스도께서 더 좋은 언약을 중재하신다(히 8:6)는 진술을 옹호하면서, 주님이 자기 백성과 새 언약을 맺으시겠다고 하신 약속인 예레미야 31:31-34을 인용한다. 이 약속은 주님이 시내산에서 이스라엘과 맺은 언약이 치명적인 흠에 시달렸음을 암시했다. 곧 이스라엘이 자신들의 서약을 파기한 것이다. 하나님은 "다가오는" 날에 새 언약을 약속하심으로써 첫 번째 언약이 낡아져서 사라지기 직전이라고 선언하셨다. 다른 한편, 새 언약은 더 좋은 약속에 근거해 있다. 곧 하나님의 율법이 사람의 마음에 새겨질 것이고 주님은 그들의 하나님이 되시고 그들은 주님의 백성이 될 것이며, 그분의 모든 백성이 그분을 알 것이고(그분 앞에 나아감) 주님은 그들의 죄를 영원히 용서해주실 것이다.

단락 개요

Ⅰ. 서두: 새 언약이 올 것이라는 주님의 약속(렘 31:31-34)은 시내산에서 이스라엘과 맺은 첫 번째 언약에 결함이 있음을 암시했다(히 8:7-8a)

Ⅱ. 예언: 주님은 출애굽 이후 맺은 것과는 다른 새 언약을 자기 백성과 맺으실 것이다(8:8b-12)
- A. 때가 되면, 주님은 새 언약을 맺으실 것이다(8:8b)
- B. 이스라엘이 첫 번째 언약에서 떠났고, 그렇기에 주님은 그들을 거부하셨다(8:9)

C. 새 언약은 더 좋은 약속에 근거할 것이다(8:10-12)

1. 주님은 자신의 율법을 생각과 마음속에 기록하실 것이다(8:10ab)
2. 주님은 이스라엘의 하나님이 되실 것이고, 그들은 그분의 백성이 될 것이다(8:10c)
3. 이스라엘의 가장 작은 자부터 가장 큰 자까지 모두가 주님을 알 것이다(8:11)
4. 주님은 그들의 죄를 완전히 용서하시고, 그들의 죄를 영원히 기억하기를 거절하실 것이다(8:12)

Ⅲ. 함의: 구약의 새 언약 약속은 첫 번째 언약을 쓸모없고, 낡고, 거의 사라질 것으로 만들었다(8:13)

8장

주석

8:7-8 그리스도는 율법과 레위계 제사장직보다 "더 좋은 약속으로 세우신" 더 좋은 언약의 중보자시다(8:6). 히브리서 설교자는 히브리서에서 세 번째로 구약 반차의 약점을 증언하는 구약 본문을 인용한다(참고. 4:7-8; 7:11). 장차 이스라엘 및 유다와 "새 언약"을 맺겠다고 약속하심으로써(렘 31:31-34에서), 하나님은 출애굽의 결과로 시내산에서 맺은 "첫 언약"이 "무흠"하지 않다고 암시하셨다. 만약 첫 언약에 흠이 없었다면 두 번째 언약은 요구되지 않았을 것이다.

칠십인역과 신약 다른 곳에서 "무흠"[아멤프토스(*amemptos*)]은 개인의 도덕적 떳떳함을 가리킨다(욥 1:1, 8; 2:3; 4:17; 9:20; 11:4와 같이, 눅 1:6과 살전 2:10; 3:13; 5:23 같은 신약 본문에서도 마찬가지다). 또한 히브리서 저자는 언약 자체가 아니라 사람을 고려한다. 그는 시내산에서 맺어진 언약이 '흠이 없지 않았다'고 묘사하지만, 그 "흠"은 율법의 규정이 아니라 이스라엘 백성 안에 있었다고 밝힌다. "그들의 잘못[멤포메노스(*memphomenos*)]을 지적하여 말씀하시되." 즉 언약의 흠이 아니라 "내[하나님의] 언약 안에 머물러 있지 아니[한]" 사람들의 흠이다(히 8:9).

예레미야 31:31-34에 있는 "새 언약" 약속은 우리의 구속사 이해에서 핵심적이다. 주의 만찬을 제정하셨을 때, 예수님은 잔을 "내 피로 세우는 새 언약"의 서명과 날인이라고 해석하셨고(눅 22:20; 고전 11:25) 죄를 용서하는 새 언약 약속에 대해 언급하셨다(마 26:28; 막 14:24). 바울은 예레미야 31장의 예언에 근거하여 죽음과 정죄로 이끌었던 모세의 사역의 "영광"과, 새 언약의 사역자로서 생명을 나누어주는 성령의 능력으로 의를 선포하는 자신의 특권을 대조한다(고후 3:5-18). 바울은 "옛 언약"을 모세를 통해 주어진 성경에 적용하여(고후 3:14-15), 우리가 가진 성경의 두 부분을 가리키는 익숙한 제목(구약과 신약)의 근거를 마련한다. 주님은 "그날 후에", 곧 구속사의 새 시대인 "날이 이[를]" 때에 이 새 언약을 세우실 것이다(히 8:8, 10). 주님은 예레미야와 다른 선지자들을 통해 '마지막 날에'(히 1:2, 참고. 9:26) 정의와 구원으로 자기 백성에게 오실 것이라고 예고하셨다(민 24:14; 신 4:30; 사 2:2; 렘 30:3-24; 단 2:28; 호 3:5).

새 언약의 영원성으로 인해 히브리서 저자는 칠십인역을 살짝 수정하여, 새 언약을 '내가 명할/수여할 것이다'[디아테소마이(*diathēsomai*)] 대신 문자적으로 '내가 온전하게 할 것이다'[쉰텔레소(*synteles*ō)]를 채택하는 쪽으로 기울었을 것이다. 이로써 저자는 이 설교에서 그토록 중요한 "온전함" 단어족에 속한 한 단어를 사용한다. 칠십인역 예레미야서는 바로 몇 장 뒤에서 "온전하게 하다"[쉰텔레오(*synteleō*)]를 사용하여, 이스라엘 백성이 동물의 사체 사이를 지나감으로써 자기 저주의 맹세를 시행했던 언약 개시 의식을 묘사한다(렘 34:15 = 칠십인역 41:15).

8:9 새 언약은 "내가[하나님이] 그들의 열조[와]…맺은 언약과 같지 아니하

[다].” 이스라엘 백성이 첫 번째 언약 안에 “머물러 있지 아니하[였기]” 때문이다. 주님은 강한 팔로 “그들의…손을 잡고” 그들을 종살이에서 이끌어 내셨다. 히브리서 2:16에서 예고되었던(참고. 2:15-16 주석), 포로 상태의 자기 백성을 자유롭게 하기 위해 하나님이 직접 강력하게 개입하시는 이러한 촉각 이미지로 인해 그들이 범한 부정(不貞)의 죄가 강화된다. 그들은 시내산에서 언약이 낭독되고 비준되었을 때 충성을 고백했지만(출 24:3-8), 모세가 더 많은 지시를 받기 위해 다시 산으로 올라갔을 때에는 금송아지 숭배로 돌아섰다(출 32장). 그런 다음, 시편 95편이 증언하듯이 그 세대는 하나님의 음성을 불신했고 그분의 안식에 들어가지 못했다(히 3:7-11). 결국 예레미야 시대에 믿음 없는 이스라엘과 유다는 약속의 땅에서 추방되었다(신 28:15-68; 렘 2:1-32).

8:10 히브리서 설교자는 새 언약이 세워질 “더 좋은 약속”에 대한 우리의 호기심을 자극했다(8:6). 예레미야의 예언은 새 언약이 네 가지 측면에서 그 이전의 언약을 넘어설 것이라고 지적한다. 히브리서 저자는 이런 약속에 대해 곧바로 상세히 설명하지 않고, 대신 새 언약 선언이 옛 언약의 폐기를 암시한다는 결론으로 옮겨간다. 하지만 히브리서 9:1-10:17은 새 언약의 약속이 어떻게 성취되는지 함축적으로 보여줄 것이다.

첫 번째로, 하나님께서 시내산에서는 돌판에 계명을 새기셨던 반면(출 24:12; 31:18; 34:1), 새 언약에서는 “내가…내 법을 그들의 생각에 두고 그들의 마음에…기록[할]” 것이다(히 8:10). 사도 바울은 우리의 정서와 열망을 만족시키는 성령의 사역에 비추어 이 약속을 해석한다(고후 3:3). 히브리서에서 안과 밖의 대조는 단지 “그 육체를 정결하게 하여 거룩하게” 할 수밖에 없는 구약의 의식과, “너희 양심을…깨끗하게 하고 살아 계신 하나님을 섬기게” 할 수 있는 그리스도의 피의 대조로 표현된다(히 9:13-14, 참고. 9:9-10).

두 번째로, “나는 그들에게 하나님이 되고 그들은 내게 백성이 되리라”는 약속은 성경에서 종종 주님과 그분의 인간 신민 사이의 상호 서약을 요약하기 위해 등장한다(출 6:7; 레 26:12; 렘 24:7; 32:38; 겔 11:20; 34:30; 37:27;

속 8:8; 고후 6:16; 계 21:3 등). 새 언약은 하나님께서 아브라함에게 주신 맹세가 딸린 약속에 의해, 또한 그리스도를 아브라함과 우리를 위한 제사장 중보자로 세우는 맹세가 딸린 임명에 의해 보증된다(히 6:13-20; 7:1-28). 따라서 이 더 좋은 언약에서 주님과 그분의 백성 사이의 유대는 깨질 수 없다.

8:11 세 번째로, 모든 하나님의 백성이 "작은 자로부터 큰 자까지" 그분을 알 것이라는 약속은 구약 레위계 제사장의 중재 역할을 배경으로 이해될 수 있다. 제사장은 이스라엘에게 하나님의 율법을 가르쳐야 했다(신 33:8-10; 말 2:4-7). 부모는 자녀들에게 토라를 가르쳐야 했지만(신 6:6-9), 하나님의 말씀에 대한 그들의 지식은 하나님의 말씀을 보존하고, 그것을 크게 낭독하고 그것에 대해 설명해주는 제사장에게 의존되어 있었다(신 31:9-13; 스 7:1-10; 느 8:1-8). 게다가 주님 앞으로 나아가는 길은 제한적이었다. 제사장들만 성막의 성소에서 봉사할 수 있었고, 대제사장만 지성소에 들어갈 수 있었다.

이런 제한은 모든 하나님의 백성을 위한 "성소에 들어가는 길이 아직 나타나지 아니[했다]"는 사실을 보여주었다(히 9:6-9). "[그들이] 각각 자기 형제를 가르쳐…주를 알라 하지 아니할" 것이라고 약속한다고 해서, 히브리서는 새 언약 공동체에 공인된 지도자나 교사가 전혀 필요 없다고 추론하지 않는다(히 13:7, 17). 설교자 자신이 이 "권면의 말"로 그들을 가르치고 있다(13:22). 그렇지만 그리스도의 오심은 모든 신자가 하나님의 말씀에, 또한 그 말씀에 근거한 성령의 교훈에 더 폭넓게 접근할 수 있게 하였으며(요일 2:26-27), 하나님 앞에 더 친밀하게 나아가는 길을 열어주었다.

8:12 앞의 세 가지 약속은 다음 두 문장이 보완적인 방법으로 표현하는 네 번째 약속에 기인한다.

> "내가 그들의 불의를 긍휼히 여기고[용서하고, 나의 진노를 돌이키고]
> 그들의 죄를 다시 기억하지 아니하리라."

'긍휼히 여기다'에는 4:16의 "긍휼"[엘레오스(*eleos*)]과는 다른 헬라어 단어 [힐레오스(*hileōs*)]가 반영되어 있다(참고. 2:17). 여기서 이 단어는 죄의 용서를 통해 죄책으로부터 하나님의 진노를 돌리는 것을 의미하는 어원이 같은 단어 무리에 속한다(출 32:12-14; 민 14:19-20). 이들 연관 단어군에는 힐라스코마이(*hilaskomai*, '달래다', 히 2:17; 눅 18:13; 칠십인역 시 78:9), 힐라스테리온(*hilastērion*, "속죄소", 히 9:5; 출 25:17-21, 혹은 '달램', 롬 3:25), 힐라스모스(*hilasmos*, '달램', 요일 2:2; 4:10) 등이 포함된다. 구약의 동물 제사는 "해마다 죄를 기억하게 하는 것", 곧 죄책과 죄의 오염을 없애지 못하는 황소와 염소의 무능력에 대한 반복되는 증언이었다(히 10:3-4). 히브리서 설교자는 온전한 죄 용서와 양심의 깊은 정화를 성취하는 예수님의 희생이 충분함을 탐구하면서(9:11-15, 23-28; 10:5-14), 다음과 같이 결론을 맺을 것이다. "이것들[죄]을 사하셨은즉", 다시 말해 하나님이 우리의 범법을 기억하지 않겠다고 거부하셨은즉 "다시 죄를 위하여 제사 드릴 것이 없[다]"(10:17-18).

8:13 히브리서 저자는 예레미야 31:31-34에 근거하여 이렇게 결론을 맺는다. "새" 언약을 약속하셨을 때, 하나님은 첫 번째 언약을 낡아서 폐기된 것, 거의 완전히 사라질 지경에 이른 것의 범주로 강등시키셨다. 이로써 구약의 선언에 의하면, 시내산 언약은 하나님과 그분의 백성의 관계를 위한 틀로서 버려질 운명이었다.

응답

선지자 예레미야는 모세를 통해 시행된 언약을 이스라엘과 유다가 무너뜨림으로써 생긴 잔해 한가운데서 눈물을 흘렸다. 그를 통해 하나님은 다가올 날에 더 좋은 언약을 주겠다는 약속으로 소망을 회복시키셨다. 그 언약의 "더 좋은 약속"인 마음의 변화, 우리 주 하나님께 속함, 그분의 임재와 말씀에 자유롭게 나아감, 완전한 죄 용서가 이 새 언약의 중보자요 보증인이신 예수님의 희생을 통해 성취되었다.

새 언약의 신자들인 우리는 이런 놀라운 약속을 당연하게 여기는 경향이 없지 않은가? 우리는 용서와 정화를 헐값에 얻은 사소한 문제로 여기지는 않는가? 진노와 추방, 파괴가 마땅한 우리가 거룩하신 분에게 나아가는 것을 그분의 자비로 인해 부여받은 특권이라기보다 권리로 여기지 않는가? 무수한 희생 동물이 흘리는 피의 강물과 하나님께 나아가지 못하도록 규제하는 위압적인 제한은, 죄의 오염의 중대성과 더불어 화해를 이루시는 하나님의 숭고한 자비를 이스라엘이 깨닫게 하려는 것이었다. 잠시 멈추어 깊은 정화, 자유로운 접근, 완전한 용서라는 약속을 음미하라. 그리고 이 약속을 주셨으며, 자기 아들이요 우리의 영원한 제사장이신 예수님을 통해 이 약속을 지키신 주님께 감사하라.

9장

1 첫 언약에도 섬기는 예법과 세상에 속한 성소가 있더라 2 예비한 첫
장막이 있고 그 안에 등잔대와 상과 진설병이 있으니 이는 성소라 일
컫고 3 또 둘째 휘장 뒤에 있는 장막을 지성소라 일컫나니 4 금 향로와
사면을 금으로 싼 언약궤가 있고 그 안에 만나를 담은 금 항아리와 아
론의 싹난 지팡이와 언약의 돌판들이 있고 5 그 위에 속죄소를 덮는
영광의 그룹들이 있으니 이것들에 관하여는 이제 낱낱이 말할 수 없
노라

1 Now even the first covenant had regulations for worship and an earthly
place of holiness. 2 For a tent[1] was prepared, the first section, in which
were the lampstand and the table and the bread of the Presence.[2] It is
called the Holy Place. 3 Behind the second curtain was a second section[3]
called the Most Holy Place, 4 having the golden altar of incense and the
ark of the covenant covered on all sides with gold, in which was a golden
urn holding the manna, and Aaron's staff that budded, and the tablets of
the covenant. 5 Above it were the cherubim of glory overshadowing the
mercy seat. Of these things we cannot now speak in detail.

6 이 모든 것을 이같이 예비하였으니 제사장들이 항상 첫 장막에 들어
가 섬기는 예식을 행하고 7 오직 둘째 장막은 대제사장이 홀로 일 년
에 한 번 들어가되 자기와 백성의 허물을 위하여 드리는 피 없이는 아
니하나니 8 성령이 이로써 보이신 것은 첫 장막이 서 있을 동안에는 성
소에 들어가는 길이 아직 나타나지 아니한 것이라 9 이 장막은 현재까
지의 비유니 이에 따라 드리는 예물과 제사는 섬기는 자를 그 양심상
온전하게 할 수 없나니 10 이런 것은 먹고 마시는 것과 여러 가지 씻는
것과 함께 육체의 예법일 뿐이며 개혁할 때까지 맡겨 둔 것이니라

6 These preparations having thus been made, the priests go regularly
into the first section, performing their ritual duties, 7 but into the second
only the high priest goes, and he but once a year, and not without
taking blood, which he offers for himself and for the unintentional
sins of the people. 8 By this the Holy Spirit indicates that the way into
the holy places is not yet opened as long as the first section is still
standing 9 (which is symbolic for the present age).[4] According to this
arrangement, gifts and sacrifices are offered that cannot perfect the
conscience of the worshiper, 10 but deal only with food and drink and
various washings, regulations for the body imposed until the time of
reformation.

1 Or *tabernacle*; also verses 11, 21 *2* Greek *the presentation of the loaves*
3 Greek *tent*; also verses 6, 8 *4* Or *which is symbolic for the age then present*

단락 개관

옛 언약의 지상 장막

시내산 언약과 이스라엘의 언약 파기, 그리고 새롭고 더 좋은 언약으로 대체될 것이라는 하나님의 약속(히 8:7-13)을 소개한 히브리서 저자는, 예배자들이 하나님께 나아가는 첫 번째 언약의 규정을 다룬다. 이 낡고 폐기된 언약에는 누가 하나님께 나아갈 수 있는지, 그들이 어떻게 가까이 갈 수 있는지, 또한 어떤 예배를 하나님께 드려야 하는지에 관한 규정이 포함되었다. 첫 번째 언약에는 모세가 산 위에서 하나님을 만났을 때 보았던 지상의 성소와 더불어 평면도와 기구가 있었다(8:5). 성막의 설계와 내용물을 간략히 훑어본(9:2-5) 뒤, 논의는 제사장과 대제사장이 각각 성막의 두 방에서 수행했던 사역으로 이어진다(9:6-7). 하나님의 지성소에 나아가는 것을 제한하는 제약은 상징을 통한 성령의 예시였다. 곧 지상의 성소가 예배의 구심점 역할을 하는 한, 모든 백성이 하나님께 나아가는 새 언약의 약속은 등장하지 않을 것이다. 레위계 제사장은 예배자들의 양심을 깨끗하게 하지 못하는 물리적인 의식을 수행했고, 이런 의식을 지시하는 규정은 한시적인 것이라서 하나님이 약속하신 대로 "개혁할 때까지[만]" 유지되도록 계획되었다(9:10).

9장

단락 개요

Ⅰ. 도입: 첫 번째 언약의 사역 제약과 그 장막(9:1)

Ⅱ. 장막: 그 평면도와 기구(9:2-5)

A. 첫 번째 방, 성소(9:2)

B. 두 번째 방, 지성소(9:3-5)

Ⅲ. 사역의 제약과 그 의미(9:6-10)

A. 첫 번째 방에서 이뤄진 제사장의 매일 사역(9:6)

B. 두 번째 방에서 이뤄진 대제사장의 매해 사역(9:7)

C. 제약의 의미(9:8-10)

1. 성소에 들어가는 길은 아직 열리지 않았다(9:8-9a)

2. 희생 제사는 양심이 아니라 육체만 깨끗하게 할 수 있었다(9:9b-10ab)

3. 개혁할 때가 올 것이다(9:10c)

주석

9:1 히브리서 설교자는 옛 언약과 새 언약의 대조에 관한 설명을 시작하면서, 성소와 그곳에서 드려진 예배에 대해 논의한다. 하나님이 언약을 세우신 목적은 사람들이 예배에 참여하여 그분께 나아가 경배를 드리고 시의적절한 도움을 받게 하는 것이다. 따라서 저자는 (1) 예배 규정("섬기는 예법", "regulations for worship")과 (2) 지상의 성소("세상에 속한 성소", "an earthly place of holiness")라는 두 가지 주제를 소개한다. 저자는 순서를 바꿔서 먼저 지상의 성소(2-5절)에 대해, 그 다음에 그곳에서 수행된 예배 규정(6-10절)에 대해 논의할 것이다.

첫 번째 언약에 속한 성소는 "세상에 속한"(earthly) 것이었다. 다시 말해, 이 성소는 지상에 있던 것으로 하늘에 "주께서 세우신 참 장막"(그리스도께서 우리의 대제사장으로 섬기시는, 8:1-4)과 대조된다. 첫 번째 언약의 성소는

'손으로 지은' 것이요 '이 창조에 속한' 것이었고(9:11), 따라서 변화와 부패의 영향 아래 있었다(1:10-12).

9:2 히브리서 저자는 "장막"[스케네(*skēnē*), 3, 6, 8절에서도]이란 단어를 사용하여 성막의 두 방 혹은 '구역'("sections")을 가리킨다. 성막은 야외에서 담장으로 둘린 뜰 안에 세워진 폐쇄형 장막이었다. "첫" 구역 혹은 바깥 구역은 성소라고 불렸으며, 두 번째 휘장 뒤에 있는 두 번째 구역은 지성소라고 불렸다(3-5, 7절). (히브리서에는 언급되지 않았지만 "둘째 휘장"을 통해 암시된 첫째 휘장은 뜰과 장막을 잇는 바깥 출입구에 있었다, 참고. 출 36:37) 각 방과 관련된 기구의 간단한 목록은 이런 거룩한 공간들과 관련된 제사장 사역의 무대를 설정한다.

첫 번째 구역과 관련해서 두 가지 물품이 언급된다. 여섯 개의 가지가 달린 등잔대(참고. 출 25:31-40)와 진설병("bread of the Presence")이 놓여 있던 상(참고. 출 25:23-30)이다. 출애굽기는 등잔대가 금으로 만들어졌고 상은 금으로 덮여 있었다고 진술하지만, 히브리서 설교자는 이런 특징을 건너뛴다. 대신 그는 지성소의 내용물을 설명할 때 금을 세 차례 언급한다(히 9:3-5). 이 금은 첫째 구역과 대조되는, 안쪽에 위치한 둘째 구역의 더 큰 영광을 비추고 발산한다.

9:3-5 둘째 휘장 뒤에는 지성소라고 불리는 "장막"(스케네)이 있었다. 지성소와 관련 있는 두 가지 물품은 금향로 및 역시 금으로 덮여 있던 언약궤다. 구약에 의하면, 실제로 분향단은 성소 안에서 안쪽 방으로 이어지던 둘째 장막 바로 앞에 놓여 있었다(출 30:6; 40:26-27). 분향단을 지성소 밖에 둠으로써 제사장은 일 년 내내 매일 아침과 저녁에 그 위에 향을 태울 수 있었다(출 30:7-8).

분향단과 지성소 및 속죄일의 밀접한 연관성에 집중하기를 기대하면서(참고. 히 9:7 주석), 히브리서 설교자는 정확성을 기하기 위해 여기서 표현을 바꾼다. 그는 (등잔대와 상이 성소 "안에" 있었듯이) 분향단이 지성소 "안에" 있었다고 진술하는 대신 지성소가 분향단과 언약궤를 '소유했다'[에쿠사

(*echousa*)]고 말하며 둘 다를 포함한다고는 말하지 않는다. 분향단은 지성소와 긴밀하게 연결되어 있었다. 대제사장은 속죄일에 분향단에서 타는 향을 가져와 "향연으로 증거궤 위 속죄소를 가[려야]" 했는데, 그리해야 "그가 죽지 아니할" 것이기 때문이다(레 16:13). 히브리서 저자가 이 단과 지성소를 동일시했던 솔로몬 성전에 대한 묘사를 염두에 두었을 수도 있다(왕상 6:16-22).

언약궤는 지성소의 구심점이었고, 히브리서 저자는 언약궤에 가장 집중한다. 언약궤에는 이스라엘 광야 시절의 사건들을 기념하는 세 가지 물품이 들어 있었다(히 9:4). (1) 만나를 담은 금 항아리가 있었다. 만나는 주님이 광야에서 자기 백성들을 먹이기 위해 주신 '빵'이다. "증거궤"라고도 불린 언약궤 안에는 "증거" 곧 하나님의 두 언약 돌판이 있었고, 하나님은 만나를 두 언약 돌판 앞에 있는 항아리 안에 두라고 지시하셨다(출 25:22, 참고. 출 16:32-34; 25:16, 21). 이 만나는 이스라엘 백성이 사십 년 동안 목격했던 주님의 "행사"(works)를 상징하는 것이었다(히 3:9). (2) 아론의 지팡이가 있었다. 이 지팡이는 고라의 반역과 파멸의 여파 속에서 기적을 통해 싹이 난 것이며(민 16-17장), 제사장의 특권이 하나님에 의해서만 허락될 수 있음을 상징했다(히 5:4). 이 지팡이 역시 '증거궤 앞에' 보존되었다(민 17:10-11). (3) 이미 언급되었듯이, 언약궤 안에는 "언약의 돌판"이 있었다(출 25:21; 40:20; 신 10:1-5). 언약의 돌판은 시내산에서 전해진 언약, 곧 너무나 슬프게도 이스라엘이 깨뜨렸던 "첫" 언약의 본문을 담고 있었다(히 8:6-13).

언약궤 덮개 위에는 영광스러운 두 그룹(주님의 거룩하신 장엄함을 수호하는 초자연적인 보호자)이 서로를 마주 보고 있었다. 그들 사이에는 죄의 속량(propitiation)[23]을 위한 장소인 "속죄소"("mercy seat")가 있었다(출 25:17-22;

23 헬라어 힐라스테리온(*hilastērion*)은 그 배후에 있는 히브리어 카포레트(*kapporet*)처럼, 속죄일에 언약궤의 금 덮개 위에 희생 제물의 피를 뿌릴 때 나타나는 효력을 표현한다. 곧 대속물의 죽음을 통해 그들의 죄가 처벌될 때, 하나님의 의로운 진노가 죄악된 백성들로부터 방향을 돌린다. 동족 동사인 힐라스코마이[*hilaskomai*, 속죄하다, 히 2:17]를 비롯하여 신약에 등장하는 힐라스테리온(*hilastērion*, 롬 3:25)과 힐라스모스(*hilasmos*, 요일 2:2; 4:10)를 보라.

레 16:14-16). 이 덮개는 왕이신 주님의 보좌였고 주님이 종들에게 말씀하신 장소였다(출 25:22; 민 7:89; 삼상 4:4; 삼하 6:2).

그 두 방 안에 있는 기구의 상징적 의미를 탐구할 수 있었겠지만,[24] 히브리서 저자는 자신이 제시하는 논점을 벗어났다고 여기고는 그 기회를 사용하지 않는다. 히브리서 11:32에서 저자는 더 길었을 수도 있는 논의를 다시 요약하면서, 시간을 고려했다고 말한다. 그의 목적은 제사장이 성막의 두 방에서 수행하는 예배 활동에 초점을 맞추는 것이다.

9:6 1절에서는 첫 번째 언약의 "섬기는 예법"[디카이오마타 라트레이아스(*dikaiōmata latreias*)]에 대해 언급했다. 성막의 구조와 기구로부터 그 안에서 행해지는 사역으로 논의가 전환되는데, 이때 이 용어들은 문단의 경계를 표시한다. 이 문단은 제사장의 "섬기는 예식"[타스 라트레이아스(*tas latreias*)]으로 시작해 "육체의 예법"[디카이오마타(*dikaiōmata*)]으로 마무리된다(10절). 6-7절의 헬라어 구문은 장막의 각 구역에 해당하는 사역 활동의 대조를 강조한다(표4).

한편으로 [멘(*men*)]	첫 장막에	항상(regularly)	제사장들이 들어가
다른 한편으로 [데(*de*)]	둘째 장막[에]	일 년에 한 번	대제사장이 홀로

표4. 성소와 지성소의 대조적 사역(히 9:6-7)

"첫"(바깥) 구역에서 제사장은 "항상"[디아 판토스(*dia pantos*)] 다양한 예배 업무를 수행했다. 등잔대는 계속 타올랐고, 그래서 제사장은 정기적으로 기름을 보충했다(출 27:20-21). 진설병은 매 안식일마다 교체되었다(출 25:30; 레 24:5-9). 향은 지성소로 이어지는 휘장 앞에 있는 단 위에서 매일 두 번

24 Vern S. Poythress, *The Shadow of Christ in the Law of Moses* (Phillipsburg, NJ: P&R, 1995); Tremper Longman III, *Immanuel in Our Place: Seeing Christ in Israel's Worship* (Phillipsburg, NJ: P&R, 2001)을 보라.

태워졌다(출 30:6-8, 참고. 눅 1:8-9).

9:7 제사장이 여럿이었으며 그들이 바깥 구역에서 규칙적인 활동을 행했다는 점은, 성막의 둘째 방인 지성소에 대제사장이 홀로 그리고 가끔 들어가던 상황과 날카로운 대조를 이루었다. 첫째 구역과 둘째 구역에서 수행되던 예배는 세 가지 차이점에 의해 구별되었다. (a) 첫째 구역에는 많은 제사장이 들어갔던 반면, 대제사장은 홀로 둘째 구역에 들어갔다(레 16:17). (b) 제사장은 첫째 구역에서 "정기적으로"(매일 또한 매주) 자신들의 임무를 수행했던 반면, 대제사장은 둘째 구역에 "일 년에 한 번"인 속죄일에만 들어갔다(출 30:10; 레 16:34). (c) 이런 규정에 친숙한 이들이 아는 대로 첫째 구역에서의 정기적인 임무(등잔대, 상, 분향단을 관리하는)에는 피 흘림이 전혀 개입되지 않았던 반면,[25] 대제사장은 둘째 구역에 자기 자신과 이스라엘의 속죄를 위해 "피 없이는" 들어가지 않았다(레 16:11, 14-15). 이러한 피의 제사는 그리스도께서 "더 크고 온전한 장막"인 하늘의 지성소에 들어가셨을 때, "자기의 피"를 바치신 그리스도의 제사를 예고한다(히 9:11-14).

9:8-10 이제 저자는 성막의 두 방의 대조에 담긴 의미를 풀어낸다. 그렇지만 그 표현은 언어적인 면과 개념적인 면에서 까다롭다. 언어적인 까다로움은 ESV가 "not yet opened"[메포 페파네로스타이(*mēpō pephanerōsthai*), "아직 나타나지 아니한 것"], "the first section"[테스 프로테스 스케네스(*tēs prōtēs skēnēs*), "첫 장막"], "still standing"[에쿠세스 스타신(*echousēs stasin*), "서 있을 동안에는"], 그리고 "for the present age"[에이스 톤 카이론 톤 에네스테코타(*eis ton kairon ton enestēkota*), "현재까지"]로 번역한 헬라어의 의미에 집중된다.

"나타나지 아니한 것"과 관련하여, 주어가 "길"이기 때문에 여기서 "열다"는 의미를 가지는 아노이고(*anoigō*)와 같은 동사를 예상할 수 있지만,

25 히브리서 저자가 앞으로 설명하듯이(히 10:11-12), 동물은 뜰에 있는 성막 밖의 제단 위에서 매일 두 차례 바쳐졌다(출 29:38-42; 민 28:3-4).

여기서는 '나타나다' 또는 '계시하다'를 의미하는 동사인 파네로오(*phaneroō*)가 나온다. 구약 성막의 두 방에 들어올 수 있는 사람을 제한하는 규정은, 모든 하나님의 백성이 하나님께 나아갈 수 있는 길이 구속사 가운데 아직 등장하지 않았음을 계시하는 성령의 방식이었다. 하나님께 나아가는 이 "새로운 살 길"(new and living way)은 그리스도의 제사장 사역을 통해서만 모습을 드러낼 것이다(히 10:19-22).

"첫 장막"과 관련해서, ESV는 2, 3, 6, 7절에서 첫째와 둘째 장막(스케네)이 성막의 바깥과 안쪽 '구역'("sections") 또는 방(성소와 지성소)이라고 올바르게 지적한다. 학자들은 8절의 언급이 성소만 가리키는지(ESV가 그렇다) 아니면 첫 번째 언약과 관련된 지상의 성소 전체를 가리키는지를 두고 논쟁을 벌인다. 본문의 개념적 난점을 해소하는 가장 개연성 높은 해결책은 (앞으로 우리가 보듯이) ESV의 일관된 해석을 지지한다. 곧 지성소로 들어가는 길이 열리는 것은 예배의 중심지인 "첫째 구역", 다시 말해 많은 제사장이 거주하면서 끊임없이 활동하는 성소가 제거되는 것에 달려 있다.

"서 있을 동안"과 관련해서, 이례적인 헬라어 단어[스타신(*stasin*)]는 쟁점이 첫째 '구역'이 여전히 존재하는지 여부가 아니라 하나님이 정하신 예배 장소로 여전히 기능하고 있는지 여부임을 시사할 것이다. 첫째 구역이 여전히 하나님이 승인하신 예배 장소로 "서 있는" 한, 제약은 유지되고 대제사장 이외에 모든 사람은 하나님 앞에서 배제된다.

"현재까지"와 관련된 질문은 다음과 같다. 저자가 염두에 두고 있는 세대는 첫 번째 언약의 성소가 이스라엘의 예배 장소로서 역할을 하고 있던 그 당시 세대인가? 아니면 그리스도의 제사장적 중재가 작동하는 현재 세대인가? 달리 표현해보면, "현재"는 그리스도께서 개시하신 "개혁할 때"보다 이전인가? 아니면 "개혁할 때"와 같은 시기인가?(10절) 히브리서 저자의 사고 틀과 더불어 신약 다른 곳에 나오는 비슷한 표현(마 12:32; 갈 1:4; 엡 1:21)의 의미도 첫째 구역과 그 규정이 상징하는 "현재"가 "개혁할 때"의 등장으로 인해 종결되었다는 결론을 뒷받침한다.

언어학의 결론을 하나로 모아보면, 우리는 저자의 추론을 추적할 수 있다. 성경에서 말씀하시고(10:15) 사도적 교회에서 활동하시는(2:4; 6:4) 성령께서 보여준 사실은, 이제 성막의 두 구역이 하나님의 구속 계획에서 두 가지 연이은 언약과 세대에 적합한 두 가지 예배 방식을 상징[파라볼레(*parabolē*), 개역개정은 "비유"]한다는 것이다. 우리의 논의에서는 성소와 지성소를 각각 성막의 '바깥'과 '안쪽' 구역이라고 불렀지만, 히브리서는 '첫째'와 '둘째'라고 부른다. 두 구역의 공간적 관계(대제사장은 '둘째'에 들어가기 위해 '첫째'를 통과해야 한다)도 연대기적인 연속을 상징한다.

많은 제사장이 양심을 깨끗하게 하지 못하는 행동을 반복해서 수행했던 첫째 구역(바깥 방)은 옛 언약의 '전체' 지상 성소와 그 희생 제사("현재"의 불완전함에 시달리는 제도)의 미흡함을 보여준다. 많은 제사장이 바쳤던 "예물과 제사"는 "섬기는 자[예배자]를 그 양심상 온전하게 할 수 없[었다]." 염소와 황소의 피와 마찬가지로 음식과 음료와 씻음에 관한 제의적 규정은 "육체"[사르크스(*sarx*), 13절에도]만 건드릴 뿐, 양심에서 죄의 오염을 제거할 수 없었다. 이 제도가 기능을 발휘하는 한, 하나님의 지성소로 들어가는 길은 숨겨져 있었다.

다른 한편, 대제사장이 홀로 속죄의 피를 갖고 1년에 한 번 들어갔던 둘째 구역은, 그리스도께서 신자들의 양심을 깨끗하게 하려고 단번에 흘리신 자신의 피를 갖고 "더 크고 온전한 장막"인 하늘에 들어가심을 예시한다(9:11-14). 그분이 "세상 끝에" 역사 속에 등장하심으로써(26절) "개혁할 때"가 시작되었다. 그리스도의 희생과 높아지심으로 말미암아 주님과 그분의 백성들 사이에 제한 없는 친교가 시작되었기 때문이다. 모든 사람이 하나님 앞에 나아가는 길이 마침내 "개혁"[디오르토시스(*diorthōsis*), "set right"]되어 나타났다. 이 단어는 손상되거나 결함이 생긴 것의 교정을 의미한다. 관련 있는 단어가 사도행전 24:2에서 정치적이거나 사회적인 개혁을 가리키고, 동족 동사가 칠십인역 예레미야 7:3-5에서 '바로잡다'라는 의미로 나온다. 첫 번째 언약의 성소로 나아가지 못하도록 막는 제약은, 하나님의 백성이 그분 앞에 나아가는 길이 만들어지려면 근본적인 수정이 필요하다는 성령의 신호였다.

응답

눈부신 장면이 어떻게 우리의 감각을 빼앗고 우리 마음을 경이로움과 외경심으로 사로잡는지를 알 때, 우리는 하나님이 그분의 장엄하심에 대한 거룩한 경외로 이스라엘 백성을 압도하기 위해 구약의 성소(성막과 그 뒤의 성전)를 놀라운 아름다움 가운데 설계하신 이유를 이해할 수 있다. 금은 그분의 영광을 반사하여 기구들을 빛나게 했다. 제사장은 하나님의 빛을 비추는 임재, 음식을 제공하는 그분의 신실하심, 항상 들으시는 그분의 귀에 관한 상징을 끊임없이 관리했다. 1년에 한 번 공동체 전체를 위해 무죄한 피가 흘려졌는데, 이는 죄의 오염을 덮음으로써 죄의 공정한 징벌을 피하기 위한 것이었다. 분명 눈으로 볼 수 있는 모든 것을 통해 믿음이 굳건해져야 한다! 그런데 히브리서가 우리에게 알려주는 바에 의하면, 가시적인 광채 및 수많은 중재자의 갖가지 행동은 언약의 친교가 개정되어야 할 중대한 필요 가운데 있다는 징후였다. 창조주 앞에서 환대받고 싶은 우리의 희망은 멋지게 설비된 기구나 세련된 의식이 아니라, 하나님의 아들이신 예수님의 유일한 희생과 하나님의 오른편에서 드려지는 그분의 결코 다함없는 중보 기도 안에 있다. 우리 믿음의 초점을 그분께 맞추는 것은 "경건함과 두려움으로 하나님을 기쁘시게 섬[기는]" 것이다(12:28).

히브리서 9:11-28 개관

첫 번째(시내산) 언약(8:7-13)과 그것의 성소와 예배의 미흡함을 묘사한(9:1-10) 히브리서 저자는, 성소와 희생 제사와 언약이라는 주제와 관련하여 그리스도의 대제사장 사역이 가지는 우월성을 살핀다. 그리스도께서 섬기시는 성소는 하늘 자체이고, 그분이 바치는 희생 제사는 그분의 피다(9:11-14, 21-28). 그리스도는 죽음을 통해 옛 언약을 넘어서심으로써 자신의 삶을 몰수당한 사람들을 구속하셨다. 이로써 그분은 그들의 영원한 복됨을 보증하는 새 언약을 중재하신다(9:15-20).

9장

11 그리스도께서는 장래 좋은 일의 대제사장으로 오사 손으로 짓지 아
니한 것 곧 이 창조에 속하지 아니한 더 크고 온전한 장막으로 말미암
아 12 염소와 송아지의 피로 하지 아니하고 오직 자기의 피로 영원한
속죄를 이루사 단번에 성소에 들어가셨느니라 13 염소와 황소의 피와
및 암송아지의 재를 부정한 자에게 뿌려 그 육체를 정결하게 하여 거
룩하게 하거든 14 하물며 영원하신 성령으로 말미암아 흠 없는 자기를
하나님께 드린 그리스도의 피가 어찌 너희 양심을 죽은 행실에서 깨
끗하게 하고 살아 계신 하나님을 섬기게 하지 못하겠느냐

11 But when Christ appeared as a high priest of the good things that have
come,[1] then through the greater and more perfect tent (not made with
hands, that is, not of this creation) 12 he entered once for all into the holy
places, not by means of the blood of goats and calves but by means of
his own blood, thus securing an eternal redemption. 13 For if the blood
of goats and bulls, and the sprinkling of defiled persons with the ashes
of a heifer, sanctify[2] for the purification of the flesh, 14 how much more
will the blood of Christ, who through the eternal Spirit offered himself

without blemish to God, purify our[3] conscience from dead works to serve the living God.

1 Some manuscripts *good things to come* *2* Or *For if the sprinkling of defiled persons with the blood of goats and bulls and with the ashes of a heifer sanctifies* *3* Some manuscripts *your*

단락 개관

양심을 깨끗하게 하는 그리스도의 피

구약의 대제사장이 일 년에 한 차례 지성소에 들어감으로써 예시했던 실재가 이제 그리스도, 곧 하나님이 새 언약에서 약속하신 좋은 것들을 전달하는 대제사장의 인격과 사역에서 나타났다. 그리스도께서 들어가신 성소와 그분이 하나님께 드린 희생 제물의 피는 둘 다 첫 번째 언약의 지상 성소와 그 제의보다 우월하다. 그 결과, 그리스도는 그분을 신뢰하는 이들이 손으로 만든 장막에 접근하지 못하게 막는 것을 잠시 중지하신 것이 아니라 영원한 구속과 하나님의 하늘 성소에 한없이 접근하는 것을 보장하셨다. 이제 그리스도께서 죽음을 낳는 악행으로부터 우리의 양심을 정화하셨기 때문에, 우리는 살아계신 하나님을 섬길 수 있고 섬겨야 한다.

단락 개요

Ⅰ. 그리스도는 대제사장으로 등장하여 새 언약의 좋은 복을 허락하셨다(9:11-12)

A. 그분은 사람의 손으로 만들지 않은 더 좋은 성소에 들어가셨다(9:11)

B. 그분은 동물의 피가 아니라 더 좋은 자신의 피를 가져가셨다(9:12a)

C. 그분은 영원한 구속을 보장하셨다(9:12b)

Ⅱ. 육체를 정결하게 하는 동물의 피는 양심을 정화하는 그리스도의 피를 예고했다(9:13-14)

A. 죽은 동물의 피와 재는 제의적인 정화를 낳는다(9:13)

B. 그리스도의 피는 양심의 정화를 낳는다(9:14)

주석

9:11-12 접속사 '그러나'("But", 개역개정에는 없음)는 제한적 규정과 피상적 정결 의식을 가진 옛 언약 시대와 그리스도의 등장과 함께 도래한 "개혁할 때"("time of reformation", 10절)의 대조를 알린다. 옛 언약의 지상 성소는 "장차 올 좋은 일의 그림자"였고(10:1), 그리스도의 등장과 더불어 새 언약의 더 좋은 약속(8:6)인 "좋은 일"이 '왔다'(9:11). 여기서 상당수 헬라어 사본은 10:1처럼 "장래 좋은 일"[멜론톤(*mellontōn*)]이라고 읽는다. 수는 적지만 더 믿을만한 사본들은 '이미 온 좋은 일'[게노메논(*genomenōn*)]이라고 읽는다. 이 읽기가 구약의 '아직 오지 않은'(not yet) 상황(9:8-10)으로부터 그리스도

의 등장에 의해 시작된 새 시대로의 전환에 더 잘 어울린다.

대제사장으로서 그리스도의 사역은 구약 대제사장이 속죄일에 했던 사역과 비슷하지만, 그보다 훨씬 좋다(9절). 대제사장은 "일 년에 한 번" 지성소에 들어갔고(7절), 그리스도는 "단번에"("once for all") 하늘의 성소에 들어가셨다(12절). 물론 "일 년에 한 번"은 "단번에"를 불완전하게 예고했다. 구약 대제사장은 그 일을 "해마다…자주[반복해서]" 했고(9:25) 그가 바쳤던 제사는 "해마다 죄를 기억하게 하는 것"이었기 때문이다(10:3). 고대의 대제사장은 둘째 구역(지성소)에 들어가기 위해 성막/성전의 첫째 구역(성소)을 통과했다. 따라서 그리스도께서도 "더 크고 온전한 장막["section", 9:2, 3, 6, 7, 8의 스케네의 의미와 일관되게][을 거쳐]…성소에 들어가셨[다]." 대제사장은 자신과 다른 사람의 죄를 위해 피를 가져갔고, 그리스도는 다른 사람의 "영원한 속죄"를 보장하기 위해 염소나 송아지의 피가 아닌 자신의 피를 가져가셨다.

히브리서 저자는 대조를 강조하기 위해 교차 구조[26]를 사용한다.

그리스도께서는
(A) 더 크고 온전한 장막으로 말미암아(장막을 통해)
(B) 손으로 짓지 아니한 것 곧 이 창조에 속하지 '아니한'
(B′) 염소와 송아지의 피로 하지 '아니하고'
(A′) 오직 자기의 피로
영원한 속죄를 이루사 단번에 성소에 들어가셨느니라

하나님의 하늘 성소는 지상의 모형과 마찬가지로, 두 개의 방으로 구성된 것으로 묘사된다(8:5). 그리스도는 "더 크고 온전한 장막"을 거쳐(승천하여, 4:14) "성소", 곧 하늘의 지성소에 들어가셨다. 그리스도께서 하늘 성소

26 William L. Lane, *Hebrews 9-13*, WBC (Dallas: Word, 1991), 237.

로 들어가신 입구는 (성막과 달리) 사람의 손으로 만들어지지 않았기 때문에(출 31:1-11), 창조된 우주를 물들인 가변성에서 제외되어 있다(히 1:10-12; 12:26-28, 참고. 막 14:58; 행 7:48). 이에 반해 유대교의 제2성전은 이 설교 편지가 작성되고 겨우 몇 년 뒤에 로마 군병들 손에 무너져 폐허가 되었다.

그리스도의 희생 제사의 우월하심은 그분이 들어가신 성소와 잘 어울린다. "자기의[그리스도의] 피"는 염소와 송아지의 피를 넘어선다. 그것은 동물의 죽음이 사람의 죄를 속죄할 수 없기 때문이다(히 10:4). 뿐만 아니라 그리스도의 피는 그분이 하나님의 많은 아들들을 영광으로 인도하기 위해 성육신하신 하나님으로 몸소 견디셨던 고난을 상징하기 때문이다(2:10-12). 고대 이스라엘의 대제사장은 해마다 "다른 것의 피"를 갖고 지성소에 들어갔다(9:25). 예수님은 "자기 피로써 백성을 거룩하게 하려고" 고난을 당하셨다(13:12, 참고. 행 20:28).

그리스도의 사역은 그 결과에서도 구약 대제사장의 사역을 넘어선다. 그리스도의 사역은 "영원한 속죄"를 보장하셨다. "영원한"과 "속죄" 모두 그리스도의 사역을 이전의 대제사장의 사역보다 돋보이게 한다. 그리스도께서 "단번에" 드린 희생 제사는 양심을 온전히 깨끗하게 하기 때문에, 그 정화하는 효과는 '영원하다'(히 10:3, 10-12). "영원한"[아이오니오스(*aiōnios*)] 배후에 있는 헬라어 단어는 무한한 기간만이 아니라 '장차 올 세상'에 참여하는 것도 가리킨다. 그 세상은 양적인 면에서만이 아니라 질적인 면에서도 현 세대보다 훨씬 좋을 것이다(히 6:5, 참고. 2:5; 13:14; 마 12:32; 막 10:30; 롬 8:18; 엡 1:21).

"속죄"[뤼트로시스(*lytrōsis*)]는 죄의 용서와 더불어 죄책에서 벗어나는 구원을 모두 내포한다. 이는 15절의 "범한 죄에서 속량하려고 죽으사"에 나오는 동족 단어[아폴뤼트로시스(*apolytrōsis*)]에 의해 확인된다. 죄는 사람들에게서 하나님께 나아가는 자격을 박탈할 뿐만 아니라 그들을 하나님의 진노 아래 둔다. 더 나아가 구속은 종살이에서 벗어나는 해방도 내포한다(눅 1:68-71; 2:38; 24:21; 딛 2:14; 벧전 1:18). 그리스도는 죽음을 야기하는 마귀를 물리치고 마귀의 노예들을 자유롭게 하기 위해 돌아가심으로써 '장차 올 세상'의 구속을 성취하셨다(히 2:14-15).

9:13-14 그리스도의 희생 제사가 이룬 더 우월한 성취가 이제 또 하나의 '사소한 것에서 중요한 것으로' 논법에 의해 뒷받침된다(참고. 2:2-4 주석). 죽은 동물의 피와 재가 육체를 제의적으로 정화했다면(9:9-10), 그리스도의 피는 얼마나 더 효과적으로 예배자들의 양심을 정화하여 하나님 앞에서 섬길 자격을 그들에게 부여하겠는가! 정기적인 속죄 제사(레 4장)와 속죄일(레 16장)을 위한 염소와 황소의 피 흘림에 덧붙여, 히브리서 설교자는 "암송아지의 재를…뿌[리는]" 정결 의식을 언급한다. 이것은 사람의 시신에 접촉하여 제의적으로 오염된 이들을 깨끗하게 하는 의식이다(민 19장). 이 모든 희생 동물은 육체적으로 '흠이 없어야'[아모몬(*amōmon*)] 한다(레 4:3, 23, 28, 32; 민 19:2).

그리스도는 육체적으로만 아니라 영적 · 도덕적으로 "흠 없는"(아모몬) 분으로 "자기를…드[리셨다]." 그분은 "죄는 없으시[고]"(히 4:15) "거룩하고 악이 없고 더러움이 없[으셨기]" 때문에(7:26), (레위계 대제사장과 달리) 자신의 죄를 위한 제사가 전혀 필요 없었고(5:2-3; 7:27) 다른 사람을 위한 흠 없는 대속물을 드리실 수 있었다. 그리스도는 "영원하신 성령으로 말미암아" 죽음을 통해 자신을 바치셨다. 하나님께서 왕적인 메시아요 고난 받는 종으로서 그분이 이루실 구속 임무를 위해(눅 3:21, 2:7과 사 42:1에 대한 암시) 성령으로 기름을 부으셨기 때문이다(1:8-9; 행 10:38). 성령은 "영원"(아이오니오스)하시다. 그것은 성령이 하나님이시기 때문이며, 뿐만 아니라 새 창조의 능력에서 이미 나타났듯이 성령의 현존이 장차 올 세대(아이온)의 특징이기 때문이다(히 2:4; 6:4-5).

그리스도의 더 큰 희생은 더 깊은 정화를(육체만이 아니라 양심의) 성취하신다. '깨끗하게 하다'[카타리조(*katharizō*)]라는 말은 예레미야의 새 언약 예언의 또 다른 표현에서 등장한다. "내가 그들을 내게 범한 그 모든 죄악에서 정하게 하며 그들이 내게 범하며 행한 모든 죄악을 사할 것이라"(렘 33:8=칠십인역 40:8). 히브리서 설교자에게 "죽은 행실"이란, 하나님의 율법을 위반한 것으로 마땅히 죽어야 할 범죄다(히 6:1, 참고. 2:14-15; 10:26-31). 죄의 오염과 처벌로부터 깨끗해질 때 하나님 앞에 나아가는 길이 열리고, 따라서 그리스도를 신뢰하는 이들은 확신을 갖고 하나님께 나아갈 것이다(10:2, 9-14, 22). 우리가 이제 그분의 지성소에서 "살아계신 하나님을 섬[길]" 수 있다는 사실은, 히브리서 저자가 예배와 관련된 동사 '섬기다'[라트류오(*latreuō*)]를 사용한 데서 암시된다. 이 단어는 성막에서의 제사장의 활동을 서술하기 위해 사용된 명사[라트레이아(*latreia*)]와 연관되어 있다(9:1, 6). 그는 동일한 단어를 우리가 드리는 감사 예배에 적용할 것이다(12:28). 이것은 우리가 "살아계신 하나님"을 예배한다고 히브리서 설교자가 지적하는 네 개의 본문 가운데 두 번째 것이다(3:12; 10:31; 12:22, 참고. 살전 1:9).

응답

자신을 바치신 그리스도의 희생은 우리의 이해력을 넘어서는 은택을 신자들에게 부어주신다. 그분의 피는 수치심에 휩싸여 자신을 고발하는 양심의 비난을 잠재운다. 그리스도는 사탄을 격파하여 무장해제 하시고, 사탄은 죽음의 두려움을 이용하여 더 이상 우리를 고발하거나 예속할 수 없다. 그런데 그리스도의 죽음은 정화와 용서와 해방을 통해 "영원한 속죄"를 바라는 우리의 필요를 충족하는 것을 넘어 더 많은 일을 한다. 그분이 보장하신 구속의 목적은, "살아계신 하나님을 섬기[는]" 성별된 제사장으로 우리를 하나님 앞에 데려가는 것이다. 흔들리지 않는 나라를 받은 이들이라면, "경건함과 두려움으로 하나님을 기쁘시게 섬[기는]" 것이야말로 가장 적절한 응답이 아니겠는가?(12:28)

15 이로 말미암아 그는 새 언약의 중보자시니 이는 첫 언약 때에 범한
죄에서 속량하려고 죽으사 부르심을 입은 자로 하여금 영원한 기업
의 약속을 얻게 하려 하심이라 16 [1]유언은 [1]유언한 자가 죽어야 되나
니 17 [1]유언은 그 사람이 죽은 후에야 유효한즉 [1]유언한 자가 살아 있
는 동안에는 효력이 없느니라 18 이러므로 첫 언약도 피 없이 세운 것
이 아니니 19 모세가 율법대로 모든 계명을 온 백성에게 말한 후에 송
아지와 염소의 피 및 물과 붉은 양털과 우슬초를 취하여 그 두루마리
와 온 백성에게 뿌리며 20 이르되 이는 하나님이 너희에게 명하신 언
약의 피라 하고 21 또한 이와 같이 피를 장막과 섬기는 일에 쓰는 모든
그릇에 뿌렸느니라 22 율법을 따라 거의 모든 물건이 피로써 정결하게
되나니 피흘림이 없은즉 사함이 없느니라

15 Therefore he is the mediator of a new covenant, so that those who
are called may receive the promised eternal inheritance, since a death
has occurred that redeems them from the transgressions committed
under the first covenant.[1] 16 For where a will is involved, the death of
the one who made it must be established. 17 For a will takes effect only

at death, since it is not in force as long as the one who made it is alive.
18 Therefore not even the first covenant was inaugurated without blood.
19 For when every commandment of the law had been declared by
Moses to all the people, he took the blood of calves and goats, with
water and scarlet wool and hyssop, and sprinkled both the book itself
and all the people, 20 saying, "This is the blood of the covenant that
God commanded for you." 21 And in the same way he sprinkled with
the blood both the tent and all the vessels used in worship. 22 Indeed,
under the law almost everything is purified with blood, and without the
shedding of blood there is no forgiveness of sins.

1) 헬, 언약

1 The Greek word means both *covenant* and *will*; also verses 16, 17

9장

단락 개관

언약을 개시하는 피

속죄일에 흘린 희생 제물의 피는 대속물의 죽음만이 주님과 그분의 죄지은 백성들 사이의 언약을 유지할 수 있음을 보여주었다. 이 언약은 모든 것을 포괄하는 배타적인 충성에 대한 엄숙한 서약이었다. 언약을 깨트리는 것은 폭력적이고 수치스러운 죽음의 저주를 야기한다는 의미였다. 옛 언약은 죽은 동물의 사체와 피를 통해 비준되었으며 따라서 이 언약의 승인은 언약 파기자들에게 임할 파멸을 생생하게 예시했다. 모세는 시내산에서 맺은 첫 번째 언약을 개시하기 위해 피를 사용했다. 그렇지만 죽은 동물이 범죄한 인간 대신 하나님의 저주를 당할 수는 없었다. 오직 그리스도의 죽음만이 우리의 반역에 합당한 처벌을 피하게 하고 우리가 박탈당한 영원한 기업을 보장할 수 있었다.

단락 개요

Ⅰ. 첫 번째 언약의 파기자들을 죽음으로부터 구속하는 그리스도의 죽음은 새 언약 아래서 그들의 기업을 보장한다(9:15)

Ⅱ. 언약은 언약 파기의 치명적 결과를 상징하기 위해 피 흘림을 통해 개시되었다(9:16-17)

A. 언약은 언약 체결자의 죽음을 상징하는 죽은 동물이 바쳐졌을 때 확정된다(9:16-17a)

B. 언약은 언약 체결자가 충성 혹은 죽음의 서약에 자신을 얽어맬 때까지 효력을 발휘하지 않는다(9:17b)

Ⅲ. 모세는 첫 번째 언약을 개시하기 위해, 피 흘림을 사용하여 충성 혹은 죽음을 요구하는 쌍방의 헌신에 주님과 이스라엘을 얽어맸다(9:18-22)

A. 그는 주님의 두루마리와 백성들 위에 언약의 피를 뿌렸다(9:18-20)

B. 그는 장막과 예배용 그릇에 피를 뿌렸다(9:21-22)

주석

9:15 히브리서 저자는 그리스도께서 새 언약의 보증인이요 중보자라고 말했다(7:22; 8:6-7). 그런 다음 그는 옛 언약의 성소와 희생 제사에 대해, 그리고 어떻게 그리스도께서 자기 피를 갖고 하늘의 성소에 들어가심으로써 우리의 영원한 구원을 성취하셨는지에 대해 논의했다(9:1-14). 그런데 무슨 이유로 죽음과 피 흘림이 포함된 의식이 이스라엘 예배와 하나님의 언약(디아테케)의 중심에 있는가? 그 대답은, 주님이 자기 백성들과 언약 관계를 개시하심으로써 그들에게 부여하신 배타적이고 포괄적인 서약 속에 있다. 가능한 결과는 두 가지 뿐이다. 언약의 종들이 신실했다면, 그들은 복("영원한 기업")을 받을 것이다. 그렇지 않다면, 그들은 저주('죽음')를 견뎌야 할 것이다.

모세는 이스라엘 백성에게 전한 고별 설교에서 이 상반된 선택지에 대해 상세하고 생생하게 설명했다(신 28장). 언약의 엄숙성은 언약의 명령을 어긴 이들이 그 저주를 피하기 위해 반드시 죽음이 일어나야 한다고 요구했다. 하지만 이스라엘 백성은 "내[하나님의] 언약 안에 머물러 있지 아니[했다]"(히 8:9). 그들은 기근, 폭력, 유배, 질병, 죽음을 포함하여 끔찍한 언약의 저주를 자초했다. 그들은 구속을 받아야 했는데, 이는 무죄한 대속물인 그리스도께서 죽으심으로써만 이뤄질 수 있었다. 그리스도의 피는 죽을 수밖에 없는 반역 행위로부터 언약 파기자들을 정결하게 했다(9:14).

9:16-17 ESV 역시 대부분의 번역본이나 해석자들과 비슷하게 여기서 논의가 갑자기, 순식간에, 돌연 성경의 언약에서 출발하여(15절), 그리스-로마 법률 체계에 속하는 마지막 유언과 유서 집행으로 바뀌었다가(16-17절), 그 뒤에 다시 성경의 언약으로 돌아오는 것(18-20절)처럼 보인다[NASB는 9:16-17에서 디아테케를 번역하는 데 '언약'("covenant")을 사용하지만, 16-17절에서 디아테케는 유언자가 죽은 뒤 이루어지는 유언의 집행을 가리키는 것이기도 하다]. 널리 퍼진 이러한 해석 전통은 저자가 "기업"("inheritance")을 언급함으로 인해 법률적

문맥으로 전환했다고 주장한다. 곧 살아 있는 당사자 사이의 언약에서 유언자가 죽은 뒤 시행될 조항이 담긴 유언으로 바뀌었다는 것이다.[27] 하지만 15, 18절에서 "언약"으로 번역된 단어(디아테케)는 16-17절에서 "유언"으로 번역된 것과 동일한 단어다. 이 헬라어 단어는 종종 성경 외 헬레니즘 문헌에서 '마지막 유언과 유서'를 의미했다. 그런데 또한 디아테케는 칠십인역에서 히브리어 단어 베리트(*berit*, 언약)를 번역할 때 일반적으로 사용한 단어였다. 그렇다면 히브리서 저자는 칠십인역과 성경의 개념에 깊이 영향을 받았으면서도, 예수님의 죽음과 첫 번째 디아테케를 위반한 것의 관계에 대한 논의에 세속적인 헬레니즘 개념을 끌어들이기 위해 갑자기 연결을 전환시킨 것인가?

고대 근동의 조약과 성경의 언약에 대한 최근 연구에 의하면, 히브리서 저자는 16-17절에서 성경의 언약 비준 의식을 염두에 두고 있다. 이 해석은 분명 이 두 구절과 그 문맥 사이에서 이뤄지는 '추론적 연결'을 ("유언" 관점보다) 훨씬 잘 납득하게 해주며, 또한 '헬라어 어휘의 특이성'을 설명해준다.[28] 우선 16-17절과 전후 문맥을 연결해주는 추론에 대해 생각해보자. 접속사 '왜냐하면'(가르, "For", 개역개정에는 없음)은 디아테케와 죽음을 연결하는 16절이 이전의 주장(15절)을 뒷받침한다는 것을 보여준다. 그 주장은, 첫 번째 디아테케(시내산에서 맺어진 언약)의 위반으로부터 구속을 이루기 위해 죽음이 필요했다는 것이다. 18절에서 첫머리의 "이러므로"[호스텐(*hothen*)]는 16-17절에서 일반적인 용어로 묘사된 죽음-디아테케라는 연결이 시내산에서 언약을 개시하기 위해 모세가 "언약의 피"를 뿌린 구체적인 사건을 통해 이해될 수 있음을 시사한다.

ESV는 본 구절에서 '특이한 헬라어 어휘'를 순화하여 번역하였다. "언

27 예를 들어, Geerhardus Vos, *The Teaching of the Epistle to the Hebrews* (Grand Rapids, MI: Eerdmans, 1956), 28-29, 39-40; Bruce, *Hebrews*, 221-224; Johnson, *Hebrews*, 240.

28 O. Palmer Robertson, *The Christ of the Covenants* (Phillipsburg, NJ: P&R, 1980), 138-144; John J. Hughes, "Hebrews IX 15ff. and Galatians III 15ff.: A Study in Covenant Practice and Procedure," *NovT* 21 (1979): 27-96; Lane, *Hebrews 9-13*, 242-243. 참고. O'Brien, *Hebrews*, 328-332.

약을 맺은 이의 죽음이 실현되어야 한다. 유언은 죽음에 의해서만 효력을 발휘할 것이기 때문이다"("The death of the one who made it *must be established*. For a will *takes effect* only *at death*"). 이것은 일리 있는 해석이다. 그렇지만 헬라어를 더욱 문자적으로 번역하면 다음과 같을 것이다. "언약을 맺은 이의 죽음이 반드시 '가져온 바 되어야 한다'[페레스타이(*pheresthai*)]. 이는 디아테케가 '죽은 것들 위에서'[에피 네크로이스(*epi nekrois*)] '확정되기'[베바이아(*bebaia*)] 때문이다"(The death of the one who made it *must be brought*. For a *diathēkē* is *confirmed over dead things*). 만약 유언을 염두에 두고 있다면 유언자의 죽음을 '가져오는 것'은 아마 그의 죽음에 대한 증거(오늘날의 사망 진단서에 해당하는 고대의 대응물)를 요구했을 것이고, 이로써 재산의 정리가 시작되었을 것이다. 하지만 이 해석은 복수의 '죽은 것들'(네크로이스, ESV는 이 단어를 단수 추상 명사인 "death"로 번역한다)을 설명하지 못한다. 만약 16-17절이 언약의 개시를 가리킨다면, 언약 체결자가 언약을 파기할 경우 그에게 임할 자기 저주 맹세와 저주를 상징하는 동물의 사체는 그에게 '죽음'을 상기시킨다. 죽어 쪼개진 사체가 포함된 언약 비준 의식이 창세기 15:8-21(여기서 주님은 언약의 저주를 자기 자신에게 적용하셨다)과 예레미야 34:8-20(여기서 언약의 서약을 깨트린 유대인들은 동물의 사체 사이를 지나감으로써, 그것이 상징했던 저주받은 죽음을 자신들에게 부과했다)에서 묘사된다.

17절의 마지막 문구인 "유언한 자가 살아 있는 동안에는 효력이 없느니라"로 인해, 디아테케의 해석으로 유언과 언약을 모두 취하기는 힘들다. 우리 시대와 마찬가지로, 고대 세계에서 유언은 유언자에 의해 인증되자마자 법적 문서로서 "효력"을 발휘했다. 재산 분배에 관한 조항의 실행만이 유언자의 죽음을 기다렸을 뿐이다. 하지만 만약 디아테케가 16-17절에서(더불어 전후 구절에서) "언약"을 의미한다면, 17절의 이 문구는 언약 체결자가 충정을 지키겠다고(그렇지 않으면 폭력적 죽음을 감수하겠다고) 스스로 서약하면서 자기 저주 맹세를 할 때까지 언약은 비준된 것이 아니라는 의미가 될 것이다. 어떤 학자는 이렇게 기록한다. "이 문구에는 언약 비준자가 자기 자신을 대리적 죽음을 통해 자신의 맹세에 스스로 얽어맬 때까지, 언약

9장

은 결코 보증되지 않는다는 법적 상황이 정확히 반영되어 있다."[29]

9:18-20 시내산 언약의 비준은 16-17절의 원리를 예시한다. 즉 살아계신 하나님과 언약 관계에 들어가는 것은 치명적이고 위험한 일이다! 시내산 언약 개시(18-20절)와 성소의 성별(21-22절)에 관한 서술은 둘 다 피에 의해 교차 구조로 묶인다.

(A) 피 없이…아니니
(B) 율법대로
(C) 뿌리며
(D) 이는…언약의 피라
(C′) 뿌렸느니라
(B′) 율법을 따라
(A′) 피 흘림이 없은즉[30]

물론 시내산 언약의 개시와 관련해서는 동물의 사체 사이를 지나가는 의식이 언급되지 않지만, 시내산 의식에서 희생 제물의 피를 뿌린 것은 언약이 파기될 경우 발생할 치명적 결과를 상징한다. 종의 복됨을 보장하기 위해 주님이 스스로 의무를 부과하면서 아브라함과 맺으셨던 언약과 달리, 시내산에서는 백성들에게와 주님을 상징하는 물건에 피를 뿌렸다(출 24:3-8). 출애굽기 기사에 의하면, 모세는 죽은 동물의 피 절반을 주님의 제단에 뿌리고 율법책을 낭독했으며, 그런 다음 나머지 피를 "여호와의 모든 말씀"을 지키겠다고 맹세한 백성들 위에 뿌렸다. 히브리서는 두루마리 자체와 백성들에게 피를 뿌렸다고 말한다. 두 본문 모두 피를 백성들에게 바른

29 Lane, *Hebrews 9-13*, 243.

30 O'Brien, *Hebrews*, 327에서 재인용. 원출처: K. Backhaus, *Der Neue Bund und das Werden der Kirche* (Münster: Aschendorff, 1996), 185.

다고 말하는데, 이것이 히브리서 저자의 요점이다. 곧 시내산에서 이스라엘은 주님의 언약을 지키겠다고, 그렇지 않으면 그분의 저주 아래 폭력적인 죽음을 당하겠다고 스스로 맹세했다.

히브리서는 출애굽기 24장에 나오지 않는 다른 특징(송아지를 비롯해 염소, 물, 붉은 양털, 우슬초 등)을 언급한다. 히브리서 저자와 독자들은 성경에 보존되지 않은 구두 전승을 알고 있었을 것이다. 송아지와 염소의 피는 둘 다 속죄일 의식의 핵심이었다(히 9:12, 참고. 레 16장). 다른 정결 의식과 관련된 특징의 언급은 백성들에게 만연한 오염을 강조할 것이다(레 14장; 민 19장). 모세는 '이는 하나님이 너희에게 명하신 언약의 피라'(참고. 출 24:8)고 선언했는데, 예수님은 이 선언을 주의 만찬을 제정하셨을 때 "이것은 '나의' 피 곧 언약의 피니라"(마 26:28)라고 전용하셨다.

9장

9:21-22 장막(성막)은 거룩하신 언약의 주님의 처소가 되어야 했다. 하지만 장막과 그 기구들은 이처럼 언약을 파기했고 오염되었으며, 죽어 마땅한 종들의 손으로 만들어졌다. 따라서 사람들과 마찬가지로, 성소 자체와 그 기물들에는 제의적인 정화가 필요했다. 히브리서 저자는 장막과 그 내용물의 성별에서 피의 사용을 강조한다. 출애굽기 역시 특별히 배합된 신성한 성별 기름을 사용하도록 규정했지만 말이다(출 30:22-33; 40:9-10). 피는 지성소의 분향단을 "속죄할" 때(출 30:1-10)와 거룩한 기름으로 뜰의 번제단을 성별할 때(레 8:15) 사용되었다.

옛 언약에 속한 성소의 절차에서 광범위한 피의 사용(또한 희생물의 끔찍한 죽음으로 만든 암송아지의 재)은 육체만 정화하는 효과가 있었고, 양심에 닿지는 못했다(히 9:9-10). 그런데 이런 의식들은 그 고유한 효과를 넘어서는 진리를 선언했다. 곧 죄악된 사람들이 언약의 저주로부터 구속되기 위해, 그들에게는 더럽혀진 기록을 깨끗이 씻어내는 온전하고 자유로운 용서가 필요했다. "그들의 죄를 다시 기억하지 아니하리라"(8:12)는 하나님의 약속을 성취하기 위해 그들에게는 정의의 하나님, 곧 언약 파기를 덮어주는 데서 머물지 않는 분이 필요했다. 이런 용서는 "피 흘림이 없은즉" 이뤄질 수 없다. 그리고 우리의 얼룩진 양심을 깨끗이 씻을 수 있는 피는 “흠 없고 점 없는 어린양 같은 그리스도의 보배로운 피”(벧전 1:19)뿐이다.

응답

현대의 그리스도인들은 종교적 ‘서약’에 대해 가볍고 소비주의적인 태도를 보이는 경향이 있는 것 같다. 이런 사고방식을 가진 이들에게 그리스도를 믿는 믿음은, 개인적 문제들에 대한 여러 잠정적 해결책 가운데 ‘한번 시도해볼’ 만한 한 가지처럼 보일 것이다. 만약 믿음이 ‘통하지’ 않거나 ‘효과’가 없다면, 아니면 무엇인가 더 흥미로운 것이 나타난다면 그는 약간 상실감을 느끼면서 다른 데로 옮겨갈 것이다. 히브리서가 요약하는 성경의 언약의 세계는 하나님과 우리의 관계를 훨씬 더 진지하게 받아들인다. 우리는 돌이킬 수 없는 배교의 위험에 대해서 무서운 경고를 들었다(히 6:4-8). 이제 우리는 살아계신 하나님과의 언약 관계 속에 들어가는, 생사가 달린 결과를 마주한다. 그분은 하찮게 여겨지거나 그냥 ‘한번 시도해볼’ 그런 분이 아니다. 시내산에서 이스라엘 백성들은 거룩한 남편을 저버릴 경우 그들이 겪을 죽음에 대한 잔혹한 예고를 목도했다. 하지만 그들의 충성은 우리의 충성이 흔히 그러하듯이 오래 지속되지 않았다. 히브리서 설교자는 우리에게 깊은 진지함과 드높은 기쁨을 요청한다. 진지해야 하는 이유는 하나님의 거룩한 명령을 파기할 때, 마땅히 그분의 손에 철저히 파멸되기 때문이다. 반면 기뻐해야 하는 이유는 하나님께서 우리 대신 진노를 담당하심으로써 우리를 파멸로부터 구속하고 또한 우리에게 영원한 기업을 주시기 위해, 자기 아들을 대제사장이요 흠 없는 제물로 보내셨기 때문이다.

23 그러므로 하늘에 있는 것들의 모형은 이런 것들로써 정결하게 할
필요가 있었으나 하늘에 있는 그것들은 이런 것들보다 더 좋은 제물
로 할지니라 24 그리스도께서는 참 것의 그림자인 손으로 만든 성소에
들어가지 아니하시고 바로 그 하늘에 들어가사 이제 우리를 위하여
하나님 앞에 나타나시고 25 대제사장이 해마다 다른 것의 피로써 성소
에 들어가는 것 같이 자주 자기를 드리려고 아니하실지니 26 그리하면
그가 세상을 창조한 때부터 자주 고난을 받았어야 할 것이로되 이제
자기를 단번에 제물로 드려 죄를 없이 하시려고 세상 끝에 나타나셨
느니라 27 한 번 죽는 것은 사람에게 정해진 것이요 그 후에는 심판이
있으리니 28 이와 같이 그리스도도 많은 사람의 죄를 담당하시려고 단
번에 드리신 바 되셨고 구원에 이르게 하기 위하여 죄와 상관 없이 자
기를 바라는 자들에게 두 번째 나타나시리라

23 Thus it was necessary for the copies of the heavenly things to be
purified with these rites, but the heavenly things themselves with better
sacrifices than these. 24 For Christ has entered, not into holy places
made with hands, which are copies of the true things, but into heaven

itself, now to appear in the presence of God on our behalf. 25 Nor was it to offer himself repeatedly, as the high priest enters the holy places every year with blood not his own, 26 for then he would have had to suffer repeatedly since the foundation of the world. But as it is, he has appeared once for all at the end of the ages to put away sin by the sacrifice of himself. 27 And just as it is appointed for man to die once, and after that comes judgment, 28 so Christ, having been offered once to bear the sins of many, will appear a second time, not to deal with sin but to save those who are eagerly waiting for him.

단락 개관

그리스도의 하늘 성소와 최종적 희생 제사

히브리서 신학에서 언약과 희생 제사와 성소는 옛 언약과 새 언약 모두에서 서로 연결되어 있다. 희생 제물의 피는 옛 언약 개시의 핵심이었다. 그 피가 충성에 대해 보상하고 배신에 대해 처벌하는, 생사가 걸린 승인을 예시했기 때문이다(9:15-20). 희생 제물의 피는 죄악된 인간 기술자(artisans)에게서 배어든 오염을 제거하여 구약의 성소와 그 기구를 성별하기 위해 사용되었다(9:21-22). 그 이후부터 성소는 거룩한 곳이 되었고, 그곳에서 제사장들은 예배자들의 죄를 속죄하여 언약의 저주를 피하게 함으로써 주님과 그들의 교제를 유지하기 위해 제사를 드렸다.

첫 번째 언약의 지상 성소 및 희생 제사와 관련하여 이러한 관계를 검토했던(9:16-22) 히브리서 저자는 이제 새 언약의 하늘 성소와 새 언약의 중보자이신 그리스도의 역할로 시선을 돌린다(참고. 9:15). 그리스도께서 단번에 드린 자기 희생은 하나님과 우리의 언약적 친교를 유지한다. 그리스도의 희생의 우월성을 보여주는 두 가지 표식이 강조된다. (a) 그리스도의 피는 하늘 자체를(손으로 만든 모형이 아니라) 우리가 하나님께 나아가는 성소로 성별한다(9:23-24). (b) 그리스도는 많은 사람의 죄를 속죄하기 위해 그 성소에 단 한 번(반복적이 아니라) 들어가셨다(9:25-28). 이 단락은 9:11-12의 주제를 상세히 설명한다. 곧 그리스도는 창조된 우주에 속하지 않은 성소에 들어가셨고 그 일을 단번에 하셨으며, 그곳에 자기 피를(염소와 송아지의 피가 아니라) 가져가셨고 이로 말미암아 영원한 구속을 보장하셨다.

단락 개요

Ⅰ. 그리스도의 피는 우리의 예배 장소인 하늘의 성소를 정결하게 했다(9:23-24)
   A. 하늘 성소의 모형인 손으로 만든 장막은 동물의 피로 정결하게 되었다. 따라서 하늘 성소는 더 좋은 제물인 그리스도의 피로 정결해져야 했다(9:23)
   B. 우리의 대제사장이신 그리스도는 하나님 앞에서 우리를 대표하신다(9:24)

Ⅱ. 그리스도는 제사장의 사명을 단번에 성취하셨다(9:25-28)
   A. 레위계 대제사장과 달리 그리스도는 반복해서 지성소에 들어가지 않으셨지만, 자신을 희생함으로써 죄를 없애기 위해 시대의 정점에 한 번 들어가셨다(9:25-26)
   B. 모든 인간이 두 번의 결정적 순간을 직면하듯이, 그리스도도 그러셨다(9:27-28)

1. 모든 인간은 한 번 죽고, 그 후엔 심판에 직면한다(9:27)
2. 그리스도는 다른 사람의 죄를 위해 한 번 죽으셨고, 그 후에 그들을 구원하기 위해 돌아오실 것이다(9:28)

주석

9:23-24 22절은 손으로 만든 예배 기구의 정화(카타리조)와 인간의 죄 용서를 연결했다. 이러한 연결은 '지상'의 성소와 거기에 속한 기구를 피로 성별하는 것을 이해하도록 해준다. 하나님의 거룩한 거처로서 기능하기 위해 인간의 오염된 손으로 만든 물건들은 제거되어야 했다. 이런 정결에는 피 흘림이라는 죄 용서를 위한 전제 조건이 필요했다. 이제 히브리서 저자의 "하물며"("how much more") 논의는 급작스런 전환에 이른다. 손으로 만든 지상의 장막을 정화하기 위해 동물 제사가 필요했다면, "하늘에 있는 그것들", 곧 '손으로 만들지 않은' 지성소를 정화하기 위해 얼마나 더 많은 제사가 필요했겠는가!(24절, 11절의 반향) 이러한 추론은 설교 곳곳에 배어 있는 주제와 일치한다. 그리스도와 새 언약은 모든 면에서 하나님이 자기 백성을 위해 주신 이전의 규정보다 우월하다(1:1-4; 2:1-4; 3:5-6; 4:14-5:10; 7:1-28; 8:6-13; 9:11-14 등). "더 좋은 제물"은 무죄한 대제사장이요 "흠 없는" 제물이신 그리스도께서 자신을 바친, 반복될 수 없는 단 한 번의 제사를 가리킨다.

그런데 왜 사람의 손이 닿지 않았고 사람의 죄에 오염되지 않은 "바로 그 하늘"이 "정결하게"(카타리조) 되어야 하는가? 아마 "하늘에 있는 것들"은 하나님의 하늘 성소만이 아니라 그곳에서 예배해야 할 사람들도 가리킬 것이다. 분명, 성막과 그 내용물은 "하늘에 있는 것들의 모형[휘포데이그마타(*hypodeigmata*)]"이다. 따라서 "하늘에 있는 것들"은 모세가 산 위에서 보았던 초월적인 지성소를 가리키는 것이 확실하다(8:5). 하지만 피로써 성막을 성별하는 것은 그곳에서 하나님을 만나는 예배자들의 용서와 밀접한 관련이 있었다(9:22). 이는 그리스도의 희생 제사를 통해 정결하게 된 "하늘에 있는 것들"이 그분의 살아 있는 성소로 묘사된 하나님의 백성임을 시사한다.[31] 하나님의 백성들이 그분의 거처라는 묘사는 신약 다른 곳에도 등장한다(고전 3:16-17; 엡 2:20-22; 벧전 2:4-8). 히브리서에서 이런 이미지는 예수님의 더 큰 영광을 "집 지은 자"의 영광과 비교하고, 그 뒤에 "우리는 그의 집이라"는 진술이 이어지는 부분에서 등장했다(히 3:3, 6).

우리가 "하늘에 있는 것들"의 정화를 어떻게 해석하든, 히브리서 설교자가 거듭 주장하는 논점은 그리스도의 대제사장 사역이 하나님의 참 성소의 지상 복제품이 아니라(8:5) "바로 그 하늘"에서 이루어진다는 것이다. 모든 대제사장은 속죄 제사를 드리고(5:1), 그래서 그리스도도 "무엇인가 드릴 것"이 필요하셨다(8:3). 그분은 다른 사람들의 죄를 정화하기 위해 자신을 바치셨다(7:27; 9:11-14). 이런 진술들은 구속사의 이 결정적 순간, 곧 대제사장이 하늘의 지성소에 들어가는 속죄일의 성취에 대해 우리를 준비시켰다.

9:25-26 히브리서 저자는 레위계 대제사장이 드린 반복된[폴라키스(*pollakis*), 두 절 모두에서] 제사와 그리스도께서 자신을 드린 단번의[하팍스(*hapax*), 27절] 제사가 이루는 대조를 살핀다. 대제사장이 "다른 것의 피로써" 성소에 들어간다는 언급은 속죄일을 염두에 두고 있음을 보여준다. 앞서 대제사장이 드물게("해마다") 지성소로 나아간다는 사실은, 하나님의 참 성소에 들어가는 길이 옛 언약 아래서는 계시되지 않았음을 보여주기 위해 인용되었다(7-8절). 하지만 레위계 대제사장이 일 년에 한 차례 행한 사역은 그리스도께서 단번에[에프하팍스(*ephapax*)] 하늘의 지성소에 들어가심을 예고한다(12절).

31 Bruce, *Hebrews*, 228-229; O'Brien, *Hebrews*, 336-338.

다른 관점에서 볼 때, 속죄일 의식이 해마다 반복해서 이루어졌다는 사실은 레위인의 의식이 사람의 양심으로부터 결코 오염을 제거할 수 없음을 보여주었다. 만약 "황소와 염소의 피"가 죄를 없앨 수 있었다면, "해마다 늘 드리는" 일이 행해지지 않았을 것이다(10:1-4). 그리스도께서 단번에 하늘의 지성소에 들어가셨을 때, 그분은 무한하게 훨씬 값진 피를 가져가셨다. 레위계 대제사장은 "다른 것의 피"(blood not his own) 곧 죽은 염소와 송아지의 피를 내놓았던 반면(9:12), 그리스도는 "많은 사람의 죄를 담당하시려고 단번에 드리신 바" 되셨을 때(28절) "자기를…제물로 드려 죄를 없이" 하셨다(26절).

그리스도께서 바친 제물은 자신의 죽음이었으므로 그분이 이 고난을 "세상을 창조한 때부터 자주[폴라키스]" 겪으셨다는 것은 생각할 수조차 없다. 오히려 그분은 구속사에서 정점의 순간인 "세상 끝에[에피 쉰텔레이아 톤 아이오논(*epi synteleia tōn aiōnōn*)]" 나타나셨다. 그리스도의 성육신과 사역, 죽음과 높아지심은 "모든 날 마지막"(1:1-2; 행 2:17)과 "말세[타 텔레 톤 아이오논(*ta telē tōn aiōnōn*)]"(고전 10:11, 참고. 마 13:39-40)의 도래를 표시하는 복합적인 사건을 형성한다.

9:27-28 인간의 보편적인 경험은 그리스도의 희생적 죽음이 단 한 번만 일어날 수 있었음을 더욱 명확히 입증한다. "한 번 죽는 것은 사람에게 정해진 것이요 그 후에는 심판이 있으리니"라는 주장은 동양 종교의 환생 신앙 및 물리적 죽음이 인간의 인격적 존재를 소멸시킨다는 서구의 유물론적 신념을 반박한다. 하지만 히브리서 설교자의 진짜 목적은 그리스도의 경험과 이루는 평행을 이끌어내는 것이다. 다른 사람의 죽음에는 최후의 심판이 뒤따를 것이다(롬 14:10; 고후 5:10; 계 20:11-15). 고난 받는 종으로서(사 53:4-5, 11-12) "많은 사람의 죄를 담당하시려고" 죽으신 그리스도는 "두 번째 나타나[실]" 것이다. 이것은 속죄일에 레위계 대제사장이 속죄소 위에 피를 뿌린 뒤 지성소로부터 등장했던 것과 동일하다(레 16:12-19; 히 9:4-5). 그리스도께서 하늘의 성소로부터 등장하실 때, 그분은 동료 인간들의 경우처럼

심판 받기 위해서가 아니라 자기를 간절히 기다리는 이들에게 온전한 "구원"을 가져다주기 위해 두 번째 나타나실 것이다(참고. 롬 8:19-25; 고전 1:7; 갈 5:5; 빌 3:20). 주님이 사도들에게 전하셨던 "구원"(히 2:3)에는 죄의 용서만이 아니라 장차 올 세상에서의 통치도 포함되었다(2:5). 영광 중에 이루어질 그리스도의 재림은 그분의 백성들의 구원을 완성할 것이다.

응답

이 본문은 명확한 확신과 간절한 기대를 이끌어내는 그리스도에 관한 진리를 계시한다. 첫째, 그리스도는 이제 "우리를 위하여 하나님 앞에" 나타나신다. 우리가 하나님의 언약을 깨트림으로써 마땅히 받아야 할 죽음을 그리스도께서 당하셨을 때, 그분은 십자가에서 몸소 흘리신 희생 제사의 피를 가져가셨다. 그분의 피가 "죄를 없이" 하고 우리의 양심을 깨끗하게 하셨기 때문에, 우리는 "예수의 피를 힘입어 성소에 들어갈 담력을 얻었[다]"(10:19). 구속사에서 우리가 가지는 특권적 위치, 곧 예수님이 하나님의 성소에 들어가는 길을 여신 이 시대에 우리는 기도와 예배를 통해 "온전한 믿음으로…나아가[야]" 한다(10:22).

둘째, 그리스도께서 "두 번째 나타나[실]" 것이다. 그리스도의 재림이 확실하기 때문에 우리는 그분을 "[간절히] 바라는" 마음을 가져야 한다. 매일의 의무와 일상의 안락함은 흔히 우리의 관심을 현재에 맞추게 하지만, 대제사장께서 재림하여 온전한 구원을 가져다주실 것을 알 때 우리의 시선은 원대해지고 우리의 갈망은 강렬해진다. "주 예수여 오시옵소서"(계 22:20).

[1] 율법은 장차 올 좋은 일의 그림자일 뿐이요 참 형상이 아니므로 해
마다 늘 드리는 같은 제사로는 나아오는 자들을 언제나 온전하게 할
수 없느니라 [2] 그렇지 아니하면 섬기는 자들이 단번에 정결하게 되어
다시 죄를 깨닫는 일이 없으리니 어찌 제사 드리는 일을 그치지 아니
하였으리요 [3] 그러나 이 제사들에는 해마다 죄를 기억하게 하는 것이
있나니 [4] 이는 황소와 염소의 피가 능히 죄를 없이 하지 못함이라

[1] For since the law has but a shadow of the good things to come instead
of the true form of these realities, it can never, by the same sacrifices
that are continually offered every year, make perfect those who draw
near. [2] Otherwise, would they not have ceased to be offered, since the
worshipers, having once been cleansed, would no longer have any
consciousness of sins? [3] But in these sacrifices there is a reminder of
sins every year. [4] For it is impossible for the blood of bulls and goats to
take away sins.

5 그러므로 주께서 세상에 임하실 때에 이르시되
하나님이 제사와 예물을 원하지 아니하시고 오직 나를 위하여 한
몸을 예비하셨도다 6 번제와 속죄제는 기뻐하지 아니하시나니 7 이
에 내가 말하기를 하나님이여 보시옵소서 두루마리 책에 나를 가
리켜 기록된 것과 같이 하나님의 뜻을 행하러 왔나이다
하셨느니라 8 위에 말씀하시기를 주께서는 제사와 예물과 번제와 속
죄제는 원하지도 아니하고 기뻐하지도 아니하신다 하셨고 (이는 다
율법을 따라 드리는 것이라) 9 그 후에 말씀하시기를 보시옵소서 내가
하나님의 뜻을 행하러 왔나이다 하셨으니 그 첫째 것을 폐하심은 둘
째 것을 세우려 하심이라 10 이 뜻을 따라 예수 그리스도의 몸을 단번
에 드리심으로 말미암아 우리가 거룩함을 얻었노라

5 Consequently, when Christ[1] came into the world, he said,

"Sacrifices and offerings you have not desired,
but a body have you prepared for me;
6 in burnt offerings and sin offerings you have taken no pleasure.
7 Then I said, 'Behold, I have come to do your will, O God,
as it is written of me in the scroll of the book.'"

8 When he said above, "You have neither desired nor taken pleasure in
sacrifices and offerings and burnt offerings and sin offerings" (these are
offered according to the law), 9 then he added, "Behold, I have come
to do your will." He does away with the first in order to establish the
second. 10 And by that will we have been sanctified through the offering
of the body of Jesus Christ once for all.

1 Greek *he*

10장

단락 개관

그리스도의 단번의 제사로 대체된 반복적인 동물 제사

옛 언약의 속죄 규정보다 뛰어난 그리스도의 희생 제사의 우월성이 세 가지 방식으로 나타난다. (1) 율법의 희생 제사는 죄를 정결하게 하는 진짜 수단의 실체가 아닌 그림자였다. (2) 속죄일 희생 제사가 매해 반복된 것은 황소와 염소의 피가 죄를 없앨 수 없음을 암시했다. (3) 시편 40:6-8에서 그리스도의 말씀은 용서를 받는 두 가지 길을 규정한다. 첫 번째 길(동물의 죽음)은 효과적이지 못했다. 그리고 이는 두 번째 길, 곧 하나님의 뜻을 성취하기 위해 그리스도께서 성육신 하신 몸을 바치신 제사에 의해 대체될 운명이었다. 자기를 바치신 그리스도의 제사는 우리의 양심을 단번에 성결하게 하셨다.

단락 개요

Ⅰ. 해마다 반복된 율법의 제사는 제사가 양심을 정화할 수 없음을 보여준다(10:1-4)
- A. 율법은 새 언약과 함께 와야 할 좋은 것들의 실체가 아닌 그림자를 보여주었다(10:1a)
- B. 율법의 속죄일 제사는 예배자의 양심을 깨끗하게 할 수 없었다(10:1b-4)
  1. 만약 이런 제사가 양심을 깨끗하게 했다면 반복될 필요가 없었을 것이다(10:1b-2)
  2. 이런 제사는 죄의 오염을 없애지 못하고 해마다 기억나게 했다(10:3)
  3. 황소와 염소의 죽음은 사람의 죄를 속죄할 수 없었다(10:4)

Ⅱ. 그리스도께서 세상에 들어오셨을 때, 그분은 하나님의 뜻에 순종하여 자기 자신을 드림으로써 구약의 제사를 대체한다고 선언하셨다(10:5-10)

A. 시편 40편 말씀은 성육신하신 그리스도에 관한 말씀이다(10:5a)

B. 시편 40:6-8은 하나님을 기쁘시게 하지 못하는 동물 제사와 하나님의 뜻을 따르는 그리스도의 실천을 대조한다(10:5b-7)

C. 시편 40:6-8은 그리스도의 순종이 율법의 제사 제도를 대체할 것이라고 선언했다(10:8-10)

1. 하나님의 율법은 동물 제사를 명령했지만, 동물의 죽음은 예배자들에게 하나님의 기쁨을 안겨주지 못했다(10:8)
2. 하나님의 뜻을 행하기 위해 오신 그리스도께서 율법의 제사를 대체할 것이다(10:9)
3. 그리스도는 단번에 자기 몸을 드려 우리를 성화하심으로써 하나님의 뜻을 행하셨다(10:10)

주석

10:1-4 시내산에서 하나님은 모세에게 하늘의 성소를 보여주시면서 그 양식을 따라 성막을 세우라고 명령하셨다. 따라서 이것은 "하늘에 있는 것의 모형과 그림자[스키아(*skia*)]"였다(히 8:5, 출 25:40의 인용). 마찬가지로 율법이 명한 희생 제사는 이러한 실재의 "참 형상[에이콘(*eikōn*)]"이 아니라 "장차 올 좋은 일의 그림자[스키아]"일 뿐이었다(10:1). 골로새서 2:16-17에서 바울은 비슷한 주장을 펼친다. 율법의 규정은 "장래 일의 그림자[스키아 톤 멜론톤(*skia tōn mellontōn*)]"인 반면, "몸은 [실체는] 그리스도의 것"이다. 그림자와 본질적 실재 사이의 대조는 플라톤 철학의 이원론에서처럼 존재론적인 것(비물질 대 물질)이 아니다. 오히려 이 대조는 역사적이고 종말론적이다. 율법

과 그 의식은 이전 시대에 속했기 때문에, 당시에는 여전히 "장차 올" 것인 더 좋은 속죄 방식의 윤곽만 따랐다.

해마다의 속죄일 의식은 이미 그리스도가 단번의 제사를 드리고 하늘 성소에 들어가심과 대조를 이루었다(히 9:25-28). 이제 히브리서 저자의 주장에 의하면, 해마다 이러한 의식이 반복되는 것은 황소와 염소의 피가 죄책을 제거함으로써(10:4) 예배자들을 "온전하게" 할 수 없음(10:1)을 보여준다. 다시 말하지만, 옛 언약 제도의 특징인 복수성(the plurality)은 그것의 불완전함을 보여준다(참고. 1:1-2; 7:23-25). 이제 해마다 속죄일에 반복되는 동물 제사는 예배자의 양심에서 죄의 오염을 깨끗하게 하지 못하는 무능을 입증한다.

'온전하게 하다'[텔레이오오(*teleioō*)], '깨끗하게 하다'(카타리조, ESV에서는 때때로 'purify'), '거룩하게 하다'[하기아조(*hagiazō*)]라는 뜻의 단어들(10:1-2, 10)은 용서의 결과인 양심의 정화, 즉 예배자들에게 하나님께 "나아오는" 자격을 부여하는 것을 설명하는 상호 보완적인 표현이다. 이 온전함은 레위계 제사장직을 통해서는 결코 성취될 수 없었다. 율법은 '아무것도 온전하게 할 수 없었고', 따라서 죄에 오염된 사람들을 '하나님께 가까이 가게' 할 수 없었다(7:19, 참고. 7:11; 9:9). 죽은 동물의 피는 육신을 "거룩하게" 할 수 없고 "정결하게" 할 수 없었던 반면, 오직 그리스도의 피만이 인간의 양심을 깨끗하게 할 수 있었다(9:13-14). 죽은 황소는 양심으로부터 죄의 오염을 제거하는 대신, "해마다 죄를 기억하게 하는 것"이었다(10:3). 민수기 5:15은 간음 의혹을 해소하는 의식과 관련하여 "죄악을 기억나게 하는 기억의 소제"에 관해 말했다. 히브리서 저자의 논점은 훨씬 광범위하다. 즉 속죄일의 희생 제사는 거듭 반복해서 이스라엘 백성의 죄를 상기시켰고 그들의 죄책을 주님으로 하여금 "기억하게" 했다. 오직 새 언약의 등장과 함께 주님은 "그들의 죄를 다시 기억하지 아니하[실]" 것이다(히 8:12; 10:17, 렘 31:34의 인용).

"황소와 염소의 피"(히 10:4)는 속죄일 예전의 핵심이었다(9:12-13). 대제사장은 먼저 자신의 죄와 자기 가족의 죄를 속죄하기 위해 황소의 피를 갖고 지성소에 들어갔다(레 16:6-14). 그런 다음 그는 밖으로 나와 염소를 죽였고 백성들을 위해 속죄하기 위하여 그 피를 갖고 하나님 앞으로 돌아갔다(레 16:5-9). 따라서 황소의 피에 대한 언급은 레위계 대제사장들이 다른 사람들을 위해 중재하기 이전에 속죄가 필요한 죄인이었음을 강조한다(히 5:2-3; 7:26-27; 9:7).

다음으로, 속죄일에 동물의 피를 흘리는 것은 "황소와 염소의 피"가 죄를 제거할 수 없음을 보여주었다. 그렇지 않았다면 해마다 반복되지 않고 한 번만 시행되었을 것이다. 어째서 동물 희생물은 죽어서 인간 죄인들을 속죄할 수 없는가라는 의문이 남는다. 히브리서 설교자는 이미 답변을 내놓았다. 마귀에게 예속된 이들은 오직 그들의 혈과 육을 함께 가진 구원자를 통해서만 구원받을 수 있다. 그래야 그분이 죽음을 가하는 마귀의 권능을 자신의 죽음을 통해 파괴하실 수 있을 것이다(2:14-15).

10:5-7 시편 40:6-8(칠십인역 39:7-9)의 인용문은 그리스도께서 성육신하여 "세상에 임하실 때에" 아버지 하나님께 하신 말씀으로 소개된다. 요한복음 11:27에서 마르다는 예수님이 "그리스도시요 세상에 오시는 하나님의 아들"이라고 고백했다. 성육신하실 때 아들은 자기를 위해 '예비된 한 몸'을 받으셨고(히 10:5), 그 후 자신의 형제들과 자녀들이 공유한 혈과 육을 함께 지니셨다(히 2:10-14). 여기 히브리서 10:5의 "세상"은 장차 올 세대의 영광스러운 영역을 가리키기 위해 1:6과 2:5에서 사용된 헬라어 단어(오이쿠메네)와는 다른 단어(코스모스)의 번역이다. 여기서 "세상"은 죄의 저주 아래 있는 우리의 세상이고(참고. 11:7, 38), 그 속에서 그리스도는 자신을 위해 예비된 몸을 희생하심으로써 하나님의 뜻을 성취하실 것이다.

시편 40편은 하나님께서 자기 백성들에게 구하시는 것이 동물 제물의 도살이 아니라 충성, 정직, 자비, 순종임을 확증하는 여러 구약 본문 가운데 하나다(삼상 15:22; 시 50:12-16; 51:16-17; 사 1:11-17; 렘 7:22-23; 호 6:6; 미 6:6-8). 이러한 형식주의에 대한 경고는 희생 제의가 예배자들의 마음 상태와 무관하게 하나님의 의로운 진노를 달랠 것이라는 가정을 배격한다.

한편 히브리서 설교자는 시편 40편을 훨씬 폭넓은 관점에서 이해한다. 곧 불완전한 제사 제도로부터 그리스도께서 바치신 최종적 제사로 이어지는, 연대기적으로 발전된 구속사의 시간표라는 것이다. 따라서 히브리서 10:8-10에 있는 저자의 시편 40편 해석은 이 시편에 대한 구속사적 읽기를 풀어낼 것이다.

히브리서에 인용한 시편 40:6-8은 사소한 변형이 있긴 하지만 주요한 어휘 사용 등에서 칠십인역을 따른다. 시편 40:6-8과 히브리서 10:5-7의 인용문을 비교하는 독자들은 두 가지 차이점에 주목할 것이다. 첫째, ESV 본문은 "You have given me an open ear"("주께서 내 귀를 통하여 내게 들려주시기를")과 같이 시편 40:6의 히브리어 원문을 따라 번역한다. 히브리서 저자는 주요 칠십인역 사본에 반영된 본문 전승을 따라 "[주께서] 나를 위하여 한 몸을 예비하셨도다"라고 읽는다. 칠십인역이 히브리어 원문에서 벗어난 원인이 무엇인지는 불명확하다. 아마 헬라어 번역자들이 '열린 귀'를 하나님의 음성에 순종하는 데 바쳐진 몸 전체를 대표하는 것으로 이해했을 수 있다. 저자가 시편에 대해 "예수 그리스도의 몸[소마(*sōma*)]을 단번에 드리[셨다]"고 설명하는 데에서 볼 수 있듯이(10:10), "몸"(소마)으로 읽는 방법은 히브리서 저자의 논점을 뒷받침한다.

둘째, ESV는 히브리서 10:7의 헬라어 어순을 시편 40:7-8(칠십인역 39:8-9)의 구약 히브리어 및 칠십인역의 어순과 다르게 재배열한다. 시편 40:7-8의 히브리어와 칠십인역 본문(39:8-9) 및 히브리서 10:7의 헬라어 본문 순서는 다음과 같다.

> Then I said, "Behold I have come,
> 　　in the scroll of the book it is written of me: …
> to do your will, O God."*

한편 히브리서 10:7의 ESV 본문 순서는 다음과 같다.

Then I said, "Behold, I have come
to do your will, O God,
as it is written of me in the scroll of the book."*

이러한 재배열로 인해 ESV 번역은 설명적인 삽입구 "두루마리 책에 나를 가리켜 기록된 것과 같이"("in the scroll of the book it is written of me")의 방해를 받지 않고 매끄럽게 이어진다. 하지만 이러한 변화는 아마 놀라운 선언, "이에 내가 말하기를…보시옵소서…'[내가] 왔나이다'"("Then I said, 'Behold, *I have come!*'")의 효과를 감소시킬 것이다. 이 선언은 이 인용문의 도입부인 "주께서 세상에 '임하[셨을]' 때에"("When Christ came into the world, he said …", 히 10:5)에서 예고되었다. 7절 첫머리의 "이에"("then")는 율법 시대를 벗어나, 그리스도께서 하나님의 뜻을 행하기 위해 세상에 들어오셨을 때 동튼 새 언약 시대로 바뀌는 시간적 전환을 알린다.

인용문은 반의적 평행법을 이루는 두 줄의 대구로 구성된다. 각 대구의 첫 줄은 동물 제사에 대한 하나님의 반감을 표현한다(5b, 6절). 각 대구의 두 번째 줄에서 화자는 (거부된) 희생 제사의 긍정적 대안으로 자신을 바친다. 곧 하나님은 자기를 위해 한 몸을 준비하셨고, 그는 그 몸을 갖고 하나님의 뜻을 행할 것이다(5c, 7절).

하나님이 제사와 예물을 원하지 아니하시고(5b절)…
번제와 속죄제는
기뻐하지 아니하시나니(6절)

나를 위하여 한 몸을 예비하셨도다(5c절)…
이에 내가 말하기를 하나님이여 보시옵소서 [내가] 하나님의 뜻을 행하러 왔나이다
두루마리 책에 나를 가리켜 기록된 것과 같이(7절)

* 영어와 한글의 구조적 차이로 한글 성경을 직접 대입할 수 없어 영어만 실었다(편집자주).

10:8-10 히브리서 설교자는 자신의 시편 해석에서 시편 인용문의 특징을 분류하여, 비슷한 것끼리 연결한다. 대구 첫 줄부터 그는 동물 제사를 서술하는 네 가지 용어인 "제사와 예물과 번제와 속죄제"를 한데 모은다. 이들 단어의 집중은 옛 언약의 제사가 얼마나 '많았는지'를 강조한다. 그런 다음 하나님의 불쾌감을 표현하는 동사들을 연결시킨다("원하지도 아니하고 기뻐하지 아니하신다"). 이러한 짝 맞춤은 하나님이 평가하실 때, 송아지와 염소의 피가 죄를 없애는 데 결코 충분하지 못했음을 강조한다.

히브리서 설교자가 성경을 인용하고 있지만, 하나님이 동물 제사를 탐탁찮게 여기신다는 그의 강한 주장을 오해할 사람도 있을지 모른다. 그래서 그는 "이는[동물 제사는] 다 율법[하나님이 모세에게 말씀하신 메시지(2:2; 3:3-5; 8:5; 12:18-21)]을 따라 드리는 것이라"고 인정한다. 하나님이 친히 시내산에서 첫 번째 언약을 제정하셨지만, 그 언약은 흠이 없지 않았다(8:7-13). "율법은 아무것도 온전하게 못[하기]" 때문이다(7:19). 첫 번째 언약은 그 성소 및 제사와 더불어 더 좋은 새 언약에 의해 대체될 운명이었다(8:6). 시편의 "그 후에"가 다시 등장하여(10:9), 새 언약과 더불어 죄의 오염을 제거하는 더 나은 방법이 "보시옵소서…하나님의 뜻을 행하러 왔나이다"라고 선언한 아들로 인해 역사 속에 등장했음을 알린다. 그리스도는 오심으로써 속죄와 나아감의 "둘째" 방법을 "세우려[고]" "첫째 것[첫 번째 언약과 더불어 그 지상 성소와 죽은 동물들(9:1)]을 폐하[셨다]." 이것이 바로 '하나님이 원하지[텔로(*thelō*)] 않으셨던' 무익한 동물 제사와 대조적으로(10:5), 자기 백성의 깊은 양심을 깨끗하게 하는 온전한 정화를 위한 하나님의 "뜻"[텔레마(*thelēma*)]이다.

시편 40편의 핵심 단어인 '뜻'과 '몸'은 저자가 해석을 마무리할 때 다시 등장한다. 예수 그리스도께서 성취하기 위해 이 세상에 오신 하나님의 뜻은 자기를 위해 준비된 몸, 곧 그분이 지금 자신의 자녀들과 공유하신 혈과 육(히 2:14)을 우리의 죄된 오염을 단번에 제거하는 제물로 바치시는 것이었다. 그리스도는 일생 동안 "죄는 없으[셨다]"(4:15). 하지만 여기서 히브리서 설교자는 예수님을 십자가로 이끈 하나님의 구체적인 구속 목적에 집중한다. 예수님은 겟세마네에서 "자기를 죽음에서 능히 구원하실 이에게 심한 통곡과 눈물로 간구와 소원을 올렸[을]" 때 그 뜻에 순종하셨다(5:7, 참고. 막 14:34-36). 모든 대제사장은 예물과 제물을 갖고 하나님께 나아간다(히 8:3). 그런데 오직 예수님만이 자신을, 곧 인간 형제들과 공유한 몸을 그들의 죄를 속죄하기 위해 바치셨다.

그리스도께서 자신을 죽음에 바치심으로써 "단번에" 자기 백성을 "거룩[하게]" 하셨다(참고. 7:27; 9:12, 26, 28). 후대의 신학자들과 달리, 히브리서 저자는 대개 동사 '거룩하게 하다'(하기아조)를 신자들의 성품이 그리스도의 거룩하심을 닮도록 바꾸시는 성령의 주관적인 일평생의 변화가 아니라(예. 살전 5:23, 참고. 히 12:14), 흠 없는 순수한 상태를 가리키는 말로 사용한다. 이 상태는 죄 용서를 통해 신자들에게 즉각 부여되어, 하나님의 거룩하신 임재 안에 담대하게 들어갈 수 있는 자격을 준다(2:11; 9:13; 10:14, 29; 13:12).

응답

이 본문이 이끌어내야 할 첫 번째 응답은, 그리스도께서 자기를 드린 희생제사가 우리를 단번에 온전하게 하고 깨끗하게 하며 거룩하게 하여 우리의 양심에서 오점을 제거하고, 우리로 하여금 예배하면서 하나님께 나아갈 수 있게 하셨음을 굳게 확신하는 것이다. 하나님의 율법에 따라 반복해서 바쳐진 황소와 염소의 피가 결코 할 수 없었던 그 일을, 예수님은 십자가에서 우리를 위해 자기 몸을 바치심으로써 온전하고도 최종적으로 이루셨다. 하나님은 이런 동물 희생물이 그리스도께서 성취하신 참된 속죄를 예시하는 "그림자"가 되도록 정하셨다. 히브리서 설교자는 예수님을 외면한 채 하나님께서 예시적이며 임시로 정하신 제도로 돌아가지 말라고 최초의 청중들에게 촉구했다. 따라서 우리는 더더욱 그리스도 한 분 외에 다른 곳에서 양심의 정결을 구하지 않아야 한다.

두 번째 응답은 예수님을 믿는 우리의 신뢰에서 비롯된다. 예수님은 하나님의 말씀에 사로잡힌 마음의 순종을 통해, 하나님의 뜻(아버지께서 맡기신 유일무이한 구속 사명)을 행하기 위하여 세상에 오셨다(시 40:8). 따라서 하나님이 "그들의 죄를 다시 기억하지 아니하리라"는 새 언약의 복(히 8:12)은, 그와 함께 또 다른 복인 우리 구주의 형상대로 우리의 마음을 다시 빚는 복을 동반한다. "내 법을 그들의 생각에 두고 그들의 마음에 이것을 기록하리라"(8:10). 값없이 허락된 온전한 용서는 우리를 하나님께 가까이 인도하고 순종을 열망하도록 이끈다.

10장

11 제사장마다 매일 서서 섬기며 자주 같은 제사를 드리되 이 제사는
언제나 죄를 없게 하지 못하거니와 12 오직 그리스도는 죄를 위하여
1)한 영원한 제사를 드리시고 하나님 우편에 앉으사 13 그 후에 자기
원수들을 자기 발등상이 되게 하실 때까지 기다리시나니 14 그가 거룩
하게 된 자들을 한 번의 제사로 영원히 온전하게 하셨느니라
11 And every priest stands daily at his service, offering repeatedly the
same sacrifices, which can never take away sins. 12 But when Christ[1]
had offered for all time a single sacrifice for sins, he sat down at the
right hand of God, 13 waiting from that time until his enemies should be
made a footstool for his feet. 14 For by a single offering he has perfected
for all time those who are being sanctified.

15 또한 성령이 우리에게 증언하시되

16 주께서 이르시되 그 날 후로는 그들과 맺을 언약이 이것이라 하
시고 내 법을 그들의 마음에 두고 그들의 생각에 기록하리라

하신 후에 17 또

그들의 죄와 그들의 불법을 내가 다시 기억하지 아니하리라
하셨으니 18 이것들을 사하셨은즉 다시 죄를 위하여 제사 드릴 것이
없느니라

15 And the Holy Spirit also bears witness to us; for after saying,

16 "This is the covenant that I will make with them
after those days, declares the Lord:
I will put my laws on their hearts,
and write them on their minds,"

17 then he adds,

"I will remember their sins and their lawless deeds no more."

18 Where there is forgiveness of these, there is no longer any offering
for sin.

1) 또는 한 제사를 드리고 영원히

1 Greek *this one*

단락 개관

그리스도의 속죄 사역의 완성

히브리서의 중심 단락(4:14-10:31)은 먼저 그리스도의 제사장'직'이 아론과 레위계 제사장직보다 더 좋은 이유가 무엇인지(4:14-7:28), 이어서 그리스도의 제사장 '사역'이 그들의 사역을 뛰어넘는 이유가 무엇인지를(8:1-10:31) 입증한다. 히브리서 설교자는 여기서 이 주제에 관한 가르침을 마무리하고(10:11-18), 청중들에게 그리스도의 대제사장 사역에 적절하게 응답하라고 요청하는 권면을 전한다(10:19-31). 또 하나의 대조를 통해 예수

님의 속죄 제사가 레위계 제사장의 사역보다 우월한 것으로 제시된다. 제사장은 매일 서서 반복하여 제사를 드렸던 반면, 예수님은 하나님 우편에 앉아서 자신의 속죄 사역을 영원히 완성하셨다. 그리스도는 우월한 제사장직을 통해 더 좋은 새 언약을 중재하신다(8:6). 이로써 언약, 성소, 희생 제사라는 주제에 관한 설교자의 탐구는 시작점(8:7-13)이었던 예레미야 31:31-34에 담긴 새 언약의 약속에서 마무리된다(10:15-18).

단락 개요

Ⅰ. 하나님 우편에 앉아계신 그리스도의 모습은 그분이 희생 제사 사역을 영원히 완수하셨음을 확증한다(10:11-14)

- A. 레위계 제사장들은 날마다 서서 죄를 없애지 못하는 희생 제사를 반복해서 드렸다(10:11)
- B. 그리스도는 영원히 죄를 없애는 한 번의 희생 제사를 드리셨다(10:12a)
- C. 이제 그리스도는 시편 110:1에서 언급된 왕이시다(10:12b-13)
  1. 그분은 하나님 우편에 앉아계신다(10:12b)
  2. 그분은 원수들의 복종을 기다리신다(10:13)
- D. 그리스도는 자기 백성을 영원히 온전하게 하는 한 번의 제사를 드리셨다(10:14)

Ⅱ. 성령은 그리스도께서 새 언약의 약속을 실행하셨다고 증언하신다(10:15-18)

- A. 하나님은 자기 백성들의 마음속에 말씀을 두신다(10:15-16)
- B. 하나님은 자기 백성들의 죄를 영원히 용서하셔서, 죄를 위한 희생 제사가 더 이상 필요치 않게 하셨다(10:17-18)

주석

10:11 앞서 율법의 지상 성소의 특징을 훑어볼 때(9:1-10), 히브리서 저자는 첫째 구역(성소)에서 여러 제사장이 '매일' 행한 사역과 안쪽 구역(지성소)에서 대제사장이 '해마다' 행한 사역(속죄일)을 언급했다. 그런 다음 그는 대제사장이 속죄일에 "자주"(폴라키스, 9:25) 바쳤던 희생 제물의 피가 예배자의 양심을 깨끗하게 할 수 없었던 이유에 대해 논했다. 반면에 그리스도의 희생 제사는 그 일을 단번에 이루었다(9:11-10:10). 이제 논의는 평범한 제사장이 '매일' 수행했던 사역으로 돌아온다.

제사장은 성소 안에서 매일 등잔대를 살피고 향을 바쳤으며, 매주 진설병을 교체했다(출 25:30; 27:20-21; 30:6-8). 제사장은 뜰에 있는 번제단 위에서 날마다 일 년 된 어린양 두 마리를 바쳤다(하나는 아침에 다른 하나는 저녁에, 출 29:38-46; 민 28:1-8). 이 부분은 이렇듯 "자주"(폴라키스) 드려진 동물 제사를 염두에 두고 있다. 이런 제사는 결코 죄를 없앨 수 없었기 때문에 자주, 여러 번, 매우 많이('같은' 제사) 드려졌다. 죄를 속죄하거나 양심을 깨끗하게 하지 못하는 이러한 제사의 무능함은 제사장이 예배 행위를 수행할 때 취했던 자세에서 입증되었다. 이 레위계 제사장들은 항상 서 있었다(신 18:5). 이는 그들의 일이 결코 끝나지 않았기 때문이다. 즉 그들이 바친 제사는 결코 죄책을 제거할 수 없었다.

10:12-14 줄곧 서서 극도로 비효과적인 봉사를 반복해서 수행했던 레위계 제사장과 대조적으로, 예수님은 "하나님 우편에 앉으[셨다]". 예수님의 즉위는 그분이 "한 영원한[에이스 토 디에네케스(*eis to diēnekes*), 7:3에서도] 제사"를 드린 결과였다. "영원한"과 "한"이라는 두 단어는 14절에서 다시 등장하여 북엔드 기능을 하며, 예수님의 희생 제사의 우월하심을 입증하는 이 진전된 논의를 포괄하고 통합한다. 이 논의는 그 가운데 부분(12b-13절)에서 시편 110:1을 다시금 증언으로 인용하여, 그리스도께서 우리의 양심에서 죄의 오염을 영원히 제거하셨다는 주장을 매듭짓는다.

시편 110:1은 이렇게 읽는다. "여호와께서 내 주에게 말씀하시기를 내가 네 원수들로 네 발판이 되게 하기까지 너는 내 오른쪽에 앉아 있으라 하셨도다." 예수님은 다윗이 "내 주"라고 부르는 메시아가 단지 인간일 뿐이라는 비판자들의 전제에 이의를 제기하기 위해 이 본문에 호소하셨다(마 22:41-45). 이 본문을 원천으로 삼아, 신약 본문은 그리스도가 지금 하늘에서 하나님 "우편에" 계신다고 가르친다(마 26:64; 행 2:33-36; 5:31; 7:55-56; 롬 8:34; 엡 1:20). 바울은 고린도전서 15:25-26에서 이 절을 암시하면서, 모든 적들(최후의 적인 죽음을 포함하여, 참고. 계 20:7-14)이 그분의 발아래 복종할 때까지 부활하신 그리스도께서 반드시 통치하신다고 선포한다.

10장

히브리서에서 시편 110:1은 도입부(히 1:3) 및 천사에 대한 아들의 우월하심을 입증하는 일련의 구약 본문에서(1:13) 암시되었다. "하늘에서 지극히 크신 이의 보좌 우편에" 계신 아들의 즉위는, 그분의 제사장 사역이 지상의 성소가 아니라 '주께서 세우신 참 장막'에서 행해졌음을 보여준다(8:1-2). 여기 10:12에서 우리의 시선은 예수님이 취하신 자세에 향하게 된다. 예수님은 마침내 죄를 없애는 한 번의 희생 제사를 드린 뒤 하나님 우편에 '앉으셨다'. 히브리서의 도입부는 아들의 구속 사명의 두 국면을 이렇게 요약했다. "죄를 정결하게 하는 일을 하시고…앉으셨느니라"(1:3). 나중에 히브리서 저자는 중보자이신 예수님과 그분의 사역의 두 국면에 시선을 집중시킴으로써, 고난 가운데 확고함을 유지하라고 우리를 격려할 것이다. 그분은 "십자가를 참으사 부끄러움을 개의치 아니하시더니 하나님 보좌 우편에 앉으셨[다]"(12:2, 참고. 눅 24:26; 벧전 1:11).

신자들이 하늘로부터 다시 나타나실 그리스도의 등장을 기다리고 있듯이(히 9:28), 그리스도도 "자기 원수들을 자기 발등상이 되게 하실 때까지" 기다리신다. 그분의 죽음은 "죽음의 세력[권세]을 잡은 자인 마귀"를 이미 무장해제 시켰고, 죽음의 두려움의 속박으로부터 우리를 자유롭게 하셨다(2:14-15). 어린양의 피는 우리를 기소할 수 있는 권리를 고발자에게서 박탈하셨다(계 12:10-11). 하지만 신약성경과 그리스도인의 경험은 그리스도의 가장 큰 대적을 비롯한 다른 사소한 적들이 여전히 그분의 통치를 거부하고 그분의 백성들을 괴롭히고 있음을 보여준다(엡 4:27; 6:11; 벧전 5:8). "장차 올 세상"에서만 만물이 그리스도의 발아래 복종할 것이다. 그분은 이미 "영광과 존귀로 관을" 쓰셨지만, 우리는 "만물이 아직 그에게 복종하고 있는 것을 보지 못하고" 있다(히 2:5-9, 참고. 고전 15:25-28).

그리스도께서 바치신 "죄를 위[한] 한…제사"는 동물의 죽음이 결코 제공할 수 없던 용서를 성취했다(히 10:12). 그렇기 때문에 그분이 드린 '한 번의 제사'는 그분을 통해 하나님께 나아가는 이들을 "온전하게" 하고 "거룩하게" 하는 결과를 낳는다(10:14). 히브리서 전체에서 '온전하게 하다'(텔레이오오)는 칠십인역에서 가져온 의미를 담아, 예배하는 가운데 하나님 앞에 나아갈 자격을 제사장에게(또한 다른 예배자들에게) 부여하는 성별을 의미한다(참고. 2:10의 주석). 물론 그리스도는 무죄하시지만 그분은 고난을 통해 "온전하게", 다시 말해 "하나님께…대제사장이라 칭하심을 받으셨[다]"(2:10; 5:8-10; 7:28). 죄에 오염된 다른 모든 사람은 그들의 죄가 속죄되고 그들의 양심이 오염으로부터 정화될 때에만 "온전하게" 될(오염으로부터 정화되어 예배하는 가운데 나아갈) 수 있다(7:19; 9:11; 10:1).

'거룩해지다'는 말은 성령께서 그리스도인에게 행하시는 점진적인 성품의 변화를 가리키는 듯한 인상을 준다. 그렇지만 이 어구는 신자들의 양심이 그리스도의 속죄의 피를 통해 단번에 깨끗해질 때 즉각 그들에게 부여되는 거룩한 지위를 설명하는 것으로 이해하는 편이 더 적절하다(참고. 10:8-10의 주석). 구약 율법 아래에서 동물의 피는 육체를 "거룩하게" 하고, 이전에 오염되었던 이들은 그 후에 이스라엘의 예배 공동체에 다시 합류할 수 있었다(9:13). 마찬가지로 속죄를 위한 그리스도의 한 번의 제사 역시, 우리의 양심을 단번에 그리고 영원히 깨끗하게 했고 우리를 거룩한 제사장으로 성별했다.

10:15 하나님의 말씀 자체가 이 결론을 뒷받침한다. 앞서 히브리서 8:7-12에서 인용된 예레미야 31:31-34의 새 언약 예언에서, 성령이 "우리에게 증언하시[기]"[마르튀레오(*martyreō*)] 때문이다. 성령은 말씀이 선지자들을

통해 주어진 먼 과거만이 아니라(히 1:1), 그분이 이런 고대의 본문을 통해 새 언약의 신자들에게 여전히 말씀하시는 현재에도 성경을 통해 말씀하신다. 가령 다윗이 기록한 시편 95편은 성령께서 "오늘" 우리에게 하시는 말씀이다(히 3:7). 성막에 접근하는 데에 제약을 둔 옛 언약의 규정은 하나님 앞으로 들어가는 길이 아직 나타나지 않았음을 입증하는 성령의 방법이었다(9:8). 구약 곳곳에서 하나님은 예수님을 위해(히 7:8, 17), 또한 적극적인 믿음으로 하나님의 약속에 응답했던 고대의 성도들을 위해 증언하신다(마르튀레오). 이제 성령은 예레미야를 통해 전해진 새 언약 약속에서 자신의 증언을 전하신다.

10:16-17 8:7-12에서 예레미야의 예언을 더 상세히 인용했던 히브리서 저자는 그리스도가 중보자이신 새 언약의 우월성을 제시하는 그의 주장을 마무리하기 위해, 새 언약의 "더 좋은 약속" 두 가지를 선별한다(8:6).

첫째, 하나님은 자기 백성들의 마음속에 율법을 두실 것이다. 이스라엘 백성이 깨트린 시내산 언약과의 대조는, 살아계신 하나님의 영이 그분의 메시지를 "돌판에…아니요 오직 육의 마음판에" 기록하신다는 바울의 설명에서 명확히 표현된다(고후 3:3). 히브리서 저자는 육체에만 영향을 미치는 정결 의식과 양심을 정화하는 그리스도의 피의 효과를 대조했다(히 9:9-10, 13-14). 이제 자신들이 죄가 없다는 신자들의 확신은 단순한 상상이 아니다. 오히려 그들은 죄의 오염이 깨끗이 사라졌고, 더 이상 죄로 인해 하나님과 나누는 친교를 방해받지 않는다.

그런데 또한 하나님의 율법을 우리 마음속에 기록하는 것은 우리의 동기와 애정과 열망을 바꾸시는 성령의 변화를 내포한다. 그리고 이를 통해 "마음의 생각과 뜻"이 언제나 하나님 앞에 드러나서(4:12), 다음과 같이 말씀하신 예수님의 마음을 본받기 시작한다. "내가 왔나이다. 나를 가리켜 기록한 것이 두루마리 책에 있나이다. 나의 하나님이여 내가 주의 뜻 행하기를 즐기오니 주의 법이 나의 심중에 있나이다"(시 40:6-8, 히 10:7에서 일부 인용됨). 히브리서 저자는 시편 110:1과 4절을 (반복해서) 인용할 때, 그 중간에 있는 절들도 상기시키려고 의도했을 것이다. 그 중간에 있는 절들은 이 약속을 다른 방식으로 진술한다. “주의 권능의 날에 주의 백성이 거룩한 옷을 입고 즐거이 헌신하니”(시 110:3).

둘째, 하나님은 “그들의 죄와 그들의 불법을…다시 기억하지 아니하[실]” 것이다. 속죄일의 제사는 “해마다 죄를 기억하게 하는 것”이었던 반면(히 10:3), 새 언약 아래에서 하나님은 죄인들의 범죄를 더 이상 마음에 두지 않으실 것이다. 하나님은 더 이상 그들의 죄와 죄책을 염두에 두고서 그들과 관계하지 않으시며, 도리어 그들을 그리스도께로부터 깨끗하게 됨을 받아 거룩해진 존재로 맞아주실 것이다. 예레미야 31:34은 하나님의 용서를 “죄를 기억하지” 않겠다는 거절로 묘사하는 여러 구약 본문 가운데 하나다(시 25:7; 79:8; 사 43:25; 64:9; 겔 18:22, 렘 14:10과는 대조적으로). 새 언약의 중보자이신 그리스도를 통해, 하나님은 우리의 죄 대신 자신의 자비와 한결같은 사랑을 “기억하[신다]”(시 25:6).

10:18 마무리 설명은 예수님이 단번에 드린 희생 제사로 인해 하나님이 “그들의 죄[를]…다시 기억하지 아니하리라”고 하신 서약의 중요성을 강조한다. 그리스도의 온전하고 값없는 용서는 죄를 위한 제사가 더 이상 필요하지 않다는 의미다. 그리스도께서 드린 한 번의 제사는 하나님의 율법이 예시의 시대를 위해 명했던 동물의 피 흘림을 완전히 끝냈다(10:8-9).

응답

하나님 우편에 앉으신 그리스도의 자세는 그분이 드린 한 번의 제사가 죄를 용서하고 양심을 깨끗하게 하며, 하나님 앞에 나아가도록 허용한다고 확증한다. 십자가 위에서 일어난 그리스도의 완성된 죽음 외에, 죄를 위한 어떤 제사도 이제부터 하나님 앞에서 아무런 실효성을 갖지 못한다. 이어지는 권면은 이 진리에 격려와 더불어 엄숙한 함의가 담겨 있음을 보여줄 것이다. 즉 우리의 마음이 "[피] 뿌림을 받아 악한 양심으로부터 벗어 [났기]" 때문에(10:19, 22), 예수님의 피를 힘입어 하나님의 하늘 성소에 들어가라고 우리를 격려할 것이다. 다른 한편, 우리는 감히 그리스도께로부터 돌아서지 않는다. 그분 외에 "다시 속죄하는 제사가 없[기]" 때문이다(10:26). 그리스도께서 중재하신 언약은 단번의 용서와 강력한 마음의 변화라는 떼려야 뗄 수 없는 쌍둥이 복을 나누어주어, 우리로 하여금 기꺼이 하나님의 율법에 순종할 수 있게 해준다. 우리의 죄책을 없앨 수 있는 그리스도의 피의 충분함에 머물 때, 우리는 그분의 하늘 통치에 기쁨으로 순종할 것이다. 우리는 신뢰하고 순종한다.

히브리서 10:19-35 개관

예수님의 제사장 사역의 우월성에 근거한 권면은 먼저 적극적인 격려의 어조, 그 뒤에 소극적인 경고의 어조로 그리고 마지막에 청중들의 과거에 보인 믿음의 이력에 근거한 적극적인 확신으로 표현된다. "담력"("confidence", 19, 35절. 35절에서는 "담대함")이란 단어가 권면의 시작과 마지막에 나오면서 그 경계선을 표시하고 주제를 강조한다(수미상관). 예수님의 피가 우리의 양심을 깨끗하게 하셨기 때문에, 우리는 담대하게 하나님의 하늘 성소에 들어가고 그리스도인의 신앙 고백을 굳게 붙들며, 인내하는 소망 가운데 서로를 붙들어 줄 수 있다(19-25절). 다른 한편, 그리스도와의 친교를 버리고 폐기된 옛 언약 제도에서 확신을 구하는 것은 율법의 제사로는 결코 피할 수 없는 중대한 심판을 야기한다(26-31절). 물론 청중들은 이 경고를 엄숙하게 받아들여야 하지만, 그럼에도 그들은 과거에 극도의 고난 가운데서 한결같은 믿음을 지켰던 이력을 떠올려야 한다. 이러한 하나님의 은혜에 관한 증거가 그들의 확신을 강하게 할 것이기 때문이다(32-35절).

19 그러므로 형제들아 우리가 예수의 피를 힘입어 성소에 들어갈 담력
을 얻었나니 20 그 길은 우리를 위하여 휘장 가운데로 열어 놓으신 새
로운 살 길이요 휘장은 곧 그의 육체니라 21 또 하나님의 집 다스리는
큰 제사장이 계시매 22 우리가 마음에 뿌림을 받아 악한 양심으로부터
벗어나고 몸은 맑은 물로 씻음을 받았으니 참 마음과 온전한 믿음으
로 하나님께 나아가자 23 또 약속하신 이는 미쁘시니 우리가 믿는 도
리의 소망을 움직이지 말며 굳게 잡고 24 서로 돌아보아 사랑과 선행
을 격려하며 25 모이기를 폐하는 어떤 사람들의 습관과 같이 하지 말
고 오직 권하여 그날이 가까움을 볼수록 더욱 그리하자

19 Therefore, brothers,[1] since we have confidence to enter the holy
places by the blood of Jesus, 20 by the new and living way that he
opened for us through the curtain, that is, through his flesh, 21 and since
we have a great priest over the house of God, 22 let us draw near with
a true heart in full assurance of faith, with our hearts sprinkled clean
from an evil conscience and our bodies washed with pure water. 23 Let
us hold fast the confession of our hope without wavering, for he who

promised is faithful. 24 And let us consider how to stir up one another to love and good works, 25 not neglecting to meet together, as is the habit of some, but encouraging one another, and all the more as you see the Day drawing near.

1 Or *brothers and sisters*

단락 개관

하나님께 나아가라 그리고 서로 격려하라

세 개의 청유형 가정법(화자가 청중들과 더불어 자기 자신에게 권면하는)은 예수님의 우월하신 제사장직이 우리에게서 불러일으켜야 하는 응답을 표현한다. "우리가…하나님께 나아가자"(히 10:22), "우리가…굳게 잡고"(23절), "[우리가] 서로 돌아보아"(24절). 청중들에게 동기를 부여하기 위해, 히브리서 설교자는 먼저 우리의 대제사장이신 그리스도의 사역의 결과를 요약한다. 곧 죽음으로 바쳐진 그분의 혈과 육은 우리를 위해 하늘의 지성소로 들어가는 "새로운 살 길"을 여셨고, 그래서 우리는 확신을 갖고 하나님께 나아갈 수 있다(19-22절). 하나님의 신실하심은 그분의 약속에 대한 소망을 굳게 붙들 이유를 우리에게 제공한다(23절). 인내는 혼자만의 성취가 아니라 공동체의 부르심이고, 그래서 우리는 서로 "돌아보아" 함께 모일 때 사랑의 행동을 북돋우기 위해 노력해야 한다(24-25절). 이러한 적극적인 권면의 마지막 이유는, 그리스도께서 돌아와 그분의 대적들이 그분의 발등상이 될(13절) "그날"이 다가오고 있기 때문이다(25절).

이 권면은 그리스도의 제사장직과 사역에 관한 논의를 시작했던 권면

(4:14-16)의 주제들을 다시 불러온다. 표5를 보라.

히브리서 4:14–16	히브리서 10:19–25
계시니(Having)	담력을 얻었나니(Having confidence)
큰 대제사장	예수(의 피)
(하나님의 아들) 예수	큰 제사장
우리가 믿는 도리를 굳게 잡을지어다	(온전한 믿음으로) 나아가자
우리는…담대히 나아갈 것이니라	우리가 믿는 도리[를]…굳게 잡고

표5. 히브리서 4:14-16과 10:19-25의 공통 주제

사람을 위해 하나님께 중보 기도를 하기 위하여, 대제사장은 한편으로는 연약함 가운데 있는 그들과 동일시해야 하고(5:1-3), 다른 한편으로는 거룩함 가운데 계신 하나님께 나아가야 한다(5:8-10; 7:26; 9:11-12). 따라서 그리스도의 제사장 중재에 관한 이 설교의 중심 논의에서(4:14-10:35), 시작하는 권면은 연약한 죄인들을 향한 예수님의 긍휼을 강조했던 반면(4:14-16), 마무리하는 권면은 예수님의 희생 제사가 성취한 하늘의 지성소 안으로 다가감에 초점을 맞춘다.

단락 개요

Ⅰ. 우리는 담대함을 갖고 하나님께 나아갈 수 있는 강력한 이유가 있다(10:19-21)

A. 예수님의 희생적 고난은 우리를 위해 열어 놓으신 하늘의 지성소로 들어가는 길을 연다(10:19-20)

1. 그분의 피는 죄에서 깨끗하게 한다(10:19)
2. 그분의 몸은 하나님 앞으로 들어가는 새로운 살 길을 연다(10:20)

B. 예수님의 영속적인 제사장 사역은 하나님이 맞아주심을 확신하게 해준다(10:21)

Ⅱ. 그러므로 은혜를 받기 위해 나아가고, 우리의 믿는 도리를 굳게 잡고, 서로 격려하자 (10:22-25)

A. 하나님께 나아가라. 그리스도께서 우리의 양심을 깨끗하게 하셨기 때문이다(10:22)

B. 너희가 믿는 도리의 소망을 굳게 잡으라. 하나님께서 자신의 약속에 신실하시기 때문이다(10:23)

C. 모일 때 서로 격려하라. 그리스도의 날이 다가오기 때문이다(10:24-25)

주석

10:19-20 새 언약 아래에서 하나님의 두 가지 선물은 예배하면서 "나아[갈]" 동기를 신자들에게 준다(22절). 신자들에게는 (a) "성소에 들어갈 담력"(19-20절)과 (b) "하나님의 집[을] 다스리는 큰 제사장"(21절)이 있다. 이전의 논의가 입증했듯이, 첫 번째 선물(담력, ESV는 "confidence")은 죄의 오염을 없앤 두 번째 선물(예수님의 제사장 사역)에 기초한다. 죄의 오염이 사라지지 않았다면 죄인들은 하나님 앞에서 배제되었을 것이다. 히브리서 설교자는 이미 독자들에게 담력을 굳게 잡으라고 촉구했으며(3:6, 14, 개역개정은 "확신"), 이 권면의 결론에서는 독자들이 담대함을 버리지 않아야 한다고 주장할 것이다(10:35).

"성소"(holy places)는 하나님의 하늘 성소(sanctuary) 안에 있는 지성소(the Most Holy Place)로, 지상 성막이 모방한 원본이다(8:2, 5). 예수님은 우리를 위해 죽은 동물의 피가 아니라 자신의 피를 가지고 하늘 성소에 들어가셨다. 그분의 피는 우리를 위한 희생적 죽음의 증거다(9:24-25). 따라서 예수님이 들어가셨을 때, 그분은 "휘장 가운데로" 지나 하늘의 가장 안쪽 성소로 들어가는 길을 우리를 위해 '여셨다' 혹은 '개시하셨다'[엥카이니조(*enkainizō*), 9:18에서도]. "휘장"의 반복은 우리에게 다음 사실을 상기시킨다. 곧 예수님은 멜기세덱의 반차를 따르는 대제사장으로 "휘장 안에" 가셨고, 그곳에 그분이 계심은 우리 영혼을 견고한 소망에 고정시킨다는 것이다(6:19-20). '들어가다'[에이소도스(*eisodos*)]와 "길"[호도스(*hodos*)]로 번역된 헬라어 단어는 "성소에 들어가는 길[호도스]"이 아직 드러나지 않았던 구약 시대 이후에 일어난 변화를 강조한다(9:8-10).

이제 예수님이 하나님의 영광스러운 임재로 들어가셨을 뿐만 아니라 우리도 그분을 통해 하나님의 은혜의 보좌로 나아갈 것이다(4:16; 10:22). 복음서는 예수님이 십자가에서 돌아가셨을 때, 성소와 지성소를 나누던 성전 휘장이 위에서 아래로 찢어졌다고 기록한다(마 27:51; 막 15:38; 눅 23:45). 히브리서는 그 사건에 대한 성령의 해석을 제시한다. 이렇게 나아가는 길은 '새로울' 뿐만 아니라 '살아 있는' 것이다. 새로운 이유는 예수님이 최근에 그 길을 여셨기 때문이다. 그리고 살아 있는 이유는 예수님의 죽음을 통해 시작되었으나 단번에 죽으신 이 대제사장이 부활하셨고, 자기를 통해 하나님께 나아가는 이들을 위해 "항상 살아계셔서…간구하[시기]" 때문이다(히 7:24-25).

삽입구 설명인 "곧 그의 육체니라"는 휘장 자체가 예수님의 육체를 상징했다는 말로 이해될 수도 있지만, 아마 19절의 "예수의 피를 힘입어"와 병행을 이루는 어구일 것이다. 따라서 이 표현은 휘장 자체보다는 하나님께 나아가도록 허용하는 희생 사건 전체를 가리킬 것이다. 하나님이신 아들은 우리의 "혈과 육"을 입으셨기에 우리를 위해 돌아가실 수 있었고(2:14-18), 이로써 '새롭고 살아 있는 길을 통해 성소에 들어갈' 자격을 우리에게 부여하신다.

10:21 우리가 나아가는 두 번째 근거는 "하나님의 집 다스리는 큰 제사장"이 우리에게 있기 때문이다. 구약에서 "큰 제사장"[히브리어로 하코헨 하가돌(*hakkohen haggadol*), 칠십인역은 호 히에류스 호 메가스(*ho hiereus ho megas*)]은 대제사장이었다(민 35:25-32). 제사장직에 관한 이 설교의 논의가 시작되는 권면에서 예수님은 "큰 대제사장"이라고 불리셨다(히 4:14). 예수님의 죽음과 그분의 영원하신 생명은 그분의 완벽한 제사장 중재에 이바지한다. 더 나아가 모세와 아들의 대조가 반영됨으로써 "하나님의 집 다스리는" 그분의 권위와 "그의 집", 곧 그분이 통치하시고 그분이 거하시는 백성이라는 우리의 정체성을 상기시킨다(3:6).

10:22 그리스도인의 담대함에 관한 직설법적인 토대의 개요를 서술한 히브리서 설교자는 이제 세 개의 권고적 가정법을 통해 명령법적 함의를 표현하는데, 거기에는 믿음과 소망과 사랑이라는 세 가지 영원한 가치가 포함된다(고전 13:13; 골 1:3-5; 살전 1:3; 5:8). 이 세 가지 가치는 앞서 이 책에서 청중들의 과거의 신실함을 상기시킬 때 다른 순서(사랑, 소망, 믿음)로 등장한

바 있다(히 6:10-12).

첫째, 우리는 옛 언약 아래에서 소수에게만 허락되었던 제사장의 특권을 행사하면서(7:19, 25; 10:1, 참고. 11:6) 하나님의 은혜의 보좌로 "나아가[야]" 한다(참고. 4:16). 우리가 "끝까지 소망의 풍성함"("full assurance of hope until the end")으로 인내해야 하듯이(6:11), 우리는 "온전한 믿음으로"("in full assurance of faith") 하나님께 나아갈 수 있다. 우리의 담대한 확신은 우리의 마음이 "뿌림을 받아 악한 양심으로부터 벗어[났다]"는 사실에서 기인한다. 옛 언약 아래에서는 의식상의 정결을 위해 제의적으로 오염된 사람들에게 암송아지의 재를 담은 물을 뿌렸다(9:13). 이제 죄로 물든 우리 양심의 오염은 그리스도의 피 "뿌림"을 통해 제거되었다(12:23-24, 참고. 벧전 1:2). 이 양심의 정결은 믿음을 통해 이루어졌으며, 세례를 통해 가시적으로 상징되고 승인되었다. "[우리의] 몸은 맑은 물로 씻음을 받았으니."

10:23 둘째, 우리는 "우리가 믿는 도리의 소망을…굳게 잡[아야]" 한다. 히브리서는 소망에 대한 우리의 확신과 자랑(3:6, 참고. 6:18), 우리가 처음에 붙잡았던 실재(3:14), 믿음의 고백(4:14)을 '굳게 잡으라'고 청중들에게 요청했다. 여기에 인내는 필수다. 그리스도인의 현재 상태는 광야의 이스라엘과 같아서, 약속된 하나님의 안식에 이르는 도중에 시험을 겪고 있기 때문이다(3:7-4:13). 우리가 기다리는 완전한 구원은 예수님이 하늘에서 다시 나타나실 때 등장할 것이다(9:28). 그 사이에 우리의 소망은 우리에게 구원과 안식을 약속하신 하나님이 "미쁘시[다]"("faithful")는 확신에 의해 유지된다. 하나님은 속일 수 없는 두 가지 불변의 사실을 통해 자신의 약속을 보증하셨다. 바로 그분이 아브라함에게 하신 약속과, 멜기세덱의 반차를 따르는 영원한 제사장이신 그리스도께 하신 맹세다(6:12-18). 따라서 사라 같은 옛 신자들처럼(11:11), 우리는 그분의 신실하심에 의지할 수 있다.

10:24-25 마지막으로, 신자들은 서로 사랑과 선행을 격려하거나 '북돋우기' 위해 서로 "돌아보아[야]" 한다. '격려하다'로 번역된 명사 파록쉬스모

스(*paroxysmos*)는 마가 요한을 둘러싼 바울과 바나바의 '심한 다툼'과 관련해서도 등장한다(행 15:39). 동족 동사는 우상 숭배에 대한 바울의 격노를 묘사한다(행 17:16). 설교자가 불편한 정도까지의 자극을 표현하는 이 단어를 사용하기로 선택한 것 자체가 도발적이다! 히브리서의 다른 곳에 등장할 때처럼(3:1), '돌아보다'(카타노에오)에는 인격적인 대상이 있다. 즉, 우리는 선행을 통해 사랑을 보임으로써 격려가 필요한 동료 신자들에게 관심을 돌려야 한다. 이전에 청중들은 다른 사람들의 필요를 채움으로써 사랑을 증명했다(6:10). 이렇듯 행동으로 표현되는 동정어린 관심은, 모든 신자가 그리스도의 피로 성별된 제사장으로서 하나님의 기쁨을 위해 바쳐야 하는 일종의 희생제사다(13:16).

그리스도와 그분의 교회 모임으로부터 신자들을 떼어내려고 위협하는 압력은 서로를 향한 책임의 긴급성을 강조한다. 어떤 이들은 이미 "모이기를 폐하는" 습관에 빠졌다. 아마도 예수님의 제자로 알려지면 자기 가족과 더 넓은 유대인 공동체로부터 "비방과 환난"을 함께 받았기 때문일 것이다(10:33; 11:26; 13:11-13). 히브리서 설교자는 청중들에게 "매일 피차 권면하여[파라칼레오(*parakaleō*)]" 연약한 자들과 흔들리는 자들을 강하게 붙들라고 촉구한다(3:12-13; 12:12-15). 이것이 그가 권하는 "권면의 말"의 목적이다(13:22).

마지막 동기는 서로에게 책임을 지도록 부르셨음을 뒷받침한다. "그날"이 가까이 오고 있다(10:25). 구약 선지자들은 종종 이날을 두려워해야 할 심판의 날로 묘사하면서 '여호와의 날이 가깝다'고 선언했다(사 13:6-9, 참고. 렘 46:10; 욜 1:15; 2:1; 습 1:14-15). 신약 저자들도 이제는 "예수 그리스도의 날"로 규정된 주님의 '그날', 곧 그분이 하늘에서 다시 나타나실 때가 임박했다고 예고했다(빌 1:6, 참고. 고전 1:8; 빌 1:10; 2:16; 히 9:28). 이날은 심판과 더불어 구원을 가져다줄 것이다(고전 3:13; 5:5; 딤후 1:12; 4:8). 따라서 다가오는 그날은 고난 받는 신자들 안에 소망을 지속시키는(히 10:34; 11:35-38) 동시에, 그리스도와 그분의 회중을 버리도록 유혹받는 이들에게 두려운 경고를 발한다(10:26-31).

응답

저자는 그리스도의 사역에 우리가 어떻게 응답해야 하는지를 말해주었다. 그리스도의 구속의 희생과 살아 있는 중보 기도를 힘입어, 우리는 하나님이 맞아 주실 것을 확신하면서 예배하는 가운데 하나님께 '나아가야' 한다. 하나님은 신실하신 약속의 성취자이시기 때문에, 우리는 우리가 고백하는 소망을 단단히 붙잡아야 한다. 그 소망이 온전히 성취될 그날이 다가오고 있음을 알 때, 우리는 서로의 필요를 살피고 서로의 믿음을 고무시키기로 마음먹어야 한다. 어느 누구도 정박지를 이탈하여 침몰로 떠밀려가지 않도록 말이다.

26 우리가 진리를 아는 지식을 받은 후 짐짓 죄를 범한즉 다시 속죄하
는 제사가 없고 27 오직 무서운 마음으로 심판을 기다리는 것과 대적
하는 자를 태울 맹렬한 불만 있으리라 28 모세의 법을 폐한 자도 두세
증인으로 말미암아 불쌍히 여김을 받지 못하고 죽었거든 29 하물며 하
나님의 아들을 짓밟고 자기를 거룩하게 한 언약의 피를 부정한 것으
로 여기고 은혜의 성령을 욕되게 하는 자가 당연히 받을 형벌은 얼마
나 더 무겁겠느냐 너희는 생각하라 30 원수 갚는 것이 내게 있으니 내
가 갚으리라 하시고 또 다시 주께서 그의 백성을 심판하리라 말씀하
신 것을 우리가 아노니 31 살아 계신 하나님의 손에 빠져 들어가는 것
이 무서울진저

26 For if we go on sinning deliberately after receiving the knowledge
of the truth, there no longer remains a sacrifice for sins, 27 but a
fearful expectation of judgment, and a fury of fire that will consume
the adversaries. 28 Anyone who has set aside the law of Moses dies
without mercy on the evidence of two or three witnesses. 29 How much
worse punishment, do you think, will be deserved by the one who has

trampled underfoot the Son of God, and has profaned the blood of
the covenant by which he was sanctified, and has outraged the Spirit
of grace? 30 For we know him who said, "Vengeance is mine; I will
repay." And again, "The Lord will judge his people." 31 It is a fearful
thing to fall into the hands of the living God.

32 전날에 너희가 빛을 받은 후에 고난의 큰 싸움을 견디어 낸 것을 생
각하라 33 혹은 비방과 환난으로써 사람에게 구경거리가 되고 혹은 이
런 형편에 있는 자들과 사귀는 자가 되었으니 34 너희가 갇힌 자를 동
정하고 너희 소유를 빼앗기는 것도 기쁘게 당한 것은 더 낫고 영구한
소유가 있는 줄 앎이라 35 그러므로 너희 담대함을 버리지 말라 이것
이 큰 상을 얻게 하느니라

32 But recall the former days when, after you were enlightened, you
endured a hard struggle with sufferings, 33 sometimes being publicly
exposed to reproach and affliction, and sometimes being partners with
those so treated. 34 For you had compassion on those in prison, and you
joyfully accepted the plundering of your property, since you knew that
you yourselves had a better possession and an abiding one. 35 Therefore
do not throw away your confidence, which has a great reward.

단락 개관

두려운 경고와 확신을 주는 기억

세 번째로 히브리서 저자는 하나님의 아들을 무시하거나 거부하는 이들은 가장 심각한 처벌을 초래할 것이라고 추론한다. "천사들을 통하여" 전해진 율법은 너무나 거룩해서 그것을 위반할 경우 "공정한 보응을 받았[다]." 하물며 천사보다 뛰어나신 아들이 말한 구원의 메시지를 무시하는 이들은 얼마나 더 그렇겠는가!(히 2:1-4) 6:4-8에서 저자는 새 언약 공동체에 참여하는 특권을 열거했다. 그런 다음 그는 배교에 빠져 이런 자애로운 선물을 저버린 이들은 회복될 수 없다고 경고했다. 그런 사람들은 하나님의 아들을 십자가에 못 박은 이들과 스스로 손을 잡은 것이기 때문이다. 이제 저자는, 그리스도께서 전하신 구원의 말씀을 도외시하는 것은 하나님께서 천사들을 통해 말씀하신 율법을 깨트린 것보다 더 큰 처벌을 받아야 마땅하다는 주장을 되풀이한다(2:1-4). 그는 이러한 추론과 하나님의 아들을 욕되게 한다는 비난(6:6)을 연결함으로써, "짐짓 죄를 범한[다면]", 즉 다른 데서 속죄를 구함으로써 그리스도를 부정한다면 하나님의 맹렬한 심판을 받아 마땅하다는 엄숙한 경고를 강조한다(10:26-31).

하지만 무척 현명하고 목양적인 히브리서 저자는 단지 두려움에 기대어 청중들에게 동기를 부여하지 않는다. 여기서 그는 6:9-12에서처럼 배교의 끔찍한 결과에 대한 무서운 선언과 청중들이 이전에 기독교 순례를 시작하면서 보여준 용기 있는 믿음의 이력을 상기시켜, 힘을 북돋우는 균형을 유지한다(10:32-35). 그들은 예수님을 위해 조롱과 재산의 손실을 견뎌냈고, 갇힌 자들을 포함하여 다른 고난 받은 그리스도인들과 자신들을 동일시하는 데서 물러서지 않았다. 그들의 마음속에서 이루어지는 하나님의 자애로운 사역의 증거는 그분이 신실하게 약속을 지키신다는 확신을 강화해주어야 한다.

단락 개요

Ⅰ. 무서운 경고: 진리를 깨달은 뒤 하나님의 아들을 부정한다면 율법의 가장 중한 처벌보다 더 심각한 벌을 야기할 것이다(10:26-31)

A. 자신들이 이미 받은 진리로부터 돌아서는 이들에게는 속죄를 위한 제사가 전혀 없고, 오직 맹렬한 진노만이 기다린다 (10:26-27)

B. 모세의 율법을 파기한 자들에게는 무자비한 죽음이 가해졌다. 그리고 하나님의 아들과 그분의 피와 성령을 부정하는 이들은 더 심각한 벌을 받을 것이다(10:28-29)

C. 성경은 살아계신 하나님이 자기 백성을 공정하게 심판하심을 보여준다(10:30-31)

Ⅱ. 확신을 주는 기억: 그리스도의 빛이 처음 너희를 비추었을 때 너희가 함께 고난을 견뎌냈던 일을 기억하라(10:32-35)

A. 너희의 처음 인내와 고난을 기억하라(10:32-34)

B. 너희의 담대함을 버리지 말라. 하나님이 너희의 신실함에 상을 베푸실 것이기 때문이다(10:35)

주석

10:26 그리스도께서 원수들을 진압하기 위해 다시 오시는 "그날"이 "가까[이]" 오고 있기 때문에(10:13, 25), "진리를 아는 지식을 받은" 후 "짐짓 죄를 범[하는]" 것은 가장 심각한 형태의 하나님의 진노를 자신에게 가하는 것이다. "짐짓"[헤쿠시오스(*hekousiōs*)]과 그 동족어는 강압에 의하지 않고

자의적으로 행한 행동을 가리킨다[레 7:16; 민 15:3; 스 1:4-6; 3:5; 시 54:6(칠십인역 53:8); 몬 1:14; 벧전 5:2]. 모세의 율법은 무지한 상태에서 부지중에 범한 죄와, 주님을 매도하고 그분의 말씀을 멸시하면서 "고의로" 범한 죄를 구별했다(민 15:22-31, 참고. 신 17:12). 부지중에 계명을 위반한 죄는 희생 제사를 통한 속죄가 가능했지만('모르고 지은 죄', 히 5:2; 9:7), 의도적이고 반항적으로 저지른 범죄에 대해서는 그러지 못했다.

유대인의 귀에는 충격적으로 들렸을 표현이겠지만, 히브리서 저자는 용서받을 수 없는 고의적인 죄는 의도적으로 십계명을 위반한 것이 아니라 하나님의 아들에 대한 신뢰 및 그분이 죄인들을 거룩하게 하려고(6:6; 10:29) 흘리신 피를 저버리고 '구약 성소와 그 희생 제사로 되돌아가는 것'이라고 규정한다. 이렇게 그리스도를 부정하는 것은 무지한 상태에서 범한 죄가 아니다. 이것은 "진리를 아는 지식"을 받았던 이들(10:26), 곧 예수님의 피를 통한 정화의 복음을 들었을 때(4:2; 10:19-22) "빛을 받[은]" 이들(6:4-5; 10:32)이 범한 죄이기 때문이다.

옛 언약 및 그것의 동물 제사와 새 언약의 개시를 위해 예수님이 바치신 단번의 제사를 대조하는 논의(8:1-10:18)는, 우리가 그리스도에게서 돌아서서 다른 데서 죄사함을 구하면 "다시 속죄하는 제사가 없[는]" 이유를 보여주었다. 황소와 염소의 피는 결코 죄를 씻을 수 없었는데, '이제는' 그것들의 예시 기능조차 양심을 깨끗하게 하는 그리스도의 몸으로 단번에 드린 제사로 인해 쓸모 없게 되었다. 우리가 시편 40편에서 배웠듯이, "첫째 것을 폐하심은 둘째 것을 세우려 하심이[다]"(히 10:5-10). 구속사에서 이러한 발전은 이제 예수님이 새 언약을 개시하셨고(10:18) '어떤' 의미로도 옛 언약 체제 아래에서는 "다시 속죄하는 제사가 없[음]"을 의미한다.

10:27 하나님께서 그리스도를 통해 베푸신 것을 저버리는 이들에게 남아 있는 것이라곤 "무서운 마음으로 심판을 기다리는 것"과 하나님을 "대적하는 자를 태울 맹렬한 불" 밖에 없다. 저자는 이사야 26:11과 스바냐 1:18의 어휘를 혼합한다. "맹렬한"은 헬라어 젤로스(*zēlos*)의 번역어로, 자

신의 영광을 위한 하나님의 열심과 자기 백성의 절대적인 충성을 바라는 그분의 질투심을 가리킨다.

10:28-29 히브리서 설교자는 다시 사소한 것에서 중요한 것을 추론해낸다. 하나님의 더 중요한 계시를 어긴다면 더 중대한 처벌이 마땅하다. 하나님은 모세에게 율법을 위임하셨고, 따라서 그 명령의 파기는 (많은 경우에) 사형이 마땅했다. 모세의 율법을 '폐하는'[아테테오(*atheteō*)] 것은 가벼운 범죄처럼 들리겠지만, 이는 사실상 율법의 계명을 말씀하신 하나님의 권위를 거부하는 것이다(참고. 막 7:9; 눅 7:30). 에스겔 22:26에서 하나님은 유다의 제사장들이 하나님의 율법을 '범했으며'(아테테오, 칠십인역) 하나님의 성소를 더럽혔다고 질책하신다. 처벌이 너무 무거웠기 때문에, 이스라엘의 재판관에게는 '두세 증인의 증언'을 통해 범죄자의 죄를 규명해야 할 의무가 있었다(참고. 민 35:30; 신 17:1-7; 19:15; 마 18:16; 고후 13:1; 딤전 5:19). 살인자나 우상 숭배 옹호자 같은 중범죄를 저지른 이들에게는 자비를 베풀 수 없었다(신 13:6-11; 19:11-13).

하지만 단순한 물리적 처형은 더 좋은 새 언약의 중보자이신 하나님의 아들을 경멸하듯 버린 자들을 기다리고 있는 '더 무거운 형벌'과 비교될 수 없다. 앞서 히브리서 설교자는 배교의 죄에 대해, 메시아이신 하나님의 아들을 "다시 십자가에 못박아 드러내놓고 욕되게" 하는 것이라고 규정했다(히 6:6). 이제 오만한 멸시는 그분을 극도로 무가치하게 다루면서 "짓밟[는]" 행위로 묘사된다(참고. 사 10:6; 25:10; 마 5:13; 7:6; 눅 8:5).

그리스도를 등지고 무력한 구약의 동물 제사로 돌아가는 것은 그리스도의 인격뿐만 아니라 무한하게 값진 그분의 희생도 멸시하면서, 다른 사람의 범죄를 속죄하기 위해 그분이 흘리신 "언약의 피"를 "부정한 것으로 여기[는]"(모독하는) 것이다(히 9:14-15). 속죄를 얻기 위해 다른 곳을 바라보는 것은 예수님이 죄인들을 위한 무죄한 대속물이 아니라(7:26; 9:14), 단지 또 한 명의 오염된 죄인으로서 나머지 인류와 나란히 하나님의 공정한 보응을 받아 피를 흘렸다고 주장하는 것이나 다름없다(9:27; 롬 5:12; 6:23). 언약 공동체의 일원이 되어, 심지어 "언약의 피"를 통해 가시적이고 외적으로 "거룩하게" 된 (믿지 않는 세상으로부터 벗어난) 이후에도(참고. 히 9:18-20) 불신앙으로 인해 복음 안에서 주어진 유익을 던져버리는 일은 얼마든지 가능하다(10:35-39). 그리스도의 죽음이 죄 용서를 보장한다고 성령께서 우리에게 증언하시기 때문에(10:15-18), 그리스도와 그분의 피를 부정하는 것은 이 은혜의 메신저이신 성령을 "욕되게 하는" 것이다.

10:30-31 모세의 율법을 어긴 자들이 받은 사형에서 출발하여 그리스도를 버린 자들에게 가해지는 훨씬 더 두려운 처벌로 이어지는 추론은, 하나님이 원수들에게 보복하고 자기 백성을 심판하실 것이라는 선언에 의해 확증된다. 모세의 노래에서 두 개의 구약 본문을 인용한다(신 32:35, 36, 참고. 시 135:14). 앞에 나온 이사야 8:17-18의 인용문처럼(히 2:13), "또 다시"는 다음의 사실을 보여주기 위해 삽입된다. 곧 두 인용문은 가까이 붙어있지만, 각각의 인용문은 독립적인 진술을 이루고 두 번째 것이 첫 번째 것을 보완한다. 모세의 노래는 이스라엘을 향한 주님의 신실하신 은혜(신 32:1-14), 이스라엘의 불성실(15-18절), 불성실한 백성들에 대한 주님의 심판(19-38절), 그리고 겸손한 백성들에 대한 주님의 궁극적인 긍휼과 그들의 적들에 대한 복수(39-43절)로 이어지는 미래의 역사를 예고했다.

히브리서 설교자가 인용한 말씀은 하나님의 공정하신 손에 이스라엘이 징벌을 받을 것이라고 선언하는 신명기 32장 단락에서 나온다. 두 번째 진술에 나오는 동사 '심판하다'[크리노(*krinō*)]는 정당성을 인정하는 평결과 정죄하는 평결이라는 의미를 모두 가질 수 있다. 그래서 신명기 32:36에서 ESV를 비롯한 다른 번역본들은 '정당성을 인정하다'("vindicate")를 채택하는데, 이는 이어지는 문장에서 주님이 자기 백성에게 긍휼을 베푸실 것이라고 말하기 때문이다. 그런데 여기 히브리서에서 저자는 이 단어를 '심판하다'의 부정적인 의미를 취하여, '원수 갚다'("vengeance")와 동의어로 사용한다. 저자의 논점은 하나님이 이스라엘의 적들만이 아니라(신 32:41) 자기 친 백성 가운데 불신앙으로 은혜를 저버린 자들에게도 보복하신다는 것이다. 구약의 이스라엘이든 신약의 교회든, 언약 공동체의 일원이 되는 것 자체가 하나님의 노여움으로부터 면제될 것을 보장하지는 않는다.

다시 히브리서 저자는 그리스도의 피를 통한 정화를 벗어나서 하나님의 진노에 맞닥뜨리는 것이 "무서울진저"[포베로스(*phoberos*), 참고. 히 10:27]라고 진술한다. 마찬가지로 시편 기자는 하나님을 '두려워할' 분으로 높이고[시 76:7-12(칠십인역 75:8-13)], 예수님 자신도 "몸과 영혼을 능히 지옥에 멸하실 수 있는" 하나님을 두려워하라고 청중들에게 당부하셨다(마 10:28). 산 위에서 하나님을 만났던(히 8:5), 하나님 집의 신실한 종 모세(3:5)는 하나님의 영광이 나타날 때 '두렵다'(포베로스)고 느끼며 무서워 떨었다(12:21). 하나님의 질투하시는 진노가 타오를 때, 살아계신 하나님의 손에 빠져 들어가는 것은 고뇌와 파멸을 맞닥뜨리는 것이다.

10:32 최초 회중 가운데 일부는 "살아계신 하나님에게서 떨어[지는]" 위험에 처해 있었지만(3:12), 히브리서 설교자는 서둘러 청중들에게 확신을 심어준다. 곧 청중들이 "전날에" 고난에 대응한 데에서 하나님의 은혜의 증거가 확인되었으며, 이를 볼 때 그들의 믿음이 현재 점점 가중되고 있는 박해의 시험을 이겨내리라고 기대할 근거를 준다는 것이다. 두려움은 "죄의 유혹"("deceitfulness of sin")을 몰아내고 그 위험을 우리에게 경고하는 역할을 하지만(3:13), 하나님의 자비로써 우리를 회개로 그리고 그에 반응하여 우리의 사랑을 불러일으키는 그분이 먼저 베푸신 사랑으로 인도한다(롬 2:4; 요일 4:10-12, 19).

빛을 비추는 그리스도의 말씀이 우리 마음에 처음 들어왔을 때에 삶을 변화시키는 열매가 어떻게 맺혔는지를 회고하는 것은, 박해 앞에서 끈기 있게 신뢰하는 더욱 강력한 근거가 된다. 그리스도의 복음을 처음 전달받아 하나님의 선한 말씀을 맛보았을 때(히 6:4-5), 청중은 "빛을 받[았다]." 그때 그들은 "고난의 큰 싸움을 견디어" 냈다. 우리의 신앙 고백을 '굳게 붙들라'는 권면에서 암시되었듯이(3:6, 14; 4:14; 6:18; 10:23), 박해 중의 인내는 이 설교의 다음 단락에서 주요한 강조점이 될 것이다(10:36; 12:1-3, 7).

"싸움"[아틀레시스(*athlesis*)]은 군사적 전투와 운동 경기라는 어감을 모두 가진다. 헬레니즘 세계에서 이 두 가지 활동이 긴밀하게 연결되어 있었기 때문이다(빌 1:27; 4:3; 딤후 2:5). 히브리서 저자는 6:20("앞서 가신")과 12:1-2, 11-13에서 육상 이미지를 사용한다.

10:33-34 히브리서 수신자들은 그들의 이전 역사에서 개인적이고 공동체적으로 고난을 겪었다. 박해를 당하던 동료 신자들과 기꺼이 동일시하던 태도는 그들이 지금 되찾아야 할 기준을 형성한다. 동일한 종류의 재난이 그들의 개인적인 안전과 자유와 금전적인 안정을 위협하고 있기 때문에, 그들은 하나님의 은혜를 힘입어 어떻게 서로 연대하고 고난을 이겨낼 수 있었는지를 떠올려야 한다. 저자는 그들의 경험을 개인적 곤경에서 시작되고 끝나는 네 가지 범주로 정리하고, 믿음 때문에 고난 받는 다른 이들과 스스로를 기꺼이 동일시하라고 가운데 부분에서 권고한다.

개인적 곤경: 비방과 환난으로써 사람에게 구경거리가 되고
　　공동체의 동일시: 이런 형편에 있는 자들과 사귀는 자가 되었으니
　　공동체의 동일시: 너희가 갇힌 자를 동정하고[32]
개인적 곤경: 너희 소유를 빼앗기는 것도 기쁘게 당한 것은

박해의 두려움으로 인해 "어떤 사람들"은 예수님의 다른 제자들과의 모임을 소홀히 여기게 되었다(10:25). 그래서 히브리서 설교자는 과거에 공적인 비방과 투옥을 감내하면서 신실함의 대가를 치르는 이들에게 가까이 머물렀던 청중들의 용기를 칭찬한다. 곧이어 믿음의 선조들 가운데 하나님이 믿을 수 있는 분임을 입증하는 증인으로 모세를 선정한다(11:1-40). 그는

32 ESV는 쉼파테오(*sympatheō*)를 여기서는 '긍휼히 여겼다'("had compassion on")로, 4:15에서는 '동정하다'("sympathize")로 번역한다. 이 동사의 어근이 10:32의 "고난"[파테마톤(*pathēmatōn*)]을 떠올리게 하므로, 히브리서 저자는 단지 감정적인 동정심만이 아니라 적극적인 '함께 고난받음'(co-suffering)을 가리키는 것 같다.

"그리스도를 위하여 받는 수모를 애굽의 모든 보화보다 더 큰 재물로 여겼[고]", 그래서 "하나님의 백성과 함께 고난 받기[로]" 선택했다(11:25-26).

모세와 마찬가지로(또한 처음에 그들 자신과 마찬가지로) 이 편지의 청중들은 예수님이 견디신 "치욕을 짊어지고" 그분이 "영문 밖에서"(기존의 유대인 공동체에서 추방되어) 겪으신 거절에 동참해야 한다(13:12-13, 참고. 13:11-12 주석; 13:13-14 주석). 연좌제의 위험을 무릅쓰고 과거에 갇힌 이들을 위해 행한 적극적인 사역은 현재에도 계속되어야 한다(13:3). 그들은 다른 사람들에게 재산을 빼앗겼을 때, 더 좋은 영속적인 재산을 가지고 있다고 확신하면서 기쁨으로 묵묵히 따랐다. 족장들이 영적인 시선을 "하나님이 계획하시고 지으실" 터가 있는 성(더 좋은 하늘의 나라)에 고정했듯이 말이다(11:10, 16). "흔들리지 않는 나라"(12:28)와 장차 올 "영구한 도성"(13:14)에 대한 소망은 구약의 믿음의 백성들에게 조롱과 태형, 투옥과 노숙, 가난과 죽음을 견딜 힘을 주었으며(11:36-38), 그와 동일하게 오늘날 예수님의 제자들을 붙들어줄 것이다.

10:35 "담대함"(파레시아)이 다시 등장하면서, 예수님의 우월하신 제사장직에 근거한 권면이 마무리에 다다른다. 예수님의 희생을 통해 하나님께 나아가는 이들은 지금 예배를 통해 하늘의 지성소에 담대하게 들어간다(10:19-21). 또한 마찬가지로, 그들은 하나님이 넘치는 관대하심 가운데 큰 상을 약속하셨음을 알고 미래에 대해 담대한 소망을 품는다. "너희 담대함을 버리지 말라"는 권면은 또한 새로운 단락(10:36-12:17)으로 이어지는 다리를 놓는다. 다음 단락에서는 하나님이 기뻐하시는 인내하는 믿음(합 2:3-4에서 설명된)이 일련의 구약 "증인들"을 통해(히 11:1-40), 또한 "믿음의 주요 또 온전하게 하시는 이"인 예수님을 통해(12:1-2) 예시될 것이다. 하나님께서 아브라함에게 큰 상을 약속하셨듯이(창 15:1), 이제 예수님 안에서 담대함을 굳게 붙드는 이들은 은혜를 통해 부어지는 큰 상, 곧 더 좋은 하늘 본향의 변치 않는 소유를 기대할 수 있다(히 11:16).

응답

예수님을 저버리지 말라, 다시 말해 하나님께서 장차 올 좋은 것들의 그림자로 제정하셨던 구약의 제도로 돌아가지 말라는 이 세 번째 두려운 경고는 "우리가 믿는 도리의 사도이시며 대제사장이신"(3:1) 예수님에 대한 신앙 고백을 굳게 붙들라고 엄숙하게 호소한다. 새 언약이 개시됨으로써 율법과 더불어 그 성소와 제사가 폐기되었고, 죄를 없애는 유일한 제사가 그리스도에 의해 단번에 드려졌다. 그분을 버리는 것은 하나님의 진노를 부르는 것이며, 따라서 그리스도인들은 마땅히 "[혹시] 너희 중에" 인내하는 믿음으로 말미암아 하나님의 안식에 "이르지 못할 자가 있을까" "두려워 [해야]" 한다(4:1). 하지만 두려움이 끝까지 인내하는 유일한 동기는 아니다. 지난 시절 동안 붙들어주신 하나님의 은혜에 감사하며 회상하는 것과 미래에 우리를 기다리고 있는 영원한 기업에 대해 소망으로 기대하는 것은 우리에게 담대히 앞으로 나아갈 힘을 불어넣는다.

히브리서 10:36-12:17 개관

"너희 담대함을 버리지 말라 이것이 큰 상을 얻게 하느니라"는 권면은 자연스럽게 미래에 대한 하나님의 약속을 신뢰하며 인내하는 믿음의 중추적인 의미를 다루는 논의로 이어진다. '믿음'[피스티스(*pistis*)]과 동족 동사인 '믿다'[피스튜오(*pisteuō*)]는 히브리서 10:36-12:17에서 28회 이상 등장한다. 믿음과 더불어 그 핵심 특성인 '인내'[휘포모네(*hypomonē*), 동족 동사는 휘포메노(*hypomenō*, 인내하다)]가 나란히 나온다. '인내/인내하다'는 단어는 보다 덜 등장하지만(10:32, 36; 12:1-3, 7), 히브리서 저자의 믿음 개념에는 오래 지속되는 끈기가 수반된다. 하나님이 기뻐하시는 믿음은 박해와 고난을 마주할 때 뒤로 물러나지 않는다(10:38-39). 그런 믿음은 "피곤하여 낙심하지" 않고(12:3), 소망 가운데 앞을 바라보면서 하나님의 약속에 매달린다. 그러한 약속의 성취가 보이지 않는 미래에 멀리 있는 때에도 말이다(11:1, 7, 9-10, 13, 35, 39-40).

이 설교의 다섯 번째 악장은 중요한 구약 본문인 하박국 2:3-4과 함께 시작된다(히 10:36-39). 그런 다음 하나님의 증거를 받았던 "선진들"("people of old")에 대한 긴 조망(11:1-40)은 하박국 인용문에 언급된 믿음의 특성을 예시한다. 성경 기록을 통해 하나님의 신실하심을 증언하는 "구름같이…허다한 증인들"은 우리의 시선을 '믿음의 창시자요 완성자'(필자의 번역)이신 예수님께로 향하게 한다. 죄인들의 적개심을 이겨내신 그분의 인내는, 참 아들들을 위한 하나님의 선하신 목적을 확증하는 것으로서 고난을 인내하도록 청중들을 북돋워 주어야 한다(12:1-11). 마지막으로, 신자들은 서로에 대한 공동체적 책임을 받아들여 영적으로 연약한 자들을 지원하고, 우상 숭배와 음행을 통해 다른 사람들에게 오염을 확산시킬 이들의 영향력에 맞서야 한다(12:12-17).

36 너희에게 인내가 필요함은 너희가 하나님의 뜻을 행한 후에 약속하
신 것을 받기 위함이라

37 잠시 잠깐 후면 오실 이가 오시리니 지체하지 아니하시리라
38 나의 의인은 믿음으로 말미암아 살리라 또한 뒤로 물러가면 내
마음이 그를 기뻐하지 아니하리라

하셨느니라 39 우리는 뒤로 물러가 멸망할 자가 아니요 오직 영혼을
구원함에 이르는 믿음을 가진 자니라

36 For you have need of endurance, so that when you have done the will
of God you may receive what is promised. 37 For,

"Yet a little while,
and the coming one will come and will not delay;
38 but my righteous one shall live by faith, and if he shrinks back,
my soul has no pleasure in him."

39 But we are not of those who shrink back and are destroyed, but of
those who have faith and preserve their souls.

단락 개관

인내하는 믿음을 위한 권면

히브리서 설교자는 방금까지 소극적으로 주장했던 논점을 이제 적극적으로 재진술한다(표6).

10:35	10:36
너희 '담대함을 버리지 말라'	너희에게 '인내가 필요함은'
큰 상을 얻게 하느니라	'약속하신 것을 받기' 위함이라

표6. 히브리서 10:35에 대한 10:36의 적극적인 재진술

인내의 필요성은 하박국 2:3-4에 의해 입증된다. 먼저 하박국서 본문이 인용되고, 그 뒤에 청중들이 가진 믿음이야말로 그처럼 생명에 이르는 영속적인 믿음임을 확신시키는 설명이 뒤따른다. 하박국서에서 믿음의 네 가지 측면이 나온다. (a) 믿음은 미래에 대한 하나님의 약속에 비추어 행동한다. (b) 믿음은 하나님이 "의롭다"고 선언하신 이들의 특징이다. (c) 믿음은 뒤로 물러나지 않는다. (d) 믿음은 하나님을 기쁘시게 해드린다. 이어지는 구약 신자들에 관한 짧은 글들 속에서 이러한 특징들이 예시될 것이다(히 11:1-40).

단락 개요

Ⅰ. 인내하는 믿음을 통해, 너희는 하나님의 약속된 복을 받을 것이다(10:36)

Ⅱ. 하나님이 즉각 오셔서 인내하는 신자들을 기뻐하실 것이다(10:37-38)

A. 오실 이가 곧 오실 것이다(10:37)

B. 하나님은 믿음으로 살아가는 의인들을 기뻐하신다(10:38a)

C. 하나님은 누구든 불신앙 가운데 뒤로 물러나는 이들을 기뻐하지 않으신다(10:38b)

Ⅲ. 우리는 인내하는 믿음을 가지고 있으며, 구원을 기대할 수 있다(10:39)

주석

10:36 35절의 금지 명령("너희 담대함을 버리지 말라")이 적극적인 표현으로("너희에게 인내가 필요함은") 재진술되면서 믿음의 인내라는 주제로 전환된다. 믿음은 인내해야 한다. 하나님의 약속은 아직 보이지 않는 것들에 관심을 두기 때문이다(11:1, 7). 하나님의 약속을 신뢰하는 이들은 미래에 관한 그분의 선언에 비추어 현재에 적절한 행동을 취해야 한다. 믿음이란 단순히 하나님의 선언에 대한 지적인 동의가 아니다. 도리어 믿음은 신자들로 하여금 "하나님의 뜻"을 행할 동기를 심어준다. 그리스도는 "하나님의 뜻을 행하러" 오셨다(10:7). 그리고 하나님의 뜻을 행하기 위한 그분의 값진 헌

신(막 14:36)의 열매는 새 언약이다. 새 언약에서 하나님은 신자들의 마음에 율법을 기록하여(히 8:10) 그들이 기꺼이 하나님의 뜻을 행하게 하신다.

믿음이 향하는 초점은 하나님께서 "약속하신 것"을 받으리라는 전망에 암시되어 있다. "믿음과 오래 참음으로 말미암아 약속들을 기업으로 받는" 구약의 신자들(6:12)은 모범을 보였는데, 그 선두에는 아브라함이 있다(6:13-17; 7:6; 11:9-19). 그들은 말씀과 예시적인 성취를 통해 하나님의 약속을 받았다(6:15; 11:33). 그렇지만 다른 의미로 그들은 "약속된 것을 받지 못[했고]", 그리스도에 의해 제정된 새 언약 안에서 하나님이 베푸실 더 좋은 것을 기다렸다(11:39, 참고. 11:13). 우리도 그리스도의 재림과 그분이 가져오실 온전한 구원을 간절히 기다린다(9:28).

10:37-38 이 구약 인용문은 대부분이 하박국 2:3-4에서 가져온 것이다. 그렇지만 이사야 26:20-21에서 가져온 "잠시 잠깐 후면"은 오실 분이 "지체하지 아니하[고]" 등장하실 것이라는 약속을 강조한다. 두 선지서 본문 모두가 고난 받는 이들을 구원하고 적들을 심판하기 위해 오실 하나님을 끈기 있게 기다리라고 조언한다. 하박국서에서 인용한 말씀의 문맥은, 하나님의 약속이 실현되는 신비한 때에 요구되는 간절한 기대와 끈질긴 인내 사이의 긴장을 보여준다. "이 묵시는 정한 때가 있나니 그 종말이 속히 이르겠고…비록 더딜지라도 기다리라[칠십인역은 휘포메노('인내하다')] 지체되지 않고 반드시 응하리라"(합 2:3). 예수님은 지나치게 미루어지거나 혹은 예상치 못할 때 갑작스레 이루어질, 예측할 수 없는 재림에 대해 제자들을 준비시키셨다(눅 12:35-46; 18:7-8, 참고. 살전 5:1-4; 벧후 3:4-10).

하박국 2:4의 히브리어는 난해하다. 칠십인역은 뒤로 물러남으로써 하나님을 기쁘시게 하지 못하는 개인과 "믿음으로 말미암아 살" "나[하나님]의 의인"을 대조시킴으로써 그 히브리어의 의미를 담아내는 것 같다. 히브리서 저자는 설명을 뒤집어, 신실한 의인 다음에 비겁하게 "뒤로 물러가"[33] 하나님의 노여움을 사는 배교자를 소개한다. 이 본문의 핵심 용어들(의, 믿음, 기쁨)은 이어지는 구약 성도에 관한 조망에서 다시 등장할 것이다. 예를 들어, 히브리서 11:4, 7절은 '믿음'이 아벨이나 노아처럼 하나님께서 '의인'이라고 칭찬하시는 사람을 구별한다고 말하고, 11:5-6은 에녹이 하나님과 동행했다는 말씀이 그가 하나님을 '기쁘시게' 하는 자라는 증거를 받았다는 의미라고 설명한다.

10:39 히브리서 저자는 구약 인용문의 소극적인 결론(뒤로 물러나는 이를 "내 마음이…기뻐하지 아니하리라") 다음에, 자신의 청중들은 파멸할 운명에 처한 겁쟁이 배교자들 가운데 속하지 않고, 대신 그들의 영혼에 영생을 보장하는 영속적인 믿음을 지니고 있다고 확신시킨다(살전 5:9).

응답

예수님을 믿는 믿음은 모든 시대마다 심한 박해에 맞닥뜨린다. 씨 뿌리는 자의 비유는 추수 때까지 항상 우리의 인내를 거슬러 작용하는 다양한 힘들을 보여준다(막 4:3-20). 인간관계, 개인의 정체성, 종교적 충성과 같은 문제에 대해 유연성과 유동성에 도취된 문화 가운데서 예수님을 믿는 믿음의 끈기는 훨씬 더 큰 도전에 부딪힌다. 하지만 주님은 '지체하지 않고 오실' 것이고, 끈기 있게 자기를 신뢰하는 사람들을 기뻐하신다는 확신을 주신다. 그분의 약속은 우리에게 필요한 인내를 공급하고 유지한다.

33 "뒤로 물러가다"는 과도한 두려움으로 인해 올바른 행동을 회피하는 것을 가리키는 동사(*hypostellō*)와 동족 명사(*hypostolē*)에 해당한다(행 20:20, 27; 갈 2:12; 참고. 신 1:17 LXX).

히브리서 11:1-40 개관

히브리서 11:1-40은 믿음이라는 관점으로 구약 역사를 조망하면서, 초기 믿음의 사람들에 관한 성경의 기사가 어떻게 하박국 2:3-4의 주제를 예증하는지 보여준다(참고. 히 10:37-38). 믿음은 미래를 위한 하나님의 약속에 초점을 맞추고 인내하며, 하나님께 기쁨을 드리고 믿음으로 사는 자가 "의인"이라는 평가를 받도록 한다. 신자들은 믿음으로 보이지 않는 실재에 다가갈 수 있다. 믿음은 사람들로 하여금 하나님의 말씀에 응답하여 적절한 행동을 취하게 한다. 그 행동들에는 받으실만한 제사를 드리고, 방주를 만들고, 약속으로 주어졌지만 아직은 보이지 않는 본향을 찾아나서는 것 등이 있다. 이러한 조망은 하나님께서 믿음의 선조들을 "증거"하셨다(마르튀레오)는 설명으로 시작되고 마무리된다(11:2, 39). 믿음을 정의하는 도입문 및 하나님이 믿음을 인정하신다는 증거(1-2절) 이후에, 이 조망의 각 항목이 "믿음으로"[피스테이(*pistei*)]라는 말로 시작된다(3, 4, 5, 7, 8, 9, 11, 17, 20, 21, 22, 23, 24, 27, 28, 29, 30, 31절). "믿음으로"가 반복된다는 점과 각각의 진술에서 가장 앞에 위치한다는 점은 믿음의 중요성을 강조한다. 11:32에서 저자는 구체적인 사례들로부터 "믿음으로" 말미암은 선조들의 행동에 대한 요약으로 넘어간다(33절). 구약의 성도들이 "믿음으로 말미암아 증거를 받았[다][마르튀레오]"는 마무리 설명은, 하나님과 그분의 신실하심을 보여주는 "증인"[마르튀론(*martyrōn*)]이라는 그들의 역할로 이어지는 다리를 놓는다(12:1).

1 믿음은 바라는 것들의 실상이요 보이지 않는 것들의 증거니 2 선진들
이 이로써 증거를 얻었느니라 3 믿음으로 모든 세계가 하나님의 말씀
으로 지어진 줄을 우리가 아나니 보이는 것은 나타난 것으로 말미암
아 된 것이 아니니라

1 Now faith is the assurance of things hoped for, the conviction of things
not seen. 2 For by it the people of old received their commendation.
3 By faith we understand that the universe was created by the word of
God, so that what is seen was not made out of things that are visible.

4 믿음으로 아벨은 가인보다 더 나은 제사를 하나님께 드림으로 의로
운 자라 하시는 증거를 얻었으니 하나님이 그 예물에 대하여 증언하
심이라 그가 죽었으나 그 믿음으로써 지금도 말하느니라 5 믿음으로
에녹은 죽음을 보지 않고 옮겨졌으니 하나님이 그를 옮기심으로 다시
보이지 아니하였느니라 그는 옮겨지기 전에 하나님을 기쁘시게 하는
자라 하는 증거를 받았느니라 6 믿음이 없이는 하나님을 기쁘시게 하
지 못하나니 하나님께 나아가는 자는 반드시 그가 계신 것과 또한 그

가 자기를 찾는 자들에게 상 주시는 이심을 믿어야 할지니라 [7]믿음으
로 노아는 아직 보이지 않는 일에 경고하심을 받아 경외함으로 방주
를 준비하여 그 집을 구원하였으니 이로 말미암아 세상을 정죄하고
믿음을 따르는 의의 상속자가 되었느니라

[4]By faith Abel offered to God a more acceptable sacrifice than Cain,
through which he was commended as righteous, God commending him
by accepting his gifts. And through his faith, though he died, he still
speaks. [5]By faith Enoch was taken up so that he should not see death,
and he was not found, because God had taken him. Now before he was
taken he was commended as having pleased God. [6]And without faith it
is impossible to please him, for whoever would draw near to God must
believe that he exists and that he rewards those who seek him. [7]By
faith Noah, being warned by God concerning events as yet unseen, in
reverent fear constructed an ark for the saving of his household. By this
he condemned the world and became an heir of the righteousness that
comes by faith.

단락 개관

초기 구속 역사에서 하나님을 기쁘시게 하는 믿음

구약의 개인과 사건들이 어떻게 하나님이 인정하시는 믿음(히 10:37-39)을 예증하는지 납득하려면, 우리는 믿음이 정말 무엇인지를 이해해야 한다. 히브리서 저자는 믿음의 개념을 간결하게 제시하고(11:1), 그러한 믿음으로 행동했던 "선진"들에 대한 하나님의 증거를 서술한다(11:2). 그런 다음 그

는 '태초'부터 시작하여 구약 전체를 훑어간다. 창세기에 적힌 하나님의 기록을 믿을 때, 보이는 우주가 보이지 않는 하나님의 말씀을 통해 창조되었다는 통찰을 얻는다(11:3). 족장 이전 역사에서는 세 명의 개인인 아벨, 에녹, 노아가 믿음과 관련하여 하나님의 증거를 받는다(11:4-7). 각 사람은 하박국 2:3-4에서 가져온 표현인 "의로운 자"와 "하나님을 기쁘시게 하는 자"로 묘사된다.

단락 개요

Ⅰ. 서론: 믿음의 정의와 증거(11:1-2)

A. 믿음의 정의: 바라는 것들의 실상, 보이지 않는 것들의 증거(11:1)

B. 믿음의 증거: 믿음으로 선진들은 하나님의 증거를 받았다(11:2)

Ⅱ. 믿음으로 우리는 보이는 우주가 보이지 않는 하나님의 말씀에 의해 창조되었음을 이해한다(11:3)

Ⅲ. 믿음으로 아브라함 이전의 선진들은 하나님의 인정을 받았다(11:4-7)

A. 아벨의 제사는 그가 죽기 전에 하나님의 인정을 받았다(11:4)

B. 에녹은 하나님과 동행했고(하나님을 기쁘시게 했고) 죽음을 겪지 않았다(11:5-6)

C. 노아는 아직 보이지 않는 홍수에 대해 경고 받았을 때 방주를 지었고, 이로써 믿음의 의를 상속받았다(11:7)

주석

11:1 대부분의 번역본은 이 절을 '확신'이나 '신념' 같은 믿음의 주관적인 경험을 설명하는 것으로 번역한다. 그렇지만 히브리서 저자가 선택한 헬라어 단어는 믿음의 객관적인 실재에 초점을 맞추며, 다음과 같이 번역할 수 있을 것이다. "믿음은 바라는 것들의 '실체[본질]', 보이지 않는 것들을 '입증하는 증거'다"(참고. KJV, NKJV). 영어성경에서 "assurance"(확신, ESV, RSV, NRSV, NIV, NASB)로 번역된 헬라어 명사 휘포스타시스(*hypostasis*)는 앞서 아들이 "[하나님의] 본체의 형상"이라고 설명할 때 사용되었다(1:3). 이 단어는 3:14에서 주관적인 의미를 내포할 수도 있겠지만(ESV는 "our original confidence"), "우리의 믿음이 근거한 '본질적 실재'의 시작"(필자의 번역)이라는 번역이 더 바람직하다. 다른 곳에서 히브리서 저자는 주관적인 확신을 표현하기 위해 "담대함/담력"(파레시아, 10:19, 35, ESV는 "confidence")과 "온전한"[플레로포리아(*plērophoria*), 10:22, ESV는 "full assurance"]을 사용한다. 여기서 그는 '실재/본질'("reality/substance")을 채택하여, 증거에 의해 입증된 법적 주장을 가리키는 단어[엘렝코스(*elenchos*), 칠십인역 욥 13:6; 16:21; 23:7]와 짝을 맞춘다. 믿음은 우리 내면의 태도를 넘어서서(물질적 우주를 초월하기 때문에, 히 11:3) "보이지 않는"(여전히 미래에 있기 때문에, 11:7, 참고. 롬 8:24), 그러나 "바라는" 실재와 접촉하도록 해준다. 한 주석가는 이 절을 이렇게 번역한다. "이제 믿음은 우리가 소망하는 객관적인 [복의] 실재, 아직 보이지 않는 사건들의 실증을 경축한다."[34]

11:2 구약의 인물들은 믿음으로 말미암아 하나님께로부터 "증거를 얻었[다]." 여기서 ESV는 헬라어 동사 마르튀레오를 '칭찬'("commendation")과 '칭찬하다'("commend")를 사용하여 번역한다(11:2, 4, 5, 39). 히브리서는 성

34 Lane, *Hebrews 9-13*, 325.

경 인용문과 암시를 하나님의 "증언" 또는 "증거"(마르튀레오)라고 소개했다(7:8, 17; 10:5, 참고. 2:5). 하나님은 구약의 신자들을 위해 증인석에 서서, 그들이 의로웠고 자기를 기쁘게 했다고 증언하셨다. 그리고 그분의 증언은 구약 내러티브로 기록되어 있다. 인간 반대자들에게 부정당하고 박해당했지만(11:24-26, 36-38), 그럼에도 구약에 있는 하나님의 증언에 의해 "이 사람들은 다 믿음으로 말미암아 증거를 받았[다]"(39절). 하나님이 성경에서 그들을 위해 증언하시듯이, 그들은 하나님을 위해 그분의 신실하심을 증언하는 "구름 같이…허다한 증인들"을 이룬다(12:1, 참고. 11:4, 13-14, 35).

11:3 히브리서 설교자는 미래를 바라보는 믿음의 초점을 강조할 것이다. 그렇지만 그는 먼 과거에 속하는 성경적 믿음의 역사를, 아무도 본 사람이 없는 우주의 창조에서부터 시작한다. 믿음으로 우리는 창세기를 통해 "세계"[시간적인 색채가 가미된 어구인 투스 아이오나스(*tous aiōnas*), 1:2에서]가 하나님의 말씀에 의해 창조되었음을 알게 된다. 창세기 1장에서 반복되는 어구인 "하나님이 이르시되"는 피조물을 존재하게 하고 그것들을 질서 있게 배열한다(3, 6, 9, 11, 14, 20, 24, 26절). 이렇듯 하나님이 입으로 하신 말씀은 보이지 않지만, 그 결과물(물질적 우주)은 볼 수 있다. 따라서 하나님의 보이지 않는 실재와 능력도 우리가 눈으로 보는 모든 것을 초월한다(참고. 히 8:5). "보이지 않는 것들"의 존재를 입증하는 증거인 믿음(11:1)은 우리 눈앞에 펼쳐진 하늘과 땅보다 앞서고 그것들을 존재하게 하고 유지하며, 그것들보다 오래 이어질 영원한 실재와 접촉하게 해준다(1:10-12; 12:26-28).

11:4 아벨이 제사로 바친 "양의 첫 새끼와 그 기름"은 그의 형 가인이 바친 제물보다 더 좋은 것이었다(창 4:1-16). 창세기 4:4-5은 주님이 아벨과 그의 제물은 "받으셨으나" 가인의 것은 받지 않으셨다고 진술한다. 히브리서 저자는 하박국 2:3-4의 관점에서 아벨 내러티브의 의미를 재진술한다. 곧 아벨의 제물을 받으심으로써, 하나님은 아벨을 위해 "증언"하면서(마르튀레오) 그가 "의로운 자"라고 인정하셨다(참고. 마 23:35; 요일 3:12). 이는 아벨

이 "믿음"으로 행동하고 있었음을 보여준다. "나의 의인은 믿음으로 말미암아 살" 것이기 때문이다(히 10:38).

그런데 아벨의 이야기는 하나님이 기뻐하시는 믿음만이 아니라 때 이른 폭력적인 죽음도 예시한다. 히브리서 저자는 "그가 죽었으나"라는 짧은 표현을 통해 아벨이 죽은 정황에 대해서도 떠올리게 한다. 아벨은 시기하던 형의 손에 살해되었다. 가인은 자신의 범죄를 하나님의 심판으로부터 숨길 수 없었다. "네 아우의 핏소리가 땅에서부터 내게 호소하느니라"(창 4:10). 비록 아벨은 죽었음에도 그 순간 말하면서, 공정한 응징을 부르짖었다(참고. 계 6:9-10). 히브리서 설교자는 나중에 아벨의 피가 외친 정의에 대한 요구와, 예수님의 피가 우리를 위해 용서를 구하는 동정어린 호소를 대조할 것이다(히 12:24). 아벨은 죽었으나, 또한 하나님의 신실하심을 확증한다.

아벨은 "믿음을 따라 죽었으며 약속을 받지 못하였[던]"(11:13) 많은 이 중 첫 번째 인물로, 성경의 페이지를 통해 하나님의 약속이 신실하다고 증언하는 허다한 증인들(11절) 중 첫 자리에 있다. 물론 그들의 피는 흘려졌지만 말이다(35-37절). 아벨은 하늘의 예루살렘에서 예배하러 모인 "온전하게 된 의인의 영들" 가운데 있다(12:23). 이렇듯 신실하게 고난받은 옛 사람들은 지금 이 설교 편지를 듣고 있는 이들에게 모범이 된다. 청자들이 죄에 맞서 분투하는 것은 아직 피 흘리는 상황에까지는 이르지 않았다(12:4). 선진들은 자기 백성을 위해 십자가 위에서 처형을 견디신, 믿음의 창시자요 완성자이신 예수님을 '예시'하는 특권을 갖는다(12:2).

11:5-6 에녹의 경험은 아벨의 경험과 정반대된다. 그가 "죽음을 보지 않고 옮겨졌으니 하나님이 그를 옮기[셨기]" 때문이다. 히브리서 저자는 히브리어 은유인 '하나님과 동행했다'(창 5:21-24에서 두 번 사용)를 '하나님을 기쁘시게 했다'로 해석하는 칠십인역의 선례를 따랐다. 이 설명은 에녹이 믿음으로 살고 있는 의인들에 관한 하박국의 설명에 어울린다는 것을 보여준다(합 2:4, 참고. 히 10:37-38). 하나님의 마음은 누구든지 불신앙 가운데 뒤로 물러나는 사람을 '기뻐하지 않으시고'(10:38), 그와 정반대로 인내하

는 믿음을 지닌 신자를 '기뻐하신다'는 사실은 진리이다. 창세기의 아벨과 에녹 기사에는 "믿음"이란 단어가 전혀 나오지 않는다. 그렇지만 하박국 2:3-4의 렌즈를 통해 그들의 이야기를 읽을 때 그들의 믿음이 드러난다. 믿음으로 에녹은 지상에 사는 동안 하나님을 기쁘시게 했고, 그래서 "하나님이 그를 옮기심으로 다시 보이지 아니하였[다]"(칠십인역 창 5:24의 의역).

에녹이 믿음으로 살았다는 추론은, 하박국 인용문에 나오는 사람의 믿음과 하나님의 기쁨 사이의 연관성뿐만 아니라 더 많은 고찰에 근거한다. 곧 하나님께 나아가 그분의 복을 받는 유일한 길은, 곧 하나님께 나아가 그분의 복을 받는 유일한 길은, 하나님이 (a) 존재하시고 (b) 자기를 찾는 자들에게 상주시는 이심을 믿으며 그분께 나아가는 것이다(히 11:6). "상"(10:35; 11:26)은 히브리서가 신자들이 소망하는 대상인 하늘의 본향과 하나님의 도성에 있는(11:10, 16; 13:14) 그들의 기업(1:14; 6:12, 17; 9:15; 11:8-9)을 설명하는 여러 가지 표현 가운데 하나다.

이 믿음의 처음 두 '영웅'은 그들의 계승자들이 경험할 양극단, 곧 폭력적 죽음(순교)과 흔치 않은 부활 생명의 기대에 서 있다. 이러한 구약의 믿음의 역사를 마무리하는 목록은, 살아 있을 때 경험한 일련의 가시적인 '승리들'(11:33-35a)로부터 장차 더 좋은 부활을 기대하며 견뎌낸 '역경과 죽음'의 긴 이야기(11:35b-38)로 바뀔 것이다.

11:7 족장 이전 역사에서 마지막 믿음의 기사는 노아의 이야기다(창 6-9장). 노아 내러티브는 노아와 믿음의 관련성을 발전시키면서, "노아는 의인이요 당대에 완전한 자라 그는 하나님과 동행하였으며"(창 6:9)라고 증언한다. 칠십인역은 이 마지막 히브리어 어구를 "노아는 하나님을 기쁘시게 했다[유라에스테오(*euaresteō*)]"로 의역한다. 따라서 노아는 믿음으로 살았던 의인이다. 우리는 믿음으로 살았던 그의 삶에 주목해야 한다. "아직 보이지 않는 일[생명을 파괴하는 임박한 홍수(창 6:13-21)]에 경고하심을" 받았을 때, 노아의 믿음과 "경외함"(히 11:7)은 행동으로 실행되었다. 그는 하나님이 명령하신 대로 방주를 지었다(창 6:22). 임박한 홍수에 대해 "'아직 보이지 않는'

일"이라고 설명하는 데서, 미래를 바라보는 믿음의 초점이 드러난다.

노아의 능동적인 믿음의 결과는 그의 가정의 구원과 거역하는 세상에 대한 정죄였다(창 6:5-8; 7:7, 23; 벧전 3:20; 벧후 2:5). 히브리서 설교자는 박해받는 믿음의 백성을 "세상이 감당하지 못하느니라"고 설명하면서(히 11:38), 그리스도와의 연합으로 인해 겪을 수도 있는 배척을 즐거이 맞이하라고 청중들에게 촉구할 것이다(11:24-26; 13:12-13). 노아는 방주를 짓기 전에 이미 하나님의 호의를 입었다(창 6:8). 노아의 믿음이 시험을 통해 그 진정성을 확인받았을 때, 그는 "믿음을 따르는 의의 상속자"가 되었다.

응답

사도 바울은 "우리가 믿음으로 행하고 보는 것으로 행하지 아니함이로라"라고 썼다(고후 5:7). 믿음과 보이는 것 사이의 이러한 격차는 히브리서 11장을 시작하는 믿음에 대한 설명을 제대로 포착한다. 하지만 깊이 새겨진 본능은 대개 우리의 기대와 감정, 태도와 행동을 성경에서 말씀하시는 하나님의 음성보다 우리가 바라보는 상황에 더 부합하도록 조정한다. 우리는 우리가 볼 수 없는 일들에 관한 하나님의 말씀을 그대로 받아들임으로써 그분을 기쁘시게 해드리기 위해, 시선을 사로잡는 보이는 것들의 요구를 거절해야 한다. 천지창조 때 하나님의 보이지 않는 말씀은 우리가 지금 감각으로 인식하는 모든 것을 낳았고, 아들의 강력하신 말씀은 지금도 그분의 우주를 지탱하신다(히 1:3). 하나님의 말씀은 지금도 여전히 우리의 시각보다 중요하며 가장 높이 있다. 이 진리를 신뢰하고, 그 빛 가운데 행하라. 하나님이 기뻐하실 것이다.

8 믿음으로 아브라함은 부르심을 받았을 때에 순종하여 장래의 유업
으로 받을 땅에 나아갈새 갈 바를 알지 못하고 나아갔으며 9 믿음으
로 그가 이방의 땅에 있는 것 같이 약속의 땅에 거류하여 동일한 약
속을 유업으로 함께 받은 이삭 및 야곱과 더불어 장막에 거하였으니
10 이는 그가 하나님이 계획하시고 지으실 터가 있는 성을 바랐음이
라 11 믿음으로 사라 자신도 나이가 많아 단산하였으나 잉태할 수 있
는 힘을 얻었으니 이는 약속하신 이를 미쁘신 줄 알았음이라 12 이러
므로 죽은 자와 같은 한 사람으로 말미암아 하늘의 허다한 별과 또
해변의 무수한 모래와 같이 많은 후손이 생육하였느니라

8 By faith Abraham obeyed when he was called to go out to a place
that he was to receive as an inheritance. And he went out, not knowing
where he was going. 9 By faith he went to live in the land of promise,
as in a foreign land, living in tents with Isaac and Jacob, heirs with
him of the same promise. 10 For he was looking forward to the city that
has foundations, whose designer and builder is God. 11 By faith Sarah
herself received power to conceive, even when she was past the age,

since she considered him faithful who had promised. 12 Therefore from
one man, and him as good as dead, were born descendants as many as
the stars of heaven and as many as the innumerable grains of sand by
the seashore.

13 이 사람들은 다 믿음을 따라 죽었으며 약속을 받지 못하였으되 그
것들을 멀리서 보고 환영하며 또 땅에서는 외국인과 나그네임을 증
언하였으니 14 그들이 이같이 말하는 것은 자기들이 본향 찾는 자임을
나타냄이라 15 그들이 나온 바 본향을 생각하였더라면 돌아갈 기회가
있었으려니와 16 그들이 이제는 더 나은 본향을 사모하니 곧 하늘에
있는 것이라 이러므로 하나님이 그들의 하나님이라 일컬음 받으심을
부끄러워하지 아니하시고 그들을 위하여 한 성을 예비하셨느니라

13 These all died in faith, not having received the things promised,
but having seen them and greeted them from afar, and having
acknowledged that they were strangers and exiles on the earth. 14 For
people who speak thus make it clear that they are seeking a homeland.
15 If they had been thinking of that land from which they had gone out,
they would have had opportunity to return. 16 But as it is, they desire a
better country, that is, a heavenly one. Therefore God is not ashamed to
be called their God, for he has prepared for them a city.

17 아브라함은 시험을 받을 때에 믿음으로 이삭을 드렸으니 그는 약
속들을 받은 자로되 그 외아들을 드렸느니라 18 [1]그에게 이미 말씀
하시기를 네 [2]자손이라 칭할 자는 이삭으로 말미암으리라 하셨으니
19 그가 하나님이 능히 이삭을 죽은 자 가운데서 다시 살리실 줄로 생
각한지라 비유컨대 그를 죽은 자 가운데서 도로 받은 것이니라 20 믿
음으로 이삭은 장차 있을 일에 대하여 야곱과 에서에게 축복하였으

며 [21]믿음으로 야곱은 죽을 때에 요셉의 각 아들에게 축복하고 그 지
팡이 머리에 의지하여 경배하였으며 [22]믿음으로 요셉은 임종시에 이
스라엘 자손들이 떠날 것을 말하고 또 자기 뼈를 위하여 명하였으며
17 By faith Abraham, when he was tested, offered up Isaac, and he who
had received the promises was in the act of offering up his only son,
18 of whom it was said, "Through Isaac shall your offspring be named."
19 He considered that God was able even to raise him from the dead,
from which, figuratively speaking, he did receive him back. 20 By faith
Isaac invoked future blessings on Jacob and Esau. 21 By faith Jacob,
when dying, blessed each of the sons of Joseph, bowing in worship
over the head of his staff. 22 By faith Joseph, at the end of his life, made
mention of the exodus of the Israelites and gave directions concerning
his bones.

1) 또는 그에게 대하여 2) 헬, 씨

11장

단락 개관

하늘의 본향에 관한 하나님의 약속을 믿은 족장들의 믿음

구약의 믿음의 역사에 관한 히브리서의 가장 긴 단락은 아브라함에게 할애된다. 아브라함 생애의 다섯 가지 사건이 "믿음으로" 일어난 것으로 묘사된다. (a) 아브라함은 보지 못한 기업을 향해 본향을 떠났다(히 11:8). (b) 아브라함은(또한 이삭과 야곱은) 나그네로 약속의 땅에 머물렀다(11:9-10). (c) 사라가 이삭을 잉태했다(11:11-12). (d) 족장들은 먼 하늘나라와 도성을 기대하며 소망하는 중에 죽었다(11:13-16). (e) 아브라함은 하나님께서 이

삭을 죽은 자들로부터 살리실 수 있다는 믿음으로 기꺼이 이삭을 바쳤다(11:17-19).

마찬가지로 믿음은 그 다음 세 명의 족장 세대로 이어졌다. 이삭과 야곱이 상속자들에게 부여한 복과 요셉이 생의 끝 무렵에 자신의 뼈와 관련하여 내린 지시는, 이스라엘이 출애굽 하여 약속의 땅에 진입함으로써 하나님이 그분의 약속을 미래에 성취하실 것을 기대하게 했다(11:20-22). 반복을 통해 두 가지 주제가 강조된다. 첫째, 족장들이 찾아다녔던 본향은 현재 지상에 있는 지리적 영토가 아니었다. 오히려 족장들은 하나님이 친히 세우셨고(11:10) "더 나은 본향…곧 하늘에" 속한(11:15-16) 불멸의 도성을 바라보고 염원했다. 둘째, 족장들은 하나님께서 생명을 죽음의 영역으로 데려가실 수밖에 없는 경우에도 자신의 말씀을 지키실 수 있다고 믿었다(11:11-12, 19).

단락 개요

Ⅰ. 믿음으로 아브라함은 약속된 기업의 땅을 찾으라는 하나님의 부르심에 순종했다(11:8)

Ⅱ. 믿음으로 아브라함, 이삭, 야곱은 하나님이 약속하신 땅에 체류했다(11:9-10)

A. 아브라함과 그의 상속자들은 그 땅에서 나그네로 살았다(11:9)

B. 아브라함은 하나님이 계획하고 지으신 영원한 성을 기대했다(11:10)

Ⅲ. 믿음으로 사라는 약속의 아들을 잉태했고, 그를 통해 아브라함의 자손은 그 수가 늘어날 것이다(11:11-12)

A. 사라는 너무 늙었고 아브라함은 "죽은 자"였지만(생산력 면에서), 하나님은 사라에게 잉태할 능력을 주셨다(11:11-12a)

B. 하나님은 이들 불임 부모를 통해 수없이 많은 자손이 태어나게 하셨다(11:12b)

Ⅳ. 믿음으로 족장들은 하나님이 약속하신 것을 받기 전에 죽으면서, 자신들이 소망하던 본향은 하늘에 있다고 고백했다(11:13-16)

A. 족장들은 죽기 전에 하나님이 약속하신 것을 멀리서 어렴풋이 보았다(11:13a)

B. 그들은 자신들이 이 현재 세상 너머에 있는 본향을 찾는 지상의 나그네라고 고백했다(11:13b-16a)

C. 그래서 하나님은 "그들의 하나님"이라고 친히 서약하셨고, 그들이 갈망하던 성을 예비하셨다(11:16b)

Ⅴ. 믿음으로 아브라함은 이삭을 바치면서, 하나님이 약속의 중심에 있던 아들의 생명을 회복하실 수 있다고 신뢰했다(11:17-19)

A. 아브라함은 하나님의 약속이 집약된 "외아들"을 바쳤다(11:17-18)

B. 아브라함은 하나님이 이삭을 죽은 자들로부터 살리실 수 있다고 믿었고, 하나님은 (상징적으로) 그렇게 하셨다(11:19)

Ⅵ. 믿음으로 족장들은 미래의 복을 선언했다(11:20-22)

A. 이삭은 작은 아들(야곱)과 큰 아들(에서)에게 다른 복을 선언했다(11:20)

B. 야곱은 요셉의 (크고 작은) 아들들에게 다른 복을 선언했다(11:21)

C. 요셉은 출애굽을 예고했고 자기 뼈를 약속의 땅으로 다시 가져가도록 지시했다(11:22)

주석

11:8 임박한 홍수의 경고를 받았을 때 노아가 "믿음으로" 행동했듯이(7절, 참고. 창 6:22), 하나님의 "부르심을 받았을" 때 아브라함도 "순종"하여 메소포타미아에 있는 자기 고향을 '떠났다'(창 12:1, 4, 참고. 행 7:2-4). 하나님의 음성이 그분의 백성들에게 말씀하실 때, 믿음은 깨어나고 하나님의 말씀에 기꺼이 응답한다(히 3:14-4:3). 하나님의 음성에 대한 광야 세대의 완고한 반응에서 불신앙과 불순종이 서로 연결되어 있었듯이(3:18-19; 4:2, 6), 하나님의 약속을 믿는 아브라함의 신앙은 그로 하여금 하나님께서 기업으로 주실 곳을 향해 출발하라는 그분의 명령에 순종하게 했다. "보이지 않는 것들"에 대한 하나님의 말씀을 신뢰하는 믿음은 "갈 바를 알지 못하고 나아갔[던]" 아브라함의 떠남에서 예시된다. 주님은 그곳을 그냥 "내가 네게 보여줄 땅"이라고 부르셨다(창 12:1).

11:9 아브라함의 두 번째 믿음의 표현에는 그의 아들인 이삭과 손자인 야곱도 포함되었다. 그것은 주님이 그의 자손들에게 기업으로 주겠다고 약속하신 바로 그 땅에서 장막에(한시적인 거처와 단기간의 체류 상황에) 머무는 것이었다. 족장들이 "약속의 땅"에 있는 다양한 장소로 이동하여 장막을 세운 것은 창세기 내러티브의 반복되는 특징이다(창 12:8; 13:3, 12, 18; 18:1; 26:25; 33:18-19; 35:16-21, 27). 아브라함의 자손들은 결국 땅 전체를 기업으로 받을 테지만, 아브라함 자신에게 그곳의 거주지는 "이방의 땅"이었다. 심지어 아브라함이 눈으로 직접 그 땅을 보았을 때도(창 13:14-17), 그 땅을 실제로 소유하는 것은 믿음을 통해서만 인식되는 '아직 보이지 않는' 실재로 남아 있었다. 그의 아내 사라가 죽어 매장지를 얻기 위해 헷 족속과 협상해야 했을 때, 그가 이방인이라는 처지는 더없이 분명했다. 아브라함은 그 땅을 달라고 요청하면서 "나는 당신들 중에 나그네요 거류하는 자"라고 인정했다(창 23:3-20). 히브리서 설교자는 이 고백을 나중에 암시할 것이다(히 11:13).

11:10 히브리서 저자는, 하나님께서 기업으로 약속하신 바로 그 땅에서 아브라함이 일평생 나그네로 살았다는 사실로부터 놀라운 결론을 이끌어 낸다. 아브라함은 "하나님이 계획하시고 지으실 터가 있는 성"을 기다리고 있었다. 일반적으로 장막 거처는 일시적인 반면, 터가 있는 성 안의 거주는 안정적이고 안전하다(시 105:12-17; 107:4-7). 히브리서 저자는 '그 성'(the city)에 대해 말하면서, 이 대조를 한층 더 강화하여 하나님이 그것을 친히 계획하고 건설하셨다고 설명한다. 한 시편 저자는 그 터의 안전성을 언급하면서 예루살렘에 있는 시온산을 경축했다(시 87:1). 그런데 또 다른 저자는 예루살렘 성이 그 터(손으로 만든)까지 헐릴 것을 탄식했다(시 137:7, 참고. 애 4:11; 스 4:12).

아브라함의 소망은 살아계신 하나님이 계획하시고 지으신 까닭에 절대로 공격받지 않을 성에 집중되었다(참고. 계 21:9-26). 앞서 이 설교에서, 시편 102편의 한 인용문은 현재의 하늘과 땅이 결국 소멸될 것이라고 서술했다(히 1:10-12, 참고. 12:26-28). 예수님이 지금 사역하시는 하늘의 성소는 "손으로 짓지 아니한 것"이었고(9:11, 24), 따라서 쇠락이나 파괴에 의해 유린당하지 않는다. 아브라함의 소망은 그의 후손들이 결국 점령할 가나안과 예루살렘을 넘어, 더 좋은 하늘나라에 있는 궁극의 도피성인 "영구한 도성"(오늘의 신자들에게도 장차 올, 13:14)을 바라보았다(11:16).

11:11-12 사라(11절)와 라합(31절)은 히브리서의 믿음 명부에 이름이 언급된 유일한 두 여성이다. 덧붙여 "여자들은 자기의 죽은 자들을 부활로 받아들이기도 하며"(35절)라는 진술은 엘리야와 엘리사가 각각 어린 아들들을 살려준 사르밧과 수넴의 어머니를 가리킨다(왕상 17:17-24; 왕하 4:18-37). ESV를 포함하여 대부분의 번역본에서는 사라가 믿음을 실천한 이로 제시되지만, 주석가들은 11절의 주어가 아브라함인지 사라인지를 두고 의견이 갈린다. 아브라함을 지지하는 이들은 '잉태하다'로 번역된 헬라어 구문이 (문자적으로) '씨를 심는'[카타볼렌 스페르마토스(*katabolēn spermatos*)] 아버지의 역할을 설명한다고 주장한다. 또한 11절의 결과를 서술하는 12절에서 아브라

함은 무수한 자손을 낳는 "한 사람"이다. 또한 어떤 이들의 설명에 의하면, 창세기는 사라를 믿음과 관련된 본보기와는 거리가 먼 인물로 제시한다(창 18:11-15).

다른 한편, 히브리서 11장 전체에서 믿음을 실천하는 개인(들)의 이름은 첫 머리 구절인 "믿음으로" 바로 뒤에 나온다(4, 5, 7, 8, 11, 17, 20, 21, 22, 24, 29, 31절). (다만 23절과 30절만 예외다.) 사라는 헬라어에서 주격이 거의 확실하기 때문에, "힘을 얻었으니"의 주어다. 또한 11절에서 강조되는 것은 잉태하지 못하는 사라의 무력함이다("나이가 많아").[35] 아브라함의 재생산 능력 부족("죽은 자와 같은")은 12절까지 언급되지 않는다. 더 나아가, 창세기의 기록은 아브라함의 믿음을 사라의 믿음보다 더 칭찬하지 않는다. 두 사람 모두 사라를 통해 아들을 주시겠다는 하나님의 약속을 외면했다(창 17:15-18). 구약 본문에서는 분명 믿음이 흔들리는 것으로 나왔던 아브라함과 사라가 둘 다 하나님이 "증거"하신 고대 신자들의 목록에 나온다는 사실은 우리 모두를 격려할 것이다.

하나님을 기쁘시게 하는 것과 그분의 약속을 받는 믿음은 힘겨울 수 있지만 포기하지 않는다(롬 4:16-22). 앞서(히 6:15 주석) 우리는 아브라함이 이삭의 출생을 통해 무수한 자손에 대한 하나님의 약속의 성취를 예비적인 형태로 받았음을 주목했다. 여기서 히브리서 저자는 여러 세대를 건너뛰는데, 이를 통해 재생산의 관점에서 하나님의 능력이 "죽은 자와 같은"[네네크로메누(*nenekrōmenou*), 문자적인 의미로는 '죽음에 처해졌던', 11:12] "한 사람"에게서 하늘의 별과 바닷가의 모래 같이 무수한 자손을 낳게 할 수 있다는 사실에 경이로움을 느끼게 하고자 한다. 곧 주님이 자신의 놀라운 약속을 묘사하실 때 사용했던 바로 그 이미지다(창 15:5; 22:17, 참고. 32:12; 사 51:2).

35 ESV는 다음과 같이 기록된 사본을 따른다. "사라 자신도 나이를 지나서…잉태할 수 있는 능력을 얻었다." 이미 주후 200년경의 파피루스에 나오며 헬라어 신약 성경 표준판(NA[28])에서 택한 또 다른 본문 전승은, 사라의 임신 불능에 대해 한 가지가 아니라 두 가지 언급을 담고 있다. "'불임인' 사라 자신도 '나이를 지나서'…잉태할 수 있는 능력을 얻었다." 창세기에는 사라의 두 가지 불가능한 상황이 모두 나온다(창 11:30; 16:2; 17:17).

11:13 족장 세대 전체가 믿음과 관련된 네 번째 사건의 주제다. "이 사람들은 다…죽었으며." 그들의 죽음은 하나님이 그들에게 주신 약속인 땅의 기업(8-9절)과 무수한 자손(12절)이 성취되기 전에 일어났다. 이로써 아브라함과 사라, 이삭과 리브가, 야곱과 그의 아내들은(또한 아들들은) "믿음으로 말미암아 증거를 받았으나 약속된 것을 받지 못[한]"(39절), 구약의 페이지를 장식한 "구름 같이…허다한 증인" 전체를 대표한다. 아브라함을 비롯한 다른 사람들은 믿음으로 몇 백 년을 뛰어넘어 소망의 대상을 인식했고, 예수님 자신이 말씀하셨듯이 멀리서 환영했다. "너희 조상 아브라함은 나의 때 볼 것을 즐거워하다가 보고 기뻐하였느니라"(요 8:56).

믿음으로 살다가(히 10:38) 믿음으로 죽은 이들은, 지상의 어떤 지역이나 성읍도 침략과 쇠락을 견뎌내지 못하기 때문에 자신들이 갈망하는 안전을 제공해줄 수 없음을 깨달았다. 이로써 족장들은 (약속의) 땅에 체류하는 동안 자신들이 나그네요 이방인이었음을 "증언하였[다]", 또는 '고백했다'[호몰로게오(*homologeō*), 이 단어는 공동의 신앙 고백을 가리킨다, 3:1; 4:14; 10:23; 13:15]. 그들은 실제로 자신들이 지상 어디서든 이방인이라고 고백했다[헬라어 명사 게(*gē*)는 '땅'과 '지구' 둘 다를 의미한다]. 아브라함이 헷 족속과 협상할 때 뿐만 아니라(창 23:4), 야곱이 약속의 땅 안과 밖 모두에서 지냈던 전 생애를 회고하며 요약할 때도 족장들은 이렇게 고백했다. "내 나그네 길의 세월이 백삼십 년이니이다 내 나이가 얼마 못 되니 우리 조상의 나그네 길의 연조에 미치지 못하나 험악한 세월을 보내었나이다"(창 47:9).

11:14-16 히브리서 설교자의 추론에 의하면, "외국인과 나그네"라는 족장들의 고백은 그들이 "본향 찾는 자"일 뿐만 아니라 그들이 찾던 본향이 궁극적으로 "더 나은 본향…곧 하늘에 있는 것"임을 암시했다. 자신의 지위가 "이방의 땅"에서 장막에 살면서 재산권을 갖지 못한 일시적 거주민임을 인정하는 것(9절)은 자신이 진짜 속한(참고. 마 13:53-57) 또 다른 "본향" 혹은 '고향'[파트리스(*patris*)]이 있음을 암시하는 것이다. 행여나 족장들이 갈망했던 본향이 단순히 가나안 땅, 다가올 세대에 그들의 자손들이 결국 기

업으로 받을 땅이었다고 우리가 추측하지 않도록(히 11:8), 히브리서 저자는 족장들이 한 지리적 장소를 그들의 고향으로 삼을 기회가 있었다고 말한 뒤 그 말을 바로 철회한다. 그들은 하나님께서 아브라함에게 떠나라고 부르셨던 본토인 메소포타미아와 친척과 아버지의 집으로 돌아갈 수도 있었다(창 12:1). 사실, 야곱은 그의 130년 생애 중 20년을 가나안 밖에서, 곧 그의 조부 아브라함이 "나온바 본향"인 메소포타미아에서 보냈다(히 11:15, 참고. 창 31:38-42). 하지만 야곱은 이 20년을 고향의 안전을 누린 휴식 기간이 아니라 자신의 "나그네 길" 생애 안에 포함된 것으로 여겼다(창 32:4).

자신의 후손들이 마침내 점령할 땅에서 살았든 혹은 조상들이 한때 '고향'이라고 부른 그 땅에서 살았든, 야곱은 자신이 지상에서 보낸 130년 전체를 고생스러운 짧은 체류 기간이라고 묘사했다. 히브리서 저자는 이런 옛적 믿음의 조상들이 자기들을 언약 관계로 이끄신 하나님과 영원히 거주할 수 있을 더 좋은 하늘의 본향과 도성을 갈망했다고 결론을 맺을 강력한 근거를 갖고 있다.

하나님이 "그들의 하나님이라 일컬음 받으심을 부끄러워하지 아니하[셨다]"라는 사실은, 자신의 성육신과 고난을 통해 구원을 성취하실 하나님의 아들이 고뇌하는 죄악된 인간을 "형제"라고 부르기를 "부끄러워하지 아니하[셨다]"는 앞부분의 놀라운 선언을 상기시킨다(히 2:10-11). 창세기는 아브라함과 사라, 이삭과 야곱에게 심각한 흠이 있음을 보여준다. 그런데 그들의 죄와 이따금 불안한 믿음에도, 주님은 스스로를 그들의 주권적인 보호자로 규정하시며 언약적 사랑 안에서 그들과 관계를 맺으셨다. "내가 내 언약을 나와 너 및 네 대대 후손 사이에 세워서 영원한 언약을 삼고 너와 네 후손의 하나님이 되리라"(창 17:7-8, 참고. 창 15:1). 주님은 자신을 "아브라함의 하나님, 이삭의 하나님, 야곱의 하나님"으로 규정하셨다(출 3:6, 참고. 창 28:13; 왕상 18:36). 하나님이 그들을 위해, 또한 그들의 믿음의 발자취를 뒤따르는 모든 이를 위해 예비하신 성은 그분이 놓으셨기 때문에 그 터가 영원히 서 있다(히 11:10). 그 성은 다가올 우주적 대격변보다 오래 지속될(12:27-28; 13:14), 기쁨의 예배로 충만한 하늘의 예루살렘이다(12:22).

11:17-19 아브라함의 삶에서 믿음의 마지막 사건은, 하나님이 그분의 모든 약속이 성취될 자손으로 지명하신 그의 "외아들" 이삭을 기꺼이 바치는 것이었다(창 22:1-19). 히브리서 저자는 하나님을 믿는 아브라함의 믿음에 대한 이 "시험"[페이라조(*peirazō*)]의 중요성을 여러 방식으로 강조하는데, 그의 믿음은 기꺼이 하나님의 명령에 따라 행동하려는 그의 태도를 통해 드러날 것이다. 첫째, 앞에서 희생 제물의 피 흘림과 관련되어(히 5:1, 3; 8:3-4; 9:7, 14) 나온 단어인 '드렸다'(프로스페로)가 한 번이 아니라 두 번 나온다. 둘째, 히브리서 저자는 이삭을 아브라함의 '외'[모노게네스(*monogenēs*)]아들이라고 설명하는데, 이 대목에서 창세기 22장의 칠십인역 본문('외'를 '사랑하는'으로 대체함)이 아니라 히브리어 본문을 따른다. 아브라함과 여종 하갈 사이에서 이스마엘이 태어나긴 했지만, 하나님의 언약적 약속의 관점에서 볼 때 이삭은 아브라함의 '외'아들이었다. 셋째, 이삭이 하나님의 선하신 목적에서 반드시 필요했음이 강조된다. 이 강조는 이삭의 아버지가 "약속들을 받은 자"라는 설명에 의해(참고, 히 6:12-15; 7:6), 또한 아브라함의 후손이라고 불릴 아들로 하나님이 이스마엘이 아니라 이삭을 지명하셨다는 인용문에(창 21:12; 참고, 창 17:18-21) 의해서도 이루어진다.

하나님의 모든 약속(자손, 땅, 모든 민족에게 복이 됨)은 결혼을 하거나 자녀를 낳기 전인 어린 이삭을 살해하라는 하나님의 명령에 순종함으로써 위험에 처해질 것이다. 아브라함의 신실하신 하나님께서 그렇게 약속하신 뒤 어떻게 그런 사형 선고를 내리실 수 있단 말인가? 히브리서 저자는 이 족장(아브라함)의 추론 과정을 제시한다. "그가 하나님이 능히 이삭을 죽은 자 가운데서 다시 살리실 줄로 생각한지라." 아브라함은 이 확신에 근거하여, 그와 이삭이 산기슭에 남겨둔 종들에게 다음과 같이 말했다. "내가 '아이와 함께' 저기 가서 예배하고 '우리가 너희에게로 돌아오리라' "(창 22:5). 동사 '가다', '예배하다', '돌아오다'는 복수형이다. 즉 아브라함과 그의 아들은 함께 산에 올라가, 함께 예배하고, 함께 돌아올 것이다.

사도 바울의 주장에 의하면, 아브라함은 자신의 "죽은" 몸과 사라의 노쇠한 자궁에서 이삭이 잉태된 사건을 통해 죽은 자들에게 생명을 나누어주시는 하나님을 이미 경험했다(롬 4:19). 아브라함은 모리아 산에서 죽은 자를 일으키시는 하나님의 능력만이 이삭의 이른 죽음과 하나님이 그 외아들에게 주신 약속을 조화시킬 수 있는 유일한 길이라고 추론했다. 주님이 대속물을 준비하심으로써, 아브라함은 아버지로서의 고뇌에서 벗어났고 그의 아들은 죽음의 칼에서 벗어났다(창 22:11-14). 따라서 아브라함은 '비유적으로'[엔 파라볼레(*en parabolē*), 참고. 히 9:9의 "비유"(파라볼레)] 아들을 죽음으로부터 돌려받았다. 그리고 이를 통해 구약에서 후대의 육체적 소생(11:35)만이 아니라, 궁극적으로는 우리의 영원한 큰 대제사장이 되기 위해 "죽은 자 가운데서 이끌어내신"(13:20) 하나님의 아들의 부활을 예고했다.

11:20-21 하나님께서 아직 보이지 않는 미래를 가져오실 것이라는 믿음의 확신을 예시하기 위해, 다음 족장 세대인 이삭과 그의 아들 야곱이 선언한 축복이 짧게 언급된다. 히브리서 저자는 이미 장자인 에서의 상속권을 샀고 아버지를 속이고 우월한 축복까지 가로챈 야곱의 계략에 대해서는 침묵하고 넘어간다(참고. 히 12:16-17). 이 이야기는 잘 알려져 있는데다, 형제의 이름이 출생 순서와 뒤바뀌어서 언급된 것에서 충분히 암시된다. 히브리서 설교자의 논점은 보지 못하는 늙은 아버지에게서 그들이 각각 받은 축복이 미래의 일들에 대해 언급했으며, 따라서 아직 보이지 않는 일들에 대한 이삭의 믿음을 입증했다는 것이다(창 27:27-29, 39-40).

야곱이 임종할 때 요셉의 두 아들인 므낫세와 에브라임을 위해 축복한 것에도 눈먼 족장과 장자의 상속권, 형보다 동생이 더 명예를 얻는 역전이 포함되었다(창 48장). 야곱의 장자 르우벤은 장자 상속권(지도자 자리와 기업)을 박탈당했다(창 35:22; 49:3-4). 요셉이 두 아들과 함께 임종하는 아버지에게 다가갔을 때, 야곱은 그 둘을 직계 상속자로 입양했다. "에브라임과 므낫세는 내 것이라 르우벤과 시므온처럼 내 것이 될 것이요"(창 48:5). 후대의 이스라엘 역사가가 주장하듯이, 르우벤의 장자권은 요셉의 아들들에게 넘어갔다. 요셉의 두 아들은 약속의 땅에서 두 지파의 몫을 배당받을 것이다. 반면에 이스라엘의 지도자 자리는 다윗 왕의 지파인 유다에게 주어질 것이다(대상 5:1-2). 앞을 보지 못하는 늙은 족장은 또다시 형(므낫세)보다 동생(에브라임)을 선호했지만, 이번에는 의도적이었다(창 48:13-20). 믿음으로 야곱은 다가오는 세대에 에브라임(훨씬 우세한)과 므낫세(영향력이 훨씬 미약한)에게서 태어날 지파의 번성을 내다보았고(육신의 눈으로는 보지 못했지만), 약속을 지키시는 신실하신 주님을 경배했다.

11:22 마지막으로, 족장들의 믿음은 요셉이 죽어가며 한 예고와 지시에서 드러났다(창 50:24-25). 요셉과 그의 형제들은 애굽에서 죽을 테지만, 주님은 미래의 세대가 출애굽 하여 아브라함과 이삭과 야곱에게 약속하신 땅으로 돌아가게 하실 것이다. 요셉은 하나님께서 아브라함에게 예고하신 출애굽에 대해 '말했다', 즉 상기시켰다[므네모뉴오(*mnēmoneuō*), 창 15:13-16]. 요셉의 기대하는 믿음은 확신에 차 있었고, 그의 지시는 엄숙했다. "하나님이 반드시 당신들을 돌보시리니 당신들은 여기서 내 해골을 메고 올라가겠다 하라"(창 50:25).

11장

응답

이스라엘 선조들의 네 세대는 미래를 바라보는 소망을 예시하는데, 이 소망은 자비로운 언약으로 그들을 이끄신 살아계신 하나님을 믿는 믿음의 특징이다. 우리의 믿음은 종종 돌변하고 흔들린다. 잔인하리만큼 진솔한 창세기의 기록은 그들 역시 믿음이 돌변하고 흔들렸음을 보여준다. 하지만 그들이 하나님의 신실하심과 능력에 대해 가진 경험은 성경의 지면을 통해 우리에게 증언한다. 그리고 그들의 증언은 우리의 연약한 믿음을 강화해야 한다. 그들이 신뢰하고 따랐던 주님은 어떤 분인가? 그분은 자식 없는 늙은 부부에서 시작하여 무수히 많은 자손을 창조하실 수 있다. 그분은 장막에 거주하는 유목민 자손들에게 풍요로운 본향을 소유하도록 허락하실 수 있다. 그분은 죽은 자를 일으키실 수 있다. 그리고 그분은 그들의 마음의 시선을 지상 '체류' 기간 너머로 향하게 하여, 먼 미래에 올 복과 우리가 지금까지 만났던 그 어떤 것보다 '더 좋은 나라'를 '멀리서' 환영하게 하실 수 있다.

예수님이 새 언약을 시작하신 이후 시대를 살고 있는 우리는, 하나님께서 친히 가장 큰 희생을 치르면서 가장 큰 약속을 지키시는 것을 목격했다. 아브라함은 생명을 회복하시는 하나님의 능력을 신뢰하면서 마음 졸이는 행동을 실행할 준비를 했고, 하나님의 인정을 받았다. "네가…네 아들 네 독자도 아끼지 아니하였은즉"(창 22:16). 그의 아들은 목숨을 건졌고, 하나님이 신실한 사랑으로 베푸시는 궁극적인 선물을 예시하는 대속물이 그를 대신했다. "자기 아들을 아끼지 아니하시고 우리 모든 사람을 위하여 내주신 이가 어찌 그 아들과 함께 모든 것을 우리에게 주시지 아니하겠느냐"(롬 8:32). 아브라함과 마찬가지로 우리가 인간적으로 불가능한 상황에 맞닥뜨릴 때, 우리는 우리의 두려운 마음과 초조한 생각을 차분히 하나님이 점검하시는 다음 질문에 귀 기울여야 한다. "여호와께 능하지 못한 일이 있겠느냐"(창 18:14).

23 믿음으로 모세가 났을 때에 그 부모가 아름다운 아이임을 보고 석
달 동안 숨겨 왕의 명령을 무서워하지 아니하였으며 24 믿음으로 모세
는 장성하여 바로의 공주의 아들이라 칭함 받기를 거절하고 25 도리어
하나님의 백성과 함께 고난 받기를 잠시 죄악의 낙을 누리는 것보다
더 좋아하고 26 그리스도를 위하여 받는 수모를 애굽의 모든 보화보다
더 큰 재물로 여겼으니 이는 상 주심을 바라봄이라 27 믿음으로 애굽
을 떠나 왕의 노함을 무서워하지 아니하고 곧 보이지 아니하는 자를
보는 것 같이 하여 참았으며

23 By faith Moses, when he was born, was hidden for three months by
his parents, because they saw that the child was beautiful, and they were
not afraid of the king's edict. 24 By faith Moses, when he was grown
up, refused to be called the son of Pharaoh's daughter, 25 choosing
rather to be mistreated with the people of God than to enjoy the fleeting
pleasures of sin. 26 He considered the reproach of Christ greater wealth
than the treasures of Egypt, for he was looking to the reward. 27 By faith
he left Egypt, not being afraid of the anger of the king, for he endured
as seeing him who is invisible.

28 믿음으로 유월절과 피 뿌리는 예식을 정하였으니 이는 장자를 멸하
는 자로 그들을 건드리지 않게 하려 한 것이며 29 믿음으로 그들은 홍
해를 육지 같이 건넜으나 애굽 사람들은 이것을 시험하다가 빠져 죽
었으며 30 믿음으로 칠 일 동안 여리고를 도니 성이 무너졌으며 31 믿음
으로 기생 라합은 정탐꾼을 평안히 영접하였으므로 순종하지 아니한
자와 함께 멸망하지 아니하였도다

28 By faith he kept the Passover and sprinkled the blood, so that the
Destroyer of the firstborn might not touch them. 29 By faith the people
crossed the Red Sea as on dry land, but the Egyptians, when they
attempted to do the same, were drowned. 30 By faith the walls of Jericho
fell down after they had been encircled for seven days. 31 By faith
Rahab the prostitute did not perish with those who were disobedient,
because she had given a friendly welcome to the spies.

단락 개관

출애굽과 정복에서 믿음에 의한 구원

하나님의 집의 신실한 종이요 하나님의 시내산 언약의 중재자(히 3:2-5; 9:18-22)인 모세의 삶은 믿음의 '용기'와 '대가'를 예증한다(11:23-29). 믿음으로 그의 부모들은 대담하게 애굽 왕의 사형 집행 영장으로부터 갓난 아들을 보호했다. 믿음으로 모세는 성인이 된 후에 애굽 왕궁의 특권보다 억압받는 하나님의 백성과의 값진 동일시를 선택했다. 모세가 애굽을 떠난 것은 왕의 보복을 두려워했기 때문이 아니라 보이지 않는 하나님을 보았기 때문이다. 하나님의 자비와 능력에 대한 믿음이 출애굽의 두 가지 큰

사건에서 중요했다. 곧 유월절에 이스라엘 장자를 보호받은 것과 홍해가 갈라지면서 자유로 향하는 이스라엘의 길이 열린 일이다.

믿음을 보여주는 구약의 구체적인 사례에 대한 조망은 약속의 땅 정복이 시작되는 사건인 여리고의 파괴와 라합의 구출에서 끝난다(30-31절). 그 뒤에는 시간의 제약 때문에 이스라엘의 사사 및 왕정과 포로 시대에 나타난 믿음과 그 열매에 대한 조망을 통합하고 줄여야만 했을 것이다(32-38절).

단락 개요

Ⅰ. 믿음으로 인한 모세의 삶은 용기와 큰 대가를 보여준다(11:23-29)

A. 모세의 유아 시절에, 왕을 두려워하지 않는 부모들이 그를 숨겼다(11:23)

B. 성인이 된 모세는 학대받는 하나님의 백성들과 함께 그리스도의 치욕에 참여하는 손해를 선택했다(11:24-26)

C. 모세는 애굽에서 달아났지만, 그의 동기는 왕을 두려워했기 때문이 아니라 주님을 인식했기 때문이다(11:27)

D. 모세는 피 흘림을 통해 이스라엘의 장자의 목숨을 살려주실 하나님을 신뢰하면서 유월절을 지켰다(11:28)

E. 이스라엘 백성은 마른 땅으로 홍해를 건넜고, 그 뒤에 그들의 적은 물에 빠졌다(11:29)

Ⅱ. 믿음으로 여리고는 함락되었고 라합은 구원을 받았다(11:30-31)

A. 하나님은 여리고 성벽을 무너뜨리기에 어울리지 않을 것 같은 전략을 사용하셨다(11:30)

B. 하나님은 신자로 어울리지 않을 것 같은 창기 라합을 구원하셨다(11:31)

주석

11:23 모세가 수동태 동사 '숨겨졌다'의 문법적 주어이긴 하지만, 유아 시절에 그를 돋보이게 만든 것은 그의 부모의 용맹스러운 믿음이었다(개역개정은 동사를 능동태로, 모세의 부모를 주어로 번역했다). 히브리서 저자는 출애굽기 2:1-2의 내러티브를 재진술하면서, 모세가 "아름다운"[아스테이오스(*asteios*)] 것을 보고 모세의 부모가 그를 석 달 동안 숨겼다고 말한다. 히브리서 저자는 히브리어 형용사 토브(*tov*, 대개 '좋다'로 풀이되지만 의미가 광범위하다)를 아스테이오스로 번역하는 칠십인역을 따른다. 사도행전 7:20에서 스데반이 모세의 유아기에 대해 설명하는 데서도 마찬가지로 칠십인역의 영향이 드러나는데, 그는 모세가 "하나님 보시기에 아름다운지라[아스테이오스]"라고 서술한다.

믿음에 대한 히브리서 저자의 서술이 "보이지 않는 것들"(이 표현은 모세 단락에서 명확히 재등장한다, 27절)에 초점이 맞추어져 있음을 고려할 때(히 11:1), 유아 모세의 '아름다움'에 대한 언급은 신체적 외모 이상을 가리킨다. 그의 부모들은 이 아이에게 무언가 특별한 것이 있음을 '보았다'. 왕의 칙령은 히브리인 산모의 남자 아이들이 태어나면 죽이라고 명령했다(출 1:15-22). 짐작건대, 집단 학살에 준하는 바로의 정책에 도전한 이들은 아마 죽음의 처벌을 받았을 것이다. 하지만 모세의 부모는 두려워하지 않고 하나님이 자기들에게 맡기신 이 특별한 아이를 보호했다. 그들의 대담함은 왕의 진노에 맞닥뜨렸을 때 아들이 보여줄 대담함을 예고했고(히 11:27), 하나님을 믿는 살아 있는 믿음이 어떻게 죽음의 두려움으로부터 사람들을 자유롭게 하는지를 예증했다(2:15; 참고. 13:6).

11:24-26 히브리서 저자는 모세가 성인이 되었을 때 내린 삶을 변화시키는 결정에 가장 큰 관심을 두고 있다(출 2:11-15; 행 7:23). 그는 자기 형제들에게 나가 그들의 고된 노고를 보았다. 어느날 그는 한 애굽인 감독관이 히브리인 노예 곧 "자기 형제"(ESV 난외주를 보라. 히브리인 노예를 자기 "형제"로

보는 모세의 인식은 출애굽기 2:11에서 두 번 언급되는데, 이 강조는 히브리서 저자가 이 사건에 대해 가지는 관심과 관련이 있다)를 잔인하게 때리는 장면을 목격했다. 출애굽기에서 모세는 애굽인 학대자를 살해하고, 이로써 히브리인 형제를 보호했던 자신의 행동을 직접 기록했다. 그러나 그는 그 동기가 무엇이었는지는 밝히지 않는다.

그런데 히브리서 저자는 그 순간 모세가 직면했던 대안을 우리가 깊이 생각해야 한다고 주장한다. 모세는 애굽의 신격화된 군주인 바로의 딸에게 입양되었다(출 2:10). 궁중의 일원인 모세는 "애굽의 모든 보화"를 사용했고, "잠시 죄악의 낙[아폴라우시스(*apolausis*)]을 누릴" 수 있었다. 아폴라우시스라는 단어는 본질적으로 부정적인 의미는 아니지만(참고. 딤전 6:17), 여기서는 악한 동시에 일시적인 쾌락을 가리킨다. 이런 일시적인 즐거움은 하나님의 도덕법을 어기는 것뿐만 아니라, (특히 여기서 관련 있듯이) 고난받는 히브리인 친족들과 동화되지 않겠다는 추악한 거절을 내포했을 것이다. 다른 한편, 이스라엘의 자손들은 요셉의 시대에 애굽인에게 명예롭게 환영받았음에도 오랜 세월 노예가 되고, 멸시 받고, 학대받던 소수자였다. 그들과 동일시한다면, 그들과 함께 학대를 겪어야 할 것이다(참고. 히 11:37; 13:3).

가장 먼저 육체적이고 사회적인 경험의 측면에서 선택지가 서술된다. 고난인가? 아니면 즐거움인가? 그런 다음 재물에 관한 비유로 다시 진술된다. 애굽의 "보화"인가? 아니면 "더 큰 재물"과 "상"인가? 모세의 시선은 "더 큰 재물"과 "상"에 맞춰져 있었다. 더욱 인상적인 전략으로, 히브리서 저자는 모세가 선택한 "더 큰 재물"과 "그리스도를 위하여 받는 수모"를 동일시한다. 수모와 재물(그것도 바로의 궁전의 재물을 넘어서는 재물)의 동일시는 충격적인 역설이다. 더 나아가 저자는 고대 히브리인 노예들이 견딘 고통과 메시아 자신이 견디신 "수모"의 고통을 자연스럽게 연결한다. 시편 저자는 여호와의 기름 부음 받은 자가 겪는 수모를 탄식했고(시 69:7-9, 19-20; 89:50-51), 히브리서는 예수님이 십자가에서 견디신 부끄러움을 언급할 것이다(히 12:2). 그분이 "성문 밖"과 "영문 밖", 곧 죽음과 더러움을 위해 예비된 장소에서 처형당하신 것은 그분이 견디신 수모를 상징했다. 이 수모는 그분의 제자들도 함께 견뎌야 하는 것이다(13:11-13).

이 설교 편지를 받은 최초의 유대계 그리스도인 청중들은 이미 믿음으로 인해 수모를 겪었고, 동일하게 고난을 겪은 다른 사람들과 자신들을 동일시했다(10:32-34). 그들에게는 다시 그렇게 하라고 당부가 주어질 것이다(13:3). 그들에게 남은 것은 애굽 왕궁의 사치냐, 노예 민족의 무력함과 진을 빼는 노역이냐를 선택하는 것이 아니었다. 도리어 그들에게 주어진 선택지는 유대인 공동체와 회당 및 가까운 확대 가족 집단 안에서의 지위 유지와 환대냐, 아니면 회당과 가족의 기피 및 그로 인한 사회적, 경제적 파문이냐였다. 모든 세대에게 그분의 신실한 제자들과 연대하여 그리스도를 위한 수모를 견디는 것에는 그만한 희생이 따르며, 인내하는 믿음의 대가는 사소하지 않다. 하지만 모세의 계산이 옳았다. 그리스도를 위한 수모는 죄의 쾌락과 사회적 수용이 견줄 수 없는 부요함이다. 그 보상은 다름 아닌 하늘나라와 장차 올 도성에서 하나님께 나아가 그분과 함께 거하는 것이다(10:34-35; 11:6, 10, 16; 12:22-24, 28; 13:14).

11:27 모세의 생애에서 믿음이 드러난 세 번째 사건은 그가 "왕의 노함을 무서워하지 아니하고" 애굽을 떠난 것이다. 이 내용은 유월절에 대한 언급(28절)보다 앞서기 때문에, 아마도 모세가 학대하는 애굽 감독관을 살해하고 그의 행위가 공개적으로 알려져 왕의 귀에 들어간 직후에 애굽을 떠나 미디안으로 도피한 사건을 가리킬 것이다(출 2:14-15, 참고. 히 11:24-26 주석). 하지만 구약 본문에 의하면, 이 일이 발각되었을 때 "모세가 두려워하여" 도망했다(출 2:14).[36] 어떻게 히브리서 저자는 이렇게 구약과 명백히 상충되게 말할 수 있는가? 모세가 애굽에서 도피한 원인을 왕에 대한 두려움 대신 그의 믿음으로 돌리는 것은, 모세의 부모가 왕에 대한 두려움이 아니라

36 모세는 고난 받는 히브리인 형제를 보호한 때에도 자신의 소심함을 드러내는 부끄러운 세부 사항을 들려주었다. 학대하는 애굽인에게 맞서기 전, 모세는 "좌우를 살펴 사람이 없음을 보고 그 애굽 사람을 쳐죽여 모래 속에 감추[었다]"(출 2:12).

하나님을 믿는 믿음이 동기가 되어 유아 시절에 그를 보호했다는 저자의 견해와 적절하게 병행한다. 하지만 저자에게 이러한 병행 관계를 강조하려는 열망이 분명 있었더라도, 출애굽기를 기록할 때 모세가 그의 두려움에 관해 솔직하게 고백했던 진실을 의도적으로 억누른 히브리서 저자의 의도가 정당화될 수는 없다. 히브리서 설교자의 논점은 모세가 왕의 진노를 두려워했지만(구약에 친숙한 사람이라면 누구나 알듯이), 그로 하여금 애굽을 떠나게 만든 '지배적인 동기'는 두려움이 아니라 믿음이었다는 점인 것 같다.

히브리서 저자는 청중들이 출애굽기에서 두려움에 맞선 모세의 분투를 보았다고 전제한다. 우리가 창세기에서 아브라함과 사라의 흔들리는 믿음을 보았던 것과 마찬가지다. 하지만 그의 믿음이 두려움보다 우위에 있었고, 믿음 때문에 그는 "보이지 아니하는 자를 보는 것 같이 하여 참았[다]." 이 보이지 않는 자는 창조주 하나님이시다(롬 1:20; 골 1:15; 딤전 1:17; 6:15-16). 애굽에서 도주하고 40년 뒤, 모세는 불붙은 떨기나무 속에서 주님의 천사(출 3-4장)를 보았고 또한 시내산에서 "여호와의 형상"(민 12:8)을 보았다. 하지만 이러한 하나님의 영광이 '가시적으로' 현현하기 오래 전에, 모세는 이미 믿음으로(육신의 눈이 아니라) 주님의 영광을 언뜻 보고 "보이지 않는 것들"을 인식했다. 히브리서 설교자는 모세의 믿음이 그의 (아주 명백한) 두려움을 무색하게 만들었다고 단언한다. 그와 동일한 믿음으로 모든 신자는 이제 주님의 영광을 '보고' 그분의 형상대로 변화되고 있다(고후 3:18).

11:28 모세와 이스라엘은 이전의 노아처럼, 미래에 임할 충격적인 심판이 보이지는 않지만 신속하게 다가오고 있다는 하나님의 선언을 믿었다. 즉 마지막 재앙이 애굽 전역의 처음 난 것에게 죽음을 가할 것이다(출 11:4-7). 믿음으로 그들은 노아처럼 자신들을 보호하기 위한 하나님의 지시에 순종하여, "흠 없[는]" 어린양의 피를 문지방에 바르고 집에서 유월절 음식을 먹었다(출 12:3-13). 하나님이 약속하셨듯이, 믿음의 행동은 그들의 생명을 보존했다(히 10:39). "그 피가 너희가 사는 집에 있어서 너희를 위하여 표적이 될지라 내가 피를 볼 때에 너희를 넘어가리니 재앙이 너희에게 내

려 멸하지 아니하리라"(출 12:13). 속죄일의 황소와 염소의 피가 양심을 깨끗하게 하는 그리스도의 희생을 예고했듯이, 유월절 어린양의 피는 우리를 가두는 죽음의 두려움에서 벗어나게 하는 구원의 수단인 예수님의 피를 상징했다(히 2:14-15; 9:13-14, 참고. 요 1:29; 고전 5:7).

11:29 첫 번째 유월절 이후 즉각 또 한 번의 구원이 뒤따랐다. 마지막 재앙으로 인해 애굽의 바로는 히브리인 노예들을 풀어줄 수밖에 없었지만, 즉각 이 결정을 후회하고 이스라엘 백성들을 다시 사로잡으려고 군대를 보냈다. 이스라엘 백성들은 홍해에 도착했고, 건너지 못할 바다와 완강한 적 사이의 덫에 걸렸다(출 14장). 믿음이 아닌 두려움은 모세를 거스르는 불만의 말에 기름을 부었고, 그것은 불길한 다음 사십 년을 예고했다. 그러함에도 "믿음으로" 그들은 마른 땅 위로 바다를 건넜고(출 14:21-22, 29), 물이 다시 덮였을 때 그들의 박해자들은 익사했다(출 14:26-28). 이 가시적인 능력의 현현은 오래 이어지지 못했지만, 이스라엘 백성들의 믿음의 고백을 일깨웠다. "이스라엘이 여호와께서 애굽 사람들에게 행하신 그 큰 능력을 보았으므로 백성이 여호와를 경외하며 여호와와 그의 종 모세를 믿었더라"(출 14:31).

11:30-31 히브리서 저자는 시내산 언약의 개시(히 9:15-22; 12:18-21)와 이스라엘 백성이 광야에서 의심하며 보낸 사십년(3-4장) 등 다른 곳에서 논의한 주요 사건을 건너뛴다. 그는 새로운 이스라엘 세대가 마침내 약속의 땅에 들어갔을 때, 하나님의 능력과 자비가 동시에 나타난 두 가지 사건으로 이 단락을 마무리한다. 여리고 성벽의 갑작스런 함락은, 하나님이 기뻐하시는 믿음이란 하나님의 말씀에 응답하여 행동한다는 히브리서 설교자의 논점을 예시한다. 눈에 보이는 상황은 하나님의 명령이 어리석고 그분의 약속이 불가능해 보이도록 만들지만 말이다. 주님은 이스라엘의 제사장(나팔을 불면서 언약궤를 들고)과 무장한 군대에게 엿새 동안 하루에 한 번씩 여리고 주위를 행진하고, 일곱째 날에는 일곱 번 행진한 뒤에 함성을 지르

고 다시 나팔을 불라고 명령하셨다(수 6:1-21). 여리고는 포위 공격에 대비해 안전하게 방비된 난공불락의 요새였다(수 6:1). 성문을 부술 공성 망치도 성벽을 오를 사다리도 없는 이런 기이한 군사 전략으로는 분명 여리고의 굳건한 흉벽을 깨트릴 가능성이 없어 보였을 것이다. 하지만 여호수아는 직전의 홍수기에 마른 땅으로 요단강을 건너도록 이스라엘을 인도했고(수 3-4장), 그래서 이스라엘은 아직 보이지 않는 것들에 대한 하나님의 말씀을 신뢰하면서 다시 순종하며 나아갔다. 그리고 그들은 전사이신 하나님이 여리고의 성벽을 무너뜨리는 장면을 목격했다.

여리고가 정복되었을 때, 기생 라합(과 그녀의 가족, 수 6:22-25)은 "믿음으로" 목숨을 건졌다. 가나안의 이교 종교를 배경으로 갖고 있었음에도 주님이 이전에 거두신 승리에 관한 소식을 통해 깨달은(수 2:8-13), 살아계신 이스라엘의 하나님에 관한 이 이방인 여성의 믿음은 견실했다. 그녀의 신뢰는 적극적인 동시에 위험했다. 라합은 인간 권력자가 자신과 가족의 안전을 해칠 수 있는 위험으로 그들을 끌어들였다. 한편, 그녀는 이를 통해 주님에 의한 파괴로부터 자신들의 구원을 확보했고, 하나님이 그분의 백성에게 땅을 주겠다는 약속을 성취하실 것이라고 기대했다. 만약 그녀가 이스라엘의 정탐꾼을 "평안히 영접"하다가 체포되었다면, 여리고의 관원들은 틀림없이 그녀를 처형했을 것이다(수 2:2-7). 그녀의 희망은 자신의 미덕이 아니라 하나님의 신실하신 말씀에 있었다. 그래서 성경은 라합이 '기생'이었을지라도 모범적인 믿음을 증언한다고 인정한다(수 2:1; 6:17, 22, 25; 약 2:25). 그녀는 다말, 룻, 우리아의 아내와 더불어 이방인 신분으로 메시아 예수님의 족보에 들어간 네 여성 중에 속한다(마 1:1-16).

응답

구약은 모세와 라합에 관해 매우 다르게 묘사하지만, 그들의 이야기는 하나님이 기뻐하시는 믿음은 대가가 클 뿐만 아니라 대담하다는 점을 한목소리로 들려준다. 하나님에 의해 다른 모든 선지자보다 큰 영예를 누렸던 모세는 하나님의 영광스러운 임재에 다가가는 특권을 누렸다. 하지만 모세가 오경에서 제시하는 자화상은 믿음과 뒤섞인 두려움을 드러낸다. 이방인 기생 라합은 두려움 없는 믿음을 실천했고, 주님의 구원을 받았다. 하나님이 자기 백성에게 약속의 땅을 주실 것이라는 확신으로 인해, 그녀는 우상을 숭배하는 여리고 뿐만 아니라 이스라엘에서도 "순종하지 아니한 자"와 구별되었다(참고. 히 3:18; 4:6; 수 7:1). 우리도 죄의 일시적인 쾌락 및 배척과 박해의 위협 너머를 바라보면서 인간의 눈으로 보기에 너무나 영광스러운 살아계신 하나님께, 또한 그분이 베푸실 상에 우리의 시선을 맞추어야 한다(히 11:24-27).

32 내가 무슨 말을 더 하리요 기드온, 바락, 삼손, 입다, 다윗 및 사무엘
과 선지자들의 일을 말하려면 내게 시간이 부족하리로다 33 그들은 믿
음으로 나라들을 이기기도 하며 의를 행하기도 하며 약속을 받기도
하며 사자들의 입을 막기도 하며 34 불의 세력을 멸하기도 하며 칼날
을 피하기도 하며 연약한 가운데서 강하게 되기도 하며 전쟁에 용감
하게 되어 이방 사람들의 진을 물리치기도 하며 35 여자들은 자기의
죽은 자들을 부활로 받아들이기도 하며 또 어떤 이들은 더 좋은 부활
을 얻고자 하여 심한 고문을 받되 구차히 풀려나기를 원하지 아니하
였으며 36 또 어떤 이들은 조롱과 채찍질뿐 아니라 결박과 옥에 갇히
는 시련도 받았으며 37 돌로 치는 것과 톱으로 켜는 것과 시험과 칼로
죽임을 당하고 양과 염소의 가죽을 입고 유리하여 궁핍과 환난과 학
대를 받았으니 38 (이런 사람은 세상이 감당하지 못하느니라) 그들이
광야와 산과 동굴과 토굴에 유리하였느니라

32 And what more shall I say? For time would fail me to tell of Gideon,
Barak, Samson, Jephthah, of David and Samuel and the prophets—
33 who through faith conquered kingdoms, enforced justice, obtained
promises, stopped the mouths of lions, 34 quenched the power of fire,

escaped the edge of the sword, were made strong out of weakness,
became mighty in war, put foreign armies to flight. 35 Women received
back their dead by resurrection. Some were tortured, refusing to accept
release, so that they might rise again to a better life. 36 Others suffered
mocking and flogging, and even chains and imprisonment. 37 They were
stoned, they were sawn in two,[1] they were killed with the sword. They
went about in skins of sheep and goats, destitute, afflicted, mistreated—
38 of whom the world was not worthy—wandering about in deserts and
mountains, and in dens and caves of the earth.

39 이 사람들은 다 믿음으로 말미암아 증거를 받았으나 약속된 것을 받
지 못하였으니 40 이는 하나님이 우리를 위하여 더 좋은 것을 예비하셨
은즉 우리가 아니면 그들로 온전함을 이루지 못하게 하려 하심이라
39 And all these, though commended through their faith, did not receive
what was promised, 40 since God had provided something better for us,
that apart from us they should not be made perfect.

1 Some manuscripts add *they were tempted*

단락 개관

믿음으로 인한 승리와 고난, 미래의 소망

구약 성도들의 삶에서 드러난 믿음에 관한 조망을 마무리하면서, 히브리서 설교자는 시간의 제약과 청중들의 집중력을 감안하여 접근 방법을 바

꾼다. 그는 사건들을 하나하나 재진술하는 대신 여러 사사와 한 왕과 한 선지자의 이름을 언급한 다음, 그들이 믿음으로 이루어낸 업적과 견뎌낸 괴로움을 간략히 묘사한다. 35절은 이 개략적인 설명의 중심점이다. 애통해하던 여자들이 돌려받은 죽은 자의 부활은 하나님께서 자기를 신뢰하는 이들로 하여금 대적들에게서 거둘 수 있게 하신 승리의 절정이다(33-35a절). 그 뒤에 믿음 때문에 고문을 당해 죽음에 이른 이들의 용기가 신실한 이들이 (고통이 완화되거나 석방되지 않은 채) 견뎌낸 일련의 곤경 첫머리에 나온다(35b-38절). 마지막으로, 구약에서 자신들의 믿음을 통해 증거를 받은 모든 선진에 대한 요약은 이렇게 주장한다. 곧 주님이 그들의 생애 중에 가시적인 구원을 허락하셨든 곤경 가운데 인내하는 믿음으로 그들을 부르셨든, 그들은 하나님의 약속을 충분히 받지 못했다. 이 충분함은 구약과 신약의 신자들을 다함께 "온전"하게 하신, 하나님께 나아가는 길을 여는 양심의 깨끗함으로 이끄신 그리스도께서 나타나시기를 기다렸다(39-40절).

단락 개요

Ⅰ. 믿음으로 말미암아 (다 헤아릴 수 없이 많은) 어떤 이들은 하나님의 적들에게 승리를 거두었다(11:32-35a)
   A. 그들 무리 가운데에는 사사, 왕, 선지자가 포함되었다(11:32)
   B. 그들은 인간 적들을 정복했다(11:33-34)
   C. 그들은 하나님께서 최후의 적인 죽음을 정복하시는 것을 보았다(11:35a)

Ⅱ. 믿음으로 말미암아 다른 사람들은 완화되지 않는 고난 가운데서 인내했다(11:35b-38)

A. 그들은 더 좋은 부활을 기대하면서 고문과 죽음을 견뎌냈다 (11:35b-37a)

B. 그들은 더 좋은 본향을 기대하면서 노숙과 궁핍을 견뎌냈다 (11:37b-38)

Ⅲ. 이 사람들은 모두 승리를 거두었든 고난을 받았든, 지금 우리가 그리스도를 통해 그들과 함께 가지는 온전함을 기다리면서 믿음 가운데 죽었다(11:39-40)

주석

11:32 히브리서 저자는 큰 소리로 낭독되는 이 설교 편지를 경청하는 데 소요되는 시간을 고려한다. 그는 이미 성막의 기구와 관련하여 더 길었을 수도 있는 논의를 줄인 적이 있다(9:5). 이제 그는 구약 역사에서 나머지 믿음의 인물 개요를 축약한다. 약속의 땅 정복 이후 이스라엘의 사사들, 왕들, 선지자들의 이야기를 상세히 논할 "시간이…부족[할]" 것이기 때문이다. 그는 마지막 인사에서 자신이 자제한 것에 청중들의 주의를 집중시킬 것이다. "[나의] 권면의 말을 용납하라 내가 간단히 너희에게 썼느니라"(13:22).

사사(기드온, 바락, 삼손, 입다), 왕(다윗), 선지자(사무엘)의 이름은 유대인 청중들로 하여금 그들의 이야기를 떠올리게 했을 것이다. 이 이름들의 순서는 엄밀하게 연대를 따르지는 않는다. 구약에서 바락(삿 4-5장)은 기드온(삿 6-8장) 앞에, 입다(삿 11-12장)는 삼손(삿 13-16장) 앞에 나온다. 뒤이어 나오는 이스라엘의 마지막 사사요 선지자인 사무엘(삼상 1-25장)은 구약에서 다윗(삼상 16-삼하 24장) 앞에 나온다. 아마 각 인물 쌍에서 더 두드러진 인물이 먼저 언급되고 있을 것이다. 또한 "사무엘과 선지자들"이 마지막에 언급되는 것은 적절하다. 사무엘은 모세를 뒤따르는 선지자들의 선두로 여겨졌기 때문이다. 사무엘은 이스라엘의 언약 파기에 대해 주님의 소송을 제기함과 동시에, 신실하지 못한 백성들에게 계속되는 하나님의 신실하심을 약속한다(행 3:24). 이들 여섯 명은 각각 "믿음으로 나라들을 이기[고]", (다양한 수준으로) "의를 행하[고]", "전쟁에 용감[했고]", "이방 사람들의 진을 물리치기도" 하면서(히 11:33-34) 가나안과 미디안, 암몬과 블레셋 같은 주변 적들에 맞서 이스라엘을 지켰다.

물론 히브리서 저자는 이런 사람들의 믿음을 강조하지만, 구약의 기사는 사사들과 다윗 왕의 오점을 보여준다. 모세와 마찬가지로, 기드온은 용맹스러운 지도자가 되라는 하나님의 부르심을 회피하려고 애썼다(삿 6:11-40, 참고. 출 3-4장). 바락은 사사-선지자인 드보라가 돕지 않으면 전투를 준비하지 않겠다고 거절했다(삿 4:6-8). 삼손은 나실인이라는 자신의 거룩한 신분을 하찮게 여기고서, 부여받은 특별한 힘을 하나님께 순종하기보다 자신의 감각적 욕망과 분노를 채우는 데 더 많이 사용했다(삿 14:1-4, 8-9, 19-20; 15:1-8; 16:1-17). 입다는 전투에서 승리하기 위해 무모하게 딸의 생명을 걸었고, 그런 다음 하나님의 율법을 거스르면서 더욱 악한 방식으로 자신의 맹세를 지켰다(삿 11:29-40, 참고. 출 13:15; 신 12:29-31; 18:10). 다윗은 주님의 이름으로 전쟁을 수행했지만(삼상 17:45) 나중에 간음과 살인으로 주님의 이름을 더럽혔고, 자기 가족에게는 성폭력과 피 흘림을, 이스라엘에게는 내전을 안겨주었다(삼하 11-18장). 심지어 사무엘은 자기를 양육했던 엘리 제사장이 범한 아버지로서의 태만함이라는 죄를 되풀이했고, 그의 아들들은 엘리의 아들들만큼 악한 것으로 판명되었다(삼상 2:12-17, 22-36; 8:1-4).

만약 히브리서 저자의 의도가 하나님이 충실한 신뢰와 흠 없는 성품을 지닌 구약 인물들을 증언하신다는 인상을 주는 것이었다면, 그는 흠이 전혀 언급되지 않을 만큼 간단히 기록된 사사들(옷니엘, 에훗, 삼갈처럼, 삿 3장)이나 의로운 개혁으로 두드러진 요시야 같은 왕(왕하 22-23장, 하지만 다음을 보라, 대하 35:20-22)을 선택했을 수도 있다. 그러나 히브리서 설교자는 그 대신 흔들리는 믿음과 의문스러운 도덕성을 지녔지만 자신의 약속에 신실하신 하나님을 계속 신뢰했던 족장, 정치인, 선지자, 기생을 위해 증언하시는 하나님께 귀 기울이라고 우리에게 요청한다. 만약 그들이 믿음으로 행동하면서 하나님의 역사를 볼 수 있다면, 이 설교 편지를 최초로 받았으며 그들 중 "피곤한 손"과 "연약한 무릎"을 지녔던 청중들도 그럴 수 있다(히 12:12-13). 그리고 시련과 연약함 가운데 있는 우리도 동일하게 할 수 있다.

11:33-34 가나안 정복 이후 믿음의 승리에 관한 개략적인 설명에는 이스라엘의 적대적인 이웃들에게 맞선 군사적 승리가 포함된다. 이 영웅들은 "나라들을 이기기도 하며…연약한 가운데서 강하게 되기도 하며 전쟁에 용감하게 되어 이방 사람들의 진을 물리치기도" 했다. 32절에 거명된 지도자들에 덧붙여 하나님은 다른 사사들에게, 사울의 아들 요나단에게, 후대의 유다 왕들에게 전투에서 승리를 허락하셨다. 의는 드보라와 사무엘 같은 사사들에 의해(삿 4:4-5; 삼상 8:1-7; 12:1-5), 또한 다윗과 솔로몬 같은 왕들에 의해(삼하 8:15; 왕상 3장) 수행되었다. 우리는 32절에 거명된 이들의 결함을 간과할 수 없지만, 수천 명에서 300명으로 줄어든 병력으로 미디안에 맞서 수행한 기드온의 전쟁에, 혹은 삼손이 단독으로 블레셋인에게 행한 살육에, 혹은 중무장한 블레셋의 전사 골리앗에게 맞선 어린 다윗의 도전에 담긴 믿음을 과소평가하지 말아야 한다.

"약속을 받[은]" 이들 중에는 주님이 영구적인 왕조를 약속하신 다윗이 포함될 것이다(참고. 삼하 7:11-13). 아브라함은 자녀를 주시겠다는 하나님의 약속이 처음 성취되는 것을 이삭의 출생을 통해 받았다(참고. 히 6:15의 주석). 그와 마찬가지로, 그리스도께서 가져오실 약속의 '성취'를 기다리던(8:6; 11:39-40) 구약의 다른 신자들도 자신들이 소망했던 구속이 예비적으로 실현됨을 얻었다(예. 다윗의 아들 솔로몬은 하나님의 집을 지을 것이다, 삼하 7:12-13; 왕상 6장).

다양한 구약 신자들은 폭력적 죽음으로부터 구원을 받았다. 삼손과 다윗도 "사자들의 입을 막[고]" 그것들을 죽였지만(참고. 삿 14:5-6; 삼상 17:34-

37), 이곳의 표현은 다니엘서를 떠오르게 한다. “나의 하나님이 이미 그의 천사를 보내어 사자들의 입을 봉하셨으므로”(단 6:22). 다니엘은 “자기의 하나님을 믿[었기]” 때문에 상처를 입지 않고 빠져나왔다(6:23). 사드락과 메삭, 아벳느고는 “불의 세력을 멸[했다]”(참고. 단 3장). 다윗은 “칼날을 피하기도” 했는데(참고. 삼상 17:45-51), 이는 자신을 방어할 무기를 전혀 손에 들지 않았음에도 하나님을 믿는 믿음을 의지했던 엘리야와 엘리사, 예레미야 같은 선지자들에게도 해당된다(왕상 19:1-3; 왕하 6:30-7:20; 렘 26:7-24).

11:35 구약에서 믿음의 백성들이 받았던 구원의 최고봉은 ‘마지막 원수’인 죽음 자체로부터의 구원이었다(고전 15:26). 선지자 엘리야는 기근이 있던 동안에 사르밧에 사는 이방인 과부 및 그녀의 아들과 함께 체류했고, 주님은 선지자가 그곳에 있게 함으로써 그녀의 부실한 음식 창고를 채워주셨다. 그녀의 아들이 병에 걸려 죽었을 때, 하나님은 그 아들의 생명을 회복시켜 달라는 엘리야의 호소를 들어주셨다(왕상 17:8-24). 그의 후계자 엘리사는 수넴 부부의 환대를 받았고, 하나님은 선지자의 기도에 대한 응답으로 그들에게 한 아들을 허락하셨다. 그 소년이 느닷없이 병에 걸려 죽었을 때, 주님은 선지자의 중보기도를 통해 그를 살리시고 그의 어머니에게 되돌려주셨다(왕하 4:8-37).

35절 중간에서 헬라어 구문은 갑작스레 주제가 전환됨을 알린다. “또 어떤 이들은[알로이 데(*alloi de*)] ‘더 좋은 부활’을 얻고자 하여 심한 고문을 받되[튐파니조(*tympanizō*)] 구차히 풀려나기를 원하지 아니하였으며.” 아브라함은 비유적인 의미에서(엔 파라볼레) 이삭을 돌려받았고(히 11:19), 사르밧과 수넴의 어머니들은 육체의 소생을 통해 아들들을 돌려받았다. 그런데 믿음으로 다른 사람들은 장차 올 시대(고난과 슬픔, 죽음은 완전히 사라질)의 새 생명을 기대하면서 고문을 견디다가 죽음을 맞았다. 더 좋은 부활을 소망했던 까닭에 석방 제안을 거절했던 이들은, 아마도 구체적으로 늙은 서기관 엘르아잘(Eleazar)과 일곱 형제의 가문이 시리아 폭군 안티오쿠스 4세 에피파네스(Antiochus Ⅳ Epiphanes)의 손에 고문당하고 순교 당한 기사를 암시할 것이다[이는 외경인 마카베오2서(2 *Maccabees*)에 기록되어 있다]. 이 기사에서는 고문 도구로 고문대[튐파논(*tympanon*)]를 언급하는데, 일곱 형제의 모친은 신실하게 고난을 견뎌내라고 격려하면서 막내아들에게 자신의 소망을 표현한다. "하나님의 자비로 나는 네 형들과 함께 너를 다시 돌려받을 것이다"(마카베오2서 7:29).[37]

11:36-38 순교보다 덜 극단적인 박해인 "조롱과 채찍질뿐 아니라 결박과 옥에 갇히는 시련"(36절)은 선지자 집단이 견뎌냈던 것인데(대하 36:15-16, 참고. 막 12:2-5), 어떤 이들에게는 극히 긴 기간이었다(왕상 22:24-27; 렘 20:2; 37:15-16). "그리스도를 위하여 받는 수모"라는 고통을 견디는 대가(히 11:26, 참고. 13:13)는 히브리서의 최초 청중들이 과거에 견뎠고 현재에 맞닥뜨리고 있던 것과 비슷했다(10:32-34; 13:3). 첫 기독교 세대에서 예수님의 사도들과 제자들은 이런 역경을 견뎌내면서, 그분의 이름을 위해 멸시받을 때 스스로 명예롭게 여겼다(행 5:40-41; 8:3; 9:1-2; 16:22-24; 고후 11:23-27). 구약 순교자들은 돌과 톱과 칼로 살해되었다. 유다 왕 요아스는 신실한 제사장 여호야다에게서 하나님의 율법을 배웠지만, 스승이 죽은 뒤에 주님을 저버렸다. 여호야다의 아들 스가랴를 대면했을 때, 왕은 그에게 돌을 던져 죽이라고 명령했다(대하 24:17-22). 유대 전승에 의하면, 선지자 이사야는 므낫세 왕의 명령에 의해 톱으로 잘려 죽임 당했다. 북왕국 이스라엘(왕상 19:10)이든 남왕국 유다(렘 26:20-23)든 두 나라의 통치자들은 심판이라는, 귀에 거슬리는 주님의 말씀을 전한다는 이유로 신실한 선지자들을 칼로 살해했다.

순교라는 궁극적 대가를 치르도록 부름 받지 않은 이들도 "땅에서는 외국인과 나그네"(히 11:13)라는 그들의 정체성에 어울리는 생활 방식인 박탈과 차별, 소외와 배제를 견뎌냈다. 그들이 빈곤하고 헐벗고("양과 염소의 가

37 *The English Standard Version Bible with Apocrypha* (New York: Oxford University Press, 2009).

죽") "광야와 산…에 유리하[며]" 노숙한 것은 사회 안에서 지위나 안전이 그들에게 전혀 없음을 보여주었다(참고. 왕상 17:3-7; 왕하 1:8; 마 3:1-4). 그들은 "영문 밖"으로 추방되었다(히 13:11-13, 참고. 13:11-12 주석; 13:13-14 주석). 말하자면 그들이 "동굴과 토굴" 안에 마련한 도피처(참고. 6:2; 삼상 13:6; 왕상 18:4)는 재산을 몰수당했던 히브리서의 최초 청중들이 겪은 곤경을 예고했다(히 10:34).

히브리서 저자는 그리스도의 사도(그리고 실제로 예수님의 모든 제자)가 교회 밖에 있는 이들에게 "세상의 더러운 것과 만물의 찌꺼기"로 간주되었다는 사도 바울의 평가에 동의할 것이다(고전 4:13). 하지만 하나님이 기뻐하시는 믿음은 보이지 않는 것들을 입증하는 증거인 까닭에(히 11:1), 근본적으로 다른 시각을 제공한다. 그 믿음 덕분에 모세는, 하나님의 학대받는 백성들과 연대하면서 견뎠던 그리스도를 위한 수모가 애굽의 보화보다 더 큰 재물이라고 평가할 수 있었다(25-26절). 그런 믿음은 이런 추방자들, 곧 세상이 멸시하는 이들이 사실은 "세상이 감당하지 못[할]" 사람들이었음을 보여준다(38절). 그들은 이 세상이 줄 수 있는 것보다 더 좋은 본향인 하늘나라를 향해 가는 상속자들이었다(16절).

11:39-40 하나님이 기뻐하시는 믿음에 관한 논의는 우리가 구약에서 접하는 이 고대 신자들의 삶이 하나님께 "증거를 얻었느니라"는 선언으로 시작되었으며(11:2), 시작할 때와 비슷하게 끝을 맺는다. 하나님은 그들의 이야기를 성경 속에 기록하심으로써, 지금도 이 성도들이 의로웠다고 증언하신다. 이는 그들이 인내하는 믿음으로 살았기 때문이다(10:36-39). 하나님은 아벨과 에녹(11:4, 5), 그리고 구속사에서 그리스도의 등장을 소망하면서 믿음으로 살았던 모든 이를 "증거"하셨다. 어떤 이들은 하나님의 약속의 성취를 부분적이고 잠정적으로 맛보았지만, 전반적으로 그들은 "약속된 것을 받지 못하였[다]." 하나님이 우리에게 주신 "더 좋은 것"은 예수님의 피에 근거한 더 좋은 약속으로 말미암아 시작된 새롭고 더 좋은 언약이기 때문이다(8:6-12; 9:13-15). 그분의 피로 말미암아 메시아 안에서 미리

소망했던 이들(엡 1:12), 그리고 "이 모든 날 마지막"에 구원을 말씀하시는 그분의 음성을 듣는 우리(히 1:1-2; 2:3-4)는 다함께 온전하게 되고 깨끗하게 되어 하나님께 나아갈 자격을 얻는다.

응답

히브리서 설교자는 구약 역사에 대한 조망을, 하나님을 믿는 믿음으로 사는 삶의 '대가'를 생생하게 묘사하는 산더미 같은 삽화로 마무리한다. 그 대가는 조롱과 학대, 궁핍과 소외, 노숙과 모욕, 고문, 그리고 죽음이다. 우리의 마음뿐만 아니라 우리의 문화적 상황도 대개 단기간에 나타나는 손에 잡히는 결과라는 측면에서 판단하여, 우리 자신을 전적으로 예수님께 맡기는 일의 '장점'과 '단점'을 따져보는 쪽으로 기울어지게 한다. 보상은 요원한 반면 지불해야 할 대가는 아주 현실적이고 대단히 고통스러울 때, 우리는 순응하고 섞이라는 압력을 받는다. 하지만 예수님은 주변 문화의 흘러 내려가는 물살을 거슬러 올라가라고 제자들에게 요청하셨다. 옛 신앙의 모델들은 그들이 온갖 결함을 가졌을지라도 보이지 않는 것들에 대한 소망을 단단히 붙들었다. 그 대가가 무엇이든, 신실하겠다고 약속하신 하나님과 받을 만한 가치가 있는 보상을 염두에 두고서 그리했다. 하나님의 신실하심에 대한 그들의 증언과 더불어 그들의 믿음에 대한 하나님의 증언은, 우리가 믿음에 대해 가지는 이기적이고 경박한 개념에 이의를 제기한다. 대신에 그분의 증언은, 그분이 주시는 은혜로 말미암아 우리의 눈을 한결같이 예수님께 고정시키고 우리의 마음을 끝까지 그분을 따르기로 결단하게 하면서, 우리를 일생에 걸친 인내로 부른다.

12장

1 이러므로 우리에게 구름 같이 둘러싼 허다한 증인들이 있으니 모든
[1)]무거운 것과 얽매이기 쉬운 죄를 벗어 버리고 인내로써 우리 앞에
당한 경주를 하며 2 믿음의 주요 또 온전하게 하시는 이인 예수를 바
라보자 그는 그 앞에 있는 기쁨을 위하여 십자가를 참으사 부끄러움
을 개의치 아니하시더니 하나님 보좌 우편에 앉으셨느니라

1 Therefore, since we are surrounded by so great a cloud of witnesses,
let us also lay aside every weight, and sin which clings so closely, and
let us run with endurance the race that is set before us, 2 looking to
Jesus, the founder and perfecter of our faith, who for the joy that was
set before him endured the cross, despising the shame, and is seated at
the right hand of the throne of God.

3 너희가 피곤하여 낙심하지 않기 위하여 죄인들이 이같이 자기에게
거역한 일을 참으신 이를 생각하라 4 너희가 죄와 싸우되 아직 피흘리
기까지는 대항하지 아니하고 5 또 아들들에게 권하는 것 같이 너희에
게 권면하신 말씀도 잊었도다 일렀으되

내 아들아 주의 징계하심을 경히 여기지 말며 그에게 꾸지람을 받
을 때에 낙심하지 말라 6 주께서 그 사랑하시는 자를 징계하시고
그가 받아들이시는 아들마다 채찍질하심이라

하였으니 7 너희가 참음은 징계를 받기 위함이라 하나님이 아들과 같
이 너희를 대우하시나니 어찌 아버지가 징계하지 않는 아들이 있으리
요 8 징계는 다 받는 것이거늘 너희에게 없으면 사생자요 친아들이 아
니니라 9 또 우리 육신의 아버지가 우리를 징계하여도 공경하였거든
하물며 모든 영의 아버지께 더욱 복종하며 살려 하지 않겠느냐 10 그
들은 잠시 자기의 뜻대로 우리를 징계하였거니와 오직 하나님은 우리
의 유익을 위하여 그의 거룩하심에 참여하게 하시느니라 11 무릇 징계
가 당시에는 즐거워 보이지 않고 슬퍼 보이나 후에 그로 말미암아 연
단 받은 자들은 의와 평강의 열매를 맺느니라

3 Consider him who endured from sinners such hostility against himself,
so that you may not grow weary or fainthearted. 4 In your struggle
against sin you have not yet resisted to the point of shedding your blood.
5 And have you forgotten the exhortation that addresses you as sons?

"My son, do not regard lightly the discipline of the Lord,
nor be weary when reproved by him.
6 For the Lord disciplines the one he loves,
and chastises every son whom he receives."

7 It is for discipline that you have to endure. God is treating you as sons.
For what son is there whom his father does not discipline? 8 If you are
left without discipline, in which all have participated, then you are
illegitimate children and not sons. 9 Besides this, we have had earthly
fathers who disciplined us and we respected them. Shall we not much
more be subject to the Father of spirits and live? 10 For they disciplined
us for a short time as it seemed best to them, but he disciplines us

for our good, that we may share his holiness. 11 For the moment all discipline seems painful rather than pleasant, but later it yields the peaceful fruit of righteousness to those who have been trained by it.

1) 또는 거리끼는

단락 개관

예수님을 바라보라 그리고 하나님 아버지의 징계를 인내하라

이제 하박국 2:3-4에 근거하고(히 10:35-39) 구약 성도들의 삶으로 예시된(11:1-40) 인내하는 믿음에 대한 권면이 반복되면서 상세히 설명된다. '인내'는 이 단락 전체에 배어 있는 주제다. 이는 명시적(12:1, 2, 3, 7)으로, 그리고 피곤과 낙심(3, 5절, 그리고 참고. 12-13절)에 대한 경고에서 암시적으로 드러난다. "인내로써…경주를 하[라]"는 요청은 하나님의 신실하심을 입증했던 "구름 같이…허다한 증인들"의 증언에 의해 뒷받침된다. 또한 이 요청은 십자가를 견디셨고 이제 하나님 우편에 앉아 계신, "믿음의 주요 또 온전하게 하시는 이인 예수를" 바라보는 것에 근거한다. 믿음의 고난으로 인해 최초의 청중들은 분명 겁을 먹었다. 치료법은 예수님이 견디셨던 수치와 고통을 더 온전히 인식하는 것, 그리고 잠언이 고난에 관해 제시하는 고무적인 시각을 기억하는 것이다. 잠언에 따르면, 고난은 하나님께서 우리를 아들로 인정하시고 우리에게 징계하실 정도로 관심을 갖고 계신다는 표식이다. 따라서 '징계'는 인내하라는 권면 전체에 엮여 있는 또 다른 주제다(5, 6, 7, 8, 9, 10, 11절). 하나님이 이렇게 고통스럽게 징계하시는 목적은 우리의 유익을 위해서다. 곧 우리가 거룩함과 평화와 의 가운데 그분의 성품을 닮는 것이다. 따라서 우리는 소망 가운데 인내해야 한다.

단락 개요

Ⅰ. 너희의 역경을 어떻게 보아야 하는가를 알려주는 예수님의 고난과 인내를 깊이 생각하라(12:1-4)

A. 인내로 경주하라. 구름 같이 허다한 구약의 증인들이 하나님의 신실하심을 증언하기 때문이다(12:1)

B. 십자가 위에서 극심한 고난을 견디셨던 예수님께 시선을 고정하라(12:2-4)

Ⅱ. 하나님의 고통스러운 징계는 너희가 사랑받는 아들임을 확증하고 너희를 위한 그분의 선한 목적을 섬긴다(12:5-11)

A. 하나님은 고통스런 징계를 사랑의 증거로 여기라고 아들인 너희에게 권면하신다(12:5-8)

B. 우리가 우리를 징계한 유한한 인간 아버지를 공경했다면, 우리는 더 큰 목적을 위해 우리를 징계하시는 아버지께 한층 더 순종해야 한다(12:9-10)

C. 지금은 고통스럽지만, 징계는 결국 평화의 열매를 낳는다(12:11)

주석

12:1 강조하는 "이러므로"는 구약의 믿음의 백성들에 대한 조망이 "인내로써…경주를 하며"라는 권면의 기초임을 보여준다. 그들은 "구름 같이 둘러싼 허다한 증인들[마르튀론(*martyrōn*)]"이다. 이는 그들이 성경의 지면을 통해 하나님은 신실하시다고 증언하기 때문이다(11:11). 아벨과 에녹을 비롯한 다른 사람들은 하나님이 말씀을 통해 증언하셨던[마르튀레오(*martyreō*), ESV는 "commended"] 사람들이다(11:2, 4, 5, 39). 이제 히브리서 저자는 방향을 바꾼다. 곧 옛적 신자들은 하나님에 대해 증언하면서 그분이 신뢰받을 수 있는 분임을 확증한다. 그들의 증언은 우리가 경주할 때 인내할 힘을 줄 것이다. 그들은 또한 청중들의 연기를 관찰하고 있는 관객일 수도 있다. 그러나 히브리서 저자가 "증인" 용어를 사용한 예들은 그들이 적극적으로 증언하고 있다는 의미를 지지한다. 곧 다른 사람들과 마찬가지로, 아벨은 "죽었으나…지금도 말[한다]"(11:4, 참고. 11:13-14).

히브리서 설교자는 현대 올림픽의 기원인 고대 범그리스(Panhellenic) 경기에서 가져온 육상의 이미지를 떠올리게 만든다. 그는 앞에서 예수님을 우리의 "앞서 가신 [자]"라고 묘사했다(6:20). 이제 설교자는 청중들에게 모든 거추장스러운 "무거운 것"을 벗어버리고 자기들 앞에 펼쳐진 경주로를 달리라고 호소한다. 그는 징계를 통한 "연단"에 대해 언급할 것이고(12:11) 육상 선수의 상처 은유를 영적인 장애에 적용할 것이다(12-13절). 이 이미지에서 벗어버려야 할 "무거운 것"은 훈련용 짐이나 거추장스런 옷일 수 있는데, 아마 옷을 염두에 두고 있을 것이다. 이는 '벗어 버리다'[아포티테미(*apotithēmi*)]가 다른 데서 탈의를 가리키기 때문이다(롬 13:12; 엡 4:22; 골 3:8). 또한 히브리서 12:11의 "연단"[귐나조(*gymnazō*)]이 벌거벗고[귐노스(*gymnos*)] 경쟁하던 그리스의 육상 관행을 암시하기 때문이다. 버려야 할 짐은 "얽매이기 쉬운 죄"를 상징한다. 최초의 청중들이 특별히 유혹받은 죄는 하나님의 도덕적 명령을 위반하는 것(12:16; 13:4)만이 아니라, 박해의 위협 아래서 그리스도에 대한 충성을 저버리는 배교였다(10:26-39). 아직 피 흘릴 정도까지 고조되지 않았던 '죄에 맞선 싸움'은 믿음을 단단히 붙들기 위한 싸움이었다(12:4).

12:2 구약 증인들의 목소리는 우리를 격려하지만, 경주에서 인내하는 열쇠는 믿음의 '창시자요 완성자'("founder and perfecter", 개역개정은 "주요 또 온전하게 하시는 이")이신 예수님을 바라보는 것이다 (여기서 헬라어 단어 순서는, 2:9; 3:1; 4:14; 6:20; 7:22에서처럼 먼저 구주를 '묘사'하고 마지막에 그분의 이름을 '거명'함으로써 청중들의 기대감을 고조시킨다). "주"["founder", 아르케고스(*archēgos*)]는 광범위한 의미를 갖는다(참고. 2:10 주석). 칠십인역에서 이 단어는 종종 이스라엘 지파의 우두머리와 군대 사령관을 가리킨다. 여기서 믿음의 "주"이실 뿐만 아니라 "온전하게 하시는 이"["perfecter", 텔레이오테스(*teleiōtēs*)]인 예수님은 구약의 믿음의 사람들을 예시하는 믿음의 탁월한 본보기시며, 뿐만 아니라 우리 믿음의 원조인 동시에 믿음의 대상이시다. 그분은 우리의 믿음을 시작하시고 우리보다 앞서 믿음의 경주를 달리시며, 우리의 믿음을 그 목적지로 이끌어 가신다. 구약 시대에 신자들은 아직 "온전함[텔레이오오(*teleioō*)]을 이루지" 못했다(11:40). 아론계 제사장들이 수행한 제사 제도가 "아무것도 온전하게 하지 못[했기]" 때문이다(7:11, 19). 하지만 이제 예수님의 희생 제사는 그분을 신뢰하는 이들을 "영원히 온전하게 하셨[고]"(10:14), 하나님의 거룩하신 임재로 나아가는 길을 여셨다.

예수님은 인내하는 믿음의 선두를 달리신다. 그분의 믿음은 히브리서 2:13에서 인용된 이사야 8:17 말씀에서 표현된다. "내가 그를 의지[신뢰]하리라." 죄 많은 사람들에게 구원하는 믿음이란, 자신의 무가치함을 깨달을 때 예수님의 피와 의에 의지한다는 뜻이다. 하지만 죄 없는 제사장이요 흠 없는 제물이신 예수님께 믿음은, 십자가 위에서 죽음을 통해 하나님의 뜻을 성취한 뒤 죽음으로부터 구원을 위한 그분의 외침이 부활을 통해 "들으심을" 얻고 응답될 것이라는 아버지의 보장을 신뢰하는 것이었다(5:7-10; 7:26-28; 10:10; 13:20). 아버지의 약속을 믿는 예수님의 신뢰는 이와 같이 그분이 "부끄러움을 개의치 아니하시[고]" 십자가를 기꺼이 견디려는 것에서 표현되었다. 예수님은 "그 앞에 있는 기쁨을 위하여" 값진 선택을 하셨다. "위하여"("for")로 번역된 헬라어 전치사[안티(*anti*)]는 흔히 '대신에'라는 의미를 가지며(예. 마 2:22; 5:38; 20:28). "앞에 있는"["set before", 프로케이마이(*prokeimai*)]는 1절에서 우리 '바로' 앞에 있는 경주로를 묘사하기 위해 사용되었다(참고. 고후 8:12). 따라서 이 구절은 예수님이 즉각 경험하셨을 수도 있는 기쁨의 구출 대신(마 26:53) 십자가의 수모를 선택하셨음을 의미한다는 주장이 제기되었다. 그리스도를 위한 수모가 애굽의 보화보다 더 값진 재물이라는 모세의 계산은, 그리스도께서 훨씬 더 극단적인 다른 선택지에 대해 내리신 평가를 예고했다(히 11:26).

12장

다른 한편, ESV를 비롯한 다른 번역본과 대부분의 주석가들에 의하면 예수님은 고난 너머에서 자기를 기다리고 있던 기쁨을 위해 십자가와 그 수치를 견디셨다. 바로 "하나님 보좌 우편에 앉으[시는]" 기쁨이다. 이 해석은 히브리서에서 몇 절 뒤에 나오는 전치사 안티의 유일한 다른 용례와 어울린다. 에서는 "한 그릇 음식을 위하여[안티, 여기서는 '대신에'가 아니라 '위하여'] 장자의 명분을" 팔았다(12:16). 이로써 모세는 다른 의미에서 예수님을 닮았다. 그는 "상 주심을 바라[보았다]"(11:26). 히브리서 저자는 미래의 열매를 기대하면서 고통스러운 고난을 견디라고 청중들에게 촉구할 것이다(12:11). 예수님은 그들에게 그 방법과 이유를 보여주신다.

십자가 처형의 수치는 그리스-로마 세계 전역에서 이교도와 유대인 모두에게 잘 알려져 있었다. 그들에게 십자가는 하나님의 저주가 강화된 낙인이었다(신 21:22-23; 고전 1:18-25; 갈 3:13, 참고. 행 5:30; 10:39; 13:29). 하지만 예수님이 십자가에서 받으신 고난은 그리스도인이 십자가의 수치와 수모(히 13:12-13)를 자랑할 상황으로 바꾸어놓았다(갈 6:14). 하나님께서 자신들을 주님과 동일시하기에 "합당한" 자로 여기셨음을 깨달을 때, 신자들은 자신들의 학대를 기뻐하고 "그 이름을 위하여 능욕"을 받을 수 있다(행 5:41). 위협과 반대가 점차 고조될 조짐이 나타날 때, 이미 공개적인 수모를 견딘 적이 있는 이 편지의 청중들(히 10:32-33)은 예수님이 자신들을 위해 고난 받으면서 수모를 견디셨음을 떠올려야 했다.

12:3-4 예수를 바라보는 것이란 그분께 집중하면서 깊이 생각하는 것, 곧 마음을 기울여 묵상하는 것이다. 저자는 우리의 관심을 십자가의 육체적 고뇌가 아니라 예수님이 돌아가실 때 그분을 공격했던 "죄인들"의 "거역"으로 돌린다(막 15:18-20, 29-32). 그런 악의적인 거절 앞에서 예수님이 보여주신 인내는, 자신들의 가족이나 더 광범위한 지역 공동체에게 외면당함으로 인해 "피곤하여 낙심[할]" 유혹에 처한 신자들을 격려할 것이다. '피곤하다'에는 연약함이나 질병을 가리키는 헬라어 단어[캄노(*kamnō*)]가 반영되어 있다. '낙심하는' 것[에클뤼오마이(*eklyomai*)]은 탈진을 경험하는 것이다. 육체적으로 낙심한 사람들은 목적지에 닿지 못할 것이고(막 8:3), 영적 탈진을 경험하는 이들은 좌절로 기우는 경향이 있다(갈 6:9). "낙심"("fainthearted")이라는 단어는 5b-6절에서 인용하는 잠언 3장의 격려로 이어진다.(거기서 ESV는 "be wary", 피곤하다로 번역한다).

청중들에게 필연적인 '죄와의 싸움'은 구체적으로 그들이 거부해야 할 배교의 죄다(참고. 히 10:26-39). 이런 이유에서 히브리서 설교자는 그들의 싸움이 아직 "너희가…피흘리기까지는" 고조되지 않았다고 설명한다. 히브리서 설교자는 예수님이 우리를 죽음의 두려움에서 구원하셨다고 지적했고(2:14-15), 또한 구약 신자들이 견딘 피해를 열거했다(11:35-38). 청중들은 아마 예수님을 믿는 신앙 고백을 포기하라는 협박과 배척과 신체적 위협을 당하고 있었을 것이다. 지금까지 박해는 극단적인 순교에 이르지 않았다(다만 13:7 주석 참고). 이런 측면에서 그들이 겪는 고난은 예수님이 치르신 대가, 곧 그들의 양심을 깨끗하게 하고 그들을 하나님께 나아가게 하려고 피를 흘리신 것과 비교될 수 없다(9:14; 10:19, 29). '그분의' 희생을 묵상하는 것은 자기 연민과 절망에 맞서 그들의 마음을 강하게 해주며, 그들로 하여금 자신들의 시련을 균형 있게 바라보게 할 것이다.

12:5-6 청중들은 하나님께서 그들을 아들들로 여겨 말씀하신 "권고" 혹은 "권면"(파라클레시스)을 잊어버림으로써, 그들이 받고 있던 반대로 인한 실망을 악화시켰다. 다시 히브리서 설교자는 구약(여기서 잠언 3:11-12)이 단

순히 지나간 세대에 기록된 본문이 아니라 "오늘"(히 3:7, 13; 10:15-17) 우리에게 말씀하시는 성령의 연설이라고 전제한다. 히브리서 전체에서 두드러진 '파라클레시스/파라칼레오' 단어군(참고. 13:22)은 의미론적으로 엄격한 권고(훈계)만이 아니라 온화한 격려(위로)까지 포괄한다. 여기서 잠언 인용문의 어조 및 저자의 적용은 용기를 북돋우는 '격려'의 의미를 지지한다.

잠언 3:11은 주님의 징계에 대한 서로 다른 반응으로, 한편으로는 "[징계를] 경히 여기[는]" 것과 다른 한편으로는 "낙심하[는]" 것을 가리키는 듯하다. 첫 번째 반응은 아버지의 징계를 무시하는 오만한 아들의 반응이다. 두 번째 반응은 아버지의 꾸지람을 개인적인 거부로 해석하는 불안한 아들의 반응이다. 사실 두 가지 반응 모두 잠언 3:12의 진리를 망각하는 것을 예증한다. "대저 여호와께서 그 사랑하시는 자를 징계하시기를 마치 아비가 그 기뻐하는 아들을 징계함[38] 같이 하시느니라." 역경에 대한 반응으로 하나님의 권위에 도전하거나 그분의 선하신 목적을 의심하는 이들은, 이런 고난이 그분의 사랑의 징표요 그분의 아들들로서 가지는 합법성의 표식임을 망각했다. 잠언이 상정하고 있는 상황은 아버지가 품행이 바르지 못한 아들을 교정하는 것이다(참고. 잠 13:24; 19:18; 22:15; 23:13-14). 히브리서 저자는 시각을 확장하여 죄에 맞서는 가운데 신실함의 결과로 겪는 고통을 포함시킨다. 의를 위해 고난 받는 이들, 다름 아니라 죄에서 벗어나기 위해 징계 받는 이들은 자신들의 고통이 자기들을 위한 아버지의 사랑의 목적에 기여할 것임을 확신할 수 있다(마 5:10-12).

12:7-8 잠언 인용문에는 명사 "징계"[파이데이아(*paideia*)]와 동족 동사가 모두 등장한다. 그리고 이제 "징계"("discipline")는 인내를 권리인 동시에 의무로 만드는 하나님 아버지의 목적을 요약한다. 헬라어 동사 '참다'[휘포메네테(*hypomenete*)]의 형태는 직설법(너희는 참고 있다)과 명령법(너희는 참아야 한다) 모

38 히브리서는 동사 마스티고오(*mastigoō*, '꾸짖다', 종종 '때리다' 또는 '채찍질하다')를 삽입한 칠십인역을 따르는데, 잠언 3:11-12의 히브리어 본문에는 마스티고오에 대응하는 단어가 없다.

두 가능하다. ESV의 '너희는 참아야 한다'("you have to endure")는 이 모호성을 세련되게 전달하면서 명령형으로 기울어지게 한다. "하나님이 아들과 같이 너희를 대우하시[기]" 때문에, 청중들은 참아야 한다. 그리스-로마 세계에서 귀족이 자신의 합법적 아들과 상속자를 후견인의 엄격한 감독 아래 철저한 양육을 받게 하는 것은 이례적인 일이 아니었는데, 이는 아버지의 이름과 재산의 미래가 아들에게 달려 있기 때문이다(갈 4:1-2). 반면에, 비합법적인 자녀들은 아버지의 이름을 갖지도 못하고 재산도 상속하지 못하므로 도덕적 훈육을 받지 못할 것이다. 하나님의 고통스런 징계에서 제외되는 것은 그분의 호의가 아니라 무관심과 거절을 의미한다.

12:9-10 하나님의 고통스러운 징계가 어떻게 그분의 사랑의 용납과 그분의 자녀요 상속자로서 우리의 합법성을 보여주는지 깨달을 때, 이러한 시각은 고통 한가운데서 그분을 대하는 우리의 태도에 영향을 미칠 것이다. 히브리서 설교자는 또 다른 '아 포르티오리' 논의를 통해 사람 가족 간의 역학에서 비유를 이끌어낸다(참고. 2:2-4 주석). 비유의 목적은 명확하다. 곧 아버지의 징계가 당시에는 아무리 견디기 힘들더라도 그것이 아들의 행복을 바라는 열망에서 비롯된다는 것을 깨달을 때, 아들은 그런 아버지를 존경한다[다시 말해, 아버지 앞에서 자신을 낮춘다, 엔트레포(*entrepō*)]. 동사 엔트레포는 수동태로는 '낮아지다'라는 뜻이고, 중간태로는 다른 사람 앞에서 "자신을 낮추다", 다시 말해 그 사람의 더 큰 명예를 인정한다(눅 18:2, 4)는 뜻이다(칠십인역 출 10:3, 딛 2:8). 이 원리는 하나님께서 우리에게 부과하시는 징계에 대한 우리의 응답에 훨씬 더 깊이 적용될 수 있다. 하나님의 징계는 세 가지 면에서 인간 아버지의 징계보다 더 낫기 때문이다.

(1) 인간 아버지는 "'육신'의 아버지"(ESV는 "earthly fathers")인 반면, 하나님은 (민 16:22; 27:16을 반향하면서) "'영'의 아버지"시다.

(2) 인간 아버지는 "잠시…우리를 징계하였[던]" 반면, 하나님은 고통스러운 징계를 통해 우리의 성품을 다시 빚기 위해 우리의 삶 전체에서 일

하신다.

(3) 인간 아버지는 유한하고 타락한 시각을 따라 "자기의 뜻대로"("as it seemed best to them") 징계를 실행했던 반면, 하나님은 무한하신 지혜 가운데 우리에게 유익한 것[토 쉼페론(*to sympheron*)]을 정확하게 아신다. 이는 곧 "그의 거룩하심에 참여하[는]" 것이다.

하나님은 우리의 고통스러운 상황을 무한하신 지혜와 주권적인 통제, 아버지의 사랑으로 친히 통솔하고 계신다. 이 사실을 더 많이 기억할수록, 우리는 소망하는 인내로 그분의 징계를 더 많이 참을 것이다.

12:11 하나님께서 자기 아들들에게 격려의 확신을 말씀하신다고 해서 우리가 현재 겪는 고통에 대해 무감각해지는 것은 아니다. 히브리서 설교자는 그런 상황이 벌어질 때, 징계는 '즐거워 보이지 않고 고통스러워 보인다'고 혹은 대조의 효과를 고려하여 '기쁘지[카라(*chara*)] 않고 슬픔[뤼페(*lypē*)]이 가득하다'고 솔직히 인정한다. 바울은 동일한 대조를 사용하여, 임박한 고린도 방문에서 "마땅히 나를 기쁘게 할[카이로(*chairō*)] 자로부터 도리어 근심[뤼페]을 얻[지]" 않겠다는 희망을 표현한다(고후 2:3). 인내하는 믿음은 고통스러운 현재를 넘어 풍요로운 미래를 바라보면서, 바라는 것들의 실상이요 아직 보이지 않는 것들의 증거를 간파해야 한다(히 11:1). 히브리서 설교자는 성령의 영감을 통해 "우리가 잠시 받는 환난의 경한 것이 지극히 크고 영원한 영광의 중한 것을 우리에게 이루게 함이니"라는 확신을 주는 신약 저자들의 합창에 자신의 목소리를 보탠다(고후 4:17, 참고. 요 16:33; 롬 8:17-18; 벧전 1:6-7).

현재의 고통 앞에서 소망을 든든히 다지기 위해, 히브리서 설교자는 농사 비유와 육상 비유를 섞는다(참고. 딤후 2:3-6). 농부가 미래의 곡식을 기대하면서 밭을 갈고 씨를 뿌리듯이, 하나님의 지혜로운 사랑의 징계를 받고 있는 이들은 나중에 거둘 "의와 평강의 열매"를 끈기 있게 기대해야 한다. 히브리서 저자와 더불어 야고보와 바울은 모두 이사야 32:16-18을 비롯한 다른 구약 본문에서 이 농사 비유를 가져온 것 같다(약 3:18; 5:7-8; 빌 1:11, 참고. 잠 11:18; 호 10:12). 그런 다음 히브리서 설교자는 이 권면 첫머리에 있던 육상 이미지로 되돌아가, 주님의 징계를 통해 "연단 받은"(귐나조) 이들에 대해 언급한다. 농경지의 외견적인 수동성과 나란히, 히브리서 저자는 인간의 힘겨운 훈련 과정 및 그런 다음 우리 앞에 펼쳐진 경주로를 달리는 모습을 다시 소개한다(참고. 딤전 4:7-8). 인내하는 믿음은 하나님 아버지의 사랑을 확신하는 데서 흘러나오는 힘겨운 수고이고, 따라서 이 믿음은 그분이 주시는 힘으로 "푯대를 향하여 그리스도 예수 안에서 하나님이 위에서 부르신 부름의 상을 위하여[향하여]" 질주한다(빌 3:14). 더 나아가, 이는 개인 경기가 아니라 팀 경기다. (저자가 히브리서 12:12-13에서 육상 은유를 더 발전시키고 있듯이) 이 경주에서 모든 구성원은 다른 사람들의 약한 무릎과 어긋난 관절에 관심을 두어야 한다.

응답

모든 세대마다 그리스도인들은 예수님을 따르는 일평생의 인내를 거스르는 반대에 직면한다. 때로 '죄인들의 적개심'이 말과 사회적 관계를 통해 드러난다. 때때로 문제는 재정적 곤경, 신체적 손상, 감금, 심지어 죽음으로까지 악화된다. 하지만 하나님은 우리 앞에 펼쳐진 믿음의 경주를 인내하면서 달려야 할 확고한 이유를 주신다. 그것은 바로, 우리보다 앞서 달려간 자들의 풍부한 증언, 곧 믿음의 창시자요 완성자이신 예수님이 보이신 용감한 본보기와 사랑으로 행한 자기희생이다. 그리고 또, 우리가 믿음을 단단히 붙잡기 위해 분투하는 현재의 고통은 하나님의 애정어린 용납을 나타내는 표식이고 우리의 영원한 행복을 위한 그분의 완벽한 계획에 어울린다고 아버지께서 격려하신다는 사실이다. 예수님을 바라보고 우리 아버지의 격려를 회상함으로써, 우리는 결승선에 이르기까지 경주할 힘을 공급받을 것이다.

12 그러므로 피곤한 손과 연약한 무릎을 일으켜 세우고 13 너희 발을 위
하여 곧은길을 만들어 저는 다리로 하여금 어그러지지 않고 고침을
받게 하라 14 모든 사람과 더불어 화평함과 거룩함을 따르라 이것이
없이는 아무도 주를 보지 못하리라 15 너희는 하나님의 은혜에 이르지
못하는 자가 없도록 하고 또 쓴 뿌리가 나서 괴롭게 하여 많은 사람이
이로 말미암아 더럽게 되지 않게 하며 16 음행하는 자와 혹 한 그릇 음
식을 위하여 장자의 명분을 판 에서와 같이 망령된 자가 없도록 살피
라 17 너희가 아는 바와 같이 그가 그 후에 축복을 이어받으려고 눈물
을 흘리며 구하되 버린 바가 되어 회개할 기회를 얻지 못하였느니라
12 Therefore lift your drooping hands and strengthen your weak knees,
13 and make straight paths for your feet, so that what is lame may not be
put out of joint but rather be healed. 14 Strive for peace with everyone,
and for the holiness without which no one will see the Lord. 15 See to it
that no one fails to obtain the grace of God; that no "root of bitterness"
springs up and causes trouble, and by it many become defiled; 16 that
no one is sexually immoral or unholy like Esau, who sold his birthright

for a single meal. 17 For you know that afterward, when he desired to inherit the blessing, he was rejected, for he found no chance to repent, though he sought it with tears.

단락 개관

기독교 공동체를 통해 인내심을 기르라는 권면

히브리서 저자는 인내하라는 권면을 계속 이어간다. 이때 그는 연약하고 상처 입은 팔다리와 관절을 강화하라는 교훈을(12-13절) 덧붙여서, 훈련(12:11)과 달리기 경주(1절)라는 육상 비유를 확장시킨다. 이 절들은 이전 문단과 이후 내용을 연결시키면서 다음의 내용으로 초점을 바꾼다. 신자들은 일생동안 이어지는 믿음의 마라톤에서 서로를 붙들어야 할 공동의 책임을 진다(이 의무에 대해서는 이미 논의한 바 있다, 3:12-14; 4:1; 10:24-25). 이 권면은 구약의 암시에 의해 강화된다. 상처 입은 팔다리와 관절을 물리 치료하는 이미지는 이사야 35:3-4을 상기시키면서, 연약하고 상처 입은 구성원을 보살피고 목적지를 향해 "곧은길"을 따라가야 할 회중의 의무를 예시한다(참고. 잠 4:26).

교회는 연합과 순결의 특징을 보여야 하는 까닭에, 그 구성원은 화평함과 거룩함을 추구해야 한다(시 34:14). 공동체의 구성원과 지도자는 그리스도의 몸속에 독소를 주입하여 다른 사람의 건강을 위험에 빠뜨릴 세 가지 유형의 사람들을 주의해야 한다. (1) '의심하는 자'는 하나님의 음성에 귀 기울이기보다는 자기 마음을 완고하게 함으로써 "하나님의 은혜에 이르지 못하는" 자다. (2) "쓴 뿌리" 같은 '반항하는 자'(참고. 신 29:18-19)는 하나님께서 그의 은밀한 완고함을 간파하지 못하실 거라고 상상한다. (3) 즉각적인 만족감에 '헌신하는 자'는 에서처럼 하나님의 미래의 복을 기다리기보다 육체적인 욕구를 충족시키기를 택한다(창 25-27장).

단락 개요

Ⅰ. 경주에서 연약하고 상처 입은 경주자를 붙들어주라(12:12-13)

A. 미약한 구성원에게 힘을 주라(12:12)

B. 장애를 지닌 구성원을 안정시키라(12:13)

Ⅱ. 화평함과 거룩함을 위해 노력하라(12:14)

Ⅲ. 너희 공동체 안에 의심하는 자, 반항하는 자, 즉각적인 만족감에 헌신하는 자가 없게 하라(12:15-17)

A. 의심하는 자, 하나님의 은혜에 미치지 못하는 자(12:15a)

B. 반항하는 자, 많은 사람을 오염시키는 자(12:15b)

C. 즉각적인 만족감에 헌신하는 자, 하나님의 미래의 복보다 자신의 현재의 갈망을 택하는 자(12:16-17)

12장

주석

12:12-13 11절의 "연단 받은"은 1절의 육상 이미지를 상기시켰다. 즉 일생동안 자기들 앞에 펼쳐진 경주로를 달려야 하는 청중들은 믿음의 경주를 방해하는 모든 것을 버려야 한다. 그들의 인내는 "죄" 때문에(1, 4절), 또한 박해 앞에서 그들의 "피곤[함]" 때문에(3절) 위협받는다. 이제 히브리

서 설교자는 이사야서에서 가져온 이미지에 근거하여 운동 경기의 상징성을 확장하면서, 회중 전체를 향해 연약한 구성원을 강하게 붙들라고 권면한다. "피곤한 손"과 "연약한 무릎"이라는 상징은 예언 자체에서 해석된다. "'겁내는' 자들에게 이르기를 굳세어라, 두려워하지 말라, 보라 너희 하나님이 오사 보복하시며 갚아 주실 것이라…너희를 구하시리라"(사 35:3-5, 참고. 히 12:3). 하나님이 오실 때, 그들은 저는 다리가 치료되고 사슴 같이 뛸 만큼 풍성한 복을 누릴 것이다(사 35:6, 참고. 히 3:19; 습 3:16-19). 하나님이 '보복'하기 위해 또한 구원하는 은혜 가운데 '오신다'는 약속은 이 본문과 앞에서 인용된 구약 본문을 연결한다(히 10:30-31, 37-38, 다음의 인용. 신 32:35-36; 합 2:3-4). 늘어진 손과 떠는 무릎을 굳게 하라는 이사야의 호소가 위치한 전후문맥은, 이 호소가 단순한 명령이 아니라 신적인 보호자가 오고 계신다는 약속에 근거한 격려임을 보여준다.

ESV는 두 개의 목적어 "피곤한 손"과 "연약한 무릎"을 가진 하나의 헬라어 동사[아노르토오(*anorthoō*)]를 번역하기 위해, 두 개의 동사 '들다'("lift")와 '강화하다'("strengthen")를 사용한다(개역개정은 "일으켜 세우고"로 하나로 번역함). 이 헬라어 동사는 강화만이 아니라 교정의 의미도 전달한다(시 145:14; 눅 13:13). 따라서 이 동사는 또 하나의 관련 구약 본문인 칠십인역 잠언 4:26(히브리서 설교자가 히브리서 12:13에서 가져온)로 연결하는 역할을 한다. "너희 발을 위하여 곧은[오르타스(*orthas*)]길을 만들[라]." 길이 탈골이 아니라 치료를 촉진하려면 두 가지 의미에서 '곧아야' 한다. 먼저, 그런 길은 접질린 발목이나 탈골된 무릎의 상처를 악화시킬 수 있는 걸림돌이나 함정이 없이 평평해야 한다(사 40:4). 그런데 그런 길은 또한 경주자들이 미혹되지 않도록 결승선을 향해 곧게 뻗어야 한다(칠십인역 잠 4:27).

이런 길은 저는 다리를 접질림으로부터 두 가지 방법으로 보호해줄 것이다. 먼저 이런 길에서는 저는 자들이 탈골되었다고 할 정도로 접질려 "어그러지지" 않고 도리어 "고침을 받[을]" 것이다. '어그러지다'[엑트레포(*ektrepō*)]로 번역된 동사는 대개 생명으로 이어지는 길에서 벗어나 '진로를 이탈하는 것'을 가리킨다(딤전 1:6; 5:15; 딤후 4:4). 히브리서는 칠십인역 잠언

4:26의 어휘를 수정하여 동사 '평탄하게 하다'와 소유격 대명사 '너의'를 단수에서 복수로 변경하여, 아버지가 아들 개인에게 주는 조언에서 전체 회중에게 주는 격려로 바꾸어놓는다. 그리스도인들이 영적으로 약하거나(피곤한 손, 연약한 무릎) 장애를 입을 때(저는 다리), 동료 그리스도인들은 그들 주위에 모여 장애물을 제거하고 결승선을 올곧게 가리켜야 한다.

12:14 14-16절은 헬라어로 한 문장이다. 중심 문장은 "화평함과 거룩함을 따르라"다. 그 뒤 15절에서 분사구 '~도록 하라'["Seeing to it", 에피스코푼테스(*episkopountes*)]의 종속 문장은, 어떻게 이런 미덕들이 교회의 화평과 순결을 가로막는 세 가지 위협을 경계함으로써 보존되고 고취되는지를 보여준다(15-16절).

12장

곧은길은 따라야 할[디오코(*diōkō*), ESV는 "striver for"] 두 가지 미덕인 화평함과 거룩함에 의해 부각된다. '화평함을 따르라'는 시편 34:14(칠십인역 33:15, 참고. 벧전 3:10-12)을 상기시킨다. 신약의 저자들은 신자들에게 서로 화평하게 살라고 명령한다(막 9:50; 롬 14:19; 고후 13:11; 딤후 2:22). 그런데 여기서 주어지는 명령은 "'모든 사람'과 더불어 화평함…을 따르[는]" 것이다. 이러한 화평을 도모하라는 광범위한 의무는 신약 다른 곳에서도 동일하게 나타난다(마 5:9-11; 롬 12:14-21; 고전 7:15). 복음이 보여주는 바에 의하면, 서로의 관계에서나 외부의 반대자들과의 관계에서 화평을 도모하고 유지하는 것은 화평을 창조하시는 예수님의 희생(롬 5:1; 엡 2:14-18)과 마음을 변화시키는 성령의 능력(엡 4:3-6)에서 유래한다. 하나님 아버지의 징계는 자녀들의 관계에서 의의 화평한 열매를 맺을 것이다(히 12:11). 성령께서 신자들 안에 만드시는 열매에는 화평이 포함되어 있다(갈 5:22).

화평함과 더불어 우리는 "거룩함"을 추구해야 한다. "이것이 없이는 아무도 주를 보지 못[할]" 것이다. 예수님은 "마음이 청결한 자"가 "하나님을 볼 것"이라고 복을 선언하셨다(마 5:8). 구약 율법은 거룩함의 '결여'가 예배자들로 하여금 하나님께 나아가지 못하도록 막는다는 것을 보여주었다. 하지만 우리는 그리스도의 피를 통해 하나님이 우리에 대해 판단하실 때 단번에 "거룩함을 얻었[고]", 그래서 그분께 나아갈 수 있다(히 10:10, 14, 19-22). 하지만 새 언약은 용서만이 아니라 마음의 변화도 낳는다(10:15-16). 오염된 양심이 깨끗해진 상태에서 하나님의 은혜를 맛볼 때, 성품과 애정, 열망과 행위 속에서 그분의 아름다운 거룩하심을 되비추려는 그리스도인의 열망은 강렬해질 것이다(살전 4:3-7; 5:23; 살후 2:13). 우리를 징계하시는 아버지의 사랑의 목적은 "그분의 거룩하심에 참여하게" 하는 것이다(히 12:10).

12:15 '~도록 하라'("see to it")에 해당하는 헬라어 동사[에피스코페오(*episkopeō*)]는 다른 문맥에서 타인에 대한 감독을 가리킨다(대하 34:12; 벧전 5:2). 동족 명사인 '감독'[에피스코포스(*episkopos*)]은 양떼를 영적으로 보살피고 보호해야 할 교회 장로들의 책임을 의미한다(행 20:28-31; 딤전 3:2-7; 딛 1:5-9). 히브리서 저자는 교회 지도자에 대한 논의에서 이 역할을 언급할 것이다(히 13:7, 17). 하지만 3:13에서처럼, 여기서는 경계하라는 당부를 전체 회중에게 전한다. 우리는 악한 본보기와 영향력으로 기독교 공동체의 연합과 순결을 위협하는 세 가지 유형의 사람들을 조심해야 한다. 반복되는 헬라어 문구인 메 티스(*mē tis*, '없도록/않도록 하라', ESV에는 반복되는 "that no one"에 반영됨)는 다음의 세 가지 위험의 정체를 밝힌다. 그것들은 (1) 하나님의 은혜에 이르지 못하는 자, (2) 다른 사람을 오염시키는 "쓴 뿌리", (3) 에서처럼 부도덕하고 불경한 자다. 저자는 "쓴 뿌리"라는 표현뿐만 아니라 '없도록 하라'(메 티스)는 문구를 칠십인역 신명기 29:18-21에서 가져왔다. "너희 중에 남자나 여자나…오늘 그 마음이 우리 하나님 여호와를 떠나서…독초와 쑥의 뿌리가 너희 중에 생[길]…까 함이라[메 티스]." 이런 언약 파기자들은 단순히 치료가 필요한 연약한 지체가 아니라(히 12:12-13), 몸의 생존 자체를 위험에 빠뜨리는 악성 종양이다.

하나님의 은혜에 "이르지 못하는"(휘스테레오) 자는 불신앙으로 인해 하나님의 안식에 이르지 못했던(휘스테레오) 이스라엘의 광야 세대에 속한 이들과 비슷하다(4:1). 모든 사람은 죄를 범했고 하나님의 영광에 이르지 못했다(롬 3:23). 하나님의 은혜를 얻지 못했던 어떤 이들은 겉으로 보기에는 하나님의 백성(구약 이스라엘과 신약 교회)으로 확인되지만, 그들이 고백한 믿음은 진실하지 않은 것으로 판명날 것이다. 히브리서 설교자는 신명기 29:18을 변용하고 있기 때문에, 하나님의 은혜에 미치지 못하는 것은 다름 아닌 배교, 곧 "우리 하나님 여호와를 떠나"는 것이다.

모세는 다음과 같은 사람을 묘사하기 위해 "독초와 쑥의 뿌리"라는 이미지를 사용한다. 곧 자기가 주님의 요구를 거역하고 있지만 이스라엘의 언약 공동체에 속해 있으면 심판으로부터 보호받을 것이라고 상상하면서, "심중에 스스로 복을 빌어 이르기를 내가 내 마음이 완악…할지라도 내게는 평안이 있으리라"(신 29:19)고 말하는 사람이다. 히브리서 설교자는 이런 독선적인 배반이 다른 "많은 사람"을 감염시키고 "더럽게" 할 수 있다고 경고한다. 제의적 정결에 관한 구약 율법은 사람들을 '오염시켜' 예배에 부적합하게 만드는 조건들과 접촉들에 대해 규정했다(레 11장; 13장; 18장; 21장; 22장 등). 신체적 오염은 예배자들을 지상의 성소로부터 일시적으로 제외시켰지만, 영적인 오염은 영원히 치명적이다.

12:16-17 세 번째 위협은 에서의 세속적인 사고방식과 부도덕한 생활 방식을 닮은 사람이다. 에서는 구약의 신실한 증인들과 정반대되는 자를 예증한다. 신실한 증인들은 아직 보이지 않는 것들에 관한 하나님의 말씀을 신뢰했으나, 에서는 자기 몸의 식욕 그 이상을 전혀 보지 못했다. 그는 두 명의 헷 족속 아내를 취하는 "음행"을 범하여, 언약을 존중하는 부모에게 근심을 주었다(창 26:34-35). 그의 사고방식은 "망령"되었다[베벨로스(*bebēlos*)]. 즉 거룩함과 반대로 '세속적'(common)이었고 하나님을 두려워하는 것과 반대로 경외심이 없었으며, 영원한 것을 보는 것과 반대로 현세적이었다(레 10:10; 겔 22:26; 딤전 1:9; 4:7; 6:20). 에서의 세상적인 준거틀은 음식 하나를 위해 두 배의 유산을 얻을 수 있는 장자의 권리를 기꺼이 팔아 맞바꾸는 그의 모습을 설명해준다. 성경은 "[이렇듯] 에서가 장자의 명분을 가볍게 여김이었더라"고 설명한다(창 25:29-34). 에서는 하나님의 약속을 불

신함으로써, 가족들이 단지 이방인으로 체류하고 있던 그 땅의 상속권보다 즉각적인 식욕의 만족을 더 우선시했다(히 11:9, 13).

나중에 야곱은 에서가 너무나 쉽게 팔아넘긴 장자의 복과 더불어 장자권을 확보했다(히브리서 저자는 언급하지 않은 '속임수를 사용해', 창 27:30-38). 에서의 통곡과 눈물(창 27:34, 38)은 하나님의 거절을 뒤집을 수 없었고, 이삭이 이미 야곱에게 선언한 복을 철회할 수도 없었다. 에서는 "복"을 구했지만, (말 그대로) '회개의 장소'[메타노이아스…토폰(*metanoias…topon*)]를 전혀 찾지 못하였다. 에서는 아버지가 야곱에게 부여한 우월한 지위를 열망했지만, 그 마음은 결코 깊은 변화를 경험하지 못했다. 그는 언약의 특권에도 불구하고 너무 완고하여 회개에 이를 수 없던 사람의 전형이 되었다(히 6:6).

응답

취약한 자들을 보호하고 연약하고 상처 입은 자들을 지원해야 할 그리스도인의 책임에는 다함께 화평함과 거룩함을 추구해야 할 소명이 수반된다. 우리는 하나님의 진리나 거룩함에 무관심한 채, 어떤 희생을 치르든 초조하게 피상적인 화평을 시도하지 않는다. 또한 우리는 거룩함을 부정적인 의미("붙잡지도…맛보지도…만지지도 말라", 골 2:21)로 규정하여 금지를 하나님의 말씀 바깥으로까지 확대하고, 이로써 교회의 화평을 깨트리며 가벼운 부상자들을 짓누르지 않는다. 하나님께서 아버지의 사랑으로 우리를 징계하시듯이 우리는 서로에게, 특히 상처를 입었으나 여전히 경주에 참여하고 있는 동료들인 늘어진 손과 약한 무릎을 지닌 이들에게 하나님의 보살피는 교정을 표현해야 한다. 더 나아가 화평함과 거룩함을 다함께 추구하기 위해 우리는 모두 방심하지 말고, 다른 사람을 배교로 꾀어내는 자와 죄에 머무는 안일한 자와 시선을 목전의 만족에만 고정시키게 할 자의 정체를 밝히고 거부해야 한다. 인내라는 경주는 팀으로 하는 경기다.

[18] 너희는 만질 수 있고 불이 붙는 산과 침침함과 흑암과 폭풍과 [19] 나
팔 소리와 말하는 소리가 있는 곳에 이른 것이 아니라 그 소리를 듣
는 자들은 더 말씀하지 아니하시기를 구하였으니 [20] 이는 짐승이라도
그 산에 들어가면 돌로 침을 당하리라 하신 명령을 그들이 견디지 못
함이라 [21] 그 보이는 바가 이렇듯 무섭기로 모세도 이르되 내가 심히
두렵고 떨린다 하였느니라 [22] 그러나 너희가 이른 곳은 시온산과 살아
계신 하나님의 도성인 하늘의 예루살렘과 천만 천사와 [23] 하늘에 기록
된 장자들의 모임과 교회와 만민의 심판자이신 하나님과 및 온전하게
된 의인의 영들과 [24] 새 언약의 중보자이신 예수와 및 아벨의 피보다
더 나은 것을 말하는 뿌린 피니라

[18] For you have not come to what may be touched, a blazing fire and
darkness and gloom and a tempest [19] and the sound of a trumpet and a
voice whose words made the hearers beg that no further messages be
spoken to them. [20] For they could not endure the order that was given,
"If even a beast touches the mountain, it shall be stoned." [21] Indeed,
so terrifying was the sight that Moses said, "I tremble with fear."
[22] But you have come to Mount Zion and to the city of the living God,

the heavenly Jerusalem, and to innumerable angels in festal gathering,
23 and to the assembly[1] of the firstborn who are enrolled in heaven, and
to God, the judge of all, and to the spirits of the righteous made perfect,
24 and to Jesus, the mediator of a new covenant, and to the sprinkled
blood that speaks a better word than the blood of Abel.

25 너희는 삼가 말씀하신 이를 거역하지 말라 땅에서 경고하신 이를
거역한 그들이 피하지 못하였거든 하물며 하늘로부터 경고하신 이를
배반하는 우리일까보냐 26 그때에는 그 소리가 땅을 진동하였거니와
이제는 약속하여 이르시되 내가 또 한 번 땅만 아니라 하늘도 진동하
리라 하셨느니라 27 이 또 한 번이라 하심은 진동하지 아니하는 것을
영존하게 하기 위하여 진동할 것들 곧 만드신 것들이 변동될 것을 나
타내심이라 28 그러므로 우리가 흔들리지 않는 나라를 받았은즉 1)은
혜를 2)받자 이로 말미암아 경건함과 두려움으로 하나님을 기쁘시게
섬길지니 29 우리 하나님은 소멸하는 불이심이라

25 See that you do not refuse him who is speaking. For if they did not
escape when they refused him who warned them on earth, much less
will we escape if we reject him who warns from heaven. 26 At that time
his voice shook the earth, but now he has promised, "Yet once more
I will shake not only the earth but also the heavens." 27 This phrase,
"Yet once more," indicates the removal of things that are shaken—
that is, things that have been made—in order that the things that cannot
be shaken may remain. 28 Therefore let us be grateful for receiving a
kingdom that cannot be shaken, and thus let us offer to God acceptable
worship, with reverence and awe, 29 for our God is a consuming fire.

1) 또는 감사하자 2) 어떤 사본에, 받아

1 Or *church*

단락 개관

지상의 시내산과 하늘의 시온산

앞 단락에서 신자들이 하나님과 함께 "안식"을 누렸던 곳은 지상의 약속의 땅인 가나안이 상징하는 하늘의 '본향'이었다. 물론 약속된 '성'도 언급되지만 말이다(히 11:8-10, 13-16). 이제 우리의 시선은 우리가 하나님께 나아가는 바로 그 '성과 성소'에 맞추어진다. 하나님께서 이스라엘에게 첫 번째 언약을 전달하셨던 지상의 두려운 시내산과 대조적으로, 우리는 이제 믿음으로 하늘의 예루살렘에 있는 시온산에 이르러, 새 언약의 중보자이신 예수님의 임재를 통해 충만한 기쁨과 감사의 마음으로 예배하는 회중에 참여했다. 하나님이 이제 하늘로부터 우리에게 말씀하시기 때문에, 우리는 그분의 말씀에 더 세심한 주의를 기울여야 한다. 하나님을 부정하는 것은 심판을 낳기 때문이며, 동시에 하나님은 경외심과 두려움 가운데 예수님을 통해 예배하는 이들에게 영원한 나라를 수여하시기 때문이다.

단락 개요

Ⅰ. 너희가 이른 곳은 지상의 두려운 시내산이 아니라, 경축하는 하늘의 시온산이다(12:18-24)
  A. 시내산의 공포스러운 광경과 소리는 이스라엘과 모세를 두려움으로 사로잡아 벌벌 떨게 했다(12:18-21)
  B. 시온산의 경축하는 성소에는 천사들, 온전해진 성도들과 상속자들, 심판자 하나님, 그리고 자신의 피로 우리의 용서를 보장하신 예수님이 거하신다(12:22-24)

Ⅱ. 하나님께서 하늘로부터 경고하실 때, 그분의 음성에 귀 기울이고 감사하는 믿음으로 그분을 예배하라(12:25-29)

A. 하늘에서 울리는 하나님의 음성을 들을 때, 우리는 그분의 경고에 귀 기울여야 한다(12:25)

B. 하나님의 음성이 시내산에서 땅을 흔들었다. 하지만 역사의 마지막에 하나님의 음성은 현재의 하늘과 땅을 "진동"시키고, 그분의 흔들리지 않는 나라를 제외한 모든 것을 무너뜨리실 것이다(12:26-27)

C. 우리는 이 흔들리지 않을 나라를 받고 있다. "소멸하는 불"이신 우리 하나님이 기뻐하시는 감사와 경외의 예배를 드리자(12:28-29)

주석

12:18 설교는 새로운 주제인 새 언약 아래서 예배 장소를 구성하는 더 좋은 산과 도성과 성소로 옮겨간다. 그런데 첫머리의 '왜냐하면'("for", 개역개정에는 없음)은, 지금 논의하는 것이 앞에 나오는 당부를 뒷받침한다는 점을 보여준다. 그 당부는 낙심한 자들을 격려하고 화평함과 거룩함을 추구하며, 예수님을 위한 충성에서 멀어지도록 우리를 유혹하는 감염의 영향력을 거부하라는 것이었다. 서로를 위한 우리의 공동체적 보살핌은, 하늘의 예루살렘에서 예배하는 자로서 우리가 지금 함께 가지는 특권으로부터 동력을 얻는다.

히브리서 설교자는, 주님이 모세와 만나 이스라엘에게 그분의 언약을 전달하기 위해 시내산에 강림하실 때 동반되었던 두려운 현상을 생생하게 묘사한다. 하지만 그의 논점은 예수님의 중재를 통해 하나님께 나아가는 이들은 그렇듯 가공할 하나님과의 만남에 이른 것이 '아니다'라는 점이다. 오히려 우리의 예배는 방식과 초월적 실재 모두에서 시내산보다 훨씬 좋은 산의 성소가 중심이 된다. 다른 한편, 이 단락은 타오르는 불로 시작하여 이스라엘의 하나님이 "소멸하는 불"인 우리의 하나님이시라는 단언으로 마무리된다(29절). 그분은 예수님을 통해 우리에게 자비로우시지만, 그분의 거룩하심은 여전히 죄에 머무는 이들에게는 치명적이다.

시내산은 '만질 수 있는' 동시에 '두려웠다'. '만질 수 있다'로 번역된 동사는 다른 곳에서 예수님의 부활체를 만질 수 있음을 가리키는데(눅 24:39; 요일 1:1), 이것은 우리가 가지는 영원한 소망의 핵심이다. 그런데 여기서 시내산의 물리적인 '만질 수 있음'은 시내산이 장차 사라질 현재의 창조 질서에 속해 있음을 보여준다(히 1:10-12). 이 만질 수 있는 산은 사람의 손으로 만들어진 성소(9:11, 24)와 그 성소에서 바쳐진, 양심이 아니라 단지 몸만 깨끗하게 할 수 있던 동물 제사와 관련 있었다(9:10, 13).

또한 시내산에서 나타난 하나님의 영광은 시각과 청각적으로 '두려운' 것이었다. 모세는 이스라엘 백성이 그 산에서 보았던 것을 상기시키면서 타는 불, 어둠, 구름, 폭풍을 언급했다(칠십인역 신 4:11, 참고. 출 19:16-18; 20:18). 산도 "크게 진동"했는데(출 19:18), 히브리서 저자는 나중을 위해 그런 세부 사항을 남겨둔다(히 12:25-27).

12:19-20 청각적으로, 시내산은 나팔 소리로 이스라엘 백성의 귀를 먹먹하게 만들었다. 그 소리는 점점 더 커졌으며(출 19:16, 19), 이는 바로 하나님의 음성이었다(히 12:19; 신 4:12). 주님의 음성이 너무 우렁찼기에 이스라엘 백성들은 하나님이 자기들에게 직접 말씀하시지 말고, 대신 모세가 중재자가 되어 하나님의 말씀을 전해달라고 호소했다. "당신[모세]이 우리에게 말씀하소서 우리가 들으리이다 하나님이 우리에게 말씀하시지 말게 하소서 우리가 죽을까 하나이다"(출 20:18-21). 주님의 영광은 위험한 거룩함으로 산 전체를 성별했다. 어떤 사람이나 동물도 그 산에 닿도록 허락되지 않았고, 어기는 자는 돌로 처형될 것이다(출 19:12).

12:21 전체 장면은 너무 '무섭고' 극도로 두려움을 불어넣는다[포베론(*phoberon*)]. "사람이 자기의 친구와 이야기함 같이 여호와께서…대면하여" 말씀하셨던(출 33:11) 모세 자신도 두려움 속에서 떨었다. 모세가 산 정상에서 율법을 받고 있던 그때에 이스라엘이 금송아지로 자행한 영적 간음을 회고하면서 그는 이렇게 말했다. "그리고 내가…사십 주 사십 야를 여호와 앞에 엎드[렸]…으니…여호와께서 심히 분노하사 너희를 멸하려 하셨으므로 내가 두려워하였노라"(신 9:18-19).

12:22 "그러나 너희가 이른 곳"은 두려움이 아니라 더욱 위엄 있고 기쁨이 가득한 산이었다. 히브리서의 앞부분에서 "나아가다"[프로스에르코마이(*proserchomai*)]라는 말은 예배와 기도 가운데 하나님께 "나아가는" 제사장의 특권을 묘사했다(4:16; 7:25; 10:1, 22). 두려움으로 가득했던 첫 번째 산의 이름은 언급되지 않았다. 물론 출애굽기 19장과 신명기 4장 및 9장에 대한 암시에서 시내산이 분명하지만 말이다. 그런데 이제 새 언약의 신자들이 다다른 산의 이름이 언급된다. 그 이름은 "시온산…살아계신 하나님의 도성인 하늘의 예루살렘"이다. 처음 두 명칭은 다윗이 함락시켜 자신의 수도로 만들었던 요새를 상기시킨다(삼하 5:6-10). 그곳은 솔로몬이 건축한 성전 터가 되었다. 한 시편 기자는 이렇게 노래했다.

> "여호와는 위대하시니 우리 하나님의 성,
> 　　거룩한 산에서 극진히 찬양 받으시리로다
> 터가 높고 아름다워
> 　　온 세계가 즐거워함이여
> 큰 왕의 성
> 　　곧 북방에 있는 시온산이 그러하도다"(시 48:1-2).

그런데 세 번째 호칭인 "'하늘의' 예루살렘"은 다른 두 호칭에 새로운 빛을 던진다. 그리스도인의 예배 장소는 지상의 어떤 곳에 있는 "만질 수 있는"

산 위가 아니다. 시내 반도나 유다/유대도 아니다. 사도 바울은 시내산과 그곳에서 전해진 율법을 "현재의 예루살렘", 예수님의 은혜의 복음을 거부했던 당시 유대교의 중심지라고 정의했다. 대조적으로 예수님 안에서 신자들은, 그들의 인종적 배경과 상관없이 "위에 있는 예루살렘"을 자신들의 어머니로 바라볼 수 있다(갈 4:21-31). 마찬가지로, 밧모 섬에서 요한이 본 한 환상은 하나님의 증인을 거부했던 "큰 성" 곧 "그들의 주께서 십자가에 못 박히신 곳"을 지상의 예루살렘과 동일시했다(계 11:8). 그리고 또 다른 환상은 "거룩한 성 새 예루살렘이 하나님께로부터 하늘에서 내려오니"라고 묘사했다(계 21:2).

예수님을 믿은 유대인들은 때때로 유대인 공동체로부터의 추방에 직면했다(요 9:22, 34; 16:2; 행 18:4-7; 계 2:9; 3:8-9). 히브리서의 최초 청중들도 그런 추방에 직면했을 것이다(히 13:12-13). 하지만 예수님 안에서 그들과 우리는 하나님의 하늘 도성에 있는 더 좋은 성소로 나아간다. 이 도성은 족장들이 소망했던 본향이고(11:10, 16) 새 언약의 신자들이 지금도 갈망하는 "영구한 도성"이다(13:14). 그러나 우리가 지금도 예배하기 위해 모일 때 이미 그곳에 '이르렀다'.

이 하늘의 성소에서 예배하기 위해 모인 이들은 이 사건이 지닌 경축과 경외의 분위기를 보여준다. 첫째는 '축제 모임[파네귀리스(*panēgyris*), 개역개정에는 없음]의 수많은 천사들'("innumerable angels in festal gathering")이다. 칠십인역에서 이 '파네귀리스'는 이스라엘이 정한 절기를 가리킨다(겔 46:11; 호 2:13; 9:5; 암 5:21). ESV는 '축제 모임'을 "장자들의 모임"("assembly of the firstborn")이 아니라 "천만 천사"("innumerable angels")와 올바르게 연결한다(KJV, NASB는 반대다). 이 목록에서 "~와/과"("and")는 별개의 무리들을 나열하므로 '파네귀리스'는 "천만 천사"와 연결된다. 천사들이 먼저 언급되는 이유는 이 서신에서 먼저 등장했기 때문이다(히 1:4-2:18). 하나님은 아들이 승천하면서 장차 올 세상에 들어가셨을 때 천사들에게 그분을 경배하라고 명령하셨다(참고. 1:6 주석). 그리고 하나님은 아들을 통해 구원을 상속할 사람들을 섬기기 위해 천사들을 보내신다(1:14; 2:5-10). 그들은 이 구원의 목격자로서 기뻐한다(벧전 1:10-12; 계 5:11-12).

12:23 인간 예배자들은 "하늘에 기록된 장자들의 모임"과 "온전하게 된 의인의 영들"이라는 두 가지 호칭으로 소개된다. "장자들"("the firstborn")이 복수 명사라는 점은 헬라어에서 분명하고[프로토토콘(*prōtotokōn*)], 영어에서도 "*are* enrolled"과 회합을 구성했다는 표현("to the assembly")을 통해 잘 드러난다. "모임"으로 번역된 단어[에클레시아(*ekklēsia*)]는 대개 신약에서 "교회"를 가리킨다. 칠십인역에서 이 단어는 하나님 앞에 예배하기 위해 모인 이스라엘 회중을 가리킨다(신 9:10; 31:30; 시 26:12; 35:18 등). "장자"를 복수형으로 쓴 것은 놀라워 보인다. 우리는 하나님께서 천사들에게 맏아들(단수), 곧 유일무이한 "만유의 상속자"(1:2)를 경배하라고 명령하시는 것을 들었기 때문이다(히 1:6). 장자권[프로토토키아(*prōtotokia*)]을 팔아버린 에서의 근시안은, 가족 안에서 오직 한 아들만 장자의 독보적인 특권을 누릴 수 있다는 사실을 바로 앞에서 우리에게 상기시켰다(12:16-17). 그런데 하나님의 '여러' 맏아들이 이 하늘의 "모임"을 형성한다. 그 이유는 유일무이하고 신적인 메시아 아들에게 "형제들"이라고 불리는 모든 사람이 은혜로 말미암아 그 아들의 기업을 공유하기 때문이다(2:12; 롬 8:17). 그들의 이름은 "하늘에 기록[되었다]". 즉, 영생을 얻도록 하나님의 책에 새겨졌다. 이 이미지는 성경 전체를 관통하며(출 32:32-33; 시 87:6; 139:16; 단 12:1; 눅 10:20; 빌 4:3; 계 20:12-15), 개인을 향한 하나님의 주권적이고 구체적이며, 돌이킬 수 없는 사랑의 선택을 상징한다.

또 다른 관점에서 볼 때, 하늘에 있는 인간 예배자들은 "온전하게 된 의인의 영들"이다. 그들은 구약의 믿음의 사람들로, 하나님은 그들이 믿음으로 살았기 때문에 의롭다고 증언하셨다(히 10:37-38; 11:2, 39). 그들이 "영들"이라는 사실은, 아직 죽은 자의 마지막 부활에 참여하지 않았음을 시사한다(계 6:9-11; 20:4). 다만 그리스도께서 오시기 전 그들의 상태와 대조적으로(히 11:40), 이제 그들은 예수님의 희생을 통해 (우리와 더불어) "온전하게" 되었다(10:14).

이렇듯 특권을 지니고("장자들") 성별된("온전하게 된") 사람들에 대한 두 묘사 사이에, 그들이 경배하는 신적인 대상이 자리한다. 바로 "만민의 심판자이신 하나님"이다. 아브라함은 소돔에 살면서 의로웠을 수도 있는 누군가를 살려주시도록 협상할 때, "세상을 심판하시는" 분인 하나님의 최고 주권에 호소했다(창 18:25). 예수님은 아버지께서 자기에게 심판자 역할을 위임했다고 선언하셨고, 다양한 신약 본문은 이 점을 반복한다(요 5:22-23, 27; 행 10:42; 17:31; 딤후 4:8; 약 5:9). 여기서 아버지 하나님이 시야에 들어온다. 앞서 신명기 32:36 인용문이 보여주었듯이, 자기 백성을 심판하시는 주님의 권위는 죄인들에게 '무서운' 것이다(히 10:30-31). 그런데 히브리서 저자는 어떻게 우리가 나아간 산이 시내산의 공포를 가지고 있지 '않다는' 확신을 심어줄 수 있을까? 그 대답은 다음 절에 묘사된 하늘의 절기의 마지막 두 가지 특징에 있다.

12:24 마지막으로 히브리서 저자는 "새 언약의 중보자이신 예수"와 "아벨의 피보다 더 나은 것을 말하는 뿌린 피"에 초점을 맞춘다. 예수님은 더 좋은 새 언약을 개시하셨고, 더 좋은 약속을 보장하셨다. 곧 죄 용서와 마음의 변화, 하나님께 나아감이다(7:22; 8:6-12; 10:15-18). "뿌린 피"는 자기를 통해 하나님께 나아가는 이들을 위해 이런 복을 보장하려고 그분이 바치신 무한히 값진 희생을 의미한다. 율법이 황소와 염소의 피를 통해, 또한 암송아지의 재를 담은 물을 뿌림으로써 제의적 오염으로부터 깨끗함을 제공했다면, "하물며 영원하신 성령으로 말미암아 흠 없는 자기를 하나님께 드린 그리스도의 피가 어찌 너희 양심을 죽은 행실에서 깨끗하게 하고 살아 계신 하나님을 섬기게 하지 못하겠[는가]?"(9:13-14) 우리의 마음은 "악한 양심으로부터 벗어나고…씻음을 받았[다]"(10:22, 참고. 벧전 1:2).

구약의 믿음에 관한 명단은 열납된 아벨의 제사와 그의 죽음에서 시작되었지만(히 11:4), 그가 죽은 원인(형의 폭력)은 언급되지 않았다. 이제 우리는 가인을 꾸짖는 하나님의 책망의 메아리를 듣는다. "네 아우의 핏소리가 땅에서부터 내게 호소하느니라"(창 4:10). 이 호소는 정의의 복수를 위한 것이지만, 예수님의 피는 자비와 용서를 위해 중재하신다. "만민의 심판자"이신 하나님은 자기 뜻을 성취하기 위해 아들을 세상에 보내시어 자기 몸을 다른 사람들의 죄를 위한 제물로 바치셨다(히 10:5-10). 그분은 우리를 위한 그 보배로운 피의 간청을 승낙하기를 기뻐하신다. 따라서 우리는 확신을 갖고 나아가 기쁨으로 감사하며 이 하늘의 회합에 들어갈 수 있다(12:28).

12:25 하늘의 예루살렘에서 예배하는 우리의 특권을 염두에 둔 히브리서 저자는 두 가지 권면과 한 가지 경고("너희는 삼가 말씀하신 이를 거역하지 말라"), 그리고 또 다른 한 가지 적극적 권고["우리가…하나님을 기쁘시게 섬길지니"]를 내놓는다. 그 경고는 2:1-4에서 다른 관점으로 등장했던 '아 포르티오리', 즉 "하물며" 논의를 반복한다(참고. 2:2-4 주석). 천사들을 통해 전해진 하나님의 말씀에 큰 구속력이 있어서 그것을 위반할 경우 심각한 처벌을 낳았다면, 우리는 예수님을 통해 전해진 하나님의 말씀에 더욱 충성해야 한다.

2장에서 옛적 율법과 "마지막 날" 구원의 말씀을 대조한 것은, 천사들과 아들 사이에 이뤄진 대조처럼 하나님의 '메신저' 각각의 위엄에 초점을 맞추었다. 이제 시내산에서 하나님의 연설이 이뤄진 '지상'의 현장과 주님이 지금 그분의 새 언약 백성들에게 말씀하시는 '하늘'의 원천 사이에 대조가 이루어진다. 하나님이 "이 모든 날 마지막에" 말씀하시는 통로인 아들(1:2)은 하늘에서 보좌에 앉으셨기 때문에(8:1-2) "하늘로부터 경고하신[다]." 그리스도는 이 영감 받은 "권면의 말"(히 13:22)을 통해 말씀하신다. 그것은 성경을 통해 성령께서 증언하시고 하나님의 음성이 "오늘" 들려지기 때문이다(3:7, 13, 15; 4:7; 10:15). 또한 그리스도는 자신의 존귀하신 음성을, 하나님의 말씀을 가르치는 인간 지도자들을 통해 그분의 교회에게 전하여 들려주신다(13:7, 17). 이런 말씀의 종들은 천사보다 덜 화려해 보이겠지만, 천사들이 섬기기 위해 보냄 받은 구원의 상속자들이다(1:14). 그리고 "어제나 오늘이나 영원토록 동일하[신]" 예수 그리스도는 그들을 통해 자기 백성들을 가르치고 인도하신다(13:8).

12:26-27 히브리서 설교자는 시내산에서 있었던 하나님의 옛 연설과 장차 올 시대의 연설을 한 번 더 대조시킨다. 시내산에서 하나님의 음성은 "땅을 진동하였[다]." 창조주의 등장에 "온 산이 크게 진동[했다]"(출 19:18, 참고. 삿 5:4-5; 시 68:7-8). 땅에 미친 이러한 충격은 하나님이 "또 한 번" 말씀하시고 그분의 음성이 "땅만 아니라 하늘도 진동하[실]" 미래의 날을 예고했다. 이 약속의 말씀은 학개 2:6에 나온다(또한 학 2:21). 포로에서 귀환한 유대인들은 하나님의 성전을 재건하기 위해 격려가 필요했고, 그래서 주님은 "하늘과 땅과 바다와 육지"를 흔들겠다고 약속하셨다.

전후문맥상 이 약속은 주님이 열방으로 하여금 주님의 성소에 재물을 바치게 할 것이라는 의미였다(학 2:7-9). 학개는 주님의 보복이 지상의 거주민들뿐만 아니라 하늘과 하늘의 만상을 파괴하실 미래의 날을 묘사하기 위해, 앞서 이사야가 사용한 이미지(사 13:13; 34:1-5)를 불러왔다. 그런데 학개의 이미지는 당장의 상황에 적용되는 것을 넘어섰다. 이사야도 현재의 우주가 새 하늘과 새 땅에 의해 대체될 것이라고 예언했다(사 65:17; 66:22). 신약의 저자들은 이 주제를 발전시킨다(벧후 3:10-13; 계 21:1-4). 히브리서 1:10-12에서 인용된 시편 102:25-27은 천지가 낡아서 사라질 것인 반면에, 천지를 창조하신 신성한 아들은 영원히 변함없이 "동일"하실 것이라고 예고했다(참고. 히 13:8). 종말의 우주적 "진동"이 "만드신 것들"을 제거할 것이기 때문에, 우리는 창조주만이 그 여파에서 계속 남으실 거라고 생각했을지 모른다. 하지만 히브리서 설교자는 지체 없이 하나님께는 흔들리지 않는 나라가 있고, 이 흔들리지 않을 나라가 믿는 이들을 위한 선물이라는 확신을 우리에게 준다.

12:28-29 하나님 나라는 예수님이 선포하신 두드러진 주제였지만, 지금까지 히브리서는 이를 단 한 번만 언급했다(1:8-9, 시 45:6-7의 인용). 우리는 예수님의 제사장직에 주의를 집중해왔기 때문에 이제 히브리서 설교자의 결론에 놀랄 수도 있다. 하나님은 다른 모든 것이 사라질 때 흔들리지 않고 살아남을 나라를 갖고 계신다. 느부갓네살 왕의 고통스러운 꿈에서 커

다란 돌이 인간 제국을 상징하는 한 신상을 부쉈다. 이 돌은 하늘의 하나님이 세우실 나라를 상징했다. 곧 "영원히 망하지도 아니할 것이요 그 국권이 다른 백성에게로 돌아가지도 아니할 것이요 도리어…영원히 설" 나라다(단 2:44, 참고. 7:13-14, 18). 한층 더 놀라운 것은, 하나님께서 이 나라를 우리가 '받고 있는' 선물로 수여하신다. 예수님을 믿는 신자들은 구원의 상속자들로서(히 1:14), 하나님은 장차 올 세상을 그들에게 복종하게 하실(2:5) 것이다. 그들은 하나님께서 영광으로 데려가고 계신 "많은 아들들"이고(2:10), 아들은 그들을 자기 형제들이라고 부르신다(2:11-12). 예수님은 아버지께서 제자들에게(비록 그들은 연약했지만) 그 나라를 주시기를 기뻐하셨다는 확신을 주셨다(마 25:34; 눅 12:32; 22:28-30).

이렇듯 자애로운 선물에 대한 우리의 응답은 감사와 경외, 두려움 가운데 드리는 예배여야 한다(히 12:28). 만물의 재판관이신 하나님은 새 언약의 중보자이신 예수님 때문에 지성소에 나아와 예배하는 신자들을 맞이하신다. 이런 특권에 대한 감사는 하나님을 "기쁘시게"[유아레스토스(*euarestōs*)] 해드리는, 즉 그분이 '받으실만한' 예배의 동기가 되어야 한다. 하나님이 예배에서 기뻐하시는 것은 '믿음'이다. "하나님께 나아가는 자는 반드시 그가 계신 것과 또한 그가 자기를 찾는 자들에게 상주시는 이심을 믿어야 할지니라"(히 11:4-6, 참고. 10:37-38; 13:15-16). 우리의 감사하는 기쁨은 경외심 및 두려움과 조화되어야 한다. "우리 하나님은 소멸하는 불"이시기 때문이다(12:29, 참고. 신 4:24). 그분은 언약 속에서 우리에게 서약하신 "우리 하나님"이고, 그런 이유로 그분은 우리의 온전한 신뢰와 충성을 질투하는 마음으로 요구하신다.

응답

이 단락은 교회가 매 주일 하나님께 드리는 예배에 대해 우리에게 많은 것을 가르쳐준다. 이 단락은 "만질 수 있[는]" 것, 즉 우리의 오감으로 감지할 수 있는 것을 꿰뚫어본다. 그리고 우리가 (믿음을 통해) 찬양과 기도, 설교와 성례 가운데 하늘의 예언 자체에 참여하여, 우리의 마음이 무수한 천사 및 우리보다 앞서 믿음의 경주를 달렸던 구름 같은 증인들과 연대한다는 사실에 경이로움을 느껴야 한다고 요청한다. 이 본문은 예수님이 뿌린 피가 시내산의 공포를 잠재웠고, 우리를 아버지의 호의 안으로 인도했다는 확신을 심어준다. 그분의 말씀이 낭독되고 설교되는 것은 승천하신 그리스도께서 하늘로부터 우리에게 말씀하시는 것이다. 그렇기 때문에 우리는 그분의 음성에 귀를 기울여야 하고, 그분의 경고와 교정과 권면에 마음으로 응답해야 한다. 우리의 은밀한 동기와 전해진 말씀은 감사(진지함이 무미건조한 의무로 떠밀려가지 않도록 막아주는)와 경외하는 두려움(기쁨이 경박함으로 퇴락하지 않도록 막아주는)의 조화를 이루어야 한다.

12장

히브리서 13:1-25 개관

히브리서의 장르는 이제 설교에서 서신으로 바뀐다. 이 지점까지 "권면의 말"(13:22)은 예수님이 옛 언약의 직책과 제도보다 우월한 분임을 보여주기 위해 일련의 구약 본문을 해설하는 설교로 구성되었다. 성경 해설은 청중들이 그리스도 안에서 하나님의 은혜에 어떻게 응답해야 하는지를 보여주는 권면으로 이어졌다. 이제 히브리서는 헬레니즘 서신의 전형적인 특징으로 마무리된다. 그 특징들에는 간단한 윤리적 명령, 관계에 관한 지시, 기도 요청, 복 선언, 여행 계획, 개인적 인사가 있다. 이러한 서신의 요소가 관습적이긴 하지만 단지 형식적인 것만은 아니다. 오히려 히브리서 설교자는 1-12장의 설교 내용에서 나온 주요 주제들을 통합한다. 구체적으로 히브리서 13:9-16은 구약 예배와 예수님의 제사장 사역의 대조(8:1-10:35), 그리스도를 위한 수모(10:32-33; 11:13, 35-38), 하늘의 도성(11:10, 16; 12:22-24), '받으실만한 예배'(12:28)를 다시 언급하면서 적용한다.

1 형제 사랑하기를 계속하고 2 손님 대접하기를 잊지 말라 이로써 부지
중에 천사들을 대접한 이들이 있었느니라 3 너희도 함께 갇힌 것 같이
갇힌 자를 생각하고 너희도 몸을 가졌은즉 학대 받는 자를 생각하라
4 [1)]모든 사람은 결혼을 귀히 여기고 침소를 더럽히지 않게 하라 음행
하는 자들과 간음하는 자들을 하나님이 심판하시리라 5 돈을 사랑하
지 말고 있는 바를 족한 줄로 알라 그가 친히 말씀하시기를 내가 결코
너희를 버리지 아니하고 너희를 떠나지 아니하리라 하셨느니라 6 그
러므로 우리가 담대히 말하되

주는 나를 돕는 이시니 내가 무서워하지 아니하겠노라 사람이 내
게 어찌하리요

하노라 7 하나님의 말씀을 너희에게 일러 주고 너희를 인도하던 자들
을 생각하며 그들의 행실의 결말을 주의하여 보고 그들의 믿음을 본
받으라 8 예수 그리스도는 어제나 오늘이나 영원토록 동일하시니라

1 Let brotherly love continue. 2 Do not neglect to show hospitality
to strangers, for thereby some have entertained angels unawares.
3 Remember those who are in prison, as though in prison with them, and

those who are mistreated, since you also are in the body. 4 Let marriage
be held in honor among all, and let the marriage bed be undefiled, for
God will judge the sexually immoral and adulterous. 5 Keep your life free
from love of money, and be content with what you have, for he has said, "I
will never leave you nor forsake you." 6 So we can confidently say,

"The Lord is my helper;
I will not fear;
what can man do to me?"

7 Remember your leaders, those who spoke to you the word of God.
Consider the outcome of their way of life, and imitate their faith. 8 Jesus
Christ is the same yesterday and today and forever.

1) 또는 사람에게 혼인은 귀하니 침소가 더러운 것이 아니라

단락 개관

사랑, 순결, 그리고 예수 그리스도의 지속적인 임재에 대한 신뢰

서신의 마무리는 일련의 간결한 윤리적 명령문으로 시작된다. 이 명령들은 다른 신자들 특히 고난 받는 자들과의 관계(히 13:1-3), 하나님께 순종하고 그분을 신뢰하는 가운데 물리적 필요(성과 재정)를 충족시키는 것(4-6절), 회중 안의 지도력 승계(7-8절)라는 세 가지 영역을 다룬다. 명령의 간결성은 헬라어에서 훨씬 명확하게 드러난다(많아야 서너 단어). "형제 사랑하기를 계속하고"로 번역된 문장은 헬라어 명사(관사 포함)와 동사로 되어 있다. "손님 대접하기를 잊지 말라"는 명사(관사 포함)와 부정(negative) 불변사와

동사로, "결혼을 귀히 여기고"는 형용사와 명사(관사 포함)로 구성된다. 이런 명령들은 대부분 순종하는 이유에 의해 뒷받침된다. 예를 들어, 나그네에게 환대를 베풀어야 하는 이유는 "이로써 부지중에 천사들을 대접한 이들이 있었[기]" 때문이다(2절). 결혼을 귀하게 여겨야 하는 이유는 하나님이 음행을 벌하실 것이기 때문이다(4절). 우리가 돈을 탐내지 않아야 하는 이유는 하나님이 우리를 결코 용서하시지 않을 것이기 때문이다(5-6절).

단락 개요

Ⅰ. 형제자매에게 사랑을, 나그네에게 환대를, 갇힌 자에게 긍휼을 베풀라(13:1-3)

A. 형제 사랑을 계속하라(13:1)

B. 나그네 사랑을 소홀히 하지 말라(13:2)

C. 갇힌 자들과 공적으로 학대받는 자들을 기억하라(13:3)

Ⅱ. 항상 존재하는 재판관이요 도움이신 하나님께 순종하면서 물리적 필요가 충족되기를 구하라(13:4-6)

A. 결혼을 귀히 여기고 음행을 피하라(13:4)

B. 돈이 아니라 하나님의 약속된 임재에서 안전을 찾으라(13:5-6)

Ⅲ. 너희의 이전 지도자들의 본보기를 통해 배우라. 하지만 변함없는 그리스도 안에서 안식하라(13:7-8)

A. 인간 지도자들의 믿음을 기억하고 본받으라(13:7)

B. 영원히 "동일"하신 예수 그리스도 안에 너희의 소망을 두라(13:8)

주석

13:1-3 처음 세 명령문은 동료 그리스도인, 특히 특별한 필요에 처한 이들에게 값진 보살핌을 베풀라고 청중들에게 호소한다. 곧 숙소가 필요한 나그네, 그리고 그리스도를 위해 구금되거나 학대를 견디고 있는 신자들이다. 첫 번째 명령은 형제 사랑[필라델피아(*philadelphia*)]의 관행이 전체 회중 속에서 "계속" 되어야 한다고 강조한다(참고. 롬 12:10; 살전 4:9; 벧전 1:22; 벧후 1:7). 과거에 청중들은 성도들을 섬김으로써 하나님의 이름을 위한 사랑을 보여주었다(히 6:9-10; 참고. 10:32-34). 이제 그들은 점점 거세지는 박해 때문에 낙심하지 말고, 서로를 계속해서 보살펴야 한다. 그들에게 있는 가족의 유대는 그들이 하나님의 아들이자 그리스도의 형제자매요(2:10-12, 17; 12:5-11), 또한 이로써 서로의 형제자매라는(3:1, 12; 10:19; 13:22) 정체성에 근거해 있다.

일반적 명령(13:1)은 헬라어 원문에서 확인되는 어휘와 구문에 의해 두 번째 명령(2절)과 연결된다. 두 명령 모두 '필-'(*phil*-, '사랑')을 어간(stem)으로 가지는 명사로 문장이 시작되고, 그 뒤에 동사가 나온다.

> 형제 사랑하기(필라델피아)를 계속하고
> 손님 대접하기[필록세니아(*philoxenia*)]를 잊지 말라

두 번째 명령은 그 뒤에 동의어 동사를 통해 세 번째 명령(3절)과 연결된다. "잊지 말라"(ESV는 "do not neglect")는 표현은 "생각하라"["remember", 밈네스케스테(*mimnēskesthe*)]가 적극적으로 진술하는 내용을 소극적으로 진술한다. 청중들은 환대를 단지 머릿속으로 떠올리기만 해서는 안 되며 구체적으로 나그네에게 실천해야 한다. 형제 사랑은 특히 나그네, 갇힌 자, 공적인 학대의 피해자들과 같은 어려움에 처한 형제자매들에게 계속되어야 한다. 이 무리의 사람들이 형제 사랑이라는 구체적인 행동의 수혜자가 되어야 하는 이유는 그들의 결핍(은신처, 사람과의 접촉, 위로 등)이 명백하기 때문이다.

박해의 조짐이 보이는 상황에서, 공적으로 매도당하는 이들은 다른 사람들이 기피하고 싶은 대상이었을 것이다. 히브리서의 최초 청중들은 재산을 강탈당하는 것이 어떤 의미인지 경험을 통해 알았다(10:34). 그래서 그들은 동굴에서 은신처를 찾으며 노숙했던 구약의 신실한 이들에게 공감했을 것이다(11:38). 하지만 박해가 심해지면서 자기 집을 나그네에게 개방하는 것에도 위험이 뒤따랐다. 누군가 소개 편지를 지니고 있었더라도 데메드리오가 가이오에게 전했던 것처럼(요삼 1-3, 12) 그런 편지는 위조될 수 있었다(살후 2:2; 3:17). 따라서 어떤 이들은 나그네를 환대함으로써 "부지중에" 첩자나 정보원을 들일지 모른다고 두려워했을 것이다. 박해자 사울이 제자가 되었노라고 주장하면서 다메섹에서 돌아왔을 때, 예루살렘 교회의 많은 이가 그에게 의혹의 눈초리를 보냈던 일은 납득이 간다(행 9:26).

히브리서 저자는 또 다른 가능성으로 이러한 두려움을 상쇄시킨다. 나그네에게 환대를 베풀었던 일부 신자들은, 정체를 알지 못한 채 주님의 천사들을 접대했음을 나중에야 깨달았다는 것이다(창 18:1-8; 19:1-3). 예수님의 말씀에 의하면, 집 없는 형제들에게 환대를 베풀었거나 옥에 갇힌 동기 중 가장 작은 자를 방문한 이들은 자기도 모르는 사이에 왕이신 그분을 보살피고 있던 것이다(마 25:34-40).

함께 갇힌 것처럼 갇힌 자를 "생각하고" 또한 예수님을 위해 공적으로 학대받는 이들을 "생각하라"는 명령은, 이전의 박해 시기에 청중들이 행했던 일을 계속하라는 격려다(히 10:32-34). 결국 "너희도" 마찬가지로 감금과 학대에 취약한 "몸을 가졌[다]." 청중들은 낙인에도 불구하고 이런 피해자들에게 가서 그들과 함께 있음으로써 그리스도를 위한 수모를 견디고(11:24-26), 고난 받는 동기들을 격려한다. 사슬에 묶여 거의 순교할 처지에 있던 바울 역시, "사슬에 매인 것을 부끄러워하지 아니하고" 자기를 찾아온 오네시보로 덕분에 기운을 얻었다(딤후 1:16-18).

13:4-6 결혼을 귀히 여기고(4절) 돈을 사랑하지 말라(5-6절)는 두 명령은 헬라어 구문에서 평행 관계로 연결되어 있다. 각각의 명령에서 문장은 서

술 형용사로 시작되고 대상(과 관사)이 뒤따르며, 연결 동사("to be"의 형태)는 나타나지 않으나 암시된다(참고. 세 파트로 된 표7).

	서술 형용사	암시된 동사	대상
13:4	귀히 여기고 valuable/precious [티미오스(*timios*)]	(let it be)	결혼 the marriage [호 가모스(*ho gamos*)]
13:5-6	돈을 사랑하지 말라 not silver-loving [아필라르귀로스(*aphilargyros*)]	(let it be)	생활 방식 the lifestyle [호 트로포스(*ho tropos*)]

각각의 명령문에서 첫 문장은 그것을 다른 방식으로 재진술하는 두 번째 문장에 의해 보완된다.

13:4	귀히 여기고 valuable/precious **침소를** and the bed	(let it be) (let it be)	결혼 the marriage **더럽히지 않게 하라** undefiled
13:5-6	돈을 사랑하지 말고 not silver-loving **족한 줄로 알라** being content	(let it be)	생활 습관 the lifestyle **있는 바** [with] the possessions

마지막으로 각 명령문은 '왜냐하면'[가르, 개역개정에는 없음]으로 시작되는 이유에 의해 뒷받침된다.

13:4	[왜냐하면(가르)] 음행하는 자들과 간음하는 자들을 하나님이 심판하시리라 for (*gar*) immoral and adulterous people God will judge.
13:5-6	[왜냐하면(가르)] 그가 친히 말씀하시기를 내가 결코 너희를 버리지 아니하고 너희를 떠나지 아니하리라 for (*gar*) he has said, "Never you will I leave, nor you will I forsake."

표7. 히브리서 13:4과 13:5-6을 연결하는 헬라어 구문 병행

이들 명령문은 하나님의 뜻에 순종하고 하나님의 임재를 신뢰함으로써 물리적 필요와 열망이 충족되기를 구하라고 호소한다. 성과 돈은 인간의 영구적인 쟁점이고, 히브리서 저자는 이 둘 다와 관련하여 우리의 마음을 하나님께 향하게 한다. 하나님은 우리의 성적 열망이 부부 관계에서 충족되도록 계획하셨고, 또한 우리의 불안한 마음이 돈과 뒤얽힌 음란한 행태에서 벗어나야 한다고 질투어린 호소를 하신다. 그렇게 하면서, 하나님은 결코 우리를 떠나지 않겠다는 약속(돈이 지킬 수 없는 약속, 잠 23:4-5; 눅 12:16-21)을 이행하신다.

"귀히 여기고"는 형용사 티미오스(행 5:34)에 해당하는데, 이 단어는 '보석'과 같이(왕상 10:2, 10-11; 고전 3:12) 엄청난 가치를 갖고 있다는 의미에서 종종 '고귀하다'는 뜻으로 사용된다. 히브리서 저자는 성적 친밀감이라는 귀한 보석이 한 남성과 한 여성의 배타적인 신의의 언약을 통해 보호되어야 한다는 데 초점을 맞춘다. 부부 관계의 성적 순결이 그의 관심사라는 사실은, "침소[marriage bed]를 더럽히지 않게 하라[아미안토스(*amiantos*)]"는 부연 설명 및 저자가 제시하는 다음 이유에서 확인된다. "음행하는 자들과 간음하는 자들을 하나님이 심판하시리라." 하나님은 인간의 결혼과 성적 친밀감이 자기 백성들을 향한 그분의 배타적인 언약의 사랑을 예시하도록 계획하셨기 때문에, 질투하는 마음으로 부부간의 고귀한 순결을 옹호하실 것이다(겔 16장; 엡 5:22-33). 결혼 언약 안에서의 성적 연합(문자적으로 "침소")은 더럽지 않다. 예수님 역시 본질적으로 "더러움이 없[으시]고"(아미안토스, 히 7:26), 우리의 양심을 깨끗하게 하셨다. 우리의 대제사장이 치른 엄청난 대가 덕분에 이러한 정결을 경험한 우리는, 그분이 그토록 소중히 여기는 성과 결혼이라는 보화의 가치를 떨어뜨리지 않아야 한다. 히브리서 저자는 많은 사람을 "더럽게" 할 수 있는 쓴 뿌리에 대해, 또한 에서와 같이 "음행하는" 사람의 영향력에 대해 경고했다(12:15-16).

하나님의 약속된 기업보다 한 끼 식사를 더 중시했던 에서의 선택은 "돈을 사랑하[는]" 생활 방식을 가진 사람의 본보기이기도 하다. 부를 획득하려는 끝없는 탐욕은 일종의 우상 숭배다(엡 5:5; 골 3:5). 창조주 안에서만 발견될 수 있는 만족과 안정을 얻기 위해, 피조된 것들에 의존하기 때문이다(롬 1:25, 참고. 렘 2:11-13). 주 예수님은 탐심에 대해 경고하셨다. "사람의 생명이 그 소유의 넉넉한 데 있지 아니하니라"(눅 12:15). 그리스도인의 만족(빌 4:11-13; 딤전 6:6-10)은 우리의 신성한 공급자요 보호자께서 "내가 결코 너희를 버리지 아니하고 너희를 떠나지 아니하리라"는 약속을 지키실 것이라는 확신에서 나온다. 이 진술에서 히브리서 설교자는 야곱(창 28:15)과 여호수아(수 1:5, 참고. 신 31:6-8)가 각각 두렵고 불확실한 미래에 맞닥뜨렸을 때, 그들에게 하나님이 하신 약속의 말씀을 섞는다.

하나님께서 야곱과 여호수아 그리고 구름 같이 허다한 구약의 증인들에게 하신 말씀을 지키셨기 때문에, 우리도 저자가 시편 118:6(칠십인역 117:6)에서 인용하는 대담한 선언을 되풀이할 수 있다. "여호와는 내 편[보에토스(*boēthos*)]이시라 내가 두려워하지 아니하리니 사람이 내게 어찌할까." 적들에게 둘러싸여 있던 옛 시편 저자는 "여호와의 이름으로" 담대하게 그들을 격파했다(시 118:10-13). 히브리서는 주님이 우리의 "돕는 이"(helper)가 되기 위해 얼마나 멀리 오셨는지 보여주었다. 그분은 시험 중에 우리를 '돕기'[보에테오(*boētheō*)] 위해(2:14-18), 또한 우리가 은혜의 보좌에 나아가 거기서 "때를 따라 돕는[보에테이아(*boētheia*)] 은혜"를 얻도록(4:16) 고난과 시험을 겪으셨다.

13:7-8 주님은 결코 자기 백성을 버리지 않으시겠지만, 인간 지도자들에 대해서는 동일하게 말할 수 없다. 레위계 제사장들처럼 그들은 "죽음으로 말미암아 [직무에] 항상 있지 못[한다]"(7:23). 그러므로 지금 투옥과 학대를 겪는 이들을 '생각하는'("remember") 것에 덧붙여(13:3), 청중들은 자기들 가운데서 더 이상 봉사하지 않는 최초의 회중 지도자들을 '생각해야'(기억해야) 한다. 과거에 그들은 "하나님의 말씀을 너희에게 '일러주[었]고'", 청중들은 이제 "그들의 행실의 결말"을 기억해야 한다. 이 "결말"[에크바시스(*ekbasis*)]은 그들이 이곳 지상의 삶에서 벗어난 것, 곧 순례 여정의 완결이었다. 히브리서 저자는 그들의 죽음이 자연사였는지 사고사였는지, 아니면

순교로 인한 것이었는지를 밝히지 않는다. 히브리서의 청중들은 아직 피를 흘리지 않았으나(12:4), 그들의 몇몇 지도자들은 피를 흘렸을 것이다. 신약 다른 데서 회중 지도자들은 "장로" 혹은 "감독"이라고 불린다(행 20:17-35; 빌 1:1; 딤전 3:1-7; 딛 1:5-9; 벧전 5:1-3). 가르침과 영적 목양이 이런 장로/감독들의 사역이었다. 이 편지를 읽고 있는 사람들의 최초 지도자들은 "하나님의 말씀을…일러주[었]고", 그들의 계승자들은 "너희[청중의] 영혼을 위하여 경성하[고]" 있었다(히 13:7, 17). 첫 세대의 진정성과 행동은 분명히 모범적이었지만, 히브리서 저자는 청중이 반드시 모방해야 할 것으로(10:26-12:3의 논점을 강조하면서) 그들의 '믿음'을 부각시킨다.

"너희를 인도하는 자들에게 순종하고 복종하라"는 나중의 권고(13:17)는 회중의 일부가 첫 세대에서 현재의 지도자들로 제대로 넘어가지 못했음을 암시할 수 있다. 만약 누구든 과거에 자기들을 목양했던 이들의 부재로 인해 어려움을 겪고 있다면, 그들은 자신들의 위대한 목자가 지금 및 앞으로도 자기들과 함께 계실 것임을 깨달아야 한다. "예수 그리스도는 어제나 오늘이나 영원히 동일하시니라[호 아우토스(*ho autos*)]." 이 설교의 첫머리에서 천사보다 뛰어난 아들의 신적인 우월하심을 보여주는 구약 인용문에는 피조된 하늘 및 땅과 아들을 비교하는 시편 102:25-27이 포함되었다. "그것들은 멸망할 것이나 오직 주는 영존할 것이요…주는 여전하여[호 아우토스] 연대가 다함이 없으리라"(히 1:10-12).

청중들은 목자의 죽음에서 창조 질서의 가변성을 직접 경험했지만, 신적인 아들 예수 그리스도는 변함없이 영원히 "동일하시[다]." 그 신적인 아들은 성육신하신 아들이 되셨고 시험과 고난과 죽음을 겪으셨으며, "영원히 멜기세덱의 반차를 따르는 제사장"(7:17)이 되어 계속 계시기 위해 "불멸의 생명의 능력"으로(7:16) 당당하게 등장하셨다. 만약 신뢰하던 인간 목자의 죽음이 청중들의 피곤함과 낙심에 영향을 미쳤다면, 그들은 하나님께서 "죽은 자 가운데서 이끌어내신" "큰 목자"가 자기들에게 있음을 깨달아야 한다(13:20). 그분은 "항상 살아계셔서 그들을 위하여 간구하[신다]"(7:25). 그리고 "내가 결코 너희를 버리지 아니하고 너희를 떠나지 아니하리라"고 약속하는 자신의 말씀을 지키신다. 부활하신 후에 예수님은 두려움에 질려 있던 제자들에게 이 약속을 다른 말로 표현하셨다. "내가 세상 끝날까지 너희와 항상 함께 있으리라"(마 28:20).

응답

기독교 신앙에는 교리적인 내용이 있지만, 그 내용은 명제에 대한 지적인 동의 이상의 것이다. 믿음을 따라 사는 것은 "보이지 않는 것들"에 관한 하나님의 말씀이 우리의 상황 인식을, 우리의 열망과 애정과 우선순위를, 그리고 우리의 활동과 관계를 통제하도록 허용하는 것이다. 설교 편지인 히브리서를 마무리하는 윤리적 명령은 이 사실을 예증한다. 믿음은 우리의 눈을 열어 예수님의 이름으로 찾아온 집 없는 나그네들을 위협이나 불편이 아니라, 우리 주님이나 그분의 천사들을 섬길 기회로 보게끔 해준다. 이렇듯 믿음은 우리의 마음과 집을 열게 해준다. 믿음은 결혼 서약을 하나님이 규정하시고 질투하는 마음으로 옹호하시는 값진 보화로 보게 해준다. 믿음은 우리로 하여금 돈의 덧없는 광채를 '간파'하게 해주고, 우리를 결코 버리지 않으실 돕는 이가 아닌 다른 어떤 것에서 안전을 찾으려는 우리의 광적인 추구를 잠재운다.

믿음은 연약한 인간 지도자의 삶과 말을 통해 영원히 살아계셔서 양들을 결코 버리지 않는 목자이신 예수 그리스도의 모습을 어렴풋이 보고, 그분의 음성을 메아리로 듣는다. 일상의 관계, 결정, 스트레스, 시련 속에서 "우리[는] 믿음으로 행하고 보는 것으로 행하지 아니[한다]"(고후 5:7). 이것이 어떻게 가능한지에 대해 바울은 다음과 같이 요약한다. "우리가 주목하는 것은 보이는 것이 아니요 보이지 않는 것이니 보이는 것은 잠깐이요 보이지 않는 것은 영원함이라"(고후 4:18).

9 여러 가지 다른 교훈에 끌리지 말라 마음은 은혜로써 굳게 함이 아
름답고 음식으로써 할 것이 아니니 음식으로 말미암아 행한 자는 유
익을 얻지 못하였느니라 10 우리에게 제단이 있는데 장막에서 섬기는
자들은 그 제단에서 먹을 권한이 없나니 11 이는 죄를 위한 짐승의 피
는 대제사장이 가지고 성소에 들어가고 그 육체는 영문 밖에서 불사
름이라 12 그러므로 예수도 자기 피로써 백성을 거룩하게 하려고 성문
밖에서 고난을 받으셨느니라 13 그런즉 우리도 그의 치욕을 짊어지고
영문 밖으로 그에게 나아가자 14 우리가 여기에는 영구한 도성이 없으
므로 장차 올 것을 찾나니 15 그러므로 우리는 예수로 말미암아 항상
찬송의 제사를 하나님께 드리자 이는 그 이름을 증언하는 입술의 열
매니라 16 오직 선을 행함과 서로 나누어 주기를 잊지 말라 하나님은
이같은 제사를 기뻐하시느니라

9 Do not be led away by diverse and strange teachings, for it is good
for the heart to be strengthened by grace, not by foods, which have
not benefited those devoted to them. 10 We have an altar from which
those who serve the tent[1] have no right to eat. 11 For the bodies of
those animals whose blood is brought into the holy places by the high

priest as a sacrifice for sin are burned outside the camp. 12 So Jesus also suffered outside the gate in order to sanctify the people through his own blood. 13 Therefore let us go to him outside the camp and bear the reproach he endured. 14 For here we have no lasting city, but we seek the city that is to come. 15 Through him then let us continually offer up a sacrifice of praise to God, that is, the fruit of lips that acknowledge his name. 16 Do not neglect to do good and to share what you have, for such sacrifices are pleasing to God.

1 Or *tabernacle*

단락 개관

그리스도의 수모에 동참하는 이들의 제사장적 특권

청중들에게 하나님의 말씀을 가르쳤던 과거의 지도자들을 상기시킴으로써(13:7), 히브리서 설교자는 사도적 표준에서 벗어난 "여러 가지 다른 교훈"에 무릎 꿇지 말라는 날카로운 경고의 무대를 마련했다. 이 경고는 히브리서 설교의 앞부분에서 다루었던 주제들을 하나로 묶는다. 속죄일에 바쳐진 희생 제물보다 우월하신 예수님의 피, 예수님이 견디셨고 신자들이 공유해야만 하는 모욕, 영구한 하늘의 도성, 하나님이 기뻐하시는 예배 등이다. 어구의 파격적인 전환은 그리스도의 사역으로 인해 생겨난 철저히 뒤집힌 기대를 청중들에게 일깨운다. 곧 히브리계 그리스도인으로 하여금 구약의 성소와 제사로 돌아가도록 유혹했을 교훈은 이제 "다른"("strange") 것이다. 그 교훈은 하나님께서 그러한 제도를 마련하실 때 가지신 준비라는 목적과 상충되기 때문이다. 죄로 인해 부정해진 것들을 처분하는 "영문 밖"에서 예수님이 받으신 고난은 이제 그분의 백성들을 깨끗하게 하셨다. "영문 밖"에서 그분의 수모에 동참하는 것은 더 좋은 제단과 영원한 도성의 은택에 다가가는 것이다. 버림의 장소는 예수님으로 인해, 우리가 하나님이 기뻐하시는 제사를 드리는 공간이 되었다.

단락 개요

Ⅰ. 참된 은혜의 방편으로부터 멀어지지 말라(13:9-10)

A. 구약의 장막과 그 음식은 너희의 마음을 굳게 할 수 없다(13:9)

B. 우리는 예수님의 희생을 통해 마음을 굳게 하는 은혜로 나아간다(13:10)

Ⅱ. 예수님은 배척당하고 부정한 자로 돌아가심으로써 우리를 깨끗하게 하셨고, 따라서 우리는 그분의 수모에 동참해야 한다(13:11-14)

A. 이스라엘의 죄 때문에 오염된 속죄일의 제물이 영문 밖에서 불태워졌듯이, 예수님은 우리의 오염을 제거하기 위해 영문 밖에서 돌아가셨다(13:11-12)

B. 우리 모두 영문 밖에서 당한 예수님의 버림받음에 동참하자. 이는 우리가 장차 올 영원한 성을 찾기 때문이다(13:13-14)

Ⅲ. 예수님을 통해 우리 모두 하나님이 기뻐하시는 예배를 드리자(13:15-16)

A. 우리의 입술로 찬양의 제사를 드리자(13:15)

B. 우리의 행동으로 너그러운 긍휼의 제사를 드리자(13:16)

주석

13:9-10 교회는 언제나 "여러 가지 다른 교훈"에 "끌[릴]"(혹은 강물에 빠졌을 때처럼 '휩쓸릴', 참고. 엡 4:14) 위험에 처해 있다. 사도 시대에 어떤 이들은 그리스도의 성육신을 부인했으며(요일 4:1-3), 반면에 다른 사람들은 금욕적인 자기 부인과 신비로운 환상을 강조했다(골 2:8, 16-23). 이 설교 편지를 처음 받았던 유대계 그리스도인들에게 "음식"[브로마신(*brōmasin*)]과 관련된 이런 이상한 교훈은 지상의 성소("장막") 및 그 제단과 관련 있었다. 일부 주석가들은 문제의 "음식"이 구약의 코셔(kosher) 음식법에 따라 '정결하다'고 규정된 것들(레 11장)이라고 믿는다. 한편, 다른 주석가들은 엄격한 유대인 가정에서 소비된 모든 음식과 성소 안의 의식을 연결시키는 자료를 인용한다.

이런 연관성은 모두 가능하지만, 10-12절에서 히브리서 설교자의 논의는 우리의 관심을 특별히 성소 자체에서 수행된 희생 제의로 돌린다. "음식"은 "섬기는 자[예배자]를 그 양심상 온전하게 할 수 없[던]" 첫 번째 장막에서 바쳐진 "예물과 제사"와 관련되었다(히 9:9-10). 이제 히브리서 저자는 그것들을 "행한 자는 유익을 얻지 못하였느니라"고 반복한다. 그는 주님과 그분의 백성 사이의 친교를 상징했던 화목제를 염두에 두고 있는 것 같다. 희생된 동물의 고기가 주님(뿌려진 피, 불태운 기름과 내장)과 제사장과 이스라엘 백성의 예배자들에 의해 나누어졌기 때문이다(레 3:1-17; 7:11-16). 구약 성소에서 먹은 이런 친교 식사는 풍부한 상징적인 의미를 가졌지만, 일시적이고 외적인 "육체의 예법"을 따랐기 때문에(히 9:10) 새 언약의 신자들에게는 더 이상 적합하지 않다.

최초의 청중들, 곧 구약의 성소 관행에 오래 물들었던 유대계 그리스도인들은 이런 친숙한 의식이 "여러 가지 다른"("diverse and strange") 것이라는 말을 들었을 때 충격을 받았을 것이다. 히브리서 설교자는 이것들을 "다른"("strange") 것이라고 말한다. 그 이유는 하나님께서 그것들에 대한 규정을 "개혁할 때"까지로 지정하셨는데(9:10), 그들은 그 규정들을 마치 "마지막 날들"까지 계속되도록 의도된 것처럼 다루었기 때문이다. 이제 그리스도께서 새 언약을 개시하셨고 옛 언약을 '낡은' 것으로 만드셨기에(8:13), 옛 언약의 제도로 돌아가는 것은 구속사를 위한 하나님의 계획(agneda)과 상충되는 것이다. 예수님을 믿는 믿음을 떠나 유대교의 안락한 익숙함으로 돌아가는 것이야말로 다름 아닌 "하나님에게서 떨어[지는]" 것이라고 암시했을 때도(3:12), 히브리서 저자는 비슷한 충격적 용어를 사용했다.

이제 마음을 "굳게 [하는]"[혹은 '세우는', 베바이오오(*bebaioō*), 참고. 2:3; 6:19] 것은 다름 아닌 예수님을 믿는 믿음을 통해 받은 하나님의 은혜다. 하나님의 은혜로 예수님은 모든 신자를 위해 죽음을 맛보셨고(2:9), 이로써 우리는 그분을 통해 하나님의 은혜의 보좌에 나아가 은혜를 얻을 수 있다(4:16). 우리는 예수님을 통해 하나님의 은혜를 받을 것이라고 기대할 수 있다. 지상의 성소인 "장막"에서 섬기는 레위계 제사장들에게는 금지되었으나 "우리에게[는]" 우리를 풍요롭게 하는 "제단이 있[기]" 때문이다(참고. 8:4-5). 우리의 "제단"은 예루살렘 "성문 밖"의 십자가 위에서 이루어진 예수님의 희생을 상징한다(13:12). 이 제단에서 "먹[는]" 것은 "백성을 거룩하게" 하려고 단번에 바쳐진 그분의 희생에서 유익을 얻는 것이다. 우리는 육체가 아니라 "참 마음과 온전한 믿음으로…나아[감으로써]" 제단에서 먹는다. 왜냐하면 예수님의 피가 뿌려져 우리 마음을 악한 양심으로부터 깨끗하게 했기 때문이다(10:22).

제사장이든 평민이든, 그리스도의 속죄 제사를 신뢰하지 않는 이들은 이 제단에서 먹을 권리가 전혀 없으며, 그분의 죽음에서 영적 유익을 얻게 하는 허락을 받지 못한다. 만약 최초의 청중들이 예수님 및 그분의 백성들과 연대를 유지하려고 한다면, 과거에 그들이 환영받았던 유대인 공동체로부터 수모를 겪고 추방될 위험을 감내해야 할 것이다(13:13). 하지만 이러한 손해는 예수님이 십자가 위에서 흘리신 피에서 나오는 유익, 곧 속죄와 용서, 정화와 담대히 나아감, 그리고 살아계신 하나님과의 교제 등에 의해 상쇄되고도 남는다.

13:11-12 영원한 화목 제사에서 매년 속죄일 제사로 이미지가 바뀐다. 속죄일에 대제사장은 먼저 자신의 죄를 위해, 그 뒤에 백성들의 죄를 속죄하기 위해 피를 갖고 지성소에 들어갔다(9:7, 25). 매년마다 이뤄진 이 의식은, 그리스도께서 자기를 제물로 바치시고 자기 피를 하늘의 성소로 가져가서 죄를 단번에 속죄하셨던 제사와 대조를 이루었다(9:24-28; 10:10-14). 이제 우리의 시선은 동물의 피를 하나님 앞에 가져간 뒤에 동물의 사체에 일어난 일로 향한다. 주님을 위해 가장 좋은 부위가 제단 위에서 불태워진 뒤에 화목 제사의 고기는 제사장과 예배자들이 먹을 수 있었다. 반면에 속죄일에는 속죄의 피를 취했던 황소와 염소를 통째로 이스라엘의 진영 밖으로 옮겨서 완전히 소각시켰다. 황소와 염소는 "영문 밖", 곧 "네 진영 중에 행하[시는]" 주님이 보시기에 부정하고 부적절한 것의 장소에서 도살 되었다(신 23:14, 참고. 레 13:45-46; 민 5:1-4). 하나님의 언약을 노골적으로 어긴 자들도 영문 밖으로 옮겨져 처형되었다(레 24:10-23; 민 15:32-36).

"영문 밖" 영역을 오염 및 하나님의 거룩하신 임재로부터의 추방과 연결하는 것은 예수님이 예루살렘 "성문 밖"에서 십자가에 달리셨다는 사실의 신학적 의미를 설명해준다(참고. 요 19:16-17). 예수님은 나무에 달려 자기 몸으로 다른 사람들의 죄를 담당하실 때 하나님의 진노를 견디셨다(마 27:46; 롬 3:24-25; 벧전 2:24). 그들의 죄책을 담당하고 그 벌을 받아들이심으로써 이 "거룩하고 악이 없고 더러움이 없[는]" 대제사장(히 7:26)은 죄의 저주를 견디셨고(고후 5:21; 갈 3:13), 이로써 자기 피로 자기 백성들을 거룩하게 하셨다. 이 설교 전체에서 '거룩하게 하다'(하기아조, 히 2:11; 10:10, 14)와 '깨끗하게 하다'(카타리조, 9:14, 23), '온전하게 하다'(텔레이오오, 7:19; 9:9; 10:1, 14)는 거룩하신 하나님 앞에 나아갈 자격을 예배자들에게 부여하는 오염으로부터의 정화를 가리켰다. 예수님의 희생은 그분의 백성들을 거룩하게 하여, 그들이 제사장으로 하나님 앞에 서서 그분이 기뻐하시는 제사를 드리면서(13:15-16) 하나님의 은혜에 감사와 경외의 예배로 응답할 수 있게 해주었다(12:28).

13:13-14 예루살렘 밖에서 벌어진 예수님의 십자가 처형은 하나님에 의한 버림받음뿐만 아니라 "자기" 백성인 유대인 공동체에 의한 거절당함도 의미했다(막 15:9-15, 29-32; 요 1:11; 행 3:13-15). 예수님은 자신이 견딘 것과 동일한 거절을 견디도록 제자들을 준비시키셨고(눅 6:22; 요 16:2), 그들은 정말로 거절당했다(요 9:22, 33; 12:42; 행 18:5-7). 예수님을 뒤따르는 것은 자기 십자가를 지고 수치스러운 죽음을 향해 가는 것이다(막 8:34; 히 12:2). 오래 전에 모세가 그랬듯이(히 11:24-26), 이제 이 편지의 수신자들은 예수님이 견디셨던 수모에 동참할 준비가 되어 있어야 한다. "영문 밖"의 예수님께 동참하는 것은 예루살렘 출입, 지역 회당의 수용, 자기 가족들의 인정(마 10:35-38)을 포기하도록 요구할 것이다.

13장

그런데 한 구약 본문은 예수님을 위해 "영문 밖"으로 가는 이들이 지금 누리는 '특권'을 미리 보여준다. 금송아지 음행 이후, 이스라엘 백성 전체가 매우 깊숙이 오염되었기에 모세는 "진 밖"에 회막을 세워야만 했다(출 33:7-11). 이곳은 백성들이 하나님을 만나러 오는 곳이 되었다. 제도적 유대교가 메시아를 거부함으로써, 거룩한 공동체의 영역과 오염된 불모지가 뒤바뀌었다. 지상의 예루살렘 성전에서 환영받지 못하고 회당에서 추방된 이들이 흔들리지 않는 하나님 나라의 상속자와 "장차 올" 도성의 시민이 되었다. 당연히 '여기에는' 우리가(예수님의 제자들이) 가진 영구한 도성이 없다. 하지만 몇 해 뒤인 주후 70년에, 로마 군대가 예루살렘과 시온산 위의 성전을 파괴할 것이다. 시편 기자가 안전을 극찬했던 예루살렘 성(시 48편; 87편)이 무너져 폐허가 될 것이다. 장차 올 도성 안으로 환영받아 영원히 거주한다는 약속과 비교할 때, 그리스도 안에 있는 하나님의 은혜를 거부한 공동체로부터 추방당하는 것은 절대로 큰 손해가 아니다.

13:15-16 흔들리지 않는 나라의 약속이 받으실만한 예배를 드리라는 부름으로 이어졌듯이(12:28), 하나님의 영원한 도성에서 사는 것에 대한 전망은 우리에게 그분이 기뻐하시는 제사를 드리도록 요청한다. 예수님은 자신을 최종적이고 완전한 속죄 제물로 바치셨고, 그래서 더 이상의 속죄 제

사는 전혀 필요하지 않다(10:14, 18, 26). 하지만 그분의 죽음으로 깨끗해진 신자들은 이제 감사와 성별을 표현하는 제물을 가져가는 제사장의 특권을 누린다. "찬송의 제사"는 원래 죽은 동물을 가리키는 용어였지만(레 7:12-15), 구약에서도 하나님께 말로 드리는 찬양의 표현이라는 방향으로 다시 정의되었다. 히브리서 저자는 시편 50편을 암시하고 있다. 시편 50편에 의하면, 주님은 죽은 동물이 아니라 충성스런 마음을 구하시고(시 50:7-13) 우리에게 이렇게 명령하신다. "감사로 하나님께 제사를 드리며 지존하신 이에게 네 서원을 갚으며…감사로 제사를 드리는 자가 나를 영화롭게 하나니"(시 50:14, 23).

히브리서 저자는 새 언약의 예배에는 어떤 목적을 위해서도 동물의 피 흘림이 전혀 수반되지 않는다는 사실을 명확히 하고자, "이는 그 이름을 증언하는 입술의 열매니라"고 명시한다. "입술의 열매"는 구약을 반향하는 또 하나의 표현으로, 칠십인역 호세아 14:2에서 가져온 것이다. 호세아서에서는 이 어구가 회개의 뉘우침을 표현하는 말을 가리킨다. 히브리서 저자는 이 어휘를 변용하여 하나님께 대한 충성 고백을 표현한다. '증언하다'(호몰로게오)로 번역된 단어는 '신앙 고백'(호몰로기아)의 동족어다. 히브리서 저자는 예수님을 "우리가 믿는 도리[confession]의 사도이시며 대제사장"이라고 규정했고(히 3:1), 신앙 고백을 굳게 붙들라고 우리에게 당부했다(4:14; 10:23). 하나님의 백성들이 다함께 자신들의 믿음을 고백할 때, 하나님은 그들의 예배를 기뻐하신다.

이 서신의 결론은 나그네를 위한 환대를 "잊지"[에필란타노마이(*epilanthanomai*)] 말라는 권면으로 시작되었다(13:2). 이제 선을 행하는 것과 물질을 나누어 주는 것을 잊지 말라고 청중들에게 촉구하기 위해 이 동사가 다시 등장한다. 그들이 행한 성도들을 위한 이전의 섬김(6:10)과 박해당하는 자들을 위한 긍휼(10:33-34)은 지금도 계속되어야 한다. 그런데 이는 단순히 갇힌 자와 다른 여러 고난 받는 자들을 위한 환대와 보살핌만이 아니라(13:1-3), 온갖 유형의 선행과 관용을 통해 계속 이루어져야 한다. "[너희가 가진 것을] 나누어 주[라]"는 표현은, 코이노니아(*koinōnia*, 이따금 '친교'로도 번역됨)라는 단어가 종종 신약에서 갖는 금전적 함의를 담고 있다(행 2:42-45; 롬 12:13; 15:26; 고후 8:4; 갈 6:6; 빌 4:15). 하나님은 이런 '수평적'인(물론 인간 대 인간의 섬김 형태에는 '수직적'인 측면도 있지만) 섬김을 자신에게 바쳐진 제사로 간주하여, 이런 제사를 기뻐하시기 때문이다. 바울은 자신을 금전적으로 지원하기 위한 교회의 기부를 '하나님이 받으실만하고 그분을 기쁘시게 하는' 향기로운 제물에 비유한다(빌 4:18). 히브리서 저자는 지평을 더욱 확장하여, 하나님의 백성 중 누구에게든 행한 친절과 나눔의 행동이 하나님 자신이 기뻐하시는 예물임을 보여준다.

응답

1세기와 다를 바 없이, 20세기에도 교회는 "여러 가지 다른 교훈"에 노출되어 있다. 이 다른 교훈은 우리를 고정시키는 밧줄을 느슨하게 풀어서 떠내려가게 하여, 주님이 가르쳐주셨고 또한 그분에게서 먼저 들은 이들이 가르쳐준 하나님의 말씀으로부터 휩쓸어 가버리도록 위협한다(히 2:1-4). 히브리서의 최초 청중들이 경험한 것처럼 그런 가르침은 하나님의 구속 사역에서 이전 시대로 돌아가도록 우리를 꾀는, 사이렌이 부른 노래(siren song)의 모습을 하곤 한다. 가끔 사도적 복음에 '개선'을 제안하는 이들은, 스스로를 변화무쌍한 문화적 상황과 조화를 이루도록 교회를 돕는 진보주의자라고 포장한다. 예수님의 희생 제사를 믿는 믿음으로 살면서 그분의 재림을 바라보는 삶 이외의 선택지들은 익숙한 편안함을 제공하거나 손에 잡히는 제의를 통해 안심하게 할 수는 있다. 하지만 우리 주변의 사상적 물결이 어떤 방향으로 흘러가든 주변의 반대가 얼마나 맹렬하든, 우리는 예수님이 자신의 보혈을 대가로 우리에게 주신 제사장의 특권을 음미하고 우리의 신앙 고백을 단단히 붙들며, 또한 그분을 통해 하나님께 찬양의 제사를 드리면서 동시에 다른 사람들을 보살펴야 한다.

17 너희를 인도하는 자들에게 순종하고 복종하라 그들은 너희 영혼을
위하여 경성하기를 자신들이 청산할 자인 것 같이 하느니라 그들로
하여금 즐거움으로 이것을 하게 하고 근심으로 하게 하지 말라 그렇
지 않으면 너희에게 유익이 없느니라

17 Obey your leaders and submit to them, for they are keeping watch over your souls, as those who will have to give an account. Let them do this with joy and not with groaning, for that would be of no advantage to you.

18 우리를 위하여 기도하라 우리가 모든 일에 선하게 행하려 하므로
우리에게 선한 양심이 있는 줄을 확신하노니 19 내가 더 속히 너희에
게 돌아가기 위하여 너희가 기도하기를 더욱 원하노라

18 Pray for us, for we are sure that we have a clear conscience, desiring
to act honorably in all things. 19 I urge you the more earnestly to do this
in order that I may be restored to you the sooner.

20 양들의 큰 목자이신 우리 주 예수를 영원한 언약의 피로 죽은 자 가

운데서 이끌어 내신 평강의 하나님이 21 모든 선한 일에 너희를 온전
하게 하사 자기 뜻을 행하게 하시고 그 앞에 즐거운 것을 예수 그리스
도로 말미암아 우리 가운데서 이루시기를 원하노라 영광이 그에게 세
세무궁토록 있을지어다 아멘

20 Now may the God of peace who brought again from the dead our
Lord Jesus, the great shepherd of the sheep, by the blood of the eternal
covenant, 21 equip you with everything good that you may do his will,
working in us[1] that which is pleasing in his sight, through Jesus Christ,
to whom be glory forever and ever. Amen.

13장

22 형제들아 내가 너희를 권하노니 권면의 말을 용납하라 내가 간단히
너희에게 썼느니라 23 우리 형제 디모데가 놓인 것을 너희가 알라 그
가 속히 오면 내가 그와 함께 가서 너희를 보리라 24 너희를 인도하는
자들과 및 모든 성도들에게 문안하라 이달리야에서 온 자들도 너희에
게 문안하느니라 25 은혜가 너희 모든 사람에게 있을지어다[1)]

22 I appeal to you, brothers,[2] bear with my word of exhortation, for
I have written to you briefly. 23 You should know that our brother
Timothy has been released, with whom I shall see you if he comes
soon. 24 Greet all your leaders and all the saints. Those who come from
Italy send you greetings. 25 Grace be with all of you.

1) 어떤 사본에, 25절 끝에 '아멘'이 있음

1 Some manuscripts *you* *2* Or *brothers and sisters*

단락 개관

지도자들과 하나님의 복을 존중하라

다른 신약 서신들처럼, 히브리서는 당부와 개인적 신상과 복 선언으로 마무리된다. 이 마무리 내용들은 당부와 신자 개개인의 관계에 관한 소식(13:17-19, 22-24), 하나님께부터의 복 선언(20-21, 25절)을 오간다. 청중들은 새로운 지도자 세대를 존중하면서 그들의 말을 수용하는 자세로 들어야 한다. 그들은 하나님의 양 떼를 보호하고 양 떼의 행복을 책임져야 하기 때문이다. 히브리서 저자는 주님이 자기를 곧바로 청중들의 공동체로 돌아가게 해주시도록, 자기를 위해 기도해 줄 것을 요청한다. 그는 청중들에게 이 설교가 짧기 때문에 자신의 "권면의 말"을 끈기 있게 들어달라고 촉구한다. 훨씬 긴 처음의 복 선언은 언약을 개시하는 예수님의 피와 하나님이 기뻐하시는 예배를 드릴 청중들의 제사장적 특권 등과 같이, 앞서 펼쳐진 주제들을 연결시킨다. 그보다 짧은 마지막 복 선언은 청중 모두에게 하나님의 은혜를 기원한다.

단락 개요

Ⅰ. 너희의 지도자들을 존경하라(13:17-19)
- A. 너희 영혼을 지키는 목자들의 말에 귀를 기울이라(13:17)
- B. 나를 위해, 특히 내가 너희에게 돌아갈 수 있도록 기도하라(13:18-19)

Ⅱ. 복 선언 : 하나님께서 예수님으로 말미암아 너희로 하여금 하나님을 기쁘시게 하는 일을 하게 하시리라(13:20-21)

Ⅲ. 너희의 지도자들을 존경하라(13:22-24)

A. 내 권면의 말을 용납하라(13:22)

B. 아마 디모데와 함께 내가 귀환할 것을 기대하라(13:23)

C. 너희의 지도자들과 서로에게 문안하고, 다른 사람의 문안을 받으라(13:24)

Ⅳ. 복 선언은 : 하나님께서 너희에게 은혜를 베푸시리라(13:25)

주석

13:17 청중들은 첫 세대의 지도자들을 기억해야 할 뿐만 아니라(13:7), 배우려는 자세와 순종하는 마음으로 현재의 지도자들에게 귀 기울여야 한다. 히브리서 저자는 이 지도자들과 협력하도록 독자들을 설득하기 위해 이유를 제시하는데, 이로 보건대 아마도 그의 청중들은 2세대 지도자들의 권위를 받아들이기를 주저한 것 같다. 어쩌면 새로운 지도자들은 전임자와 비판적으로 비교되거나 "여러 가지 다른 교훈"을 들여온 침입자들과 비교되고 있었을 수 있다. 우리가 알다시피, 유대주의자들은 바울의 발걸음을 뒤따라와 이방인 신자들을 유대교의 규정과 의식으로 꾀어냈다(갈 1:6-9; 4:12-20; 5:7-12; 6:12-13). 마찬가지로 "지극히 크다는 사도들"("super-apostles")은 고린도의 그리스도인들이 바울의 사역을 무시하는 쪽으로 기울어지게 했다(고후 10:7-12; 11:1-12:13). 아마 이들 히브리계 그리스도인들은 이전 지도자들이 놓은 사도적 기초와 상충되는 매혹적인 교사들 때문에 흔들리고 있었을 것이다. "너희를 인도하는 자들에게 순종하[라][페이토(*peithō*)]"는 말은 생각 없이 따르는 것이 아니라 지도자가 성경적으로 가르치는 것에 근거하여 '설득'되는 것을 요구한다. 다른 곳에서 이 동사는 저

자가 증거에 근거하여 확신에 이른 결론을 소개하는 데 사용된다(히 6:9; 13:18, 참고. 행 17:4; 18:4; 19:8). 건전한 교리에 의해 설득될 때, 청중들은 "복종"[히페이코(*hypeikō*)]해야 한다.

그들이 복종하는 이유는 그들의 지도자들이 보호하려는 목적을 가지고 있으며, 하나님께 책임을 지기 때문이다. 구약의 이미지는 "그들은…경성하기를"과 "청산할 자"의 배경을 제공한다. "경성하기"("keeping watch")란, 적군이 어둠을 틈타 공격할 수도 있는 밤에 깨어 불침번을 서는 것을 가리킨다(막 13:33; 눅 21:36; 엡 6:18). 이것은 성벽 위에 있는 파수꾼의 임무였고(겔 33:6) 탁 트인 땅에서 양 떼를 치는 목자들의 의무였다(겔 34:8). 적군이 접근할 때 경보를 울리지 못한 파수꾼과 약탈자로부터 양 떼를 보호하지 못한 목자들은 자신들의 태만에 대해 하나님께 해명할 것이다. 모두가 하나님께 직접 아뢸 것이다(롬 14:12; 히 4:13; 10:30-31; 12:29; 벧전 4:5).

지도자는 자기 자신 뿐만 아니라 자신들이 영향을 미치는 이들에 대해서도 책임을 진다(행 20:26-31; 약 3:1). 겸손과 정직으로 다른 사람들을 목양하는 장로들은 목자장의 상을 기대할 수 있다(벧전 5:1-4). 하나님이 결산하실 때, 지도자의 행동뿐만 아니라 그들이 인도하는 이들이 보인 반응에 따라 "즐거움"과 "근심"의 차이가 생길 것이다. 청중들은 자신을 위한 경건한 이익을 위해 지도자의 말을 경청하고 귀 기울여야 한다. 지도자들이 영적인 보호를 제공하기 때문이다. 또한 만약 결산의 날에 청중들이 하나님의 말씀을 거부했다고 지도자들이 보고한다면, "너희[청중]에게 유익이 없[을]" 것이다.

13:18-19 바울도 종종 그랬듯이(롬 15:30-32; 엡 6:19-20; 골 4:3-4; 살전 5:25, 참고. 빌 1:19), 히브리서 저자는 자기를 위해 기도해달라고 청중들에게 요청한다. 저자의 기도 요청은 청중들을 존중하면서, 하나님의 은혜의 보좌에 나아가는 제사장의 특권이 그들에게 있음을 암시한다(히 4:14-16). 하지만 레위계 제사장들이 다른 이스라엘 백성을 위해 중보 기도했고 예수님이 지금 그들을 위해 중보 기도하시듯이(7:25), 청중들은 "예수의 피를 힘입어

성소에 들어갈" 때(10:19-20) 자신들의 요청을 아뢸 뿐만 아니라 다른 사람들을 위해 중보 기도해야 한다.

히브리서 저자는 담대하게 기도를 요청한다. 자기 점검을 통해 그는 "모든 일에 선하게 행하려[는]…선한[칼로스(*kalos*)] 양심"이 자기에게 있다고 확신했기 때문이다(참고. 롬 9:1; 고후 1:12). 앞서 그리스도의 피를 통해 얻은 우리 양심의 '깨끗함'(카타리조)은, 하나님 앞에 나아가지 못하도록 막는 오염과 자격 미달을 즉각 없애주는 용서의 '객관적인' 결과를 의미했다. 그런데 이제 (문자적으로) "선한[칼로스] 양심"은 하나님의 은혜가 오랜 시간 신자들의 동기와 열망을 낳는 '주관적인 변화'를 암시한다.

히브리서 설교자는 자기 친구들에게 한 가지 구체적인 기도 제목을 언급한다. 곧 자기가 얼른 그들에게 돌아갈 수 있도록 하나님께 간청하는 것이다(참고. 롬 15:30-32). 청중들에게 '돌아가기' 원하는 열망은 그가 이전에 그들 가운데서 사역했음을 암시한다. 이것은 저자가 청중들의 이전 경험에 대해 상세히 알고 있는 이유를 설명해준다(히 6:9-10; 10:32-34). 다른 신약 저자들과 마찬가지로, 그는 서신 왕래보다 직접 행하는 사역을 선호한다(갈 4:18-20; 요삼 1:13-14). 저자는 그들이 함께 모일 때 매일 서로 격려하라고 촉구했으며(히 3:13; 10:24-25), 또한 그런 상호 관계 속에서 그들과 함께하기를 열망한다. 마무리 소식을 두 번째로 전하는 부분에서 그는 디모데가 "속히 오면" 자기와 동행할 것이라고 밝히면서(13:23), 그들에게 "속히" 돌아가고 싶은 다급한 마음을 재차 강조한다.

13:20-21 저자가 자신을 위해 기도를 요청했듯이, 그는 그 보답으로 청중들에게 하나님의 복을 선언한다. 물론 때로는 '기원문'으로 분류되기도 하지만, 이 풍성한 복 선언과 25절의 간략한 복 선언은 단순히 저자가 독자들을 위해 하나님께 드리는 간청을 기록한 것이 아니다(가령, 에베소서 1:15-23; 빌립보서 1:3-11도 마찬가지다). 복 선언은 기도자의 간청보다 훨씬 큰 무게감을 담고 있다. 복 선언은 하나님을 대신하여 말할 권위를 부여받은 사역자들을 통해 은총을 '수여한다'. 신약 서신의 복 선언은 구약에서 제사

장이 이스라엘을 위해 축복하는 전통을 확장하여 주님의 삼중적인 이름을 선언함으로써 복, 보호, 호의, 은혜, 평안을 전달한다. "그들[제사장들]은 이같이 내 이름으로 이스라엘 자손에게 축복할지니 내가 그들에게 복을 주리라"(민 6:22-27).

"평강의 하나님"이 복을 내리신다. "평강"은 히브리서의 앞부분에서 등장한 바 있다. 평강은 멜기세덱의 호칭인 "살렘 왕"에 대한 해석에서(7:2), 라합이 이스라엘 정탐꾼에게 베푼 친절한 접대에서(11:31), "모든 사람과 더불어 화평함…을 따르라"는 명령에서(12:14) 나온다. 바울 역시 하나님을 "평강의 하나님[또는 주님]"으로 묘사하며(롬 16:20; 고전 14:33; 고후 13:11; 빌 4:9), 특히 복 선언에서 그렇게 한다(롬 15:33; 살전 5:23; 살후 3:16). 이 표현이 빈번하게 나오는 이유는 아마도 "여호와는 그 얼굴을 네게로 향하여 드사 평강 주시기를 원하노라"로 마무리되는 아론의 축복에서 영향을 받았기 때문일 것이다(민 6:26).

히브리서는 예수님이 대제사장으로 영구한 직위를 갖는다는 주장을 부분적으로는 그분이 가지신 "불멸의 생명의 능력"(히 7:16)과, 따라서 그분이 신자들을 위해 "항상 살아계셔서…간구하심이라"(7:25)는 사실에 근거하여 제시하였다. 이제 마지막에서 히브리서 저자는 하나님이 "죽은 자 가운데서 이끌어내신" 예수님의 부활을 명시적으로 선언한다. 앞서 그랬듯이 히브리서 저자는 구주의 이름을 구문 마지막까지 미루어둠으로써(헬라어 어순에서) 기대감을 높인다. '그분은 영원한 언약의 피로 양들의 큰 목자를 죽은 자 가운데서 이끌어 내셨다, **우리 주 예수를**'(who brought again from the dead the great shepherd of the sheep by the blood of the eternal covenant, *our Lord Jesus*, 참고. 2:9; 3:1; 4:14; 7:22; 12:2, 24). 이로써 예수님의 이름은 복을 주시는 신적인 주체에 대한 서술을 마무리하는 부분과(13:20), 그분이 하사하시는 복을 마무리하는 부분에서 다시 등장한다(13:21).

일반적이지 않은 동사인 '이끌어 내다'[아나고(*anagō*)]는 부활을 가리킨다(참고. 롬 10:7). 여기에는 '양 떼의 목자를 땅에서 이끌어 올리신[아나비바조(*anabibazō*)] 이'라고 기록한 칠십인역 이사야 63:11의 영향이 반영되어 있다.

출애굽기에서 그 목자는 모세였고(참고. 시 77:20), 구출은 바다를 빠져나오는 것이었다. 이제 큰 목자이신 예수님은 죽은 자의 영역에서 '이끌려 나오셨다'("led up"). 예수님은 자신이 자기 양을 보호하기 위해 자기 생명을 내어 놓을 목자라고 말씀하신다(요 10:1-18, 참고. 겔 34:1-24; 벧전 2:25; 5:4). 히브리서는 그분의 "영원한 언약의 피"가 부활의 근거라고 바르게 인정한다. 모세는 시내산에서 이스라엘 백성에게 "언약의 피"를 뿌렸다(히 9:20, 출 24:8의 인용). 하지만 그들은 그 언약을 깨트렸고, 예레미야 31:31-34은 그것이 '낡아졌다'고 선언했다(히 8:13). 예수님의 피로 시작된 새 언약은 우리의 영원한 구원을 보증하면서 자기 백성과 "영원한 언약"을 세우겠다는 하나님의 약속을 성취한다(삼하 23:5; 사 55:3; 61:8; 렘 32:40; 50:5; 겔 16:59-60; 37:26).

복의 내용은 하나님이 "모든 선한 일에 너희를 온전하게" 하여 그들로 하여금 "자기 뜻을 행하게" 하시는 것이다. 곧 "그 앞에 즐거운" 일인 하나님이 기뻐하시는 일을 하는 것이다(참고. 롬 12:2). 하나님은 "예수 그리스도로 말미암아" 은혜를 주셨고, 따라서 청중들은 이미 "하나님의 뜻"을 구해왔다(히 10:32-36). 이런 "즐거운"[유아레스톤(*euareston*), 12:28; 13:16] 예배를 이어가기 위해 하나님은 그들을 "온전하게" 하셔야 했다(엡 4:12; 딤후 3:17). 즉 하나님이 기뻐하시는 일을 신자들 "가운데서 이루[셔야]" 했다(빌 2:12-13). 예수님이 중보자이시기에 하나님의 자비는 그분을 통해 우리에게 흘러나오고, 우리의 감사하는 예배는 그분을 통해 하나님께 돌아간다(히 13:15). 이 복 선언을 마무리하는 송영인 "그에게 세세무궁토록"에서 그는 "평강의 하나님"을 가리킨다. 신자들 안에서 역사하는 하나님의 은혜는 그분께 영광을 가져다준다(롬 11:36; 16:27; 엡 3:21; 빌 4:20; 유 1:25; 계 1:6).

13:22-23 저자는 이제 청중들이 서로 맺는 관계라는 주제를 다시 언급한다. 그는 자신의 "권면[파라클레시스]의 말"을 용납해달라고 청중들에게 '호소', 즉 '권한다'(파라칼레오). 서론에서 설명했듯이 권면은 설교를 가리키는 표현으로, 1세기 회당이나 기독교 회중에서 전해진 것 같은 성경에 대한 구두 설명과 적용이다(행 13:15; 딤전 4:13). 히브리서 저자는 자신의 설교를

통해 권면했다. 히브리서 저자가 "피차" 하라고 촉구했듯이(히 3:13; 10:25), 또한 하나님이 그들에게 하셨듯이 말이다(6:18; 12:5). 히브리서 설교자는 자신의 설교를 "용납하라"는 권고를 뒷받침하기 위해(참고. 딤후 4:3), 이 설교가 짧다고 지적한다. 앞서 그는 청중들의 집중력에 맞추어 더 상세히 설명할 수도 있던 내용을 줄인 적이 있었다(히 9:5; 11:32).

저자는 청중들에게 돌아가려는 자신의 계획을 상세히 서술하면서(13:23, 참고. 19절), 디모데가 투옥 상태에서 "놓인 것"과 "그가 속히 오면" 그와 동행하리라는 것을 언급한다. 이 소식을 통해 저자는 자신도 갇힌 이들을 기억하고 있음을 보여준다(10:34; 13:3). 디모데는 청중들에게 알려져 있고, 그래서 더 이상 신원 증명이 필요하지 않다. 그는 아마 바울의 동료로 일했던 디모데일 것이다(행 16:1-4; 고전 4:17; 빌 1:1; 딤전과 딤후). 디모데에 관한 이러한 언급으로 인해 초기 교회에서는 바울이 히브리서를 저술했다는 전승이 생겨났지만, 바울 저작에 반하는 논거가 더 강력하다(참고. 서론). 신약은 디모데의 투옥을 전혀 언급하지 않지만, 사도 바울이 갇혀 있던 동안 디모데가 바울과 함께 있었던 상황(빌 2:19-24)은 그러한 일이 있었을 법하다고 생각하게 한다.

13:24 한편으로는 편지의 저자 및 그와 함께 있는 이들, 다른 한편으로는 편지의 수신자들 사이의 안부 교환은 신약 서신의 관행이다. 여기서 히브리서 저자는 회중 안의 일부가 여전히 그들의 직무에 합당한 존경을 표하지 않을 경우를 대비하여(히 13:17) "너희를 인도하는 자들"을 가장 먼저 언급함으로써 그들의 권위를 강조한다. 그런 다음 그는 "모든 성도들"에게 문안함으로써 포용적 태도를 보이고 그들의 하나 됨을 강조한다(참고. 빌 1:1; 4:21). "이달리야에서 온 자들"은 히브리서 저자와 함께 있었고 자신들의 문안을 전달해 달라고 저자에게 요청한 자들로, 아마도 이달리야 안에 거주하고 있던 사람들이었을 수 있다. 하지만 ESV의 번역이 옳을 것이다. 즉 저자와 함께 있는 이들은 지금 이달리야를 '떠나' 국외 거주자로 체류하고 있으며 고향에 문안을 보내고 싶은 신자들이다. 아굴라와 그의 아내 브

리스가와 마찬가지로(행 18:2), 그들은 클라우디오 황제가 제국의 수도에서 유대인들에게 금지령을 내렸을 때(주전 49년) 추방되었을 것이다. 서론의 '저작 연대와 배경'을 보라.

13:25 마무리 복 선언은 신약의 다른 복 선언과 비슷하지만,[39] 이 설교 편지 곳곳에 나오는 은혜에 관한 다채로운 설명으로 인해 풍성한 의미를 갖는다. 히브리서 설교자는 다음과 같은 하나님의 과분한 호의를 규정하는 데에 "은혜"[카리스(*charis*)]를 사용해왔다.

- 그리스도께서 자신의 모든 형제를 위해 "죽음을 맛보[시는]" 구속사의 계획을 정하심(2:9)
- 시의적절한 도움을 주기 위해 하나님의 은혜의 보좌에서 흘러나옴(4:16)
- 성령의 특징(10:29)
- 신자들의 최종적 기업 및 신자들이 그것에 이르는 방편에 대한 요약(12:15)
- 그리스도의 제사장적 중보에 대한 믿음을 통해 마음을 굳게 해줌(13:9)

히브리서는 우리와 함께하시는 하나님의 은혜를 다른 방식으로 보여준다. 하나님은 양심의 정화가 필요했던 이들을 아들로 인정하시고 그들을 영광으로 인도하신다(2:10). 이것은 첫 언약 아래서 범한 범죄로부터 우리를 구속하기 위하여 그리스도께서 흘리신 피를 통해서만 얻어질 수 있었다(9:13-15). 이전에 거역과 오염으로 인해 하나님 앞에서 배제되었지만, 우리는 이제 그분이 맞아주시리라고 담대하게 확신하면서 나아갈 수 있다

39 대동소이한 표현이 디도서 3:15에 등장한다. 더 간단히, "은혜가 너희와 함께"(Grace be with you)는 골 4:18; 딤전 6:21; 딤후 4:22에 나온다. 대개 바울의 복 선언은 "우리 주 예수 [그리스도]의 은혜"를 언급한다(롬 16:20; 고전 16:23; 고후 13:14; 갈 6:18; 빌 4:23; 살전 5:28; 살후 3:18; 몬 1:25; 참고. 계 22:21).

(10:19-22). 우리는 흔들릴 수 없는 나라를 받고 있으며, 이러한 하나님의 선물로 인해 감사하면서 하나님이 기뻐하시는 예배를 드리기를 열망한다 (12:28). 지상 순례 여정에 있는 위험 한가운데서 우리는 하나님께서 끊임없이 임재하시고 강하게 보호하신다는 약속을 갖고 있다. "내가 결코 너희를 버리지 아니하고 너희를 떠나지 아니하리라"(13:5). 하나님의 은혜는 정녕 우리와 '함께' 있다.

응답

믿음의 목적지(하늘의 예루살렘)는 무한한 가치를 지니고 있지만, 일평생 그리스도를 믿는 믿음의 인내는 힘겨운 부르심이다. 장애물과 대적, 압력과 마음의 흔들림이 사방에서 닥쳐온다. 히브리서 설교자는 개인의 소식과 안부 인사를, 그리고 궁극적인 약속의 땅으로 가는 광야 여정에서의 보호를 위해 평강과 은혜의 하나님이 우리에게 필요한 것을 주시기 바라는 풍성한 복 선언을 조합한다. 우리에게는 교회의 보살핌과 더불어 하나님의 말씀을 진실하게 전하고 하나님의 말씀을 신실하게 살아내며, 깨어서 우리를 보호하고 예수님께 대한 책임을 기억하는 지도자들이 필요하다. 이런 지도자들에게 응답할 때, 특히 그들이 책무로 인해 "권면의 말"을 해야만 할 때 우리에게는 배우려는 생각과 겸손한 마음이 필요하다. 이런 지도자들에게는 그들을 위한 우리의 기도가 필요하다. 이는 하나님의 은혜로 말미암아 그들의 양심이 깨끗하게 유지되고 그들의 사역이 방해받지 않기 위함이다. 그 무엇보다 우리에게는 하나님께서 예수 그리스도를 통해 베푸시는 자애로운 복이 필요하다. 그 복이 우리 안에서 또한 우리 가운데 역사할 때, 우리는 마음을 다해 그분의 뜻을 기꺼이 행할 수 있으며 그분이 기쁘게 보시는 예배를 드릴 수 있다.

참고문헌

Bruce, F. F. *The Epistle to the Hebrews*. NICNT. Rev. ed. Grand Rapids, MI: Eerdmans, 1990.

20세기 영국의 선도적인 복음주의 학자이며 신약에 구약 사용에 민감하다. 그리스-로마의 맥락과 제2성전 시대의 유대교 자료 및 현대의 해석적 관점에 정통하다. 주석상의 문제점과 제안된 해결책에 대한 통찰력 있는 평가를 제공한다.

Hughes, Philip Edgcumbe. *A Commentary on the Epistle to the Hebrews*. Grand Rapids, MI: Eerdmans, 1977.

복음주의적 성공회 학자(개혁주의)이다. 교부 시대, 중세, 종교개혁의 해석자들뿐만 아니라, 특히 쿰란 문헌에 대한 최초의 연구에 의해 영향을 받은 현대적 접근 방법을 활용한다.

Johnson, Luke Timothy. *Hebrews: A Commentary*. NTL. Louisville: Westminster John Knox, 2006.

보수적인 로마 가톨릭 학자로 역사 비평을 사용한다. 히브리서의 칠십인역을 거친 구약 사용에 관심을 기울이고, 예수님을 믿음으로 인내하는 것의 도덕적 본보기로 강조한다.

Lane, William L. *Hebrews 1-8* and *Hebrews 9-13*. WBC. Dallas: Word, 1991.《히브리서 상 1-8》과《히브리서 하 9-13》. WBC 성경주석. 솔로몬.

언약 신학과 개혁주의 성경 신학 전통에 속한 복음주의 학자(참고. 아래의 게르할더스 보스)이다. 700쪽 이상으로 구성된 이 두 권의 책은 역사적 맥락(그리스-로마 세계와 제2성전 시대 유대교) 및 어휘, 구문, 장르, 구약-신약 본문의 관계, 신학적 주제, 그리고 목양적 함의에 대해 주의 깊은 설명을 제공한다.

Schreiner, Thomas R. *Commentary on Hebrews*. Biblical Theology for Christian Proclamation. Nashville: Holman, 2015.《토머스 슈라이너 히브리서 주석》. 복있는사람.

복음주의(개혁주의). 명확하고 이해하기 쉽다. 21세기에 히브리서를 어떻게 설교해야 하는지에 관심을 두고, 주석적 안목과 성경신학적 상호 관련성이 균형을 이룬다.

Vos, Geerhardus. *The Teaching of the Epistle to the Hebrews*. Grand Rapids, MI: Eerdmans, 1956. Reprint Phillipsburg, NJ: P&R, n.d.《히브리서의 교훈》. 엠마오.

복음주의적 개혁주의 학자이다. 개혁주의 성경신학의 '아버지'인 보스는 구속사적 해석을 개척했으며 성경의 인간 저자들이 어떻게 독특한 신학적 기여를 했는지에 대한 관심을 불러일으켰다. 본서는 주석이 아니라 언약과 계시의 역사, 제사장직, 희생 제사에 대한 히브리서의 관점을 주제에 따라 설명하며, 개별 본문을 해석하기 위한 틀과 범주를 제시한다.

야고보서
ESV 성경 해설 주석
로버트 L. 플러머 지음 | 김명희 옮김
ESV
EXPOS
ITORY
COMME
NTARY

ESV Expository Commentary

James

야고보서 서론

제목

'야고보서'는 신약성경에 담긴 일곱 편의 '일반서신' 혹은 '공동서신' 중 하나다. 이런 이름이 붙은 까닭은, 일부 초기 그리스도인들이 이 서신을 특정 지역 회중보다는 보편 교회에 보내진 것으로 보았기 때문이다. 야고보서 저자의 이름은 히브리어 이름 야곱을 헬라어로 음역한 이아코보스(*Iakōbos*)다. 이 이아코보스라는 이름이 수세기를 거쳐 다양한 언어로 전해지면서 영어로 James가 되었다.

저자

초대 교회의 증거는 하나같이 이 서신의 저자를 예수님의 동생이자(마 13:55; 고전 15:7) 예루살렘 교회의 지도자(행 12:17; 15:13-21; 21:18; 갈 1:19; 2:9-12)였던 야고보로 본다. 신약에는 적어도 세 명의 야고보[세베대의 아들

(막 1:19; 행 12:2), 알패오의 아들(막 3:18), 유다의 아버지(눅 6:16)]가 언급된다. 가끔 씩 창의적인 제안을 하는 이들이 있긴 하지만[1] 이 서신의 저자로 진지하게 고려해 볼 만한 이는 없다. 현대의 회의적인 학자들은 간혹 이 서신이 야고보를 가명으로 사용하여 기록되었다고 주장하기도 한다. 그러할지라도 초대 교회는 일관되게 가명 사용을 규탄한다.

저작 연대와 배경

초기 교회 역사가인 유세비우스(Eusebius, 주후 260-340)는 헤게시푸스(Hegisippus, 대략 주후 110-180)의 말을 기록하며, 야고보가 62년에 열성적인 반기독교 유대인들에게 순교 당했다고 전한다. 유대 역사가 요세푸스(Josephus, 주후 37-100)는 야고보가 순교 당했다는 역사적인 보강 증거를 제시한다. 이 서신이 야고보의 손에서 나왔다면 당연히 그가 죽기 이전에 썼을 것이다. 복음주의 학자들은 야고보의 독자들이 처한 초기 유대교의 상황 및 야고보가 바울 쪽과 더 명백한 상호 작용을 하지 않아 보이는 점을 고려하여, 저작 연대를 40년대 중반으로 보려고 한다. 이 연대가 옳다면, 야고보서는 아마 신약성경의 다른 어떤 책보다 먼저 쓰였을 것이다.

장르와 문학적 구조

야고보서는 서신이지만 바울서신과는 전혀 다르다. 야고보서는 실제 서신

1 John Calvin은 알패오의 아들 야고보를 저자로 제안했다[*Commentaries on the Catholic Epistles*, trans. and ed., John Owen (repr.; Grand Rapids, MI: Baker, 1999), 277].

이라기보다는 일련의 짧은 설교문처럼 읽힌다. 오늘날 신앙에 관련한 이런 형태의 소통과 유사한 것으로는 목회자의 블로그 정도일 것이다.

야고보서 전체를 아우르는 다양한 문학 형식이 제안되었지만, 아마도 최선은 서간문임을 인지하면서 서신에 담긴 개별 설교들에 초점을 맞추는 것인 듯하다. 헬라어 원문은 발음이 유사한 단어를 반복해서 다양해 보이는 소재들을 연결하곤 한다(참고. 1:2-4 주석).

신학

야고보는 참된 그리스도인이 보여야 할 행동과 말에 집중한다. 야고보는 편지의 수신인들에게 두 마음을 품은 것을 회개하고, 그리스도인으로서 그들의 신앙과 삶에서 온전하고 한결같고 순전한 모습을 보이라고 요청한다. 다양한 신학적 주제가 이 책 곳곳에 거듭 등장한다. 그 주제들로는 (1) 시련 가운데 나타나는 하나님의 목적(약 1:2-12; 5:7-11), (2) 죄의 실상과 유혹에 굴하지 말아야 함(1:13-15; 4:7-10), (3) 경건한 말의 필요성(1:26; 3:1-12; 4:11-12; 5:12), (4) 행함이 참된 믿음에 필수 불가결한 증거라는 인식(1:19-26; 2:14-26; 3:17), (5) 가난한 이들을 향한 하나님의 관심(1:9, 27; 2:1-13; 5:1-11), (6) 부자들에게 다가올 심판(2:5-7; 5:1-6), (7) 기도의 필요성과 능력(1:5-7; 5:13-18), (8) 죄를 회개할 필요성과 잘못된 길로 빠진 이들에 대한 관심(1:22-25; 4:7-11; 5:19-20)이 있다.

성경 다른 본문 및 그리스도와의 관련성

은혜로 구원받고 "하나님의 아들"이라 선포된(참고. 롬 8:14; 갈 3:26) 그리스도인들은 일관되게 이 새로운 신분으로 살라는 부르심을 받는다. 이러한 새로운 삶의 방식은 모든 참된 신자 안에 거하시는 성령의 능력으로 가능하다. 무엇보다 야고보서는 거듭나서 지금 그리스도의 신실한 제자들로 살아가고자 하는 이들에게 주는 지침으로 생각해야 한다.

야고보서를 읽거나 야고보서 설교를 듣는 신자는 죄를 깨닫는 경험을 해야 한다. 성령은 하나님의 말씀(이 서신에 기록된)을 가져다가 신자의 마음에 새기신다. 예를 들어, 야고보서 4:13-17을 읽는 현대의 그리스도인은 미래에 대한 주제넘은 계획, 곧 피조물의 의존성과 하나님의 주권을 인식하지 못하고 세운 계획에 대해 책망을 받을 것이다. 그렇다면 제대로 된 반응은 자신의 주제넘음을 성부 하나님께 회개하고 그리스도의 완벽한 삶과 희생적 죽음을 더 소중히 여기며, 성령의 내주하심으로만 겸손한 의존이 가능함을 새로이 인식하는 것이다.

야고보서 설교하기

야고보서는 실제적인 면모 때문에 현대 그리스도인들이 매우 좋아하는 책이다. 야고보서를 순서대로 설교하고자 하면 정확히 열세 개의 단락으로 나눌 수 있다. 본문을 해설할 때, 설교자는 이 서신의 권고가 그리스도께서 완성하신 사역을 전제함을 회중에게 자주 일깨워주어야 한다. 예를 들어, 야고보서 3:1-12을 본문으로 한 설교를 들을 때 어떤 성도는 자신이 직장 동료에 대해 얼마나 나쁘게 말했는지를 깨달을 수 있다. 하지만 그 설교는 그 그리스도인에게 그저 '더 잘하라'는 말에 그치지 말고, 회개하라고 촉구해야 한다. 어쩌면 그 사람은 자신이 비방한 사람이나 다른 신자들에게 자기 죄를 고백해야 할지도 모른다(5:16). 그는 예수님의 완벽한 삶과 그를 의롭게 하시기 위한 예수님의 대속적 죽음을 바라보며, 이제는 성령의 능력으로 더 이상 비방하는 말을 하지 않겠다고 확실하게 다짐해야 한다.

야고보서 설교를 듣는 이들은 자기 죄성의 깊이는 물론, 그리스도께서 그 죄를 덮는 데 충분하신 분임을 새롭게 인식해야 한다. 하나님의 영은 성경 본문을 취하여 우리 마음에 새기셔서 우리로 그리스도의 형상을 닮게 하시는 한편, 또한 주님의 재림과 만물의 궁극적인 회복을 갈망하게 하실 것이다.

해석상 과제

회의론자들은 야고보서가 회당 설교를 적당히 편집한 것이라고 비난하며, 예수님이 딱 두 부분에서만 명백하게 언급됨에 주목했다(약 1:1; 2:1). 그러나 실제로 이 책 대부분은 복음서들, 특히 산상수훈에 나오는 예수님의 가르침과 유사하다. 예수님이 제자들에게 어떻게 말하고 행동하고 기도하고 일하고 살아야 하는지에 대해 분명한 가르침을 주셨듯이, 야고보도 새로운 세대의 그리스도인에게 그런 가르침을 전한다.

또한 비평가들은 칭의 교리와 관련하여 야고보가 바울과 모순된다고 주장했다. 바울은 믿음으로만 의롭다 함을 받는다고 말하는(롬 3:28) 반면, 야고보는 믿음만으로는 의롭다 함을 받지 못한다고(약 2:24) 주장한다. 그러나 바울과 야고보가 서로 다른 신학적 오류들을 언급하고 있음에 주목하면, 갈등으로 보이는 대부분이 사라진다. 바울은 양심에 기록된 도덕법이든, 유대의 의식법이든, 혹은 그 둘이 어느 정도 섞여 있든 이러한 율법에 순종함으로써 구원을 얻을 수 있다는 거짓 교리를 공격한다. 반면 야고보는 이름뿐인 기독교, 곧 머리로는 정통 신앙을 인정하지만 변화된 삶을 보이지 않는 모습을 공격한다. 야고보의 가르침에 따르면, 그러한 텅 빈 믿음은 귀신들의 '믿음'과 다를 바 없다(약 2:19). 이와 비슷하게 바울도 진정으로 구원에 이르는 믿음에는 '열매'가 따라온다고(갈 5:22-23) 단언한다. 바울에 의하면 중요한 것은 "사랑으로써 역사하는 믿음"(갈 5:6)이다. 야고보도 이에 동의한다(약 2:22). 칭의 교리와 관련하여 바울과 야고보를 비교한 더 자세한 논의는 야고보서 2:14-26 주석을 보라.

개요

Ⅰ. 서신의 서두(1:1)

Ⅱ. 시련을 바라보는 지혜로운 시각(1:2-11)
- A. 시련 가운데 나타나는 하나님의 목적(1:2-4)
- B. 시련을 제대로 바라보는 데 필요한 지혜(1:5-8)
- C. 가난과 부의 시련(1:9-11)

Ⅲ. 시련과 시험과 선물(1:12-18)
- A. 시련을 견디는 자에게 주어지는 종말론적 보상(1:12)
- B. 타락한 인간이 받는 유혹의 진짜 특성(1:13-15)
- C. 선물을 주시는 분으로서 하나님의 진짜 특성(1:16-18)

Ⅳ. 참된 경건: 하나님의 말씀을 듣고 순종함(1:19-27)
- A. 심겨진 말씀을 받으라(1:19-21)
- B. 말씀을 듣기만 하는 자가 아니라 행하는 자가 되라(1:22-25)
- C. 참된 경건의 속성(1:26-27)

Ⅴ. 죄악된 차별에 대한 경고(2:1-13)
- A. 차별에 대한 야고보의 명령(2:1)
- B. 경제적 차별의 구체적인 실례(2:2-4)
- C. 가난한 자들에 대한 하나님의 시각(2:5-6a)

D. 악한 부자들에게 호의를 보이는 모순(2:6b-7)

E. 공정한 사랑을 지지하는 성경 말씀(2:8-13)

VI. 믿음과 행함(2:14-26)

A. 행함이 없는 믿음은 아무 소용이 없다(2:14)

B. 소용없는 믿음의 실례(2:15-17)

C. 대화 상대를 바로잡음(2:18-20)

D. 아브라함의 본(2:21-24)

E. 라합의 본(2:25)

F. 행함이 없는 믿음은 죽은 것이다(2:26)

VII. 강력하고 위험한 혀(3:1-12)

A. 선생의 말과 심판(3:1-2)

B. 혀의 힘과 해를 입힐 가능성에 대한 실례(3:3-8)

C. 위선적인 비방하는 혀(3:9-10)

D. 위선적인 비방자에 관한 마무리 예시(3:11-12)

VIII. 참 지혜와 거짓 지혜(3:13-18)

A. 행함으로 입증되는 참 지혜(3:13)

B. 거짓 지혜의 속성과 열매(3:14-16)

C. 참 지혜의 속성과 열매(3:17-18)

IX. 공동체의 불화와 회개 요청(4:1-12)

A. 공동체의 갈등과 동기에 대한 묘사(4:1-3)

B. 예언적인 비난과 회개 요청(4:4-10)

C. 비판적이고 판단하는 말에 대한 책망(4:11-12)

X. 주제넘은 계획에 대한 책망(4:13-17)

A. 주제넘은 태도가 예시됨(4:13)

B. 인생의 덧없음과 하나님의 주권(4:14-15)

C. 마무리 책망과 적용할 만한 잠언(4:16-17)

XI. 악한 부자들에 대한 비난(5:1-6)[2]

A. 다가올 심판 선포(5:1)

B. 재물 비축(5:2-3)

C. 품삯 사취(5:4)

D. 사치스러운 생활방식(5:5)

E. 의인을 학대하고 살해함(5:6)

XII. 고난 중의 인내와 진실함(5:7-12)

A. 주님의 재림을 기다림(5:7-9)

B. 예언자들과 욥의 본(5:10-11)

C. 말의 진실성: 맹세 거부(5:12)

XIII. 기도에 관한 가르침과 잘못된 길로 빠진 이들에 대한 관심 (5:13-20)

A. 어떤 상황에서도 적절한 기도(5:13)

B. 병자들을 위한 기도(5:14-15)

C. 공동체 안에서의 고백과 기도(5:16)

D. 엘리야의 본(5:17-18)

E. 잘못된 길로 빠진 그리스도인에 대한 관심(5:19-20)

2 이렇게 단락을 나누어 개요를 서술하는 데는 Doug Moo의 영향을 받았다[*The Letter of James*, PNTC (Leicester: Apollos; Grand Rapids, MI: Eerdmans, 2000), 209-210].

1 하나님과 주 예수 그리스도의 종 야고보는 흩어져 있는 열두 지파에게 문안하노라

1 James, a servant[1] of God and of the Lord Jesus Christ,

To the twelve tribes in the Dispersion:

Greetings.

1 For the contextual rendering of the Greek word *doulos*, see ESV Preface

단락 개관

야고보는 표준 서간문 형식에 따라 문안 인사를 하고 자신 및 편지의 수신인들이 누구인지를 밝히며 시작한다.

단락 개요

Ⅰ. 서신의 서두(1:1)

주석

1:1 초대 교회 전통은 여기서 자신을 "야고보"로 밝히는 저자가 예수님의 생물학적 이복동생이자, 마리아와 요셉의 아들이라고 알려준다. 야고보가 예수님과의 가족 관계를 말하지 않는 모습은 초대 교회가 세습에 의한 지도자 체제를 따르지 않고, 오히려 주님이신 그리스도 예수께 복종하는지 여부에 근거한 지도자 체제를 따랐음을 상기시킨다.

야고보는 자신을 둘로스(*doulos*)로 묘사하는데, 이는 "종"("servant")으로 번역된다. 아마 둘로스라는 용어를 사용한 의도는 하나님의 대변자이자 '주의 종'(참고. 신 34:5의 모세)으로서 야고보가 가지는 권위 및 대표성과 함께, 야고보에 대해 주님이 가지시는 완벽한 소유권과 권한[즉, 주의 '종'(slave)인 야고보]을 전달하기 위함일 것이다.

1절에서 야고보는 "하나님"과 "주 예수 그리스도"를 나란히 두어, 삼위일체 내에서 성부와 성자의 동등함을 암시한다. 삼위일체의 세 번째 위격이신 성령은 이 서신에서 아주 드물게 명시되지만(예. 4:5) 종종 그리스도인의 행위를 변화시키는 주체로 암시되며 등장하신다.

야고보는 독자들을 "흩어져 있는 열두 지파"라고 부른다. 이 디아스포라라는 표현은 주전 722년에 이스라엘이 앗수르로 끌려간 것과 주전 586년에 유다가 바벨론에 끌려간 것을 떠오르게 한다. 하나님의 언약 백성이 이렇게 약속의 땅 밖으로 흩어진 것은 반역에 대한 하나님의 심판이었다.

바벨론 유배 생활은 고레스 치하에서 유대인이 귀환함으로써 끝났다

(주전 537년, 참고. 마 1:12). 그러나 또 다른 의미에서 유대인은 여전히 더 확실한 국가의 회복과 적들에 대한 하나님의 단호한 개입을 소망하고 있었다. 야고보는 편지를 받는 초기 그리스도인들을 하나님의 참 백성인 "열두 지파"로 묘사함으로써 이 주제들을 들여온다. 그들은 지금 진정한 본향(새 하늘과 새 땅)에서 떠나 흩어져 있으면서, 주의 재림을 갈망하고 있다(약 5:7). 야고보서의 이른 저작 연대를 고려할 때, 1:1의 표현은 야고보 청중의 생물학적인 유대인 혈통을 암시하면서 조금 더 문자적인 의미를 담으려는 의도인 것 같다. 당시 그들은 주 예수님에 대한 믿음 때문에 전통적인 거룩한 땅(팔레스타인) 밖에서 흩어져 있었다. 사도행전 11:19의 사건들이 이 서신의 배경일 수도 있다. 예루살렘에 남아 있던 야고보는 그 전에 자신이 직접 돌보았던 유대 신자들과 서신으로 소통하고 있었다(참고. 행 11:19, "그 때에 스데반의 일로 일어난 환난으로 말미암아 흩어진 자들이 베니게와 구브로와 안디옥까지 이르러 유대인에게만 말씀을 전하는데", 또한 행 8:1).

1절에서 야고보는 흔한 그리스 서신의 인사인 카이레인(*chairein*), 즉 "문안하노라"라고 쓴다. 이러한 서신의 정형화된 문구는 신약에서 다른 두 군데, 즉 글라우디오 루시아가 로마 총독 벨릭스에게 보내는 편지(행 23:26)와 야고보서의 다른 편지(행 15:23)에만 나온다.

응답

야고보는 자신을 예수님의 동생이 아니라 "하나님과 주 예수 그리스도의 종"으로 밝힌다. 이를 통해 그는 우리의 주권자 주님이신 예수님을 하나님의 약속을 성취하신 메시아("그리스도")로 여기고 그분께 복종할 때만 지도자들의 권위와 가르침이 효력을 발휘함을 기억하라고 도전한다.

야고보서의 이 첫 절은 배타적인 구원론을 암시적으로 가르치기도 한다. 의식적으로 하나님의 아들께 복종하지 않으면(요일 2:23) 절대 참된 하나님의 종일 수 없다. "다른 이로써는 구원을 받을 수 없나니 천하 사람 중에 구원을 받을 만한 다른 이름을 우리에게 주신 일이 없음이라 하였더라"(행 4:12).

더 나아가 야고보는 우리가 이생에서 편안하든 고통을 겪든 상관없이 본향에 있지 않음을 상기시킨다. 우리는 하나님의 백성으로서 반항적인 세상 곳곳에 흩어져 있다. 우리는 예수님의 재림과 새 하늘과 새 땅의 약속을 갈망하는 외국인이요 나그네다(히 11:13-14).

1장

2 내 형제들아 너희가 여러 가지 시험을 당하거든 온전히 기쁘게 여기
라 3 이는 너희 믿음의 시련이 인내를 만들어 내는 줄 너희가 앎이라
4 인내를 온전히 이루라 이는 너희로 온전하고 구비하여 조금도 부족
함이 없게 하려 함이라
2 Count it all joy, my brothers,[1] when you meet trials of various kinds,
3 for you know that the testing of your faith produces steadfastness.
4 And let steadfastness have its full effect, that you may be perfect and
complete, lacking in nothing.

5 너희 중에 누구든지 지혜가 부족하거든 모든 사람에게 후히 주시고
꾸짖지 아니하시는 하나님께 구하라 그리하면 주시리라 6 오직 믿음
으로 구하고 조금도 의심하지 말라 의심하는 자는 마치 바람에 밀려
요동하는 바다 물결 같으니 7 이런 사람은 무엇이든지 주께 얻기를 생
각하지 말라 8 두 마음을 품어 모든 일에 정함이 없는 자로다
5 If any of you lacks wisdom, let him ask God, who gives generously to
all without reproach, and it will be given him. 6 But let him ask in faith,

with no doubting, for the one who doubts is like a wave of the sea that
is driven and tossed by the wind. 7 For that person must not suppose
that he will receive anything from the Lord; 8 he is a double-minded
man, unstable in all his ways.

9 낮은 형제는 자기의 높음을 자랑하고 10 부한 자는 자기의 낮아짐을
자랑할지니 이는 그가 풀의 꽃과 같이 지나감이라 11 해가 돋고 뜨거
운 바람이 불어 풀을 말리면 꽃이 떨어져 그 모양의 아름다움이 없어
지나니 부한 자도 그 행하는 일에 이와 같이 쇠잔하리라

9 Let the lowly brother boast in his exaltation, 10 and the rich in his
humiliation, because like a flower of the grass[2] he will pass away.
11 For the sun rises with its scorching heat and withers the grass; its
flower falls, and its beauty perishes. So also will the rich man fade
away in the midst of his pursuits.

1 Or *brothers and sisters*. In New Testament usage, depending on the context, the plural Greek word *adelphoi* (translated "brothers") may refer either to *brothers* or to *brothers and sisters*; also verses 16, 19 *2* Or *a wild flower*

단락 개관

서신의 이 첫 단락에는 몇 가지 주제가 등장한다. 어려움 가운데서 인내함, 하나님의 주권, 기도, 지혜, 믿음, 의심, 부, 가난, 삶의 덧없음이다. 이 단락은 아래의 개요가 보여주듯, 자연스럽게 세 개의 세부 단락으로 나뉜다. 첫째로, 야고보는 독자들에게 시련에 대한 하나님의 관점을 가지라고 권면한다. 하나님이 그들의 믿음을 성숙시키고 계심을 알라는 것이다. 둘째로,

시련에 대해 그러한 관점을 가지려면 지혜가 필요하기에 신자들은 그러한 지혜가 부족하다면 하나님께 외치며 믿음의 기도를 드려야 한다. 셋째로, 야고보는 독자들이 겪을 만한 주된 시련 가운데 하나인 경제적 궁핍을 간략하게 다룬다. 부유함 역시 이생에서 부자로 사는 소수에게는 시련일 수 있으므로, 야고보는 부자에게 영원을 인식하며 살라고 경고한다. "그가 풀의 꽃과 같이 지나[가기]" 때문이다(10절).

단락 개요

Ⅱ. 시련을 바라보는 지혜로운 시각(1:2-11)
- A. 시련 가운데 나타나는 하나님의 목적(1:2-4)
- B. 시련을 제대로 바라보는 데 필요한 지혜(1:5-8)
- C. 가난과 부의 시련(1:9-11)

주석

1:2-4 헬라어 본문에서 2절의 두 번째 단어인 카란(*charan*, "기쁘게")은 1절의 마지막 단어 카이레인과 발음이 유사하다. 야고보서의 단락들은 종종 발음이 유사한 단어들로 서로 연결되는데, 이는 저자의 헬라어 실력을 보여준다. 일부 현대의 회의론자들은 나사렛에서 자란 유대인이 절대 그러한 헬라어 실력을 갖출 수 없다고 주장하지만, 고고학적 증거(예. 유골함 비문)는 1세기 팔레스타인에서 헬라어가 널리 사용되었음을 확증해 준다. 또한 야고보는 바울처럼(롬 16:22) 당연히 대필자(서기)를 두었을 것이다. 야고보가 자기 이름으로 보내는 편지의 최종 원고를 승인했겠지만, 헬라어에 능숙한

서기가 이 설교 같은 편지의 번역이나 편집을 도왔을 수 있다.

야고보는 흩어진 그리스도인들에게 사도로서 위압적인 태도를 취하지 않고 계속 겸손한 자세를 유지한다. 그는 주의 종으로서(약 1:1) 그들을 "내 형제들"이라고 부른다. 여기서 ESV의 각주는 형제들[아델포이(*adelphoi*)]로 번역된 헬라어를 기독교 공동체의 남자와 여자를 모두 가리키는 것으로 이해해야 한다는 타당한 주장을 한다. 오늘날 교회에서 "형제들"이 유사하게 이해되듯이 말이다.

야고보서에는 신약의 어떤 책보다 명령문이 자주 나온다. 첫 명령은 1:2에 나오는 "온전히 기쁘게 여기라"이다. 야고보는 그리스도인들에게, 어떠한 상황이 아무리 어려울지라도 큰 기쁨을 누릴 기회로 여기라고 말한다. 여기서 "온전히"에 해당하는 헬라어는 '기쁨'을 강조하는 역할을 한다. 다시 말해, 고통의 모든 요소가 기쁨은 아니라는 말이다. 그러나 고통이 아무리 극심해도 모든 시련은 큰 기쁨을 누릴 수 있는 때다.

이러한 온전한 기쁨은 시련 자체에서 나오지 않고 시련에 수반된다. 야고보는 "너희가 여러 가지 시험을 당하거든"이라고 말한다. 시련의 '시기'는 크게 기뻐할 때다. 가장 암울한 시기에도 하나님이 여전히 주관하시며 그분의 뜻이 상황을 지배할 것이기 때문이다. 다른 사람들은 악한 일을 꾀할지라도, 하나님은 선을 위해 일하신다(창 50:20). 하나님을 사랑하고 그분의 뜻대로 부르심을 입은 자들에게는 모든 것이 합력하여 선을 이룬다(롬 8:28).

"너희가 여러 가지 시험을 당하거든"[페이라스모이스 페리페세테 포이킬로이스(*peirasmois peripesēte poikilois*), 약 1:2]이라고 번역된 세 헬라어 단어는 모두 'ㅍ'(p) 소리로 시작한다. 이는 저자의 글솜씨를 입증하는 두운법 형식이다. 야고보가 경제적 불의에서부터(5:4) 육체적 질병까지(5:14) 각종 시련에 대해 계속 논의하고 있으므로, 여기서 "여러 가지 시험"을 이 타락한 세상에서 그리스도인들이 겪는 모든 어려움을 가리키는 것으로 보는 것이 중요하다. '시련'["trial", 페이라스모스(*peirasmos*)]에 해당하는 헬라어는 '시험'(temptation)을 의미할 수도 있는데, 어떤 어감이 의도되었는지는 문맥을 통해서만 알 수 있다. 일부 학자들은 이 서신 곳곳에서 의도된 모호성을 보았다. 야고보가 암시하는 것은 그리스도인이 시련(하나님이 일으키시는, 2:20-23) 때문에 시험(하나님은 누구도 악을 저지르도록 유혹하지 않으시므로 절대 시험을 하실 수 없다, 1:13)의 순간에 직면한다는 것이다. 영어 성경 번역자들은 대부분 1:2의 문맥이 페이라스모스의 의미를 '시련'으로 충분히 좁힌다고 보고 그에 맞게 번역한다.

시련이 신자의 마음에 큰 근심을 일으킬 수는 있다. 이러한 초조함은 정상적인 것이지만, 하나님이 그러한 시련을 통해 그리스도인의 신앙을 단련하시고 "인내"(steadfastness), 즉 참을성이나 끈덕짐을[3] 만들어내심을 알기 때문에("너희가 앎이라", 3절) 안심함으로써 가라앉힐 수 있다.

4절에 이 서신의 두 번째 명령이 나온다. "인내를 온전히 이루라." 다시 말해, 그리스도인의 성품이 성숙하는 것(그리고 특별히 여기서는 "인내" 혹은 참을성이 커지는 것)은 신자가 주님의 성화 계획을 따라가는 과정이다.

야고보는 하나님이 기획하신 성품 형성의 목적이 "온전하고 구비하여 조금도 부족함이 없게 하[는]"(4절) 것이라고 독자들에게 말한다. 이 수준 높은 묘사는 사실상 종말론적인 것 같다. 즉, 최종적으로 영화의 상태에 이를 때에만 모든 그리스도인이 "온전하고 구비하여 조금도 부족함이 없[다]"고 단호하게 묘사될 수 있다. 그럼에도 야고보가 이 서신에서 줄곧 분명하게 의도하는 바는, 독자들이 그의 가르침에 주의를 기울임으로써 이 땅에서 살 때 순종의 가시적인 증거를 드러내는 것이다(1:22, 27). 아마도 우리가 이 불완전한 시대에 야고보의 목적 선언문이 부분적으로 성취되는 모습을 경험한다고 말하는 것이 최선인 듯하다. 하나님은 정말로 우리를 성숙시키고 '온전하게' 하신다. 그러나 신자는 온전하고 절대적인 완벽함을 누릴 영화의 상태를 기다린다. 그리스도인들은 변화되었고 변화되고 있지만, 계속 죄와 싸울 것이다. 예수님이 제자들에게 가르치신 기도에

3 10여 년 전에 어딘가에서 휘포모네(*hypomonē*)를 '끈덕짐'(stick-to-it-ness)으로 번역한 것을 읽은 것 같다. 유감스럽게도 그 출처를 찾을 수가 없다.

하나님께 죄를 사해 달라는 요청을 포함하신 것(마 6:12)은 교훈적이다. 신자는 예수님의 완벽한 삶과 대속의 죽음(롬 8:30-39)을 근거로 의롭다 하심을 받아 하나님의 보좌 앞에 설 수 있지만, 하나님의 아버지로서의/관계적인 죄 사함을 매일 계속 필요로 한다(요일 1:9). 정상적이고 건강한 그리스도인의 삶은 주기적인 회개와 믿음이 있는 삶이다(참고. 루터의 "95개조 반박문"의 논제 1).

1:5-8 5절에서 지혜에 관한 논의로 옮겨간 이유가 곧바로 분명하게 나타나지는 않는다. 마르틴 루터(Martin Luther, 1483-1546)는 이러한 단편적인 형식 때문에 야고보서가 주제들을 닥치는 대로 한곳에 던져놓았다고 비난했다.[4] 이와 마찬가지로 독일의 영향력 있는 신약학자 마르틴 디벨리우스(Martin Dibelius, 1883-1947)도 야고보서를 잠언 문학의 미숙한 모방품이라고 비난했다. 다소 호의적으로 말해 보자면 지혜는 하나님의 관점으로 시련을 바라보는 데 필요하기 때문에, 즉 믿음을 단련하는 데 필요하기 때문에 야고보의 논의 중 이 시점에서 논할 적절한 주제라는 것이다. 물론 야고보가 5-8절에서 지혜와 시련을 분명하게 연결하지는 않지만, 인접 문맥상 원 독자들이 5-8절에서 논의된 지혜를 2-4절 및 9-11절에서 논의된 시련과 관련짓지 않았으리라고 보기는 어렵다.

"하나님께 구하라"("let him ask God", 5절)는 어구는 헬라어에서 허락 선언이 아니라 삼인칭 명령이다. 더 관용적으로는 헬라어 어구를 '지혜가 부족한 사람은 하나님께 구해야 한다'로 번역할 수 있다. 5절에서 하나님은 "모든 사람에게 후히 주시고 꾸짖지 아니하시는" 분으로 묘사된다. "후히"로 번역된 헬라어 단어는 하플로스(*haplōs*)로, '흔들리지 않다' 또는 '주저하지 않다'라는 뜻일 수도 있다. 야고보는 6-8절의 변덕스러운 인간과 하나님을 대조하고 있다. 의심하는 사람은 두 마음을 품은 자로, 불안정하며 변

4 물론 루터는 칭의에 관한 야고보의 논의(약 2:24)를 좋아하지 않았다. 바울(롬 3:28)과 모순됨을 알았기 때문이다. 루터는 그의 독일어 번역 성경에서 야고보서를 빼지는 않았지만, 신약성경 맨 뒤로 옮겨놓았다.

덕스럽다. 마치 폭풍이 이는 바다의 일렁이는 물결 같다. 반면 하나님은 흔들리지 않고 관대하게 행하신다. 하나님이 선물을 주시는 것은 잠시 후에 거둬 가시기 위함이 아니다.

더 나아가 하나님은 "꾸짖지 아니하시는" 분으로 묘사된다. 여기서 헬라어 오네이디조(*oneidizō*)가 부정을 통해 강조되는데, BDAG 어휘사전은 이 단어를 "상대를 비하하는 식으로 트집을 잡는 것"으로 정의한다. 화를 내거나 모욕을 일삼는 부모 또는 상전이 준 '선물'이나 '도움'에 시달린 사람에게, 하나님이 그런 식으로 주시는 분이 아님을 아는 것은 정말 기쁜 소식이다! 그분의 주심은 투명하고 조건이나 주저함이 없으며, 받는 사람의 필요에 자애롭게 반응하시는 것이다.

지혜를 구하는 사람과 관련하여 야고보는 "그리하면 주시리라"(5절)라고 확실하게 말한다. 다른 데서는 기도 응답의 약속에 그 간구가 하나님의 뜻에 맞아야 한다는 단서가 달려 있기도 하다(예. 요일 5:14). 여기서 야고보의 단도직입적인 선언은 다음 사실을 상기시킨다. 하나님이 분명히 드러내신 도덕적 뜻은 사람들이 지혜로워지고 그분을 아는 것이다(겔 18:23). 여성으로 의인화된 지혜는 누구든 잔치에 와서 만찬을 즐기라고 거리에서 외친다(잠 9:1-6). 야고보서의 독자가 확신할 수 있는 사실은, 지혜(특히 시련을 제대로 바라보는 지혜)가 부족함을 깨닫게 되면 하나님께 부르짖을 수 있고, 사랑이 많으시고 언제든 참된 지혜를 주실 수 있는 믿을 만한 분의 응답을 기대할 수 있다는 것이다.

그럼에도 야고보는 지혜를 구하는 기도와 관련하여 한 가지 조건을 제시한다. 그 기도는 "믿음으로…조금도 의심하지 [않는]"(1:6) 것이어야 한다. 야고보는 계속해서 다채로운 이미지를 사용하여 의심하는 간구자를 묘사한다. 그는 바람에 밀려 요동하는 바다 물결 같고(6절), 두 마음을 품어 모든 면에서 불안정하다(8절). 야고보는 7절에서 "이런 사람(즉, 의심하는 자)은 무엇이든지 주께 얻기를 생각하지 말라"라고 단호하게 말한다.

야고보의 가르침은 예수님의 지상 사역 중에서 그분께 나아오는 이들에게 믿음을 요구하셨던 몇 장면을 반영한 것이다. 마태복음 9:29에서 예수님은 두 맹인의 눈을 만지시며 "너희 믿음대로 되라"고 말씀하셨다. 귀신 들린 아이의 아버지가 믿지 못해서 흔들리고 있었을 때, 예수님은 그에게 "믿는 자에게는 능히 하지 못할 일이 없느니라"(막 9:23)라고 말씀하셨다. 제자들이 자신들은 왜 악한 영을 내쫓을 수 없었냐고 묻자, 예수님은 이렇게 대답하셨다. "너희 믿음이 작은 까닭이니라 진실로 너희에게 이르노니 만일 너희에게 믿음이 겨자씨 한 알 만큼만 있어도 이 산을 명하여 여기서 저기로 옮겨지라 하면 옮겨질 것이요 또 너희가 못할 것이 없으리라"(마 17:20). 이와 마찬가지로 히브리서 저자는 이렇게 경고한다. "믿음이 없이는 하나님을 기쁘시게 하지 못하나니 하나님께 나아가는 자는 반드시 그가 계신 것과 또한 그가 자기를 찾는 자들에게 상주시는 이심을 믿어야 할지니라"(히 11:6).

1:9-11 9절에서 야고보는 다시 재빨리 주제를 바꾼다. 하지만 시련과 지혜(즉, 시련을 제대로 바라보는 데 필요한 지혜)라는 더 광범위한 문맥상, 9-11절이 논의하는 가난과 부는 지혜가 필요한 흔히 겪는 시련들로 봐야 할 것 같다.

야고보는 "낮은 형제는 자기의 높음을 자랑하고"(9절)라고 명령한다. 그는 좁은 의미의 경제적 가난을 지칭하는 평범한 헬라어 단어인 프토코스(*ptōchos*) 대신에 타페이노스(*tapeinos*, '낮은' 혹은 '미천한')를 사용한다. 이를 통해 재정적 빈곤으로 몰락한 이들이 하나님을 기쁘시게 하는 심령의 가난함(겸손)도 얻는다는, 이전에 나오는 성경의 다양한 계시에서 실마리를 끌어낸다(예. 삼상 2:8; 마 5:3; 눅 6:20).

야고보는 "낮은" 혹은 가난한 그리스도인 형제에게 자신의 시련을 바라보는 하나님의 시각을 찾으라고 요청한다. 사실 그 형제는 자기의 "높음"을 "자랑"하거나 즐거워해야 한다(약 1:9). 야고보가 여기서 뜻하는 바는, 그 낮은 형제가 믿음으로 하늘에서 그리스도와 함께 앉아 있다는(엡 1:20) 현재 자신의 높은 지위를 기뻐해야 한다는 것일 수 있다. 아니면 여기 언급된 큰 기쁨은 미래를 내다보며 누리는, 즉 그 낮은 형제가 결핍이나 아픔이 전혀 없는 최종적으로 영화된 상태에서 얻을 궁극적인 지위를 고대하며(계 21:4) 누리는 것일 수도 있다.

"부한" 자 역시 자신이 현재 누리는 일시적인 지위를 하나님의 시각에서 봐야 한다. "형제"라는 명사가 암시된 듯 하다. 따라서 이는 그저 부유한 사람이 아니라 부유한 그리스도인 형제다. 이 사람은 하나님의 지혜를 통해 자신의 표면적인 지위가 정말 얼마나 덧없는지를 알아야 한다. (혹은 10절을, 낮은 그리스도인들을 억압한 불신자들을 향한 예언적인 책망의 선언으로 보기도 한다. 이러한 해석은 5장에 나오는 야고보의 표현과 잘 어울리긴 하지만 1장에서는 그렇지 않아 보인다.)

응답

1:2-11에 나오는 야고보의 가르침은 모든 그리스도인 독자에게 적용된다. 어떤 그리스도인이 현재 시련을 겪고 있지 않다면, 아마 곧 겪을 것이다. 그렇다면 실직을 하거나, 홀대를 받거나, 장애를 가진 아이를 돌봐야 하거나, 병이 들거나, 휴대폰을 잃어버리거나, 크든 작든 다른 시련을 마주할 때, 바로 그 순간에 하나님의 주권을 그리고 그 시련을 통해 그들을 영적으로 견고하게 하고자 하시는 하나님의 계획을 기억해야 한다. 그리스도인은 체념이나 절망, 분노, 복수 혹은 어떤 다른 여러 가능한 죄악된 것으로가 아니라 믿음과 사랑으로 대응해야 한다.

그 누가 이런 일을 충분히 할 수 있는가? 하나님의 영이 능력을 주시지 않는다면, 아무도 하지 못한다. 그러므로 그리스도인들은 그들의 시련을 이러한 영원의 시점에서 볼 수 있는 지혜를 구해야 한다. 우리는 시련을 그런 식으로 바라볼 수 있는 지혜를 위해 기도하는가? 이러한 권면을 읽지만 기도하지 못할 때가 얼마나 많은가? 시련 가운데서 기뻐하기보다는 시련에 대해 소리 내어 혹은 속으로 불평한 적이 얼마나 많은가?

야고보는 믿음을 요구할 때, 그리스도인들에게 기도가 아주 구체적으로 응답됨을 '감지할' 수 있도록 일종의 보이지 않는 믿음 측정기를 실행해 보라고 하지 않는다. 오히려 그리스도인들은 하나님이 능력이 많으시고, 선하시며, 그리스도의 완벽한 삶과 대속의 죽음을 통해 누리는 관계 때문에 그들에게 자비로우심을 알고서, 믿음으로 그분께 나아가야 한다. 그러한 믿음과 반대되는 것은 하나님이 사실상 돌보지 않으시고, 선하지 않으시며, 그리스도 안에서 아버지로 하신 약속을 지키지 않으신다고 믿는 것이다.

민감한 그리스도인들은 때로 자신의 믿음이 충분한지를 두고 심히 초조해하고 불안해한다. 야고보는 이러한 민감한 그리스도인들(예. 존 번연의 《천로역정》에 나오는 '겁쟁이'라는 인물)에게 의심에 관한 강력한 말을 한다. 야고보가 책망하는 사람은 하나님과 독립적으로 살려 하면서도, 절망이나 문제가 엄습하면 믿음 없는 간청을 재빨리 올리는 건방지고 변덕스러운 기도자다.

그리스도인은 대부분 가난을 시련으로 인식하고, 경제적으로 궁핍한 상황에 기꺼이 주님을 의지해야 한다고 알 것이다. 야고보는 부유함 역시 시련이라고 상기시킨다. 예수님에 따르면 이는 심히 위험한 상태다(마 19:23-24). 우리는 부유할 때도 하나님이 주신 지혜를 통해서만 참으로 부의 덧없음에 대한 하나님의 시각을 가지고, 자신을 위해 하늘에 진짜 보화를 쌓을 수 있다(막 10:21).

12 시험을 참는 자는 복이 있나니 이는 시련을 견디어 낸 자가 주께서
자기를 사랑하는 자들에게 약속하신 생명의 면류관을 얻을 것이기 때
문이라

12 Blessed is the man who remains steadfast under trial, for when he has
stood the test he will receive the crown of life, which God has promised
to those who love him.

13 사람이 시험을 받을 때에 내가 하나님께 시험을 받는다 하지 말지
니 하나님은 악에게 시험을 받지도 아니하시고 친히 아무도 시험하
지 아니하시느니라 14 오직 각 사람이 시험을 받는 것은 자기 욕심에
끌려 미혹됨이니 15 욕심이 잉태한즉 죄를 낳고 죄가 장성한즉 사망을
낳느니라

13 Let no one say when he is tempted, "I am being tempted by God," for
God cannot be tempted with evil, and he himself tempts no one. 14 But
each person is tempted when he is lured and enticed by his own desire.
15 Then desire when it has conceived gives birth to sin, and sin when it
is fully grown brings forth death.

16 내 사랑하는 형제들아 속지 말라 17 온갖 좋은 은사와 온전한 선물
이 다 위로부터 빛들의 아버지께로부터 내려오나니 그는 변함도 없으
시고 회전하는 그림자도 없으시니라 18 그가 그 피조물 중에 우리로
한 첫 열매가 되게 하시려고 자기의 뜻을 따라 진리의 말씀으로 우리
를 낳으셨느니라

16 Do not be deceived, my beloved brothers. 17 Every good gift and
every perfect gift is from above, coming down from the Father of
lights, with whom there is no variation or shadow due to change.[1] 18 Of
his own will he brought us forth by the word of truth, that we should be
a kind of firstfruits of his creatures.

1 Some manuscripts *variation due to a shadow of turning*

단락 개관

야고보는 앞에 나오는 "인내"와 "시련"(페이라스모이, 문맥에 따라 "시험"을 뜻하기도 한다)이라는 어휘를 써서, 현재 어려움을 겪는 그리스도인들에게 격려가 되는 영생이라는 종말론적 소망을 제시한다.

사람이 시련을 만나면 보통 죄악된 반응을 하려는 유혹을 받지만, 야고보는 죄로 끌어당기는 힘은 하나님께로부터 온 것이 아님을 분명히 한다. 야고보에 따르면, 타락한 인간 본성은 죄로 기운다. 우리는 구부러진 나무다. 그리스도인들은 이생에서 점진적이고 진정한 변화를 경험하긴 하지만, 그들조차도 계속 그 마음이 연약하여 '범죄하기 쉬움'을 깨닫는다.[5]

5 Robert Robinson의 "Come Thou Fount of Every Blessing"(복의 근원 강림하사)라는 찬송가에서.

그리스도인들은 그러한 유혹의 희생양을 찾기보다는, 죄를 회개하고 하나님의 능력의 임재를 믿음으로써 죄로 기우는 그들 내면의 성향에 겸손히 저항해야 한다.

하나님은 자기 종들을 시험하지 않으신다. 오히려 그분은 좋은 선물을 주시는 신뢰할 만한 분이다. 그 가운데서 가장 탁월한 선물은, 하나님의 유효하고 생명을 주시는 말씀으로 말미암는 영적인 거듭남이다. 그리스도인의 삶에서 일어난 거듭남의 기적은 주님의 재림 때 이루어질 온 창조 세계의 회복을 기대하게 한다.

단락 개요

Ⅲ. 시련과 시험과 선물(1:12-18)
- A. 시련을 견디는 자에게 주어지는 종말론적 보상(1:12)
- B. 타락한 인간이 받는 유혹의 진짜 특성(1:13-15)
- C. 선물을 주시는 분으로서 하나님의 진짜 특성(1:16-18)

주석

1:12 야고보는 앞 단락에 나온 "인내"와 "시련"이라는 표현(1:2, 3)을 다시 언급하면서 시험을 참는 자는 복이 있다고 독자들을 안심시킨다. 야고보는 참는 자에게 "복이 있[다]"고 설명함으로써, 이 사람이 하나님의 호의적인 인정을 즐기며 살고 있음을 나타낸다. 결국 이생에서 겪는 모든 시련은 어떤 시험장 혹은 시험대라고 뭉뚱그려 말할 수 있다. 야고보가 그렇게 말한다. 그는 시련을 견딘(즉, 인생의 시련들을 신실하게 인내한) 사람은 "주께서

자기를 사랑하는 자들에게 약속하신 생명의 면류관을 얻을 것"(12절)이라고 선언한다.

"생명의 면류관"에 대한 약속은, 끝까지 견딘 그리스도인이 승리자의 면류관인 영생을 얻을 것이라고 가르친다(참고. 마 10:22; 계 2:10). 12절은 따로 떼놓고 보면, 마치 그리스도인들이 자신의 인내로 영생을 얻는 것처럼 들린다. 그러나 그렇지 않다. 오히려 참된 신자는 자신이 진정 하나님께 속해 있음을 보여주면서(요일 2:19) 어려움을 견딜 것이다. 예수님의 씨 뿌리는 자 비유에서 어떤 씨는 금세 싹이 텄지만 수확물을 낼 때까지 견디지 못했다(막 4:1-9). 이와 마찬가지로 야고보는 인생 전체의 경주를 어떻게 시작하느냐가 아니라, 결국 어떻게 달리느냐가 영생을 유업으로 받을지를 밝혀준다고 말한다.

하나님은 자기 백성을 끝까지 지키신다는 약속을 이행하시는 데에 경고를 도구로 사용하신다.[6] 실제로 야고보는 인내하도록 동기를 부여하기 위하여 생명의 면류관을 우리 앞에 제시할 때, 이 면류관은 행위가 아니라 관계(즉, "자기를 사랑하는 자들")에 근거하여 "약속"되어 있다고 말한다. 하지만 참 사랑은 행위로 그 사랑을 입증한다. 하나님은 그분께 순종하는 사랑의 마음을 요구하신다. 외적 순종으로 그 사랑의 마음이 드러난다. 하나님은 그리스도의 복음이 가지는 변화시키는 능력을 통해 "그분이 요구하시는 그것을 주신다."[7] 다시 말해, 하나님은 자기 백성에게 사랑을 입증하라고 요구하시지만, 몸소 그들을 구원하시고 그들을 사랑의 공동체로 변화시키신다(요 13:35).

1:13-15 헬라어 페이라스모스(12절)는 "시련" 혹은 "시험"으로 번역할 수

6 참고. Thomas R. Schreiner and Ardel B. Caneday, *The Race Set before Us: A Biblical Theology of Perseverance and Assurance* (Downers Grove, IL: IVP Academic, 2001).

7 John Calvin, *Institutes of the Christian Religion*, trans. Henry Beveridge (Grand Rapids, MI: Eerdmans, 1989; repr. 1997), 279에 인용되어 있으며, 히포의 어거스틴이 한 말로 여겨진다.

있는데, 여기서 야고보는 그 의미의 모호함으로 언어유희를 하는 듯하다. 모든 시련이 그리스도인에게 잠재적인 시험이 되기도 한다. 그들이 분노와 불신으로 폭언을 함으로써 죄를 지을 것인가?

하나님은 모든 것을 주관하시고(마 10:29) 자기 백성을 단련하시기 위해 시련을 마련해 놓으신다(예. 창 22:1; 출 16:4; 신 8:2-3). 하지만 하나님이 자기 백성을 시험하신다고는 절대 말할 수 없다. 시험은 죄를 짓도록 사람을 꾀려는 것이다. 하나님은 절대 그런 일을 하실 수 없다. 왜 그런가? 한 가지 이유는, 하나님은 죄가 전혀 없으시기 때문이다("하나님은 악에게 시험을 받지도 아니하시고", 약 1:13). 죄 없는 존재는 다른 사람이 죄를 짓도록 조장할 수 없다.

타락한 인간은 죄에 유혹당할 때 하나님을 탓하지 말고, 무엇보다 자신의 기만적인 마음을 보아야 한다(렘 17:9). 야고보는 시험의 근원을 사람의 "욕심"[에피튀미아(*epithymia*)]으로 묘사한다. 야고보는 이 단어로 방치하여 타락한 인간 본성의 죄악된 성향을 가리킨다. 야고보는 내주하는 악한 욕망에 대해 아주 생생한 용어를 사용하여, 피해자에게 덫을 놓고("끌려") 악한 의도로 감질나게 하는 것("미혹됨")으로 묘사한다(14절). 야고보는 잠언의 표현과 유사하게, 죄악된 성향이 인생의 진로를 정하도록 허용할 때의 위험을 신자들에게 경고한다. 죄에게 운전석을 허용하면, 그 죄가 권력을 찬탈하고 폭정을 펼친다. 마약 중독자의 인생이 자멸을 피할 수 없어 보이는 것처럼, 죄를 존중하는 것은 생각과 마음에 쉽게 전복되지 않는 파괴적인 불순종이라는 선로를 까는 것이다.

야고보는 타락한 인간 본성이 어떻게 죄악된 선택에 기여하는지에 초점을 맞추는데, 이때 유혹자라는 마귀의 역할이나(눅 22:31-32; 고전 7:5; 벧전 5:8) 속여 꾀는 반역적인 세상의 영향력을(요일 2:15-16) 부인하지 않는다. 그리스도인은 실제로 매일 분투할 때, 유혹이 명확히 육체(죄악된 본성)에서 오는지, 마귀나 세상에서 오는지를 거의 분별하지 못한다. 하지만 이러한 모호함이 저항하라는 성경의 분명한 호소를 바꾸지는 못한다!

야고보는 시험에 굴복하게 되는 하향 곡선을 그려 보인다. 먼저 악한 욕망이 공범인 희생자를 꾀어 유혹한다(혹은 함정에 빠트린다). 그 다음 그 사람 안에 있는 악한 욕망이 제지받지 않고 달리도록 그대로 두면, 그 욕망이 "죄를 낳[는다]." 다시 말해, 임신하면 자연스럽게 출산을 하듯 죄악된 성향의 고삐를 풀어놓으면 자연스럽게 이런저런 도덕적 죄를 짓게 된다. 물이 아래로 흐르듯이 악한 욕망이 그 '중력'을 따라가게 두면, 죄악된 행동을 하는 쪽으로 흐른다.

야고보는 구체적인 죄악된 행위가 추악한 전진의 끝이 아니라고 경고한다. 오히려 "죄가 장성한즉 사망을 낳[는다]"(약 1:15). 이곳의 표현을 보면 하나님이 에덴동산에서 아담에게 하셨던 경고가 떠오른다(창 2:17, "선악을 알게 하는 나무의 열매는 먹지 말라 네가 먹는 날에는 반드시 죽으리라"). 이생에는 두 가지 길이 있다. 하나는 영원한 죽음에 이르는 '쉬운' 길이고, 또 하나는 영생에 이르는 '어려운' 길이다. 그런데 예수님은 옳은 길을 선택하는 사람이 거의 없다고 제자들에게 말씀하셨다(마 7:13-14). 자신은 죄를 안전하게 가지고 놀 수 있다고 생각하는 사람들에게, 야고보는 죄에 굴복한 인생이 결국 이르게 될 곳을 직설적으로 상기시킨다. 그 인생은 결국 영원한 죽음에 이른다. 야고보는 죄가 당신의 비행기를 조종하도록 허용하기 전에 신중하게 생각해 보라고 경고한다. 그렇게 하지 않으면 지옥으로 추락할 것이다. '당신의 열정을 따르라'는 말은 만약 그 열정이 타락한 인간 본성의 제어되지 않는 성향일 경우, 좋은 조언이 아니다.

1:16-18 야고보는 이 서신 곳곳에서, 특히 독자들에게 여러 직설적인 책망을 할 때 자신이 그들을 "사랑하는 형제들"(16절, 1:2, 19; 2:1, 5, 14; 3:1, 10, 12; 4:11; 5:7, 9, 10, 12, 19)로 여기고 있음을 상기시킨다. 이러한 표현은 그저(주제의 변화를 나타내는) 기능적인 것이 아니라, 야고보가 진심으로 독자들과 자신을 똑같이 그의 편지의 가르침을 따라야 하는 이들로 여기는 것이다. 그러면서도 또한 그가 그들을 보살피고 있음을 상기시키는 것이기도 하다.

야고보는 하나님이 시험을 하지 않으신다고 초기 그리스도인들을 안심시킨 후에(1:13), 대신 그분이 다른 것을 주신다고 명확히 말한다. 그는 시를 쓰듯이 "온갖 좋은 은사와 온전한 선물이 다 위로부터…내려오나니" 라고 쓴다. 이러한 광범위한 표현은 이생의 모든 선한 것, 아름다운 것, 탁월한 것을 모두 하나님 덕분으로 돌린다. 물론 하나님이 만물의 창조주이심을 인식하고서 말이다. 심지어 악한 것들도 하나님의 선한 창조물이 왜곡된 형태일 뿐이다. 하나님은 "빛들의 아버지…변함도 없으시고 회전하는 그림자도 없으시니라"라고 묘사된다. 야고보는 여기서 하나님의 섭리하시고 창조하시는 능력을 확대하여 보여주기 위해, "아버지"라는 단어를 고른다. 사실 "빛들"(해, 달, 별)을 창조하신 분은 바로 하나님이시다. 하지만 하늘에서 차고 기울고 이동하는 그러한 피조된 천체들과 달리, 하나님은 완벽하게 신뢰할 만하며 그분의 인자하신 본성이 변하지 않는 분이시다.

하나님이 모든 인류에게 '일반은총'으로 주신 셀 수 없이 많은 좋은 선물을 열거할 수 있지만(예. 행 17:25), 그리스도인들은 구원이야말로 하나님이 주신 최고이자 가장 완벽한 선물이라고 생각한다. 야고보는 그 구원의 선물을 말할 때 놀랍게도 "자기의 뜻을 따라"[불레테이스(*boulētheis*), 헬라어 분사로 의미상 인과 관계를 나타내는 듯함]라는 어구로 시작한다. 구원은 결국 효력을 발하는 하나님의 뜻에서 시작된 선물이다. 사람이 어떻게 그리스도인이 되는가? 겉으로는 회개하고 믿지만, 이 보이는 행위는 그 이전에 하나님이 하신 일에 대한 반응이다.

하나님은 "자기의 뜻을 따라"(혹은 '그분이 그렇게 정하셨으므로') "진리의 말씀으로 우리를 낳으셨[다]." 여기서 '낳다'는 말은 출생을 가리킨다. 하나님은 진리의 말씀을 통해 영적으로 그리스도인을 낳으셨다, 혹은 거듭나게 하셨다. (야고보가 '너희' 대신 '우리'라는 대명사를 써서 자신을 독자들과 똑같은 빈곤한 부류로 여기고 있음을 한 번 더 주목하라.) "진리의 말씀"은 하나님의 참된 말씀인데 여기서는 더 좁은 의미로, 말로써 선포된 그리스도에 관한 복음을 가리킨다. 이렇게 선포된 말씀은 지금 신약에 보존되어 있으며, 이 말씀이 거듭나게 해주는 도구로 묘사된다. 즉, 그 말씀이 하나님의 뜻을 따라 죽은 신자들을 영적으로 다시 태어나게 해주는 도구다.

거듭난 신자는 또한 "피조물 중에…한 첫 열매"로 묘사되기도 한다.

야고보는 "첫 열매"를 수식하는 "한"["a kind", 티나(*tina*)]을 분명하게 덧붙임으로, 그의 표현에 비유적인 성격이 있음을 강조한다. 여기서 "첫 열매"는, 남은 수확물들을 기대하며 감사의 표시로 하나님께 첫 수확물을 바치라고 명하는 구약 율법을 암시한다(출 23:19; 레 2:12; 민 18:12). 야고보는 이러한 표현을 택하여, 목자 하나님께는 양 우리로 모아들일 잃어버린 양이 더 많이 있음을 상기시킨다(요 10:16; 막 13:10). 그리고 궁극적으로 주님이 재림하실 때 모든 창조 질서가 회복될 것이다(롬 8:19-23). 물론 하나님이 택하신 백성은 현재 부분적이며, 예기적으로(미래를 내다보는) 그러한 변화시키시는 능력의 결과물을 경험하고 있다.

응답

신자들이 하나님의 주권을 지나치게 강조하면, 자기 죄에 대한 책임을 지지 않을지 모른다. 우리 중에 시험에 대해 드러내놓고 하나님을 탓하는 사람은 거의 없을 것이다. 그러나 죄를 거룩하신 하나님께 맞선 추악한 반역으로 보지 못하면, 사실상 우리 죄에 대해 우리 자신이 아닌 하나님을 탓하는 것이 아닌가?

몇몇 기독교 전통은 신자들이 이생에서 죄 없는 완벽한 상태나 전적으로 복종하는 수준에 이를 수 있다는 약속을 붙든다.[8] 성경의 시각은 미묘하게 다른데, 그리스도인은 변화되고 능력을 부여받았지만 죽을 때까지나 예수님이 다시 오실 때까지 죄악된 성향과 계속 싸우는 존재로 본다. 그리스도인은 오랫동안 그리스도를 따른 이후에도 종종 자기 마음속에서 나오는 악한 욕망 때문에 좌절한다. 사도 바울도 다음과 같이 써서 수많은 지

8 이러한 신학 전통에 관하여 Andy Naselli의 출판된 논문 *Let Go and Let God? A Survey and Analysis of Keswick Theology*에 나오는 매우 유용한 비판을 참고하라. 전자책은 www.logos.com에서 구할 수 있다. 혹은 www.andynaselli.com을 보라.

친 그리스도인의 마음을 토로했다.

> "내 속사람으로는 하나님의 법을 즐거워하되 내 지체 속에서 한 다른 법이 내 마음의 법과 싸워 내 지체 속에 있는 죄의 법으로 나를 사로잡는 것을 보는도다 오호라 나는 곤고한 사람이로다 이 사망의 몸에서 누가 나를 건져내랴 우리 주 예수 그리스도로 말미암아 하나님께 감사하리로다 그런즉 내 자신이 마음으로는 하나님의 법을 육신으로는 죄의 법을 섬기노라"(롬 7:22-25).

청교도 목사 리처드 백스터(Richard Baxter, 1615-1691)는 바울의 가르침에 동의하며, 부부들에게 이러한 지침을 주었다. "당신들 둘 다 여전히 많은 병을 앓고 있는 병자임을 기억하십시오. 그러므로 서로에게서 그러한 병의 증상을 예상하십시오. 그리고 전에는 전혀 몰랐다는 듯이 그것을 이상하게 여기지 마십시오."[9] 우리의 타락한 본성과 기만적인 죄의 힘을 인정하는 일은, 죄에 저항하기 위해 다시금 하나님을 겸손히 의지하는 데로 이어져야 한다. 또 죄에 저항하는 데 실패했을 때는 회개하고, 사랑하는 우리 하늘 아버지와의 관계를 회복하기 위해 그분의 은혜를 의지해야 한다.

야고보는 또 서신의 이 부분에서 감사하고 확신하면서 앞으로 나가라고 일깨운다. 우리의 거듭남을 자비로 의도하신 분이 바로 하나님이시기 때문이다("자기의 뜻을 따라", 약 1:18). 하나님은 내주하시는 성령과 능력의 말씀으로 우리를 끝까지 계속 지키실 것이다. 지금 구원받고 부분적인 변화를 경험한 우리는 새 하늘과 새 땅에서 전부 새로 지어질 창조 세계와 함께, 우리의 온전한 변화를 더 간절히 갈망해야 한다.

9 Richard Baxter, *A Christian Directory*, in *The Practical Works of Richard Baxter* (London: George Virtue, 1838; repr., Soli Deo Gloria Publications, 2008), 433.

19 내 사랑하는 형제들아 너희가 알지니 사람마다 듣기는 속히 하고
말하기는 더디 하며 성내기도 더디 하라 20 사람이 성내는 것이 하나
님의 의를 이루지 못함이라 21 그러므로 모든 더러운 것과 넘치는 악
을 내버리고 너희 영혼을 능히 구원할 바 마음에 심어진 말씀을 온유
함으로 받으라

19 Know this, my beloved brothers: let every person be quick to hear,
slow to speak, slow to anger; 20 for the anger of man does not produce
the righteousness of God. 21 Therefore put away all filthiness and
rampant wickedness and receive with meekness the implanted word,
which is able to save your souls.

22 너희는 말씀을 행하는 자가 되고 듣기만 하여 자신을 속이는 자가
되지 말라 23 누구든지 말씀을 듣고 행하지 아니하면 그는 거울로 자
기의 생긴 얼굴을 보는 사람과 같아서 24 제 자신을 보고 가서 그 모습
이 어떠했는지를 곧 잊어버리거니와 25 자유롭게 하는 온전한 율법을
들여다보고 있는 자는 듣고 잊어버리는 자가 아니요 실천하는 자니
이 사람은 그 행하는 일에 복을 받으리라

22 But be doers of the word, and not hearers only, deceiving yourselves.
23 For if anyone is a hearer of the word and not a doer, he is like a man
who looks intently at his natural face in a mirror. 24 For he looks at
himself and goes away and at once forgets what he was like. 25 But the
one who looks into the perfect law, the law of liberty, and perseveres,
being no hearer who forgets but a doer who acts, he will be blessed in
his doing.

26 누구든지 스스로 경건하다 생각하며 자기 혀를 재갈 물리지 아니하
고 자기 마음을 속이면 이 사람의 경건은 헛것이라 27 하나님 아버지
앞에서 정결하고 더러움이 없는 경건은 곧 고아와 과부를 그 환난 중
에 돌보고 또 자기를 지켜 세속에 물들지 아니하는 그것이니라
26 If anyone thinks he is religious and does not bridle his tongue but
deceives his heart, this person's religion is worthless. 27 Religion that
is pure and undefiled before God the Father is this: to visit orphans and
widows in their affliction, and to keep oneself unstained from the world.

단락 개관

무(Doug Moo)는 야고보서의 주요한 주제를 "영적인 온전함"[10]이라고 주장한다. 확실히 이 단락에서는(1:19-27) 야고보가 자기 고백과 일치하는 신자의 삶을 강조하고 있음을 놓칠 수 없다. 그리스도인은 하나님의 말씀을 듣고 순종함으로 참된 경건을 드러내야 한다.

첫 번째 소단락에서(19-21절) 야고보는 신자들에게 "마음에 심어진 말씀을…받으라"(21절)고 요청한다. 우리 안에 거하는 변화시키는 하나님의 말씀에 제대로 반응하는 사람은 다른 사람들을 향한 온화한 성향을 드러내고 거룩함에 전념함으로 그 실재를 입증할 것이다.

두 번째 소단락에서(22-25절) 그는 거짓되고 피상적인 영성을 공격한다. 하나님의 말씀을 듣고 식별 가능한 변화 없이 떠나는 사람은, 거울을 보고 나서 바로 자기 모습을 잊어버리는 어리석은 사람과도 같다. 대신에 하나님은 자기 백성에게 말씀을 자세히 들여다보고, 회개와 믿음과 순종의 반응을 하라고 하신다. 그들은 그렇게 함으로써 하나님의 영을 통해 변화된 자녀로 살아가는 자유를 누릴 것이다.

세 번째 소단락에서는(26-27절) 어떤 사람이 스스로 경건하다고 생각할지라도 악한 말을 내뱉는다면, 그의 마음이 불경건하다는 참된 실체가 드러난다고 말한다. 참된 경건은 실제적인 거룩함과 궁핍한 이들에 대한 애정 어린 관심으로 그 실체를 드러낸다.

10 Moo, *Letter of James*, 46.

단락 개요

Ⅳ. 참된 경건: 하나님의 말씀을 듣고 순종함(1:19-27)

A. 심어진 말씀을 받으라(1:19-21)

B. 말씀을 듣기만 하는 자가 아니라 행하는 자가 되라(1:22-25)

C. 참된 경건의 속성(1:26-27)

주석

1:19-21 야고보는 정형화된 명령("너희가 알지니")과 호격("내 사랑하는 형제들아")을 통해 주제의 변화를 나타낸다. 야고보는 그 회중을 거듭 "사랑하는 형제들"이라 부르며, 서신의 서두에서 말한 대로 그가 독자들과 똑같은 자녀의 신분이고, 그들을 진정으로 사랑함을 보증한다.

바로 앞 소단락에서(1:12-18) 야고보는 하나님이 "진리의 말씀"으로 신자들을 거듭나게 하셔서 그들이 "한 첫 열매"가 되었음을(18절) 강조함으로 그 단락을 마무리했다. 그리스도인은 새로워진 창조 세계의 첫 열매로서, 그들의 대화와 감정 표현에서 새로운 창조 세계의 실재를 드러내야 한다. 야고보는 아무런 꾸밈없는 잠언 문체로 신자들에게 더 많이 듣고 더 적게 말하며, 분노를 참으라고(19절) 말한다. 분노가 다 나쁘지만은 않으며 하나님도 자주 격노하셨다고 묘사된다고(예. 출 4:14; 민 22:22; 신 11:17) 주장하는 사람이 있을지 모르지만, 하나님은 완벽하게 거룩하시므로 그분의 분노에는 죄가 없다. 인간들의 경우는 그렇지 않다고 말하며, 야고보는 다음과 같이 말한다. "사람이 성내는 것이 하나님의 의를 이루지 못함이라"(약 1:20). 다시 말해, 사람의 분노 (즉, 타락한 인간의 분노)는 거의 항상 죄에 오염되어 있다(하지만 참고. 엡 4:26). 이러한 분노는 하나님의 의를 드러내는 순종의 행위에서는 나타나지 않는다.

우리의 타락한 말투와 넘쳐흐르는 분노를 고려할 때, 야고보의 권고는 어떻게 우리를 도울 수 있을까? 우리가 처한 딜레마에 대한 대답은, 우리의 도덕적 능력으로 일어서려 하기보다는 회개와 믿음으로 대응하는 것이다. 이것이 야고보가 21절에서 독자들에게 요청하는 바다. 야고보는 "모든 더러운 것과 넘치는 악을 내버리고"(21절)라고 쓴다. "더러운 것"[뤼파리아(*rhyparia*)]은 악한 말과 죄악된 분노의 추잡하고 부패하며, 불결하고 부정한 속성을 강조한다. 야고보는 악을 "넘치는"이라고 묘사함으로써, 타락한 세상에서 나타나는 죄(특히 말과 분노의 죄와 관련된)가 강력하고 전염성 있고 다채롭게 표현된다는 점을 인정한다.

야고보는 21절 전반부에서 회개하라는 요청을 확고히 한 후, 후반부에서 믿음의 실천으로 옮겨간다. 그리스도인은 영적으로 전적으로 타락했음과 스스로를 변화시킬 능력이 없음을 겸손히 인정해야 한다. 우리는 우리 밖에서 오는 구원이 필요하다. 감사하게도 하나님이 신자를 "진리의 말씀"으로 거듭나게 하실 때(18절), 그 신자의 마음에 구원에 이르는 교훈적인 말씀도 심어 주신다. 예레미야 31:33에서 하나님은 새 언약 시대에는 "내가 나의 법을 그들의 속에 두며 그들의 마음에 기록하여 나는 그들의 하나님이 되고 그들은 내 백성이 될 것이라"고 약속하신다. 야고보는 이 약속의 성취를 경험하는 새 언약 신자들에게 편지를 쓰고 있다.

야고보는 그리스도인에게 심긴 하나님의 말씀이 "너희 영혼을 능히 구원[한다]"고 선언한다. 신약 저자들이 구원 (그리고 일시적인 치유가 아닌 것)을 가리키기 위해 소조(*sōzō*, '구원하다')라는 동사를 사용할 때 인지해야 할 중요한 점은, 보통 마지막 심판 때에 장차 하나님의 진노에서 건짐 받을 것을 가리킨다는 사실이다(예. 롬 5:10). 반면 오늘날 복음주의자들은 보통 초기의 거듭남이나 믿음에 이른 것을 가리킬 때 '구원하다'라는 동사를 사용한다. 여기서 야고보는 분명 구원의 미래적 측면을 염두에 두고 있다. 야고보는 궁극적으로 그들을 구원할, 심긴 하나님의 말씀의 능력에 집중함으로써 은연중에 청중에게 주제넘음에 대해 경고한다. 다시 말해, 야고보는 이 고대의 그리스도인들에게 소극적이고 이름뿐인 모습을 보이지 말고, 마음으로 하나님이 그리스도를 통해 행하신 일을 믿고 순종하라고 요청한다. 사도 바울의 가르침도 비슷하다. "우리는 그[하나님]가 만드신 바라 그리스도 예수 안에서 선한 일을 위하여 지으심을 받은 자니 이 일은 하나님이 전에 예비하사 우리로 그 가운데서 행하게 하려 하심이니라"(엡 2:10).

1:22-25 하나님의 말씀이 그리스도인에게 심기지만(21절), 역설적이게도 야고보는 하나님의 말씀을 듣고 순종해야 할 외부적인 것으로도 말한다. 말씀이 그 속에 심겨진 신자는 심긴 말씀과 공명하는 외부의 말씀을 듣고 또 순종해야 한다. 외부의 말씀에 수동적인 듣기로 반응하는 것(그리고 눈에 보이는 반응이 없는 것)은 잘못이다. 다시 말해, 수동적인 청취자는 자기기만에 빠진다. 종교적인 가르침이 자신의 청신경을 울린다는 이유만으로 자신이 영적이라고 생각하는 것이다. 야고보는 그렇지 않다고 말한다. 말씀을 듣기만 하지 말고 그 말씀을 실천하라! 하나님의 말씀에 대한 순종이 진짜 영성의 잣대다.

노련한 설교자인 야고보는 자신의 요지를 설명하기 위해 일상생활의 한 장면을 묘사한다. 야고보에 따르면 하나님의 말씀을 듣지만 순종하지 않는 사람은, 거울을 보고 물러난 다음 곧바로 자신의 모습이 어떠했는지를 잊어버리는 사람과 같다(23-24절). 주석가들은 이 예의 더 자세한 논지를 놓고 논쟁을 벌인다. 야고보가 명사 "얼굴"에 소유격 수식 어구인 "자기의 생긴"["natural", 테스 게네세오스(*tēs geneseōs*)]을 덧붙인 이유는 무엇인가? 아마도 테스 게네세오스는 그저 "그 자신의 얼굴"이라고 할 때 "자신"과 마찬가지 의미일 가능성이 높다.[11] 다른 학자들은 야고보가 하나님의 말씀을 거울에 비유할 때 어느 정도까지 긴밀히 연관시켰는지를 질문한다. 야고고

11 프로소폰 테스 게네세오스(*prosōpon tēs geneseōs*, 23절)라는 헬라어 표현에 대해서, *The Analytical Lexicon of the Greek New Testament*는 '자신의 타고난 얼굴'이라는 유용한 해석을 제시한다 [ed. Barbara Friberg, Timothy Friberg, and Neva F. Miller (Victoria, BC: Trafford, 2005), s.v. γένεσις].

보가 암시하는 바는 이 예시에 나오는 사람의 얼굴에 (하나님의 말씀이 우리 죄를 밝혀주시는 것과 유사하게) 바로잡아야 할 눈에 띄는 흠이 있다는것인가? 가장 현명한 길은 자제된 해석을 함으로써, 이 예시에서 논란의 여지가 있는 어감을 끌어내지 않는 것이다. 비교의 핵심 논지는 분명하다. 피상적으로 대충 본다면, 행동하기보다는 잊어버리게 된다.

그리스도인은 빨리 대충 보기보다는 "온전한 율법", 즉 "자유롭게 하는…율법"을 "들여다보[아야]" 한다(25절). "온전한"과 "자유롭게 하는"이라는 수식 어구는, 야고보가 성도들에게 그저 그들의 토라를 더 철저히 연구하라고 권고하는 것이 아님을 일깨운다. 그리스도인은 이제 새 언약이 성취된 시대에 살고 있다. 따라서 여전히 율법(혹은 구약성경)을 연구하고 사랑하고 믿고 순종해야 하지만, 그것을 그리스도 안에서 성취된 말씀으로 인정하고 그렇게 한다. 예수님은 "내가 율법이나 선지자를 폐하러 온 줄로 생각하지 말라 폐하러 온 것이 아니요 완전하게 하려 함이라"(마 5:17)고 말씀하셨다. 이와 비슷하게 사도 요한도 거듭난 그리스도인이 하나님의 계명에 순종할 때 짊어지는 짐은 가볍고 이미 승리를 거두었음을 이야기한다(요일 5:3-4; 마 11:30).

야고보는 신자들이 성화되어 갈 때 하나님의 말씀을 "잘 살피고" 또 "끊임없이 그대로 [살아야]" 한다고 말한다(1:25, 새번역). 하나님의 말씀이 '심긴' 마음은 계속 '외부에 있는' 하나님의 말씀 (즉, 선포되거나 읽히는 하나님의 말씀)을 듣고 싶어 할 것이다. 그리고 자신의 정신적, 성서적, 의지적, 영적 초점을 외부의 말씀에 맞출 때 그 신자는 믿음이 더 성숙하고 외적으로 순종의 열매를 맺을 것이다. 그는 "듣고 잊어버리는 자"가 아니라 "실천하는 자"일 것이다(25절). 이 변화된 그리스도인의 믿음이 계속 깊어지고 말씀의 능력으로 순종하는 삶을 살 때, 하나님이 아버지처럼 따스하게 그를 인정해 주실 것이다(즉, 그가 "복"을 받을 것이다, 25절).

1:26-27 야고보는 이 단락의 마지막 두 절에서 거짓 신앙의 부패한 열매를 폭로함으로, 그 거짓 신앙에 정면으로 맞선다. 야고보의 어법은 교훈적

이다. 자신이 "경건하다"("religious")고 "생각"하면서도 실제로는 진짜 영적 상태와 관련하여 자기 마음을 속이는 것은(26절) 매우 가능성 높은 일이다. 오늘날의 복음주의자들은 참된 기독교를 묘사할 때 "경건"(religion) 및 그와 유사한 어원의 단어를 피하곤 한다. 복음주의 하위문화에서 "경건"이라는 단어는 구원에 이르는 믿음과 상관없이 제도화되었거나 제의적인 의식 준수를 함축한다. 흥미롭게도 여기서 "경건하다"["religious", 트레스코스(*thrēskos*)]와 "경건"["religion", 트레스케이아(*thrēskeia*)]으로 번역된 헬라어는 "특히 외적으로 준수해야 하는 제도로 표현된…예배[religious service]"를 시사한다.[12] 야고보서 1:26-27을 제외한 신약 다른 곳에는 명사 형태(트레스케이아)만 나온다(행 26:5; 골 2:18). 아마도 야고보는 트레스코스와 트레스케이아라는 단어의 중립적이거나 어쩌면 부정적일 수 있는 의미를 암시하는 듯하다. 외적인 종교 의식을 수행하는 것에 관해 하나님이 평가하시는 것과 세상의 관점이 어떻게 다른지를 지적하면서 말이다. 또 주목해야 할 중요한 점은, "경건"(그리고 그와 어원이 같은 단어들)이라는 단어가 이전 세대에서 그렇게 부정적인 함의를 전하지 않았으며, 또한 지금의 모든 기독교 전통이 부정적으로 여기지는 않는다는 것이다.

야고보는 거짓 경건의 대표적인 표지로, 재갈 물리지 않는 말에 관심을 쏟는다. 어떤 사람이 겉으로는 온갖 경건한 행동을 하지만 (예를 들어, 예배에 참석하고, 성찬예식에 참여하고, 교회에 헌금을 하는 등) 그의 말에서 특유의 죄악된 특징들(예. 험담, 조잡한 농담, 악심을 품은 말)이 반복된다면, 그의 경건은 빈껍데기로 드러난다.

고아와 과부를 "돌보[는]" 것에 관한 야고보의 말은, 그들의 필요를 채워주고자 하는 것을 가리킨다(약 1:27). 참된 경건은 궁핍한 이들을 보살피는 것인데, 고아와 과부는 고대 사회에서 두 주요 궁핍한 계층이었다. 그러나 야고보가 이러한 대표적인 계층을 강조한다고 해서, 다른 궁핍한 사

12 같은 책, s.v. θρησκεία.

람들이나 사회에서 비주류에 속한 이들(예. 난민이나 장애인)이 배제시키는 것은 아니다.

물질의 희생이라는 가시적인 행동을 실천하는 것(하나님의 아버지 같은 섭리적인 돌보심을 거울삼아) 외에도, 참된 경건은 또한 하나님의 거룩하심을 드러낸다. 그리스도인은 자신을 지켜 "세속에 물들지 아니[해야]"(27절) 한다. 이곳의 어휘 선택은, 우리가 계속 하나님께 반역하는 죄에 오염된 사람들과 사회 구조에 둘러싸여 있음을 상기시킨다. '세상'(사람들과 사회 구조 둘 다)은 '우리를 그 틀에 억지로 맞추려' 한다(롬 12:2, 필립스역). 우리는 우리 옷을 더러워지지 않게 지키는 것처럼, 우리 마음과 생각을 이 세상의 도덕적 오물로부터 지켜야 한다.

응답

오늘날 기독교 교회의 가장 큰 난제 중 하나가 명목주의(nominalism)다. 심지어 크고 겉으로는 활기차 보이는 교회도, 긴 나무의자(혹은 쿠션이 있는 의자)에는 말씀을 '듣는 자'지만 '행하는 자'는 아니라고 할 수 있는 사람들로 가득하다(약 2:22). 야고보는 자신을 속이는 수많은 '그리스도인', 일주일에 두 시간 예배당에 가서 앉아 있는 것 외에 예수님께 속해 있다는 다른 증거는 보이지 않는 이들을 제대로 책망한다.

야고보서 1:19-27과 같은 본문을 연구할 때, 많은 교회가 거듭난 교인이 중요함을 재발견한다. 그들은 복음을 분명하게 설명하지 못하거나 일상생활에서 기독교에 헌신했다는 증거를 보이지 않는 이들을 교인 명부에 더해서는 안 된다고 확신하고 있다. 거듭난 교인과 함께, 권징이라는 무겁지만 꼭 필요한 과제가 있다. (회개하지 않고) 거룩한 삶이나 건전한 교리에서 심하게 벗어난 사람들은, 교인 명부에서 제해야 한다. 이는 영적으로 절망적인 그들의 상태를 깨닫게 하고, 또 기독교 공동체의 외적 증거를 보호하기 위해서다(마 18:17; 고전 5:11-13; 딛 2:8).

야고보서 1:19-27은 우리 각자에게 개인적인 차원에서 성찰할 것을 요청한다. 내 말투는 어떠한가? 나는 사람들에게 귀를 기울이는가? 나는 지혜롭게 말하고 또 말을 아끼는가? 나는 쉽게 화를 내는가? 나는 억압당하는 이들을 돌보는가? 나는 다른 사람들이 볼 때만이 아니라 진정으로 개인적인 거룩함에 전념하는가? 단호한 결단만으로는 죄악된 습관을 없애지 못할 것이다. 야고보는 죄를 회개하고 우리를 변화시키기 위해, 하나님이 심으시고 성령의 능력이 담긴 말씀을 신뢰하라고 말한다.

또한 이 단락은 기독교의 일부를 잘라버린 우리의 불완전한 시각에 이의를 제기한다. 어떤 기독교 전통은 성경 공부(말씀을 "잘 살피고 끊임없이 그대로 사는" 것, 25절, 새번역)와 개인 경건("세속에 물들지 아니하는 그것", 27절)을 강조하는 반면, 다른 기독교 전통은 사회 정의("고아와 과부를 그 환난 중에 돌보고", 27절)를 강조한다. 온전한 성경적 기독교는 그리스도를 약속된 메시아이자 주권자 주님으로 중심에 두고(1:1) 이런 모든 영역을, 아니 그 이상을 아우른다.

1 내 형제들아 영광의 주 곧 우리 주 예수 그리스도에 대한 믿음을 너
희가 가졌으니 사람을 차별하여 대하지 말라 2 만일 너희 회당에 금가
락지를 끼고 아름다운 옷을 입은 사람이 들어오고 또 남루한 옷을 입
은 가난한 사람이 들어올 때에 3 너희가 아름다운 옷을 입은 자를 눈
여겨보고 말하되 여기 좋은 자리에 앉으소서 하고 또 가난한 자에
게 말하되 너는 거기 서 있든지 내 발등상 아래에 앉으라 하면 4 너희
끼리 서로 차별하며 악한 생각으로 판단하는 자가 되는 것이 아니냐
5 내 사랑하는 형제들아 들을지어다 하나님이 세상에서 가난한 자를
택하사 믿음에 부요하게 하시고 또 자기를 사랑하는 자들에게 약속하
신 나라를 상속으로 받게 하지 아니하셨느냐 6 너희는 도리어 가난한
자를 업신여겼도다 부자는 너희를 억압하며 법정으로 끌고 가지 아니
하느냐 7 그들은 너희에게 대하여 일컫는 바 그 아름다운 이름을 비방
하지 아니하느냐
1 My brothers,[1] show no partiality as you hold the faith in our Lord
Jesus Christ, the Lord of glory. 2 For if a man wearing a gold ring and
fine clothing comes into your assembly, and a poor man in shabby

clothing also comes in, 3 and if you pay attention to the one who wears
the fine clothing and say, "You sit here in a good place," while you
say to the poor man, "You stand over there," or, "Sit down at my feet,"
4 have you not then made distinctions among yourselves and become
judges with evil thoughts? 5 Listen, my beloved brothers, has not God
chosen those who are poor in the world to be rich in faith and heirs of
the kingdom, which he has promised to those who love him? 6 But you
have dishonored the poor man. Are not the rich the ones who oppress
you, and the ones who drag you into court? 7 Are they not the ones who
blaspheme the honorable name by which you were called?

8 너희가 만일 성경에 기록된 대로 네 이웃 사랑하기를 네 몸과 같이
하라 하신 최고의 법을 지키면 잘하는 것이거니와 9 만일 너희가 사람
을 차별하여 대하면 죄를 짓는 것이니 율법이 너희를 범법자로 정죄
하리라 10 누구든지 온 율법을 지키다가 그 하나를 범하면 모두 범한
자가 되나니 11 간음하지 말라 하신 이가 또한 살인하지 말라 하셨은
즉 네가 비록 간음하지 아니하여도 살인하면 율법을 범한 자가 되느
니라 12 너희는 자유의 율법대로 심판 받을 자처럼 말도 하고 행하기
도 하라 13 긍휼을 행하지 아니하는 자에게는 긍휼 없는 심판이 있으
리라 긍휼은 심판을 이기고 자랑하느니라

8 If you really fulfill the royal law according to the Scripture, "You
shall love your neighbor as yourself," you are doing well. 9 But if you
show partiality, you are committing sin and are convicted by the law
as transgressors. 10 For whoever keeps the whole law but fails in one
point has become guilty of all of it. 11 For he who said, "Do not commit
adultery," also said, "Do not murder." If you do not commit adultery
but do murder, you have become a transgressor of the law. 12 So speak

and so act as those who are to be judged under the law of liberty. 13 For judgment is without mercy to one who has shown no mercy. Mercy triumphs over judgment.

[1] Or *brothers and sisters*; also verses 5, 14

단락 개관

야고보는 일관된 그리스도인의 삶이라는 주제를 유지하면서 그리스도인들에게 죄악된 차별을 하지 말라고(약 2:1), 특히 부자에게 호의를 보이면서 가난한 자들을 냉대하지 말라고 명령한다. 야고보는 기독교 공동체를 찾아오는 부유한 자와 가난한 자의 모습을 아주 생생하게 그려내는데, 이들이 받는 대우는 엄청나게 다르다(2-4절). 야고보는 기독교 회중이 가난한 사람을 환대하지 않는 것은, 하나님이 은혜와 사랑으로 가난한 자를 돌보시는 모습과 반대된다고 지적한다(5-6a절). 하나님이 가난한 자를 존중하신다면, 그 공동체도 가난한 자를 존중해야 하지 않겠는가?

야고보는 계속해서 독자들이 부자에게 호의를 보이는 것은 논리적으로 모순됨을 알려준다(6b-7절). 사실은 바로 이 부유한 외부인들이 기독교 공동체의 가난한 자들을 억압하고 착취하고 있다. 압제자들의 비위를 맞추는 것은 얼마나 어리석은가! 게다가 이 부유한 외부인들은 주님의 이름을 모독하기까지 하는데도 그리스도인들은 계속 그들에게 아첨한다.

야고보는 구약성경에 호소하여 죄악된 차별에 대한 반론을 펼치며 마무리한다(8-13절). 이웃을 사랑하라는 명령은 그리스도인들에게 가난한 이웃을 사랑하라고 요구한다. 차별이 대수롭지 않은 위반이라고 변명하는 이들이 있을지 모르지만, 살인, 간음과 같이 하나님의 거룩한 법을 위반하는 것이다. 하나님은 공정함을 중요하게 여기신다! 그리스도인은 편파적인 심판을 하지 말고 긍휼을 베풀어야 한다. 이 긍휼은 그리스도인들이 하나님께 받은 것을 그대로 보여주는 것이다. 뿐만 아니라 이제 그들은 이 긍휼로 말미암아 복음의 능력으로 자유롭게 순종하며 살아간다.

단락 개요

V. 죄악된 차별에 대한 경고(2:1-13)
  A. 차별에 대한 야고보의 명령(2:1)
  B. 경제적 차별의 구체적인 실례(2:2-4)
  C. 가난한 자들에 대한 하나님의 시각(2:5-6a)
  D. 악한 부자들에게 호의를 보이는 모순(2:6b-7)
  E. 공정한 사랑을 지지하는 성경 말씀(2:8-13)

주석

2:1 야고보는 독자들을 "내 형제들아"라고 부르며 믿음의 가정 안에서 함께 누리는 유대감을 일깨우는 한편, 또 다른 주제로 옮겨간다는 신호를 보낸다. 야고보는 1절에서 명령을 하며, 그 뒤를 이어 설명에 도움이 되는 사례(2-4절)와 그 명령을 뒷받침하는 논증(5-13절)을 제시한다. 야고보는 예수님을 주님이자 메시아로 믿는 이들에게 "차별"(헬라어는 복수형, 아마 다양한 별개의 편파적 행동들을 가리킬 것)로 믿음을 흐리게 하지 말라고 명령한다. 차별은 모든 사람을 하나님의 형상으로 지음 받은 동등한 이로 대하지 않는다. 오히려 사람의 얼굴(혹은 지위, 재산, 혈통 등)을 힐끗 본 후에 어떻게 행동할지

결정한다. 이렇듯 편애는 두려움(응징을 피하고 싶은 마음)이나 더 많게는 탐욕이나 욕망(호의를 얻으려는 아첨)의 표현이다. 차별은 악하게도 보복을 두려워하지 않아도 되거나 호의를 사지 않아도 될 만한 사람들을 냉대한다. 아니면 그저 맘에 들지 않는 사람을 냉대한다.

야고보서 2:1은 이 서신에서 "예수"라는 이름이 분명하게 언급되는 단 두 군데 중 두 번째 절이다(참고. 1:1). 회의적인 주석가들은 이렇게 예수님의 이름이 자주 나오지 않는다는 것을 증거로 들어, 야고보서가 그저 초기 유대교의 도덕적 권고를 가볍게 편집한 모음집에 불과하다고 여긴다. 이러한 회의주의는 서신 곳곳에 예수님의 가르침과 병행되는 요소가 많이 있음을 고려하지 않는다. 뿐만 아니라, 야고보가 새 언약의 관점에서 전통적인 유대교의 표현을 한정하는 수식어를 자주 붙였다는 사실도 고려하지 않는다(예. "자유의 율법", 2:12).

예수님은 여기서 "영광의 주"로 묘사된다. 아마 야고보서의 원 청중에게 특별한 존경을 받기에 합당한 유일한 분이 있음을 일깨우기 위함일 것이다. 존경받을 이는 그들의 모임에 온 부자 방문자가 아니다! 또한 "영광의 주"는 이 단락 말미에 다가올 심판에 대한 경고(13절)와 짝을 이루는 수미상관(문자적으로 '북엔드')의 한 부분이 되어, 차별을 하지 말라는 권면을 강조하고 거기에 중대성을 더한다.

2:2-4 이 부분은 야고보가 1절에서 금지한 차별, 곧 부자에게는 호의를 베풀고 가난한 자는 냉대하는 차별의 구체적인 사례를 제시한다. 이 사례는 가상의 상황으로 소개되는 것이긴 하다. 그렇지만 야고보가 이 단락 후반부에서 독자들에게 조금 더 직접적으로 대면시키는 모습(6-7절)은, 그가 제시하는 가상의 사례가 가난한 그리스도인들을 냉대한 실제 사례를 반영한 것일 수 있음을 시사한다.

이 장면의 배경과 관련해서 주요한 두 가지 견해가 있다. (1) 일부 주석가들은, 야고보가 그리스도인 공동체의 두 지체 사이에 벌어진 법정 공방에 대해 공동체가 내린 결정을 묘사하고 있다고 제안했다. 따라서 부자와 가난한 자는 둘 다 그리스도인 공동체의 구성원인데, 의견 충돌에 대한 판결에서 죄악되게도 부자들을 편애한 것이다. 4절의 "판단하는 자"라는 분명한 표현이 아마도 이 해석을 지지할 것이다. (2) 더 가능성 있는 견해로는, 야고보가 그리스도인 모임을 찾아온 외부인들(부유한 사람, 가난한 사람)과 그들을 맞아들일 때 보인 부적절한 차이를 묘사하려 한다는 것이다. 두 번째 견해를 지지하여, 우리는 6-7절의 "부자"가 확실히 외부인이고 그리스도인 공동체 지체에게 "판단하는 자"라는 이름표를 붙인 것은 은유적인 책망으로 보인다는 것에 주목한다.

야고보는 부유한 이들을 그저 '부자'라고 부르는 대신, 기억하기 좋게 그 부유한 사람의 부를 드러내는 눈에 띄는 의복과 장신구들(금 가락지, 아름다운 옷)을 나열한다(2절). 이 단어 선택은 차별이 진짜로 가치 있는 것보다는 외적인 것들에 보이는 반응임을 일깨운다. "사람은 겉모습만을 따라 판단하지만, 나 주는 중심을 본다"(삼상 16:7, 새번역).

여기서 "회당"으로 번역된 단어는 헬라어 쉬나고게(*synagōgē*)다. 신약에서 그리스도인 모임을 지칭하는 데 더 선호된 단어는 에클레시아(*ekklēsia*)다. 반면 쉬나고게는 신약에서 거의 항상 유대인 회당을 가리킨다(예. 마 4:23; 행 22:19). 야고보가 그리스도인 모임을 지칭하는 데 비전문적으로 쉬나고게를 사용하는 점은, 이 서신이 이른 연대에 기록되었음을 시사하는 것일 수 있다.

야고보는 가상의 장면에서 그리스도인 공동체의 지체들이 부자에게 신속히 주의를 기울인다고 묘사한다. 그들은 아름다운 옷을 입은 자를 "눈여겨보고" 좋은 자리에 앉으라고 권한다(약 2:3a). 이 좋은 자리는 영예, 입장권 혹은 안락을 제공하는 것으로 보인다. 반면 "남루한 옷을 입은"(2절) 가난한 사람에게는 눈길조차 주지 않는다. 오히려 그에게 멀리 서 있든지 주인의 발치에 앉으라고 말한다(3절).[13] 고대 유대와 그리스-로마 사회는

13 3b절의 헬라어는 더 문자적으로는 '발등상 옆에 앉으라'(NASB, 개역개정은 "발등상 아래에 앉으라")로 번역되지만, ESV는 경멸의 느낌을 잘 포착했다.

낯선 이들을 환대하는 것을 우리 현대 세상보다 훨씬 더 중요하게 여겼다. 더욱이 주인의 발치에 앉든지 하라는 지시는 모욕이었을 것이다.

야고보는 독자들에게 부자들에 대한 차별의 명백한 사례를 제시한 후에, 이제 그 행동 자체를 규탄한다. "너희끼리 서로 차별하며 악한 생각으로 판단하는 자가 되는 것이 아니냐?"(4절) 수사적 질문은 두 가지를 주장하는 역할을 한다. (1) 그리스도인들이 부자와 가난한 자를 다르게 대한다면 그들의 모임에서 죄악된 차별을 자행하는 것이다. (2) 그들은 손님들을 섬기는 주인이나 형제가 되기보다는 판단하는 자(유일하게 마음을 보시는 하나님을 위한 자리, 참고. 4:12)처럼 행동하고 있다. 그들은 그냥 판단하는 자가 아니라, 손님들의 재산을 외적으로 드러내는 표지에 반응을 보이는 '악한' 판단자다. 근본적으로 그들의 차별 행위는 아첨을 통해 자신들의 금고나 지위를 부풀리려는 탐욕스럽고 자기중심적인 시도에 지나지 않는다. 그들은 확실하지 않은 미래의 보상을 위해 준비하는 부패한 재판관들 같다.

2:5-6a 야고보는 설교투의 명령형 "들을지어다"와 호격 "내 사랑하는 형제들아"라는 표현으로, 자신이 차별을 반대하는 일련의 논증으로 옮겨가고 있음을 독자들에게 알린다. 첫 번째 논증은 아주 신학적이다. 하나님이 "세상에서 가난한 자를 택하사 믿음에 부요하게 하시고…나라를 상속으로 받게" 하셨다는 것이다. 다시 말해, 하나님이 가난한 자들을 귀하게 여기시므로(그리고 그리스도인 모임은 하나님의 가치관과 뜻을 같이해야 하므로) 그리스도인 모임 역시 가난한 자들을 귀하게 여겨야 한다.

야고보는 경제적으로 궁핍하다는(그리고 아마도 억압받는다는) 이유만으로 가난한 자들에게 구원이 보장된다는 극단적인 형태의 해방 신학을 옹호하고 있지 않다. 오히려 야고보는 잠언 형식으로, 하나님이 경제적으로 어려운 이들을 돌보시고 그들의 필요를 채우신다고 단언한다. 이는 성경 도처에 나오는 주제다(예. 출 23:11; 시 12:5; 잠 14:31; 19:17; 눅 4:18; 고전 1:26-27; 갈 2:10). 그와 동시에 가난은 비난을 받을 만한 게으름의 결과일 수도 있다(잠 20:13). 그러나 경제적으로 절망적인 상황에 처한 사람들은 보통 나

태함 때문에 고통당하는 것이 아니라, 고난 가운데 하나님께 부르짖을 때 "믿음에 부요하게"(약 2:5) 되는 모습을 보인다. 그들은 하나님을 "사랑"하고 그분의 약속을 기대하는 사람들이다. 그들은 그분의 "나라"를 갈망한다(5절). 주님은 그러한 신뢰에 은혜와 궁극적인 구원으로 응답하신다(합 2:4). 반대로 "재물은 진노하시는 날에 무익하[다]"(잠 11:4). 슬프게도, 가난한 자들을 귀하게 여기시는 하나님과 달리 가난한 자들을 냉대하는 그리스도인들은 그들을 업신여긴다(약 2:6a).

2:6b-7 6b-7절은 부자들에게 아첨하며 집중하는 모습에 반대하는 논리적인 논증을 제시한다. 야고보는 세상의 부자들이 그들 공동체의 지체들 일부를 억압하며 "법정으로 끌고 가[고]" 있음을 상기시킨다. 아마 이 부유한 외부인들은 그리스도인 공동체의 지체들에게 높은 이자의 대출을 해주었을 것이다. 부유한 채권자는 가난한 사람의 농사나 장사가 실패하면 그들의 땅이나 재산을 낚아채어 장악하는 자신의 법적 권리를 행사할 수 있었다. 논증은 충격적일 정도로 실제적이다. '너희를 착취하는 데만 관심이 있는 이들을 왜 편애하느냐?' 몇몇 현대의 그리스도인들이 유명 인사나 정치인들에게 굽실거리다 나중에 결국 그 영향력 있는 인물들이 진정한 기독교적 대의들에 그들의 재산과 영향력을 사용할 뜻이 없음을 알게 되는 경우들이 생각난다.

7절에서 야고보는 다시 그리스도인 개개인뿐만 아니라 "아름다운 이름"(주님과 그분의 명성)도 반대하는 이들을 특별 대우하는 모순을 지적한다. 야고보는 이러한 악한 비그리스도인 부자들이 "너희에게 대하여 일컫는 바 그 아름다운 이름을 비방[한다]"(7절)고 말한다. 누군가의 "이름"으로 "일컫는바" 되는 것은 그에게 속해 있다는 뜻이다.[14] 그리스도인은 주님께 속해 있지만, 이 부유한 외부인들은 그리스도인을 소유한 바로 그분을 비

14 BDAG, s.v. ἐπικαλέω.

방하고 있었다.

주님의 이름을 '부른다'는 말은 세례를 암시할 수도 있다. 신자들은 "아버지와 아들과 성령의 이름으로"(마 28:19) 세례를 받기 때문이다. 신약 내에서 삼위일체적인 기독교 세례는 "[주] 예수의 이름으로" 세례를 받는다고 (간략하게) 언급되기도 한다(예. 행 8:16; 10:48; 19:5).

부유한 외부자들이 예수님이나 성부, 성령 하나님(혹은 그분들의 어떠한 조합)에 대해 말 그대로 저주하는 말을 했을까? 아마도 그랬을 것이다. 어쩌면 그들은 예수님과 예수님의 구원 사역을 계속해서 거부하였기에(또한 회개하지 않고 죄를 계속 품고), 예수님의 구원하시는 이름에 대해 비난받을 만한 비방을 했다는 꼬리표를 달았을 수도 있다(참고. 마 12:31). 야고보는 '어째서 주님을 비방하는 사람들에게 아첨을 하느냐?'고 묻는다.

2:8-13 이 단락의 마지막 부분에서 야고보는 차별에 반대하는 일련의 성경적이고 신학적인 논증을 한다. 야고보는 이웃을 자신처럼 사랑함으로써 "성경에 기록된 최고의 법"을 진정으로 지키는 이들을 칭찬한다(약 2:8). 이 짧은 절에서 몇 가지가 두드러진다. 첫째로, 야고보는 다시 전통 유대교의 개념에 새 언약의 수식어를 붙여 그 의미를 제한한다. 그는 '법'이 아니라 '최고의 법'에 관해 말한다. 다시 말해, 야고보가 가리키는 것은 예수님이 그분의 나라에서 해석하고 성취하신 법이다. 야고보의 표현에 비추어 볼 때, 예수님이 모든 율법과 예언자의 요약으로 이중적인 사랑 명령을 인용하시는 것은 주목할 만하다(마 22:37-40).

둘째로, 이곳의 분명한 어휘 선택에 주목해야 한다. 야고보는 "성경에 기록된" 최고의 법을 말한다. 명백하게 구약성경에서 인용된 부분(레 19:18)은 예수님이 여신 더 큰 통합된 나라의 법(즉, "최고의 법")과는 차이가 있다. 모든 옛 언약 명령이 새 언약 신자들에게도 적용되지만, 각각의 명령은 예수님의 삶과 가르침에서 어떻게 성취되었거나 해석되었는지에 따라 개별적으로 고려되어야 한다.

셋째로, 야고보는 가난한 자보다 부자를 선택적으로 더 사랑하는 것은 이웃을 진정으로 사랑하지 않는 것이라고 날카롭게 주장한다. 그렇게 하는 것은 하나님의 자명한 명령(레 19:18), 곧 예수님이 시작하신 그 나라의 윤리를 구현하는 명령을 어기는 일이다. 야고보의 가르침의 놀라운 한 부분이 레위기 19장을 반영하고 있어서, 일부 학자는 이 서신의 몇 부분을 레위기 19장에 대한 설교적 해설로 생각하는 것이 유익하다고 주장하기까지 한다.[15]

사람을 차별하여 대하는 것은 하나님의 자명한 명령('이웃을 사랑하라', 레 19:18)에 순종하지 않는 것으로 "죄를 짓는 것"이다(약 2:9). 야고보는 차별하는 것을 죄 짓는 것이라고 말함으로써 의심의 여지를 남기지 않는다. 그것은 성경에 나오는 자명한 하나님의 명령을 어기는 것이며, 그렇게 하는 사람은 "범법자"가 된다(약 2:9).

타락한 인간은 자신의 죄가 다른 사람의 죄보다 덜 중요하다고 변명하는 경향이 있으므로, 야고보는 바로 이 오류로 나아간다. 10절에서 그는 가설적으로 말하면서, 만약 하나님의 다른 율법은 다 지켰는데 단 한 명령만 어겼다 해도 그 사람은 "율법을…모두 범한"(10절) 것이라고 지적한다. 고대의 독자는 물론 현대의 많은 독자도 이 주장에 맞선다. "진정하세요, 야고보! 그것이 진짜라는 말씀입니까?" 우리는 단 하나의 명령을 어기는 것에 대해 이야기하고 있는데, 어떻게 하나님의 율법 전체에 대해 책임이 있다고 말할 수 있는가? 야고보는 계속해서 11절에서 그러한 반대에 대답한다. 그는 이렇게 말한다. "간음하지 말라 하신 이가 또한 살인하지 말라 하셨은즉 네가 비록 간음하지 아니하여도 살인하면 율법을 범한 자가 되느니라." 놀랍게도 야고보는 율법을 인용할 때 아주 인격적인 표현으로 말한다. 야고보는 "율법 제2권에 나와 있듯이…"라고 말하지 않는다. 대신 "~하신 이[하나님]가 또한…하셨은즉"이라고 말한다. 어떤 점에서든 율법을 어기는 것은 그 율법을 말씀하신(출 20:1) 하나님께 반역하는 것이다.

15 Luke Timothy Johnson, *Brother of Jesus, Friend of God: Studies in the Letter of James* (Grand Rapids, MI: Eerdmans, 2004), 123-135.

야고보는 왜 살인하지 말라는 명령과 간음하지 말라는 명령을 명시했는가? 우리는 그가 탐내지 말라는 명령을 고르리라 예상했을 수도 있다. 분명 모든 사람이 어느 순간에는 그 명령을 어긴다. 그렇지만 청중 대다수가 누군가를 살해하거나 실제 행위로 간음을 행하는 경우는 거의 없을 것이다. 그러나 2:11에 나오는 야고보의 주요한 요지를 잊지 말자. 그는 율법의 일부를 거역해도 하나님의 유죄 판결을 피할 수 있다는 생각을 공격하고 있다. 야고보는 그것이 불가능하다고 말한다. 아마도 '큰 죄'(타락한 인간의 시각에서)를 다루는 두 명령을 선택함으로써, 그의 요지가 더 부각되는 듯하다. 누군가가 "나는 간음을 저지르지 않았다. 그저 살인을 했을 뿐이다. 뭐가 그렇게 문제인가?"라고 반대한다면 얼마나 어리석을지 생각해 보라. 야고보는 "나는 그저 부자에게 더 좋은 자리를 내주었을 뿐이다"라는 반대가 하늘의 법정에서 동일한 불신으로 비춰질 것이라고 암시한다.

우리는 모두 실수가 많다는 야고보의 이후 주장(3:2)에 비추어 볼 때, 2:10-11에 담긴 그의 강력한 표현은 서신의 독자 모두를 하나님의 율법을 위반하는 자로 규탄하는 것이다. 하나님의 긍휼하심이 없다면, 즉 우리가 받아 마땅한 심판을 받는 대신 그리스도 안에서 하나님의 자비와 죄 사함을 받지 못한다면, 이 서신의 독자 누구도 하나님의 거룩한 법정에 설 수 없을 것이다.

좋은 소식은, 우리가 죄와 정죄에 빠진 채 버려지지 않는다는 것이다. 대신 우리는 그리스도 안에서 하나님의 긍휼하심을 힘입어 죄 사함을 받고 죄의 형벌은 물론 그 권세에서도 해방되어 살 수 있다. 이에 맞게 야고보는 12절에서 이렇게 명령한다. "너희는 자유의 율법대로 심판받을 자처럼 말도 하고 행하기도 하라." 이 절은 다른 말로 이렇게 표현할 수도 있다. "차별하려는 유혹을 받을 때 심판을 기억하고, 그리스도께서 진정한 사랑을 베풀도록 자유롭게 해주신 사람들처럼 행동하라"(참고. 고전 3:13-15). 우리는 야고보가 전통적인 유대교의 개념("율법")을 사용하면서도, 다시금 새 언약의 수식어를 덧붙이는 모습("자유의")에 주목한다. 이 수식어는 야고보의 명령이 그리스도 안에서 이루어진 구속사의 완성을 기반으로 함을 보여준다.

야고보는 경고의 말과 은혜의 말로 이 단락을(2:1-13) 마무리한다. 경고는 냉혹하다. "긍휼을 행하지 아니하는 자에게는 긍휼 없는 심판이 있으리라"(13a절). 차별과 관련하여 그리스도인 공동체 가운데 사랑 대신 혐오로 사는 위선자의 자리는 없다. 오히려 정죄 받는 것이 당연한 범죄자인 우리가 예수님 안에서 받은 긍휼에 비추어 볼 때, 우리 자신이 계속 그리스도께 긍휼을 받으려 한다면 다른 사람들에게도 긍휼을 베풀어야 한다. 야고보의 표현은, 무자비한 종에 관한 예수님의 비유 말미에서 주인이 한 엄중한 경고를 반영하고 있다.

> "이에 주인이 그를 불러다가 말하되 악한 종아 네가 빌기에 내가 네 빚을 전부 탕감하여 주었거늘 내가 너를 불쌍히 여김과 같이 너도 네 동료를 불쌍히 여김이 마땅하지 아니하냐 하고 주인이 노하여 그 빚을 다 갚도록 그를 옥졸들에게 넘기니라 너희가 각각 마음으로부터 형제를 용서하지 아니하면 나의 하늘 아버지께서도 너희에게 이와 같이 하시리라"(마 18:32-35).

마무리하는 은혜의 말도 마찬가지로 간결하다. "긍휼은 심판을 이기고 자랑하느니라"(약 2:13b). 이 잠언 형식의 말은 분명 각 그리스도인과 하나님의 관계에 적용된다. 그리스도인은 죄 때문에 심판을 받아 마땅하지만, 하나님의 긍휼하심이 승리를 거두어 그 사람에게 회개와 구원받는 믿음을 주신다(시 51:1). 받을 만하지 않는 하나님의 긍휼하심이, 받아 마땅한 심판을 이겼다. 이와 마찬가지로, 이 긍휼로 인해 구원받은 그리스도인들은 이제 은혜롭게 다른 사람들에게 긍휼을 베풀라는 부름을 받는다. 심판을 일삼는 세상을 이기는 매력적인 긍휼로 어두운 세상에 소금과 빛이 되라는 부름을 받는다. 마지막 날에 그러한 가시적인 긍휼의 행위는 우리 삶에서 일어난 그리스도의 구원 사역의 증거가 될 것이다(참고. 마 25:34-40).

응답

언젠가 일부 미국 교회가 건축 사업을 위해 돈을 모으는 방식에 관해 중국인 그리스도인들과 이야기를 나눈 적이 있다. 그 중국 신자들은 일부 교회가 더 부유한 교인들을 초대하여 저녁을 잘 대접하고 그들의 관대한 헌금에 감사 선물을 하는 것을 보고 믿을 수 없어 했다. "그것은 야고보서 2장에 불순종하는 것이 아닙니까?" 그들이 의아해하는 얼굴로 그렇게 질문하는 듯했다. 어쩌면 우리는 "교회들이 도울 능력이 있는 사람들에게 그저 전략적으로 필요를 알린 것입니다"라고 대답할지도 모른다. 정말 그러한가? 아니면 때로 교회의 사명에 부자들을 다른 사람들보다 더 소중하게 여김으로써 선을 넘어가는가? 야고보의 경고를 들은 우리는 부자들을 편애하지 않는 데 열심을 내야 한다.

부자들을 차별하지 말라는 야고보의 경고는 역사적이나 맥락적인 적응이 거의 필요하지 않다. 이 명령은 바로 적용할 수 있다. 야고보가 가난한 손님과 부유한 손님을 다르게 대하지 말라고 주의를 주었듯이, 현대의 교회들도 실제로 그 손님이 그리스도이신 것처럼 모든 사람을 환영하고 있는지 자문해 보아야 한다. 주 예수님은 우리가 가난하거나 혹사당하거나 억압받는 그리스도인 형제자매를 돌볼 때, 그것은 그분을 돌보고 있는 것과 같음을 일깨워주신다. 양과 염소의 비유에서 왕은 이렇게 말한다. "내가 주릴 때에 너희가 먹을 것을 주었고 목마를 때에 마시게 하였고 나그네 되었을 때에 영접하였고 헐벗었을 때에 옷을 입혔고 병들었을 때에 돌보았고 옥에 갇혔을 때에 와서 보았느니라"(마 25:35-36).

야고보는 경제적 차별에 집중하지만, 수많은 종류의 죄악된 차별이 존재한다. 사람들은 외모, 성별, 복장, 사회적 지위, 음악 선호도, 나이, 국적, 그밖에 많은 다른 요인에 근거하여 다른 사람들을 차별한다. 알고 하든 모르고 하든 죄악된 차별을 하면 이웃을 우리 자신처럼 사랑하지 못하게 된다. 당신과 당신의 교회가 어떤 부분에서 이웃을 사랑하지 못하는지를 알 수 있도록 하나님의 지혜를 구하라. 그런 다음 회개하라. 당신의 죄를 덮으시는 그리스도의 긍휼하심을 신뢰하라. 모든 사람에게 차별 없이 그분의 사랑과 긍휼을 베풀라.

14 내 형제들아 만일 사람이 믿음이 있노라 하고 행함이 없으면 무슨
유익이 있으리요 그 믿음이 능히 자기를 구원하겠느냐 15 만일 형제
나 자매가 헐벗고 일용할 양식이 없는데 16 너희 중에 누구든지 그에
게 이르되 평안히 가라, 덥게 하라, 배부르게 하라 하며 그 몸에 쓸 것
을 주지 아니하면 무슨 유익이 있으리요 17 이와 같이 행함이 없는 믿
음은 그 자체가 죽은 것이라

14 What good is it, my brothers, if someone says he has faith but does
not have works? Can that faith save him? 15 If a brother or sister is
poorly clothed and lacking in daily food, 16 and one of you says to them,
"Go in peace, be warmed and filled," without giving them the things
needed for the body, what good[1] is that? 17 So also faith by itself, if it
does not have works, is dead.

18 어떤 사람은 말하기를 너는 믿음이 있고 나는 행함이 있으니 행함
이 없는 네 믿음을 내게 보이라 나는 행함으로 내 믿음을 네게 보이리
라 하리라 19 네가 하나님은 한 분이신 줄을 믿느냐 잘하는도다 귀신

들도 믿고 떠느니라 20 아아 허탄한 사람아 행함이 없는 믿음이 헛것
인 줄을 알고자 하느냐 21 우리 조상 아브라함이 그 아들 이삭을 제단
에 바칠 때에 행함으로 의롭다 하심을 받은 것이 아니냐 22 네가 보거
니와 믿음이 그의 행함과 함께 일하고 행함으로 믿음이 온전하게 되
었느니라 23 이에 성경에 이른 바 아브라함이 하나님을 믿으니 이것을
의로 여기셨다는 말씀이 이루어졌고 그는 하나님의 벗이라 칭함을 받
았나니 24 이로 보건대 사람이 행함으로 의롭다 하심을 받고 믿음으로
만은 아니니라 25 또 이와 같이 기생 라합이 사자들을 접대하여 다른
길로 나가게 할 때에 행함으로 의롭다 하심을 받은 것이 아니냐 26 영
혼 없는 몸이 죽은 것 같이 행함이 없는 믿음은 죽은 것이니라

18 But someone will say, "You have faith and I have works." Show me
your faith apart from your works, and I will show you my faith by my
works. 19 You believe that God is one; you do well. Even the demons
believe—and shudder! 20 Do you want to be shown, you foolish person,
that faith apart from works is useless? 21 Was not Abraham our father
justified by works when he offered up his son Isaac on the altar? 22 You
see that faith was active along with his works, and faith was completed
by his works; 23 and the Scripture was fulfilled that says, "Abraham
believed God, and it was counted to him as righteousness"—and he
was called a friend of God. 24 You see that a person is justified by works
and not by faith alone. 25 And in the same way was not also Rahab the
prostitute justified by works when she received the messengers and
sent them out by another way? 26 For as the body apart from the spirit is
dead, so also faith apart from works is dead.

1 Or *benefit*

단락 개관

야고보서 2:14-26은 아마도 이 서신에서 가장 잘 알려진 부분일 것이다. 이 단락은 눈에 띄는 표현과 기억할 만한 사례들을 통해 서신의 주요 주제 중 하나를 잘 요약해 준다. 그 주제는 바로 참된 믿음의 증거로서 행위의 필요성이다. 이 단락의 인기는 무엇보다도 유명한 비평가 마르틴 루터 때문이다. 루터는 야고보서를 "지푸라기 서신"[16]이라 불렀고, 앞에서 주목했듯이 그는 이 서신을 그의 독일어 성경의 정경 목록에 남겨 두기는 했지만 신약성경 맨 끝으로 옮겼다. 루터는 도발적으로 이렇게 주장한다.

> 필립(멜란히톤)이 (아우크스부르크 신앙고백에 대한) 변명에서 그렇게 하듯이, 많은 사람이 야고보와 바울을 화해시키려고 열심히 애를 쓴다. 그러나 실제로는 성공하지 못한다. 믿음으로 의롭다 함을 받는 것(롬 3:28)과 믿음으로 의롭다 함을 받지 못하는 것(약 2:24)은 서로 충돌한다. 이 둘을 서로 조화시킬 수 있는 사람이 있다면 내 비레타(모자의 일종)를 그에게 주고 나를 바보라 조롱하게 하겠다.[17]

야고보서 2:14-26은 수미상관 구조로 되어 있다. 시작과 끝은 행함 없는 믿음이 무익하다고(14절), 또는 죽은 것이라고(26절) 분명하게 주장한다. 야고보는 서두의 기습 공격(14절)에 이어서, 그리스도인 공동체의 냉담한 한 지체의 사례를 들어 행함 없는 믿음의 모습을 보여준다. 그는 궁핍한 사람에게 도움이 되는 행동을 하는 대신에 빈말만 한다(15-17절). 야고보는 디아트리베(diatribe) 형식으로 대화 상대의 반대에 응답한다. 그 대화 상대는 혹 어떤 사람에게는 믿음이 있을 수 있고 다른 사람에게는 (별개의

16 Timo Laato, "Justification according to James: A Comparison with Paul", *TJ* 18/1 (Spring 1997): 43에 인용됨. 독일어로 된 글을 Mark A. Seifrid가 영어로 번역했다. Laato의 글은 적극 추천할 만하지는 않다.

17 Timo Laato, 앞의 책, 44에 인용됨.

충분한 은사로서) 행함이 있을 수 있다고 반대했다. 야고보는 진정한 믿음은 항상 의로운 행위를 낳는다는 요지를 설명하기 위해, 구약에서 두 가지 예(아브라함과 라합)를 제시한다(21-25절).

단락 개요

VI. 믿음과 행함(2:14-26)

A. 행함이 없는 믿음은 아무 소용이 없다(2:14)

B. 소용없는 믿음의 실례(2:15-17)

C. 대화 상대를 바로잡음(2:18-20)

D. 아브라함의 본(2:21-24)

E. 라합의 본(2:25)

F. 행함이 없는 믿음은 죽은 것이다(2:26)

주석

2:14 야고보는 호격과("내 형제들아") 두 가지 날카로운 질문으로("만일 사람이 믿음이 있노라 하고 행함이 없으면 무슨 유익이 있으리요 그 믿음이 능히 자기를 구원하겠느냐") 새로운 단락의 시작을 알린다. 이 질문들은 수사적으로 강력하고 기억할 만한 부인을 나타낸다. 마치 "믿음은 있지만 행함이 없는 것은 아무 유익이 없다. 그런 믿음은 아무도 구원할 수 없다"는 선언문과 흡사하다.

독자들은 정확한 자구에 주의를 기울여야 한다. 야고보는 문제의 그 사람이 실제로 믿음은 있지만 행함이 없다고 말하지 않는다. 오히려 그 사람이 자신은 믿음이 있다고 '말한다'(기만적인 자기 선언). 더 나아가 ESV는 헬라어 피스티스(*pistis*, "믿음") 앞에 나오는 관사의 의미를 제대로 번역했다. 질문은 "믿음이 자기를 구원할 수 있겠는가?"(Douay-Rheims 번역본)가 아니라[18] 오히려 "'그' 믿음이 능히 자기를 구원하겠느냐?"이다. 논의되고 있는 믿음은 진짜 구원에 이르는 믿음이 아니라 14절 전반부의 부적절한 자기 선언적 믿음이다.

2:15-17 그 다음 야고보는 14절에 소개된 자기 선언적인, 부적절한, 구원하지 못하는 믿음의 사례를 제시한다. 헬라어에는 조건문을 표현하는 몇 가지 방법이 있는데, 야고보는 15절에서 에안(*ean*, "만일")을 써서 독자들에게 그가 가상의 상황을 묘사하고 있음을 알린다(시작할 때 "~라고 가정해 봅시다"라고 하는 것처럼).

야고보는 아델포스(*adelphos*, '형제'), 안트로포스(*anthrōpos*, '사람'), 심지어 아네르(*anēr*, 대개는 '남자', 하지만 1:8을 보라)를 자주 포괄적으로 사용하긴 하지만, 여기서는 예상 외로 두 성별을 명확하게 언급한다("형제나 자매가", 2:15). 아마도 야고보는 당시 고대 문화에서 성을 더 엄격하게 구분하는 것을 존중하며, 남성 독자들과 여성 독자들 모두 동등하게 아주 기꺼이 그 필요를 충족시켜야 함을 생생하게 묘사한다.

여기서 야고보는 부자들의 외모에 관한 이전의 생생한 묘사(2:2)와 유사하게, 가난한 그리스도인 형제자매에 관해 옷을 제대로 입지 못하고 생필품이 필요한 이로 명시한다. 2:15에서 "헐벗고"로 번역된 헬라어는 귐노스(*gymnos*)로, 보통 '벌거벗은'이라는 뜻이지만 궁핍한 자들이 겉옷을 거의 입지 못한 상태를 가리킬 수도 있다(예. 마 25:36; 칠십인역 욥 31:29; 토비트 1:17).

야고보는 16절에서 계속 이 가상의 미니드라마를 전개해 나간다. "[가정해 보라] 너희 중에 누구든지 그에게 이르되." 여기서 야고보는 노련하게도 이 서신의 수신자인 고대 그리스도인 공동체의 한 지체를 끌어들인다.

18 1899년 미국판.

멀리서 보면, 소득 수준이 평균인 그리스도인과 가난한 그리스도인 사이의 이 가상의 대화는 따뜻해 보이고 신앙의 측면에서도 적절해 보인다. 구약 성도들이 나눈 영적 인사도 생각난다(예. 룻 2:4). 분명 누군가에게 주님의 평안의 복을 기원하거나 주님이 그에게 필요한 의식주를 주시기를 바라는 것은 잘못된 것이 아니다(신적 수동태 구조에 주목하라).[19]

그러나 야고보는 직접 그 물질적인 필요를 채워줄 수 있는데도 입을 놀리는 것 이상은 하지 않으면서 그들에게 복을 빌어주는 것은 '잘못이다'라고 말한다. 야고보는 "그 몸에 쓸 것"(약 2:16)에 관해 말하는데, 이는 모든 인간이 영/혼과 몸을 가지고 있음을 일깨운다. 인간에게는 기본적인 육체적 필요(의식주)가 있다. 그리고 사랑을 하고 있는지 검증하는 근본적인 기준은 극빈자들, 특히 "형제나 자매"(15절)를 돕기 위해 우리가 가진 자원을 제공하는지 여부다. "무슨 유익이 있으리요"(16b절)라는 수사적 질문은 14절을 시작한 헬라어 단어들을 그대로 되풀이하며 이 슬픈 이야기가 텅 빈, 쓸모없는, 구원하지 못하는 믿음의 뚜렷한 실례임을 오해의 여지없이 분명히 한다.

야고보는 17절에서 핵심을 완벽하게 요약한다. "이와 같이 행함이 없는 믿음은 그 자체가 죽은 것이라." 주목할 중요한 점은, 그 공식이 '믿음 + 행함 = 구원'이 아니라는 것이다. 야고보는 구원받으려면 믿음에 행함을 더해야 한다고 말하지 않는다. 오히려 그의 분명한 표현은, 믿음에 행함이 '있기도' 하고 '없기도' 하다는 것이다(17절). 믿음은 본질적으로 죽었거나 살아 있다. 믿음이 살아 있다면 그 안에는 원리상으로(organically) 행함이 있어서, 눈에 보이는 세상에 그것이 흘러나온다. 다른 하나는 그런 행함이 없는 죽은 믿음이다. 야고보는 살아 있는 믿음과 죽은 믿음을 대조하는 것이지, 행함이 있는 살아 있는 믿음과 행함이 없는 죽은 믿음을 대조하는 것이 아니다. 믿음은 씨앗과 같다. 살아 있는 씨앗을 심으면 살아 있는 식물

19 신적 수동태란, 하나님을 함축된 주어로 보는 수동태의 용법을 가리킨다[이 절에서는, (하나님에 의해) 덥게 되어라, 배부르게 되어라].

이 나온다. 죽은 씨앗을 심으면 아무것도 나오지 않는다.

2:18-20 야고보는 18절에서 살아 움직이는 설교투로 "어떤 사람은 말하기를"이라고 하며 있을 수 있는 반대를 소개한다. 저자/강연자가 가상의 상대와 나누는 대화 형식을 '디아트리베'라고 부른다. 디아트리베 형식은 고대 그리스-로마 수사법에서 흔했고, 바울의 글에도 나온다(예. 롬 9:19). 대화 상대는 "너는 믿음이 있고 나는 행함이 있으니"라고 하며 반대한다. 이 반대에서 대명사 "너"와 "나"는 명확한 지칭 대상 없이 쓰인다. 즉 '한 사람' 혹은 '다른 사람'이라는 표현과 같다. 다시 말해, 반대자가 제기하는 질문은 "믿음"과 "행함"은 두 가지 별개의 똑같이 유효한 은사가 아니냐는 것이다. 그의 반대는 다음과 같이 다른 말로 표현할 수 있다. "왜 모든 사람이 똑같아야 한다고 주장하는가? 어떤 사람에게는 믿음이 있고 다른 사람에게는 행함이 있다!"

야고보의 구두 반격은 반대자의 결함 있는 시각을 날카롭게 비판한다. 그는 이렇게 쓴다. "행함이 없는 네 믿음을 내게 보이라 나는 행함으로 내 믿음을 네게 보이리라"(약 2:18). 행함이 없는 죽은 믿음을 어떻게 보일 수 있는가? 믿음이 있다는 자기 기만적인 선언(14절)은 분명 인정할 만한 증거가 아니다!

18b절에서 두 번 사용된 '보이다'[데이크뉘미(*deiknymi*)]라는 명백한 표현은, 행함이 믿음에 더해지지 않음을 다시금 강조한다. 진정으로 구원에 이르는 믿음에는 행함이 있으므로, 그러한 행함이 존재한다면 그 행함을 다른 사람들이 관찰하도록 '보일' 것이다. 진정으로 구원에 이르는 믿음은 밖으로 드러나는 행위로 보여줄 수 있다. 거짓 예언자들에 대한 예수님의 경고가 생각난다.

> "거짓 선지자들을 삼가라 양의 옷을 입고 너희에게 나아오나 속에는 노략질하는 이리라 그들의 열매로 그들을 알지니 가시나무에서 포도를, 또는 엉겅퀴에서 무화과를 따겠느냐 이와 같이 좋은 나무마다 아름다

운 열매를 맺고 못된 나무가 나쁜 열매를 맺나니 좋은 나무가 나쁜 열매를 맺을 수 없고 못된 나무가 아름다운 열매를 맺을 수 없느니라 아름다운 열매를 맺지 아니하는 나무마다 찍혀 불에 던져지느니라 이러므로 그들의 열매로 그들을 알리라"(마 7:15-20).

일부 학자들은 야고보와 바울을 맞붙이려 하지만, 갈라디아서에서 바울은 진정한 믿음에 관한 비슷한 공식을 제시한다. 구원에 이르는 믿음은 필연적으로 "성령의 열매"를 맺는다(갈 5:22-23). 다시 말해, 진정한 믿음은 그 원리상으로(organically) 성령이 생산하시는 그러한 열매를 맺는다. 그 성령은 구원받기 위해 그리스도를 믿는 이들 마음속에 거하시는 분이다. 바울은 이렇게 말한다. "그리스도 예수 안에서는 할례나 무할례나 효력이 없으되 '사랑으로써 역사하는 믿음'뿐이니라"(갈 5:6). '사랑으로써 역사하는 믿음'은 '행함이 있는 믿음'(약 2:14)이라는 야고보와 동등한 생각을 바울식으로 표현한 것으로 보인다.

야고보는 2:19에서 자기 기만적인 반대자에게 응답을 이어간다. 야고보는 "네가 하나님은 한 분이신 줄을 믿느냐"라고 쓴다. "하나님은 한 분"이시라는 말은 '쉐마'(*Shema*, 신 6:4)로 알려진 유명한 유대인 신앙 고백의 문자적 번역이다. 이는 유일신론을 인정하는 것으로 이해되었을 것이다. 야고보가 이 유명한 유대인 신앙 선언을 고른 것은, 야고보의 편지를 받는 그리스도인 회중이 주로 유대 민족으로 구성되어 있다는 또 다른 증거다(참고. 약 1:1).

대화 상대가 쉐마를 인정하는 것과 관련하여 야고보는 "잘하는도다"라고 대응한다. 이 짧은 말은 긍정적인 것으로 이해할 수도 있고(즉, "그렇게 말하는 것이 옳다") 비꼬는 것으로("오, 감동적이네!") 이해할 수도 있다. 그러나 야고보가 쉐마 신학에 분명하게 동의하는 것을 볼 때, 그의 대응은 긍정적인 것으로 여겨야 할 것 같다. 그러고 나서 그 절 후반부에서 그의 생각은 급격하게 방향을 바꾼다.

야고보는 쉐마 고백과 관련하여 그의 상대와 타협점을 세운 후에, "귀신들도 믿고 떠느니라"고 덧붙인다. 야고보는 대화 상대가 쉐마 고백을 인정하긴 하지만, 유일신론을 지적으로만 시인하는 점을 공격한다. 그 말은 이렇게 바꿀 수 있다. "네가 유일신론을 인정한 것은 옳다. 하지만 귀신도 지적으로는 유일신론을 인정하는 것을 아느냐? 그리고 귀신들은 너희보다 그 고백에 더 합리적인 반응을 보인다. 그들은 적어도 다가올 심판이 두려워서 떤다!"

야고보가 사용하는 실제 단어들에 세심하게 주의를 기울이는 것이 중요하다. 야고보는 귀신들이 "믿[는다]"[피스튜오(*pisteuō*), 19절]고 말한다. 분명 그런 믿음은 구원에 이르는 믿음이 아니다. 그것은 불충분하고 구원에 이르지 못하며, 무익하고 죽은 믿음이다. 귀신들이 구원을 받으려면 그들의 믿음에 행함를 덧붙이는 정도로는 안 된다. 그들은 완전히 다른 종류의 믿음, 곧 그 안에 '행함이 있는' 살아 있고 구원에 이르는 믿음이 필요하다.

야고보는 대화 상대를 정면으로 공격하면서 디아트리베를 이어간다. "아아 허탄한 사람아 행함이 없는 믿음이 헛것인 줄을 알고자 하느냐?"(20절) 이 질문을 하면서, 야고보는 뒤따르는 절들에서 성경에 호소함으로 그의 논지를 더 입증하려 한다(21-25절). 야고보가 '가상의' 상대를 "허탄한 사람아"("you foolish person")라고 칭하는 것은 주목할 만하다. 반면에 그는 교회에게는 강한 말을 할 때조차도 한결같이 "형제들"이라고 부른다.

2:21-24 야고보는 행함 없는 믿음은 무익하고 구원을 얻지 못함을 보여주고자 아브라함과 라합이라는 두 가지 성경의 본을 제시한다. 유대인의 믿음의 조상 아브라함은 이해할 만한 본이지만, 기생 라합이 제시되는 이유는 무엇인가? 아마도 야고보는 의도적으로 남자와 여자의 본을 고른 듯하다. 그리고 라합은 기생이긴 했지만, 성경 내러티브에서 회심한 영웅으로 나온다(수 2:1-24; 히 11:31). 더 나아가 라합은 다윗 왕의 조상이자(마 1:5) 탁월한 회심자의 본으로(수 6:17-23) 존경받았다.

아브라함은 모든 그리스도인의 조상이므로(롬 4:16) 여기서 "우리 조상"으로 묘사된다. 그런데 야고보가 인종적으로 유대인인 그리스도인들에게 편지를 쓰고 있다면, 이는 그들에게 영적으로도 육체적으로도 사실이었다(참고. 약 1:1; 2:19).

야고보는 2:21에서 수사적 질문을 한다. "우리 조상 아브라함이 그 아들 이삭을 제단에 바칠 때에 행함으로 의롭다 하심을 받은 것이 아니냐?" 야고보는 이 질문의 답이 '그렇다'임을 시사한다. 이는 그가 쓴 헬라어 구조[우크(*ouk*)가 쓰인 수사 의문문]와 그 다음 절을 통해 드러난다.

현대의 독자들에게는 "행함으로 의롭다 하심을 받은"이라는 표현이 충격일 것이다. 로마서 4:2("만일 아브라함이 행위로써 의롭다 하심을 받았으면 자랑할 것이 있으려니와 하나님 앞에서는 없느니라")에 담긴 바울의 분명한 표현과 모순되어 보이기 때문이다. 그러나 야고보가 "행함으로 의롭다 하심을 받은것"의 의미를 설명하기 위해 2:22-23에서 어떻게 말을 이어가는지에 주목하라.

야고보는 명확하게 말한다. "네가 보거니와 믿음이 그의 행함과 함께 일하고 행함으로 믿음이 온전하게 되었느니라 이에 성경에 이른 바 아브라함이 하나님을 믿으니 이것을 의로 여기셨다는 말씀이 이루어졌고 그는 하나님의 벗이라 칭함을 받았나니"(22-23절). 아브라함은 구원에 이르는 믿음을 먼저 행위로 표현함으로 하나님과 올바른 관계에 있게 되었다. 그의 믿음은 "의"로 여겨졌고, 그는 하나님과 "벗"의 관계가 되었다(23절).[20] 하지만 살아 있고 구원의 능력이 있는 그러한 믿음은, 안에 담긴 믿음을 행위로 보여줄 때까지는 보이지 않았다.

야고보는 아브라함을 드러내고/보여주고/정당성을 입증하고/옳음을 해명하기 위해, 이러한 보이지 않는 믿음이 어떻게 눈에 보이는 행위로 나타나는지를 여러 다른 방식으로 묘사한다. 그의 믿음은 "행함과 함께 작용[한다]"(새번역). 또는 말 그대로 "믿음이…행함과 함께 일[한다]"(22절). 그 다음 야고보는 아브라함의 행함으로 믿음이 "온전하게" 되었다고 묘사한

20 구약성경 어디에서도 명시적으로 아브라함을 하나님의 '벗'이라고 칭하지 않지만, 이 호칭은 아브라함이 하나님과 나눈 은혜롭고 인격적인 관계를 정확하게 포착한다. 그리고 구약성경 이후에 아브라함을 이런 식으로 칭하는 오랜 전통이 있었다.

다(22절). 마지막으로, 아브라함이 아들을 제단에 바친 것을 말씀이 이루어진 것으로 묘사한다(23절). 함께 일함, 온전하게 됨, 말씀이 이루어짐이라는 표현들은 외부에서 더해지는 상황을 나타내는 것이 아니다. 눈에 보이는 아브라함의 순종이 눈에 보이지 않는 구원에 이르는 믿음에서 나왔으며, 믿는다는 말이 보이는 영역에서 입증된다는 진리를 전달하고자 의도된 유기적인 표현이다. 이렇게 그는 "의롭다 하심을" 받았다. 거침없는 순종으로 이어진 살아 있는 믿음을 통해 의로움이 드러났다(24절).

2:25 야고보는 행함으로 드러나는 진정한 믿음에 관한 두 번째 성경의 본을 제시한다. 바로 기생 라합이다.[21] 야고보서의 수신인들은 인종적으로 유대인이었을 것이며(참고. 2:21-24 주석), 따라서 여리고 성 출신인 이 구약의 영웅을 잘 알고 있었을 것이다(참고. 수 2:1-24; 6:16-25). 야고보는 라합의 본을 통해 "행함이 없는 믿음이 헛것"임을(약 2:20) "허탄한" 그의 대화 상대에게 계속해서 가르친다. 다시 말해, 라합은 명목상의 믿음(즉, 이스라엘의 하나님을 참되고 공의롭고 전능하신 모든 민족의 심판자로 인정하는 것, 참고. 수 2:9-11)만을 가진 것이 아니었다. 라합은 그 믿음에 따라 행했다(수 2:15-21). 그녀는 참되신 하나님의 사자들이 위험에 처했을 때 그들을 숨겨주었다(수 2:4-8). 라합이 행동하지 않았다면, 이른바 그녀의 믿음은 헛되고 죽은 것으로 입증되었을 것이다.

2:26 야고보는 일상생활의 한 사례를 제시함으로써 이 단락이 끝남을 알린다. 이 사례는 행함 없는 믿음이 무익하다는 서두의 요지를(14절) 다시 말한다. 그는 "영혼 없는 몸이 죽은 것같이 행함이 없는 믿음은 죽은 것이니라"(26절)라고 쓴다. 야고보는 행함을 낳지 못하는 '믿음'이 있음을 인정

21 라합이 항상 "기생"으로 불리는 듯 보이는 것과 관련하여, A. T. Robertson은 "라합이 악한 삶에서 떠났음에도, 그 이름이 항상 그녀를 따라다녔다"고 평한다 [*Word Pictures in the New Testament*, (Nashville, Broadman, 1990), s.v.].

하지만 그것은 '죽은' 믿음이지, 살아 있거나 참되거나 구원에 이르는 믿음이 아니다. 이와 마찬가지로 예수님도 씨 뿌리는 자의 비유에서, 시간이 지나면서 정체를 드러내는 일시적이고 거짓되며, 구원에 이르지 못하는 믿음을 묘사하신다. 예수님은 돌밭에 떨어진 씨에 대해 설명하시면서, 돌밭은 "말씀을 들을 때에 즉시 기쁨으로 받으나 그 속에 뿌리가 없어 잠깐 견디다가 말씀으로 인하여 환난이나 박해가 일어나는 때에는 곧 넘어지는 자"(막 4:16-17)들을 나타냄을 보여주셨다.

응답

어떤 목사가 어렸을 때 '구원받았지만' 계속 세속적인 삶을 살았던 이야기를 하는 것을 언젠가 들은 적이 있다. 그는 그 경험을 '예수님을 구주로 알게 된 것'이라고 이름 붙였다. 그 목사는 나중에 '예수님을 주님으로 알게 되었다'고 말했다. 그리고 예수님을 주님으로 삼고 우선순위를 재조정하고 그분께 순종하게 된 삶의 변화를 이야기했다.

이 목사에게는 분명 다른 사람들을 제자로 초청하고자 하는 진실한 바람이 있었으나, 자신도 모르는 사이에 거짓 교리를 가르치고 있었다. 그는 행함이나 삶의 열매가 없이 진정으로 구원에 이르는 믿음이 가능하다고 암시하였다. 그는 '복도를 걸었던' 아니면 '기도했던' 먼 기억에 기댈 뿐 여러 해 동안 죄를 회개하지 않고 냉담하게 지내며, 여전히 하나님의 진노 아래 있는 명목상의 그리스도인(즉, '이름뿐인 그리스도인')을 은연중에 권장했다.

오해하지 말라. 그리스도인은 행위로 구원받지 않는다! 예수 그리스도께서 자신의 완벽한 삶과 대속적 죽음을 통해 우리를 구원하신다. 구원이라는 값없는 선물을 받으려면 거듭나고 성령이 내주하셔야 한다. 하나님께 입양된 아들과 딸인 우리는 죄를 깨닫고, 우리 하늘 아버지의 사랑 가득한 인도하심과 훈련을 받는다. 예수님의 가르침에는 '회개하지 않은 믿음'이나 '구원받았으나 제자는 아닌 이들'이 있을 수 없다. 예수님은 이렇게 말씀하셨다. "누구든지 나를 따라오려거든 자기를 부인하고 자기 십자가를 지고 나를 따를 것이니라 누구든지 제 목숨을 구원하고자 하면 잃을 것이요 누구든지 나를 위하여 제 목숨을 잃으면 찾으리라"(마 16:24-25).

수많은 학자가 주목했듯이 "믿음만으로 구원에 이르지만, 구원에 이르는 믿음은 행위를 수반하지 않을 수 없다."[22] 또 다른 학자는 "믿음은 뿌리고 행위는 열매다"[23]라고 말했다. 마르틴 루터도 야고보를 비판하긴 했지만, 그의 말은 야고보의 메시지를 날카롭게 포착하고 있다.

> 이 믿음은 살아 있고 아주 활동적인, 힘 있는 믿음이다. 끊임없이 선한 일을 하지 않는 것이 불가능하다. 선행을 해야 할지 말지 묻지 않는다. 오히려 질문이 나오기 전에 이미 선을 행했고 계속해서 행하고 있다. 반면 그런 선행을 하지 않는 사람은 누구든 믿지 않는 자다. 그는 믿음과 선행을 더듬으며 찾아다니지만, 무엇이 믿음인지 무엇이 선행인지도 모른다. 하지만 믿음과 선행에 대해 많은 말을 하고 또 한다.[24]

현대의 독자들은 가난한 사람들을 돌보라는 경고를 들으며(약 2:14-26), 매일 텔레비전이나 인터넷에서 접하는 수많은 필요에 압도될지 모른다. 현대의 기술은 우리 집 문 앞까지(아니면 화면으로) 하루 24시간 방대한 필요들을 알려준다. 제한된 자원과 지식으로는 어디서 시작해야 할지를 알기 어려울 수 있다. 실제적인 제안은 지역 교회의 사역들에서 시작하라는 것이다. 아마도 오랫동안 광고로는 보았지만 실제로는 살펴보지 않았던 교도소 사역이나 노숙자 사역이 있을 것이다. 어쩌면 우리 교회의 사려

22 수많은 학자가 유사한 공식을 인정하는데, 아마도 John Calvin이 가장 먼저 그렇게 한 것 같다. "Acts of the Council of Trent with the Antidote" (http://christianity.stackexchange.com/questions/42366/is-luther-really-the-originator-of-we-are-saved-by-faith-alone-but-the-faith-t)에서.

23 Tom Schreiner, 개인적인 대화.

24 Luther의 로마서 주석 서문에서, Moo, *Letter of James*, 144에서 인용함.

깊은 지도자들이나 성도들이, 세계의 가난한 자들의 필요들에 부응하는 지혜롭고 효율적인 사역들과의 연계를 구축해 놓았을 것이다.[25]

우리의 이웃과 관계망 내부는 궁핍한 이들을 돌보는 일을 시작할 또 다른 자리다. 우리가 이웃들 가운데서 경제적으로 빈곤하다는 외적인 표지는 보지 못할지라도, 관계적이거나 영적 빈곤도 많다. 이웃 가운데 낙엽을 쓸고 치우는 일을 해야 하는 과부가 있는가? 일을 마치고 집에 올 때까지 누군가가 딸을 봐줘야 하는, 홀로 육아를 하는 엄마가 우리 아이의 학교에 있는가? 세상의 무한한 필요에 마비되기보다는, 하나님이 우리 앞에 두신 구체적인 필요를 볼 수 있는 눈을 달라고 간구하자. 그런 다음 기뻐하며 믿음으로 발걸음을 내디뎌야 한다. 우리는 "그가 만드신 바라 그리스도 예수 안에서 선한 일을 위하여 지으심을 받은 자니 이 일은 하나님이 전에 예비하사 우리로 그 가운데서 행하게 하려 하심[을]"(엡 2:10) 알기 때문이다.

25 참고. Steve Corbett and Brian Fikkert, *When Helping Hurts: How to Alleviate Poverty without Hurting the Poor* ... and Yourself (Chicago: Moody, 2012).

[1]내 형제들아 너희는 선생된 우리가 더 큰 심판을 받을 줄 알고 선생
이 많이 되지 말라 [2]우리가 다 실수가 많으니 만일 말에 실수가 없는
자라면 곧 온전한 사람이라 능히 온 몸도 굴레 씌우리라 [3]우리가 말
들의 입에 1)재갈 물리는 것은 우리에게 순종하게 하려고 그 온 몸을
제어하는 것이라 [4]또 배를 보라 그렇게 크고 광풍에 밀려가는 것들을
지극히 작은 키로써 사공의 뜻대로 운행하나니 [5]이와 같이 혀도 작은
지체로되 큰 것을 자랑하도다

[1]Not many of you should become teachers, my brothers, for you know
that we who teach will be judged with greater strictness. [2]For we all
stumble in many ways. And if anyone does not stumble in what he
says, he is a perfect man, able also to bridle his whole body. [3]If we
put bits into the mouths of horses so that they obey us, we guide their
whole bodies as well. [4]Look at the ships also: though they are so large
and are driven by strong winds, they are guided by a very small rudder
wherever the will of the pilot directs. [5]So also the tongue is a small
member, yet it boasts of great things.

보라 얼마나 작은 불이 얼마나 2)많은 나무를 태우는가 6 혀는 곧 불이
요 불의의 세계라 혀는 우리 지체 중에서 온 몸을 더럽히고 삶의 수레
바퀴를 불사르나니 그 사르는 것이 지옥 불에서 나느니라 7 여러 종류
의 짐승과 새와 벌레와 바다의 생물은 다 사람이 길들일 수 있고 길들
여 왔거니와 8 혀는 능히 길들일 사람이 없나니 쉬지 아니하는 악이요
죽이는 독이 가득한 것이라 9 이것으로 우리가 주 아버지를 찬송하고
또 이것으로 하나님의 형상대로 지음을 받은 사람을 저주하나니 10 한
입에서 찬송과 저주가 나오는도다 내 형제들아 이것이 마땅하지 아니
하니라 11 샘이 한 구멍으로 어찌 단 물과 쓴 물을 내겠느냐 12 내 형제
들아 어찌 무화과나무가 감람 열매를, 포도나무가 무화과를 맺겠느냐
이와 같이 짠 물이 단 물을 내지 못하느니라

How great a forest is set ablaze by such a small fire! 6 And the tongue
is a fire, a world of unrighteousness. The tongue is set among our
members, staining the whole body, setting on fire the entire course
of life,[1] and set on fire by hell.[2] 7 For every kind of beast and bird, of
reptile and sea creature, can be tamed and has been tamed by mankind,
8 but no human being can tame the tongue. It is a restless evil, full of
deadly poison. 9 With it we bless our Lord and Father, and with it we
curse people who are made in the likeness of God. 10 From the same
mouth come blessing and cursing. My brothers,[3] these things ought not
to be so. 11 Does a spring pour forth from the same opening both fresh
and salt water? 12 Can a fig tree, my brothers, bear olives, or a grapevine
produce figs? Neither can a salt pond yield fresh water.

1) 헬, 굴레 씌우는 것은 2) 또는 큰 수풀을

1 Or *wheel of birth* *2* Greek *Gehenna* *3* Or *brothers and sisters*; also verse 12

단락 개관

앞 단락에서(2:14-26) 야고보는, 진짜 구원에 이르는 믿음은 행위로 그 믿음을 입증한다고 가르쳤다. 이제 3:1-12에서는 말에 관해 검토한다. 말은 자기 내면의 영적 상태를 외적으로 가리키는 또 하나의 표지다. 여기서 야고보는 인간의 의사소통에서 종종 발견되는 사악함에 대해 비관적인(하지만 현실적인) 평가를 한다.

3:1-12은 인간의 말이 가진 힘과 해를 입힐 가능성에 초점을 맞춘다. 이 단락은 네 개의 하위 단락으로 나눌 수 있다. 첫째로, 야고보는 교회에서 경솔하게 교사의 역할을 떠맡는 것에 대해 경고하며 시작한다. 우리는 모두 말로 죄를 짓기 때문에, 교사(그 직책의 특성상 말을 많이 하는)가 영적으로 성숙하지 못하면 다른 사람들에게 큰 해를 끼칠 것이다. 둘째로, 야고보는 여러 두드러진 예시를 사용해(말의 입에 물리는 재갈, 배의 키, 숲의 불, 야생동물 길들이기) 좀 더 일반적으로 회중에게 말의 힘과 해를 끼칠 가능성을 경고한다. 셋째로, 야고보는 말로 짓는 한 가지 죄로 나아간다. 그것은 비방이라는 죄로, 하나님을 찬송하면서도 그분의 형상으로 지음 받은 인간을 저주하는 위선이다. 넷째로, 야고보는 몇 가지 기억할 만한 이미지를 사용해(단물과 쓴 물을 내는 샘, 감람 열매를 맺는 무화과나무, 무화과를 맺는 포도나무, 단물을 내지 못하는 짠 연못) 위선적인 비방을 비판하며 이 단락을 마무리한다.

단락 개요

Ⅶ. 강력하고 위험한 혀(3:1-12)
- A. 선생의 말과 심판(3:1-2)
- B. 혀의 힘과 해를 입힐 가능성에 대한 실례(3:3-8)
- C. 위선적인 비방하는 혀(3:9-10)
- D. 위선적인 비방자에 관한 마무리 예시(3:11-12)

주석

3:1-2 야고보는 주제의 변화와 호격("내 형제들아", 1절)을 사용함으로써 또 다른 담화로 이동함을 나타낸다. 앞 단락에서(2:14-26) 야고보는 눈으로 보이는 행위를 낳지 못하는, 곧 구원에 이르지 못하는 믿음을 공격했다. 3:1은 말에 초점을 맞추는 데로 옮겨가, 더 범위를 좁혀서 어떤 한 무리인 교사들의 말을 다루면서 시작한다.

야고보는 "너희는…선생이 많이 되지 말라"(1절)고 경고한다. 그는 일반적인 가르침에 대해 주의를 주고 있지 않다. 오히려 교회에서 무모하게 교사의 역할을 떠맡는 사람들에게 관심이 있다. 그는 계속해서 "너희는 선생 된 우리가 더 큰 심판을 받을 줄 알고"라고 설명한다. 야고보는 여기서 일인칭 복수("우리")로 말하면서 자기 자신을 독자들에게 적용하는 동일한 기준 아래 둔다. 그의 매력적인 겸손이 드러나는 또 하나의 예다.

그리스도인 교사들은 왜 평범한 신자들보다 더 큰 심판을 받는가? 야고보는 2절에서 이유를 밝힌다. "우리가 다 실수가 많으니." 그런 다음 실수의 한 형태인 거짓된 말에 대해 논의한다. 우리는 모든 면에서, 특히 말에서 실수가 많으므로, (그리고 교사는 주로 말을 통해서 다른 사람들에게 영향을 미치므로) 교리적으로나 도덕적으로 결함이 있는 교사는 많은 사람을 오류에 빠지게 할 수 있다.[26] 이와 유사하게 예수님도 다른 사람이 악행을 하도록 영향을 미치는 이들에게 더 가혹한 심판이 임한다고 경고하신다. "누구든지 나를 믿는 이 작은 자 중 하나를 실족하게 하면 차라리 연자 맷돌이 그 목에 달려서 깊은 바다에 빠뜨려지는 것이 나으니라"(마 18:6).

야고보는 "만일 말에 실수가 없는 자라면 곧 온전한 사람이라 능히 온 몸도 굴레 씌우리라"(약 3:2)라고 쓴다. 혀는 마음을 드러내므로(막 7:20-23), 어떤 사람이 정말로 말로 죄를 지을 수 없다면 그는 "온전한 사람"일 것이

26 Robertson이 적절하게 말했다. "교사는 계속 혀를 사용하므로 이 점에서 특히 위험하다" (*Word Pictures*, s.v).

다. 그런 사람이라면 말과 연관되지 않은 죄(예. 욕정, 절도, 우상숭배, 분노, 탐욕)의 유혹에도 저항할 수 있다고 야고보는 말한다. 여기서 '온전함'이라는 단어는 야고보서 1:4을 반영한다. 앞의 구절에서처럼 그리스도인은 그러한 온전함(혹은 성숙)을 향해 성장하고 있지만, 이생에서는 절대 완전히 온전함에 이르지 못한다고 보는 것이 가장 바람직하다. 오직 한 분만이 이 땅에서 말로 전혀 죄를 짓지 않으셨다. 바로 다른 모든 유혹의 영역에서도 과실이 없으셨던 예수 그리스도시다. 우리가 죄를 회개하고 그분을 믿을 때 믿음으로 말미암아 예수님의 의가 우리에게 전가됨을 하나님께 감사하라(고후 5:21).

3:3-8 야고보는 가상의 온전한 사람을 자기의 온몸을 "굴레 씌우[는]"[칼리나고게사이(*chalinagōgēsai*)] 이로 묘사하는데(2절), 아마도 실제 재갈[칼리노스(*chalinos*)]과 고삐를 떠올렸을 것이다(3절). 야고보는 이 단락에서(3-8절) 인간의 말이 가진 파괴력에 대해 독자들에게 경고하며 그들의 감정과 상상력에 호소하는 것을 핵심 목적으로 삼고 있다. 작은 재갈이 커다란 말(馬)을 제어하는 능력을 가졌다는 사실은(3절), 작은 것들(예. 혀)이 큰 영향을 미칠 수 있음을 가르쳐준다. 재갈이 말(馬) 전체를 제어하듯이, 경건한 말(語)도 신자들의 삶 전체에 긍정적인 영향을 미칠 수 있다. 경건한 말은 하나님께 영광을 돌리는 삶의 증거일 뿐 아니라 계속 그런 삶을 살게 해준다. 반면 악한 말은 더 심한 반역과 죄와 모독을 낳는다. 야고보의 표현은 말에 관해 다루는 성경의 많은 잠언을 연상시킨다(예. 잠 18:21).

3:4에서 야고보는 그의 요지를 다시 언급하기 위해 항해의 이미지로 옮겨간다. 아주 작은 키가 커다란 배를 제어한다. 이곳에 나오는 비교의 핵심 요점 역시, 어떻게 작은 것(혀)이 큰 영향을 미칠 수 있느냐다. 야고보는 배가 "광풍에 밀려[갈]" 수 있다고 묘사하며, 배의 규모 및 그 배를 움직이는 데 필요한 힘을 강조한다. 그렇지만 그 배는 작은 키로써 "사공의 뜻대로" 운행될 수 있다.

5a절은 재갈과 키의 예시에서 결론을 끌어낸다. "이와 같이 혀도 작

은 지체로되 큰 것을 자랑하도다." 야고보는 앞의 예시들의 구체적인 세부 사항들에 너무 집중하지 말라고 지적한다. 비교의 요점은 작은 것(혀)이 큰 영향을 미칠 수 있다는 것이다. "자랑하도다"["boasts", 아우케이(*auchei*)]라는 단어 선택이 혀가 주장할 수 있는 "큰 것"이 부정적이라는 어감을 주는가? 아우케오(*aucheō*)라는 동사는 헬라어 신약성경과 칠십인역을 통틀어 오로지 이곳에만 나온다. 성경 외의 용례를 보면 이 단어가 간혹 긍정적이거나 중립적인 어감을 지니기도 한다.[27] 그렇지만 이 단락의 어조가 전반적으로 부정적임을 고려할 때, 아마도 야고보가 아우케오를 선택한 데서 혀의 악한 특성을 넌지시 내비치고 있음을 감지하는 것이 옳을 것이다. 혀는 얼마나 악한가! 악하게도 자신의 파괴력을 치켜세우니 말이다.

야고보는 5b절에서 세 번째 이미지를 소개한다. 그것은 작은 불꽃으로 인해 불이 붙은 큰 숲의 이미지다. 야고보는 계속해서 이미지들을 장황하게 설명하며, 독자들의 감정과 상상력을 자극한다. 아주 작은 것(불꽃)이 막대한 영향(산불)을 줄 수 있다는 관찰의 결론이 요점이다. 하지만 큰 불의 이미지는 통제할 수 없는 파괴력을 암시한다. 혀는 단순히 강력한 것이 아니라 해를 입히고 통제할 수 없을 정도로 강력하다.

야고보는 파괴하는 힘이라는 부정적인 이미지로 불을 이해하는 데 더욱 힘을 실어 주면서 "혀는 곧 불이요"(6a절)라고 덧붙이고, 이 불과 그 기원에 대한 부정적인 묘사를 이어간다. 혀는 불일뿐만 아니라 "불의의 세계"(6절)다. 이 어구는 특이하다. 혀가 "지옥 불에서 나느니라"라고 주장하는 이 절 후반부에 비추어 보아 "불의의 세계"가 가리키는 것은, 이 반역적인 세상에 나타나는 여러 영역의 모든 죄악됨(지옥의 심판을 받아 마땅한 모든 것)이 인간의 혀로 표현된다는 야고보의 은유적 주장으로 이해해야 할 듯하다. 충분히 오랫동안 관찰해보면, 죄악된 모든 인간의 혀는 이 타락한 세상에 있었던 무수한 불의한 이야기들을 표현하는 미니드라마다.

27 참고. BDAG, s.v. αὐχέω.

야고보는 한 사람의 인생 여정에 미치는 혀의 영향력 및 죄악된 인간의 말이 나오는 궁극적인 기원에 관해 현실적인 비관주의를 가지고 있다. 6b절에서 그는 혀를, 온몸을 더럽히는 사람 몸의 "지체"(부분) 중 하나로 말한다. 여기서 "더럽히고"라는 표현은 악하게 말하는 사람에게 생기는 죄책과 수치를 암시한다. "온몸"이라는 표현은 죄가 인간의 한 부분에 국한될 수 없음을 다시금 강조한다. 죄악된 말은 무수한 다른 악한 행동으로 이어져 인간을 죄책, 후회, 심지어 육체적 질병으로 오염시킬 것이다. 사람의 악한 말이 '그들을 철저히 망가트릴' 것이다.

야고보는 불 이미지의 정점으로, 혀가 "지옥 불에서 나느니라"(6b절)라고 덧붙인다. 여기서 "지옥"으로 번역된 실제 헬라어는 게엔나(*geenna*)이다. 종종 이것을 '게헨나'(*Gehenna*)로 바꿔서 쓰는데, 이는 '힌놈의 골짜기'를 뜻하는 히브리어 어구를 음역한 것이다. 예수님은 사탄과 귀신들을 포함한 악한 이들에게 최종적인 벌이 임할 장소를 가리키기 위해 이 용어를 사용하셨다(마 5:22, 29, 30; 10:28; 18:9; 23:33; 눅 12:5). 야고보는 혀를 "지옥 불에서 나느니라"(약 3:6b)라고 말하면서, 혀의 파괴력이 파괴의 강력한 행위자인 사탄에게서 나온다고 주장한다.

야고보는 혀에 관한 이 단락(1-12절)에서 처음으로 제시한 짧고 날카로운 일련의 이미지들에 관한 설명을(3-8절) 마무리하며, 혀를 복종시키는 것을 동물 길들이기에 비유한다. 이 비유는 아주 다루기 힘든 인간의 말의 속성을 예시한다(7-8절). 야고보는 과장법을 써서 "여러 종류의 짐승과 새와 벌레와 바다의 생물은 다 사람이 길들일 수 있고 길들여 왔거니와"(7절)라고 쓴다. 여기서 동물을 네 분류로 나누는 것은 전형적인 유대인식 구분법으로, 구약의 표현을(창 1:20-21, 24-25) 반영한 것이다. 인간은 자기보다 열등한 동물들을 효과적으로 장악한 것과는 달리, 자기 입 안에 있는 혀는 길들이지 못한다(약 3:8).

ESV는 8a절을 아주 문자적으로 번역한다. '어느 누구도 혀를 길들일 수 없다'("but no human being can tame the tongue", 개역개정은 "혀는 능히 길들일 사람이 없나니"). 여러 해석자 중에서도 특히 어거스틴(Augustine)은 "사람이 없나니"["no human being", 우데이스…안트로폰(*oudeis...anthrōpōn*)]라는 명확한 표현이, 하나님은 혀를 길들이실 수 있다는 소망을 열어둔다고 제안한다.[28] 이러한 관찰이 맞다면, 야고보의 초점은 모든 인간의 혀가 가지는 죄악된 속성에 있다. 야고보는 인간의 말의 위험과 파괴성에 대해 경고함으로써, 독자들이 혀를 온전히 길들이지 못하여 계속 "실수를 많[이]" 할지라도(2절) 더욱 말에 주의하고 조심하게 한다.

야고보는 시편의 표현(시 5:9; 12:2; 140:3)을 반영하여, 타락한 인간의 혀의 실제 모습을 "쉬지 아니하는 악이요 죽이는 독이 가득한 것"이라고 부른다(약 3:8, 참고. 롬 3:13). 말이 진짜 온전해지는 일은 새 하늘과 새 땅에서 만물이 회복될 때 이루어진다. 지금은 신자들이 실수하고, 회개하고, 그리스도의 의로움을 신뢰하고, 그들의 불완전한 말 사이로 반짝이는 새 시대의 희미한 빛을 볼 뿐이다.

3:9-10 9절은 도구를 나타내는 전치사구 "이것으로"[엔 아우테(*en autē*)]로 시작한다. 이는 인간의 말이 도구임을 상기시킨다. 야고보는 일인칭 복수("우리")를 써서, 그의 고발이 슬프지만 그들의 말에 대한 참된 묘사임을 인정하라고 청중(과 자신)에게 요청한다. 야고보는 우리의 말로 "주 아버지를 찬송하고"(9절)라고 말한다. '찬송하다'["bless", 율로게오(*eulogeō*)]로 번역된 헬라어 동사는 하나님을 향해 쓸 때는 찬양의 표현을 나타낸다. 이 찬양의 목적어는 "주 아버지"다. "주"와 "아버지"는 헬라어 본문에서 하나의 관사로 연결되어 있으므로 동일 인물을 가리키는 듯하다. 그렇다면 야고보가 가리키는 분은 삼위일체 하나님의 두 위격이신 주 예수님과 하나님 아버지가 아니다. 야고보는 하나님의 합당한 권위(주)와 함께 자기 백성의 아버지로서 사랑으로 자기 계시를 하신 것을 강조하기 위해, 두 개의 칭호를 사용하는 듯하다. 야고보는 율로게오('찬송하다')라는 단어를 사용하여, 그리

28 Augustine, *On Nature and Grace* 15, Moo, *Letter of James*, 161n19에 인용됨.

스도인들이 기도나 노래로 하나님을 찬양하는(참고. 엡 5:19; 골 3:16) 개인 예배나 공동 예배를 마음속에 그렸을 것이다.

야고보는 병행 형식으로, 또한 "이것(혀)으로" 우리가 "하나님의 형상대로 지음을 받은 사람을 저주[한다]"(약 3:9)고 말한다. 야고보는 헬라어 동사 카타라오마이(*kataraomai*, 여기서 "저주"로 번역된)를 쓰면서, 아마도 이웃에게 해를 입히는 말로 짓는 다양한 죄인 비방, 거짓 증언, 험담 등을 염두에 두었을 것이다. 우리의 죄악된 말들을 듣기 좋게 만들려고 어떤 궤변이나 완곡어법("유감스럽지만, 그냥 하는 말인데…")을 쓰든, 야고보는 정확하게 죄악된 말의 실상을 고발한다. 그것은 저주다. 사실 우리는 다른 사람들에게 해를 끼치기 원하며, 우리의 나쁜 말은 그러한 역겨운 욕구를 드러내고 또 해를 입히는 데 기여한다.

야고보는 하나님을 찬양한 다음, 그분의 형상대로 지음 받은 인간을 저주하는 것은 위선이라고 말한다. 우리를 저주하거나 우리에게 해를 끼치는 악한 사람이라 할지라도, 그는 깨지긴 했지만 여전히 하나님의 형상이다. 하나님의 "형상"[호모이오시스(*homoiōsis*)]이라는 표현은 창세기 1:27을 암시한다. 그 구절에서 인간은 다른 생물체와는 달리 하나님의 형상으로 지음 받는다. 학자들은 그 "형상"이 구체적으로 인간에 관해서 무엇을 주장하는지에 대해서는 논쟁하지만, 그 형상이 인간이 창조주를 반영하는 독특한 방식을 가리킨다는 데는 모두 동의한다. 창세기 1장에서 나머지 창조 세계에 대한 인간의 지배권(창조주의 주권이 반영된)은 하나님의 형상이라는 표현을 통해 강조된다(창 1:28-30). 물론 지배가 그 단어의 의미를 다 말해주지는 않지만 말이다.

최악의 경우에도 인간은 하나님의 형상으로 지음 받은 데서 나오는 위엄을 유지한다. 이 때문에 우리는 말을 억제해야 하고, 심판은 창조주께 맡겨야 한다. 실제로 우리의 말은 하나님이 아버지로서 그분의 창조 세계를 섭리로 돌보심을, 즉 "하나님이 그 해를 악인과 선인에게 비추시며 비를 의로운 자와 불의한 자에게 내려주심"을(마 5:45) 드러내야 한다. 그렇게 하지 않으면 예수님이 경고하셨듯이, "형제를 대하여 라가라 하는 자는 공회에 잡혀가게 되고 미련한 놈이라 하는 자는 지옥 불[게엔나]에 들어가게"(마 5:22) 된다.

10절에서 야고보는 마지막 책망("한 입에서 찬송과 저주가 나오는도다")과 함께 적용("이것이 마땅하지 아니하니라")을 제시한다. 이 두 선언 사이에 호격 용어 "내 형제들아"가 들어가 있다. 이는 야고보가 가르치는 자로서 말하지만 그들은 모두 그 나라의 자녀라는 신분을 공유하고 있으며, 야고보가 주는 가르침은 그 자신에게도 적용됨을 청중에게 상기시킨다.

3:11-12 야고보는 혀에 관한 이 단락(1-12절)을 네 가지 그림을 보는 듯한 서술로 마무리한다. 이 예시들은 하나님을 찬양하면서도(9a절) 그 형상대로 지음 받은 사람을 저주하는(9b절) 혀의 모순을 보여준다. 야고보는 이 이미지를 사용하여 위선적이고 비방하는 말을 강력하게 책망하는 동시에, 하나님이 그들 안에서 행하셨고 행하고 계신 초자연적인 사역에 부합하는 삶을 살라고 분명하게 요청한다.

11절에서 야고보는 수사적 질문을 한다. "샘이 한 구멍으로 어찌 단 물과 쓴 물을 내겠느냐?" 그런 샘이 존재한다면, 그것은 분명 바람직하지 않을 것이다. 마실 수 있는 단 물이 쓴 액체에 오염될 것이기 때문이다. 적용은 명백하다. 그리스도인의 입에서 찬송과 저주가 다 나오는 것이 마땅한가? 절대 그렇지 않다!

12절에서도 야고보는 수사적 질문을 통해 분명한 사실을 주장한다. 즉 무화과나무는 무화과를(감람열매가 아니라) 맺고 포도나무는 포도를(무화과가 아니라) 맺으며, 짠 연못에서는 짠물이(단물이 아니라) 나온다. 이 은유의 적용은 분명하다. 하나님이 말씀으로 거듭나게 하신 그리스도인들은(1:18, 21) 그들의 새로운 신분과 일치하는 열매를 맺어야 한다. 하나님과 사람 모두에게 한결같이 선하고 친절하고 진실한 말을 해야 한다.

응답

"혀는 능히 길들일 사람이 없나니"(3:8). 만일 야고보의 말이 과장되었다고 생각한다면, 우리는 하루 동안 우리의 말에서 죄를 없애는 시도를 해야 한다. 그러나 그것은 거의 불가능하다. 아이러니하게도 필자가 신학교 도서관 조용한 서고에서(개인 열람석에서 문을 닫고 숨어서) 이 글을 쓰고 있는 중에도, 도서관에서 일하시는 분이 누군가를 견학시키며 소리를 낮추어 '교수진'에 대해 적절하지 못한 말을 하는 것이 들린다! 아, 혀는 너무나도 지독하게 악하고 통제 불능이다.

작고한 기독교 영성학자 달라스 윌라드(Dallas Willard)는 한 해 동안 자신이 진실을 가리거나 과장했음을 깨달을 때마다 멈춰 서서 "내가 거짓말을 했습니다"라고 인정하겠다고 서약한 적이 있다. 감탄스럽다! 이렇게 즉각적이고 겸손한 회개는 분명, 성령이 성화시키시고 능력을 부여하시는 사역을 하시는 데 적합한 토양을 마련해 줄 것이다.

죄악된 말에 대한 수많은 책망에 비해, 진실하고 옳고 선한 말을 하라는 장황한 긍정적인 명령이 같은 정도로 나오지 않는 것은 흥미롭다. 사실 야고보의 긍정적인 명령은 더 미묘하며, 최종적으로 끝맺는 부분에 실물을 기반으로 한 예시들에서 암시된다(11-12절). 야고보는 수사적 질문들을 통해, 하나님이 그들에게 주신 새로운 본성과 신분에 부합하는 삶을 살라고 요청한다. 신약학자 루돌프 불트만(Rudolf Bultmann)은 바울의 윤리학을 "네 존재에 맞는 사람이 되라"로 요약할 수 있다고 지적했다.[29] 다시 말해, 하나님이 은혜로 말미암아 우리를 그분의 의로운 아들과 딸로 선포하셨으므로, 우리는 이제 그 신분에 맞게 행동하라는 부르심을 받는다. 야고보는 가지각색의 용어들을 사용해 동일한 일관성을 요구한다.

죄악된 언어 습관이 우리 삶에 깊이 박혀 있어서 더 이상 알아차리지

29 참고. "Being Precedes Act: Indicative and Imperative in Paul's Writing", *EvQ* 88/2 (1988): 103에서, Bultmann의 바울 윤리학 이해에 관한 Michael Parsons의 논의.

못하게 될 수 있을까? 타락한 언어 습관이 우리 마음에 굳은살을 만들었는가? 우리가 말로 짓는 죄를 깨닫게 해달라고 하나님께 간구하자. 우리에게 진실한 말을 해줄 다른 사람들을 우리 삶에 초청하자. 좋은 소식은, 예수님이 우리가 말로 짓는 모든 죄 때문에 십자가에서 돌아가셨다는 것이다! 하나님 아버지는 그 아들의 죄 없는 말로 인해 우리의 혀도 영원 안으로 맞아주신다. 하나님은 우리 안에 구원을 이루시는 그분의 말씀을 심으심으로써(1:21) 우리를 거듭나게 하시기로 선택하셨다(1:18). 그러므로 이제 하나님은 우리에게 그분의 거룩한 백성으로서 행동하고 말하라고 요구하신다.

13 너희 중에 지혜와 총명이 있는 자가 누구냐 그는 선행으로 말미암
아 지혜의 온유함으로 그 행함을 보일지니라 14 그러나 너희 마음속에
독한 시기와 다툼이 있으면 자랑하지 말라 진리를 거슬러 거짓말하지
말라 15 이러한 지혜는 위로부터 내려온 것이 아니요 땅 위의 것이요
정욕의 것이요 귀신의 것이니 16 시기와 다툼이 있는 곳에는 혼란과
모든 악한 일이 있음이라 17 오직 위로부터 난 지혜는 첫째 성결하고
다음에 화평하고 관용하고 양순하며 긍휼과 선한 열매가 가득하고 편
견과 거짓이 없나니 18 화평하게 하는 자들은 화평으로 심어 의의 열
매를 거두느니라

13 Who is wise and understanding among you? By his good conduct
let him show his works in the meekness of wisdom. 14 But if you have
bitter jealousy and selfish ambition in your hearts, do not boast and
be false to the truth. 15 This is not the wisdom that comes down from
above, but is earthly, unspiritual, demonic. 16 For where jealousy and
selfish ambition exist, there will be disorder and every vile practice.
17 But the wisdom from above is first pure, then peaceable, gentle, open
to reason, full of mercy and good fruits, impartial and sincere. 18 And a
harvest of righteousness is sown in peace by those who make peace.

단락 개관

야고보서 3:13-18은 참 지혜와 거짓 지혜를 묘사한다. 이 서신의 다른 설교들처럼, 이 부분과 주변 단락 사이의 밀접한 상관관계를 분별하기란 쉽지 않다. 하지만 여기서 우리는 하나님께 순종하겠다는 고백과 그리스도인의 외적 행동(일, 말, 관계 등)이 일치할 것을 요구하는, 이 서신의 주제인 그리스도인의 일관성과 온전성에 관한 또 다른 예를 확실히 볼 수 있다. 공동체의 지체들 중 몇몇이 무모하게 "선생"의 책임을 떠맡았던 것처럼(3:1), 다른 사람들(혹은 같은 사람들)이 "지혜" 혹은 "총명"으로(3:13) 스스로를 높였을 수 있다. 이런 신자들은 참된 지혜의 속성과 열매를 기억해야 했다. 야고보는 이미 하나님이 믿음으로 간구하는 이들에게 지혜를 주신다고 가르쳤으며(1:5-8), 여기서는 지혜가 어디에서 나오고 어떻게 표출되는지를 더 자세히 설명한다.

단락 개요

Ⅷ. 참 지혜와 거짓 지혜(3:13-18)
- A. 행함으로 입증되는 참 지혜(3:13)
- B. 거짓 지혜의 속성과 열매(3:14-16)
- C. 참 지혜의 속성과 열매(3:17-18)

주석

3:13 야고보는 이 새 설교를 질문으로 시작한다. "너희 중에 지혜와 총명이 있는 자가 누구냐?" 이 질문은 말로 덫을 놓는 것이다. 누군가 손을 들자마자 야고보가 그것을 마구 비난할 것이기 때문이다. 야고보는 '지혜는 자기 자랑으로 증명되지 않는다'고 응수한다. 오히려 참으로 지혜로운 사람은 "선행으로"(생활 습관을 가리킴, 13절) 자기 지혜를 입증한다. 서구적 현대인인 우리는 '지혜'를 허락된 소수만 이해하는 박식함으로 생각하는 경향이 있다. 하지만 참된 지혜의 근본은 "여호와를 경외하는 것"이다(잠 1:7; 9:10). 하나님을 제대로 경외하고 존중(두려움)할 때 얻는 결과는, 창조 질서 속에서 자신의 적절한 자리를 인지하고 일상생활에서 창조주의 명령에 복종하는 "온유함"(약 3:13)이다. 지혜롭다는 모든 주장은, 지혜롭다는 사람의 삶과 행실로 검증된다.

3:14-16 14절에는 두 개의 어구가 함축되어 있다. 그 어구들을 명시하면 본문은 다음과 같다. "그러나 만약 [너희가 지혜롭다고 주장하는 동시에] 마음속에 독한 시기와 다툼이 있으면 [소위 너희의 지혜를] 자랑하지 말라. 진리를 거슬러 거짓말하지 말라." 참된 지혜의 외적 표현인 "선행" 및 겸손한 행동(13절)과 대조적으로, 거짓 지혜는 악행과 오만한 자랑을 쏟아낸다. 야고보는 이 악행의 대표적인 측면으로 곧장 나아가지만, 먼저 사람의 안("마음속")을 본다. 밖으로 나타나는 행동은 모두 마음에서 흘러나오기 때문이다. "독한 시기"는 거짓 지혜를 가진 사람의 특징이다. 시기는 다른 사람의 능력이나 소유, 지위를 갖고자 하는 악한 욕망이다. 야고보는 "독한"으로 "시기"를 수식하면서, 분개하며 경쟁하는 태도가 이 시기와 떼려야 뗄 수 없

30 "시기"로 번역된 헬라어는 젤로스(*zēlos*)인데, 다른 문맥에서는 "열심"(예를 들어, 고후 7:11; 9:2)이라는 긍정적인 어감을 갖기도 한다. 따라서 수식어 "독한"[피크로스(*pikros*)]은 야고보가 젤로스에서 의도한 어감을 명확히 해준다.

는 관계임을 아주 분명히 한다.[30]

'이기적인 야심'(14절, 개역개정은 "다툼")은 참된 지혜와 대조되는 또 하나의 죄악된 마음 상태다. 억누르지 말아야 할 경건한 야심이 있긴 하지만, 야고보는 여기서 자신을 드러내려는 교만한 욕망 혹은 하나님과 무관하거나 다른 사람들의 진짜 필요와 상관없는 개인적인 관심을 이야기한다. 야고보의 표현은 마음을 점검하라는 의미이다. 그는 죄를 회개하고 새롭게 그리스도의 의를 의지하라고 요청한다.

독한 시기와 이기적인 야심을 회개하는 것의 반대는, 그것들을 숨기고 계속 위선적인 태도를 취하는 것이다. 이는 지혜롭지도 않고 진실하지도 않은 모습이다. 야고보는 이런 상태에 있는 사람들에게 경고한다. "[소위 너희의 지혜를] 자랑하지 말라 진리를 거슬러 거짓말하지 말라"(14절). 다시 말해, 만약 야고보의 가르침이 죄악된 마음을 폭로한다면, 그것에 대해 거짓말하지 말라. 참된 지혜가 부족하다는 진실에 직면하여 회개하고, 거짓되고 기반이 없는 "지혜"를 자랑하지 말며, 언제나 지혜로우신 하나님을 겸손히 신뢰하라.

15절에서 야고보는 이 허울뿐인 지혜의 기원을 공격한다. 그러한 거짓된 지혜(부패한 마음에서 나오는)는 하나님께로부터 오지 않는다(즉, 그것은 "위로부터" 내려오지 않는다, 참고. 1:17). 오히려 가장한 지혜는 "땅 위의 것이요 정욕의 것이요 귀신의 것"(3:15)이다. 독한 시기와 이기적인 야심은 근본적으로 세상과 귀신이 하나님께 반역하는 것의 표현이다. 그것은 절대 성령의 변화시키시는 사역의 증거가 아니다. 죄를 깨닫게 하시는 성령의 온화한 사역이 없이, 자신의 깊은 사악함에 맞설 만큼 강한 사람이 있을까? 세상의 인정과 귀신의 거짓말은 너무 쉽게 우리를 달래어 자기기만에 빠지게 한다.

다른 사람들의 마음을 들여다볼 수는 없지만(자신의 마음도 어렴풋이 볼 수밖에 없지만), 거짓된 지혜의 열매는 모든 사람이 분명하게 볼 수 있다. 야고보는 악한 마음의 시기와 이기적인 야심은 담아 둘 수 없어서 "혼란과 모든 악한 일"(16절)로 표출된다고 말한다. 지혜 있는 척하며 일시적으로 다른 사람들을 속일 수 있을지는 몰라도, 시간이 지나면서 마음속의 죄악된 폭풍이 관계와 불화와 각종 구체적인 외적 죄들로 분출된다. 예수님이 바리새인에게 하신 말씀이 기억난다.

> "나무도 좋고 열매도 좋다 하든지 나무도 좋지 않고 열매도 좋지 않다 하든지 하라 그 열매로 나무를 아느니라 독사의 자식들아 너희는 악하니 어떻게 선한 말을 할 수 있느냐 이는 마음에 가득한 것을 입으로 말함이라 선한 사람은 그 쌓은 선에서 선한 것을 내고 악한 사람은 그 쌓은 악에서 악한 것을 내느니라"(마 12:33-35).

3:17-18 이 단락의 마지막 두 절은 야고보가 비판한 거짓 지혜와 대조를 이룬다. 야고보에 따르면, 참된 지혜는 그 기원이 하나님께 있다(즉, "위로부터"). 성령이 주신 이 지혜의 특징은 내적, 외적 열매가 다 있다는 것이다. 야고보는 내적 자질들로 그의 목록을 시작하고 끝낸다. 내적으로 참된 지혜는 "성결하[다]"(즉, 근본적으로 죄가 아닌 선과 거룩함에서 나온다). 또한 참된 지혜는 "거짓이 없[다]." 그 지혜는 '인기를 얻으려는 것'이 아니라 하나님이 되잡아주신 마음의 진정한 표현이다. 이러한 지혜의 내적 기초들 사이에 대표적인 가시적 자질들이 들어가 있다. 정말로 지혜로운 사람은 "화평하고 관용하고 양순하며 긍휼과 선한 열매가 가득하고 편견과 거짓이 없[다]"(17절). 거짓된 지혜에서 "혼란과 모든 악한 일"(16절)이 넘쳐흐르듯이, 참된 지혜는 뚜렷이 구별되며 알아챌 수 있는 열매를 맺는다. 지혜롭다는 모든 주장은 결국 관찰할 만한 "선행"(13절)으로 검증된다.

이 단락의 마지막 절(18절)은 바로 앞의 논의와 연결시키기가 다소 어렵다. 바로 앞에서 말하는 참된 지혜의 열매 가운데 하나가 "화평"(17절)임을 볼 때, 18절은 화평에 관한 계속되는 논의로 읽는 것이 현명한 듯 보인다. [연관관계를 보여주는 또 다른 점은, 17절에서 "열매"로 번역된 헬라어 카르포스(*karpos*)가 18절에도 "열매"로 번역되어 나온다는 사실이다.] 지혜로운(따라서 화평한) 사람은 주변 사람들과 "화평하게"(18절) 살아간다. 그러한 삶의 방식("화평"

하게 사는 것, 18절)의 장기적인 열매는 "의의 열매"(즉, 화평하게 하는 사람과 그가 영향을 미치는 사람들 속에 의로운 행동이 풍성한 것)다. 다시 말해, 참으로 지혜로운 사람은 화평하게 하는 사람이고(참고. 마 5:9) 이 사람은 의로운 행동과 영향력이라는 유산을 남긴다는 사실을 독자들에게 상기시키며 야고보는 이 단락(13-18절)을 마무리한다.

응답

복음주의, 교리적으로 개혁주의 내에서 우리는 어떤 사람을 지혜롭다고 판단하는가? 어느 저자가 가장 최근에 낸 책 뒷면에 있는 놀라운 추천사들로? 작금의 신학 논쟁에 관한 예리한 대화로? 수천 명의 트위터 팔로워로? 사람들이 자주 방문하는 그 사람 이름으로 된 웹페이지를 통해서? '유력한 사람들'을 알고 그들과 학회 강단에 함께 앉아 있는 것으로? 세상은 항상 지혜를 다른 사람보다 칭송할 만한 가시적인 기준으로 정의하려 할 것이다. 반면 하나님의 지혜는 주로 겸손한 자세로 수행되는, 개인적인 의로운 행동 양식을 통해 알아볼 수 있다.

야고보서 3:13-18은 하나님의 영이 우리 마음을 살피시게 하라는 요청이다. 우리는 교회 지도자나 학자로 '지혜롭게' 보이고자 할 때, 실제로 "이기적인 야심"(16절)에 이끌리는가? 다른 사람들이 사역에서 성공할 때, "시기"(16절)에 빠지는가? 다른 그리스도인 지도자가 훌륭한 설교를 하거나, 아주 좋은 책을 쓰거나, 높은 지위에 오를 때 어떤 느낌이 드는가? 겉으로는 그 사람을 축하할지 모르지만, 우리 "마음"(14절) 상태는 어떠한가? 속에서 쓰라림, 분노, 억울함, 불안, "혼란"(16절)이 쏟아져 나오는가?

악한 죄인이여, 절망하지 말라! 회개하고(매일!) 자비롭게 우리 죄를 드러내시는 하나님께 감사하며, 그리스도께서 완성하신 사역을 신뢰하라. 우리가 우리의 동기나 행동의 정결함 때문이 아니라 그리스도 때문에 용납되었음을 깨달으라.

우리의 회개조차도 악한 동기와 속임수, 교만으로 가득 차 있는가? 그렇다면 어떤 청교도가 말했듯이 "당신의 회개를 회개하라." 우리의 미천한 섬김이 자주 죄에 오염되어 있다 해도 은혜로우신 하늘 아버지께서 긍휼을 구하는 자녀를 기꺼이 용서해 주고 싶어 하심을 알기에(눅 18:13-14), 우리는 여전히 담대하게 하나님을 섬기며 믿음으로 전진할 수 있다. 우리는 의와 화평의 아름다운 열매로 그 존재를 알리는 참된 지혜를 가득 채워주시도록 간구해야 한다. 그러면서 우리는 새 하늘과 새 땅을 고대한다. 그곳에서는 우리의 모든 동기와 행동과 말이 온전히 거룩해질 것이다.

1 너희 중에 싸움이 어디로부터 다툼이 어디로부터 나느냐 너희 지
체 중에서 싸우는 정욕으로부터 나는 것이 아니냐 2 너희는 욕심을 내
어도 얻지 못하여 살인하며 시기하여도 능히 취하지 못하므로 다투
고 싸우는도다 너희가 얻지 못함은 구하지 아니하기 때문이요 3 구하
여도 받지 못함은 정욕으로 쓰려고 잘못 구하기 때문이라 4 [1)]간음한
여인들아 세상과 벗된 것이 하나님과 원수 됨을 알지 못하느냐 그런
즉 누구든지 세상과 벗이 되고자 하는 자는 스스로 하나님과 원수 되
는 것이니라 5 너희는 하나님이 우리 속에 거하게 하신 성령이 시기하
기까지 사모한다 하신 말씀을 헛된 줄로 생각하느냐 6 그러나 더욱 큰
은혜를 주시나니 그러므로 일렀으되 하나님이 교만한 자를 물리치시
고 겸손한 자에게 은혜를 주신다 하였느니라 7 그런즉 너희는 하나님
께 복종할지어다 마귀를 대적하라 그리하면 너희를 피하리라 8 하나
님을 가까이하라 그리하면 너희를 가까이하시리라 죄인들아 손을 깨
끗이 하라 두 마음을 품은 자들아 마음을 성결하게 하라 9 슬퍼하며
애통하며 울지어다 너희 웃음을 애통으로, 너희 즐거움을 근심으로
바꿀지어다 10 주 앞에서 낮추라 그리하면 주께서 너희를 높이시리라

1 What causes quarrels and what causes fights among you? Is it not this,
that your passions[1] are at war within you?[2] 2 You desire and do not
have, so you murder. You covet and cannot obtain, so you fight and
quarrel. You do not have, because you do not ask. 3 You ask and do not
receive, because you ask wrongly, to spend it on your passions. 4 You
adulterous people![3] Do you not know that friendship with the world is
enmity with God? Therefore whoever wishes to be a friend of the world
makes himself an enemy of God. 5 Or do you suppose it is to no purpose
that the Scripture says, "He yearns jealously over the spirit that he has
made to dwell in us"? 6 But he gives more grace. Therefore it says, "God
opposes the proud but gives grace to the humble." 7 Submit yourselves
therefore to God. Resist the devil, and he will flee from you. 8 Draw near
to God, and he will draw near to you. Cleanse your hands, you sinners,
and purify your hearts, you double-minded. 9 Be wretched and mourn
and weep. Let your laughter be turned to mourning and your joy to
gloom. 10 Humble yourselves before the Lord, and he will exalt you.

11 형제들아 서로 비방하지 말라 형제를 비방하는 자나 형제를 판단하
는 자는 곧 율법을 비방하고 율법을 판단하는 것이라 네가 만일 율법
을 판단하면 율법의 준행자가 아니요 재판관이로다 12 입법자와 재판
관은 오직 한 분이시니 능히 구원하기도 하시며 멸하기도 하시느니라
너는 누구이기에 이웃을 판단하느냐

11 Do not speak evil against one another, brothers.[4] The one who speaks
against a brother or judges his brother, speaks evil against the law and
judges the law. But if you judge the law, you are not a doer of the law
but a judge. 12 There is only one lawgiver and judge, he who is able to
save and to destroy. But who are you to judge your neighbor?

1) 또는 간음한 사람들아

1 Greek *pleasures*; also verse 3 *2* Greek *in your members* *3* Or *You adulteresses!* *4* Or *brothers and sisters*

단락 개관

4:1-12에서 야고보는 그의 편지를 받는 그리스도인들 사이의 갈등에 집중한다. 이 단락은 세 부분으로 나눌 수 있다. 첫 번째 부분은(1-3절) 그들 사이에 갈등이 있다는 현실과 그 원인을 조사해보라는 간곡한 호소다. 그들의 다툼은 부인할 수 없는 것이며, 그 다툼의 진짜 원인은 그들 마음속에 존재하는 악한 욕망이다. 두 번째 부분에는(4-10절) 그들의 세속적인 다툼에 대한 야고보의 예언적인 비난이 담겨 있다. 야고보는 하나님께 복종하고 마귀를 대적하며, 스스로를 낮추고 겉으로 진정한 회개를 표현하라고 요청한다. 마지막으로, 세 번째 부분에서(11-12절) 야고보는 공동체의 갈등에서 나타나는 한 특별한 징후에 대해 경고한다. 그것은 비방하고 비판하는 말이다.

단락 개요

Ⅸ. 공동체의 불화와 회개 요청(4:1-12)
- A. 공동체의 갈등과 동기에 대한 묘사(4:1-3)
- B. 예언적인 비난과 회개 요청(4:4-10)
- C. 비판적이고 판단하는 말에 대한 책망(4:11-12)

주석

4:1-3 야고보는 편지를 받는 그리스도인들 사이에 있었던 구체적인 말다툼을 알고 있었는가? 아마도 그랬을 것이다. 혹은 타락한 인간 본성에 대해 성령께서 주시는 통찰력으로, 모든 모임 내에서 (조만간) 일어나는 문제를 다룬 듯하다. 그는 질문과 주제를 전환시킴으로써 새로운 단락의 시작을 나타낸다. 그는 "너희 중에 싸움이 어디로부터 다툼이 어디로부터 나느냐?"라고 묻는다. 야고보는 노련한 목회자답게 독자들이 말하게 한다. 만일 답을 할 수 있다면, 그들은 분명 공동체 내에서 갈등을 일으킨 개인과 상황들을 나열했을 것이다. 그러나 야고보는 틀렸다고 말한다. 공동체 내의 다툼은 사람들 때문이나 그들에게 저지른 특정한 잘못 때문에 생기는 것이 아니다. 오히려 보이지 않는 "너희 지체 중에서 싸우는 정욕"(1절)이 이러한 공동체 내의 다툼을 야기했다. 야고보는 독자들에게 마음을 살펴서, 그 속에 있는 어떤 악하고 자기중심적인 욕망이 그들이 겪고 있는 외적인 갈등의 실제 원인인지를 물어보라고 명령한다.

그러한 "정욕"(1절)과 관련하여 여전히 어떤 의심이 있을까봐, 야고보는 2절에서 그 모호함을 없앤다. 그는 다른 사람들의 소유, 지위, 관계, 영향력에 대한 탐욕에 이끌린 사람들을 그려 보인다. 아마도 야고보는 그의 청중이 폭넓게 적용할 수 있도록 불법적인 욕망의 실제 대상을 명확하게 언급하지 않는 것 같다.

우리는 2절 전반부에서 "너희는 욕심을 내어도 얻지 못하여 살인하며"라는 야고보의 책망을 읽고 놀란다. 야고보의 말은 초기 그리스도인 공동체의 지체들이 실제로 서로를 죽였다는 뜻인가? 야고보의 비교적 가라앉은 어조와 그 절이 탐냄과 다툼에 관한 논의로 이어지고 있다는 사실에 비추어 볼 때, 문자적인 살인을 말하는 것은 아닌 듯하다. 만약 문자적인 살인에 관한 것이었다면, 이 책망은 이 단락의 더 절정 부분에서 나왔을 것이다. 에라스무스(Erasmus, 1466-1536)는 헬라어 사본 전통 가운데 필사 실수가 있었을 것이므로, 그 본문은 포뉴에테(*phoneuete*, '살인자들')가 아니라 프토네이테(*phthoneite*, '부러워하는 자들')로 읽어야 한다고 제안했다. 인정하건대, 이러한 교정은 문맥상 아주 타당한 듯 보여서 칼빈(Calvin) 등이 채택했다. 그러나 이를 지지하는 사본상의 증거는 없다.[31] 아마도 이곳의 "살인"은 사람들의 미움에 대해 생생한 비유로, '비난'으로 이해하는 편이 가장 좋을 것 같다(참고. 마 5:21-22; 요일 3:15의 비슷한 표현).

이렇게 야고보는 4:2b에서 다투는 그리스도인들을 책망한다. 그들은 기도로 하나님께 나아가는 대신 서로 시기하며 싸웠기 때문이다. 사실 그리스도인은 하나님을 향해서 주실 것을 바라며 사랑하는 아버지를 바라보는 아이와 같은 태도를 가져야 한다. 야고보는 다음과 같이 말씀하셨던 예수님의 가르침을 되풀이한다. "구하라 그리하면 너희에게 주실 것이요 찾으라 그리하면 찾아낼 것이요 문을 두드리라 그리하면 너희에게 열릴 것이니…너희가 악한 자라도 좋은 것으로 자식에게 줄 줄 알거든 하물며 하늘에 계신 너희 아버지께서 구하는 자에게 좋은 것으로 주시지 않겠느냐"(마 7:7, 11).

4:3에서 야고보는 독자들이 하나님께 구하는 경우에도 받지 못하는 까닭은 타락한 의도로 "잘못" 구했기 때문이라고 말을 이어나간다. 야고보는 3절 말미에서 "정욕으로 쓰려고"(참고. 21절)라고 덧붙임으로 이 요점을 명확히 한다. 그들이 했던 간구는, 교만이든 탐욕이든 욕정이든 다른 악한 성향이든 그들이 가진 악한 동기와 분리될 수 없었다.

하나님은 은혜로우시게도 자녀들에게 기도로 그분께 나아오라고 초청하시지만, 항상 그 기도는 "그[하나님]의 뜻대로"(요일 5:14) 하는 것이어야 한다는 조건이(언급되거나 암시된) 있다. 그리스도인 공동체의 다른 지체와 경쟁하기 위해(또는 보란 듯이 뛰어넘기 위해) 무언가를 가지고자 하는 악한 욕망은 하나님의 뜻을 따르는 욕망이 아니다. 하나님은 구하는 자에게 마구잡이로 장난감을 내놓는 자동판매기가 아니다. 하나님은 그분의 궁극적인

31 BDAG, s.v. φονεύω; 칼빈은 프토네이테('부러워하는 자들')로 읽히는 신약 사본들이 있다고 잘못 믿었다 [*Commentaries on the Catholic Epistles* (Edinburgh: Calvin Translation Society, 1855), 329].

영광을 위해, 또한 우리가 그분의 아들의 형상을 닮아가는 데(롬 8:28-29) 유익하도록 자녀와 관계를 맺으시는 거룩한 아버지다.

4:4-10 이 절들에는 예언적인 책망과 은혜로운 초청이 담겨 있다. 4절은 눈에 띄는 직접적인 호칭인 "간음한 여인들아!"로 시작한다. ESV 각주가 지적하듯, 이곳의 헬라어 호격[모이칼리데스(*moichalides*)]은 여성형이므로 "간음한 여인들아!"로 번역할 수 있다. 여기서 야고보는 이스라엘이 하나님께 신실하지 못했음을 암시한다. 하나님은 구약에서 그 민족의 "남편"으로 묘사되신다(사 54:5; 렘 2:2). 마찬가지로 신약에서는 교회가 그리스도의 신부로, 결혼의 이미지로 묘사된다(예. 엡 5:32; 계 21:9). 시선을 사로잡는 야고보의 표현은 궁극적인 충성, 신실함, 하나님의 백성이 그분과 누리는 친밀함을 이야기하며, 그 친밀함을 훼손하는 것은 극악무도한 죄라고 말한다.

야고보는 "벗"과 "원수"(약 4:4)라는 단어를 사용하여, 궁극적인 헌신은 단 한 사람에게만 보일 수 있음을 인식하라고 요청한다. 그의 책망은 예수님의 가르침과 일치한다. "한 사람이 두 주인을 섬기지 못할 것이니 혹 이를 미워하고 저를 사랑하거나 혹 이를 중히 여기고 저를 경히 여김이라"(마 6:24).

야고보는 "세상"(4:4)이라는 단어를 사용해, 하나님을 향한 적극적인 반역과 관련된 개인과 사회를 묘사한다. 따라서 세상과 "벗" 되는 것은 하나님 및 그분의 나라와 반대되는 가치관과 결합하는 것을 뜻한다. 야고보서에서 세상과 벗 되는 것은 더 넓게 보아, 이를테면 간통하듯 위신, 교만, 명예라는 세상의 가치관을 사들이는 그리스도인으로 드러나는 것이다. 그는 악하게도 그 지역 모임의 지도자가 되기를 너무나 원하고 다른 사람의 자리를 탐내어 현재의 지도자를 중상모략으로 비방하며, 그를 교체하려는 바람으로 불화를 일으킨다. 악한 사람은 다른 사람들을 섬기거나 자신의 은사를 사용하고 싶은 마음이 없다. 그저 자신의 악한 마음이 갈구하는 노골적인 권력, 과찬, 사회적 지위를 얻으려고 지도자의 자리를 추구한다. 그러한 가치관을 가지고 그에 따라 행동하는 것은 세상과 "벗" 되었음을 드러내는 것이며, 본질적으로 하나님의 원수가 되는 일이다.

5절에서 야고보는 하나님이 우리의 궁극적인 충성을 요구하시며, 질투하는 남편처럼 아내의 애정을 다른 사람과 나누지 않으실 것이라는 그의 요지를 "말씀"에 호소하여 뒷받침한다. 야고보는 구체적인 구절을 인용하지 않고, 하나님이 질투하기까지 자기 백성을 사랑하신다는 전반적인 구약의 주제를 요약한다(예. 출 20:5; 34:14; 신 4:24; 6:15). 헬라어로 "성령"[프뉴마(*pneuma*)]으로 번역된 단어는 그 문장의 주어일 수도 있고 목적어일 수도 있다. "성령"(혹은 '영')이 주어 역할을 하면, 그 단어는 분명 질투하시며(그리고 공의롭게) 하나님의 백성의 궁극적인 충성을 갈망하시는 성령님을 가리킨다. "성령"(혹은 '영')이 목적어라면, 그 단어는 창조된 인간의 영을 가리킬 수 있다. 하나님은 질투하시며 이 영에게서 온전한 충성을 바라신다(ESV). 어떻게 번역하든 상관없이 이 절의 요지는, 자기 백성의 순전한 충성에 대한 하나님의 거룩한 요구라는 것이 분명하다.

하나님이 완벽을 요구하시는 모습은, 때로 타락한 세상에서 죄로 얼룩진 채 그분을 따르는 이들에게 너무나 버겁고 이룰 수 없는 일로 느껴질 수 있다. 그렇기에 그 백성의 수많은 장애물을 덮기에 충분한 하나님의 은혜는 너무나도 놀랍다. 하나님의 불타오르는 강렬한 질투를 능가하는 것은, 그분의 은혜로운 자비와 은총뿐이다(약 4:6, 참고. 히 12:18-21). 야고보는 잠언 3:34의 헬라어 구약 본문을 인용하여 자신의 주장을 뒷받침한다. 하나님은 경쟁 상대를 용납하지 않으시지만(그분은 "교만한 자를 물리치[신다]"), 회개하며 그분께 나아오는 모든 사람을 용서하고 받아주고자 하신다(그분은 "겸손한 자에게 은혜를 주신다", 약 4:6). 하늘 아버지는 예수님의 탕자 비유(눅 15:11-32)에 나오는 아버지처럼, 방황하다가 겸손히 회개하며 돌아오는 자녀의 귀향을 기꺼이 환영하신다.

4:7-10에서 야고보는 방황하고 세속적이며, 두 마음을 가지고 다투기 좋아하는 그리스도인들에게 회개하라고 요청하기 위해 명령문을 많이 쓴다. 복종하라, 대적하라, 가까이하라, 손을 깨끗이 하라, 마음을 성결하게 하라, 슬퍼하라, 애통하라, 울라, 웃음을 애통으로 바꾸라, 즐거움을 근심으

로 바꾸라, 낮추라가 명령으로 주어진다. 히브리어의 평행법을 통해 많은 명령이 은혜로운 응답과 균형을 이룬다. 즉, 야고보의 독자들은 "하나님을 가까이하라"는 명령을 듣는 동시에 "[그가] 너희를 가까이 하시리라"라는 보증을 받는다(8절). 그들은 "마귀를 대적하라"라는 말을 듣는 동시에 "[마귀가] 너희를 피하리라"(7절)라는 약속을 받는다.

우리는 이 단락에서 명령문 및 그것과 균형을 이루는 보증 목록과 관련하여 몇 가지 논평을 할 수 있다.

(1) 하나님은 그 백성에게 회개하라고 요청하시기 위해, 인간 설교자가 전달하고 성령이 적용해 주시는 그분의 말씀이라는 도구를 사용하신다.

(2) 야고보처럼 설교자들은 인간이 회개해야만 함을 역설해야 하지만, 그렇게 말하는 동시에 하나님이 먼저 죄를 깨닫게 해주시지 않으면 누구도 그분을 찾지 못한다는 사실도 인식해야 한다. 사람들에게 하나님을 가까이하라고 열심히 탄원하는 일을 절대 주저해서는 안 된다. 이러한 표현은 하나님의 주권을 무시하는 것이 아니라 전제하는 것이다.

(3) 인간은 자신의 악행을 책임져야 하지만, 인간이 행하는 모든 반역의 밑바닥에는(때로는 분명히 드러나게) 마귀가 있다(7절). 마귀가 최초의 인간들을 유혹하고 속이지 않았다면, 세상은 죄로 타락하지 않았을 것이다. 더 나아가 마귀는 현 시대에도 계속 유혹과 속임수와 다른 전략들을 사용하며 여전히 활동하고 있다.

(4) 참된 회개는 내적 성향("마음을 성결하게 하라", 8절) 및 새로운 성향과 관련된 외적 행동("손을 깨끗이 하라", 8절)이 모두 변화되는 것이다.

(5) 그리스도인들은 항상 기뻐하라는 명령을 받지만(빌 4:4; 살전 5:16; 약 1:2) 슬프게도 하나님께 죄를 지었을 경우에는, 진심 어린 애통이(4:9) 사랑이 많으신 하늘 아버지께 불순종한 데 대한 겸손한 슬픔을 제대로 표현하는 것이다.

4:11-12 이 절들을 비방하고 판단하는 말을 책망하는 별도의 단락으로 읽을 수도 있지만, 오늘날 대부분의 성경에서는 1절에서 시작되는 단락의

일부로 포함한다. 이것이 선호되는 까닭은 다음과 같다. (1) 이 부분은 이 서신의 독립된 단락들보다 더 짧으므로 앞 단락에 속할 것 같다. (2) 이 부분은 A(1-3절), B(4-10절), A′(11-12절)로 구성된 작은 교차대구 구조 중 A′ 부분이다. 다시 말해, 제대로 보면 11-12절은 서두 부분과 조화를 이루면서 회개하라는 중심부의 요청을 멋지게 둘러싸고 있는, 균형을 잡아주는 경고다. (3) 개념상 판단하는 말은 앞에서 다소 추상적으로 언급된 말다툼(1절)의 구체적인 실례다.

11절에서 야고보는 요약하듯 "서로 비방하[는]" 것을 금한다. "비방"[카탈랄레오(*katalaleō*)]으로 번역된 헬라어는 아주 광범위하여, '중상, 험담'(BDAG)과 다른 사람을 공격하거나 명예를 훼손하는 여러 다양한 말을 모두 아우른다. 야고보는 이 지점에서 회중을 "형제들"이라고 부르며, 영적 형제자매들은 그러한 파괴적인 비방을 자제해야 한다는 슬픈 아이러니를 강조한다. 이 서신의 여러 곳에서 야고보는 레위기 19장을 되돌아보는 듯 보이는데, 여기서는 레위기 19:16을 염두에 둔 것 같다. "너는 네 백성 중에 돌아다니며 사람을 비방하지 말며."

이에 더하여 야고보는 신자가 말로든 생각으로든 형제를 "판단"해서는 안 된다고(4:11) 쓴다. 사실 야고보는 우리가 그리스도인 형제를 비방하거나 판단할 때, 실제로 하나님의 거룩한 법을 비방하거나 판단하고 있다고 말한다. 어떻게 그것이 가능한가? 그리스도인이 판사와 고소인의 역할을 맡을 때 율법이 절대 그에게 주지 않는 지위를 가로채게 되고, 그로 인해 사실상 율법을 정확하지 않거나 순종할 가치가 없다고 판단하며 율법을 무시하고 멸시하는 것이다. 아이러니하게도 판사 역할을 하는 사람(기소된 사건에 대해 다른 사람들에게 법을 적용하는)이 이웃을 사랑하지 못함으로써 노골적으로 하나님의 율법을 어기는 사람이다. 야고보에 따르면 율법에 대한 제대로 된 반응은, 사법적인 고소인의 역할을 맡는 것이 아니라 겸손히 순종하며 율법을 따르는 것이다.

하나님만이 입법자이시자 재판관이시므로, 실제로 그분의 율법을 오용하고 불법적으로 그분의 직무를 찬탈하는 것은 범죄다. 야고보는 "구원하기도" 하고 "멸하기도" 하시는 하나님의 독특한 권한을 말함으로써, 신적인 입법자이자 재판관의 비할 데 없는 주권과 권위를 강조한다. 영원한 생명과 영원한 멸망이 그분 손에 있다.

야고보는 "너는 누구이기에 이웃을 판단하느냐?"라는 날카로운 질문으로 이 부분을 마무리한다. 분명한 대답은 이것이다. "나는 이웃을 판단하는 어리석은 사람입니다. 하나님만이 가지고 계신 지식과 권위를 내 것이라고 내세운 악하고 잘못된 주장을 했습니다. 하나님의 율법을 사랑하고 순종하는 데 집중하기보다는 다른 사람들의 순종을 트집 잡고 그들의 행동과 동기를 속단했습니다. 나는 사랑하지 않고 오히려 비방하고 판단했습니다."

응답

두 사람 이상이 모이는 곳에는 결국 갈등이 있다. 여전히 남아 있는 우리의 죄된 본성 때문에 그리스도인들조차 불가피하게 서로에게 죄를 짓는다. 그렇다면 던져야 할 질문은 그리스도인 공동체가 갈등을 겪느냐 아니냐가 아니라, 그리스도인은 어떻게 대응할 것인가이다.

야고보는 다른 사람들에게 손가락질하지 말고 오히려 하나님께 우리 마음을 털어놓으라고 가르친다. 갈등을 겪을 때 이렇게 기도해야 한다. "오 하나님, '내 마음속'에 있는 죄가 이러한 갈등에 어떤 방식으로 기여하고 있습니까? 내 교만, 분노, 방어는 어디에서 드러납니까?" 성령께서 마음속의 죄를 드러내실 때, 우리는 자신을 낮추고 우리 죄를 하나님께 고백하고 회개해야 한다. 우리는 회개를 통해 죄에서 돌아서고, 세상적인 다툼이라는 반역의 길이자 사탄의 길로 걷지 않으려고 저항한다.

또한 자신을 낮추고 다른 사람들에게 자기의 죄를 고백해야 한다. 한 그리스도인이 다른 사람에게 "당신과 대화할 때 교만했고 분노했습니다. 그것은 잘못이었고 악한 일이었습니다. 용서해 주십시오"라고 말함으로써

'회개의 연쇄 반응'을 시작하면, 하나님이 공동체 전체를 바꾸실 수 있다. 이러한 겸손하고 분명하며, 공적인 회개가 20세기 초 한국에서 기독교 부흥의 불을 붙였다.

야고보가 회개를 요청하는 데 사용한 몇 가지 표현은 21세기 복음주의자들에게는 상당히 낯설게 들린다. "슬퍼하며 애통하며 울지어다 너희 웃음을 애통으로, 너희 즐거움을 근심으로 바꿀지어다"(4:9). 이러한 묘사가 좀 지나친 듯싶은가? 사실 야고보서는 우리의 피상적인 영성을, 다시 말해 죄의 끔찍함과 하나님의 거룩하심을 명확하게 보지 못하는 허울뿐인 독실함을 폭로한다. 어떤 간음한 아내가 남편에게 대충 사과한 후 그들의 결혼 관계가 회복되었다고 여기겠는가? 사실 우리는 거룩하신 아버지께 죄를 지었을 때 깊이 슬퍼해야 한다. 그리스도인들은 구원받을 때 단번에(once-for-all) 법적 사면을 받지만, 회개와 믿음을 계속함으로써 늘 관계 내에서 용서를 받아야 한다. 예수님은 제자들에게 "우리 죄를 사하여 주시옵고"(마 6:12)라고 기도하라고 자주 가르치셨다. 야고보서 4:1-12에서 야고보는 싸우기 좋아하는 그리스도인들에게, 예수님이 주기도문에서 가르치신 방식으로 죄를 고백하고 회개하라고 요청한다.

관계의 갈등은 종종 판단하는 태도와 상처 주는 말로 드러난다. 야고보가 이 단락을 마무리하면서 하나님만이 재판관이심을 상기시키는 것은 이 단락의 내용에 잘 어울린다. 다른 사람들이 우리를 제대로 대우하지 않는다고 해서, 그런 상황에서 절대 복수를 하거나 개인적으로 정당성을 입증하려 해서는 안 된다.[32] 대개 우리는 그 상황, 다른 사람들의 행동이나 시각, 동기를 거의 잘 모른다. 그러므로 오히려 그 실정을 온전히 하나님께 맡겨야 한다. 때로는 우리에게 잘못한 이들에게 사랑으로 입바른 소리를 해야 한다. 그렇지만 그들에 대해서나 그들에게 상처 되는 말을 한다면, 사실상 우리가 그들의 재판관이자 그들 평판의 사형집행자로서 행동하는 것

32 그러나 민법이 무용지물일 때, 그리스도인들은 마땅히 "칼을 가[진]"(롬 13:4) 정부 당국에 호소해야 할 것이다.

이다. 사도 바울의 말(신 32:35을 인용하며)은 야고보의 말과 일치한다. "내 사랑하는 자들아 너희가 친히 원수를 갚지 말고 하나님의 진노하심에 맡기라 기록되었으되 원수 갚는 것이 내게 있으니 내가 갚으리라고 주께서 말씀하시니라"(롬 12:19).

13 들으라 너희 중에 말하기를 오늘이나 내일이나 우리가 어떤 도시
에 가서 거기서 일 년을 머물며 장사하여 이익을 보리라 하는 자들아
14 내일 일을 너희가 알지 못하는도다 너희 생명이 무엇이냐 너희는
잠깐 보이다가 없어지는 안개니라 15 너희가 도리어 말하기를 주의 뜻
이면 우리가 살기도 하고 이것이나 저것을 하리라 할 것이거늘 16 이
제도 너희가 허탄한 자랑을 하니 그러한 자랑은 다 악한 것이라 17 그
러므로 사람이 선을 행할 줄 알고도 행하지 아니하면 죄니라

13 Come now, you who say, "Today or tomorrow we will go into such
and such a town and spend a year there and trade and make a profit"—
14 yet you do not know what tomorrow will bring. What is your life? For
you are a mist that appears for a little time and then vanishes. 15 Instead
you ought to say, "If the Lord wills, we will live and do this or that."
16 As it is, you boast in your arrogance. All such boasting is evil. 17 So
whoever knows the right thing to do and fails to do it, for him it is sin.

단락 개관

이 단락에서 야고보는 주제넘게 자신의 미래 계획을 자랑하는 그리스도인을 책망한다. 오히려 예수님을 따르는 자들은 피조물의 일시성을 인정하고, 생명과 힘을 주시는 하나님을 의지해야 한다. 이 부분은 디아트리베 형식으로, 오만하고 자기기만에 빠진 계획자의 말을 인용하며 시작한다. 그 다음 야고보는 그들의 삶이 점점 사라지는 안개임을 상기시킨다. 우리 인간의 한계에 대한 적절한 반응은 계획을 세우는 면에서나 인생 자체에 대해 우리가 주권자 되신 하나님께 의존해야 함을 겸손히 인정하는 것이다. 야고보는 대화 상대의 자만을 꾸짖고 그리스도인들에게 '옳은 일을 하라'고 요청하며 마무리한다(참고. 4:17).

단락 개요

X. 주제넘은 계획에 대한 책망(4:13-17)
  A. 주제넘은 태도가 예시됨(4:13)
  B. 인생의 덧없음과 하나님의 주권(4:14-15)
  C. 마무리 책망과 적용할 만한 잠언(4:16-17)

주석

4:13 야고보는 정형화된 명령문("들으라")과 주제의 변화를 통해, 새로운 단락이 시작됨을 알린다. 서신의 앞부분에서처럼(2:18-20) 야고보는 여기서 디아트리베 형식으로 가상의 대화 상대, 혹은 이 경우에는 가상의 대

화 상대들을 들여온다. 이들은 그가 바로잡고자 하는 잘못된 시각을 대변한다. 대화 상대의 말은 전혀 구체적이지 않은데("오늘이나 내일이나…어떤 도시에"), 이는 이 말이 실제로 사람이 한 말을 직접 인용한 것이 아니라, 전형적인 반대자들의 입에서 나오는 대표적인 실수임을 보여준다.

대화 상대들은 여행을 가서 그곳에서 일 년을 머물며 사업이나 장사를 해서 돈을 벌 계획이라고 말한다. 이 인용문이 14절의 비난으로 바로 이어지기 때문에, 어떤 해석자들은 야고보가 전반적으로 수익을 내는 일이나 사업을 공격한다고 잘못된 결론을 내린다. 앞으로 살펴보겠지만, 야고보는 이익을 내는 일에 대해서가 아니라 한 사람의 인생, 미래, 계획, 성공이 자신들의 손에 달려 있다고 생각하는 무신론적 주제넘음에 대해 비판하고 있다. 탐심은 옳지 않지만, 정직하게 일하여 이익을 얻는 것은 칭찬받을 만하다고 성경은 가르친다.[33] 속임수나 결탁을 피하면서 이익을 남기고 물건을 파는 일은 효율적인 방식으로 원하는 제품을 공급하고 있다는 시장의 신호다. 사도 바울은 그의 회중에게 열심히 일하고 정직한 이윤을 내어 다른 사람들과 나눌 것을 얻으라고 권한다(엡 4:28).

4:14-15 대화 상대들의 문제는 돈을 벌려는 욕구도 아니고, 그들의 계획도 아니다. 야고보에 따르면, 그들의 말과 계획 근저에 있는 오만한 무신론이 문제다. 그들은 자신이 여름날의 풀처럼 단명하는(시 103:15), 흙으로 지어진 피조물임을 잊고 있다. 실제로 야고보는 그들이 내일 무슨 일이 일어날지 알지 못한다고 지적한다(약 4:14). 예수님이 제자들에게, 그들은 자기 수명을 한순간도 늘릴 수 없다고 일깨우신 말씀이(마 6:27, 새번역) 떠오른다.

야고보는 대화 상대들에게, 그들의 삶은 "잠깐 보이다가 없어지는 안개"라고 말한다. 안개[아트미스(*atmis*)]로 번역된 헬라어는 불로 인한 연기(칠

33 참고. 유용한 논문인 David Scott Kotter, "Working for the Glory of God: The Distinction between Greed and Self-Interest in the Life and Letters of the Apostle Paul" (PhD diss., Southern Baptist Theological Seminary, May 2015).

십인역 창 19:28; 레 16:13), 또는 아침 안개나 솥에서 나오는 김 같은 수증기를(BDAG) 가리킬 수 있다. 은유는 명백하다. 아침 안개가 보이지만 이내 사라지듯이 인간의 삶도 그렇다는 것이다. 특히 하나님의 영원성과 자존성에[34] 대비되는 인간 삶의 덧없음과 우연성은 구약에서 흔히 나오는 주제다(시 39:5; 102:3; 144:4; 욥 7:7).

인간이 피조물이라는 사실을 생각할 때, 적절한 행동 방침은 한 가지뿐이다. 곧 어떤 노력을 하든지 창조주 하나님께 의존해야 함을 겸손히 진정으로 인정하는 것이다. 야고보는 이러한 겸손한 의존을 표현하는 방법을 제안하지만, 그 표현이 별생각 없는 공식으로 사용된다면(그 표현의 의미를 이해하지 못한 채 "예수님의 이름으로 기도합니다"라고 기도를 마무리하는 경우와 아주 흡사하게), 이 서신의 가르침을 제대로 따르지 않는 것이다. 15절에 나오는 '야고보 조건문'(Jacobean condition[35], "주의 뜻이면")이 항상 말로 표현될 필요는 없지만, 이 어구는 하나님의 백성이 태도로 드러내야 하는 영원한 진리를 담고 있다.

4:16-17 야고보는 인간의 우연성과 덧없음에 관련하여 독자들의 생각을 바로잡는 신학적 가르침을 준 후에 마지막 꾸짖음으로 돌아온다. 그는 주제넘은 계획자들의 악하고 "허탄한 자랑"(16절)을 견책한다. 어떤 사람들은 그들의 계획을 가리켜 건전한 자신감의 표현이라고 설명하지만, 야고보는 그들의 모습을 이렇게 표현한다. "전능하신 창조주 앞에서 자신이 의존적인 피조물이라는 자리에 있음을 겸손히 받아들이지 않고 세우는 계획은 주제넘은 것이고 허탄한 자랑이며, 무신론이 내재된 것이다."

17절에서 야고보는 여러 가지로 적용되는 한 잠언을 인용한다. "그러므로 사람이 선을 행할 줄 알고도 행하지 아니하면 죄니라." 인접 문맥에

34 '자존성'(aseity)이라는 하나님의 속성에 따르면, 하나님이 그분의 존재의 근원이시다.

35 영어 이름 James는 헬라어로 이아코보스(*Iakobōs*)로 불린다.

서 "선"은, 분명 우리의 제한된 시각에서 볼 때 인생이 얼마나 짧고 예측 불가능한지를 인정하는 것이다. 우리는 그 진리에 비추어 겸손하게 살아야 한다.

응답

이 주석을 보는 사람들은 대부분 주저하지 않고, 하나님이 주권을 가지셨고 자신들은 피조물로서 의존적 존재임을 인정할 것이다. 하지만 여전히 질문이 남는다. 우리는 실제 일상생활을 계획하고 꾸려갈 때, 현실적으로 무신론자이지는 않은가? 우리의 기도가 그저 정형화된 허식일 뿐이진 않은가? 우리는 이미 우리 삶과 가정과 교회에서 일어날 일을 (하나님 없이 확실하게) 결정했는가?

많은 그리스도인이 '하나님의 뜻이면'(참고. 4:15)이라는 의미의 라틴어인 데오 볼렌티(*Deo Volente*)의 약어 "D. V."를 말하거나 쓰면서, 미래의 계획들을 명확하게 제한한다. 우리가 인식하든 하지 못하든, 우리의 모든 계획과 시도는 이러한 '야고보 조건문' 아래에 놓여 있다. 현대의 그리스도인들은 항상 D. V.라고 말하거나 써야 하는가? 우리의 바리새인적인 성향을 보건대, 그 실제 모습은 금세 자기를 과시하는 행진이 될 수 있다. 하지만 야고보는 "주의 뜻이면"이라고 '말하라'[레고(*legō*)]고 명확하게 가르친다. 주기도문이(마 6:9-13) 그리스도인들에게 다양한 매일 기도를 위한 견본이 되듯이, 야고보 조건문은 다양한 방식으로 활용할 수 있는 지침이다. 우리가 주권자 창조주 앞에서 의존적인 피조물이라는 우리의 신분을 기억하고 표현해야 하는 삶의 부분은 어디인가? 우리는 계획을 세울 때 어느 부분에서 주제넘거나 허탄한 자랑을 하는가?

1 들으라 부한 자들아 너희에게 임할 고생으로 말미암아 울고 통곡하
라 2 너희 재물은 썩었고 너희 옷은 좀먹었으며 3 너희 금과 은은 녹이
슬었으니 이 녹이 너희에게 증거가 되며 불 같이 너희 살을 먹으리라
너희가 말세에 재물을 쌓았도다 4 보라 너희 밭에서 추수한 품꾼에게
주지 아니한 삯이 소리 지르며 그 추수한 자의 우는 소리가 만군의 주
의 귀에 들렸느니라 5 너희가 땅에서 사치하고 방종하여 살륙의 날에
너희 마음을 살찌게 하였도다 6 너희는 의인을 정죄하고 죽였으나 그
는 너희에게 대항하지 아니하였느니라

1 Come now, you rich, weep and howl for the miseries that are coming
upon you. 2 Your riches have rotted and your garments are moth-
eaten. 3 Your gold and silver have corroded, and their corrosion will be
evidence against you and will eat your flesh like fire. You have laid up
treasure in the last days. 4 Behold, the wages of the laborers who mowed
your fields, which you kept back by fraud, are crying out against you,
and the cries of the harvesters have reached the ears of the Lord of hosts.
5 You have lived on the earth in luxury and in self-indulgence. You have
fattened your hearts in a day of slaughter. 6 You have condemned and
murdered the righteous person. He does not resist you.

단락 개관

야고보는 구약 예언자들의 본을 따라(참고. 암 1:3-2:3) 이교도들, 즉 초기 그리스도인 공동체를 억압했던 악한 부자들을 책망한다. 불화(약 4:1-12)와 주제넘음(4:13-17)을 다룬 앞 단락들과는 달리, 여기서는 회개하라고 하지 않는다(참고. 4:6-10, 15). 야고보는 "말세에" 재물을 축적하는 것(5:2-3), 일꾼에게 정당한 삯을 주지 않는 것(4절), 사치를 부리며 방종한 삶을 사는 것(5절), "의인"(즉, 가난한 자)을 심하게 학대한 것, 그들의 생계 수단과 아마도 그 생명까지도 빼앗은 것(6절)에 대해 부유한 압제자들을 책망한다.

단락 개요

XI. 악한 부자들에 대한 비난(5:1-6)
- A. 다가올 심판 선포(5:1)
- B. 재물 비축(5:2-3)
- C. 품삯 사취(5:4)
- D. 사치스러운 생활방식(5:5)
- E. 의인을 학대하고 살해함(5:6)

주석

5:1 야고보는 정형화된 명령문("들으라")과 주격 호칭["부한 자들아", 호이 플루시오이(*hoi plousioi*)]을 써서 새로운 단락을 시작함을 알린다. 얼핏 보면 야고보가 교회 안의 부유한 그리스도인들에게 이 말을 하고 있다고 여겨지겠지만, 계속 읽다 보면 두 가지 사항으로 인해 그 전제에 이의가 제기된다. (1) 이 단락에서(1-6절) 야고보는 회개의 소망을 제시하지 않는다(참고. 4:6-10과 4:15). (2) 야고보의 표현은 일시적인 연단보다는 최종적인 정죄를 암시한다. "통곡하[다]"[올로뤼조(*ololyzō*), 1절]로 번역된 헬라어는 칠십인역에서 보통 심판과 연관된다.

그렇다 해도 야고보가 악하고 비그리스도인이며 압제하는 부자들에게 편지를 쓴 이유는 무엇인가? 야고보의 편지를 들으려는 그리스도인 모임 가운데에 그들이 있을 것 같지 않은데 말이다. 아마도 여기서 야고보는 악한 외부인들을 규탄하는 구약 예언자들의 본을 따르는 듯하다. 이는 의인들에게 소망을 주고, 악한 외부인들과 똑같은 반역의 길을 따르려는 유혹을 받는 이들에게 경고하기 위함이다(참고. 암 1:3-2:3, 여기서 예언자는 다메섹과 모압 등을 책망한다).[36]

5:2-3 여기서 야고보는 부유한 외부인들이 악하고 마땅히 정죄 받아야 한다고 여기는지에 관한 구체적인 이유를 제시하기 시작한다. 야고보는 "재물은 썩었고" 그들의 "옷은 좀 먹었으며"(2절), 그들의 "금과 은은 녹이 슬었[다]"고 말한다. 고대 세계에서 금과 은은 빛이 나는 아름다움 때문에 귀하게 여겨졌다. 그런데 은은 변색되지만 금은 그렇지 않다. 녹슨 금이라는 예상치 못한 이미지는, 여기서 야고보의 표현이 단순하게 예언자의 비

36 칼빈은 야고보가 "신자들을 염두에 두고서, 그들이 부자들의 비참한 결말을 듣고 그 부자들의 부를 부러워하지 않도록 하며, 또 하나님이 그들이 겪은 악한 일들을 복수해 주시는 분임을 알고 그 일들을 차분히 감수하며 견디도록 하려" 했다고 쓴다(*Commentaries on the Catholic Epistles*, 342).

난을 전하는 수준을 넘어섬을 나타낸다.

2-3절 곳곳에서 야고보는 재물이 썩고 옷이 상하게 되며, 금속이 부식됨을 묘사하기 위해 헬라어의 완료 시제를 사용한다. 헬라어 완료 시제는 보통 현재 상태나 결과로 초래된 상태를 묘사한다. 따라서 야고보의 주장은, 악한 사람들의 재물과 옷과 귀한 금속이 다 나빠졌고 현재도 엉망인 채로 있다는 의미인 듯하다. 어떻게 그럴 수 있는가? 악하고 부유한 압제자들을 향한 야고보의 정죄를 읽는 초기 그리스도인들은, 그들이 반짝거리는 금 장신구를 달고 멋진 옷을 입고 거리를 활보하는 모습을 볼 수 있었다. 야고보는 분명 예언적이고 은유적으로 말하고 있다. 악한 사람들의 재물은 다른 사람들을 위해 사용되기보다는 쌓아두었다는 의미에서 썩어 있다. 이렇게 비축된 재산의 부패됨이 지금 육신의 눈으로는 보이지 않지만, 그 압제자들이 재물을 오용하고 남용한 것은 심판 날에 그들에게 불리한 증언이 될 것이다. 말하자면 축적한 재산 더미는, 그들이 공의로우신 하나님 앞에서 직면해야 하는 불탄 증거 더미다.

악한 부자들은 구속사 기간에 살고 있으므로 그 책임이 늘어난다. 하나님은 아들을 보내심으로써, 자비로우면서도 강하게 말씀하셨다(히 1:2). 그 아들의 재림이 임박해 있다. 그것이 "말세"다(약 5:3). 그러나 부자들은 자신을 위해 하늘이 아닌 땅에 재물을 쌓고 있다.

5:4 야고보는 한 가지 특정한 경제적 학대로 나아간다. 그것은 악한 부자들이 일꾼들의 삯을 사취한 것인데, 이 때문에 그들은 다가올 하나님의 심판을 받아 마땅하다. 야고보는 농사를 짓는 일일 노동자들을 언급하며, 1세기 농경 사회 맥락을 뒷받침하는 부수적인 증거를 제시한다. 그는 일꾼들을 밭에서 "추수한"("mowing") 자들이라고 묘사한다. 이 단어가 현대 영어의 용례로는 거의 전적으로 기계를 사용해 관상용 풀을 자르는 것을 가리키지만, 1세기 당시에는 너무나 분명하게 베지 않은 곡물을 자르거나 수확하는 것을 뜻했다.

야고보는 일반적인 사업주 전체를 책망하지 않는다. 오히려 그는 임금을 사취함으로써 일꾼들을 경제적으로 학대한 것을 책망한다. 이를테면 고대의 한 지주가 일꾼들에게 임금을 얼마 주겠다고 합의하고 나서는 임금 지급일에 그보다 덜 주는 경우를 상상해 볼 수 있다. 혹은 어떤 지주가 소작농들에게 공정한 대우를 약속하며 꼬드겨서 자신의 땅에 정착시켜 이주하기 어렵게 만든 다음, 그들로부터 짜낼 수 있는 이득을 다 짜내려 하는 것도 생각해 볼 수 있다. 보통의 농업 노동자는 그러한 사회적 불이익을 당하는 상태에 관해 근본적으로 도움을 청할 곳이 전혀 없었을 것이다. 그러나 야고보는 주님이 이 모든 불의를 아시며 모두 공정하게 셈하실 것이라고 독자들을 격려한다.

야고보는 사취된 삯을 악한 부자들에 대해 주님께 소리 지르는 증인으로 의인화한다. 이 증언이 불의를 계속 행하면서도 듣지 못하는 귀를 향해 주어지는 것으로 여겨질 수도 있다. 그러나 야고보는 그렇지 않다고 말한다. 야고보는 그 이미지를 삯이 외치는 것에서 돈을 사취당한 추수꾼들이 실제로 외치는 것으로 바꿈으로써, 이 외침이 "만군의 주의 귀에 들렸[다]"고 독자들을 안심시킨다. "만군의 주"[퀴리오스 사바오트(*kyrios Sabaōth*)]라는 칭호는 히브리(구약) 칭호 중 일부를 음역한 것으로, 하늘 군대의 강력한 지휘관이신 하나님을 가리킨다. 야고보는 사취당한 일꾼들에게 전능하시고 공의로우신 우주의 통치자가 그들의 경제적 착취를 아신다는 것을 상기시킨다. 그들은 두려워하지 말고 인내하며 그분의 공의로우신 개입을 기다려야 한다.

5:5 여기서 야고보는 물질적 번영을 즐긴 부자들을 책망한다. 부자들은 자신들이 그것을 정당하게 얻었는지 아닌지, 혹은 나눌 의무가 있는지(세상 재물의 청지기가 되는 바른 방법, 참고. 딤전 6:17-19) 없는지를 개의치 않았다. 이렇게 "사치하고 방종하[는]" 악한 부자들은 게걸스럽게 그들의 몫보다 더 많은 곡물을 먹지만, 그들이 당할 도살에 더 적합해질 뿐임을(다시 말해, 그들은 마지막 심판 때 마땅히 정죄를 받을 것이다) 모르는 소와도 같다.

5:6 야고보는 악한 부자들을 향한 가혹한 책망의 말로 서신의 이 부분을 마무리한다. "너희는 의인을 정죄하고 죽였으나 그는 너희에게 대항하지 아니하였느니라"(6절). 일부 주석가들은 여기서 예수님의 희생적인 죽음에 대한 언급을 감지했지만, 야고보가 단수 "의인"[톤 디카이온(*ton dikaion*)]을 포괄적인 명칭으로 사용했을 가능성이 더 높다. 악한 부자들은 실제로 가난한 이들의 목을 베지는 않았을지라도, 일용할 양식을 구입할 정당한 삯을 빼앗음으로써 비유적으로 그들을 죽이고 있었다. 이러한 예언자다운 통렬한 비난과 유사한 표현이 제2성전 시대 유대 문헌에 나온다. 일례로 외경에는 다음과 같은 내용이 있다. "가난한 사람들에게는 빵 한 조각이 생명이며 그것을 빼앗는 것이 살인이다. 이웃의 살길을 막는 것은 그를 죽이는 것이며, 일꾼에게서 품값을 빼앗는 것은 그의 피를 빨아먹는 것이다"(집회서 34:21-22).[37]

응답

이 구절은 고용주와 일꾼 둘 다를 향해 말한다. 우선, 이 본문은 고용주에게 모든 행동이 그리스도의 주되심 아래에 있음을 상기시킨다. 예수님은 일꾼들을 공평하고 자비롭게 대해야 한다고 주장하신다. 절대로 일꾼들을 억압하거나 그들의 삯을 사취해서는 안 된다. 슬프게도 교회와 기독교 기관이 자주 일꾼들에게 임금을 적게 주면서 과도하게 일을 시키는 죄를 짓는다. 적지 않은 교회 혹은 기독교 기관이 관리자나 이사들 측에서 편파나 태만이라는 죄를 짓는다. 야고보서 5:1-6은 하나님이 자기 백성을 공정하게 대하는 것을 얼마나 진지하게 여기시는지를 제대로 상기시켜 준다(참고. 골 4:1).

37 *The English Standard Version Bible with Apocrypha* (New York: Oxford University Press, 2009). [우리말 번역은 공동번역성서의 번역과 장절을 따랐다.(옮긴이 주)]

이 구절은 현재 사취당하거나 학대당하는 일꾼들에게 하나님이 그들 편이심을 상기시킨다. 하나님은 그들이 당하는 학대에 관심을 가지고 계시며, 압제자들에게 책임을 물으실 것이다. 억압당하는 그리스도인들이 그들 손으로 복수를 해서는 안 된다(참고. 롬 12:19). 그들은 더 공정한 작업 환경을 기대할 수 있지만(그리고 가능한 그래야 하지만), 여전히 부당한 상황에 있을지라도 하나님이 그들로 하여금 그분의 영광을 위해 신실하게 일하게 하실 것이다(참고. 골 3:22-25).

7 그러므로 형제들아 주께서 강림하시기까지 길이 참으라 보라 농부
가 땅에서 나는 귀한 열매를 바라고 길이 참아 이른 비와 늦은 비를
기다리나니 8 너희도 길이 참고 마음을 굳건하게 하라 주의 강림이 가
까우니라 9 형제들아 서로 원망하지 말라 그리하여야 심판을 면하리
라 보라 심판주가 문 밖에 서 계시니라 10 형제들아 주의 이름으로 말
한 선지자들을 고난과 오래 참음의 본으로 삼으라 11 보라 인내하는
자를 우리가 복되다 하나니 너희가 욥의 인내를 들었고 주께서 주신
결말을 보았거니와 주는 가장 자비하시고 긍휼히 여기시는 이시니라
7 Be patient, therefore, brothers,[1] until the coming of the Lord. See how
the farmer waits for the precious fruit of the earth, being patient about
it, until it receives the early and the late rains. 8 You also, be patient.
Establish your hearts, for the coming of the Lord is at hand. 9 Do not
grumble against one another, brothers, so that you may not be judged;
behold, the Judge is standing at the door. 10 As an example of suffering
and patience, brothers, take the prophets who spoke in the name of the
Lord. 11 Behold, we consider those blessed who remained steadfast.

You have heard of the steadfastness of Job, and you have seen the purpose of the Lord, how the Lord is compassionate and merciful.

12 내 형제들아 무엇보다도 맹세하지 말지니 하늘로나 땅으로나 아무 다른 것으로도 맹세하지 말고 오직 너희가 그렇다고 생각하는 것은 그렇다 하고 아니라고 생각하는 것은 아니라 하여 정죄 받음을 면하라

12 But above all, my brothers, do not swear, either by heaven or by earth or by any other oath, but let your "yes" be yes and your "no" be no, so that you may not fall under condemnation.

1 Or *brothers and sisters*; also verses 9, 10, 12, 19

단락 개관

야고보는 추론 접속사 운(*oun*, "그러므로", 7절)으로 이 단락을 시작한다. 이는 이어지는 권고를 5:1-6에서 대략적으로 설명한대로, 악한 부자들의 학대와 다가오는 그들의 심판에 비추어 이해해야 함을 나타낸다. 믿음과 진실함으로 학대를 견디기 위해, 신자들은 모든 것을 완벽히 정의롭게 셈하실 그리스도의 임박한 재림을 기다리는 동안(7-9절) 성령이 부어주시는 힘을 필요로 한다. 야고보는 독자들에게 큰 어려움을 견딘 구약 예언자들과 욥의 본을 가리켜 보여준다(10-11절). 그리고 마지막으로, 맹세하지 말 것을 말하며(12절) 이 짧은 단락을 마무리한다. 이 가르침은 같은 주제에 대한 예수님의 명령과 아주 유사하다(마 5:33-37; 23:16-22).

5장

단락 개요

XII. 고난 중의 인내와 진실함(5:7-12)

A. 주님의 재림을 기다림(5:7-9)

B. 예언자들과 욥의 본(5:10-11)

C. 말의 진실성: 맹세하지 말 것(5:12)

주석

5:7-9 야고보서 수신자들이 겪고 있던 경제적 학대를 보건대("그러므로", 7절, 5:1-6을 돌아보며), 그들은 절망하거나 직접 복수하려는 유혹을 받았을지도 모른다. 야고보는 이 두 방식이 모두 그리스도인에게 합당하지 않다고 말한다. 대신 주 예수님이 재림하셔서 모든 것을 바로잡으시리라는(7절) 위로가 되는 보증에 힘입어, 성령께서 주시는 능력으로 자제("길이 참으라")해야 한다. 그날에는 어느 누구도 주님이 부당하다고 비난할 수 없을 것이다. 모든 죄가 드러나고 심판이 임할 것이다. 그리스도인들은 주님이 그 압제자들을 벌하실 것을 알고 위안을 얻을 수 있지만(살후 1:5-8, 참고. 롬 12:19), 하나님이 우리에게 우리 원수의 멸망보다는 회개를 더 바라는 은혜를 주시기를 기도할 수 있다.

농부가 작물을 자라게 하고 열매를 맺게 해주는 비를 인내하며 기다려야 하듯이, 그리스도인들도 주님의 재림과 결산을 인내하며 기다려야 한다(약 5:7). 야고보가 "이른 비와 늦은 비"를 언급한 것은 구약 표현(신 11:14)에 의지하고 있다는 증거, 또는 팔레스타인 기후에 익숙하다는 증거다.

인내가 수동성과 동일시되기도 하지만, 야고보는 되풀이되는 권고를 통해 인내가 의도적으로 품어야 하는(참고. 시 73편) 자질임을 분명히 한다.

야고보는 "마음을 굳건하게 하라"(약 5:8)고 요청한다. 야고보가 말하는 "마음"은 사람의 가장 안쪽 부분을 가리키는데, 이 부분이 체념으로 기울거나 응징하고자 덤비려는 유혹을 받을 것이다. 그러나 그리스도인이 내적으로 가지고 있는 나침반은 주님의 재림이라는 '정북' 방향에 맞춰져 있어야 한다. 우리의 내면이 강할 수 있는 까닭은, 우리가 우리의 정의를 실현할 수단을 가지고 있기 때문이 아니다. 바로 우리 주님이기도 하신 전능하신 재판관의 "강림"(8절)이 임박하였기 때문이다. 운동장에서 불량배에게 괴롭힘을 당하는 아이가 학교 교장 선생님이 다가오는 것을 보면 자신만만해지듯이 말이다.

신자들은 이 세상에서 고난을 겪을 때, 종종 주님을 원망하거나 서로를 원망하려는 유혹을 받는다. 야고보는 편지 수신자들을 "형제들"(9절)이라 부르며, 그들이 영적인 형제자매임을 상기시킨다. 우리는 다 실수가 많다(3:2). 즉, 우리는 계속해서 죄와 약함에 서로 걸려 넘어진다. 그때 그리스도인은 서로를 원망하려는 유혹을 물리쳐야 한다(5:9).

야고보는 오실 주님이 그들과 그들의 행동에 대해서도 책임을 물으실 것이라고 그리스도인들에게 상기시킨다. 사실상 야고보는 그들이 주께서 "잘 하였도다 착하고 충성된 종아"(마 25:21)라고 선언하시는 것을 들을지, 아니면 "너는 무슨 이유로 형제들 사이에 분란을 조장했느냐?"(참고. 잠 6:19)라는 말을 들을지를 질문한다. 야고보는 결국 "심판주가 문 밖에 서 계시니라"(5:9)라고 말한다. 다시 말해, 권위 있는 아버지가 문 바로 밖에서서 확실하게 들으시며 언제라도 들어오실 준비를 하고 계시므로, 우리끼리 다투지 말아야 한다.

5:10-11 인내에 관해서는 농부의 이미지가 더욱 쉽게 기억되지만(7절), 불의한 고난의 한복판에서 인내하는 것과 관련해서는 구약 예언자들의 삶이 더 직접적인 병행을 이룬다(10절). 야고보는 편지의 수신자들이 구약에서 하나님의 예언자들이 겪은 학대와 고난의 사건들을 잘 안다고 전제한다. 야고보는 이런 예언자들을 "주의 이름으로 말한" 이들이라고 묘사함으

로써, 예언자들이 당한 박해의 상당 부분이 하나님의 말씀에 대한 그들의 충성에서 비롯되었음을 암시한다. 이와 마찬가지로, 아마도 야고보의 독자들이 겪는 고난의 양상도 주님께 충성하고 순종했기 때문이었을 것이다. 예언자들이 무엇 때문에 고난을 받았든 상관없이 "인내하는 자를 우리가 복되다"고 한다(11절). 다시 말해, 우리는 예언자들이 극심한 시련을 겪으면서도 신실하게 주님을 신뢰한 것을 되돌아보며, 그들이 하나님의 총애를 받았다고 선언할 수 있다. 그들의 본이 우리에게 동일한 불굴의 의지를 불어넣어야 하지 않겠는가?

야고보는 고난 중에도 믿음을 유지한 본을 보여주는 특정한 구약 인물인 욥에게 집중한다. 욥기의 독자는 당연히 이런 질문을 할 것이다. "욥이 정말로 계속 흔들리지 않았던 것인가? 불평을 많이 하지 않았는가?" 하지만 욥은 자신의 애통함을 하나님께 충분히 표현하면서도, "하나님을 욕하고 죽으라"(욥 2:9)는 아내의 충고를 받아들이지 않았다. 결국 욥은 겸손해져서 교정을 받아들이긴 했지만(38:1-3; 40:1-5; 42:1-6), 책의 처음에서나(1:8) 끝에서나(42:7-8) 하나님께 칭찬을 받았다.

야고보의 독자들이 욥의 이야기에서 격려를 받는 한 가지 방법은, '주님의 목적'("the purpose of the Lord", 개역개정은 "주께서 주신 결말", 약 5:11)을 보는 것이다. '목적'에 해당하는 헬라어 텔로스(*telos*)는 '결과' 혹은 '목표'로도 번역할 수 있다. 욥기의 끝부분에서, 욥은 주님의 주권과 선하심을 배웠다고 인정하고(욥 42:5-6) 회복도 경험한다. 야고보의 독자들도 하나님이 종말에 그분의 백성을 포함하여 만물을 회복시키실 것을 기대한다. 이유를 알지 못하는 극심한 고난 중에도 우리는 주님의 이야기가 끝나지 않았음을 안다. 그분이 승리하실 것이기 때문이다. 그리고 야고보는 주님이 "자비하시고 긍휼히 여기시는 이"(약 5:11)라는 사실을 우리가 안다고 상기시킨다.

5:12 이 절은 "무엇보다도"[프로 판톤 데(*pro pantōn de*)]라는 어구로 시작한다. 이 정형화된 어구는 서신의 가장 중요한 요소를 소개하는 표현이라기보다는(오늘날 독자들이 예상할 수 있듯), 고대 그리스 작가들이 서신의 마지막 단락

으로 옮겨가기 위해 사용한 표현이다. 오늘날에는 "이제 마무리하자면" 정도가 이에 해당할 것이다.

맹세가 앞의 내용 및 이어지는 내용과 어떻게 연관되는지는 쉽게 파악되지 않는다. 예수님의 말씀에 야고보의 가르침과 직접적인 병행을 이루는 부분이 있다(마 5:33-37; 23:16-22). 예수님은 맹세가 필요하다는 것은 일상의 말들이 궤변이고 진실성이 없음을 나타낸다고(즉, 맹세가 필요하다는 것은 일상의 말을 신뢰할 수 없음을 암시한다) 공격하신다. 이는 야고보서와 어떻게 관련되는가? 사람은 불의를 겪으면 속이는 말로써 자신을 보호하려는 유혹을 받는다. 아마 이 부분에서 야고보가 언급하는 맹세는 삶의 압박으로 인해 많은 이가 절망이나 타협으로 내몰릴 때, 고난 받는 그리스도인들에게 마음의 인내와 말의 진실성을 요구하는 것인 듯하다.

응답

야고보가 그리스도인들에게 맹세하지 말라고 한 명령에는 그의 형인 예수님이 마태복음에서 하신 거의 동일한 말씀이 반영되어 있다. 일부 그리스도인 공동체(예. 메노나이트 신도들)는 이 가르침을 말 그대로 받아들여서 어떤 맹세도, 심지어 법정에서 해야 하는 맹세도 거부한다. 그러나 대부분의 기독교 전통은 예수님과 야고보의 금령이 절대적인 것이라고 여기지 않는다. 예수님이 맹세를 명확하게 비판하신 까닭은 많은 이가 잘못된 신뢰의 단계를 만들어내기 위해, 또한 기만적인 추론으로 다른 사람들에게서 속여 빼앗으려고 맹세를 사용하고 있었기 때문이다(마 5:33-37; 23:16-22). 야고보와 예수님은 맹세를 금하면서, 모든 말이 온전히 진실하고 솔직 담백해야 한다고 가르친다. 그러나 우리는 말에 대한 다양한 수준의 법적 책임을 인정하는 망가진 세상에서 살고 있다. 그런 사회에서 활동하려면, 때로 맹세하라는 요구를 받을지 모른다. 그런 경우(예. 법정에서 증언을 위해), 우리는 극적으로 다음과 같이 말할 수 있을 것이다. "내 주 예수님이 모든 말을 완벽히 진실하게 하라고 하시지만, 원하신다면 내 손을 성경에 얹고 진실만을 말하겠다고 맹세/약속하겠습니다. 그러나 맹세를 하지 않아도 진실만을 말할 것입니다."

또한 바울이 그의 서신들에서 맹세의 표현을 사용했다는 사실(고후 11:31; 갈 1:20; 빌 1:8)은 예수님의 사도들이 맹세를 절대적으로 금해야 할 것으로 보지 않았음을 시사한다. 그럼에도 만일 어떤 그리스도인이 맹세가 죄라고 믿는다면 맹세하지 말아야 한다. 어떤 행동이 명백하게 금지되지 않은 경우라도, 양심을 어기는 것은 죄다(고전 8-10장). 같은 이유로, 신자들은 계속 자신의 양심이 하나님의 말씀에 더욱 일치하도록 애써야 한다.

[13]너희 중에 고난당하는 자가 있느냐 그는 기도할 것이요 즐거워하는
자가 있느냐 그는 찬송할지니라 [14]너희 중에 병든 자가 있느냐 그는
교회의 장로들을 청할 것이요 그들은 주의 이름으로 기름을 바르며
그를 위하여 기도할지니라 [15]믿음의 기도는 병든 자를 구원하리니 주
께서 그를 일으키시리라 혹시 죄를 범하였을지라도 사하심을 받으리
라 [16]그러므로 너희 죄를 서로 고백하며 병이 낫기를 위하여 서로 기
도하라 의인의 간구는 역사하는 힘이 큼이니라 [17]엘리야는 우리와 성
정이 같은 사람이로되 그가 비가 오지 않기를 간절히 기도한즉 삼 년
육 개월 동안 땅에 비가 오지 아니하고 [18]다시 기도하니 하늘이 비를
주고 땅이 열매를 맺었느니라

[13]Is anyone among you suffering? Let him pray. Is anyone cheerful?
Let him sing praise. [14]Is anyone among you sick? Let him call for the
elders of the church, and let them pray over him, anointing him with oil
in the name of the Lord. [15]And the prayer of faith will save the one who
is sick, and the Lord will raise him up. And if he has committed sins,
he will be forgiven. [16]Therefore, confess your sins to one another and

pray for one another, that you may be healed. The prayer of a righteous
person has great power as it is working.[1] 17 Elijah was a man with a
nature like ours, and he prayed fervently that it might not rain, and for
three years and six months it did not rain on the earth. 18 Then he prayed
again, and heaven gave rain, and the earth bore its fruit.

19 내 형제들아 너희 중에 미혹되어 진리를 떠난 자를 누가 돌아서게
하면 20 너희가 알 것은 죄인을 미혹된 길에서 돌아서게 하는 자가 그
의 영혼을 사망에서 구원할 것이며 허다한 죄를 덮을 것임이라
19 My brothers, if anyone among you wanders from the truth and
someone brings him back, 20 let him know that whoever brings back a
sinner from his wandering will save his soul from death and will cover
a multitude of sins.

1 Or *The effective prayer of a righteous person has great power*

단락 개관

야고보서의 마지막 단락은 기도와 관련된 지침들과 함께, 믿음에서 떠나 그릇된 길로 간 자들을 위한 마무리 호소를 제시한다. 야고보는 고난당할 때나 즐거워할 때나 병들었을 때와 같은 가능한 여러 상황에서 기도하라고 명령하며 단락을 시작한다(5:13-14). 그 다음에는 교회가 병든 형제들을 어떻게 보살펴야 하는지에 대해 더 자세한 지침을 제시한다(14-15절). 야고보는 서로 죄를 고백하고 서로를 위해 기도하라고 권한다(16절). 구약의 예언자인 엘리야의 비를 내려 달라고 한 기도(왕상 17:1; 18:41-46)는 열렬하

고 효과적인 기도의 본이 된다(약 5:17-18). 야고보는 믿음에서 떠나 그릇된 길로 간 자들을 찾아내서 돌아오게 하라는 권면으로 서신을 마무리한다(19-20절).

단락 개요

XIII. 기도에 관한 가르침과 잘못된 길로 빠진 이들에 대한 관심(5:13-20)
- A. 어떤 상황에서도 적절한 기도(5:13)
- B. 병자들을 위한 기도(5:14-15)
- C. 공동체 안에서의 고백과 기도(5:16)
- D. 엘리야의 본(5:17-18)
- E. 잘못된 길로 빠진 그리스도인에 대한 관심(5:19-20)

주석

5:13 야고보는 몇 가지 간결한 질문과 짧고 날카로운 명령을 사용하여, 기도에 관한 이 단락으로 이행한다. 야고보는 "너희 중에 고난당하는 자가 있느냐?"라고 묻는다. "그는 기도할 것이요." "고난당하는"[카코파테오(*kakopatheō*)]으로 번역된 동사는 그 의미가 광범위하여 외적이거나 내적인 각종 역경을 모두 아우른다. 신자들이 어려움에 대해 불평이나 분노나 낙심으로 반응하려는 유혹을 받을 수도 있지만, 야고보는 그리스도인이 보여야 할 한 가지 분명하고 적절한 반응이 있다고 상기시킨다. 그것은 바로 기도다.

두 번째 질문은 인간이 경험하는 반대편 극단으로 나아간다. "즐거워하는 자가 있느냐?" 야고보는 "그는 찬송할지니라"라고 대답한다. 독자는 야고보가 "일이 잘 되고 있는가?" 같은 질문(즉, 외적인 현실에 관한 질문)을 하리라 예상했을 것이다. 그러나 야고보는 즐거움/행복[유튀메오(*euthymeō*)]이라는 내적인 성향에 초점을 맞추는 단어를 고른다. 야고보는 고난과 즐거움을 언급해, 이 멋지지만 망가진 세상에서 인간이 겪는 광범위한 경험을 다룬다. 인생에서 행복을 누리든 아픔을 겪든, 우리는 항상 주님께로 가야 한다. 그분은 우리를 돌보시는, 사랑이 많으신 하늘 아버지시다(마 7:11).

5:14-15 야고보에 따르면 병든 자는 교회의 장로들에게 와서 기도해 달라고 청해야 한다. 장로들이 병든 자의 집으로 와 주기를 요청받았다는 사실은, 그가 많이 아파서 집에서 나오기가 쉽지 않았을 것임을 나타낸다. 또 장로들이 그의 '위에'("over", 이는 그 병든 자가 누워서 지내는 자임을 암시하는 듯하다) 기도해야 함을 주목해야 한다(14절). 야고보가 지역 교회에 다수의 장로들이 있었으리라 추정하는 것은 주목할 만하다. 현대의 '외로운 전사'라는 목사상은 다수의 장로가 있는 성경의 사례와 거리가 멀다.

야고보는 교회의 장로들에게, 병든 자에게 "주의 이름으로 기름을 바르며"(14절)라고 명한다. 수세기에 걸쳐 그리스도인들은 이 절을 이해하고 적용하려고 씨름했다. 로마 교회는 '종부 성사'(extreme unction)라는 관례를 개발하여, 사제가 수행하는 성례를 통해 죽어가는 사람의 남은 죄가 제거되었다고 여겼다. 다른 그리스도인들은 부분적으로 이러한 오류에 반발하여 이곳의 기름이 일종의 고대 의술일 뿐이었다고 주장한다. 1세기에 기름이 상처를 씻는 데에 사용된 것은 사실이지만(참고. 눅 10:34), 당시 알려진 모든 질병의 치료법은 아니었다.

성경에서 야고보의 명령과 가장 유사한 것은 마가복음 6장에 나오는 제자들의 사역이다. 거기서 예수님은 이스라엘 곳곳에서 가르치고 기적을 행하도록 제자들을 둘씩 짝지어 보내신다. 마가복음 6:13은 이렇게 말한다. "[제자들이] 많은 병자에게 기름을 발라 고치더라." 그 부분과 야고보서 5:14에서 기름은, 하나님의 기적적인 개입을 위해 그 병든 자를 따로 구별하는 가시적이고 상징적인 수단이었던 것 같다. 이는 많은 현대의 그리스도인이 그들이 기도하고 있는 사람의 어깨에 손을 얹는 것과 유사하다. 야고보는 기름 부음을 반드시 해야 하는 행위로 강조하지 않고 "주의 이름으로"(14절) 하는 일로, 즉 낫게 해 달라고 믿음으로 주님께 요청하며 행하는 행동으로 명시한다.

15절에서 야고보는 "믿음의 기도는 병든 자를 구원하리니 주께서 그를 일으키시리라"라고 보증한다. 이 절은 많은 해석자에게 실망을 안겼다. 어떤 사람들은 이 절을 종말론적으로 이해한다. 즉 병이 어떤 결과에 이르든 상관없이, 주님은 마지막 날에 결국 그들을 구원하시고 부활시키실 것이라고 그분의 백성을 안심시키신다는 것이다. 이 해석은 신학적으로는 맞을지 모르지만, 인접 문맥을 제대로 존중하지 않은 것이다. 인접 문맥은 야고보가 이 세상에서의 치유를 언급한다는 이해를 지지한다.

다른 해석자들은 이 약속이 믿음에 대해 이따금 특별하게 베풀어지는 은혜를 가리키는 것으로 본다. 다시 말해, 병자를 위해 기도했는데 초자연적으로 효력이 입증되는 "믿음의 기도"일 때가 있다. 이 해석은 다시, "믿음의 기도"라는 어구를 '믿음으로 하는 기도' 혹은 '믿는 기도'를 가리키는 것으로 이해하는 더 자연스러운 해석을 막는다.

왜곡된 시각을 가진 기독교의 한 분파는 그리스도인이 항상 이생에서 병이 치유되리라 기대해야 하며, 어떤 사람이 병이 낫지 않으면 믿음이 부족한 것이라고 주장한다. 야고보서 5:15만 따로 떼어 읽으면 이 해석을 지지하는 듯 보일 수도 있다. 그러나 다른 성경 구절들은 병과 고통이 항상 치유되지는 않음을 명확히 보여준다. 순전한(심지어 사도가!) 믿음으로 한 간구일 때도 말이다(참고. 고후 12:8-9). 인간의 100퍼센트 사망률은 우리 모두가 결국 질병이나 부상이나 노쇠에 굴복할 것을 증명해 준다.

"믿음의 기도는 병든 자를 구원하리니"를 가장 잘 이해하는 방법은, 그 말을 예외를 두지 않는 전형적인 약속의 선언으로 보는 것이다. 예수님이 하신 말씀 중에 많은 유사한 선언이 있다. "구하라 그리하면 너희에게 주실 것이요 찾으라 그리하면 찾아낼 것이요 문을 두드리라 그리하면 너희에게 열릴 것이니 구하는 이마다 받을 것이요 찾는 이는 찾아낼 것이요 두드리는 이에게는 열릴 것이니라"(마 7:7-8). 우리는 하나님의 은혜로운 초청과 응답에 대한 합당한 기대에 집중하며 이러한 초청을 기억한다. 물론 하나님의 뜻에 대한 복종이 모든 그리스도인의 간구 근저에 있어야 하며, 때로는 성경 저자들도 그러한 이해를 분명히 한다(예. "그의 뜻대로 무엇을 구하면", 요일 5:14). 확실히 우리 기도에 대한 응답을 결정하실 이는 다른 누구도 아닌 주권자 하나님이시다.

야고보는 병든 자를 위한 기도에 관한 논의를 마무리하면서, "혹시 [그 병든 자가] 죄를 범하였을지라도 사하심을 받으리라"(약 5:15b)라고 주장한다. 여기서 우리는, 몇몇 질병과 심지어 죽음까지도 하나님이 아버지로서 훈육하시는 결과로 신자들에게 주어짐을 성경이 증언한다는 사실을 기억한다(행 5:1-11; 고전 11:30). 그러나 목사들은 예수님을 반대한 바리새인들이 그랬듯이(요 9:34), 질병과 죄를 일대일로 대응시키는 일을 항상 조심해야 한다. 인간의 질병 대부분은 단지 망가진 세상에서 사는 결과이며 하나님의 뜻을 벗어나서 존재하지는 않는다.

5:16 야고보는 고백하지 않은 죄가 육체적 질병을 야기할 수 있음을 내비친 후에(15b절), 모든 신자는 자주 죄를 고백해야 한다고(그리고 암시적으로는 회개를 통해 죄에서 돌아서야 한다고) 결론을 내린다("그러므로", 16절). '하나님께' 고백하는 것이 가장 필요한 고백이지만(시 51:4), 하나님을 향한 진정한 회개는 그리스도인 공동체 안의 관계들에 반영될 것이다. 신자들은 잘못을 저지른 사람들에게 죄를 고백해야 할 뿐 아니라(눅 19:8), 신뢰받는 동료 신자나 신자들에게 교만, 욕정, 분노, 탐욕과 같은 '은밀한 죄들'도 고백해야 한다. 야고보는 이러한 고백이 결국 육체적으로는 아니더라도 영적인 치유로 이어질 것이라고 말한다(약 5:16a).

16절 후반부에서는 영적/육체적 치유를 위한 기도라는 주제에서, 효과적인 기도라는 더 일반적인 문제로 옮겨간다. 야고보는 구체적으로 "의인"의 기도를 통해 놀라운 하나님의 능력이 나타나리라고 기대할 수 있음을 지적한다. 어떤 의미로는 모든 그리스도인이 하나님 앞에서 의롭다 함을 받았다는 의미에서 '의롭다'[디카이오스(*dikaios*)]. 하지만 헬라어 디카이오스는 이곳에서처럼 실제적이고 가시적인 경건의 행위를 가리킬 수도 있다(예. 마 1:19). 다시 말해, 하나님과 아주 가까이 걷는 사람은 그들의 간구에 대해 영향력 있는 응답을 받으리라 기대할 수 있다(참고. 마 17:19-20; 요일 3:22).

5:17-18 야고보는 엘리야를 효과적으로 기도한 의인의 본으로 제시한다. 우리는 예언자라는 엘리야의 지위 때문에 그의 삶을 흉내 낼 수 없는 것으로 여기는 경향이 있다. 야고보는 그렇지 않다고 말한다. 엘리야는 "우리와 성정이 같은 사람"이었다. 다시 말해, 엘리야는 그만의 결점과 약점을 가진 우리 같은 죄인이었다. 그렇지만 하나님은 그의 기도를 통해 큰일을 하셨다.

특히 야고보는 하나님이 엘리야의 기도를 사용하여 삼 년 반 동안 비가 오지 않게 하신 다음, 다시 오게 하셨다고 알려준다. 이 사건을 전하는 구약 본문은 이보다는 덜 구체적으로 말한다. 기근이 임하고 "제삼 년에" 하나님이 엘리야를 부르셔서, 아합에게 가서 비가 온다고 알리라고 하셨다(왕상 18:1). 묵시 문헌에서 "삼 년 육 개월"은 상징적으로 하나님의 심판을 암시한다(계 11:2; 13:5). 그러므로 아마도 야고보는 아주 오래된 기근의 더 구체적인 기간을 알리는 데서 신학적인 의미를 찾은 듯하다. 또한 우리는 구약 내러티브가 기근이 시작될 때 엘리야가 기도했다고는 명확히 언급하지 않음에 주목한다(왕상 17:1). 하지만 이스라엘의 예언자로서 엘리야가 했을 정기적인 중보 기도를 고려할 때, 영감을 받은 이 본문이 확증하는 이 추론은 합리적이다.[38]

38 Doug Moo가 유사한 설명을 한다(*Letter of James*, 248). 그러나 필자가 처음 이 단락을 쓸 때에는 그의 본문을 의식하지는 않았다. 필자는 그의 Pillar 주석을 몇 년 동안 교과서로 사용했으며, 분명 그의 생각 중 상당 부분에 동화되었다.

5:19-20 야고보서를 읽는 진실한 그리스도인은 누구든 필연적으로 죄를 자각하고 고백하며, 회개하고 그로부터 회복하고자 하는 마음이 생길 것이다. 또한 독자들은 이전에 그리스도인 공동체 안에 있다가 이탈한 이들을 기억할 것이다. 야고보는 옆길로 샌 죄인들을 방치하지 말고 사랑과 진실함을 가지고 그들을 찾아내라는 사랑의 권고로 서신을 마무리한다.

5장

야고보의 권고 밑에는 끈질긴 인내에 관한 성경적 이해가 있다. "미혹되어 진리를 떠[나서]"(19절) 절대 돌아오지는 않는 것은, 그가 진정으로 하나님께 속하지 않았음을 입증한다(참고. 요일 2:19). 하나님이 자기 백성을 지키고자 정하신 방법 중 하나는, 그리스도인들이 서로에게 사랑하는 형제로서 관심을 보이는 것이다. 그릇된 길로 갔던 사람이 돌아와 회개하는 경우, 야고보서 5:20에 언급된 "사망"과 "죄"는 그의 죄로, 또 사망으로 향하던 그의 드러나는 궤적으로 보는 편이 가장 자연스럽다. 그런데 그는 이제 그 죄를 사함 받고, 그리스도의 몸을 통해 전해진 하나님의 은혜로 인해 사망으로 향하는 길을 저지당한다. 오직 하나님만이 정말로 선택받은 이가 누구인지를 아시기에, 그리스도인 공동체가 불신자처럼 살려는 한 지체에게 유일하게 할 수 있는 합당한 일은, 그가 모든 면에서 영원한 죽음을 향해 달려가고 있다고 경고하는 것이다. 바로 그 경고가 하나님이 그의 구원을 지키시기 위해 사용하시는 도구일 수 있다.[39]

응답

야고보서의 이 마지막 부분은 학생들이 질문을 가장 많이 하는 단락이다. 사람들은 "기름을 바르라는 이 지침을 따르려면 우리가 무엇을 해야 하는

39 성경의 경고들에 대해 미묘한 차이가 있지만 유용한 접근으로, Thomas R. Schreiner and Ardel B. Caneday, *The Race Set before Us: A Biblical Theology of Perseverance and Assurance* (Downers Grove, IL: IVP Academic, 2001)를 보라.

가?"를 알기 원한다. 필자가 섬기는 교회에서는 누군가가 목사들에게 와서 그들을 위해 기도해 달라고 부탁하면, 두 명 이상의 장로도 함께 가려 한다. 우리 중 한 사람은 올리브유가 담긴 작은 유리병을 가지고 갈 것이다. 우리는 그 교회 지체와 그 가족들과 대화를 하며 시작한다. 그들에게 어떻게 지내냐고 묻고 귀 기울여 듣는다. 그런 다음 성경을 읽어도 되는지 허락을 구하고 우리 중 한 사람이 야고보서 5:13-18과 다른 성경 본문을 읽는다. 그리고 누구든 다른 하고 싶은 말이나 나눌 말이 있는지 묻는다. 그런 다음 이렇게 설명한다. "여기 올리브유가 담긴 작은 병이 있습니다. 저는 성경 말씀에 순종하여, 손가락에 이 기름을 한 방울 묻혀 당신의 이마에 바르려 합니다. 이 기름이 마술은 아닙니다. 교회로서 우리는 당신을 상징적으로 하나님 앞에 구별하려 합니다. 개입하셔서 당신을 고쳐 달라고 그분께 간구하려 합니다."

또한 야고보는 서신의 이 마지막 부분에서 다른 그리스도인들에게 죄를 고백하는 관행을 받아들이라고 우리를 도전한다. 우리는 보통 '나는 하나님께 죄를 고백했다. 다른 사람에게 고백해야 한다고? 그렇게 할 필요는 없다!'라고 생각한다. 하지만 5:16에 나오듯이 성경은 "병이 낫기를 위하여"라는 놀라운 권고로 서로에게 죄를 고백하고, 서로를 위해 기도하라고 명한다(분명 그 죄와 분투들에 대해). 하나님의 거룩한 백성 가운데 하나가 당신을 똑바로 쳐다보며 다음과 같이 말하는 것은 치유의 은사다. "그리스도께서 그 죄를 위해 죽으셨습니다. 예수님이 당신을 용서하십니다. 이제 당신이 다시 그 죄에 빠지지 않게 해주시기를 하나님께 기도하겠습니다."

참고문헌

Davids, Peter H. *The Epistle of James*. NIGTC. Grand Rapids, MI: Eerdmans; Carlisle: Paternoster, 1982. 《NIGTC 야고보서》. 새물결플러스.

데이비즈는 이 고전적인 책에서, 야고보서의 헬라어 본문에 관해 철저한 문법적, 신학적 논의를 한다.

Hartin, Patrick J. *James*. Sacra Pagina. Collegeville, MN: Liturgical Press, 2003.

하틴은 가톨릭교도지만, 그리스도인이 그리스도를 믿음으로 구원받으며, 행위는 그러한 구원에 이르는 믿음의 증거라고 분명하게 단언한다. 헬라어는 음역되어 있다. 저자는 이 서신의 수사적 특징을 논의하는 데 상당한 지면을 할애한다.

McCartney, Dan G. *James*. BECNT. Grand Rapids, MI: Baker Academic, 2009. 《야고보서》. BECNT. 부흥과개혁사.

헬라어 본문에 대한 사려 깊고 학구적이고 통찰력 있는 논의다. 그러나 역시 헬라어는 음역되어 있다.

Moo, Douglas J. *The Letter of James*. PNTC. Grand Rapids, MI: Eerdmans, 2000.《야고보서》. PNTC. 부흥과개혁사.

무의 책은 헬라어 본문을 상세하게 살펴보고 싶지 않은 학식 있는 목사들에게 가장 적합하다. 헬라어는 음역되어 있고, 무의 관찰은 분명하고 통찰력 있다.

Vlachos, Chris A. James. *Exegetical Guide to the Greek New Testament*. Nashville: B&H, 2013.

헬라어 본문을 한 구절씩 살펴보고자 하는 목사에게 이보다 더 나은 자료는 없다. 헬라어 본문에 대한 탁월한 논의인 동시에 구조적, 신학적, 설교적 관심사들도 다룬다.

성경구절 찾아보기

출애굽기

레위기

민수기

신명기

요한복음

사도행전

로마서

고린도전서

고린도후서

갈라디아서

에베소서

빌립보서

골로새서

데살로니가전서

국제제자훈련원은 건강한 교회를 꿈꾸는 목회의 동반자로서 제자 삼는 사역을 중심으로 성경적 목회 모델을 제시함으로 세계 교회를 섬기는 전문 사역 기관입니다.

ESV 성경 해설 주석

히브리서 야고보서

초판 1쇄 인쇄 2022년 6월 7일
초판 1쇄 발행 2022년 6월 17일

지은이 데니스 E. 존슨(히브리서) | 로버트 L. 플러머(야고보서)
편　집 이언 두기드, 제이 스클라, 제임스 해밀턴
옮긴이 이철민 | 김명희

펴낸이 오정현
펴낸곳 국제제자훈련원
등록번호 제2013-000170호(2013년 9월 25일)
주소 서울시 서초구 효령로68길 98(서초동)
전화 02) 3489-4300 **팩스** 02) 3489-4329
이메일 dmipress@sarang.org

ISBN 978-89-5731-853-9 94230
978-89-5731-825-6 94230(세트)

※ 책값은 뒤표지에 있습니다. 잘못된 책은 구입하신 곳에서 교환해드립니다.